의례를 통한 저항

의례를 통한 저항

컬처룩 총서 007

전후 영국의 청년 하위문화

스튜어트 홀·토니 제퍼슨 엮음 | 임영호 옮김

culture Look

컬처룩 총서 007
의례를 통한 저항
전후 영국의 청년 하위문화

엮은이 스튜어트 홀, 토니 제퍼슨
옮긴이 임영호
펴낸이 이리라

책임편집 이여진
편집 하이픈
표지 디자인 엄혜리

2024년 7월 10일 1판 1쇄 펴냄
2025년 9월 20일 1판 2쇄 펴냄

펴낸곳 컬처룩
등록 번호 제2011–000149
주소 03993 서울시 마포구 동교로 27길 12 씨티빌딩 302호
전화 02.322.7019 | 팩스 070.8257.7019 | culturelook@daum.net
www.culturelook.net

ISBN 979–11–92090–41–2 94300
ISBN 979–11–85521–17–6 (세트)

Resistance through Rituals: Youth subculture in post-war Britain Second edition

culturelook

차례

2부 민속지학

3부 이론 II

4부 방법

존 클라크 John Clarke는 영국 개방대학교 사회정책학 교수로 버밍엄대학교 현대문화연구소에서 공부했다. 저서로는 《영국을 둘러싼 투쟁: 위기, 갈등과 국면*The Battle for Britain: Crises, Conflicts and the Conjuncture*》, 《노동 계급 문화: 역사와 이론 연구*Working-Class Culture: Studies in History and Theory*》(공저), 《위기 관리》(공저) 등이 있다.

브라이언 로버츠 Brian Roberts는 영국 더럼대학교 응용사회과학부 초빙 교수로 범죄 이론과 사회 이론을 연구하고 있으며, 버밍엄대학교 현대문화연구소에서 공부했다.

딕 헵디지 Dick Hebdige는 하위문화와 미디어 이론가로 미국 캘리포니아대학교 샌타바버라 캠퍼스 명예 교수다. 저서로는 《하위문화: 스타일의 의미*Subculture: The Meaning of Style*》, 《컷 앤 믹스: 문화, 정체성과 카리브 음악*Cut 'n' Mix: Culture, Identity and Caribbean Music*》, 《빛 속에 숨기: 이미지와 사물론*Hiding in the Light: On Images and Things*》 등이 있다.

폴 E. 윌리스 Paul E. Willis는 영국 케임브리지대학교에서 문학 비평을 공부한 후 버밍엄대학교 현대문화연구소에서 박사 과정을 마쳤다. 버밍엄대학교, 울버햄프턴대학교, 킬대학교 등에서 재직했으며, 현재 미국 프린스턴대학교에서 사회학을 가르치고 있다. 저서로는 《학교와 계급 재생산*Learning to Labour*》, 《세속 문화*Profane Culture*》, 《민속지학적 상상력*The Ethnographic Imagination*》 등이 있다.

콜린 웹스터 Colin Webster는 범죄와 빈곤, 불평등 문제를 다룬 연구자로 영국 리즈 베킷대학교의 범죄학과 명예 교수다. 저서로는 《인종과 범죄의 이해*Understanding Race and Crime*》, 《빈곤의 이행: 사회적 배제와 청소년*Poor Transitions: Social Exclusions and Young Adults*》(공저) 등이 있다.

이언 M. 챔버스 Iain M. Chambers는 영국의 문화연구자이자 사회학자로 이탈리아 나폴리 오리엔탈대학교 교수다. 킬대학교와 버밍엄대학교에서 공부했다. 저서로는 《도회적 리듬*Urban Rhythms*》, 《대중문화: 대도시의 경험*Popular Culture: The Metropolitan Experience*》, 《경계의 대화: 포스트모더니티 순례*Border Dialogues: Journeys in Postmodernity*》 등이 있다.

체스 크리처 Chas Critcher는 영국 셰필드 할람대학교 명예 교수로 버밍엄대학교 현대문화연구소에서 공부했다. 저서로는 《도덕 공황과 미디어*Moral Panics and the Media*》, 《위기 관리》(공저) 등이 있다.

그레이엄 머독 Graham Murdock은 영국의 대표적인 미디어 정치경제학자로 러버러대학교 명예 교수다. 런던경제대학교를 졸업하고 서섹스대학교에서 예술 문학 사회학으로 박사 학위를 받았으며 레스터대학교 교수로 재직했다. 저서로는 《커뮤니케이션 정치경제학 핸드북*The Handbook of*

Political Economy of Communication》,《공론장*The Public Sphere*》.《디지털 시대와 미디어 공공성: 미디어, 문화, 경제*Media, Culture and Economy: Critical Interrogations*》 등이 있다.

앤절라 맥로비 Angela McRobbie는 대중문화와 젠더, 페미니즘 분야의 대표적인 문화연구자로 영국 런던대학교 골드스미스대학 커뮤니케이션학과 교수다. 글래스고대학교를 졸업하고 버밍엄대학교에서 박사 학위를 받았다. 저서로는 《페미니즘과 청년 문화*Feminism and Youth Culture*》,《포스트모더니즘과 대중문화*Postmodernism and Popular Culture*》,《영국의 패션 디자인*British Fashion Design*》,《문화 사회에서*In the Culture Society*》 등이 있다.

사이먼 프리스 Simon Frith는 영국의 대중음악 연구자로 에든버러대학교 음악학과 명예 교수다. 옥스퍼드대학교를 졸업하고 미국 캘리포니아대학교 버클리 캠퍼스에서 박사 학위를 받았다. 저서로는 《록의 사회학*The Sociology of Rock*》,《사운드의 효과*Sound Effects*》,《즐거움을 위한 음악*Music for Pleasure*》,《의례의 수행: 대중음악의 가치*Performing Rites: On the Values of Poppular Music*》 등이 있다.

제프리 피어슨 Geoffrey Pearson은 영국의 범죄학자이자 사회복지학자로 런던대학교 골드스미스대학 범죄학 교수로 재직했다. 2013년 사망할 때까지 청년 범죄와 훌리건주의 등에 관해 많은 연구를 남겼다. 저서로는 《일탈적 상상력*The Deviant Imagination*》,《훌리건주의: 품위 있는 공포의 역사*Hooliganism: A History of Respectable Fears*》,《새로운 헤로인 이용자들*The New Heroin Users*》 등이 있다.

폴 코리건 Paul Corrigan은 영국 런던경제대학교에서 사회정책학을 공부하고 더럼대학교에서 박사 학위를 받았다. 북런던 폴리테크닉대학과 워릭대학교에서 공공의료 분야 담당 교수로 재직하다 학계를 떠나 런던 지방자치 정부, 내각 보건부 장관 특보, 그리고 토니 블레어 노동당 정부에서는 수상 보건 정책 담당 보좌관을 지내면서 전국 의료 서비스 개혁을 추진했다. 저서로는 《폭력적 길거리 소년들의 학교 교육*Schooling the Smash Street Kids*》,《자본주의하의 사회 복지 실천: 마르크스주의적 접근*Social Work Practice under Capitalism: A Marxist Approach*》,《셰익스피어의 경영론*Shakespeare on Management*》 등이 있다.

존 트워힉John Twohig, 레이철 파월Rachel Powell, 제니 가버Jenny Garber, 로빈 맥그론Robin McGron, 스티브 버터스Steve Butters 등은 당시 현대문화연구소의 《의례를 통한 저항》 프로젝트에 참여했으나 현재 정확한 약력을 파악하기 어렵다.

일러두기

• 한글 전용을 원칙으로 하되, 필요한 경우 원어나 한자를 병기하였다.
• 한글 맞춤법은 '한글 맞춤법' 및 '표준어 규정'(1988), '표준어 모음'(1990)을 적용하였다.
• 외국의 인명, 지명 등은 국립국어원의 외래어 표기법을 따랐으며, 관례로 굳어진 경우는 예외를 두었다.
• 사용된 기호는 다음과 같다.

신문 및 잡지 등 정기 간행물, 영화, TV 프로그램 제목 등: 〈 〉

책(단행본): 《 》

옮긴이의 말

나는 오랫동안 스튜어트 홀과 레이먼드 윌리엄스 등 영국 문화연구의 고전 번역 작업을 진행해 왔다. 이 책 《의례를 통한 저항: 전후 영국의 청년 하위문화*Resistance through Rituals: Youth Subcultures in Post-War Britain*》는 내가 그동안 진행해 온 스튜어트 홀 번역 장기 프로젝트에서 다섯 번째 책에 해당한다. 《스튜어트 홀의 문화 이론》(한나래, 1996)과 《문화, 이데올로기, 정체성: 스튜어트 홀 선집》(컬처룩, 2015)이 홀의 대표적인 이론적 저술을 선별해서 소개하기 위한 편역서라면, 《대처리즘의 문화정치*The Hard Road to Renewal: Thatcherism and the Crisis of the Left*》(한나래, 2007)와 《위기 관리: 노상강도, 국가, 법과 질서*Policing the Crisis: Mugging, the State, and Law and Order*》(1, 2권)(박영사, 2023), 《의례를 통한 저항》은 그의 이론을 당대 영국의 특수한 상황에 적용한 일종의 '국면' 분석서다. 현재 번역 중인 《인종은 피부색이 아니다: 스튜어트 홀의 인종, 종족성, 민족 이론 강의*Fateful Triangle: Race, Ethnicity, Nation*》까지 출간된다면, 홀의 사상적 궤적을 보여 주는 대표적 저술 소개를 얼추 마치게 되는 셈이다.

나는 1980년대의 엄혹한 정치 상황에서 스튜어트 홀의 글을 부분적으로나마 처음 접했고, 미국 유학생 시절 본격적으로 공부하게 됐다. 그런데 당시 문화연구를 공부하면서 홀의 글 자체 못지않게 인상적이었던 부분은 당시 홀이 수용되던 방식이었다. 나는 홀을 비롯한 영국 문화연구자의 글이 기본적으로 이론적 주장이면서도 동시에 당시 영국의 상황에 대한 정치적 선언이라고 보았다. 하지만 미국을 비롯한 영어권 학계에서는 홀을 주로 독특한 문화 분석 모델을 제공한 학자로서만 이해한다는 인상을 받았다. 마르크스주의를 비롯해 진보적인 이론을, 현실 정치 세력과의 연계 없이, 주로 학술적 담론으로만 소비하는 미국 학계의 풍토를 감안한다면 어쩌면 그다지 놀라운 일은 아니었다.

귀국 후 살펴보니 한국 학계에서 홀을 수용하는 양상도 별반 차이가 없었다. 내가 몸담은 언론학계에서는 다양한 진보적 사상가의 이론이 갖고 있는 정치적 문제의식을 세심하게 구분하지 않고 '비판 커뮤니케이션'이라는 두루뭉술한 범주로 묶어서 파악하는 관행이 있었다. 이 때문에 홀을 비롯한 영국 문화연구의 주장이 원래의 정치적 맥락과 문제의식을 상실하고 학자들 사이에서 일종의 언어적 유희로 흐르는 데 불만을 갖게 되었다. 이는 무엇보다 홀의 원저작을 찬찬히 비판적으로 읽기보다는, 아마도 편의상, 영어권 2차 문헌을 통해 소개된 틀을 통해 이해하는 습관도 한 가지 요인일 것이다. 처음에는 홀의 이론적 글을 선별적으로 번역해서 소개하다가 두꺼운 현상 분석서 번역에 본격적으로 매달리게 된 데는 이러한 정황도 작용했다. 어떤 사상가의 전모를 이해하는 데는 원저작을 읽는 것보다는 더 나은 소개서가 없기 때문이다.

이 책은 2차 세계 대전 직후 영국의 청년 하위문화 현상을 버밍엄학파 문화이론 특유의 문제의식과 관점에서 분석한 것이다. 청년 담론이나 청년 문화에 관한 학술적 논의는 전후에 상당히 많이 나왔는데, 이 담론들은 자본주의가 가져온 풍요의 시대에 계급이 점차 소멸하고 세대(청년)가 사회를 설명하는 새로운 범주로 부상했다고 주장하는 데 활용되었다. 하지만 이 문화를 전후 영국 사회가 거친 사회적, 정치적, 역사적 변화라는 폭넓은 관점에서 파악하고 그 정치적 의미에 초점을 맞춘 연구는 드물었다. 이 책은 테드족, 모드족, 스킨헤드족, 라스타파리안, 소녀문화 등 전후 영국에서 유행한 광범위한 청년 하위문화를 당시의 사회적, 문화적 맥락 안에서 세밀하게 살펴보고, 이러한 다양한 문화가 당시의 사회 변화를 어떻게 반영하며, 이들이 여기에 어떻게 반응했는지 고찰한다.

2차 세계 대전 이후 영국은 주도적 자본주의 국가의 지위에서 밀려나 서서히 쇠퇴해 간다. 전후 잠깐 동안의 호경기가 지나고 기나긴 불황이 지속되는 가운데 소비주의와 탈계급의 신화가 위세를 떨치게 된다. 하지만, 그 그늘 아래에서는 구 식민지 이주민 증가, 구 산업 도시 몰락, 도심 빈민가 형성, 인종주의, 범죄, 마약, 성적 관용성과 이에 대한 반발 등 급격한 사회 변화와 더불어 온갖 퇴행적 사회 문제가 모습을 드러낸다. 청년 문화는 이처럼 다양한 흐름이 결집해 표면적으로 나타난 현상으로, 단순히 일시적인 사회 '병리' 현상이 아니라, 일종의 장기적이고 역사적인 '국면' 분석이 필요한 대상이라고 저자들은 간주한다. 실제로 모드족, 스킨헤드족, 라스타파리안 등에 관한 논의를 읽다가 보면, 전후 영국 사회의 급격한 변화 속에서 계급과 인종, 젠더, 세대 등 다양한 구분들이 서로 교차하면서 집단별로 독특한 문화를 형성해 나가는 역동적 과정이 머릿속에 그려진다.

흔히 알려진 것처럼 영국 문화연구가 자본주의의 경제 논리와 계급적 사회관계라는 마르크스주의의 문제의식을 폐기하고 문화와 의미 문제로 전환했다는 평가는 일견 타당하면서도 사실과 다소 거리가 있다. 비록 고전적 마르크스주의의 경제적 결정론에서 탈피하긴 했지만, 홀을 비롯한 버밍엄학파의 문화 분석에서 계급과 자본의 문제는 일종의 전제처럼 깔려 있다. 이 계급적 사회관계가 경제적 논리보다는 훨씬 더 다양한 인종, 젠더 같은 사회적 범주들과 상호 작용하면서 구체적이고 상대적으로 비결정론적이며 복합적인 모순을 통해 만들어진다고 파악할 뿐이다. 이 점은 홀이 전후 유럽에서 정통 좌파의 교조주의 마르크스주의에 맞서 등장한 뉴 레프트 운동에서 주도적으로 활동했고, 이 흐름의 대표적 목소리인 〈뉴 레프트 리뷰*New Left Review*〉의 창간 편집자였다는 사실에서도 잘 엿볼 수 있다.

가령 전후 소비주의의 물결하에 노동 계급 의식이 소멸해 가는 듯해 보였다. 하지만 다양한 청년 하위문화는 이 주체들이 노동 계급의 여건을 직접 경험하거나 '상상적' 방식으로 체험하면서도, 때로는 흑인 이민자의 카리브 문화를 수용하고 상업적인 대중문화와도 타협하면서 계급적 환경의 결정에서 벗어난 독특한 문화를 주체적으로 형성해 가는 양상을 잘 보여 준다. 하위문화는 계급이 인종과 젠더 등 다양한 사회적 구분과 접합되는 장으로서, 동시에 체제 포섭, 저항, 타협이 이루어지는 공간이기도 하다는 점에서, 문화연구자들에게 새로운 정치적 함의를 지니는 전략적 요충지로 부상한다.

홀을 비롯한 연구자들이 보기에 하위문화에서 나타나는 다양한 (그리고 외부인에게 기괴하고 낯설기까지 한) 현상들은 하위문화 공동체 내부인에게는 집단 정체성을 확인하고 재생산하는 일상화된 문화적 장치, 즉 의례 구실을 한다. 이 하위문화는 구성원인 노동 계급 청년들이 처한 구조적 환경의 산물이지만 동시에 이들이 주어진 환경의 압력에 맞서 주체적으로 헤쳐나가는 과정의 산물이자 모순된 환경을 극복하려는 저항 과정이 될 수도 있다. 이 책의 제목인 '의례'를 통한 '저항'은 바로 저자들의 이러한 시각을 압축해서 보여 준다.

이러한 문제의식하에 홀을 비롯해 버밍엄대학교 현대문화연구소를 중심으로 활동하던 젊은 문화연구자들은 당대의 문화 현상을 분석하는 다양한 작업에 몰두했다. 홀은 《의례를 통한 저항》 저술 과정에서 딕 헵디지, 폴 윌리스, 앤절라 맥로비, 존 클라크, 토니 제퍼슨, 체스 크리처등과 함께 작업했다. 이들은 이후 모두 저명한 학자로 성장했지만 당시에는 연구소 소속이거나 연구소와 관심사를 공유하면서 활동하던 젊은 대학원생에 불과했다. 《의례를 통한 저항》뿐만 아니라 《위기 관리》에서도 비슷한 방식으로 작업이 진행되었다. 이 공동 연구들은 대개 연구소 내에서 연구 관심사별로 활동하던 하위문화연구회Sub-Culture Group, 노상강도연구회CCCS Mugging Group 등 하위 연구 집단의 연구를 기반으로 해서 발전시킨 것이다. 당시 아직 소장 학자이던 홀은 이 젊은이들과 함께 공부하고 자료를 분석하고 토론하면서 열정적으로 연구를 계속했다. 이 때문에 홀이 단독으로 쓴 책이든 공동 저술이든 이론과 현실을 보는 홀의 문제의식이 일관되게 반영되어 있다.

홀이 이러한 연구 방식을 선택한 것은 여러 가지 측면에서 의미가 있다. 한편으로는 당시 버밍엄 현대문화연구소 구성원들은 문화연구를 개개인의 학문적 성취가 아니라 일종의 집단 작업이자 실천으로서의 성격을 띤다고 보았기 때문이다. 다른 한편으로는 자메이카 출신의 흑인 이주민인 홀의 입장에서는 이 젊은이들의 시각과 문제의식을 연구에 투입한 덕분에, 당시 영국 문화와 사회의 결을 좀 더 생생하고 세밀하게 읽어 낼 수 있었을 것이다.

《위기 관리》와 《대처리즘의 문화정치》가 좀 더 거시적인 국가, 체제, 경제, 언론 등 이른바 공적 영역 수준에까지 논의를 확대했다면, 《의례를 통한 저항》은 당시 노동 계급 청년 집단들의 여가 활동과 생활 방식 등 사적 영역에 분석의 초점을 맞춘다. 하지만 이 책들은 홀의 사상에서 다양한 측면을 총체적으로 이해하는 데 빼놓을 수 없는 상호 보완적인 성격을 띤다. 각기 분석 대상은 다소 다르지만 전후 영국 사회의 미시적 문제에서 자본주의의 구체적 모순을 읽어 낸다는 점에서 《의례를 통한 저항》은 그 후에 나온 《위기 관리》나 《대처리즘의 문화정치》와 서로 일맥상통하는 저술이라고 볼 수 있다.

특히 홀은 현실에 대한 문제의식과 분석 방식에서 일반화된 이론적 명제를 추출하는 데 주력하기보다는 구체성과 특수성을 강조했다. 그래서 그의 이론적 저술은 구체적 현실 분석과 함께 읽을 때 비로소 제대로 이해할 수 있다. 홀을 비롯해 이른바 버밍엄학파의 학자들은 대개 구체적인 문화 현상 분석에 몰두했다. 이 때문에 민속지학, 담론 분석이나 기호학 등 구체적인 문화 현상 분석에 적용할 만한 분석 방법을 정교하게 발전시켰고, 실제로 연구자에게 귀감이 될 만한 연구 사례도 많이 남겼다. 하지만 홀과 동료들이 추구한 구체성은 단지 연구 방식이나 분석 수준에 그치지 않고 현실을 보는 문제의식이나 이론 자체의 수준에까지 확장된다. 홀은 당시 이론적, 분석적 작업에서 제시한 주장이 다른 사회에도 확대 적용될 수 있는 어떤 일반적 명제 역할을 할 것이라 기대하지는 않았고 그렇게 되어서도 안 된다고 주장했다. 홀이 보기에 현실에 대한 문제의식은 구체적인 시공간적 상황, 즉 그가 안토니오 그람시를 따라 '국면conjuncture'이라 부른 상황에만 적용되는 특수성을 띤다. 이 국면에 적용되는 모순, 혹은 달리 표현하자면 당대 상황에 적합한 이론적, 정치적 문제의식은 분석 대상만큼이나 특수하고 구체적인 것이다.

그런데 역설적으로 홀의 문제의식과 분석 대상이 지니는 구체성과 특수성이야말로, 이 책들이 출간 당시의 시공간이란 맥락을 훌쩍 뛰어넘어 멀리 2020년대 한국 사회의 문화연구자에게도 시사점을 던져 줄 수 있는 이유이기도 하다. 홀이 지적했듯이, 문화연구자에게 이론이란 현실에 도식적으로 적용하는 도구이자 모델이 될 수는 없다. 그렇지만 우리 사회가 당면한 현실을 끊임없이 날카롭게 성찰하면서 문제점을 찾아내고, 구체적인 작업을 통해 이를 규명하다 보면 홀의 저술에 나와 있지는 않지만 우리 상황에 적합한 해답을 나름대로 찾아낼 수 있을 것이다. 홀의 저술을 읽는다는 것은 이러한 작업을 할 수 있는 지적, 정치적 감각을 훈련하는 과정에 가깝다. 아마 이 점이야말로 홀이 생애 내내 강조한 문화연구자의 자세가 아니었나 싶다.

이 점을 감안할 때 홀이 주장한 명제들은 이론적 저술보다는 오히려 당대 영국 사회의 국면 분석서인 《의례를 통한 저항》과 《위기 관리》 등의 저서에서 빛을 발한다. 《의례를 통한 저항》은 1975년 버밍엄 현대문화연구소에서 간행하는 〈문화연구 초고〉에 처음 소개되었다가 이듬해 책으로 발간되었으니 영어권 독자에게도 낯설 정도로 오래된 글이다. 그런데 최근 이 책뿐 아니라 홀의 여러 초기 저작이 소개문을 덧붙인 채 제2판 형식으로 속속 재간행되고 있다. 이는 과거 영국의 특정 시점에 대한 홀의 국면 분석이 긴 시간적 거리를 뛰어넘어 21세기 독자들에게도 시사점을 줄 수 있기 때문일 것이다. 마찬가지로 1975년 당시의 영국 청년 하위문화에 관한 시의적 분석서인 《의례를 통한 저항》을 2020년대 한국 사회의 독자들에게 뒤늦게나마 번역해 소개하는 이유도 바로 여기에 있다.

우리와 시공간적 거리가 먼 맥락에서 집필된 글을 한국 독자용으로 옮기는 과정은 쉽지 않았다. 1970년대 영국 학자 특유의 길게 늘어지고 복잡한 문체를 현대 한국어 구문에 맞게 간결하게 재구성하는 작업이 필요했기 때문이다. 당시의 사건, 인물, 단체, 지명, 유행어 등 낯선 용어에 대해 일일이 역주를 다는 과정도 수행해야 했다. 아무쪼록 이러한 취지에서 시작된 옮긴이의 작업이 영국 문화연구자들의 고민과 해답 모색 과정을 이해하는 데 도움이 되고, 이를 통해 한국 사회 고유의 문화연구를 정립하는 작업의 계기가 되었으면 하는 희망을 품어본다.

다시 한번 《의례를 통한 저항》을 짚어 보다

30년 전 여름[1975], 《의례를 통한 저항*Resistance through Rituals*》은 버밍엄대학교 구 현대문화연구소Centre for Contemporary Cultural Studies(CCCS)의 연례 저널인 〈문화연구 초고*Working Papers in Cultural Studies*〉의 통합호(7/8)로 출간되었습니다. 이듬해 허친슨 출판사가 다시 책으로 발행했고 이후 계속 절판되지 않고 판매되었지요. 그러다가 허친슨이 로틀리지 출판 그룹 일부가 되면서, 이렇게 새로운 판으로 발행되었습니다. 이 책이 장수를 누렸고 오랫동안 계속해서 관심을 자극해 왔음을 감안하면, 《의례를 통한 저항》 프로젝트가 무엇이었는지 질문하는 것은 정당하고 중요해 보입니다. 바로 이 책은 출간된 이래 어떤 토대에 근거하고, 어떤 도전과 비판을 받았는가, 정확히 현대에 어떤 관련성을 갖고 있는가 하는 질문입니다.

1부: 프로젝트

이 책에 계속 실린 원래의 '서론'은 유용하게도 이 책을 연구소의 더 광범위한 작업의 맥락 안에 배치했습니다. 일부 공감이 가는 사항도 주장했습니다. 그리고 이 책의 역할은 이 한 권 안에 폭넓은 범위의 연구를 결집하는 데 있다고 규정했습니다(여기에는 폴 윌리스Paul Willis, 이언 체임버스 Iain Chambers, 레이철 파월Rachel Powell, 제니 가버Jenny Garber, 체스 크리처Chas Critcher 처럼 하위문화연구 집단의 정규 구성원이 아니었던 수많은 연구소 대학원생과 폴 코리건Paul Corrigan, 제프리 피어슨Geoffrey Pearson, 존 트워힉John Twohig, 그레이엄 머독Graham Murdock, 로빈 매크론Robin McCron, 사이먼 프리스Simon Frith, 스티브 버터스Steve Butters 를 비롯해 실제로 연구소 소속조차 아니었던 여러 저자도 포함됩니다). 서론은 이 책이 필연적으로 잠정적이고 미완성에 진행 중인 성격을 띨 수밖에 없다는 사실과 더불어 이 책이 널리 지적인 빚을 지고 있음을 시사했습니다. 이 글은 이 책이 연구소 다른 곳에서 진행 중이고 이후 출판된 작업, 특히 폴 윌리스의 《학교와 계급 재생산*Learning to Labour*》(1977), 《세속 문화*Profane Culture*》(1978)와 맺는 관계를 명시했고, 이와 연계되면서도 강조점이 다르며 결국 《위기 관리*Policing the Crisis*》(Hall et al., 1978)로 귀결된 작업의 방향을 지향했습니다. 이 글은 또한 연구소의 지적 실천이 집단적 성격을 띤다는 점과 여기에 따르는 어려움도 강조했는데, 이 책 자체가 그러한 어려움을 드러내는 예를 풍부하게 담고 있습니다. 또한 서론은 이 실천이 단일 저자의 학술적 논제라기보다는 느슨하고 주제별로 조직된 성격을 띠고 있음도 강조했습니다.

이러한 단서 조항을 반복하는 이유는 이 책을 현대 독자를 위해 재맥락화하려는 데도 있습니다. 이러한 부류에 속하는 모든 텍스트의 운명이 그렇듯이, 이 책은 불가피하게 구체적인 시간과 맥락에서 분리되어 독자적인 생명을 얻게 되었기에, 저자들이 때로는 인정하기 어렵고 철저하게 비판한 방식으로, 또한 종종 원래 위치와 동떨어진 학문 분야와 담론 내에서 선별적으로 수용되기도 했습니다. 이 점은 담론적, 해석적 작업에서는 본질적인 부분이기에 여기에 대해 불평하고 싶지는 않습니다. 그러나 비록 더 이상 특권화된 해석자가 아니긴 해도 저자들은 롤랑 바르트Roland Barthes가 한때 단정했던 만큼 아예 '사망해 버린' 인물이 아니며, 따라서 또 다른 장소, 끊임없이 전개되는 연쇄에서 또 다른 고리의 담론에 다시 진입할 수 없는 것도 아닙니다.

제도적으로 볼 때, 연구소의 하위 연구 집단은 원래 '진행 중인 작업work-in-progress' 세미나로 알려진 연구 중간 발표 행사의 확장물로 탄생했습니다. 하위문화연구 집단은 다른 연구 집단에서라면 '경험적 연구' 수준에 상응하는데, 이들의 작업은 이 저널 후속 호와 허친슨 출판사의 시리즈물로 출간되었습니다. 이 모든 연구 집단의 작업은 주간 이론 세미나에서 전개되는 광범위한 이론적 논쟁의 '틀 안에서 이루어졌으며,' 그 세미나에서는 폭넓은 학제 간 독서와 개념적 토론 프로그램이 치열하게 전개됐습니다. 하위문화연구 집단은 '청년 문화' 현상의 다양한 측면을 검토하는 연구소의 개별 대학원 연구 프로젝트 집단에 공통된 준거점을 제공하는 데 목적을 두었습니다. 《의례를 통한 저항》에서는 하위문화를 이 광범위한 현상에서 특히 뚜렷하게 구조화된 한 측면으로 파악했습니다. 따라서 하위문화연구 집단은 이 프로젝트에 토론, 논쟁, 오리엔테이션 공간을 제공했습니다. 이 연구 집단은 배경 독서를 '집단화'해서 수행했고, 공통 주제를 중심으로 연구소의 작업 프로그램을 통합하는 데 이바지했으며, '근거 이론화grounded theorising' 과정을 촉진했습니다.

하위문화연구 집단이 폭넓은 문화연구 내에서 이러한 위치를 차지한다는 사실이 이후 논쟁에서는 망각되는 경향이 있었습니다. 하위문화 작업은 이 시기 연구소에서 부상하던 독특한 '문화연구' 접근 방식의 진화에서, 비록 세분화되고 '상대적으로 자율적인' 요소이긴 해도, 본질적인 부분이었습니다. 청년 문화의 등장은 당대 영국 문화와 전후 사회문화적 변화 과정에서 가장 독특한 — 실로 '경이로운' — 측면 중 하나였습니다. 그러한 변화 과정은 연구소의 작업 시작 단계부터 이미 연구와 이론화에서 특권화된 대상으로 규정되었습니다. 당시 널리 통용되던 구절대로, 청년은 '사회 변화의 은유'였습니다. 경이로울 정도로 새로운 청년 하위문화를 보면서, 우리는 문화 변동에서 필연적인 저항 대상이 되고 모순된 특징에 대해, 그리고 그러한 '저항'이 표현되는 형태의 다양성에 대해 의문을 제기하게 됐습니다.

이 책의 수많은 글, 특히 긴 이론적 개관인 "하위문화, 문화와 계급"[1장]이 명료하게 밝혔듯이, 이 프로젝트는 당대 문화의 한 '영역'을 구체적으로, 또한 심층적으로 검토하고, **동시에** 이것이 설명적이고 비환원론적 방식으로 더 광범위한 문화적, 사회적 구조와 어떻게 연계될 수 있는지 이해하려 했습니다. 따라서 이는 청년 하위문화 현상을 사회구성체의 일반적인 사회사적, 문화사적 분석과 연계하려는 시도였습니다. 당대 청년 하위문화 현상에 대한 관심은 프로젝트가 스타일적 혹은 '의미작용적' 실천과 상징적 의미에 주목했다는 점, 문화가 그 주체에게 지니는 의미, 문화의 '체험된 경험' 포착에 적절한 질적 분석 방법을 탐색했다는 점에서 드러났습니다. 더 일반적인 분석에 관한 관심은 끊임없이 현상을 더 폭넓은 사회관계와 구성체와 관련짓고, 우리가 윌리스(Willis, 1972)에게서 차용해 (아마도 너무 순진하게) 요소 간의 '상동성homologies'이라 부른 것을 모색하는 데서 잘 드러납니다.

비록 문화연구는 '문화'를 특권화된 진입점으로 삼고, 그러한 의미에서 인문학과 사회과학에서 '문화적 전환cultural turn'을 이미 초기부터 선언한 셈입니다. 하지만 문화연구의 목적은 카를 마르크스Karl Marx가 "최후의 심급에서 경제에 의한 결정"이라 부른 개념을 문화적 결정론으로 대체하고자 하는 데 있지 않았습니다. 문화연구의 목적은 '문화'와 '사회'로 규정된 저 '상대적으로 자율적'이면서도 결코 서로 배타성을 띠지는 않는 여러 관계들 간의 관련성을 분석하고 이해하는 것입니다. 레이먼드 윌리엄스Raymond Williams가 초기 저작(1958)에서 두 용어를 대비시킨 것은, 물론 《의례를 통한 저항》이 뚜렷이 보여 주듯이 아주 다양한 부류의 작업이 포함되었긴 하지만, 그러한 의미에서 형성 단계의 문화연구 기획에 대단히 중요했음이 밝혀졌습니다. 하지만 좀 더 전통적인 사회학적 탐구와 달리, 《의례를 통한 저항》은 사회적 측면만큼이나 상징적 측면을 대단히 중시했습니다. 이 점은 딕 헵디지Dick Hebdige(1979: 1)가 간결하게 표현했듯이 '하위문화와 스타일'이라는 구절이나, 둘 사이의 복잡한 연계나 매개의 이론화에서도 드러납니다. 모든 점에서 하위문화 프로젝트에서는 연구소의 이론적 우주에 이미 파장을 일으키고 있던 더 큰 개념적 질문들이 모습을 서서히 드러내고 있었습니다. 그중에서도 안토니오 그람시Antonio Gramsci의 '헤게모니,' 루이 알튀세르Louis Althusser의 '상대적 자율성'과 '개인이 자신의 실제 존재 조건과 맺는 상상적imaginary 관계,' 바르트와 클로드 레비스트로스Claude Lévi-Strauss의 '브리콜라주bricolage' 등이 그러한 개념의 예입니다. 이러한 의미에서 《의례를 통한 저항》은 그 (이론적) 시간의 산물이었습니다.

하위문화 프로젝트가 지배적인 사회학적 '사회' 이해 방식과 다르고 지배적인 문학 혹은 인문학 '문화' 개념과도 달랐던 또 하나는 문화와 권력 간의 연계로 끊임없이 되돌아갔다는 점에 있습니다. 어떠한 의미에서 세대의 탈체제는 더 광범위한 사회 모순을 드러내는 기호였는가? '정치성'이 훨씬 더 확장된 정의를 부여받고, 말하자면 문화를 통해 확장되는 시대에 문화 운동의 정치적 의미와 유효성은 무엇인가? 바로 이러한 맥락에서 이 책의 다양한 접근 방식은 저변을 흐르는 공통된 갈래로서 '**의례를 통한** 저항'(강조점은 필자 추가)의 정치적 유의성, 즉 고도로 스타일화하고 문화적으로 정교화된 사회 운동이 계급 문화와 맺는 관계, 문화 정치가 다른 사회적 저항 형태와 맺는 관계에 관한 질문을 공유합니다. 이 점은 예를 들면 이론적 개관에서 '타협되고 상황적인 해결책'의 논의, '상상적 관계'로서의 하위문화 문제, 혹은 필 코언Phil Cohen(1972: 23)의 용어로는 '마법적 해결책'에 관한 논의에서 검토합니다.

《의례를 통한 저항》은 종종 연구소가 사회학적 탐구에 크게 이바지한 업적으로 해석되었습니다. 하지만 이는 아마 문화연구와 사회학 전통 **사이에 벌어진** 확장된 전투의 장이라고 보는 것이 더 정확할 것입니다. 이는 더 광범위한 이론화 수준에서는 이미 전개되고 있었습니다. 사회학과 인류학에서 따온 핵심 텍스트들은 학제 간 '혼합'에 이바지했고, 이러한 혼합에서 연구소의 독특한 이론적 접근 방식이 등장했습니다. 카를 마르크스, 클로드 레비스트로스와 더불어 막스 베버Max Weber, 에밀 뒤르켐Émil Durkheim, 마르셀 모스Marcel Mauss, 독일의 이해verstehen 전통,[1] 빌헬름 딜타이Wilhelm Dilthey, 알프레트 슈츠Alfred Schütz 등이 이론 세미나에서 '창시자급 텍스트'에 속했습니다. 하지만 사회학을 완성된 학문적 기획으로 포섭한 후, 그 방법을 취해 적용하기만 하면 된다고 여기는 식의 방안은 고려 대상에도 오르지 않았습니다. 이러한 모색에서 저변을 흐르는 질문은 항상 다음과 같았습니다. 즉 이것은 독특한 문화연구식 접근 방식 개발에 어떻게 기여하는가, 이 사상의 전통에서 어떤 측면이 다른 요소와 함께 더 광범위한 이론적 틀에 통합되고 이를 통해 어떤 분석적, 개념적 효과가 발생하는가 하는 질문들입니다.

요컨대, 이러한 작업은 문화 영역에 더 적합한 비실증주의적이고 질적인 방법론과 학제적 사회 탐구 형태 모색의 일부이자, 근본적으로 문화 형태와 사회적 의미 분석을 더 넓은 사회관계 분석과 관련짓는 데 관심을 두는 프로젝트에 꼭 필요한 '이중적 관련짓기double-fitting'의 시도이

1 이 용어는 19세기 후반 이래로 독일 철학과 사회학에서 사회 현상에 대한 '해석적' 혹은 '참여적' 검토를 의미하는 단어로 사용되었다. 빌헬름 딜타이의 해석학, 막스 베버와 게오르크 지멜의 반실증주의 사회학에서 영향을 받아 형성되었다. 지금은 행위자의 관점에서 행동을 이해해야 한다고 주장하면서 실증주의 사회과학과 대립된 입장의 개념이자 방법이라는 의미로 통용되고 있다. — 옮긴이

기도 했습니다. 여기에는 단지 '사회학적 작업하기'뿐 아니라, 우리 목적을 위해, 그리고 어느 정도는 '분야' 외부의 시각에서, 더 오래된 사회학적 사상의 전통들을 발굴하고 재구성하려는 시도가 요구되었습니다. 이 전통들은 미국의 전후 사회학 홍수가 실증주의, 파슨스류, 기능주의를 강조한 덕분에 파묻혀 있었습니다. 그러한 질문과 관심사는 당대 미국의 사회 탐구에서 중요하지만 '비중은 적은' 질적 전통 내에서 계속 진화해 왔는데, 하위문화로의 전환이 특히 우리에게 도움이 된 부분은 이 질문과 관심사가 문화연구와 관련성이 있음을 발견하게 되었다는 점입니다.

이 전통에는 광범위한 저작이 포함되어 있었습니다. 상징적 상호작용론적 연구는 조지 허버트 미드George Herbert Mead에 영향을 받아 행동이 행위자에게 갖는 주관적 혹은 '상징적 의미'를 복원하려 시도하였습니다. 또한 시카고학파 등의 도시 사회학에서 개발된 집중적이고 세심한 관찰에 기반을 둔 민속지학 사례 연구라든지, 사회 인류학에서 차용하여 문화적 세계를 '내부'로부터 묘사하는 수단으로 제보자와 연구자의 적극적 참여를 활용한 참여 관찰 관련 방법이 그렇습니다. 이 접근 방법 중 다수는 주로 좀 더 실증주의적인 접근의 교정 방안으로, 일탈과 비행, 혹은 다른 반사회적 행태 연구에서 시행되었습니다. 좀 더 최근에 오면, 이 접근 방식들은 더 폭넓은 사회를 배제해 버렸다는 비판에 대응해 '사회적 반응'을 설명에 포함했는데, 여기에는 이른바 '일탈' 행태가 미디어와 규제 당국, 기구에 의해 특정한 의미를 부여받는, 즉 '이름표 붙이기labelled'를 당하는 방식도 포함되었습니다.

이 방법론들은 의미 문제에 주목했다는 점, 행위자의 경험과 시각의 정당성을 인정하고, 이들을 행위자 수준으로 복원했으며, 좀 더 객관적 방법들이었다면 배제해 버렸을 방식으로 그들의 설명에 권능을 부여했다는 점에서, 하위문화에 대한 문화연구식 접근 방식에 중요한 의미를 지녔습니다. 당시의 미국 사회학은 사회학적 문제점이란 '사회 질서의 문제'라고 즐겨 말하곤 했습니다. 하지만 이 대안적 접근 방식들은 사회가 합의적이고 규범적 질서이며, 극소수만이 '병리학적' 이유로 이 질서에서 일탈한다는 가정을 흔들어 놓았습니다. 《의례를 통한 저항》에 보고된 사례 연구 중 극소수만이 지속적인 민속지학적 혹은 참여 관찰 방법론의 결과물이었지만, 이 연구에서 좀 더 '민속지학적'인 설명은 모두 클리포드 기어츠Clifford Geertz(1973)의 표현대로 "진한 묘사thick description"의 목적으로 이 방법론들을 차용하고 각색했습니다. 이 논의들의 근저에 흐르는 방법론적 가정은 의미란 세심하게 관찰하고 실천과 관련지어야 한다는 것, 문화 현상은 더 넓은 관계들과 '이중적으로 관련짓기' **전에** 구체적으로, 또한 완전한 특수성 속에서 파악해야 한다는 것이었습니다. 이 책을 잠깐 훑어보면, '민속지학적'이라 부를 만한 수준 확보가 프로젝트에 핵심적 중요성을 지니긴 하지만, 《의례를 통한 저항》은 엄격히 말해 '민속지학적 연구'라고 할 수는 없을 것이라는 주장에 수긍하게 될 것입니다.

2부: 확장, 비판과 반박

《의례를 통한 저항》은 첫 출간 이후 오랫동안 청년 관련 상당수의 작업에서 시금석이 되었는데, 이는 다소 협소한 하위문화연구 분야 내부에 머물지 않았습니다. 실제로 이 책은 처음에는 교육학에 수용되어 개방대학교의 강좌 E202 '**학교 교육과 사회**'에 지정 교재로 채택되었습니다. 물론 놀라운 일은 아니지만, 그러한 관심에는 많은 비판이 뒤따랐는데, 이 중 가장 최근에 나온 비판은 스스로 "탈하위문화적"(Muggleton, 1997; Muggleton & Weinzierl, eds., 2003) 입장을 취하겠다고 선포하기까지 했습니다. 이는 수많은 질문을 제기하는 거창한 주장입니다. 이 책에서 제시한 하위문화 개념은 유효 기간이 지나지 않았는가? 애초부터 잘못 판단한 개념은 아닌가? 하위문화가 어떤 근본적인 점에서 변화한 것은 아닌가? 우리가 하위문화와 관련짓고자 애쓴 사회 세계가 현재의 사회 세계와 아주 다른 것은 아닌가? '하위문화'와 사회의 관계가 변하진 않았는가? 그 결과 이 변화의 일부 혹은 전부를 파악하기 위해서는 새로운 '탈하위문화' 이론적 언어가 필요한가? 이것들은 어느 정도는 명시적으로, 전체적으로나 부분적으로, 《의례를 통한 저항》에 대한 비판적 반응의 저변을 흐르는 거창한 질문들입니다. 또한 그러한 반응으로 개시된 주된 탐구 방향을 개관하려는 우리의 시도와 이어지는 갈래들도 제시해 줍니다.

여러 문제점이 있음에도 불구하고, 하위문화 담론은 계속해서 사용되었습니다. 최근 로틀리지 출판사가 발간한 《하위문화 선집*The Subcultures Reader*》(Gelder, 2005) 2판은 1판(Gelder & Thornton, 1997)에 실린 (원래 글 55편 중에서) 30편을 그대로 실었고, 18개 장을 새로 수록하였습니다. 과거 미디어가 테디 보이teddy boys,[2] 모드족mods,[3] 로커족Rockers,[4] 스킨헤드족skinheads[5]

2 테디 보이, 혹은 테드족은 1950년대 초에서 1960년대 초까지 영국에서 유행했던 하위문화로, 10대로 차별화된 최초의 청년 하위문화였다. 에드워드 시대의 신사복 스타일이 특징이다. 원래 이 복장은 런던 남성복 거리인 새빌 로에서 2차 세계 대전 종전 후 복귀한 젊은 장교층을 겨냥해 출시했으나 인기가 없어 판매 부진으로 재고 처리했는데, 이를 10대들이 수용하면서 테디 보이 스타일로 정착되었다. 이들의 음악 취향은 주로 미국의 로큰롤과 관련이 있었다. — 옮긴이

3 모드족은 1960년대에서 1970년대 초까지 영국에서 유행하던 청년 하위문화의 한 갈래다. 독특한 패션과 음악 등으로 구별된 모드족은 양복과 깔끔한 옷차림으로 주로 스쿠터를 타고 다녔다. 당시 유행하던 소울, 리듬 앤 블루스, 비트 등의 장르를 즐겨들었다. — 옮긴이

4 로커족은 2차 세계 대전 이후 오토바이가 보급되면서 등장한 하위문화로, 주류 가치를 거부하고 오토바이를 자기표현 형태로 삼았다. 레더 보이스leather boys, 톤업 보이스ton-up boys 등 이름은 달라도 비슷한 성격의 집단이 여럿 존재했다. 검은 가죽 재킷, 부츠 등의 옷차림이 특징이었고, 주로 1950년대 미국의 로큰롤을 선호했다. — 옮긴이

5 스킨헤드는 1960년대 말 런던에서 처음 등장한 하위문화로, 밀어 버린 머리와 전통적 노동계급 복장으로 시각적으로도 강한 인상을 주었다. 초기에는 근검성과 보수주의 등을 거부하고 사회적 소외와 노동 계급 연대 추구에서 출발하는 비판적 성격을 띠었다. 문화적 스타일에서

등등에 관심을 두었던 것과 마찬가지로, 최근 미디어는 '후디hoodie'의 의미에 상당히 집착했습니다. 실제로 〈가디언*The Guardian*〉지가 한 주에 걸쳐 이 현상을 검토한 것은 이 하위문화적 계보를 명시적으로 인정한 셈입니다. 한 언론인(McLean, 2005: 3)은 이 책의 원래 기고자 중 한 명인 앤절라 맥로비Angela McRobbie에게서 인용문도 따왔습니다. 맥로비는 다음과 같이 말했다고 전해집니다.

> 이제는 철저하게 주류가 되었고 에미넘Eminem 등에 이르기까지 음악의 글로벌 경제에서 핵심 부분을 차지하게 됐지만, 출발점은 분명히 미국의 흑인 힙합 문화다. 일상복에서 차용한 레저웨어와 스포츠웨어는 사무실[정장]이나 학교[교복] 세계와의 거리를 시사한다. 랩 문화는 사회적 배제의 경험을 말로 풀어놓으면서 불복종을 찬양한다. 음악적으로나 스타일적으로나 이는 분노와 격정뿐 아니라 위협과 위험을 투사한다. [후드 달린 윗옷은] 젊은이, 대개는 소년들이 수많은 옷 중에서 선택한 한 가지로, 자신들이 '아무런 쓸모가 없는' 존재임을 시사하는 의미로 각인되어 있다. 과거에는 그러한 수용은 대개 특정한 청년 문화 구성원에게 국한되었지만 — 가죽 재킷, 본디지 팬츠[6] — 오늘날 젊은이들 사이에서는 자신들의 음악과 문화적 선호를 이렇게 널리 과시하고, 이에 따라 나이, 종족성과 계급 경계를 넘어 소년들이 후디를 채택하는 것이 표준이 됐다.

이 주장의 흐름은 후디의 '출발점'을 지목하고 그 스타일 요소를 분

도 모드 하위문화와 자메이카 이주민 문화의 요소를 차용하고, 음악 취향에서도 스카, 록스테디rocksteady, 레게 등 흑인 문화를 많이 수용했다. 그러나 1970년대 이후에는 인종주의적 공격과 축구장에서의 난동 등 폭력으로 점차 악명을 떨치게 됐다. — 옮긴이

6 본디지 팬츠bondage pants/trouser는 청년 하위문화인 펑크룩의 대표적 패션이다. 타탄 재질의 바지에 지퍼, 체인, 고리 등 다양한 장식이 달린 스타일이 특징이다. — 옮긴이

석하며, 그것의 어떤 의미를 주장하는 (노동의 세계와 거리를 두고, 위협과 불복종 등을 투사하는) 형태를 띱니다. 이는 폭넓게 보자면 《의례를 통한 저항》 전통 내부에서 여전히 작동하는 것처럼 느껴집니다. 하지만 달리 보자면, 이는 예를 들면 후디를 입는 것은 나이, 종족성과 계급 경계를 넘어선다고 주장함으로써 원래의 전통을 뛰어넘습니다. 이러한 '이중성' — 오래된 것 속에서 여전히 쓸 만한 요소는 버리지 않으면서도 새로운 것을 승인하는 — 은 고수해야 할 가치 있는 모티브처럼 보입니다. 이는 아마도 우리의 비판자들이 항상 달성하지 못한 어떤 목표인 하나의 종착점을 예견하는 일일 것입니다.

'생애사/현상학/체험하며 살아가기'

> 어떤 식으로든 '의례를 통한 저항' 틀 속의 문제점은 대부분 이론의 세 번째 수준에서 발견할 수 있는데, 바로 하위문화 당사자가 실제로 하위문화를 어떻게 체험하며 살아가는가 하는 문제다. 여기서 계속되는 골치 아픈 의미는 이 삶과 자아, 정체성이 이들이 원래 나타내게 되어 있는 것과 항상 일치하지는 않는다는 점이다. (Cohen, 1980/2005: 167)

스탠 코언Stan Cohen은 우리 이론의 '지적 휘황찬란함'과 우리 행위자의 상황적 행동의 '직접적인 정서적 기조와 만족' 간의 불일치에 관해 불만을 제기한 최초의 인물 중 한 명입니다(Cohen, 1980/2005: 168). 이 불만은 이후에도 꾸준히 다시 부상했는데, 가장 최근에는 크리스 젱크스Chris Jenks(2005: 128)의 아이디어로 제기됐습니다. 젱크스는 다른 사람들은 실제로 우리 작업이 민속지학에 근거한다고 보았는데도(Redhead, 1997a: 2), 정작 우리는 젊은이들의 삶에 대해 '이론적 통제'를 지나치게 많이 행사했다고 비판했습니다. 코언은 대상자의 시각에 정당성과 권위를 부여하는 데서 민속지학적 접근이 가치가 있음을 유려하게 재확인했습니다. 하지만 앞서 설명하려 했듯이 우리 사례 연구의 대다수는 엄격한 민속지학적 방법론에 따라 수행되지 않았습니다. 이처럼 잘못된 인식은 부분적으로는 책에서 이러한 구분을 하지 않은 데서 유래합니다. 부분적으로 이는 《의례를 통한 저항》 '전통'이 탄탄하게 민속지학적인 윌리스(Willis, 1977; 1978)의 저작을 포괄한다고 착각하는 사례가 종종 있었기 때문이기도 합니다. 윌리스의 저작은 실제로 《의례를 통한 저항》과 똑같은 시점에 수행되었지만, 하위문화연구 집단 작업의 일부는 아니었습니다.

늘 그렇듯이 가장 혹독한 비판 중 일부는 내부에서 나왔습니다. 코언의 비판이 나온 지 1년 후, 게리 클라크Gary Clarke의 "스키 점퍼 옹호하기"가 연구소의 논문 초안으로 등장했습니다. 이 글은 '《의례를 통한 저항》에서 논의한 하위문화'가 '본질주의적이고 비모순적인' 물화된 추상화에 불과하다고 혹독하게 비판했습니다.

> 어떤 경험적 분석을 해 보든 하위문화는 느슨하고 산만하고 잡종적 형태를 띤다는 점이 밝혀질 것이다. 예를 들면, 저자들은 '멋쟁이'가 모드족에 국한된다고 간주했지만, 어떤 스킨헤드는 스스로 이 멋쟁이의 가치를 갖추었다고 주장할 수도 있다. 독특한 하위문화를 인류학적으로 분석한다는 것은 그 문화가 유지되고 변형되고 서로 얽히게 되는 과정에 관한 기술이 부재하다는 뜻이다. 이와 비슷하게, 분석이 엘리트주의의 성격을 띤다는 사실(즉 '독창성'에 초점을 두는 것)은 원래 스타일이 타락하고 포섭된다는 극도로 단순화된 논의 외에는, 어떻게 해서 그리고 왜 스타일이 대중성을 띠게 되는지 (그리고 어떻게 해서, 왜 이 스타일이 결국 인기를 잃게 되는지) 파악할 수 없게 된다는 뜻이기도 하다. (Clarke, 1981/2005: 170)

여기서 핵심 이슈는 과연 우리가 하위문화를 본질화하는 경향이 있었는가, 아니면 그 문화가 사실 과거에는 현재 변모한 모습보다는 더 응집력 있는 '운동'이었는가 하는 점입니다. 아마 둘 다 사실일 것입니다(이는 앞으로 우리가 더 탐색할 질문들입니다). 분명히 여기서 제기된 '본질주의' 비판은 이후의 이론적 변화의 전조가 됩니다. 이후 이는 종종 좀 더 근거가 탄탄하고 경험적인 연구의 촉구와 결합해서, 포스트모더니즘에서 가장 즐겨 하는 비판 중 하나가 되었습니다(Muggleton, 1997: 167).

사실 비판을 넘어서 하위문화 참여자의 주관적 생활 세계 연구로까지 확장한 연구는 거의 없습니다. 여기서 세 가지를 생각해 볼 수 있습니다. 즉 서부 호주 퍼스의 소규모 스킨헤드족에 관한 데이비드 먼로David Monroe(1994)의 참여 관찰 연구, '스타일의 포스트모던적 의미'를 검증하기 위해 설계된 데이비드 머글턴David Muggleton(2000)의 신베버주의 인터뷰 기반 연구, '비판적인 내부자' 지위를 활용해 폴 호킨슨Paul Hodkinson(2002: 4~5)이 수행한 '복합 방법, 민속지학' '고스족Goth' 연구 등입니다. 각 연구는 흥미롭고 모두 차별성이 있지만, 과거 《의례를 통한 저항》식 접근을 새롭게 초월하면서도 그 연구의 일부 측면을 확인하는 데 그칩니다. 다음에 소개할 데이비드 무어David Moore(1994: 143~144) 연구의 폭넓은 발견은 과거 요소와 새 요소 간의 공존을 잘 보여 줍니다.

> 스킨헤드가 된다는 것은 하위문화 수준과 개인적 수준 간의 끊임없는 상호작용을 포함한다. 하위문화 수준이 싸움, 음주, 여성 탐닉으로 표현되고, 진정성 판단에서 명시적인 승인을 당연시한다면, 개인적 수준은 수시로 웃기, 조용히 술 마시기, 정해진 파트너와 사귀기, 한결같은 진지함으로 구성된다.

머글턴(Muggleton, 2000: 162~163)의 결론 역시 과거의 요소와 새 요소를 모두 고수하려 합니다. 하위문화란 '전후 모더니즘의 선형적 시간'에 속하는 '고도로 응집력 있고 집단 지향적인 노동 계급'의 실체도 아니고,

'포스트모더니즘의 하위문화적 시간'에 속하는 분산되고 초계급적이고 개인주의적이며 자유지상주의적 '무정형의 혼종'도 아닙니다. 이들은 그보다는,

> 자기표현, 개인적 자율성, 문화적 다양성의 표현이며 …… 이 속성은 전후 노동 계급과 하위 중간 계급 청년 분파의 경험을 점차 규정하게 된 보헤미아적 가치와 선별적 유사성을 띤다. 이러한 의미에서 포스트모던 (혹은 한계성) 노동 계급의 하위문화적 감수성(그리고 이것과 중간 계급 가치 간의 수렴)의 부상은 1960년대 초에 시작된 것으로 추적해 올라갈 수 있다. (Muggleton, 2000: 167)

하위문화적 감수성에서 계급적 수렴이 이루어진 시기를 하위문화가 여전히 광범위한 계급 문화에 뚜렷하게 접합된 것처럼 보였던 1960년까지 추적해 올라가는 것은 너무 단정적으로 표현한 것일 수도 있습니다. 오직 1980년대 포스트펑크post-punk에 이르러 우리는 특히 레이브rave나 클럽 문화에서 '계급과 젠더 간의 수렴' 비슷한 현상을 발견하게 됩니다. 이 점을 감안하면, 머글턴의 주장에는 동의할 만한 부분이 많습니다.

마지막으로 호킨슨(Hodkinson, 2002: 196)은 하위문화 개념을 '상대적 독특성'의 강조, '정체성' 감각 제공, 어느 정도의 '헌신,' 작동의 상대적 '자율성' 등으로 재개념화하면서, 이 개념이 고스족 세계의 특징을 이루는 것을 발견했습니다. 머글턴의 '보헤미안'과 달리 고스족은 "자신들의 유동성보다는 실체를 더 특징으로 했습니다"(Hodkinson, 2002). 이는 과거의 일부 하위문화 개념들을 지지하는 것처럼 비칠 수도 있습니다. 반면에, 고스족은 이러한 측면에서 이전 시기의 하위문화적 형태로 비전형적인 '회귀'를 보여 준 사례에 해당할 수도 있습니다. 하지만 그의 책 역시 자기 스스로 '전통적인 하위문화 이론의 핵심적 문제점'으로 파악한 것과 씨름하는 일을 회피했습니다. 즉 '공유된 구조적 모순의 자생적 표현'으

로서의 하위문화 개념, '저항' 개념이라든지, '진정성'과 '미디어와 상업,' '이윤 동기' 간의 거짓된 대비가 그 예입니다.

이는 모두 '과거의' 하위문화와 새로운 '포스트하위문화적' 세계 간의 변화와 연속성을 모두 보여 준다는 점에서 흥미로운 저작입니다. 이 저작들은 모두 분명히 우리가 《의례를 통한 저항》에서 제시한 것보다 하위문화 '담당자'의 체험된 경험에 대해 더 완벽한 설명을 제시했고, 이를 통해 [《의례를 통한 저항》에 가한] '민속지학적 진정성 결여'라는 비판의 주요지도 충족했습니다. 그러나 그 밖에는 우리가 큰 그림을 그리는 데 여기서 무엇을 더 배울 수 있을까요? 이 경험적으로 근거를 둔 하위문화가 각 시대의 정치적, 경제적, 사회문화적 변화에 어느 정도 '근거하고' 있을까요? 해답은 설혹 달성했다고 해도 '그다지 잘하지 못했음'입니다. 이는 민속지학적 설명에 고질화한 문제점이기 때문에, 그다지 놀라운 일도 아닙니다. 일반적으로 이들의 주된 야망은 '있는 그대로 전해 준다'는 것입니다. 내부에서 들려준 체험된 경험이 곧 특권화된 탐구와 설명 수준인 것처럼 받아들여집니다. 실로 이들은 때때로 이론적 근거 위에서 체험된 경험과 구조적 현실 사이를 연결한다는 발상에 적극적으로 반대합니다. 옳든 그르든 이야말로 바로 문화연구가 하고자 하던 바이자, 《의례를 통한 저항》이 민속지학이 아닌 **이유**이자, 그러므로 그렇게 제안된 경로를 우리 프로젝트를 결정적으로 진전시킨 성과로 보아서도 안 되는 까닭입니다.

이러한 측면에서, 우리에게 가장 강력한 영향을 미친 스탠 코언의 저작 — 모드족과 로커족에 관한 책(Cohen, 1973) — 이 민속지학식 접근방식을 경찰, 미디어와 다른 규율 기구 형태의 '이름표 붙이기'와 '사회적 반응'에 대한 강조와 결합했다는 사실은 기억할 만합니다. 이 결합은 바로 이 책이 우리 사고에 영향을 미친 (그리하여 《위기 관리》의 어떤 핵심적인 개념적 발전을 낳은) 이유이기도 합니다. 폴 윌리스는 《학교와 계급 재생산》에서 '소년들'에 관한 민속지학으로 크게 칭송을 받았는데, 이 저작의 성공이 가능했던 이유도 기억할 만합니다. 바로 더 큰 질문, 즉 '왜 노동 계급 아이들은 노동 계급 일자리에 종사하기로 선택하는가?'에 해답을 찾으려 시도했다는 점에서 데이비드 하그리브스David Hargreaves(1967) 같은 교육 이론가가 이전에 제시한 민속지학 저술을 넘어섰기 때문입니다. 달리 말해, 윌리스는 '학교 교육'이 '소년들'의 체험된 경험과 더 넓은 계급 구조와 문화 사이에 제공한 연결 고리('상동성')를 살펴봄으로써 사회 계급 재생산을 이해하려고 시도했습니다. 그의 해답이 계급과 젠더 간의 상호의존성에 관해 부상하던 논쟁에 이론적으로 기여한 부분 — '소년들'이 중노동의 남성성을 선호해 '펜대 굴리기'와 사무직 노동의 여성성을 거부한다는 사실은 자신의 계급적 운명을 확고히 하는 효과를 낳았습니다 — 도 있다는 사실 역시 이 맥락에서 합당한 기여도를 제대로 인정받지 못했습니다. 어쨌든 문화연구의 하위문화 작업은 바로 이처럼 훨씬 더 큰 지형을 다루기로 되어 있었는데, 좀 더 최근의 민속지학적 하위문화 작업은 그러한 지형을 차지하려는 야망을 아예 포기한 상태입니다. 똑같은 이유로, 하위문화연구의 상당 부분은 실제로는 《의례를 통한 저항》의 문제 틀을 다루지 않고 있는 셈입니다.

계급과 하위문화: 조잡한 결정론인가, 지나친 비결정론인가?

우리가 계급과 문화의 관계에 관해 이론화한 부분은 일찍부터 비판의 표적이 됐습니다. 예컨대 당시 연구소 구성원이던 로스 카워드Ros Coward(1977)는 우리가 계급과 문화의 관계를 보면서 "표현주의적expressive" 시각(즉 문화는 결정력을 행사하는 계급을 단순히 반영한다고 보는 시각)을 채택하고 있으며, 이 때문에 문화에 나름대로 자율성을 부여하지 않았다고 비난했습니다. 반면에 (또한 당시 연구소 구성원이던) 콜린 스팍스Colin Sparks(1977)는 우리가 정반대의 "죄악"을 범했다고 비판했습니다. 좀 더 문화적으로 경도된 마르크스주의를 위해 정통 마르크스주의의 경제결정론 개념을 포기했다는 것입니다. 어느 쪽이든 — 환원론적으로 결정론적이든 아니면 지나치게 비결정론적이든 — 우리가 계급에 두드러진 위상을 부여했다는 사실은 이후의 비판에서도 고정된 요소로 남아 있었습니다. 이는 타당할 수도, 그렇지 못할 수도 있습니다. 아마 당시에는 계급적으로 접합된 문화가 좀 더 가시적이고 좀 더 공고했을 수도 있습니다. 지금은 그렇지 않겠지만 당시에는 이론적 자원을 동원하면서 계급의 준거를 너무 문제의식 없이 '당연시'했던 것 같습니다. 이론적 변화 역시 유행의 변덕에 휘둘리기도 해서, 1970년대 이후 글자 그대로 이론의 봇물이 결국 이 다리 아래로 흘러넘쳤습니다. 아마 이 모든 요인이 함께 작동했을 것입니다. 하지만 하위문화에 대한 단순한 계급적 설명은 결코 당시 프로젝트에서 일부였던 적이 없다는 사실은 강조해야만 하겠습니다. 이 책에서 전개된 이론화의 상당 부분은 **바로 단순히 하나를 다른 하나로 환원하지 않으면서** 하위문화와 계급 간의 연계를 사고하고 실제로 연결 지으려는 꾸준한 시도의 결과로 생겨났습니다. 더구나 이후 수십 년간 상당수의 다른 차원들도 정교화됨에 따라 이론적으로 흥미로운 요소들을 — 세대, 인종, 젠더 — 대거 발굴하게 되었습니다. 지금에야 상대적으로 엉성한 형태로 보일 수도 있겠지만, 이러한 차원 중 상당 부분(내부 비판의 산물로서 젠더 같은 것)은 이 책에도 이미 포함되었습니다.

우리는 지금 이 이슈를 어떻게 보고 있을까요? 이 논쟁은 어느 정도 생산적으로 진행되었을까요? 현대 탈산업 사회는 1960년대와 1970년대 이후 분명히 훨씬 더 개인주의화하고, 사회적으로 파편화하고, 다원주의화해서, 계급과 문화가 이전에 그랬던 것보다 훨씬 더 서로 탈구되었으며, 하위문화의 장 전체도 이전보다 훨씬 더 분산된 상태로 변했습니다. 후기 산업 사회가 탈산업 사회로 이행하는 과정에서 계급 자체의 성격이 변했을 수도 있습니다. 영국은 사회구성체의 역사에 뿌리박은 이전의 계급 구조 형태에서 벗어나 돈과 구매 가능한 라이프스타일에 더 근거한 '미국식' 혹은 '범대서양' 계급 형태로 '이동 중'인 상태로 보인다는 것도 사실입니다. 계급은 스타일적 '해결책'의 생산이나 설명에서 더 이상 일차적 요인이라고 단정할 수 없습니다.

하지만 사회 질서에 관한 사고에서 의미 있는 범주로서 계급이 소멸했는가 하고 묻는다면, 그 대답은 단호하게 '아니오'가 되어야 합니다. 계급 구분은 여전히 존재할 뿐 아니라 모든 삶의 영역에서 삶의 기회life chance[7]와 다른 기회에 막강한 영향을 계속해서 행사합니다. 이러한 영향은 여러 세대에 걸쳐 전수되면서 사회 질서에 뿌리내리게 됩니다. 실로 1980년대에 계급은 흔히 사회적 **무**질서에 관해 사고하는 방안으로서 다시 부상했습니다. 우리는 여기서 보수주의자들이 넓은 의미에서 "비노동, 범죄성과 비합법성의 하위문화"(Morris, 1994: 86)로 파악한 존재인 '하위 계급underclass'을 염두에 두고 있습니다. 계급은 과거의 계급/문화적 구성체의 해체 과정에서 주된 정치 세력인, 대처리즘Thatcherism을 둘러싸고 결집된 담론에서 핵심 용어 중 하나가 되었습니다. 정치적 스펙트럼을 가로질러, 그리고 아마추어 담론과 학술적 담론 내에서 이 용어는 탈산업화에 따른 '새로운 빈곤'과 불평등 확대에 관해 사고하는 수단으로 널리 채택되었습니다(Murray, 1984 & 1990; Dahrendorf, 1985; Morris, 1994; Wilson, 1978 & 1987; Auletta, 1982). 우리가 여기서 이 논쟁의 세부 사항 — 역사적 기원, 구조와 문화 사이의 연결, 인종과 그 저변을 이루는 계급 간의 연결 — 에 사로잡힐 여유는 없습니다(그러나 Wacquant, 2002를 보시오). 조잡하게도 보수주의자들은 문화적 설명을 선호했고, 자유주의자들은 구조적 설명

7 막스 베버의 용어로, 한 개인이 자신의 삶을 획기적으로 향상시킬 수 있는 사회적 기회를 의미한다. — 옮긴이

을 선택했습니다. 하지만 이 용어가 우리에게 관련성을 갖는 이유는 이 논쟁이 탈산업 사회의 엄청난 변혁 과정을 다루려는 시도였다는 데 있습니다. 우리가 하위문화를 이 변화와 연결 짓는 데 관심을 갖게 되면, 필연적으로 이 논쟁과 더불어, 아무리 부적절하다고 해도, 그 논쟁이 기술하고 이해하고 설명하려고 한 새로운 '현실'에 주목하게 될 것입니다. 맥로비(McRobbie, 1998: 3~4)가 간결하게 표현했듯이, 1990년대까지 계급은 삶의 기회의 "움직이는 거시 구조"에 불과했지만, 그래도 "여전히 기회, 기대치와 성과의 전반적인 지도를 제공했습니다."

젠더 문맹과 '사라진 소녀들'

《의례를 통한 저항》에 대해 반복해서 등장하는 다른 비판 중 하나는 젠더에 대한 무지인데, 이는 현재의 페미니즘 관점에서 돌이켜보면 당혹스러울 정도로 자명해 보입니다. 이 책에서도 이 이슈를 다루려는 시도는 했지만(MaRobbie & Garber를 보시오. 또한 Powell & Clarke), 젊은 여성은 청년 하위문화에서 주변적일 뿐 아니라 우리의 이론화 노력에서도 주변적이었음은 여전히 분명한 사실입니다. 젠더와 심지어 섹슈얼리티도 이후에는 구조화하는 차원으로 발전했음에도 이 책에서는 그렇게 활용되지 못했습니다. 그 결과 하위문화 내부에서 거의 전적으로 소년들에게만 주목하게 되었습니다. 그뿐 아니라 (이와 관련해) 소년과 대개 그들의 여가에 기반을 둔 활동의 장에만 주목하기로 한 선택 때문에 누락된 장의 이론적 중요성과 더불어 젠더 차원의 이론적 중요성을 어떻게 해서 간과하게 되었는지 우리는 파악하지 못하게 됐습니다. 그 후에는 '남성과 남성성'을 제대로 젠더화된 관점에서 보게 되었을 뿐 아니라 폭넓은 공적, 가정적 장소에서 젊은 여성에게 훨씬 더 주목하게 되었는데, 이 둘은 이제 청년 하위문화연구보다 훨씬 더 넓은 작업의 장을 구성하고 있습니다.

일찍부터 니콜라스 돈Nicholas Dorn과 니겔 사우스Nigel South(1983/1999: 35)는 소년 소녀의 "여건, 문화, 의식"을 "[확대된] 사회적 분업[개념]과 관련지어 새롭게 사고할" 필요가 있다고 규정했습니다. 이 주장으로 이들이 의미한 바는 젠더를 전면 배치하고 서비스 부문과 비공식 경제뿐 아니라 가정, 가구, 아동 돌봄, 성적 관계의 '사적' 세계까지 포함하는 이해 방식이었습니다. (하지만 — 비록 우리도 당시에 그랬긴 하지만 — 필 코언의 선구적 초기 에세이는 하위문화가 계급 모순의 '마법적 해결책'이라고 주장했는데, 이와 더불어 한 하위문화는 세대별로 특화된 상징 체제로서, 이제는 핵가족화한 노동 계급 가정 내부의 세대 간 갈등을 희석하는 기능을 한다고 보았다는 사실을 잊어서는 안 됩니다[Cohen, 1972: 22]). 일단 페미니스트 학자들이 전반적으로 여성의 세계를 이처럼 새로운 젠더 감수성을 갖춘 시선에 노출시키기 시작하자, 이전의 편협한 하위문화적 접근 방식의 초점을 재조정하는 것은 거의 필연적이었습니다. 가족 관계, 아동 돌봄 책임, 가내 소비의 세계와 점차 더 광범위한 경제 진입, 노동력의 '여성화'를 고려하지 않고 여성의 삶을 완전히 파악할 수는 없게 됐습니다. (물론 이 때문에 일단 이 가정의 차원이 포함되고 나자 남성 연구도 다르게 변모하게 됐고, 이는 연구의 전반적 초점이 '여성 연구'에서 '젠더 연구'로 빠르게 옮아가는 데 기여했습니다.) 하위문화와 대비해, 이른바 청년 연구의 장이라 부를 수 있는 영역 내부에서는 이처럼 폭넓은 방향 재정립이 이루어진 덕분에 탁월한 작업이 무수하게 쏟아져 나왔습니다. 예를 들면 여기에는 ('소년들'을 살펴본 윌리스[1977]의 고전적 연구 《학교와 계급 재생산》의 후속 연구인) 학교에서 노동으로 이행하는 젊은 여성에 관해 자세하게 고찰한 크리스틴 그리핀Christine Griffin(1984)의 연구, 노동 계급 여성 집단의 계급 기반적 여성성에 관한 베벌리 스케그스Beverly Skeggs(1997)의 탁월한 탐구가 포함됩니다.

하위문화연구의 구체적 영역 내부에서 (이 책에서 원래 가버와 맥로비가 제기한) 이 도전을 가장 꾸준하게 받아들인 사람은 맥로비 자신이었습니다. 그 비판 이후, 맥로비는 일단 섹슈얼리티, (젠더에 의해 규정된) 여성의 다른 공간, 여성의 다른 저항과 수용 형태 문제를 제기하고 나면 하위문화연구에 어떤 변화가 일어나게 되는지 탐구하기 시작했습니다. 처음에는 여기에 하위문화 무리 짓기, '갱'과 여가 영역 내부보다는 가정 영역과 '친한 친구와 침실'의 문화 내부에서 소녀들을 추적하는 작업이 뒤따랐습니다. 소녀들이 사적 영역 내에서 더 머문다는 사실은 이들의 아내와 어머니로서의 미래를 예견했다고 맥로비는 주장했습니다. 이후 생애 주기에서 어머니에게 주어진 여가 기회가 좀 더 제한적인 현상은 사춘기 시절 남자 친구 사귀기, 남자 친구와 저녁 시간 보내기, 결혼을 대비해 저축을 중시하는 일 등으로 이미 예견됩니다(MaRobbie, 1980/1991a: 33). 맥로비는 "낭만적 개인주의" 담론(McRobbie, 1991b: 131)을 훌륭한 소년의 사랑을 얻고 유지하는 일과 동일시했는데. 이 시기의 이 담론은 전통적 버전의 여성성, 즉 "10대 소녀층에 **압도적인** 기질"(McRobbie, 1991b. 원저자 강조)을 지탱하는 중추였던 것으로 보입니다. 이 기질은 당시의 소녀용 대중 잡지인 〈재키*Jackie*〉에 유려하게 표현되었습니다. 맥로비는 10대 여성성과 관련된 이데올로기적 구성 요소는 성적 품위 유지가 왜 중요한지, 소녀들이 왜 과도한 음주나 마약 흡입을 피하게 되는지에 관한 함의와 연계된다고 보았습니다(McRobbie, 1980/1991a: 29).

그 후 이 연구들은 젠더에 초점을 둔 접근 방식에 일부 새로운 좌표를 제공했는데, 가정 기반의 여가 이용, 친구 집단, 로맨스, 남자 친구의 중요성, 여성 잡지 등이 그 예입니다. 맥로비는 《의례를 통한 저항》의 원래 하위문화 전통에서 크게 벗어나지 않는 범위에서 여전히 활동하면서 이 좌표들을 개발해 냈습니다. 애초에는 이러한 작업이 《의례를 통한 저항》 프로젝트와 관련된 중점 관심사를 아직 일부나마 공유했습니다. 예를 들면 저항은 여전히 중요한 이슈였는데, 적어도 이 물질적으로, 이데올로기적으로 제약된 공간에서 가능한 한도 내에선 그랬습니다. 하지만 소녀의 '문화'는 또한 억압의 원천이기도 한 여성성 측면 — 로맨스, 패션, 아름다움 — 을 그냥 찬양하는 쪽으로 기울어지는 경향이 있었다고 맥로비는 이 무렵 주장했습니다. 맥로비의 후기작은 자신의 사고를 확장한 것일 뿐 아니라 그러한 개념의 확장이기도 했는데, 우리는 이후 (3부에서) 이 문제로 되돌아갈 것입니다.

이 시기 하위문화 장 자체 내에서는, 젊은 여성에 관한 다른 중요한 연구가 거의 나타나지 않았습니다. 이는 아마 앞서 주장한 것처럼 중요한 작업이 다른 곳에서 나오기 시작했기 때문일 겁니다. (우리는 점차 늘어나는 '폭도 소녀riot grrrls' 관련 문헌 — 예컨대 Gottlieb & Wald, 1994; Kearney, 1998; Piano, 2003 — 은 의도적으로 무시했습니다. 중간 계급인데다 노골적으로 정치적이어서, 이들은 우리 관점에서는 저항 문화를 이루지만 하위문화는 아니기 때문입니다.) 하지만 범죄학 내에서는 여성과 길거리 갱에 관해 중요한 관련 작업이 나왔습니다. (일탈 연구에서는 확립된 관심사인) '갱' 연구가 젠더화된 접근 방식으로 전환한 것은 일부 젊은 도시 여성 문화에서 맥로비가 확인한 낭만적이고 가정적 초점에서 벗어나는 진화가 이루어지는 추세와 시기가 일치했을 수도 있습니다. 하지만 이 작업 중 상당수가 이루어진 미국에서는 하위문화 이론과 갱 이론이 항상 밀접한 관련을 맺었음을 기억해야 합니다. 앨버트 코언Albert Cohen(1955)은 고전적인 '하위문화의 일반 이론'을 《갱의 문화*The Culture of the Gang*》란 책에서 공식화했습니다. 리처드 클로워드Richard Cloward와 로이드 올린Lloyd Ohlin(1960)의 '반응'은 "일탈성 갱의 이론"이란 부제가 붙었습니다. 이 '소녀 갱' 연구는 거리의 삶에 초점을 맞추었는데, 여기서 젠더화된 행태나 규범과 관련된 질문들은 절대적으로 핵심을 이룹니다. 소녀 갱의 행태는 남성 갱과 비슷한가, 아니면 다른가? 이는 전통적 젠더 규범을 강화하는가, 아니면 전복하는가? 이는 현대의 젠더 관계에 관해 무엇을 말해 줄 수 있는가? 뉴욕 길거리 갱 소속 소녀들에 관한 선구적인 초기 민속지학 연구에서 앤 캠벨Anne Campbell(1986: 266)은 "소녀들은 갱에서 점차 애인보다는 누이로 등장"하고 있지만, 여전히 "남성 갱의 부속물로" 남아 있으면서 남성 통제의 제약을 받는다고 결론지었습니다. "갱 내부에는 여전히 '착한 소녀'와 '나쁜 소녀,' 톰보이와 타락한 여성이 존재합니다. 소녀들은 옷차림도 간섭받고, 싸울 때도 허락을 받아야 하고, 좋은 어머니와 충실한 아내가 되라는 격려도 받습니다." 조디 밀러Jody Miller의 후속 연구(Miller, 2002a: 442)는 또한 젠더 평등에 관한 수많은 모순된 믿음뿐 아니라 '두드러진 젠더 위계'도 발견했습니다. 가장 논란이 되는 부분은, 젠더 평등이 의미하는 바는 겉으로 보기에 젠더 구분을 넘어서서, 남성성과 동일시하고 이를 통해 남성 갱 구성원과 동등하게 인정받는 것이었다는 점입니다(이 때문에 밀러는 책에 의도적으로 도발적인 제목인 《남자 중 한 명*One of the Guys*》[2001]이라고 붙였습니다). 갱단 소녀들이 "남성성을 실행하고" 있든(Miller, 2002a; 2002b), "'나쁜 소녀'의 여성성"을 구현하든(Messerschmidt, 2002), 두 가지 개념은 모두 당대의 페미니즘이 청년 연구에 미친 영향뿐 아니라, 당대 여성 문화와 젠더 관계의 성격에서 일어난 중요한 변화를 지목합니다. 하지만 영국에서는 이러한 부류의 비교 연구가 거의 수행되지 않았습니다. 일반적 관점에서 이 변화가 의미하는 바는 청년 연구 스펙트럼에서, 범죄, 일탈과 반사회적 극단의 연구와, 미디어에 의해 촉진된 도시 대중문화에 초점을 두는 연구 사이에 균열이 다시 등장하고 아마도 더 심화할 수도 있다는 사실입니다. 딕 헵디지는 오래전에 "두 가지 이미지 덩어리, 즉 청소년 범죄자의 황량한 초상"과 "10대 삶의 활기 넘치는 단면"이 "서로 반향을 일으키고 번갈아 등장하고 때로는 서로 교차하는" 현상에 관해 이야기한 적이 있는데, 바로 이 점을 예견한 셈입니다(Hebdige, 1983/2005: 295). 우리 목적으로 보면, 이 '소녀 갱' 연구에서 실종된 부분은 갱 '스타일'의 문화적 문제와 상징적 의미에 관한 진지한 관심입니다.

포스트모더니즘의 등장: 하위문화에서 '클럽 문화'로

후디 입기는 '나이, 종족성과 계급 경계'를 초월한다는 맥로비의 언급은 편협하고 계급 기반의 하위문화가 더 이상 당대의 청년 무리 짓기에서 두드러지게 나타나는 유동성 확대를 (설혹 과거에 그런 적이 있었다 해도) 더 이상 포착하지 못한다는 탈하위문화적 발상과 맥을 같이합니다. 이처럼 언뜻 구조적으로 더 구속된 무리 짓기에 다른 이름표를 붙이려는 시도가 무수하게 이루어졌습니다. 즉 하위문화가 아니라 "신부족neo-tribes"이라거나(Bennett, 1999), "신사회 운동"의 일부라거나(Martin, 2002) 하는 주장이 그 예입니다. 가장 흔한 발상은 하위문화가 '클럽 문화club cultures'로 변했다는 것입니다. 이러한 발상의 핵심적 옹호자인 스티브 레드헤드Steve Redhead(1997b: x)에 따르면, 1970년대 펑크 등장과 1980년대 레이브 문화 등장 사이의 어떤 시점에 이르면, '"하위문화'의 계기"가 이미 과거지사가 되었다는 것입니다. 대처리즘에 의해 시작된 새로운 신자유주의적이고 개인주의적인 정치 환경에서는 그가 현대문화연구소의 마르크스주의 프로젝트라고 부른 작업을 새로운 포스트모던한 이론화로 반드시 대체할 필요가 있었다고 레드헤드는 주장했습니다. 그 결과 발생한 "혼종brew"(Readhead ed., 1993a; 1993b; Readhead, 1995; Readhead, 1997a; 1997b; Readhead et al. eds., 1997)은 핵심 개념을 개발하려는 체계적 시도라기보다는 절충주의적 혼합에 가까웠습니다(이러한 시도는 개념적 공백을 메운다는 명분으로 은근슬쩍 끈질기게 되살아나는 경향이 있었습니다).

클럽 문화에 관한 세라 손턴Sarah Thornton(1995: 8)의 작업은 널리 존경받고 있을 뿐 아니라 분명히 이 현상에 관해 가장 종합적이고 이론적으로 혁신적인 검토인데, 넓게 보자면 '모더니즘'의 틀 안에 머물면서도 새로운 개념들을 시도한 사례입니다. 손턴이 이렇게 한 이유는 버밍엄학파가 물려준 이론적 틀이 '경험적으로는 작업이 불가능하다'라고 보았기 때문입니다. 이는 왜냐하면 손턴이 선택한 경험적 탐구 대상이 특정한 스타일에 의해 규정된 집단이 아니라 댄스 클럽이나 레이브 [파티]에 열성적으로 다니는 사람들, "경계가 유동적인 특정 관심사 공동체"였기 때문입니다(Thornton, 1995: 3). 이는 또한 그 세계에서는 "공유된 음악 취향"(Thornton, 1995)이 중요하기 때문이기도 합니다. 이 때문에 손턴은 대단히 혁신적인 조치로, 피에르 부르디외Pierre Bourdieu의 문화자본과 구별 짓기distinction 개념을 각색하고, 하위문화를 취향 문화로 재개념화하게 되었습니다. 이 새로운 틀 안에서 '하위문화'는 "미디어가 하위문화로 이름 붙인 취향 문화"(Thornton, 1995: 8)를 포괄하는 용어로 사용되었고, '"하위문화'라는 단어는 클럽 사람들이 '언더그라운드'라고 부르는 실천과 동의어처럼 [사용되었습니다]"(Thornton, 1995). 이는 "하위문화 이데올로기는 청년이 자기 집단과 다른 사회 집단을 상상하고, 자신의 독특한 개성을 주장하며, 자신들이 미분화된 대중의 익명적 구성원이 아님을 확인하는 수단"(Thornton, 1995: 10)이라는 뜻입니다. 달리 말하자면, 젊은이들이 하위문화 엘리트와 이데올로기적으로 관련된 실천을 성공적으로 수행할 수 있고 — 즉 최신 유행에 정통하고, '사정에 밝고,' 필요한 사람들과 친분이 있으며, 주류와 차별화되어 있는 등 — 자신들을 다른 사람과 '구별 짓기'하는 데 이를 활용할 수 있는 한, 이들은 "**하위문화자본**subcultural capital"(Thornton, 1995: 11)을 보유하고 실행할 수 있다고 해도 좋습니다. 하지만 '청년 하위문화 세계'에서는 음악이 중심적이고, '음악 취향에 관한 한 나이가 가장 중요한 인구학적 잣대'이기 때문에, 하위문화자본은 (부르디외가 정의한) 문화자본과 달리 계급과 덜 연계되고, 오히려 미디어와 더 연계되어 있습니다.

클럽 문화와 이를 이해할 새로운 개념 개발에 공통으로 관심이 있기 때문에, 레드헤드 같은 포스트모더니즘 사상가들은 손턴의 저작을 자신들과 똑같은 포스트모더니즘류의 비판 일부로 포함시키는 경향이 있었습니다. 우리가 보기에 이는 잘못된 것입니다. 손턴이 뚜렷하게 포스트모더니즘보다는 '모더니즘'의 진영에서 작업하면서도, 부르디외로 선회한 것은 개념적으로 모험을 감행한 셈입니다. 더구나 손턴의 작업은 《의례를 통한 저항》의 전통이 제기한 것과는 다른 질문에 해답을 구하기 시작했습니다. 넓게 보면, 손턴의 질문은 하위문화적 가치를 생산하고 전개하는 사회 과정은 무엇인가 하는 것입니다. 우리의 질문은 특수한 하위문화적 '삶의 방식'이란 무엇을 뜻하는가 하는 점입니다. 이 하위문화적 삶의 방식은 좀 더 인류학적인 문화의 정의('의미 체계'와 '삶의 방식'으로서의 문화)에서 출발하지만, 손턴은 명시적으로 하위문화가 '구별 짓기'를 하거나 '하위문화적 자본'을 창조하는 데 사용할 수 있는 어떤 가치 있는 존재를 생산한다는 발상에서 출발합니다. 아주 다른 이론적 분위기에서 생성되기는 했어도 이 둘 다 타당한 접근 방식입니다. 둘 다 권력관계를 대하는 성향을 공유합니다. 우리 접근 방식은 거시적 권력관계와 관련된 하위문화를 상정하고, 손턴의 접근은 (자세한 민속지학을 통해) 청년 기반 여가 영역의 미시 정치, 혹은 부르디외의 용어로는 '문화적 장cultural field'과 관련지어 하위문화를 파악합니다.

그렇다면 우리는 이 '클럽 문화의 계기'를 어떻게 이해해야 할까요? 여기서 새로운 점은 무엇일까요? 클럽 문화란 어느 정도 만연해 있는 것인가요? 이는 패러다임 이동을 초래하는가요? 특히 스티브 레드헤드와 동료들의 작업에서 기반이 된 포스트모던 이론화는 고정물을 흔들어 놓고, 경계를 침범하고 범주들을 무너뜨리는 데 뛰어납니다. 이 이론은 우리에게 새로운 사회적 파편화와 문화적 확산 과정에 대해 경고하고, 우리 식으로 이름 붙이자면 '과거의' 하위문화적 문제를 현대 세계의 복잡하게 매개된 성격 속에 배치합니다. 이를 통해 우리는 이러한 종류의 현상을 새롭게 접근할 수 있고, 이전에는 놓쳤던 것을 볼 수 있게 됩니다. 더 중요한 점은 새로운 '진실'을 드러내게 해 준다는 것입니다.

그러나 역설적으로 그렇게 하면서 또한 무엇인가를 상실하게 됩니다. 새로운 파편화와 문화적 혼종성을 정리하고 기술하는 작업은 분명히 필요하지만, 그렇게 하려면, ('포스트모던'이라는 용어가 이러한 변화를 포착하기에 개념적으로 가장 적절한 것이었든 아니든 상관없이) 새로운 도구와 개념이 필요합니다. 그러나 마찬가지로 중요한 것은 이것들이 어디서 왔고, 어떻게 왜 발생하며, 어떤 더 광범위한 사회적, 문화적 과정과 관련이 있는가 하는 질문에 답하려는 시도입니다. 비판가들은 이 문제들을 고전적으로 '모더니즘'적이고 거대 서사류의 질문이라고 생각할 수도 있습니다. 그러나 이들은 세상이 어떻게 생겼는지 기술하는 작업과 어떻게 그 세상을 분석하고 설명할 것인가 하는 문제를 혼동하지 않도록 조심해야 합니다. 분명히 이 새롭고 더 파편화되고 더 분산되고 더 혼종적이고 더 매개된 문화적 현실을 향한 역사적 변화, 즉 손턴이 계급 기반적 하위문화에서 '취향 기반의' 클럽 문화로 옮아가는 변화라고 요약한 현상 저변에는 어떤 사회 과정이 작동합니다. 도시 청년 문화에서 이러한 '전환'을 촉진한 것은 무엇일까요? 이는 어떤 더 폭넓은 사회적, 문화적 과정과 구조와 접합되어 있을까요? 포스트모던 문화가 난데없이 불쑥 등장하진 않았다는 사실을 깨닫기 위해 포스트모더니즘은 곧 후기 자본주의의 문화적 논리라는 프레드릭 제임슨Fredric Jameson(1984)의 명제에 완전히 동의할 필요는 없습니다. 이는 후기 자본주의에서 일어난 대대적인 변화와 완전히 무관할 수가 없습니다. 발전된 세계에서 등장한 새로운 시장 사회, 이와 관련된 문화의 상업화, 생산이 물질적 재화에서 문화 상품으로 이동, 대량 소비의 발전, 문화산업과 새로운 테크놀로지의 역할 증가, 세계화 등이 그러한 변화입니다. 최근의 일부 저작들은 분명히 그렇게 판단하고 있습니다. 마틴 로버츠Martin Roberts(2005: 575)는 광범위한 주제를 다루는 도발적 에세이에서, "하위문화의 점진적인 글로벌화"를 1980년대에 등장한 새로운 문화 경제와 글로벌 축적 체제와 연결 짓습니다. 우리가 오랫동안 즐겨 사용하던 징후적 해독 측면에서 표현하자면, 그냥 단순히 '하위 문화에서 포스트모더니즘은 무엇의 징후인가?'라고 묻고 싶습니다.

3부: 궤도 혹은 '다음은 어디로'?

이 질문들과 정면으로 맞닥뜨리는 대신, 《의례를 통한 저항》 프로젝트의 요지가 사실상 다음에는 어디로 향했는가 질문해 보는 식으로, 그 문제들을 간접적으로 접근하는 게 더 유용할 수도 있습니다. 왜냐하면 이 방식은 《의례를 통한 저항》 프로젝트의 시각 내부에서 나온 그러한 질문들에 우리가 어떻게 해답을 제시하려 했는지 드러낼 수도 있기 때문입니다. 하지만 지면 제한을 고려하면, 이 논의는 오직 예시적 수준에 그칠 수밖에 없습니다.

위기 관리와 국면 분석

한 가지 짤막한 대답은 《위기 관리》(Hall et al., 1978)가 될 것입니다. 《위기 관리》는 이전 작업의 많은 관심사를 발전시키고 변형시켰습니다. 두 책은 하나의 관련된 프로젝트에서 좀체 일부처럼 다루어지지는 않지만 함께 하나의 연결된 연속 작업에 속한다고 보아야 합니다. 《위기 관리》는 청년과 범죄에 대한 도덕 공황으로 시작합니다. 하지만 이 책은 인종의 정치를 이야기의 핵심에 통합시키려 시도하며, 언뜻 사소해 보이는 사건을 끝까지 추적하여 정치 국면 분석으로까지 이어갑니다. 이는 도심 슬럼가의 빈곤, 종족성과 인종의 그림자가 드리운 황량한 도시 빈곤 공간에서 벌어진 추잡하고 사소한 범죄가 제공한 '프리즘'으로 시작합니다. 그러고는 풍요와 '변화의 은유로서의 청년'에서 사회적 권위 위기 전개와 — '통제되지 않는 청년,' 그다음에는 노상강도, 흑인 길거리 범죄와 '국가의 적'에 대한 — '도덕 공황' 등장으로 이어지는 이행 과정을 추적합니다. 요컨대 이 책은 1970년대 말의 예외적 계기로의 표류에 대한 설명을 제시합니다. 《위기 관리》는 장차 대처리즘으로 이르게 되는 격차 확대를 결론에서 지적하는데, 대처리즘의 등장에 대해 소름 끼칠 정도로 예지력을 발휘했습니다. 청년 문화의 관점에서, 이는 '펑크의 계기'였습니다. "종말의 기운이 감돌고 있었고, 펑크의 레토릭은 …… 위기와 급작스러운 변화의 표준적인 표상에 …… 푹 젖어 있었습니다"(Hebdige, 1979: 27). 이는 또한 '레게reggae의 계기'였고, 폴 길로이Paul Gilroy(1987: 197)가 흑인 "해석 공동체"라 부른 현상의 등장이기도 했습니다. 그러한 공동체는 "영국에서 1972년과 1981년 사이 라스타파리Rastafari의 언어와 정치를 중심으로 공고해졌습니다."

《위기 관리》처럼 《의례를 통한 저항》 역시, 비록 이론적으로 잘 개발되지는 못했지만 '국면 분석'을 제시했습니다. 이 책은 이른바 '풍요 명제'의 일부 측면에 이의를 제기했지만, 전후 풍요, 미디어 보급, 로큰롤 탄생, 새로운 상업적 대중문화, 1950년대와 1960년대의 초기 소비자 혁명, 그리고 리처드 호가트Richard Hoggart가 《교양의 효용*The Uses of Literarcy*》(1958)에서 '미국화'라 부른 현상이 새로운 국면적 계기를 규정하는 것을 당연시했습니다. 바로 이것이야말로 독특한 청년 '운동' 무리가 등장할 수 있는 관련된 문화적 '존재 조건'을 제공했습니다(예를 들면 Chambers, 1985: 7을 보시오). 움베르토 에코Umberto Eco(1972: 121)가 말한 "기호학적 게릴라전semiotic guerrilla warfare"의 초창기 신규 참전자인 하위문화 참여자들 역시 이처럼 급격하게 변화하는 사회와 문화 내부에서, 특정한 사회 세계 내부에서 성장하고 있었습니다. 소비자주의와 부르주아화 신화 — '계급으로서의 청년' — 가 아무리 이들을 '마법적으로' 이런 식으로 구성하려고 애써도 이들에게 '역사가 없는' 것은 아니었습니다. 그렇다면 이제 과업은 이들이 이 변화하는 세계에서 어떻게 경험하고 행동했는지, 또한 동시에 어떻게 그 세계에 의해, 그리고 그 세계 안에서 사회적으로 — '주체'로 — 자리매김되면서, 더 폭넓은 구조와 더 장기적인 역사의 '영향을 받는 대상'이 되었는지 이해하는 데 있었습니다. 일반적으로 말하자면, 해석과 맥락화의 계기는 문화연구에서는 불가피합니다. 래리 그로스버그Larry Grossberg(1997: 7)가 주장하듯이, 문화연구란 항상 "급진적으로 맥락적"이기 때문입니다(또한 Morris, 1997도 보시오). 《의례를 통한 저항》이 행위자를 강조했다면, 《위기 관리》는 역사와 구조를 강조했습니다. 하지만 두 가지 측면을 '사회관계의 총체'와 관련짓는 어려운 과업을 우리 책에 대한 일부 비판가들은 '개념적 제국주의화'라고 보았지만, 단지 현상 속에 철저하게 몰두하는 식으로 이 과업을 회피할 수는 없는 노릇입니다.

물론 민속지학이 유익하고 정당한 대안적 경로가 될 수 있긴 했지만, 《위기 관리》에서 우리는 더 나아가 민속지학적 차원을 심화하지는 않았습니다(그중에서도 특히 Les Back, 1996을 보시오). 그 대신 우리는 비판적/분석적 경로의 '지도를 그리는' 데 더 관심을 두었습니다. 이 지도는 기술적이고 '체험된' 구체성 속에서 파악한 '구체적인' 역사적 심급과 사건의 무리에서 시작해, 사회 구성체의 특정한 '계기'나 국면 분석의 단계로서 의미와 제도적 수준들('수많은 결정')의 개념적으로 정착된 틀 짓기 '체제'에까지 이릅니다. 물론 수많은 하위문화 이론가들은 자신들이 연구하는 현상을 느슨하게 더 넓은 사회적 추세와 관련짓습니다. 그러나 한 수준이 다른 수준과 서로 맞물리는 현상 분석 — 특정한 국면에서 작용하는 다양한 상호의존적 '결정 수준들'의 치밀한 추적 — 을 자신이 선호하는 분석 대상으로 삼는 사람은 거의 없습니다.

흑인 디아스포라 문화와 인종의 정치

그렇다면 《위기 관리》는 국면 분석이면서, 다양한 접근 방식과 내부적 비판을 거쳐, 그간 간과된 표현적인 흑인 디아스포라 문화와 인종 정치의 갈래에 관한 지도 그리기로 구성되는 궤도 일부이기도 했습니다. 이는 《의례를 통한 저항》에서, 특히 헵디지의 "레게, 라스타와 루디 Rudies[8]"[10장], 체임버스의 "삶을 위한 전략"[11장]에서 이미 중요한 흐름이었고, 이들의 이후 저작(Hebdige, 1979; 1987; Chambers, 1985)과 길로이(Gilroy, 1987)에 의해 상당히 확장되었습니다. 인종과 경찰 활동 같은 논쟁적인 주제에 관한 전략적 작업도 이 시기에 이루어졌습니다(예컨대 Jefferson, 1988, 1991; 1992; Gilroy, 1982; Sim, 1982). 문화적으로 1970년대 후반은 '수렴'의 중요한 계기를 이루었습니다. 헵디지(1979: 69~70)는 자신이 "흑인 문화와 백인 문화 간의, 특이하게 불안정한 동학 …… 동결된 변증법"이라 부른 측면에 관심을 기울였고, 길로이는 흑인 영국 문화의 좀 더 자생적 경로를 추적하는 데 주력했습니다. 전후 정착기 초기에 이민자에게는 "자신들을 결집해 줄 수 있는 단일한 응집력 있는 문화가 결여되었다"(Gilroy, 1987: 161)라고 길로이는 주장했습니다. 흑인들이 정착자 신분으로 이행하고 도시에서 흑인 존재감도 공고해졌지만 이들에게는 여전히 "'원주민 사회 host society'의 대중문화 내부에서는 모호한 존재"라는 지위만 주어졌을 뿐입니다(Gilroy, 1987: 160). 인종화된 불이익의 경험은 범대서양 수준의 상호 풍성화 과정과 결합해 1970년대까지 영국 전역의 도시에서 독특하고 혼합주의적인 흑인 영국 디아스포라 문화 등장의 바탕이 되는 '흑인 대서양 문화Black Atlantic'의 모체를 마련해 주었습니다. 이는 부상하는 흑인 영국인 정체성, 인종주의와 인종 차별에 맞선 저항의 정치, 라스타파리

8 자메이카 비행 청소년을 가리키는 속어다. — 옮긴이

안주의, '록'과 레게, 초기 전통 음악roots music[9]의 사상과 표상, 민권 운동에서 도출된 '블랙 파워' 개념 등을 중심으로 조직되었습니다. 1970년대 인종주의와 공격적 경찰 활동의 등장이란 맥락에서 이는 서로 융합해 '사회 운동의 차원들'로 결집되었습니다(Gilroy, 1987: 198).

수렴에서 중대한 시점들은 아마 1970년대에 일부 레게 주제가 펑크 언어로 번역된 것, 소울 음악, 특히 노던 소울Northern Soul[10]이 점차 인종 구분을 넘어서 호소력을 발휘하게 된 것, "투톤two-tone [음악][11]의 등장과 몰락" 등일 것입니다(Hebdige, 1987: 106ff). "투톤 밴드는 …… 카리브에 뿌리를 둔 팝 형태를 대중주의 정치와 융합해 [밥 말리Bob Marley의] …… 프로젝트의 내부 논리를 그 결론에까지 밀어붙였다"라고 길로이(Gilroy, 1987: 171)는 주장했습니다. 이는 "상처투성이 탈산업주의의 난국 속에서 흑인과 백인 젊은이들이 공통되거나 비슷한 의미를 발견할 수 있을 법한 가능성"(Gilroy, 1987)을 열어 주었습니다. 길로이(Gilroy, 1987: 170)는 이것이 "두 가지 대립하는 충동의 융합이라기보다는 …… 팝이 내구성을 띠며 다양하고 모순된 요소들을 흡수할 능력이 있음을 의미했다"라고 믿었습니다. 그런데도 이 수렴들은 이후 흑인 음악과 스타일의 '주류화'가 이루어질 수 있는 여건을 마련했습니다. 즉 이 때문에 흑인 문화는 영국 청년 문화와 길거리 문화에서 우세한 위치를 확보할 수 있었고, 이후의 분

9 초기 전통 음악은 19세기 미국 남부 빈민층과 흑인들의 희망, 슬픔, 고난에 호소하며 인기를 얻게 된 음악 장르, 즉 블루스, 포크, 가스펠, 전통적 컨트리 음악 등을 지칭하는 용어다. 이 용어는 20세기 산업 사회의 비인간적 환경에 염증을 느껴 과거로 회귀하려는 정서가 싹트는 가운데, 과거 음악 유산에 새롭게 주목하면서 만들어졌다. — 옮긴이

10 노던 소울은 1970년대 초 영국 북부와 미들랜드에서 등장한 음악으로, 무거운 비트와 빠른 템포를 지닌 미국의 흑인 소울 음악을 기반으로 한다. — 옮긴이

11 2톤2 tone, 스카록ska-rock, 스카 리바이벌ska revival 등으로 알려진 투톤 음악은 1970년대 후반과 1980년대 초 유행한 영국 대중음악 장르다. 전통적인 자메이카 스카, 록 스테디, 레게 음악, 펑크 록과 뉴 웨이브 음악 등의 요소를 융합했다. — 옮긴이

화와 균열에도 불구하고 이러한 위치를 결코 상실하지 않았습니다(그러나 Pool, 2006을 보시오).

하지만 헵디지와 길로이는 방식은 다르지만 1980년대의 문턱을 중심으로 의미 있는 '단절 지점'을 확인합니다. 당시에는 1980~1981년과 1985년의 폭동으로 대표되는 흑인 저항이 절정을 이루었음에도 정치적 추진력 개발은 중단됐고, 새로운 태도가 등장하기 시작했습니다(예를 들면, Hall, 1998을 보라). 헵디지(Hebdige, 1987: 122. 136)는 랩과 힙합 음악의 영향력 증가와 더불어, 자메이카와 자메이카에서 영향을 받은 음악 현장에서 레게가 '슬랙slackness'[12]과 '댄스홀' 음악으로 옮아간 현상을 지목합니다. (이 변화는 실제로는 킹스턴/브롱크스/런던 커넥션이었지만) 헵디지는 이를 "뉴욕 커넥션"이라 부릅니다. 길로이(Gilroy, 1987: 197)는 여기서 "라스타파리아 헤게모니의 상실"을 찾아냅니다. 물론 "서부 런던 아시아 구역에서 1985년 동안 힙합 문화에 대한 폭발적인 관심이 발생한 것은 …… 창의성의 …… 중요한 사례"(Gilroy, 1987: 217)이긴 하지만, 이후 1990년대에 전개된 변화를 보는 길로이의 시각(Gilroy, 1997, 2000)은 점차 비판적 형태를 취했습니다. 구체적으로는 아프리카계 미국인 음악과 도시 스타일의 영향력이 점차 커져 가던 현실을 염두에 두고, 길로이는 흑인 정체성과 인종적 유대 형태의 부상을 뒷받침하는 근거가 된 종족적 진정성 주장이 생체 정치적이고 배타주의적인 성격을 띤다고 비판했습니다(Gilroy, 1997). "만약 문화산업의 휘황찬란함과 광채, 그리고 그 산업의 만족을 모르는 상품화 장치 속에서 언더그라운드 현상이 등장한다면" 어떻게 되는가 하고 길로이는 질문합니다(Gilroy, 1997: 84). 또한 "음악과 그에 맞춰진 라이프스타일

12 '슬랙'은 서인도제도 자메이카의 댄스홀 음악의 하위 장르를 지칭한다. 공연 시 과도한 노출과 성적으로 노골적인 기사가 특징이다. 문화정치적으로는 당시 쇠퇴하던 라스타파리 운동의 이상에 대한 반발을 표시한다. — 옮긴이

이 여전히 무법자 형태로 제시되고 있다 — 마케팅된다 — 하더라도," "힙합의 주변성"이 "그 과장된 저항성만큼이나 공식화되고 관행화"된다면 어떻게 될까요?(Gilroy, 2000: 180).

포스트페미니즘, '신시대,' 여성성과 소녀들

또 다른 궤도는 (이 책에 실린) 맥로비와 가버의 글, 그리고 이후 맥로비(McRobbie, 1980/1991a)에 의해 이미 암시된 경로입니다. 이 경로는 하위문화 이론에 나타난 소녀들의 '실종'과 젠더화된 비판에서 시작해 '여성성'과 가정생활을 거쳐, 페미니즘과 청년 문화, 그리고 그 너머까지 훨씬 더 넓은 지형을 지향했습니다. 이와 더불어 맥로비는 문화와 젠더 문제에 대한 비판적 관여를 꾸준하게 이어갔습니다(McRobbie, 1984, 1989a, 1989b, 1991a, 1991b, 1991c, 1994, 1997). 맥로비의 이전 작업은 소녀들이 점유한 좀 더 사적인 가정, 가족, 로맨스의 세계에 대한 하위문화적 관심사를 추적했습니다. 1980년대에 이르면 이 모든 것이 바뀌어 버립니다. 이전의 구분 — 계급 기반적 하위문화/상업적 청년 문화, 페미니즘/여성성, 진정성/상업성 — 은 이전에 지녔던 관련성, 적절성, 분석력 혹은 설명력을 더 이상 발휘하지 못했습니다. 12세와 16세 사이 소녀들에게 가장 잘 팔리는 잡지가 〈재키〉 대신에 〈저스트 세븐틴*Just Seventeen*〉으로 대체된 데서 "신시대new times"는 예고되었습니다(McRobbie, 1994: 164). 새 잡지는 '새로운 분위기'를 예시했습니다. 로맨스의 부재, 팝과 패션 세계 판타지의 우세, 성적 솔직함 강화, '쳐다보기'의 즐거움, 소비자주의 '논리'에 각인된 신체 등이 새로운 분위기의 징후입니다. 이 모든 징후는 "좀 더 독립적이거나 '개인주의적인' 소녀"의 등장에 기여했습니다(McRobbie, 2007a).

맥로비는 이 좀 더 자신감에 차고 독립적인 젊은 여성들을 따라 더 넓은 세계로 나갔습니다. 맥로비는 하위문화적 실험의 도래로 열린 새로운 소비자 노동 시장, 판매와 마케팅, 여성의 새로운 역할 등에 이 여성들이 진입하는 양상을 탐구했습니다(McRobbie, 1989a). 이는 연구의 초점을 '소녀'에서 젊은 여성으로, 여가에서 새로운 비공식 노동 시장으로, (1998년에 출간된 패션 산업 여성에 관한 대대적인 인터뷰 연구에서는) 새로운 문화산업으로 옮겨놓았습니다. 맥로비는 더 나아가 젠더와 더불어 젠더가 신노동당New Labour[13]과 맺은 관계, 이른바 '포스트페미니즘'의 모순된 영향을 탐구했습니다.

이 궤도에서는 1960년대와 1970년대의 하위문화 '세계'가 다시 한번 1980년대 이후 '청년 문화'의 좀 더 혼종적 공간으로 바뀌고 있는 것을 볼 수 있습니다. 또한 시장과 창업 정신, 민영화, 자영업, 외주화, 노동력의 '여성화'/비정규직화, '디자이너 자본주의,' 소비자 사회로 이루어진 '신시대'로 이행하는 것을 볼 수 있습니다. 이러한 추세는 새로운 소비 증가로 가능해진 '권능화empowerment'와 자기 포장self-fashioning[14] 형태에 대한 재평가를 유발했습니다. 짐 맥기건Jim McGuigan(1992: 107) 같은 비평가들은 이미 소비주의가 함축하는 '대중주의'를 격렬히 비판한 바 있습니다. 그는 이를 "생산/소비의 변증법적 모델에서 소비에 대한 배타적인 관심으로" 나아가는 치명적인 움직임으로 간주했습니다. 급속하고 광범위한 변화를 추적하고 이론화하려 시도하다 보니, 시계추가 지나치게 멀리 움직인 게 틀림없습니다. 그러나 낡은 생산지상주의식 '진실'을 다시

13 신노동당은 영국 노동당 역사에서 1990년대 말에서 2010년까지를 지칭한다. 이 시기에 노동당은 토니 블레어Tony Blair와 고든 브라운Gordon Brown의 지도하에 '제3의 길'과 신중도론 등 우경화 정책을 추구했는데, 신노동당은 블레어의 정치적 구호이기도 했다. — 옮긴이

14 자기 포장은 스티븐 그린블랫Stephen Greenblatt이 1980년에 출간한 《르네상스 자기 포장: 무어에서 셰익스피어까지*Renaissance Self-Fashioning: From More to Shakespeare*》에 등장하는 용어다. 이는 개개인이 외부의 문화적 기준이나 사회적 규약에 맞춰 자신의 정체성과 공적 이미지를 구성하는 현상을 말한다. — 옮긴이

주장한다면 여기서 일어나는 국면 변화의 깊이를 충분히 인정하지 않게 됩니다. 자신들이 제안한 새로운 강조점 덕분에 맥로비와 동료들은 이후 사회 변화에 대해 좀 더 복잡하고 젠더화된 설명을 제공하고, 젊은 여성들이 점유하기 시작한 변화하는 세계를 좀 더 유연하게 이해할 수 있게 됐습니다. 더구나 소비와 쾌락에 두루 초점을 맞추면서, 맥로비는 1980년에 처음 선언한 프로젝트를 실행하게 된 셈이었습니다. 당시 맥로비는 이전의 비판에 대한 결론에서, "계급, 성과 인종의 정착된 삼각 구조"(McRobbie, 1980/1991a: 31)는 "**대중주의**, **여가**, **쾌락** 등의 세 가지 추가 개념으로"(McRobbie, 1980/1991a: 32) 보충할 필요가 있을 것이라고 "추측했습니다." 나아가, 사람들은 '문화적 백치'가 아니며, 변화에 대한 반응은 항상 쌍방문답식dialogical — 사람들은 자신을 파악하려는 사람들을 파악합니다 — 이라는 생각은 때때로 '탈구조주의'라는 이름으로 너무나 편리하게 압축되는, 훨씬 더 장기적인 이론적 변화의 일부였습니다. 여기에는 일방적인 사회적, 경제적 결정론 개념에서 벗어나 '수많은 결정'이라는 좀 더 사회 구성주의적 시각으로 옮아가는 변화가 뒤따랐습니다. 이 새로운 시각은 그중에서도 특히 소비와 자기 포장 이론에서, 미디어 연구에서는 '적극적 수용자'와 기호화/기호 해독 개념에서, 그리고 이전에는 '브리콜라주' 개념에서 구현되었습니다. (그람시가 다방면에 미친 영향도 여기서 무관하지 않습니다.)

맥로비의 글에서 내내 추적한 무엇보다 중요한 질문 중 하나는 어떻게 해서 소비자주의의 세계가 페미니즘의 비판적 의미와 영향을 흡수하고 중립화하면서도, 동시에 페미니즘의 주제와 관심사 중 일부를 '모방'하는 것처럼 보이는가 하는 것입니다. 상업적으로 후원받은 '대중적 페미니즘'의 모호성에 대한 이러한 관심은 과거 힙합과 갱스터 랩gangsta rap[15]

15 갱스터 랩은 힙합의 하위 장르로 도시 갱과 길거리 협잡꾼hustters의 문화와 가치를 표현한

의 '자유' 개념에 일어난 변화에 대한 폴 길로이의 이후 비판에서 요지를 이룬 부분과 다르지 않습니다. 또 다른 관심사는 페미니즘 학자, 교사, 연구자들이 어떻게 해서 단정적이고 비판적인 "저항적 페미니즘"과, 여성적 즐거움의 "놀이" 사이에서 경로를 헤쳐 나가면서도, 그 의미를 상실하지도 않고 "상품화된 페미니즘"과 공모하지도 않을 수 있는가 하는 문제입니다(McRobbie, 2007a). 부분적으로, 맥로비는 이 문제점을 파악할 수 있게 된 것은 페미니즘 정신분석학의 영향 덕분이자, '페미니즘 필자들'이 이제는 자신들의 욕망에 대해 스스럼없이 솔직해졌다는 점에 기인한다고 보았습니다.

> 다른 많은 여성처럼 …… 완벽한 신체, 멋진 로맨스, 화려한 라이프스타일의 판타지는 우리가 부정하려고 애쓴다 해도, 우리 삶에서 계속해서 존재한다. 이 점을 인정하게 되면, '페미니즘'과 '여성성' 사이의 대립 선도 무너지기 시작한다. (McRobbie, 1997: 194)

이 주제 중 상당수는 이른바 1980년대의 단층선을 따르는 다양한 분야의 작업에서도 되풀이되거나 비슷한 형태로 수행되고 있습니다.

남성과 남성성

이른바 1980년대의 '밝은 면'인 소비와 즐거움에 관한 맥로비의 저작을

음악이다. 1980년대 말에 등장해 1990년대 초에는 주류의 인기 장르로 성장했다. 아이스티Ice-T, NWA, 투팩Tupac, 스눕 독Snoop Dogg 등이 주요 뮤지션이다. 하지만 무질서 조장, 범죄, 마약, 여성 혐오, 성문란 등 반사회적 내용을 담고 있다는 비판을 받았다. 반면에 이를 경찰의 학대나 사회적 억압에 저항하는 메시지로 해석하는 견해도 있다. — 옮긴이

읽다 보면, 그 시기의 '어두운 면,' 즉 그 시대에 일어난 갈등과 사회적 혼란의 수준과 강도가 심각했음을 망각하기 쉽습니다. 폭동, 파업과 시민 분규는 새로운 창업 정신, '디자이너 자본주의,' 여피 영국의 고통스러운 탄생에 산파역을 했습니다. 1980~1981년과 1985년 폭동에서, 높은 실업 수준과 사회적 배제, 인종적 차별이 만연한 도심 빈민가에서 성난 흑인과 백인 청년 집단은 일련의 폭력 발생과 충돌로 자신의 불안 정도를 표출했는데, 이 폭력적 사건들은 대개 '고압적인' 경찰 활동으로 촉발되었습니다. 경찰과 시민 간의 이 고전적 대결은 탈산업 사회 지형의 주기적인 특징이 될 운명이었습니다. 장기간의 파업 역시 두드러지게 등장했습니다. 처음에는 철강 노동자, 그다음에는 광부, 그다음에는 상당한 정치적, 산업적 '영향력'을 발휘하는 전통적인 산업 노동자인 인쇄공을 국가나 민간 고용주가 '떠맡아서' 결국 격퇴시키게 됨에 따라 분노의 막판 대결이 벌어지고, 그 결과 민간 기업의 이해관계가 세력을 넓히고 '시장 세력의 자유로운 작동'이 가능해지는 기반이 조성되었습니다. 탈산업화란 그냥 '발생하지' 않았습니다. 그보다는 강제적으로 강요되고 점차 '구 노동'이라 불리게 된 집단의 심장부를 관통해서 추진되었습니다. 그러한 변화는 노동자들이 일자리, 공동체, '삶의 방식'을 지키기 위해 투쟁한 구 산업 공동체에서도 일어났고, 도심 빈민가에서, 사회적 배제와 인종 차별의 구역에서도 전개되었습니다. 사적 자본의 '경영권' 복원과 민영화 확산은 글로벌화한 경쟁의 새로운 바람에 의해 '불가피해진' 냉혹한 비용 절감을 위해 수많은 일자리를 '없앴고,' 남아 있는 사람들도 '흔들어 놓았습니다.' 제조업 일자리와 생산 역량을 상실한 이후 서비스업과 자영업 부문이 급속하게 성장했는데, 운이 좋은 소수는 지위 상승의 엘리베이터를 탔고, 다수에게는 수많은 비정규, 임시직, 저임금, 전통적인 여성용 '단순한 일자리'가 돌아갔습니다. '숨겨진' 사회 비용은 막대했습니다. 대대적인 사회 혼란, 공적 지원 구조의 붕괴와 해체, — 연금 생활자, 실업자, 편부모 가정, 젊은이, 반고용자와 점차 범죄자화한 흑인과 아시아 청년 등 — '새로운 빈민층'의 궁핍화, 정신 질환과 마약 중독, 경범죄 확산, 가정 붕괴 등이 그러한 비용이었습니다. 그렇다면 새로운 글로벌화된 경제와 문화로의 고통스러운 이행이 가차 없이 강제됨에 따라, 1980년대의 어두운 면은 갈등으로 점철된 의도적인 사회적 해체와 문화적 급변의 시기였습니다. 노동 계급 이익의 전통적인 수호자인 노동조합과 (구)노동당은 새로운 지형에 적응해 변신했습니다.

이 변화들은 두 가지 관련된 궤도를 낳았습니다. 하나는 우리가 앞서 간략하게 논의한 바 있는 상대적으로 단명한 '하층 계급underclass' 논쟁이었습니다. 다른 하나는 남성과 남성성 개념에 대한 훨씬 더 지속적인 주목이었습니다. 흥미롭게도, 새로운 문화범죄학에서는《의례를 통한 저항》을 범죄학적 유산의 중요한 부분이라고 주장하는데, 이러한 범죄학의 선구자인 키스 헤이워드Keith Hayward(2006)는 하층 계급 논쟁이 왜 단명했는지 설득력 있게 설명했습니다. 그는 "무식한 하층Chav"이라는 이름표가 이제는 거의 사용되지 않는 "하층 계급underclass" 이름표를 대체한다고 주장합니다. 달리 말해, '무식한 하층'은 소비와 유명 인사의 시대에 사회적 배제나 주변성을 의미하게 되었습니다. 그러나 '하층 계급'의 삶에 관한 흥미로운 연구들은 마약 이용(오용)과 인종주의 같은 문화 영역에서 등장했습니다. 예를 들면, 마이크 콜리슨Mike Collison(1996)은 다중 마약 이용(오용)자이기도 한 젊은 남성 범죄자 집단을 인터뷰했습니다. 우리는 이 현상을 다중 마약 이용자의 하위문화로 간주했을지도 모릅니다. 콜리슨은 더 새로운 위험 사회 용어를 사용해 가면서, 이들을 "성찰성 패배자reflexivity losers"로 언급했습니다. 어느 쪽이든 구조적으로 이들은 우리의 경쟁적 개인주의의 '멋진 신세계'에서 낙오된 층, 즉 '하층 계급' 구성원에 해당했습니다. 이들의 '마법적 해결책'은 패배자가 되는 '슬픔'을 거부하고 '악하고 미친' 사람이란 평판을 획득하는 쪽을 선택한 것이라고 주장할 수도 있습니다. 새로운 인종주의 문제에 관해서는, 민속지학에 근거한 레스 백Les Back, 마이클 키스Michael Keith, 필 코언 같은 이들의 연구가 생각납니다. 이들은 대단히 영향력 있는 '구 하위문화주의자'입니다. 어떤 의미에서, 이 저작들은 다문화주의 시대에 종족적으로 혼종성을 띠고 인종적으로 구분된 빈곤층 동네에서 이루어지는 하층 계급 삶의 하위문화적 연구에 대한 기여로 간주할 수 있습니다(예컨대 Back, Cohen & Keith, 1999).

(분명히 양적 측면에서) 좀 더 중요한 부분은, 남성들이 젠더를 진지하게 받아들이도록 하려는 페미니즘의 과업이 남성과 남성성에 관한 작업을 촉진했다는 점입니다. 흥미롭게도 또 다른 연구소 구성원인 앤드루 톨슨Andrew Tolson(1977)은 《의례를 통한 저항》이 출간된 직후 남성성에 관한 책을 출간했습니다. 그러나 이는 "당시에는 상대적으로 고립된 저작"이었다고 맥기건(McGuigan, 1992: 106)은 우리에게 환기해 주었습니다. 하지만 남성과 남성성에 관한 수많은 저작이 곧 쏟아져 나왔습니다. (스티븐 화이트헤드Stephen Whitehead[2002]에 따르면, 1990년대에만 5,000편 이상에 달한) 논문, 책, 조사 연구, 5권으로 된 '고전적' 논문 선집(2006년 출간 예정)이 그 예입니다. 이 저작 중 상당 부분은 호주인 학자 밥 코널Bob Connell의 이론적 작업으로 틀을 갖추었는데, 이 주제에 관해 코널이 최초로 단행본 분량으로 펴낸 연구인 《젠더와 권력*Gender and Power*》(1987)은 우리가 보기에 지금까지 나온 것 중 최고의 저작입니다. 여기서 코널은 줄리엣 미첼Juliet Mitchell, 안토니오 그람시, 토니 기든스Tony Giddens의 아이디어를 결합하고 각색해, 사회적 행위자의 실천을 통해 재생산되는, 젠더 관계의 복합적으로 구조화되고 갈등하는 장이란 개념을 만들어 냈습니다. 그 결과 역사적으로나 문화적으로 구체적인 헤게모니적 남성성 버전이란 모델은 여성성과 종속적 남성성 버전(이는 이후 확장되어 '공모적' 남성성과 '주변화된' 남성성까지 포함하게 됩니다. Connell, 1995: 79~81을 보시오)에 자극을 주어, 다양한 문화, 역사

적 시기, 제도적 환경의 남성과 소년에 관한 폭넓은 조사 연구를 낳았습니다. (하위)문화연구 내부의 후기 구조주의/포스트모더니즘의 도전과 달리, 남성과 남성성에 관한 작업은 압도적으로 좀 더 전통적인 모더니즘 혹은 리얼리즘/구조주의의 이론적 틀 안에서 이루어졌습니다.

하지만 학계 바깥에서도 많은 관심사가 다루어졌습니다. 첫째는 들쑥날쑥하긴 했지만, 페미니즘이 추진하던 젠더 평등 확대의 주된 산물인 이른바 '새로운 남성'에 대한 관심입니다. 이후에는 '반발'이 전개됨에 따라 '새로운 소년'에 대해, 마지막으로 '남성성의 위기'에 대한 관심도 커졌습니다. 하층 계급 논쟁에서처럼, 정치적으로 이 작업은 영미 세계에서는 신우익의 등장, 신자유주의적 재구조화, 탈산업화, 그에 따른 변혁을 배경으로 이루어졌습니다. 즉 변화하는 젠더, 인종 관계의 맥락에서 탈산업화, 임시 고용 확대, 일자리 불안정이 젊은 노동 계급 남성에게 미치는 효과는, 줄줄이 이어진 연구가 보여 주듯이, 거의 참사 수준이었습니다. '최악의 사례'로 가상 인물의 사례를 작성해 보면 다음과 같습니다. 어떤 청년이 학교에서는 성적이 소녀들에게 뒤떨어지고(아프리카-카리브계이면 완전히 퇴출당하고), '제대로 된' 직장이나 재정적 자립의 전망도 거의 없는 상태에서 일찍 학교를 그만둡니다. 게다가 여가는 권태로운 데다 중간중간 폭음을 하거나 오락 삼아 (혹은 중독성) 마약까지 복용합니다. 반사회적 행태를 보이고 경찰과 가끔 충돌하는데, 흑인이나 아시아인이면 더욱 심합니다. 집을 떠나 대안적이고 안정된 가족 단위를 마련할 전망은 희박하고, '무책임하게' 일찍 '아이 아버지가 됩니다.' 새로운 개인주의 문화는 이러한 곤경의 책임을 그에게 전가합니다. 새로운 소비자주의는 그를 배제합니다. 남성적 정체성의 모델로 삼을 만한 직장이나 공동체 기반의 출처가 없거나, 새로운 페미니즘에 의해(혹은 여성화된 서비스 부문의 직장에서 일하는 바람에) 혼란스러움이나 위협을 느낍니다. 그리고 만약 흑인이면 점차 분리된 흑인 세계로 후퇴하고, 만약 백인이면 지역의 흑인 남성을 ('자신의' 일자리,

영역과 여성에 대한) 위협이자 (그들의 강경함, '쿨함'과 섹슈얼리티 때문에) 동경의 대상으로 인식합니다. 수많은 백인 남성 측에서 이 모든 것에 대한 반응은 전통적 남성성 중 최악인 가장 퇴행적인 속성을 방어적으로 강조하고, 복합적이고 모순된 인종주의를 취할 가능성이 있습니다. 흑인 남성의 반응은 분노에 찬 패배감, 투사된 여성 멸시, 사회적 배제, 범죄자화입니다. 이러한 '초남성적' 반응은 당대의 청년 무질서 담론 — 새로운 예의 없음, 새로운 젊은이 기질laddism, 건달, '무식한 하층,' '후디' 등 — 과, 그리고 그에 따르게 마련인 법과 질서식 '해결책,' 즉 체험된 것이든 담론 수준이든 '남성성의 위기'와 복잡한 변증법적 관계를 시작합니다.

물론 실제 그림은 좀 더 복잡하고, 이 합성물을 구성하는 바탕이 된 실제 연구들은 좀 더 미묘한 차이가 있습니다. 예를 들면, 린다 맥도웰Linda McDowell(2003: 200)은 최근 셰필드와 케임브리지의 백인 노동 계급 청년과 남성성에 관한 인터뷰 기반의 연구에서, 이들이 전형적으로 (코널을 따라서) 그녀가 붙인 용어로 '저항'과 '가정적' 남성성 사이에 갇혀 있음을 발견했습니다. 여기서 '저항'은 더 거칠고 마초적이고 길거리 버전인데 비해, '가정적' 남성성이란 품위 있고 '정착성' 버전입니다. 또한 이 작업의 구조적 주제에 다소 비판적인 소수의 소규모 저작도 있습니다. 계급적이고 인종화된 주체로서 남성은 어떻게 '적절한'(즉 기존의 계급, 인종, 젠더 구조를 재생산하는 방식으로) 남성성을 수행하게 되는가 하는 (궁극적으로 구조적인) 질문을 던지는 대신에, 이 연구는 후기 구조주의적이고 심리사회학적인 질문을 던집니다. 말하자면 특정한 사회 배경의 (전부는 아니지만) 일부 남성이 어떻게 특정한 남성성의 사회 담론과 동일시하게 되는가 하는 질문입니다. 이 질문은 생애사에서 심리 차원의 진지한 수용을 포함하는데, 예컨대 남성의 독특한 판타지, 불안, 욕망의 역사가 어떻게 그의 사회적 상황과 다수의 상황적 우연성과 결합해 그의 특정한 담론적 투자 패턴을 낳게 되는지 탐색합니다(Jefferson, 1994, 2002). 그러나 구조적 외관을 했든 후기 구조주의적 외관을 갖추었든, 이 작업은 '큰 그림'과 씨름하면서 (변화하는) 남성적 실천과 가치를 변화하는 사회 현실과 연결 지으려고 시도합니다. 이 남성성 작업이 '스타일'과 문화 관련 질문을 명시적으로 거의 다루지는 못한다고 해도, 이 저작을 《의례를 통한 저항》과 관련짓는 것은 다름 아니라 연결 고리를 찾고자 하는 욕망 때문입니다.

1980년대의 의미 이해하기

각기 방법은 다르지만 이 모든 궤도가 보여 주는 것은 1980년대로의 전환점에서 주된 단층선이 등장했다는 사실입니다. 역설적으로, 2부에서 살펴본 일반적인 하위문화 문헌 중 상당수는 또한 1980년대를 하나의 이행 계기로 규정했습니다. 이 저자들은 이 계기를 하위문화 장 전반뿐 아니라 그 장을 '사고'하던 데 썼던 이전 문제 틀의 급진적 탈구 — 심지어 부분적인 해체 — 를 예시한다고 보았습니다. 사용된 일부 용어 — '부족적,' '포스트모던,' '포스트하위문화적' — 는 이 변화의 특징을 좀 더 일반적 관점에서 규정하려는 시도였습니다. 앞서 논의한 레이브 문화와 '클럽 활동clubbing'의 등장은 이 변화를 압축해서 보여 준다고 파악했습니다. 즉 이는 하위문화 '운동'이 좀 더 이질적이고, 사회적으로나 젠더 측면에서 혼종적이고, 다양한 '청년 문화'로 흡수된 것으로서, 여기서는 음악, 댄스, 마약, 섹스, 쾌락 추구가 지배하고, 스타일과 취향, 단골 이용자가 느슨하게 결합되고 중첩되고 증식됩니다. 여기서는 참여자들이 음악 산업, 새로운 문화산업, 상업화된 여가, 소비자 시장과 미디어에 훨씬 더 깊숙이 통합됩니다. 여기서는 과거의 집단성보다는 새로운 개인주의 일부에 더 가깝고 펑크와 레게의 계기와 근본적으로 다른 일시적이고 우발적이며 최면 상태 같은 '연대감'이 한동안 지배적 기질로 휩쓸었습니다. 이언 체임버스(Chambers, 1985: 209)가 표현했듯이, "'사적' 신체와 공적 만남"이 특징이었습니다.

그 후 수많은 방향에서 온 추세와 요소가 동일한 '계기'에 수렴하기 시작했습니다. 이 변화들은 무엇과 결합했을까요? 이는 바로 맥락은 다르지만 알튀세르가 말한 "중층적 결정overdetermination"입니다(Althusser, 1969: 99~100, 강조는 원저자). 알튀세르는 기억하기 쉽게 이를 '"상황'과 '흐름'의 축적"이라 불렀는데 "이 중 일부는 근본적으로 이질적이지만 — 기원도 다양하고 의미도 다르며 적용 **수준**과 **지점**도 다양합니다 — …… 그런데도 파열적 통일성으로 '융합'해서" 우리가 지금까지 "국면적 변화"라 부른 것을 구성합니다. 그러한 '변화'가 구성하는 통일성은 결코 단순하지 않습니다. 변화는 단일한 모순으로 환원할 수도 없으며, 복합적으로 결정됩니다. 이 변화들은 단순하게 '해독해 낼' 수도 없습니다. 이것들은 다양하고 '상대적으로 자율적인' 존재 조건에서 등장합니다. 그리고 아주 다양한 방식으로 경험되고 '체험됩니다.' 그런데도 그러한 계기에서 따온 증거는 광범위한 구조와 역사적 전개를 '가로질러 읽어내라'는 권유이자 따라서 그것들과의 연계성을 이론화하라는 권유입니다. 이는《의례를 통한 저항》프로젝트에서 아주 독특한 — 그리고 아주 흔히 간과되고 오해되는 — 점이라 믿는다고 우리는 지금까지 줄곧 주장했습니다. 이는 1960년대와 1970년대에 그랬던 것만큼이나 현재 우리가 1980년대와 그 이후 시기에 관해 수행할 필요가 있는 작업에도 타당성을 지닙니다.

물론 1980년대의 이 '단층선'을 느슨하게 지칭하는 한 가지 방안은 모든 것을 포괄하는 용어인 '대처리즘'입니다. "내가 연구한 청년들은 진부한 표현을 인용하자면 '대처의 아이들'이었다"라고 세라 손턴(Thornton, 1995: 165)은 말했습니다. 이 단어는 과연 진부한 형식적 표현이나 단지 기술적인 표현 수준을 넘어설 수 있으며, 그렇게 되어야만 하는가? 아주 암시적인 방법 외에는 여기서 이 사항을 강력하게 주장할 수 있는 적절한 방안은 없습니다. 이 질문에 답하려면 나름대로 '작업'이 필요할 것입니다. 좀 더 세심한 민속지학적 연구와 '진한' 묘사, 수많은 개별적 역사를 모아서 관련짓기, 더 광범위한 사회관계와 역사적 사건과의 연계 검토, 좀 더 나아가 이론화 등이 그러한 작업의 예입니다. 현대문화연구소 하위문화연구 집단과 또한《위기 관리》연구 집단에서, 우리는 이러한 류의 개념적 '지도 그리기'를 무수하게 시행했습니다. 대다수는 자기 학습용이었습니다. 지워 버린 지 오래됐고 저장해 두지도 않았지만, 분필로 그린 도표와 연대표, 가설화, 검증, 재가설화의 과정, 알려진 지식 수준을 감안해 '증거'나 완벽한 해답이 아니라 최선의 아주 그럴듯하고 설득력 있는 '적합한 안' 마련이 그러한 작업의 사례였습니다. 의심할 나위 없이, 여기엔 새로운 형상을 이해하기 위해 새로운 개념의 시도뿐 아니라, 예기치 못한 연속성을 설명하기 위해 이전의 개념을 발전시키는 작업도 포함되곤 했습니다.

'대처리즘'은 정치 지형을 변모시켰는데, 영국과 전 세계에서 이어진 온갖 정치적 입장의 정권에게 합의적이고 중도 우파적 기반을 제공하는 바람에 단지 1980년대만이 아니라 지금까지 영구적 영향을 미친 듯합니다. 돌이켜 보면, 대처리즘은 단지 선거 운세의 극적인 역전에 그치지 않고 좀 더 근본적이고 장기적인 무엇인가에 해당했음을 알 수 있습니다. 이는 실로 (전통적 구분을 사용하자면) '경제적,' 정치적 혹은 '사회적'일 뿐 아니라 '문화적' 성격을 띠는 '헤게모니 프로젝트'였습니다. 이는 진정으로 경제적 삶, 정치 문화, 공적 제도, 사회관계, 미디어 담론, 태도와 가치를 1970년대 중반 부상한 세계화의 새로운 단계가 요구하는 가혹한 책무에 결부시킨 훨씬 더 광범위한 글로벌하고 초국가적인 변혁 과정의 일부였습니다. 대처리즘이 초래한 탈구 효과는 필연적으로 새로운 "진실의 체제regime of truth"(McRobbie, 2006)이기도 한 새로운 글로벌 축적 체제의 산통에 해당했습니다.

신자유주의 역사 프로젝트의 중심 전략은 '시장 세력'을 풀어놓아 사회 전 영역에 걸쳐 '문화적 변화'를 꾀하며, 이를 통해 현재 새로운 사회 형태로 널리 인정되는 "시장 사회market society"(Bobbit, 2002)를 향해 모든 사회를 밀어붙이는 것입니다. 이는 모든 것이 '시장화'와 교환 가치의 논리에 굴복하거나 모방하도록 강요했습니다. 왜냐하면 오직 그 '대상'인 시장, 기업가적 가치, 경쟁적, 소유적, 사익 추구적 개인들만이 부를 창조하고, 성장과 효율성을 달성하고, 경쟁과 채산성을 자극하고, 소비자 수요를 충족하고, 선택에 힘을 실어 주고, 사회적 욕구를 처리하고, 공공재를 제공해 주고, '가성비'를 달성하며, 사회적 가치 척도를 제공할 수 있다고 간주되기 때문입니다. 신노동당은 이 신자유주의 프로젝트에 변형을 가해, 좀 더 혼합된 사회민주주의 형태로 각색했는데(Hall, 2003), 특히 복지, 의료, 교육과 표적화된 재분배에서의 이원화 전략, 사회적 장에서 '적극적 거버넌스'의 경영주의식 재발명, 공공 선택Public Choice[16] 의제의 대대적인 선택에서 그랬습니다. 그러나 달리 보면 신자유주의는 근본적으로 동일한 지형으로부터 통치했습니다. 예상된 일이지만, 젊은이의 범죄, 권위와 복종, 존경의 붕괴, 폭음, 반사회적 행태는 사회적 연결성과 상호성의 근본적인 붕괴를 보여 주는 가장 널리 알려진 징후적 증거로 떠올랐습니다.

따라서 1980년대의 이러한 사태 전개가 구성한 단층선은 모든 문화생활 영역을 흔들어 놓는 세력이었습니다. 청년 문화가 어떤 식으로든 이 재구성 과정에서 차단될 수도 있다는 발상은, 점잖게 표현하자면 대단히 의문스럽습니다. 물론 지금까지 우리는 이러한 사태 전개를 고도

16 공공 선택 (이론)은 '정치학의 전통적인 문제들을 해결하는 데 경제적 도구를 사용하는 것'을 말한다. 예컨대 정치에서는 사익을 추구하는 투표자, 정치인, 관료 등의 행태와 그들 사이의 상호작용을 다루면서 한정된 효용 극대화 이론이나 게임이론, 결정이론 등을 적용한다. — 옮긴이

로 추상적인 수준에서만 간략히 서술했습니다. 그러나 이처럼 광범위한 사회적, 문화적 사태 전개와의 연계를 살펴보지 않고는 도저히 이해하기 어려운 현상도 많습니다. 우리가 추적해 온 궤도를 구체적으로 언급하자면, 이를테면 좀 더 파편화되고 사회적으로 이질적이며 사유화된 레이브의 쾌락, 댄스 문화가 '클럽 활동,' 유명 인사와 글로벌화된 여가에 병합된 것, 정치적 동력의 쇠퇴와 흑인 정체성의 모호한 '권능화,' '포스트페미니즘'의 모호성, 혹은 '남성' 반발과 남성성의 위기 등이 그렇습니다.

하위문화연구의 세부 내용과 이 광범위한 변화의 척도 간의 접합을 여기서 추적하는 일은 물론 이 글의 한도를 훌쩍 넘어서는 과업입니다. 그러나 한 가지 차원만 간략히 추적해 보더라도 여기에 어떤 것이 포함될지 간파할 수 있는데, 바로 하위문화 주체들이 이 다양한 영역에서 자신을 어떻게 보는지와, 보통 시민이 소비자, 소비, 소비자 사회를 둘러싼 공통의 담론적 토대에서 사회적 주체로서 어떻게 자리매김 되는지를 비교해 보는 것입니다. 우리가 소비를 선택한 이유는 소비가 전체 변화에서 핵심적이라서가 아니라, 소비는 어떤 형태로든 모든 사회 과정에서 등장하고, 미셸 푸코Michel Foucault가 '주체화subjectification'라 부른 현상의 장, 즉 사람들이 변화된 사회 과정의 '주체'가 되어 적극적으로 관련을 맺으면서도 동시에 그 효과의 '대상화'하는 곳이기도 하기 때문입니다.

어떤 의미에서는 여기에 새로운 것은 전혀 없습니다. 소비는 1900년 전후 포드주의 혁명의 중심부에 있었고, 대중 사회, 대량 산업, 대중 민주주의, 대중 정당, 대중문화를 낳았으며, 경제적 권력과 주도권이 유럽에서 미국으로 넘어가는 추이의 조짐을 알렸습니다. 이는 그람시(Gramsci, 1971)가 "미국주의와 포드주의Americanism and Fordism"라는 글에서 예언자 식으로 예고한 국면적 변화였습니다. 소비자주의는 2차 세계 대전 후 미국에서 다시 수입되어, 호가트(Hoggart, 1958)가 "미국화"와 1950년대 "풍요의 시대"의 최첨단이라 부른 전후 문화 변동의 핵심적 일부를 이루었습니다. 그러나 젠더와 청년 문화에서 맥로비, 흑인 표현 문화에서 길로이처럼 다양한 각 분야에서 비평가들이 1980년대 이후 큰 충격을 초래한 추세라고 본 것(그리고 이는 레이브와 클럽 문화에 관해 제시한 설명에서도 함축됩니다)은 어떻게 해서 소비가 철저하게 모호한 근거를 제공하면서, 하나의 모호한 움직임에서 그 근거를 취하기도 하고 무시하게도 되는가 하는 점입니다. 소비 주체가 어떻게 해서 주체가 자신과의 관계를 경험하고 자신이 하는 일과 변화하는 사회 세계와의 관계를 경험하는 특권화된 방식을 제공하게 되는지도 마찬가지로 당혹스러운 추세였습니다. 요지는 1980년대의 단층선에서 발생하는 공적 담론에서도 똑같은 수사가 반복해서 등장한다는 것입니다. 그곳에서는 시민권과 권리 개념, 그리고 '사회성'의 다양한 측면 — 이를테면 전국의료보험(NHS), 학교 교육, 투표, 복지, 민주주의, 지역 정부, 국가와 사회 — 과 맺는 적극적인 사회관계 개념들이 (범위가) 훨씬 더 축소되었지만, 점차 중시되는 — 즉 사유화된 소비주의의 개인화된 관계인 — '소비자'의 '주관성'으로 대체됩니다.

우리가 계속 주장해 왔듯이, 여러 사회 영역에 걸쳐 일어나는 사건들에 대한 주목은 원래 《의례를 통한 저항》 프로젝트의 핵심이며, 그 영역들 자체가 아무리 변화했을지라도 여전히 중요합니다. 특정한 젊은이 집단의 일상적 활동과 표현, 더 넓은 문화적 지형, 변화하는 역사적 국면 사이를 서로 연결하고 그 관계를 추적하려는 시도는, 만일 일부 젊은이들이 자신들에 대한 평가에 어떻게 의미 부여할 것인지 우리가 (단순히 기술하고 찬양하고 비난하는 것과 반대로) 파악하고자 한다면, 30년 전에 그랬던 만큼이나 지금도 타당해 보입니다.

맥로비는 후디의 부정적인 함축적 의미 — 위협적이고 분노에 찬 젊은이, "아무짝에도 쓸모가 없는 이" — 에 주목했는데, 우리는 이 후디에 관한 맥로비의 인용문으로 논의를 시작했습니다. 우리는 그 함축적 의미가 180도로 바뀐 또 다른 인용문으로 끝내고자 합니다.

> 패션 세계에서 모세의 율법판에 상응하는 고급 잡지[〈보그〉 잡지]는 내년용으로 편집한 놀랄 정도로 훌륭한 항목 100가지 목록 중 스물한 번째에 후디를 올려놓았다. (*The Guardian*, G2, 2008. 11. 5: 3)

《의례를 통한 저항》의 원래 언어로 표현하자면, 이는 포섭 — 스타일적 '저항'의 '확산'과 '희석' — 의 한 예로 간주할 수도 있을 것입니다. 이 책에 실린 모드족 관련 에세이에서 헵디지가 표현했듯이(p.78), "어느 모드 잡지가 '새로운 모드 패션쇼'가 열렸다고 엄숙하게 선언한다면 …… 이 특정한 흰색 피부의 흑인은 …… 갑자기 쓰러져 사망했음을 인정할 수밖에 없습니다." 그러나 현재의 아주 다른 국면에서는, '저질'이든 '고급'이든 두 가지 함축적 의미 — '야생의' 젊은이를 의미하는 후디, 내년도 '필수' 패션 액세서리를 의미하는 후디 — 모두 동시에 공존할 수 있는 듯하며, 조만간 어느 한쪽이 몰락한다는 징후도 보이지 않습니다. 따라서 후디에 대한 당대의 어떤 '해독'의 내용이든 변경할 수야 있겠지만, 징후적 해독 자체의 중요성이란 개념은 바꿔 놓지 못할 것입니다.

서론

〈문화연구 초고〉 저널 이번 호는 전후의 청년 하위문화를 다룬다. 우리는 이 주제를 논의할 때 으레 사용하는 용어인 '청년 문화'를 해체하고, 그 대신에 청년 하위문화의 다양한 종류, 이 문화가 계급 문화와 맺는 관계, 문화적 헤게모니가 구조적으로나 역사적으로 유지되는 방식에 관해 좀 더 세심한 그림을 다시 구성해 보려 시도하였다. 따라서 이 저널은 지난 3년 동안 연구소의 하위문화연구 집단이 수행한 작업을 종합한다. 이러한 작업은 연구소 내부에서뿐만 아니라 같은 분야에 종사하는 다른 연구자들과 아주 생산적인 대화를 유지하면서 지속되고 있다. 그러므로 여기에 제시된 결과와 공식은 진행 중인 작업의 일부에 불과하다. 이 결과가 마치 최종적이거나 확정적이거나 '올바른' 것인 양 행세하지는 않을 것이다. 이를 통해 추가적인 작업과 토론, 명료화로 이어지고, 간혹 이 중 일부는 저널 지면에도 반영될 수 있기를 희망한다.

비록 작업은 미완성의 성격을 띠긴 하지만, 전 시기에 걸쳐 작업의 초점이 어떤 식으로 변해 왔고, 어떻게 해서 현재의 입장에 도달하게 되었는지에 관해 간략한 역사를 정리해 보면 도움이 될 것으로 생각한다. 무수하게 많은 다른 이들도 그리했듯이, 우리의 출발점은 하워드 베커Howard Becker의 《외부인*Outsiders*》이었다. 이 텍스트는 적어도 우리가 보기에는 주류 사회학에서 '단절'이 일어나고, 뒤이어 일탈, 하위문화 이론이나 범죄학 분야에서 작업하는 수많은 사회학자가 상호작용론적interactionist, 그리고 이후에는 '거래주의transactional' 혹은 '이름표 붙이기'로 불린 시각을 채택하게 되는 추세를 가장 잘 예고했다. 그러한 변화는 애초에는 미국에서 시작되었으나 영국에서도 급속하게 번져 갔다. 하지만 우리가 이 텍스트 — 그리고 이후 영국에서 급속하게 부상한 이 전통의 작업 — 를 해석하는 방식, 또한 우리가 이 시각 전반을 대하는 입장은 항상 이중성을 띠었다. 한편으로는 이 '냉소적 혁명'(이는 예컨대 사회 행동을 하나의 사건이라기보다는 과정으로 보며, 중요한 점으로는 일탈이란 사회적 창조물이자, 일부가 다른 사람에게 이름표를 붙일 수 있는 권력을 갖는 데서 발생하는 결과라고 보는 발상이다)이 조성한 일부 관념의 중요성에 대해 희열감을 느끼면서도, 다른 한편으로는 불편함도 드러낸다. 즉 이 설명은 수많은 중요하고 새로운 통찰을 담고 있기는 해도 충분히 종합적이지 못하다는 감정, 특히 일탈 행위는 공적인 이름표 붙이기 외에 다른 데서 유래했다는 느낌이었다. 이후 (〈문화연구 초고〉 2호에 실린) 청년 하위문화에 관한 획기적인 논문에서 필 코언은 청년 하위문화가 이스트엔드[17]의 계급 구조와 계급 문화 내부에서 생성되었다고 주장했는데, 코언의 글을 읽으면서 이 불편한 감정은 구체적으로 경험적이고 이론적인 실체를 갖추게 되었다. 이를 통해 우리는 그간의 모호한 감정이 해소되고 거래주의적 분석을 주변적 위치로 밀어낼 수 있었으며, 그 대신 영국 청년 하위문화의 구조적, 문화적 기원

17 이스트엔드는 대략 런던 구도심 동쪽과 템스강 북안 구역을 지칭하는 용어인데, 행정 구역처럼 뚜렷하게 경계를 긋기는 어렵다. 산업 혁명 후 공장과 항만에서 일하는 노동자 거주 지역으로 형성된 후, 빈곤과 온갖 사회 문제로 널리 알려졌다. 역사적으로 대표적인 외부 이주민 정착지이기도 했다. — 옮긴이

에 주력하게 되었다.

이후 우리는 특정한 하위문화 — 테드족, 모드족, 스킨헤드 등 — 에 관해 좀 더 자세한 설명을 제시하는 논문을 통해 시사점이 풍부한 코언의 틀에 살을 붙이는 데 상당한 시간을 투입했다. 이러한 작업의 요약본은 (이 책 2부) 민속지학 편에 실려 있다. 우리는 또한 수많은 논문에서 나름대로 이론적 입장을 개발하려고 노력했다. 여기에는 코언의 확장, 수정과 비판 등이 모두 포함되는데, 이러한 시도는 이 저널에서 제시한 이론적 개관의 토대를 이룬다.

그러한 작업을 진행하던 과정에서 우리는 노상강도 연구 과제에 관여하게 되었다. 이러한 관여는 아마도 우리의 후속 작업 개발뿐만 아니라 우리가 이 저널에서 취하는 이론적, 방법론적 입장 형성에도 단일 요인으로는 가장 큰 유기적 영향을 미쳤을 것이다. 이 연구 과제는 두 가지 큰 결과를 초래했다. 이 과제가 애초부터 특수하고 지역적인 사례에 관한 관심에서 유래했기에, 정치적으로 좀 더 직접적인 관여를 낳았다. 이론적으로 이 과제는 거래주의를 우리 작업의 의제로 되돌려 놓았다. 우리의 애초 관심사는 핸즈워스 사건Handsworth case[18]에 대한 사법부의 가혹한 대응 때문에 생겨났기 때문에, 사회적 대응 문제를 그냥 무시할 수가 없었다. 그러나 하위문화 작업에서 우리가 구조적, 역사적 분석 형태에 관심을 두었다는 사실은 순진한 거래주의의 시각으로 퇴행할 수 없게 되었다는 뜻이기도 하다. 그러므로 우리는 사회 행동과 사회적 반응

18 1972년 영국 핸즈워스라는 소도시 도심에서 유색 인종 청년 세 명이 백인 노동자를 폭행하고 금품을 강탈한 사건이 발생했다. 영국 도시에서 일상적으로 벌어지는 이 평범한 사건에 당시 언론, 경찰, 사법부 등이 이례적으로 민감하게 반응하면서 영국 사회 전체에 일종의 '도덕 공황'이 발생했다. 세 젊은이는 범행과 비교하면 이례적으로 무거운 중형을 선고받았다. 스튜어트 홀을 비롯해 버밍엄대학교 현대문화연구소의 다섯 사람은 이 사건을 전후 영국 사회의 정치적, 경제적, 사회적 맥락 속에서 분석하여 1978년 《위기 관리》라는 책을 발간했다. — 옮긴이

을 모두 구조적으로, 역사적으로 설명하되 모든 분석 수준을 고루 고려하는 방식으로 설명하는 데 목표를 두게 되었고, 이는 지금도 여전히 그렇다. 이러한 분석 수준은 범죄자와 통제 기구 사이의 '면 대 면' 상호작용의 동학에서 시작해, '순수한' 거래주의자는 대부분 무시하는 부분이지만, 이 행동들이 계급과 권력관계, 의식, 이데올로기와 헤게모니의 변화와 맺는 관계라는 더 광범위하고 더 매개된 질문들에까지 이른다.

이 연구 결과 제시에서는 주의할 사항이 있다. 긴 이론적 개관 부분을 포함해서 이 책의 상당 부분은 하위문화연구 집단의 작업에서 나온 산물이다. 좋든 나쁘든 연구소의 목표에 보조를 맞춰 이 작업은 협업으로 이루어졌다. 핵심적인 이론적 이슈를 놓고 지속적인 토론을 유지하려 노력했을 뿐 아니라 논문 집필과 수정도 집단으로 했다는 뜻이다. 이러한 부류의 집단 작업은 실제로는 지속하기 극도로 어렵고 항상 가능한 것도 결코 아니다. 그러나 그간 이 작업에 몸담았던 사람들은 공동작업에 따르는 문제점에도 불구하고 보람 있는 일이었다고 꾸준히 느끼고 있음을 여기서 밝혀 두고자 한다. 또한 이 분야에서 경험적 작업의 상당 부분은 연구 집단에 직접 소속되지 않은 연구소 구성원들에 의해 이루어졌다. 이번 호의 연구 결과는 바로 이들의 작업에 두루 의존하고 있다(예컨대, 폴 윌리스와 딕 헵디지의 연구가 그렇다). 연구 집단의 작업은 연구소 구성원 전체를 대상으로 발표되고 이들의 토론을 거쳤으며, 이 구성원들은 수많은 다른 연구로 기여하기도 했다. 우리는 연구소 소속이 아닌 많은 사람에게서도 엄청난 도움을 받았는데, 이들은 우리와 비슷한 노선을 따라서 연구를 하고 있을 뿐 아니라 우리와 직접 토론을 벌이기도 하고 지적으로 큰 지지를 보내 주기도 했다. 이번 호에 폴 코리건, 사이먼 프리스, 그레이엄 머독, 로빈 매크론, 제프 피어슨, 존 트워힉 등을 기고자로 모시게 된 것을 환영한다. 마지막으로, 이번 호는 연구 집단이 편집팀과 공동 작업으로 제작했는데, 편집팀은 실무적 책임을 떠맡았을 뿐 아니라 논문에 관한 토론, 수정, 재집필 등에서도 주도적 역할을 수행했다. (이번 호 일부 논문은 말미에서 아리송하게도 '저자의 역할 분담'이라고 밝혔는데, 이는 부적절하긴 해도 부분적으로나마 감사의 표시에 해당한다).

구성에 관해 해명할 부분도 있다. 이 저널은 우리가 바라건대 주된 주제를 설정하는 역할을 할 개관 논문으로 시작한다. 그다음에는 전후 하위문화의 다양한 측면에 관한 '민속지학적' 작업에서 선별한 글로 된 긴 섹션이 나온다. 여기서 우리의 의도는 첫째 (결코 포괄적이라 할 수는 없지만) 범위를 규정하고, 둘째로는 경험적 입증 자료를 제시하면서도, 셋째로는 제시된 경험적 자료에서 이론적 요지, 이슈, 주장을 개발해 '개관'에서 윤곽을 제시한 주된 주제들과 연결 짓는 데 있다. 그다음에는 개관에서 간략하게만 다룬 일부 요지를 선택해 더 발전시킨 짤막한 이론적 논문들로 된 섹션이 나온다. 즉 '스타일,' '세대 의식,' '정치,' 그리고 소녀들과 하위문화 간의 관계 문제가 그러한 주제다.

마지막으로, 브라이언 로버츠Brian Roberts(그는 다른 학과 소속이면서도 연구 집단의 작업에서 주도적 역할을 수행했다)와 스티브 버터스(그는 연구소 작업의 여러 영역과 오랫동안 연계를 맺어 왔다)는 방법론 문제로 되돌아간다. 스티브 버터스의 글은 연구 집단의 작업에 익숙하고 공감하면서도 비판적인 인물의 입장에서, 연구 집단의 작업 방법과 그 저변에 깔린 문제 틀에 대한 비판을 시작하려는 초기 시도다.

연표 작성자

1장 표 1.2 스튜어트 대니얼스

17장 표 제니 가버

1부

이론 I

1장

하위문화, 문화와 계급

존 클라크, 스튜어트 홀, 토니 제퍼슨,
브라이언 로버츠

이 책에서 다룰 주제는 청년 문화다. 우리의 목적은 이 문화를 하나의 현상으로 설명하고 이 문화가 전후 시기에 어떻게 등장했는지 설명하는 데 있다. 물론 이 주제는 무엇보다 매스 미디어에서 이미 무수하게 다루어진 바 있다. 하지만 이 조사와 분석 중 상당수는 주로 혼란을 더 증폭시키고 그 주제를 둘러싼 신화를 확장하기만 한 듯하다. 이 조사들은 청년 문화를 가시성이 높은 특징 측면에서만 다루는 바람에, 우리가 설명하고자 하는 바로 그 현상처럼 혼란스러운 존재가 되어 버렸다. 그렇다면 첫째, 우리는 현상을 명쾌하게 규명해야 하고, 문제점을 드러내기보다는 오히려 은폐하는 신화와 설명의 배후를 밝혀내야 한다. 우리는 먼저 주제를 구성해야 하는데, 이는 부분적으로는 현재 주제를 적절하게 규정하는 것처럼 통용되는 특정한 개념들을 파괴할 때 가능하다. 지나치게 널리 홍보된 껍질과 함께 '합리적 알맹이'까지 버리는 일이 없도록, 대중적 구성물 배후를 꿰뚫어 보는 작업은 반드시 조심스럽게 이루어져야 한다.

청년 문화의 사회적, 정치적 의미를 평가하는 일은 쉽지 않다. 이는 그동안 청년 문화의 가시성이 일관되게 높았다고 하더라도 그렇다. '청년'이란 전후 영국에서 점차 부상하는 범주로 나타났는데, 이 시기의 사회 변동을 가장 뚜렷하고 가시적으로 구현한 존재 중 하나였다. '청년'은 공식 보고서, 법안, 공식적 개입이 초점을 맞추는 대상이 되었다. 사회의 도덕적 수호자들은 이를 사회 문제, 즉 우리가 '무슨 조치를 취해야만 하는' 대상으로 의미 작용하였다. 무엇보다도 청년은 그 시기에 **관한** 이해, 해석과 준설명을 구축하는 데 중요한 토대 역할을 했다. 로운트리 재단의 지원을 받아 수행한 연구인 〈대중지와 사회 변동Popular Press and Social Change〉[19]에서 주장했듯이,

19 버밍엄대학교 현대문화연구소는 조지프 로운트리 기념 재단Joseph Rowntree Memorial

[〈데일리 익스프레스*The Daily Express*〉와 〈데일리 미러*The Daily Mirror*〉] 두 신문과 아마도 당시의 모든 언론에서 청년이란 사회 변화의 강력하지만 은폐된 은유였던 듯하다. 즉 기본적인 라이프스타일과 가치 측면에서 근본적으로 변화된 사회의 압축된 이미지가, 공식적인 정치적 틀을 뒤집어 놓도록 계산되었으면서도 **전통적인 정치적 틀에서는 아직 계산이 불가능한 방식으로** 변화된 것이다…… (Smith et al., 1975)

'청년 문화'처럼 한 시대의 역사와 의식에서 획기적인 위치를 차지하면서 존재하고 가시성이 높은 현상이 순수하게 미디어의 구성물이자 표면적 현상에 불과하다는 주장은 지탱하기 어려울 것이다. 그렇지만 "구조를 연구할 때는 (상대적으로 영구성을 띠는) 유기적 움직임과, '국면적'이라 이름 붙일 수 있고 임시적이고 단기적이며 거의 우연적으로 등장하는 움직임을 구분해야 한다"라고 그람시는 경고했다. 목표는 "유기적인 것과 국면적인 것 사이의 정확한 관계를 발견하는"(Gramsci, 1971: 177) 데 두어야 한다. '현상 형태'인 청년 문화는 단지 그러한 분석에 출발점을 제공할 뿐이다. (신좌파의 일부 '공상적 관념론자들'이 때때로 그러하듯이) 그러한 현상 형태에 현혹되어서는 안 되는 것과 마찬가지로, (최근 〈오늘의 마르크스주의*Marxism Today*〉 논쟁에서 구 좌파의 일부 '냉소적 유물론자들'이 그랬던 것처럼) 그러한 사태 전개를 무시해서도 결코 안 된다.

Trust의 후원을 받아 〈대중지와 사회 변동, 1935~1965〉라는 연구를 수행했다. 이 보고서를 토대로 1975년 《신문의 목소리: 대중지와 사회 변동 1935~1965*Paper Voices: the Popular Press and Social Change, 1935-1965*》(London: Chatto & Windus)이 출간되었다. 당시 연구소 소장인 리처드 호가트와 부소장인 스튜어트 홀은 연구 전 과정에 참여했다. — 옮긴이

A. 몇 가지 정의

몇 가지 최소한의 정의로 논의를 시작하고자 한다. '청년 문화'라는 용어는 청년의 '문화적' 측면을 지칭한다. '문화'라는 단어는 사회 집단이 독특한 삶의 패턴을 발전시키고 자신의 사회적, 물질적 삶의 경험에 **표현 형태**를 부여하게 되는 그 수준을 지칭하는 것으로 우리는 이해하고 있다. 문화란 집단들이 자신의 사회적, 물질적 존재의 원재료를 '처리'하는 방식이자 형태다. "삶 경험의 원재료가 한쪽 극단에 있다면, 이 원재료를 '처리,' 전달, 혹은 왜곡하도록 제도 속에 공식화되거나 가장 덜 공식적인 방식에 분산된 (표현되었건 안 되었건 상관없이) 모든 무한하게 복잡한 인간 규율과 체제가 다른 쪽 극단에 존재한다고 가정해야 한다"(Thompson, 1960). '문화'란 집단의 삶을 의미 있는 모양과 형태로 구현하거나 **객관화하는** 실천이다. "개개인은 자신의 삶을 표현하면서, 개인이라는 존재가 된다. 그러므로 이 개인들의 정체성은 이들이 생산하는 것, 즉 이들이 **무엇을** 생산하는지뿐 아니라 **어떻게** 생산하는지와 일치하게 된다"(Marx, 1970: 42). 어떤 집단이나 계급의 '문화'란 그 집단이나 계급의 특수하고 독특한 '삶의 방식,' 제도와 사회관계, 신념 체제, **습속**과 관습, 대상과 물질적 삶의 활용 속에 구현된 의미, 가치와 관념이다. 문화란 이러한 물질적, 사회적 삶의 조직이 표현되는 독특한 양상이다. 문화에는 구성원이 사물을 파악할 수 있도록 해 주는 '의미 지도'가 포함된다. 이 '의미 지도'는 단순히 머릿속에 담고 다니는 장치가 아니다. 이는 개개인이 '사회적 개인'이 될 수 있도록 해 주는 사회 조직과 관계의 패턴 속에 객관화된다. 문화란 어떤 집단의 사회관계가 구조화되고 형상을 갖추게 되는 방식이면서, 이 형상이 경험되고 이해되고 해석되는 방식이기도 하다.

특정한 제도와 관계 뭉치 속에 태어난 사회적 개인은 이와 동시에 특수한 의미 지형 속에서 태어나는데, 이러한 의미 지형을 통해 개인은 '어떤 문화'를 접하고 그 안에서 자신의 위치를 파악할 수 있게 된다. '사회의 법규'는 '문화의 법규'(사회적 삶의 상징적 질서)와 동일한 것이다. 사회관계와 의미의 이 구조는 해당 집단에 지속적인 집단적 존재의 형태를 규정해 주게 된다. 그러나 이 구조는 집단들이 자신의 사회적 존재를 체험하고 재생산하는 방식을 제약하고 변형시키고 **구속하기도** 한다. 따라서 남녀를 불문하고 인간이란 사회, 문화, 역사를 통해 형성되면서 스스로 형성하게 된다. 기존의 문화적 패턴은 이 집단들이 선택하고 변형하고 발전시킬 수 있는 대상인 일종의 역사적 저장소 — 즉 사전에 구성된 '가능성의 장field of the possibles' — 를 이루게 된다. 각 집단은 애초에 주어진 여건에서 무엇인가를 생산해 내고 이러한 '생산'을 통해, 이러한 실천을 통해 문화는 재생산되고 전승된다. 그러나 이 실천은 오직 주어진 가능성과 제약의 장 내에서만 발생한다(Sartre, 1963을 보라). "인간은 자신의 역사를 만들지만, 제 마음대로 그렇게 하지는 못한다. 즉 스스로 선택한 여건하에서 역사를 만드는 것이 아니라, 이미 존재하는, 주어진, 과거에서 물려받은 여건하에서 그렇게 한다"(Marx, 1951: 225). 그렇다면 문화란 역사를 관통하는 집단의 삶 궤적을 구현한 것이다. 즉 온전히 자신이 만들어 내지 않은 여건하에서, 자신이 선택하지 않은 '원재료'를 갖고 그렇게 한다.

똑같은 사회 내에서 존재하면서 똑같은 물질적, 역사적 여건의 일부를 공유하는 집단은 타인의 '문화'도 이해하고 어느 정도 공유하는 것은 틀림없다. 그러나 다양한 집단과 계급이 생산관계, 부와 권력 측면에서 서로 불평등한 위계 관계를 맺고 있듯이, **여러 문화** 역시 '문화 권력'의 척도에 따라 처한 위계가 다르고, 서로 대립 관계를 맺으며, 지배와 예속 관계 속에 있다. 사회에서 권력을 독점한 집단의 삶 상황을 표현하는 '의미 지도'인 세계의 정의는 가장 큰 비중과 영향력을 구사하고 가장 큰 정당성도 행사하게 된다. 세계는 그 사회에서 강력한 이익 집단의 권력, 지위, **헤게모니**를 아주 직접 표현하는 틀과 구조를 통해 분류되어

제시되는 경향이 있다. 따라서,

> 물질적 생산 수단을 장악하는 계급은 동시에 정신적 생산 수단도 통제하고, 이에 따라 일반적으로 말해 정신적 생산 수단을 갖추지 못한 사람들의 관념은 이 통제를 받게 된다. …… 이들이 하나의 계급으로서 지배하고 한 시대의 정도와 범위를 결정하는 한 …… 이들은 전 범위에 걸쳐 이를 달성하게 되고, 그러므로 무엇보다 또한 사상가로서, 관념의 생산자로서 그 시대 관념의 생산과 배포를 지배하고 규제하게 된다. 따라서 말하자면 이들의 관념은 그 시대의 지배적 관념이 된다. (Marx, 1970: 64)

이 구절은 어떤 사회에서 오직 **한 가지** 관념이나 문화 형태 무리만 존재한다는 뜻은 아니다. 어떤 사회의 지배적 관념 내부에서는 한 가지 이상의 경향이 작용할 것이다. 그런데도 권력의 정점에 자리 잡지 못한 집단이나 계급이라 할지라도 자체적인 문화에서 자신의 종속적 지위와 경험을 표현하고 실현할 방안을 찾아내게 된다. 어떤 사회에서 한 가지 이상의 기본 계급이 존재하는 한(그리고 자본주의는 본질적으로 생산 주변에 자본과 노동이라는 두 가지 근본적으로 **이질적인** 계급을 결집시킨 것이다), 특정한 역사적 계기에서는 한 가지 이상의 주요한 문화적 구성체configuration가 작동할 것이다. 그러나 내부적으로는 아무리 복잡성을 띤다 해도 가장 강력한 계급의 위치와 이해관계를 아주 적절히 반영하는 구조와 의미는 다른 모든 위치와 이해관계와의 관계에서 **지배적인** 사회문화적 질서로 자리 잡을 것이다. 지배 문화는 스스로 문화 **자체**로 자처하게 된다. 그러고는 다른 모든 문화를 자신의 포섭적 범위 안으로 한정하고 포괄하려 한다. **지배 문화**의 세계관은 만약 도전을 받지 않는다면 가장 자연스럽고 모든 것을 포괄하며 보편적인 문화로 성립할 것이다. 다른 문화적 구성체는 이 지배 질서에 예속될 뿐 아니라 지배 질서와 투쟁을 시작해 지배 질서의 장악을, 즉 그 **헤게모니**를 변형, 타협, 저항하거나 심지어 전복하려 할 것이다. 따라서 물질적, 사회적 삶을 둘러싼 계급 간의 투쟁은 항상 '문화 권력'의 분포를 놓고 꾸준하게 벌어지는 투쟁의 형태를 취한다. 여기서 우리는 '문화'와 '이데올로기'를 구분하는 게 좋겠다. 지배 계급과 피지배 계급은 각자 독특한 문화를 갖고 있을 것이다. 그러나 어떤 문화가 다른 문화보다 우위를 점하고 지배 문화가 규정한 틀에 따라 피지배 문화가 자신을 **경험하게** 된다면, 지배 문화는 또한 지배 이데올로기의 토대가 된 셈이다.

복잡한 사회의 지배 문화는 결코 동질적 구조가 아니다. 지배 문화는 지배 계급 내부의 이질적 이해관계를 반영하고 (예컨대, 귀족식 세계관 대 부르주아식 세계관) 현재 부상 중인 요소뿐 아니라 과거에서 계승된 다양한 흔적(예컨대 대부분 세속적인 문화 내부의 종교적 관념)을 포함하는 식의 다층적 구조로 되어 있다. 피지배 문화가 지배 문화와 항상 공개적으로 갈등을 빚지는 않을 것이다. 피지배 문화는 장기간에 걸쳐 지배 문화와 공존하고, 지배 문화 내부의 공간과 틈새를 놓고 타협하며, 지배 문화 속에 침투해 "지배 문화 내부를 서식지로 삼을"(Thompson, 1965) 수도 있다. 그렇지만 비록 문화를 둘러싼 이 투쟁의 성격을 단순한 대립으로 환원할 수는 없다고 할지라도, '문화' 개념을 좀 더 구체적이고 역사적인 '복수의 문화' 개념으로 반드시 대체할 필요는 있다. 이러한 재정의는 문화란 항상 서로 지배와 예속 관계를 맺으며, 어떤 의미에서는 항상 서로 투쟁 상태에 있다는 사실을 좀 더 명확하게 드러낸다. '문화'라는 단수 용어는 어떤 역사적 계기의 사회에서든 거대한 문화적 구성체가 작동하고 있다는 사실을 아주 일반적이고 추상적인 방식으로 지칭할 수 있을 뿐이다. 우리는 이 구성체들이 처한 지배와 예속이란 결정적 관계로 즉시 옮아가야 한다. 그리고 양자 사이의 문화적 변증법을 규정하는 포섭과 저항의 과정으로, 또한 지배적 혹은 '헤게모니적' 형태를 취한 '유일한 문화'(즉 지배 문화)를 전승하고 재생산하는 제도로 초점을 옮겨야 한다.

현대 사회에서 가장 근본적인 집단은 사회 계급이며, 근본적이면서도 흔히 매개된 방식으로 존재하는 주요한 문화적 구성체는 '계급 문화'일 것이다. 이 문화 계급 구성체와 비교하면, **하위**문화는 부분 집합으로서, 어떤 더 대규모 문화 네트워크 내부에서 좀 더 규모가 작고 국지화되고 분화된 구조다. 첫째, 우리는 하위문화를 그 문화가 뚜렷한 부분으로 속한 더 폭넓은 계급 문화 네트워크와 맺는 관계라는 관점에서 파악해야 한다. 어떤 하위문화와 그 하위문화가 부분으로 속한 '문화' 간의 이 관계를 검토할 때, 그보다 더 큰 '문화'를 '모체parent' 문화라고 부른다. 다음에 더 자세히 논의하겠지만, 이를 '청년'과 그들 '부모' 간의 특수한 관계와 혼동해서는 안 된다. 우리가 의미하는 바는 어떤 하위문화는 '중점 관심사,' 특유의 형상과 활동에서 원래 출처가 된 문화와 중요한 차이가 있기는 하지만 그 '모체' 문화와 어느 정도 공통점도 있을 것이라는 점이다. 현대 도시에서 종종 등장한 **아방가르드**의 보헤미아적 하위문화는 그 '모체' 문화(중간 계급 지식인의 도회 문화)와 뚜렷하게 구분되면서도 그 일부를 이루기도 한다(즉 '모체' 문화와 현대화의 세계관, 교육 수준, 생산적 노동에 비해 특권화된 위치 등). 마찬가지로, 노동 계급 '갱의 비행성 하위문화'에서 두드러진 특징이라고 일부 분석가가 주목한 바 있는 '쾌락과 자극 추구' 역시 모체 문화와 기본적이고 근본적인 공통점도 갖고 있다. 그렇다면 하위문화는 그 하위문화가 일부로 소속된 '모체 문화'와 관련지어야 한다. 그러나 하위문화는 **또한** 지배 문화, 즉 사회 전체의 문화 권력의 전반적 성향과 맺는 관련이란 측면에서도 분석해야 한다. 따라서 우리는 노동 계급 문화 **내부에서도** 품위 있는 하위문화, '거친' 하위문화, 비행 하위문화, 범죄 하위문화를 구분할 수 있다. 그러나 이 하위문화들은 서로 차이가 있기는 해도 **모두** 최초의 심급에서는 '노동 계급 모체 문화'에서 파생된다고 말할 수 있다. 그러므로 이 하위문화들은 지배적인 중간 계급이나 부르주아 문화와의 관계에서는 모두 피지배 문화다. (그레이엄 머독은 하위문화 간의 좀 더 '균형 잡힌' 분석이 필요하다고 주장했는데, 이 점은 그의 주장을 실현하는 데 어느 정도 도움이 될 것이라 믿는다. 뒤에 실린 머독의 글을 보라.)

하위문화는 그 '모체' 문화와 구분될 정도로 차이를 보이려면 충분히 독특한 형상과 구조를 드러내야 한다. 하위문화들은 더 폭넓은 문화와 유의미할 정도로 구분해 주는 특정한 활동, 가치, 특정한 물질적 가공물 활용과 영역 공간을 중심으로 초점을 맞추어야 한다. 그러나 하위문화는 부분 집합이기 때문에 이들을 '모체' 문화와 결부하고 접합시켜 주는 의미 있는 특징도 있어야만 한다. 예컨대 유명한 크레이 쌍둥이 형제[20]는 동런던의 고도로 분화된 '범죄 하위문화'에 속하면서도 이스트엔드 노동계급의 '정상적인' 삶과 문화에도 속했다(실제로 '범죄 하위문화'는 항상 노동 계급 삶과 문화의 뚜렷하게 식별 가능한 일부를 이루었다). 범죄 결사체라는 측면에서 크레이 형제의 행태는 그 하위문화의 축에서 뚜렷하게 차별화되는 부분이었다. 크레이 형제가 어머니, 가족, 가정, 지역 선술집과 맺은 관계는 결속력과 접합의 효과를 발휘하는 축이었다(Pearson, 1973; Hebdige, 1974).

그러므로 하위문화는 집단의 독특한 활동과 '중점 관심사'를 중심으로 형성된다. 이는 느슨하게 묶일 수도 있고 강하게 결속될 수도 있다. 일부 하위문화는 모체 문화 내부에서 단지 느슨하게 규정된 갈래이거나 '환경'에 그치기도 한다. 즉 나름대로 독특한 '세계'를 갖추지 않았다. 뚜렷하고 일관된 정체성과 구조를 갖춘 하위문화도 있다. 일반적으로 이 책에서는 (중간 계급 '모체 문화'에서 나왔든 노동 계급 '모체 문화'에서 온 것이든) **오직** 어느 정도 뚜렷한 경계와 두드러진 형상을 갖추고, 특정한 활동, 중

20 로널드 크레이와 레지널드 크레이라는 쌍둥이 형제인 이들은 범죄자였는데, 1950년대 후반부터 1967년까지 동런던을 기반으로 한 조직범죄 두목으로 악명을 떨쳤다. — 옮긴이

점 관심사, 영역 공간을 중심으로 응집된 '하위문화'**만**을 다룬다. 이 뚜렷하게 규정된 집단이 나이대와 세대에 의해서도 구분될 때, 우리는 이를 '청년 하위문화'라고 부른다.

'청년 하위문화'는 사회적, 문화적 삶의 지형 위에서 모습을 갖춘다. 일부 청년 하위문화는 '모체' 계급 문화에서 정규적이고 일관성 있는 특징을 이루기도 하는데, 예컨대 노동 계급 청년기 남성의 악명 높은 '비행의 문화'가 이에 속한다. 그러나 일부 청년 하위문화는 특정한 역사적 계기에서만 등장한다. 즉 이러한 하위문화는 가시성을 띠고 (자체적으로 혹은 타인에 의해) 정체성이 규정되고 이름표가 붙는다. 한동안 공중의 주목을 끄는 단계에 도달한다. 그러고는 시들해지거나 사라지거나 널리 확산되어 변별성을 상실하게 된다. 여기서 우리가 주로 관심을 두는 부분은 후자 부류의 하위문화 구성체다. 테디 보이, 모드, 로커, 혹은 스킨헤드족의 독특한 옷차림, 스타일, 주된 관심사, 환경 등은 이들을 독특한 집단으로서 노동 계급 문화 전체의 광범위한 패턴과도 구별되도록 하고, '평범한' 노동 계급 소년들(그리고 좀 더 제한적이지만 소녀들)이 드러내는 좀 더 산만한 패턴과도 구분 짓는다. 하지만 이러한 차이에도 불구하고 이들은 하위문화로서 이들의 원래 출발점인 계급의 좀 더 포괄적인 문화 내부에서 계속 존재하고 그러한 문화와 공존한다는 점을 강조해야 한다. 하위문화 구성원은 부모나 일부 동료와 비교해 '다르게' 걷고 말하고 행동하고 모습도 '다르게' 보일 수도 있지만, 똑같은 가정에 속하고, 똑같은 학교에 다니고, 대부분 똑같은 일터에서 일하며, 동료나 부모와 똑같이 '잔인한 거리'를 돌아다닌다. 어떤 핵심적 측면에서 이들은 자신들의 출발점이 된 '모체' 문화와 (지배 문화와의 관계에서) 똑같은 지위, 똑같은 근본적이고 결정적인 삶의 경험을 공유한다. 옷차림, 행동, 여가 활동, 라이프스타일을 통해, 이들은 자신의 물질적, 사회적 계급 위치와 경험에 의해 제기된 문제점에 대해 차별화된 문화적 반응이나 '해결책'을 투사할 수도 있다. 그러나 하위문화에 소속된다고 해서 자기 계급 전체의 삶을 형성하는 경험과 여건의 결정적 기반으로부터 자신을 보호할 수는 없다. 이들은 자신의 계급에서 '하위문화적' 측면으로 차별화되지도 독특성을 띠지도 않는 다른 구성원과 **똑같은 기본적 문제 틀**을 경험하고 거기에 반응한다. 특히 **지배** 문화와의 관계에서 이들의 하위문화는 자신의 계급 문화의 다른 요소들과 똑같은 상태에 있는데, 여전히 예속적이고 종속된 상태라는 것이다.

이 책의 후반에서는 왜 청년 하위문화의 이러한 **이중 접합**double articulation — 즉 첫째로는 '모체' 문화(가령 노동 계급 문화)와의 접합, 둘째로는 지배 문화와의 접합 — 이 분석 전개에 필수적인 방안인지 보여 주려 노력할 예정이다. 우리의 목적상 하위문화는 필수적이고 '상대적으로 독립적'이면서도 **상호 매개**적 분석 수준에 해당한다. 하위문화를 '사회문화적 구성체 전체'와 관련지으려는 시도에서는 반드시 이러한 필수적인 분화 방식을 통해 하위문화의 복잡한 통일성을 파악해야 한다.

단수이자 고유명사로서의 '청년 문화Youth Culture'는 우리가 분석에서 차용해서 언급하면서도 결코 기술적이지 않은 의미로 **사용**할 수도 없고, 사용하지도 않는 용어다. 이는 물론 대중적 용례와 저널리즘 용례에서 아주 흔한 바로 그 용어다. 이 용례는 전후 시기에 '청년 현상'이 아주 상식적으로 전유되던 방식을 보여 준다. 이는 단순하고 상식적인 출발점이자 단순한 개념처럼 보인다. 실제로 이 용어는 이미 극도로 복잡해진 관계를 전제로 삼는다. 실로 이 용어가 은폐하고 억압하는 부분 — 다양한 청년 층위 간의 관계, 청년 문화의 계급적 토대, '청년 문화'가 모체 문화나 지배 문화와 맺는 관계 등등 — 은 드러내는 부분보다 더 중요하다. 이 용어는 이 시기에 '청년'에게 일어난 일은 이전에 발생한 그 어떤 것과도 근본적으로, 질적으로 다르다는 견해를 전제로 한다. 이는 이 시기에 청년이 연루되게 된 그 모든 일은 다양한 부류의 청년 간의 차이나 이들의 사회 계급적 구성 차이보다 더 중요하다고 주장한다. 이는 어떤 이데올로기적 해석을 견지하는데, 예컨대 나이대와 세대가 가장 중요하다든지, 청년 문화는 '애초부터 무계급적'이었다든지, 심지어 '청년' 자체가 하나의 계급처럼 굳어졌다는 해석이 그렇다. 따라서 이 용어는 '청년 문화'를 오로지 가장 현상적인 측면, 즉 청년 문화의 음악, 스타일, 여가 소비와 동일시했다. 물론 전후의 청년들은 독특한 문화적 추구 활동에 몰두했고, 이 점은 '10대 시장'을 겨냥한 여가와 패션 산업 확장과 밀접하게 관련이 있었다. 그러나 '청년 문화'라는 용어는 두 가지 측면을 혼동하고 동일시한다. 이와 반대로 지금 필요한 것은 청년 집단이 시장이 제공한 상품에서 어떤 동력을 얻었고 그러한 상품을 어떻게 전유했는지, 또한 시장은 하위문화가 생산한 내용을 어떻게 수용하고 포섭하려 했는지에 관한 자세한 그림이다. 달리 말해 청년과 청년 시장 산업 간의 변증법을 파악해야 한다. '청년 문화'라는 용어는 거의 전적으로 젊은이에 **대한** 상업적, 홍보 효과적 조작과 착취라는 관점에서 젊은이들의 상황을 활용하게 된다. 개념으로서 이는 설명력이 부족하거나 전혀 없다. 우리는 이 시장 현상 배후로 들어가 더 심층적인 사회적, 경제적, 문화적 뿌리를 파악하려 시도해야 한다. 요컨대 우리의 목적은 '청년 문화'라는 용어를 제자리에서 끌어내리거나 **해체**하고, 그 대신 좀 더 복잡한 범주 무리로 대체하는 데 있다. (이러한 해체 작업의 일부는 이후 스타일에 관한 논문에서 실행된다.)

첫째 우리는 '청년 문화' 개념을 좀 더 구조적인 '하위문화' 개념으로 대체하려고 시도할 것이다. 그러고 나서 '하위문화'를 우선 '모체' 문화와의 관계라는 관점에서, 그리고 이를 통해 지배 문화와의 관계, 더 나아가 지배 문화와 피지배 문화 간의 투쟁과의 관계라는 측면에서 **재구성**하고자 한다. 직접적인 만병통치식 '청년 문화' 개념 대신에 이 중간 수준들을 배치하려고 시도함으로써 우리는 그 문화의 내용과 위치의 구체성을 훼손하지 않으면서도 청년 하위문화가 어떻게 사회의 계급 관계, 분업, 생산관계와 관련을 맺는지 보여 주고자 한다.

여기서 다루는 주제는 노동 계급이나 중간 계급 청년 분파 중에서도 이들의 상황에 대한 반응이 **오직** 독특한 하위문화적 형태를 띠는 곳에서만 관련성이 있음을 반드시 유념해야 한다. 이러한 접근은 그 시기 노동 계급 청년 전체의 사회적, 역사적 위치를 묘사하려는 시도로 혼동해서는 결코 안 될 것이다. 노동 계급 청년의 절대다수는 엄격하게 구분되거나 일관된 하위문화에 결코 뛰어들지 않는다. 개인적 삶의 여정에서 일부 개인은 그러한 하위문화 중 하나에 몸담았다가 벗어나거나 실로 여러 가지에 관여하기도 한다. 이들이 기존의 하위문화와 맺는 관계는 일시적이거나 영구적일 수도 있고, 주변적이거나 핵심적일 수도 있다. 하위문화가 중요한 이유는 여기서 청년의 반응이 독특하게 가시적 형태를 취하기 때문이다. 그러나 전후의 계급사에서 이런 것은 대다수 젊은이가 시간이 날 때마다 주로 하는 것에 비해서는 그다지 중요하지 않을 수도 있다. 다양한 청년 분파의 '일상적 삶'과 '하위문화적 삶' 간의 관계는 그 나름대로 중요한 문제이며, 우리가 여기서 다루는 좀 더 제한된 주제하에 포함시켜서는 **안 된다**. 하워드 파커Howard Parker가 환기해 주듯이, 심지어 비행 하위문화에서 "꾸준하게 범행을 저지르는 사람"조차도 불법 행위나 비행 행위에는 오직 간간이 몰두할 뿐이다(Parker, 1974). 대다수에게 학교와 노동은 심지어 의식 수준에서조차도 스타일과 음악보다, 구조적으로 더 중요하다(그레이엄 머독의 아래 논문을 보라).

폴 코리건이 설득력 있게 진술하듯이, 대다수의 젊은 노동 계급 소년들은 주로 가장 큰 관심사에 신경을 쓰면서 시간을 보내는데, 바로 어떻게 시간을 때울 것인가 하는 문제다. 이는 말하자면 '빈둥거리기의 변증법'인 셈이다(다음에 실린 코리건의 "빈둥거리기"[6장]를 보라).

B. 청년: 사회 변화의 은유

이 섹션에서 우리는 청년 하위문화의 가장 현상적인 측면에서 세 가지 단계를 거쳐 더 심층적인 의미로 옮아가자고 제안한다. 첫째로는 청년 문화의 가장 직접적인 측면, 즉 질적인 **진기성**을 다룬다. 그다음에는 다들 다양한 형태로 청년 문화를 등장시킨 책임이 있다고 지목하는 사회 변화의 가장 **가시적** 측면을 다룬다. 마지막으로, 청년 문화에 관한 논쟁은 **더 광범위한 논쟁**에 중요하긴 하지만 지엽적인 부록에 불과하다는 점에서, 그러한 더 광범위한 논쟁을 살펴본다.

'청년 문화' 개념의 중요한 한 가지 요소는 이것이 전후에만 해도 진기성을 띠었다는 사실이라고 앞서 밝혔다. 로버츠의 글에서 따온 다음 인용문은 우리가 이러한 설명을 할 때 조심할 필요가 있음을 환기해 준다. 이 청년 문화가 기술하는 것은 사실상 에드워드 시대[21] '고전적 슬럼'의 청년인데도, 전후의 그 어떤 독특한 청년 문화 구성체에든 거의 적용되는 언급처럼 해석할 여지가 있다.

> 날씨 좋은 저녁 시간에 대다수의 슬럼가 거리 끝자락에 모여든 젊은 남성과 청년 집단은 모든 품위 있는 시민들에게 비난받았다. 이들은 여름마다 시 치안판사magistrates의 저주를 받았고, 점차 경찰의 괴롭힘 대상이 되었다. 19세

21 에드워드 시대는 20세기 초 빅토리아 여왕 치세 직후 즉위한 에드워드 7세의 재위기(1901~1910), 더 넓게는 1914년 1차 세계 대전이 발발하기까지의 시기를 말한다. 1920년대 이후 영국 사회가 온갖 어려움에 처하면서 이 시기를 대영제국의 황금기로 낭만화해서 기억하는 경향이 생기면서 이러한 용어가 나왔다. 에드워드 시대는 평화와 번영 속에 햇살이 비치는 긴 여름날 오후와 가든 파티의 이미지로 기억된다. 하지만 실제로 이 시기는 정치적, 사회적 급변기로, 빈부 격차가 심화하는 가운데 노동 시간 규제, 전국의료보험, 복지 국가 제도 등 자유주의적 개혁이 도입된 시기이기도 했다. — 옮긴이

기 말에는 북부 지방의 10대 갱Northern Scuttler[22]과 그 '여자 친구들'이 현대의 그 어떤 갱만큼이나 널리 악명을 떨쳤다. 그는 나름대로 옷차림 스타일도 갖추었는데, 똑같은 셔츠, 나팔바지, 멋진 디자인에 큼직한 금속 버클을 붙인 묵직한 가죽 벨트, 금속 징을 박은 두툼한 가죽 구두 차림이었다. 그의 여자 친구는 흔히 나무 밑창 달린 구두에 숄을 두르고 수직으로 줄무늬가 난 스커트를 입었다. (Roberts, 1971: 123)

당대의 어떤 현상 분석에서든 역사적으로 사고하는 것은 중요하다. '청년' 영역에서 나타나는 상당수의 결함은 적어도 부분적으로는 역사적 차원이 결여되거나 근시안적이라는 점 때문에 발생한다. '청년 문화'라는 구체적 영역에서는 추측건대 이러한 역사적 근시안이 당연히 예상되는데, 이는 구체적으로 전후 청년의 상황과 이전 시기의 상황을 비교하는 역사적 연구가 아직 거의 존재하지 않기 때문이다(물론 사회사의 시각에서 영향을 받아 아동과 청년의 사회사, 여가와 학교에 대한 관심은 점차 늘어나고 있다. 하위문화에 관한 필 코언과 데이브 로빈스Dave Robbins[1978]의 저술은 강력한 역사적, 비교의 틀을 갖추었다). 로버트의 글에서 따온 인용문은 우리가 도저히 간과할 수 없는 이러한 역사적 연속성의 갈래를 뚜렷하게 지적한다.

반면에 1950년대는 이와 정반대의 결함을 경계하도록 해 주는 두드러지게 새로운 역사적 특징도 있었음을 시사하는 증거도 풍부하게 존재한다. 바로 정태적이거나 순환적 역사관을 채택해 전후 시기에서 그 역

22 맨체스터와 샐포드 등 북부 지방 도시는 19세기 말 급속한 산업화가 진행되었는데, 이 변화에 따른 가정, 사회 등의 문제에 대한 반응으로 10대 폭력 조직이 번졌다. 주거지 거리별로 갱이 결성되고 조직 간에 주도권 싸움이 벌어졌다. 이들은 조직별로 독특한 헤어스타일과 나팔바지, 금속 벨트, 징을 박은 구두 등의 개성 있는 옷차림으로 서로 구분하였다. 당시 신문은 폭력(배)을 뜻하는 'scuttling,' 'scuttler'란 용어를 선정적으로 남발하면서 범죄 공황을 조성하였다. 이 갱 현상은 1870년 무렵 시작되어, 1890년 말에서 1차 세계 대전 발발 시기 사이에 거의 사라졌다. — 옮긴이

사적 구체성을 제거하게 되는 경향이다. 전후 시기의 수많은 가시적인 구조적, 문화적 변화가 갖는 중요도에 대해서는 당시의 논평가와 분석가마다 비중을 달리 부여했다. 그러나 대다수의 계산에서는 당시 부상하던 '청년 문화'가 가장 중시되었다. 이들이 강조한 바에 따르면, 청년 문화는 이러한 변화들의 한 가지 **산물**, 그 **집약체**이거나, 아주 불길하게는 미래에 일어날 변화의 **전조**였다. 그러나 강조하는 부분이 무엇이든 청년 문화, 혹은 청년 문화의 측면들은 이러한 변화가 해석되는 방식과 핵심적으로 연계되어 있었다.

서로 관련된 한 가지 중요한 변화의 무리는 '풍요,' 시장과 소비의 중요성 증가, '청년 지향적' 여가 산업의 성장과 관련이 있었다. 이러한 변화들의 가장 두드러진 산물은 마크 에이브럼스Mark Abrams가 말한 '10대 소비자'의 등장이었다. 상대적으로 볼 때, 에이브럼스는 '10대'야말로 새로운 풍요의 가장 주된 수혜자라고 여겼다.

> 1938년에 비해, (즉 화폐 가치 하락분을 감안한) 실제 소득은 50% 증가했고(이는 성인의 소득 증가율의 두 배다), 이들의 실제 '가처분' 지출액은 아마 100%나 늘어났을 것이다. (Abrams, 1959: 9)

이러한 주장에서, 10대의 집단적 소비 습관이 "10대 특유의 세계에서 10대 특유의 용도를 위한 10대 특유의 지출"(Abrams, 1959: 10)을 구성하게 된다는 견해로 이어지는 것은 너무나 자연스러운 수순이다. 달리 말하자면 독특하고 자족적이며 자생적인 청년 문화의 경제적 토대가 마련되었다는 것이다.

한 가지 불행한 부산물로서 청년 문화와 손쉽게 동일시된 두 번째 계열의 변화는 **매스** 커뮤니케이션, **대중** 오락, **대중** 예술과 **대중문화**의 등장을 둘러싸고 발생한 변화다.

이 개념에 핵심적인 것은 점점 더 많은 사람이 갈수록 더 획일적인 문화 과정의 대상이 되고 있다는 발상이었다(그리고 여기서 수동성이 함축되는 것은 우연이 아니다). 이는 대중 소비 확대, 그리고 이와 더불어 대중의 '정치적 선거권 부여,' (무엇보다) 매스 커뮤니케이션 성장의 결과였다. 매스 커뮤니케이션의 확대는 (컴퓨터, 사내 방송용 TV와 비디오 체제, 데이터 뱅크, 정보 저장과 검색 등, 즉 '커뮤니케이션 혁명'의 진정한 하부 구조를 제공한 상업적, 경영상의 '활용'이 아니라) 신문, '라디오, 텔레비전, 대량 출판'의 성장과 동일시되었다. 사회 변동을 '대중 사회 명제'라 불리게 된 주장의 틀 안에서 해석하는 사람들에게, 1950년대 중반 영국에서 상업 텔레비전의 출범은 분수령에 해당하는 사건이었다.

청년 문화는 이러한 변화의 무리와 두 가지 방식으로 연결되었다. 첫째로, 그리고 가장 단순하게는 진정한 대중문화의 탄생은 전국적 규모로 '모방'과 '조작' 수단이 도래했음을 의미했다. 청년 문화가 10대들에 의한 '무분별한' 모방의 결과라는 생각은 교활하고 '실제로 조작을 행하는' 상업적 이해당사자들이 퍼뜨린 것인데, 폴 존슨Paul Johnson의 글에서 따온 다음 인용문에서 절묘하게 포착됐다. 존슨은 한없이 평범함을 특징으로 하는 분야에서, 청년 문제에 관해 아마 전혀 날카로운 분별력을 갖추지 못한 논평가일 터인데도 그렇다.

> 현재 두 텔레비전 채널은 인기 음반을 10대에게 틀어주고 평가를 받는 프로그램을 매주 방영하고 있다. 곡을 연주하는 동안 카메라는 관객의 얼굴을 적나라하게 비춘다. 이들은 얼마나 무한한 공허함의 나락을 드러내는가. 싸구려 과자를 많이 먹어 부은 데다 대량 판매용 화장품을 짙게 바른 커다란 얼굴, 헤벌쭉하게 벌린 입, 흐리멍덩한 눈, 음악의 박자에 맞춰 별생각 없이 두드리는 손, 굽이 부러진 하이힐, 싸구려에 판에 박은 듯이 찍어낸 '최신 유행' 옷차림, 즉 언뜻 보기에 바로 여기 상업적 기계의 노예가 된 한 세대의 집단 초

상이 있다. (Johnson, 1964)

두 번째로, 그리고 좀 더 정교하게는, 새로운 청년 문화의 일부 측면은 불길하게도 새로운 '대중문화'의 가장 나쁜 효과를 나타낸다고 간주하였는데 바로 노동 계급의 행동과 저항의 '활력을 꺾는' 경향이 있다는 것이다. 호가트는 수많은 측면에서 노동 계급 문화 경험의 섬세한 특징을 아주 세심하게 기록한 사람이지만, 여기서는 잘못된 판단을 내린 쪽에 속한다고 보아야 한다. 왜냐하면 '희미하게 불을 밝힌 동네 편의점에서 니켈로디언Nickelodeion[23]을 들으면서 저녁 시간을 보내는 …… 주크박스 소년들'에 관한 묘사는 — 구체성과 '감성적 공감'의 자질이 결여되었다는 점에서 — 마치 거의 자신이 날카롭게 분석하는 새로운 '싸구려' 작가 중 한 명이 작성한 듯하기 때문이다.

> 1실링 8펜스 입장료로 500만 달러짜리 영화를 보려고, 3펜스를 내고 출력이 50마력인 버스를 타고 다니는 쾌락주의자이지만 수동적인 야만인은 단지 사회적 괴짜에 그치지 않는다. 그는 하나의 조짐이다. (Hoggart, 1958: 250)

질적으로 독특한 청년 문화를 '낳았다'고들 하는 세 번째 부류의 변화는 전쟁이 촉진한 사회적 경험의 간극 때문에 발생했다. 일반적으로 이 주장에 따르면, 전쟁이 그 시기에 태어난 아이들에게 미친 파국적 영향 — 끊임없는 폭력뿐 아니라 아버지의 부재, 피난과 다른 정상적 가족

23 니켈로디언은 1905~1915년에 북미에서 유행했던 최초의 실내 영화 상영관을 말한다. 대개 작은 가게 같은 기존의 건물을 개조한 사설 영화관 형태로, 입장료로 5센트를 받고 운영했다. 5센트를 뜻하는 '니클nickel'과 고대 그리스에서 실내 극장을 의미하던 '오데온odeion'을 합성해서 만든 신조어다. 1979년에는 이 용어를 본따 니켈로디언Nickelodeon이라는 최초의 어린이용 유료 텔레비전 채널도 탄생했다. — 옮긴이

생활의 단절 — 이 1950년대 중반의 '새로운' 청소년 비행의 원인이라는 것이다. 테드족이 이러한 비행의 전형을 보이는데, 이 자체가 청년 문화에서 폭력을 향한 좀 더 전반적인 경향의 선구자로 간주되었다. 예를 들면 T. R. 피벨T. R. Fyvel은 이처럼 '전쟁'을 원인으로 지목하는 설명에 국한하지는 않으면서도 테디 보이들을 "세계 대전 동안 태어난 …… 폭력 시대의 아이들"(Fyvel, 1963: Preface)로 간주한다. 반면에 제프 너톨Jeff Nuttall은 좀 더 단순하게 최초의 원자폭탄 투하라는 단순한 사실을 전쟁 이전 세대와 이후 세대 간의 질적 차이의 원인으로 규정한다.

> 히로시마와 나가사키에 폭탄을 투하하는 바로 그 순간 …… 세대 간에는 아주 핵심적인 균열이 일어났다. …… 사춘기에 아직 도달하지 않은 사람들은 …… 미래의 삶을 도저히 상상할 수 없었다…… 이른바 '세대 격차'는 이때 시작되어 그 후 점점 더 강화되었다. (Nuttall, 1970: 20)

청년 문화의 '등장'에 중요한 맥락을 제공하는 네 번째 부류의 변화는 교육 영역과 관련이 있었다. 이러한 해석은 무엇보다 **두 가지** 사태 전개를 지목했는데, 바로 나이대별로 특화된 학교에서 '중등 교육의 의무화' 시행과 고등 교육의 대대적 확장이었다. 수많은 요인이 여기서 자극제 구실을 한 것으로 지목되었다. 즉 1944년 교육법1944 Education Act 자체가 초등/중등학교 의무 교육의 구분을 제도화했다든지, 이러한 제도 재편과 전후 '팽창'의 결과 '인재 풀'이 확장되었다든지, 주로 교육 체제를 통한 사회적 이동성이라는 능력주의 이데올로기가 자리 잡았다든지, 영국의 경제 성장률과 고도로 훈련된 인력 숫자 간에는 긍정적인 상관관계가 있다고 보는 주장이 늘어났다든지, 기술자와 테크놀로지 전문가에 대한 경제적 수요가 증가했다든지 하는 요인이 그렇다. 그렇지만 우리 목적상으로는 이러한 요인이 미친 효과는 한 가지였다. 아주 단순히 말해, 점점 더 많은 젊은이가 11세 이후 점점 더 많은 어린 시절을 나이대별로 구분된 교육 기관에서 보내게 됐다. 전쟁 이전 시기에는 11세 이상의 거의 절반이 여전히 모든 나이대 대상의 초등학교에서 '중등' 교육을 받고 있던 데 비하면 엄청나게 달라진 상황인 셈이다. 일부 논평가들은 이 변화가 구체적으로 '청년 사회' 등장의 전제 조건을 마련하고 있다고 보았다. 제임스 콜먼James Coleman은 미국 고등학교 학생에 관한 자신의 주장으로 이 점을 아주 명쾌하게 지적했다.

> [고등학생은] …… 사회 나머지로부터 '단절'되어, 강제로 자기 또래 집단 내부를 지향하게 된다. 그는 동료들과 더불어 작은 사회를 구성하게 되는데, 이 사회에서는 가장 중요한 상호 작용이 자체 **내부에서** 이루어지고, 외부의 성인 사회와는 아주 소수의 연결 고리만 유지된다. (Coleman, 1961: 3)

가장 중요성이 떨어지는 것은 아니지만 마지막으로, 옷차림과 록 음악에서 온갖 독특한 스타일의 등장은 모든 사람이 젊은 세대의 '독특함'에 대해 갖고 있던 의구심을 강화했다. 다른 곳도 마찬가지지만 여기서도 새로운 스타일적 침입 — 즉 〈호울 신 고잉*whole scene going*〉[24] 같은 새로운 '10대' 텔레비전 프로그램에서 매주 묘사된 이미지 — 이 존재하던 상황에서, 누가 무엇을 왜 입고 듣는지라는 측면에서 스타일과 음악의 구체적 특성은 결정적으로 간과되었다. 이 대중문화적 폭발 현상을 어떻게 평가하는지에 따라, 야만인들이 대문 앞까지 침범했다고 볼 수도 있고, 마침내 저항적인 멋진 힙스터의 차례가 도래했다고 여길 수도 있다. 제프 너톨은 마찬가지로 극단적이고 탐닉형의 사례를 제시한다.

24 1966년 영국 BBC 텔레비전에서 매주 수요일 저녁 시간에 방영된 10대 대상 라이프스타일 프로그램으로, 패션, 클럽, 여행 등 다양한 주제를 다루었다. — 옮긴이

테디 보이들은 엘비스 프레슬리Elvis Presley를 고대하고 있었다. 전 세계의 모든 스무 살 이하가 기다리고 있었다. 엘비스는 대중 영합적 유행을 보급하는 데 뛰어난 세일즈맨이었다 …… 주네 소설 속의 살인자[25]와 같은 무도함을 갖춘 공적인 남성 신이기도 했다. …… 무엇보다도 그는 공개적으로 드러내 놓고 습관적으로 행하는 적나라한 섹스와 같았다. …… 프레슬리 폭동은 새로운 감수성 공동체의 자발적인 첫 집회였다. …… (Nutall, 1970: 29~30)

독특한 청년 문화의 등장에 관한 이 설명들은 전후 사회 변동의 전반적 성격에 관한 더 광범위한 논쟁에서 파생되어 등장했다. 이 논쟁에서 핵심적 용어들은 물론 '풍요,' '합의,' '부르주아화'였다. 풍요는 (물론 노동 계급이 소비할 돈이 늘어났을 뿐 아니라 **상대적으로** 더 풍요로워졌다는 추가적인, 그리고 설득력이 떨어지는 명제와 짝을 이루긴 했지만) 본질적으로 노동 계급 소비 지출의 호황을 지칭했다. '합의'란 두 정당과 유권자 대다수가 체제의 공통된 이해관계의 토대 위에서 모든 계급의 사람들을 결집시키기 위해 1945년 이후 취하게 된 ― 혼합 경제, 소득 증가, 복지 국가 '안전망' 등의 ― 모든 조치를 수용한다는 뜻이었다. 이러한 합의에는 또한 모든 계급을 포함해서 모든 주요 이슈에 대한 견해의 광범위한 합의가 발전되어, 주된 정치적, 사회적 갈등, 특히 뚜렷한 계급적 패턴을 드러내는 갈등이 종결되었다는 명제도 당연히 포함되었다. '부르주아화'는, 노동 계급적 삶과 문화는 더 이상 사회에서 두드러진 구성체 역할을 하지 못하고 모든 사람이 중간 계급의 경향, 열망, 가치를 향해 급속도로 동화되고 있다는 명제와 더불어 이 모든 현상과 (교육, 주거, 재개발, 신도시와 건축의 움직임 등에서 일어난) 다른 사

25 1933년 프랑스에서 자매인 두 하녀가 불명확한 동기로 주인 모녀를 잔혹하게 살해한 사건이 발생했는데, 프랑스 작가 장 주네Jean Genet는 이 사건을 토대로 《하녀들*Les Bonnes*》이라는 희곡을 1947년 발표했다. ― 옮긴이

회적 추세를 모두 결합한 것이다. 이 용어들은 서로 엮여 전후 사회 변동에 대한 총괄적인 사회적 신화나 '설명'으로 만들어지게 됐다. 단순히 말해 전통적 지혜에 따라 설명하자면, '풍요'와 '합의'가 결합하여 노동 계급의 급속한 '부르주아화'를 촉진하고 있었다. 이 추세는 새로운 사회적 유형, 새로운 사회적 장치와 가치를 낳고 있었다. 그러한 유형 중 한 가지는 '풍요로운 노동자'였는데, 페르디난트 츠바이크Ferdynand Zweig(1961)의 저작에 따르면 이는 예컨대 "새로운 유형의 부르주아 노동자"로 가족 지향적이고, 가정 중심적이고, 안전 의식이 강하고, 도구 지향적이고, 지리적 유동성이 강하며, 물욕 지향적이었다. 또 다른 유형은 스타일, 음악, 여가, 소비에, 즉 '무계급적 청년 문화'에 헌신한 새로운 '10대'였다.

따라서 부모와 자식들에게 모두, **계급**이란 있다손 치더라도 사회를 구조화하고 움직이는 주된 요인의 자리에서 점차 돌이킬 수 없을 정도로 밀려나고 있는 것처럼 보였다. 사회 계층화의 토대로서 다른 요소들이 계급을 대체하고 있다고 여겼다. 즉 교육, 고용과 소비 성과의 복합체에 근거한 복합적으로 구분된 '권력 서열'인 지위라든지, 일자리에서의 성공을 통해 지위를 달성하는 수단이 되고 새롭게 보편적으로 주어진 업적주의 경로에 해당하는 교육이라든지, 업적주의의 교육적 장벽에 막혀 실패하는 사람이라 해도 장기 할부로 지위를 구매할 수 있게 해주는 새로운 '풍요'의 경로인 소비라든지, 아울러 연령, 무엇보다도 연령을 들 수 있다. 지금까지 노동 계급 성인에 관해 나온 모든 발언과 생각도 노동 계급 청년에 관해서는 새로운 수준으로 고양되었다. 이들은 전시 중에 태어나 전쟁 이전의 사회적 경향에 관한 경험도 헌신도 아주 미미한 것으로 여겨졌다. 나이 때문에, 이들은 복지 국가와 새로운 교육 기회의 직접적인 수혜자였다. 지출과 소비에 대해서는 이전의 경향이나 태도의 제약도 거의 받지 않았고, 쾌락과 단기적 충족에 대한 헌신에는 죄의식 없이 몰두하는 층이었다. 더 나이가 많은 층은 말하자면 구세계와 신세계 사이에 어정쩡하게 걸쳐 있었다. 그러나 '청년'은 온전히, 오로지 새로운 전후 세계에 속하고 그 세계의 산물이었다. 그리고 주로 차이를 만들어 낸 것은 바로 그들의 **나이**였다. 세대에 따라 이들은 전후 시대 사회 변화의 모든 측면에서 선두에 서는 집단으로 규정되었다. 청년은 사회 변화의 '전위'였다. 따라서 출생일이 언제인가 하는 단순한 사실이 사회적 위치의 좀 더 강력한 지표로서 계급이란 전통적 범주를 대체했다. 전쟁 이전에 계급 간에 존재하던 균열은 단순히 세대 간 '격차'로 번역되었다. 일부 평론가들은 새로운 격차를 근거로 삼아 계급을 재구성해 이 신화를 더욱더 강화했다. 즉 청년은 하나의 '새로운 계급'**이었다**(예컨대 Musgrove, 1968; Rowntree & Rowntree, 1968; Neville, 1971을 보라).

하지만 이 논쟁 전체가 핵심적으로는 우리가 출발점으로 삼은 — 풍요, 합의, 부르주아화라는 — 세 가지 핵심 개념의 타당성에 의존했다. 여기서 우리는 이 용어들에 포함된 구성된 혹은 이데올로기적 요소들에서 현실적인 부분을 분리해 내는 과업을 시작해야 한다.

일반적인 관점에서 볼 때, 전후 생활 수준의 개선이란 현실 — '풍요'에서 현실적인 요소 — 은 의심의 여지가 없다. 1951~1964년에는 마이클 핀토더쉰스키Michael Pinto-Duschinsky의 표현대로 "20세기의 다른 어떤 시기보다 더 꾸준하고 더 빠르게 [평균 생활 수준이] 향상되었다"라는 데는 의심의 여지가 없었다. "어떤 주요 업적 지표를 [적용하든], 1950년대와 1960년대 초반은 두 세계 대전 사이나 에드워드 시대의 실적에 비해 훨씬 더 개선되었다"(Pinto-Duschinsky, 1970: 56~57). 하지만 이처럼 전반적인 생활 수준 향상은 결정적으로 계급 간의 **상대적** 위상이 사실상 변화하지 않은 상태에 있었다는 사실을 **은폐했다**. 풍요의 이러한 신화적 측면은 "지금처럼 좋았던 적은 없었다"[26]라는 식의 꾸준하고 끈질긴 이데올로기

26 1957년 영국 수상이던 해럴드 맥밀런Harold Macmillan이 베드퍼드 보수당 집회에서 한 연

하에 은폐되어 있었지만, 1960년대 초반 이후 빈곤이 — 단순히 일부 빈곤 영역이 아니라 — 재발견되었을 때 점차 다시 드러났다.

내구성 소비재에 대한 대대적인 지출은 "영국이 거의 모든 주요 경쟁 산업국보다 낙후되었고, 파운드 통화 문제를 해결하는 데 실패했다"(Pinto-Duschinsky, 1970: 58, 또한 Glyn & Sutcliffe, 1972를 보라)라는 사실을 은폐했다. 사실 영국의 풍요라는 '기적'은 아주 허약한 경제적 토대, "일시적이고 운 좋은 여건" 위에서(Bogdanor & Skidelsky, eds., 1970: 8), '기적적인' 역사적 국면 위에서 **구축되었다**. 보수당의 '빵과 서커스' 정책은 이를테면 "국가의 장기적 복지에 바람직한 정책을 희생하고 단기적인 정치적 성과가 나오는 지나치게 관대한 조치와 일시적 완화책을 선택하는"(Pinto-Duschinsky, 1970: 59) 전략이거나, 좀 더 간단히 말해, 공적 부문을 희생하고 사적 소비를 촉진하는 정책이었다. 보수당의 그러한 정책은 이 상황에서 **가능한 한 가지 대응책**이지, **필연적인** 결과는 아니었다.

일반적 관점에서 볼 때 합의 역시 실질적인 근거가 있었다. 전시에 추진한 초계급적 동원, 경제 계획, 정치적 제휴, 강제적 평등주의 등은 전후 노동당 정부가 사회 개혁을 추진하는 토대가 되었다. 전시와 전후에 추진한 개혁은 어느 정도 합의의 장을 마련해 주었다. 심지어 과거식의 자유 시장 신봉자인 윈스턴 처칠Winston Churchill조차도 1951년 다시 집권한 후, 자신의 말을 빌자면, "국민을 파악하게 되었고, 권력을 유지하려면 무엇을 해야 하는지 알게 되었다"(Moran, 1968: 517). 달리 말해 처칠

설에서 나온 구절로, 영국 경제의 미래에 대한 낙관적 전망을 표현했다. 당시 영국은 2차 세계 대전 종전 후 세계적인 호황의 흐름을 타고 생활 수준이 꾸준히 상승했고, 이 덕분에 1959년 선거에서 보수당은 압승을 거두었다. 하지만 1961년 인플레이션이 격화하기 시작하자 인기 없는 임금 동결 등 긴축 조치에 들어갔고, 1963년에는 현직 국방장관(존 프러퓨모John Profumo)이 연루된 프러퓨모 성추문 사건으로 보수당의 인기가 땅에 떨어졌다. 그해 맥밀런은 사임했고, 이듬해 총선에서 보수당은 패배해 정권을 잃었다. — 옮긴이

과 보수당 지도부에서 좀 더 영민한 사람들은 자신들이 추구하는 '통제로부터의 자유'식 반긴축 강령의 성공은 결정적으로 '개혁된' 자본주의, '인간의 얼굴을 한' 사회적 성향의 자본주의를 전제로 한다는 사실을 깨닫게 되었다. 선거 "전략 베끼기에 농락당하고" "본질적으로 프티부르주아 성향으로, 그러므로 보수주의에 대한 급진적 대안에 경악해 지지를 철회할 가능성이 큰 잠재적 노동당 투표자의 복합적 이미지에 신경이 쓰여"(Miliband, 1961: 339), 노동당 지도부는 공포에 빠져 '합의'에 굴복하고 말았다. "1950년대와 1960년대의 가장 격렬한 정치 논쟁은 정당 투쟁과 무관하게 전개된" 반면, 1950년대의 공식적인 정당 정치는 "중도의 정치"가 지배했다(Pinto-Duschinsky, 1970: 73, 74).

하지만 정치적 합의(혹은 교착 상태)가 1950년대와 1960년대 초반의 압도적인 특징이긴 해도, 이러한 합의의 취약성은 이 시기 '정당 투쟁의 성격'에서 드러났다. "보수당이 결국 13년 동안이나 집권을 유지하는 데 성공하긴 했어도, 전 시기 동안 정치적 투쟁은 치열하게 백중세를 유지했다"(Pinto-Duschinsky, 1970: 69). 달리 말해, 정치적 합의 개념은 보수주의의 존립이 상상 가능한 가장 단기적인 편의주의에 끊임없이 의존했다는 사실을 은폐한다(예컨대 1955년 4월 '선심성' 확대 예산을 편성한 후 4월 선거에서는 낙승을 거두었다. 그 대신 그해 가을에는 긴축성 '삭감' 예산 편성과 1956년의 경기 침체가 뒤따랐다). 보수당이 집권한 13년 동안, 이처럼 득표용 '뇌물 정치'가 행해졌음에도 불구하고 실질적으로 유권자의 절반은 선거 때마다 보수당에 **반대표**를 던졌다. 존 골드소프John Goldthorpe와 동료들은 "[자신들의 연구에서 풍요로운 노동자의] 절대다수는 노동당 지지자였고 전반적으로 계속 노동당을 지지해 왔다"(Goldthorpe et al., 1969: 172)라는 사실을 발견했는데, 이는 다른 사회학적 연구와 비슷한 결과다. 이들의 연구 결과를 종합적으로 고려할 때, '합의'를 다르게 해석할 여지도 크다. 즉 이는 영국 노동 계급의 유보적 태도(당시에는 흔히 '무감각 상태'로 잘못 판단하곤 했다)를 보여 주는데, 시기의 어떤 시점에 노동당이 좌측으로 효과적으로 유도했다면 사실상 다른 방향으로 구체화될 수도 있었던 태도라는 것이다(골드소프와 동료들도 이렇게 주장한다. Goldthorpe et al., 1969: 190~195를 보라).

우리의 사회학적 삼각 구도에서 세 번째이자 마지막 용어인 '부르주아화'는 나머지 두 용어의 산물이다. 이 용어는 그 자체가 세 가지 중에서 가장 작위적으로 구성된 것이었는데, 다른 두 용어의 취약성이 그 속에 합성되어 있으므로 그렇다. 이를 비판하는 사람들조차 주장하듯이, 그렇다 하더라도 '부르주아화' 개념 역시 어느 정도 실제적인 근거가 있었다.

> 우리 자신의 연구는 풍요와 관련 요인의 증가가 정착된 라이프스타일의 실행 가능성이나 바람직함을 훼손하는 데나, 태도·행태·관계의 새로운 패턴 발전을 촉진하거나 요구하는 데에 어떻게 널리 수많은 파급 효과를 미칠 수 있는지 뚜렷하게 보여 준다. (Goldthorpe et al., 1969: 163)

하지만 케임브리지 팀의 연구가 츠바이크의 '새로운 부르주아 노동자'를 사회학적으로 검토해 본 결과 압도적인 결론은, 이들의 이전 논문의 주장(Goldthorpe & Lockwood, 1963)을 다음과 같이 재확인했을 뿐이다.

> 문제의 변화가 초래한 압도적인 결과는 육체 노동자와 그 가족들이 중간 계급의 사회 세계로 결국 **동화되었다**는 사실이 아니라, 어떤 특수한 측면에서 훨씬 덜 극적이긴 하지만 수렴 과정이 노동 계급과 일부 화이트칼라 집단 일부 부문의 규범적 성향에서 일어났다는 점이다. (Goldthorpe et al., 1969: 26)

달리 말해 '부르주아화'에 어떤 의미가 있다면 츠바이크처럼 더 열렬한 지지자가 상상한 것과는 아주 다르고 훨씬 더 제한된 범위의 변화를 지칭했다. 심지어 당시에도 그 명제에 근거해 기계적으로 정치에 적용하려 한 일부 시도는 경험적 성격을 띠기보다는 억지스럽거나 이데올로기적인 것처럼 보였다(예컨대 Abrams, 1969). 실로 1960년대 말과 1970년대의 시각에서 골드소프와 데이비드 록우드David Lockwood가 주장한 '풍요로운 노동자'의 '도구적 집단주의'를 살펴보거나, 자동차 산업의 파업을 불사하는 호전적 성격, 그리고 이 노동 부문이 지속적인 임금 투쟁과 과격한 작업장 조직에서 보여 주는 '주도적 성격'을 보자면, 적어도 당시 논의되던 관점에서는 이 명제가 극도로 부실하거나 취약한 듯하다. (루턴에 있는 복스홀Vauxhall 자동차 공장의 '풍요로운 노동자'에 관한 설명을 읽을 때는 휴 베이넌 Huw Beynon[1973]이 생생하게 묘사한 바 있는 리버풀 인근 헤일우드 공장의 경험과 밀접하게 관련지어 파악해야 한다는 견해는 경청할 만하다.)

요컨대, '풍요'의 지속적인 이데올로기적 공세에 상당 부분 영향을 받아 태도와 생활 방식에서 유의미한 정도의 변화가 실제로 일어났는데도 불구하고, 낡고 '케케묵은' 범주인 계급은 사회 구조의 주요한 차원이자 동학으로서 **소멸**을 완강하게 **거부하고** 있다는 사실은 매우 확연하다.

C. 계급의 재등장

풍요, 합의, 부르주아화라는 성삼위일체에 고이 보존된 바 있는 전후 변화의 다양한 해석들은, 노동 계급이 소멸하고 있다는 단일한 사회적 신화에 의존했다. '계급 소멸'이라는 이 명제는 1950년대 말 이후 두 가지 차원에서 도전을 받았다.

첫째로는 빈곤에 대한 재발견, 지속적이고 거대한 부의 불평등의 존재에 대한 재발견이 이루어졌는데, 이는 티트머스 연구 집단(Titmus, 1962), 존 웨스터가드John Westergaard(1965) 등에 의해 시작되었다. 이 연구들은 빈곤이 자본주의의 구조적 특징이지 우연한 특징이 아니고, 부란 오직 명목상으로만 분배되었으며, 복지 국가의 주 수혜자는 사실상 중간 계급이었음을 보여 주었다. 여전히 극소수가 사적인 부의 아주 큰 몫을 소유했고, 더 나아가 노동 계급과 중간 계급에게 돌아가는 국가적 소득의 비율은 1945년 이후 대략 똑같은 수준에 머물렀다. 이른바 부의 평등을 향한 움직임과 단짝을 이루는 주장, 즉 사회의 '기회 구조'가 개방되었고 새롭게 유동적인 사회 구조가 등장했다는 발상 역시 공허한 약속이었음이 드러났다. 계급 간의 상대적 불평등이 감소했다손 치더라도 생애 기회의 절대적 분포는 그렇지 못했다. 분명히 직업 구조의 변화는 발생했지만, 이러한 변화의 함의 역시 지나치게 과장된 것이라는 주장도 나왔다. 예를 들면 사무직 숫자는 많이 증가했지만, 이 증가는 경영 합리화와 자동화 확대로 화이트칼라 직업의 상대적 지위 하락과 함께 일어났다. 이 직업들은 계층화되어, 흔히 사무직 '관리자'와 사무직 작업장 '노동자' 간의 구분 확대라는 결과로 이어졌다. 노동조합 조직 확대, 그리고 이후에는 은행 사무직, 간호사, 교사, 지역 정부 노동자 등의 예기치 못한 전투성 강화 등은 똑같은 방향으로 일어난 또 다른 중요한 사태 전개였다. 적어도 최근 이 집단들이 전투성을 띠게 되었다는 사실은, 화이트칼라 직업의 증가가 균등하고 안정적이며 '온건한' 중간 계급 사회를 낳을 것이라는 견해가 의문의 여지가 있음을 시사한다.

둘째로, 부의 전반적 증가, 상대적 불평등 감소, 사회적으로 책임 있는 경영진의 책임성 증대, 소유와 경영상의 통제 간의 분리 등을 거쳐 권력이 점차 분산되었다는 가설이 있었다. 이와 밀접한 관련을 맺는 명제는 노동 영역이 점차 사유화되는 가정생활의 영역에서 분리됨에 따라 노동조합에 대한 노동자의 태도에서도 (이전에 존재했을 수도 있는 어떤 정치적 내용도 없이) 단순한 '경제적 도구주의'가 지배하게 된다는 것이었다. 실제로 풍요의 증가는 산업 현장 전투성의 영구적인 감소를 낳기도 했다. 하지만 예컨대 웨스터가드는 노동 계급 라이프스타일이 변하긴 했지만 노동자의 지평과 요구 확대는 그 충족 수단이 주어지지 않으면 안정성보다는 불안정의 잠재적 원천이 될 것이라고 주장했는데, 이 주장은 상당히 설득력이 있다. 이 현상은 이른바 기대치 성장의 혁명, 혹은 앤더슨의 말대로 '도구적 집단주의의 정치'다.

(1960년대에서 1970년대까지는) 인플레이션을 상쇄하는 임금 인상 요구가 꾸준히 제기되었는데, 이처럼 1970년대 반노동조합과 반파업 성격의 법안에 대한 노동 계급의 저항은 위의 해석을 뚜렷하게 뒷받침한다(그렇지만 이러한 방어적 전략과 임금 투쟁의 전투성은 뚜렷한 정치적 표현을 찾지 못했다는 사실도 더불어 지적해야 한다). 또한 일부 노동 계급 분파는 부동산 투기업자와 재개발업자가 자기 거주 지역에 침투해 꾸준하게 임대료를 인상한 데 대해 저항하면서 선거 정치와 노동당보다는 공동체와 비산업적 정치를 통해 정치적 의견을 표현했는데, 이 점 역시 제대로 강조되거나 가치를 부여받지 못하고 무시되었다. 실제로 합의에 근거한 1950년대의 시각이 아니라 양극화된 1970년대의 시각에서 '권력 분산' 명제를 살펴보면, 이 명제는 상당 부분 신뢰성을 상실한다(물론 여기서 계급 갈등 패턴의 변화는 간과해서는 안 된다). 웨스터가드가 주장하듯이,

> 후기 자본주의 논평들은 전반적인 인구층이 현재 사회 질서의 제도와 가정에 대해 드러낸 실제적인 저항과 잠재적 거부감의 원천에 대해서는 눈에 띌 정도로 무지했다. 이들은 고질적일 정도로 갈등의 제도화와 합의를 혼동하는 경향이 있었고, 전반적으로 이러한 제도화를 완화하거나 변화시키거나 붕괴시킬 수 있을지 모르는 지속적인 압력에 대해서도 무관심했다. 이러한 압력의 존재는 현재의 사회 구조가 잠정적인 성격을 지닌다는 사실을 계속 환기해 주고, 정책 역시 그 구조에서 아무런 근본적인 변화도 예상치 않거나 제한적인 변화만을 예상한 채 한정된 가정의 범위 안에서 타성적으로 도출되고 있음을 환기해 준다. (Westergaard, 1974: 38)

만약 당시에 '이 사회 변동의 핵심적 특징을 가장 직접적으로 압축해 주는 사회 집단이나 범주는 무엇일까?'라는 질문을 던져보았다면, 거의 확실히 다음과 같은 해답을 얻었을 것이다. 이는 바로 청년, 즉 새로운 청년 문화였다. 심지어 아주 예리한 관찰자인 콜린 매키니스Colin McInnes조차도 다음과 같은 추론을 펼칠 정도였다.

> 우리 사회를 구성하는 '두 개의 국민'은 아마도 더 이상 '부자'와 '빈자'(아니면 좀 더 고색창연한 용어로 표현하자면 '상층' 계급과 '노동' 계급)가 아니라, 한편에는 10대와 다른 편에는 성인으로서의 책임을 짊어진 그 모든 사람일 것이다. (MacInnes, 1961: 56)

하지만 풍요, 합의, 부르주아화라는 기본 개념들에 좀 더 세심하고 비판적인 접근이 필요했듯이, 청년 사이에 일어난 변화의 방향과 방식에 근거가 되는 증거 역시 좀 더 자세한 분석과 세심한 해석이 필수적이다. 세대 격차, '독특한 청년 문화,' 복지 국가 청년, 청년 문화의 '무계급성' 등의 개념을 주장하는 몇몇 필자를 세밀하게 검토해 보면, 이들이 제시하는 증거가 실제로는 이들의 해석의 근거를 무너뜨리고 있음을 볼 수 있다. '무계급성'의 해석에서는 흔히 모순되게도 바로 청년의 계급적 구조화를 강조하고 있다. 아마 가장 좋은 예는 (앞서 인용했듯이) '10대 시장'에 근거한 새로운 별개의 문화를 묘사하는 에이브럼스의 '10대 소비자' 관련 저작일 것이다. 하지만 좀 더 면밀하게 살펴보면, 에이브럼스 자신이 이 10대 시장은 뚜렷한 계급적 토대를 갖고 있음을 인정한다. 에이브럼스의 '평균적 10대'는 노동 계급 10대였다.

> …… 10대 시장은 거의 전적으로 노동 계급이다. 이 시장의 중간 계급 구성원은 아직 학교와 대학 재학 중이거나 이제 막 사회생활을 시작한 시점에 있

다. 어떤 경우든, 이들은 노동 계급 동년배보다 훨씬 적은 수입을 지출하며, 그러므로 모든 10대 지출액의 거의 90%는 노동 계급의 취향과 가치에 영향을 받을 가능성이 매우 크다. (Abrams, 1959: 13)

청년의 이미지는 흔히 '문제 발생'의 위협을 담고 있었다. 피벨은 한 가지 문제 집단, 즉 테디 보이를 전쟁이 국제적으로 모든 청년에게 초래한 혼란의 측면에서 주로 설명했는데, 물질주의 증가, 성공에 대한 강조, 매스 미디어의 영향 등이 그렇다. 하지만 그의 분석은 또한 뚜렷한 계급적 차원도 갖고 있다. 예컨대 피벨은 이렇게 말한다.

> 지역 공동체 생활의 붕괴에서 표현되었듯이, 노동 계급 가정은 (또한) 주거 재배치가 초래하는 사회적, 심리적인 악영향에 더 노출되기 쉽다. (Fyvel, 1963: 213)

사실 피벨은 테디 보이가 주로 젊은 미숙련 노동자 출신이라고 보는데, 이들은 소득이 너무 낮고 불규칙해서 더 부유한 노동 계급 동년배가 누리는 부르주아화 과정에 참여할 수 없는 층이다(Fyvel, 1963: 122).

경험적 사회학 연구에서는 청년의 위상(이들의 특징과 문제점)과 사회 계급 간의 관계를 좀 더 제대로 살펴보는 연구가 나올 것으로 기대하는 게 합리적으로 보인다. 하지만 1950년대와 1960년대 초반에 그러한 연구는 거의 없었으며, 그나마 주로 비행률 증가를 연구의 출발점으로 삼았다. 수행된 연구는 주로 '생태학적' 성격의 연구로, 노동 계급 동네의 변화에 초점을 맞추었다. 하지만 존 배런 메이즈John Barron Mays(1954), 테런스 모리스Terence Morris(1957), 매들린 커Madeline Kerr(1958) 등의 연구는 모두 이 계급적으로 규정된 구역의 한 가지 특수한 측면, 즉 '슬럼 문화'와 수많은 '결손 가정'을 확인하는 데 관심을 기울이는 경향이 있었다. 흔히 어느 필자의 규정대로라면 슬럼 폭력, 자극, 판타지 등의 가치나 "중점 관심사”(Miller, 1958)를 나머지 노동 계급이 어느 정도 공유했는지는 분명하지 않았다. 좀 더 중요한 점으로는, 비록 계급 분석이 지금도 나오긴 하지만 (대개 등기소Register General의 분류에 근거한) 다소 기술적 근거에 기반을 둔 ‘사회적’ 계급 분석으로 정태적이고 탈역사화된 계급 개념에 그쳤다. 생태학적 구역은 당시의 도시 계급 구조와 더 폭넓은 사회 속의 계급 관계라는 맥락 안에 충분히 역동적으로 배치되지 못했다. 간혹 더 광범위한 분석을 설계한 연구에서는 주로 우리의 오랜 친구인 풍요, 합의, 부르주아화라는 삼두 정치 구조의 관점에서 이루어졌다.

청년을 다양한 계급 구성체 안에 재배치한다고 해서, 일부 비판가들이 생각하는 것처럼, 하위문화 문제에 대해 단순한 단일 차원의 설명적 해답이 나오지는 않는다. ‘새로운 청년 여가 계급’이라는 보편적 개념에 의존하지 **않고** 하위문화와 계급 관계를 탐구한다면, 실로 설명은 좀 더 복잡해지고 탐구는 더 필요해진다. 아마도 가장 복잡한 이론 체계는 예컨대 1950년대 말과 1960년대 초반의 미국 하위문화를 이론화한 앨버트 코언(Cohen, 1955), 리처드 클로워드와 로이드 올린(1960), 선행 연구를 비판하고 발전시킨 데이비드 다운스David Downes(1966)의 연구일 것이다. 이들은 실로 비행 하위문화를 더 넓은 계급의 틀 안에 배치하려고 시도하였다. 아쉽게도 미국의 저작들은 단기적 관점에서 청년 **개개인**의 계급적 위치를 중간 계급 가치와 목표로 직접 이어지는 단일한 지위 사다리에서 한 단계로만 구상했다. 이렇게 되면 하위문화 문제는 (이들이 품고 있다고 가정된) 성공이라는 중간 계급적 **목표**와 이를 달성할 수 있는 (노동 계급의) 한정된 **수단** 사이의 불일치 문제로 제시된다. 청년 집단이나 하위문화는 중간 계급 제도의 거부로 발생하는 지위 실패, 혹은 불안감의 결과로 규정된다. 아니면 차단된 성공의 기회 탓에 지배적 목적을 달성할 수 없기에 발생하는 결과가 된다. 요컨대 이 연구에는 (성공의) 아메리칸 드림에 대한 믿음에 근거한 합의적 사회관이 저변에 깔려 있다. ‘청년 문화’는 성공을 달성할 수 없는 사람들에 대한 일종의 집단적 보상이었다.

최근 들어 하위문화 이론에서 상당한 진전이 이루어졌는데, 특히 머독(Murdock, 1973), 마이크 브레이크Mike Brake(1973)의 연구가 그 예다. 하위문화란 집단적인 '문제 해결' 수단으로 등장한다는 전통적 주제에서 출발해, 이 연구들은 '기회 구조' 분석과는 상당히 다른 계급 관계 분석 안에서 청년을 파악한다. 머독과 브레이크의 저작에서 주된 결함은 이들의 중심적인 개념, 즉 '문제점'을 지나치게 무비판적으로 채택한다는 데 있다. 브레이크식의 하위문화 구성체는 다음 진술문에 깔끔하게 요약된다.

> (그렇다면) 하위문화는 더 큰 사회의 모순에 의해 조성된 사회 구조의 어떤 문제점을 해결하려는 시도로 등장한다…… 청년 자체는 문제점이 아니다. 그러나 예컨대 젊은이 대다수를 업적주의 교육 체제의 하위 층위에 배치한 후 이들에게 무의미하고 보상도 형편없고 비창의적인 직업만 부여하는 바람에 문제점이 발생한다. 노동 계급 하위문화는 학창 시절과 결혼·성인기로 정착하게 되는 시기 사이의 짧은 휴식기 동안 이처럼 삭막한 세상에 자극과 색깔을 주입하려 시도한다. (Brake, 1973: 36)

머독의 공식도 아주 비슷하다.

> 노동 상황에 포함된 모순을 의미 있는 여가 스타일의 창조를 통해 해결하려는 시도는 하위문화가 제공한 맥락 안에서 전형적으로 발생한다…… 하위문화는 노동 여건에서 공유되는 모순 탓에 발생한 문제점에 집단적인 해결책을 제공하고, 집단 정체성과 개개인의 자존감을 개발하고 보강할 수 있게 해 주는 사회적, 상징적 맥락을 부여한다. (Murdock, 1973: 9)

두 필자는 청년 하위문화의 계급적 토대를 인정하지만, 이 점이 청년 연구에 갖는 함의를 철저하게 규명하지는 않는다. 이러한 간과는 추측건대 하위문화가 '문제점 해결책'이라는 개념에 지나치게 의존한 데서 발생한다. 일반적 관점에서 우리가 주장하고자 하는 바는, 젊은이들은 계급 전체에 공통된 '문제 틀'에 대한 문화적 성향을 부모로부터 계승하고, 이 문제 틀은 이들이 사회적 삶의 다양한 영역에 부여하는 의미에 비중과 모습과 의미를 규정해 준다는 것이다. 머독과 브레이크의 저작에서는 **현재 통용 중인** 피지배 문화 내에서 하위문화 구성원이 하위문화의 구체적인 발전 양상이라는 측면에서 어떤 여건에 처해 있는지를 간과한다. 따라서 계급적 사회화라는 차원 전체가 생략되고, 원래의 상황적 계급 문화에서 타협과 대체의 요소들은 분석에서 지나치게 미미한 비중을 차지하는 데 그친다.

머독과 브레이크에 의해 진전을 이룬 부분은 청년 문화를 계급의 관점에서 재구성하고 이를 통해 보편적 청년 문화라는 신화를 해체한 데 있다. 또한 이들은 청년의 계급 경험을 재현하는 데서 스타일(스타일의 전유와 의미 부여)의 역할을 강조했다. 청년 문화와 계급 관계 분석에 착수하기 전에 먼저 필 코언의 저작을 논의해 보아야 하는데, 이는 그의 시사점 풍부한 분석이 여기서 다루는 핵심적 사항 중 상당 부분을 설명하는 데 도움을 주기 때문이다.

D. 하위문화: 상상적 관계

필 코언 역시 계급 분석을 제시하지만 훨씬 더 정교한 이론적 수준에서 진행한다. 그는 모체 문화를 역사적 관점에서 파악하고 하위문화 간의 관계를 입체적으로 파악하며, 청년과 부모 간의 계급 내 동학을 탐구한다. 그의 분석은 주로 런던 이스트엔드 노동 계급 공동체 사례에 근거했는데, 이 사례의 장점은 기본적으로 세 가지 구조의 상호 접합에 의존한다는 데 있다고 코언은 주장했다. 첫째는 확장된 친족 네트워크인데, 이는 "상호 부조와 지원의 수많은 기능을 제공해 주고" "문화적 연속성과 안정성을 조성한다." 친족 체제 또한 노동 계급 동네라는 생태학적 환경에 의존했다. 이 밀집된 사회 문화 공간은 "전통적인 노동 계급적 삶과 유대감, 지역적 소속감과 전통이라는 세밀한 조직을 형성하고 지탱하는 데 도움이 되고," 이를 통해 "끊임없는 생존 투쟁에서 발생하는 일상적 문제점"에 버팀목을 제공해 준다. 셋째로는 지역 경제 구조가 있다. 여기서는 다양성이 두드러진 점일 뿐 아니라 "사람들은 이스트엔드에서 살고 노동하기에 일자리를 찾아 바깥으로 나갈 필요가 없었다"라는 점도 특징이다. 그 결과 "노동 장소의 여건, 노동 이슈와 이해관계는 노동 외부의 여건과, 즉 공동체의 이슈, 이해관계와 계속 밀접한 관련을 유지했다."

그러고 나서 코언은 전통적 노동 계급 문화의 이러한 묘사에 역사적 맥락을 부여하면서, 재개발과 경영 합리화가 가정, 공동체와 지역 경제에 미친 영향을 기술한다. 전후의 재개발과 주거지 재편은 지역의 인구 이탈과 전통적 동네 해체를 낳았다. 투기성 개발과 이민자 노동의 새로운 유입으로 지역 노동력의 표류가 추가로 발생하면서 이 문제는 더 복잡해졌다. 친족 구조가 가장 직접적인 영향을 받았는데, 전통적인 '확장된 가족'이 파편화하고 그 대신 좀 더 핵가족화한 '결혼 중심의 가족'으로 부분적으로 대체되었다. "이 경향은 어떤 문제점이든 그 문제점을 낳은 직접적인 대인 간 맥락 안에만 봉쇄된다는 사실을 뜻했다. 이와 동시에 이전에는 이웃과 더 넓은 친족을 통해 생성되던 관계의 다양성을 보충하기 위해 가족 관계가 새롭게 더 강화되었다…… 따라서 노동 계급 가족은 외부로부터 고립되었을 뿐 아니라 내부로부터도 잠식되었다"(Cohen, 1972: 17). 현재 이스트엔드에 들어선 새로운 주택 단지 형태의 재개발은 노동 계급 가정과 동네에 미친 나쁜 효과를 더 악화시켰다.

> 고밀도의 고층 건축 계획이 미친 첫 번째 효과는 거리, 지역 선술집, 동네 가게가 공유 공간의 표현으로서 갖고 있던 기능을 파괴한 것이다. 그 대신 서로 완전히 고립된 채 차곡차곡 쌓아 올린 가정 단위의 사유화된 공간만 들어섰는데, 여기에 동네가 행사하던 비공식적 사회 통제 기능을 모두 상실해 버린 주변의 완전히 공적인 공간도 나란히 배치되어 있었다. (Cohen, 1972: 16)

이와 더불어 지역 경제의 극적인 재구성이 일어났는데, 소규모 장인 산업이 몰락하고 그 대신 흔히 지역 바깥에 소재하는 대규모 사업체가 들어섰으며, 가족 단위 사업과 동네 가게가 쇠퇴한 것이다. 노동력은 점차 두 집단으로 양극화되었는데, 바로 '새로운 테크놀로지와 관련된 고도로 전문화되고 숙련된 고임금 일자리'와 '노동 집약적 부문, 특히 서비스 산업과 관련된 단순하고 직업 전망이 어두우며 저임금의 미숙련 일자리'였다. 이러한 변화의 효과는 이스트엔드 노동 계급에서 품위 있는 부문에 가장 두드러졌는데, 이들은 두 가지 상반된 사회적 이동성 유형 사이에 "갇혀 양분되고 말았다"라고 코언은 주장한다. 즉 새로운 교외 지역 노동 계급 엘리트층 반열로 격상되거나 '룸펜'으로 전락한 것이다.

아마 코언의 분석 중 이 부분에서 가장 의미심장한 측면은 풍요-합의-부르주아화 명제에서 특정한 핵심 주제들을 선택하고 재규정한 방식에 있다. 즉 코언은 이 주제들에서 거창한 이데올로기적 틀을 폐기하고, 특정 구역 노동 계급의 구체적인 역사적 관계와 상황 안에 재배치해서, 한 계급의 소멸이나 '부르주아화'에 관한 '명제'가 아니라 광범위한 사회 경제적 변화가 어떻게 해서 계급의 복잡한 메커니즘과 방어 장치를 파편화, 분해, 악화시킬 수 있는지에 관한 '명제'에 도달한다. '계급 전체의 소멸'이란 개념은 한 계급의 다양한 부문과 층위가 어떻게 해서 결정적인 사회 경제적 여건에 의해 다양한 경로와 선택지로 내몰리게 되는지에 관한 좀 더 복잡하고 세분된 그림으로 대체된다. 이 분석은 근본적인 경제적 세력이 다양한 노동 계급 층위에 미치는 효과에서 출발하지만, 곧 그 영향에 따른 사회적, 가족 차원의, 문화적 결과로까지 확대된다.

코언이 논의한 변화는 이스트엔드 노동 계급 공동체의 성인과 청년 구성원에 **모두** 영향을 미쳤다. 나이, 세대 주기와 경험에서의 위치에 따라 반응은 달랐지만 이들이 처한 기본적인 물질적, 사회적 여건 — 계급의 문제 틀 — 은 나이 든 남녀든, 젊은 노동자와 가족이든, 노동 계급 10대이든 동일했다. 코언은 경제적, 직업적 변화가 젊은이에게 미친 영향을 다음과 같이 추적한다.

> 아버지가 종사하던 업종에서 기회를 찾다가, 새로운 산업에서 요구하는 자격을 갖추지 못했기에, 이들은 배달 기사, 사환, 포장 직원, 창고지기 등등의 일자리로 밀려났다. 오랫동안 실직 상태에 머물기도 했다. 나이가 많든 젊든 점점 더 많은 사람이 공동체 바깥의 일자리로 출근해야 한다. 일부는 결국 적당한 일자리를 구할 수 있는 다른 곳에서 살기 위해 이주하기도 한다. 지역 경제 전반은 위축되고 다양성은 줄어든다. (Cohen, 1972: 18)

그는 또한 이 분석을 더 진전시켜 가정, 친족, 동네 상황에서 젊은이들의 변화된 상황을 살펴본다.

코언이 보기에, 노동 계급 10대들은 이러한 변화와 파편화를 직접적인 물질적, 사회적, 경제적, 문화적 형태로 경험했다. 그러나 이들은 또한 이 변화를 이데올로기적 지형에서 경험하고 '해결'하려 시도했다. 코언은 그 시기의 다양한 노동 계급 '청년 하위문화'의 등장과 분화의 원인을 주로 이렇게 시도된 '이데올로기적 해결책' 탓으로 돌린다.

> 하위문화의 잠재적 기능은 바로 이것이다. 즉 모체 문화에서 은폐되거나 해결되지 않은 채 남은 모순을 비록 '마술적 수준'이긴 해도 표현하고 해결하는

것이다. 따라서 이 모체 문화가 줄줄이 생성해 낸 하위문화는 모두 중심적 주제가 수많은 변용으로 나타난 것이라고 간주할 수 있다. 즉 이데올로기적 수준에서는 전통적인 노동 계급의 청교도주의와 새로운 소비 이데올로기 간의 모순, 경제적 수준에서는 사회적으로 유동적인 일부 엘리트와 새로운 일부 룸펜 간의 모순이다. 모드족, 파커족parkers,[27] 스킨헤드, 크롬비족crombies[28] 등은 모두 방식은 달라도 모체 문화에서 파괴된 사회적 결속의 요소를 일부나마 복원하고, 이를 다른 계급 분파에서 선택한 요소들과 결합해 자신의 계급이 직면한 어떤 선택을 상징하도록 하려는 시도에 해당한다. (Cohen, 1972: 23)

이러한 복잡한 과정이 어떻게 작동하는지 한 예를 제시하기 위해, 코언은 모드족의 등장을 다음과 같이 설명한다.

…… 원래의 모드 스타일은 사회적으로 유동적인 화이트칼라 노동자의 존재 조건을 **상상의 관계** 속에서나마 실현하려는 시도로 해석할 수도 있었다. 모드족의 **은어**와 의례 형태는 모체 문화의 전통적 가치 중 상당 부분을 강조했지만, 이들의 옷차림과 음악은 풍요로운 소비자의 쾌락주의적 이미지를 반영했다.

27 파커족은 모드족 유행 시기와 스킨헤드족 등장기 사이에 나타난 이행기적 형태의 하위문화였다. 이탈리아제 오토바이(스쿠터)를 타고 무리 지어 다녔기에 스쿠터 보이스scooter boys라고 불리기도 한다. 이들은 모드족의 격식을 갖춘 단정한 스타일이나 스킨헤드족의 전통적 노동 계급 스타일을 모두 거부했지만, 옷차림이나 헤어스타일은 그다지 엄격하지 않고 다양성을 보였다. 이들은 해변 리조트에 대규모로 모여 밤새 파티를 하거나 특정한 음악 장르를 즐겨 듣는 등 나름대로 독특한 문화적 스타일을 유지했다. — 옮긴이

28 크롬비는 19세기에 설립된 스코틀랜드 패션 회사인 크롬비사Crombie의 브랜드다. 특히 고급 코트로 유명하여 오버코트 스타일의 대명사로 불렸다. 1960년대 초반부터 크롬비 코트는 깔끔한 이미지를 부각하는 스타일로 모드족 사이에서 유행했고, 1970년대 초반까지 스킨헤드와 스웨이드헤드suedehead 하위문화에서도 인기를 끌었다. — 옮긴이

그러므로 코언의 일반적인 결론은 다음과 같다.

> 모드족, 파커족, 스킨헤드족, 크롬비족은 모두 동일한 모체 문화에 상응하고, 일련의 변형을 통해 모체 문화가 하위문화에 주입한 기본적 문제 틀이나 모순을 해결하려는 일련의 하위문화다. 따라서 하위문화 분석에서는 세 가지 수준을 구분할 수 있다. 하나는 역사적인 수준으로 …… 특정한 계급 분파의 구체적인 문제 틀을 추출한다 …… 둘째로는 …… 하위 체제 …… 그리고 이 체제가 하나의 하위문화의 계기에서 다른 계기로 이행할 때 거치는 실질적 변형이다. …… 셋째로는 …… 하위문화의 담당자와 지지층인 사람들이 실제로 체험하는 방식이다.

코언의 분석은 하위문화 등장과 계급의 운명 간의 관계에 관해 가장 시사점이 풍부한 해석 중 하나를 제시한다. 이 분석은 사회 계급 구성체를 총체적인 역사적 틀 안에 배치한다는 장점이 있다. 이 분석이 경제적, 문화적 변화 간의 연계, 변화가 '모체' 문화에 미치는 영향, 청년의 반응 등을 추적하는 방식은 섬세하면서 정교하다. 어떤 문제점들은 해결되지 않은 채 남아 있다. 1950년대와 1960년대 초를 주로 다룬 이 분석은 이제 1970년대까지 확장해야 한다. 바로 어떤 세력이 모체 문화에 미치는 영향을 청년들이 어떻게 여과하고 다양하게 경험하는지, 그리고 이 경험이 독특한 청년 하위문화를 어떻게 왜 낳게 되는지 이해하는 일은 여전히 난제로 남아 있다. 모드족은 '상향식으로' 탐색하게 하고, 테드족이나 스킨헤드족은 '하향식' 선택을 탐색하게 하는 요인은 무엇인가? **실제** 계급 구성과, 이 하위문화적 해결책 중 하나를 선택하는 청년 부문의 상황 간의 관계는 어느 정도 밀접한가? 다양한 하위문화 구성체가 취하는 구체적 순서와 구체적 형태를 모두 설명해 주는 요인은 무엇인가? '이데올로기적' 청년 하위문화가 실체로 이해되는 방식에 관한 질문도 있다. 어떤 면

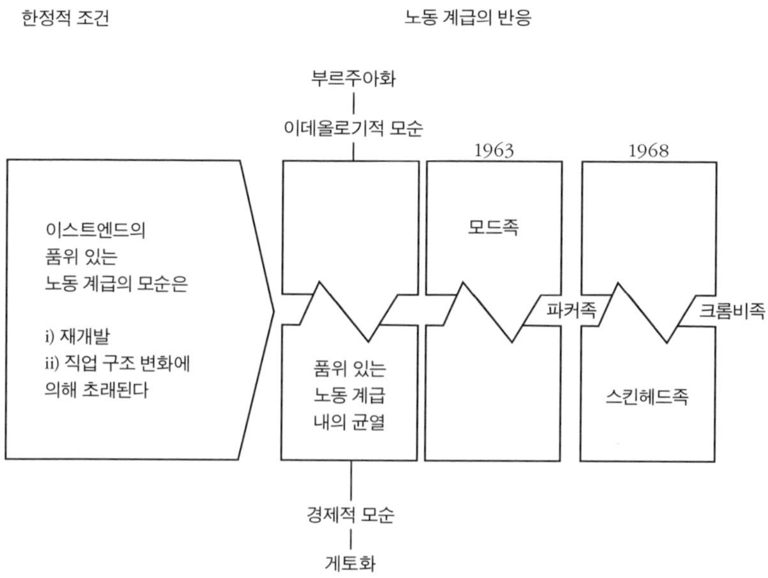

그림 1.1 계급과 하위문화: 코언이 제시한 한 가지 모델

에서는, 분석에서 가장 섬세하면서 시사점이 풍부한 부분은 하위문화가 공통의 계급적 문제 틀을 제기하는 것처럼 보이면서도, 달리 초월할 수 없는 '실제 관계'를 '상상적 관계'에 의해, 즉 이데올로기적으로 해소하려고 시도하는 방식에 관한 것이다. 이는 시사점이 풍부한 주장이지만, 검증하고 정교화하기 가장 어려운 주장이기도 하다. 인간은 이데올로기 속에서 자신의 실제 존재 조건과 '상상적 관계'를 체험한다는 사실은 하위문화에만 특유하거나 국한되지는 않는다. 그렇다면 이 밖에도 어떤 점이 그렇게 대단히 구조화되고 가시적이며 엄격하게 규정된 반응을 유발하는가? 하위문화가 한 계급의 삶과 맺는 상상의 이데올로기적 관계에 집중하는 바람에, 하위문화를 '이데올로기적으로' 해석하는 방향으로 분석이 지나치게 흘러가 버렸을 수도 있다. '하위문화적 해결책'에 특유한 물질적, 경제적, 사회적 조건에 대한 설명이 아마 충분하지 못했을 수도 있

다. 이러한 비판에도 불구하고 우리가 보기에 이 분석은 여전히 지금까지 나온 것 중 가장 뛰어나고 정교한 설명에 속한다. '상상적 관계'는 어디쯤에든 하위문화 문제의 핵심 가까이 자리 잡고 있다는 주장은 — 구체적인 적용에서 드러나는 문제점에도 불구하고 — 앞으로 우리가 채택해서 발전시키고자 하는 생산적인 주장이다.

E. 지배 문화와 피지배 문화

가장 먼저 주목할 사항은 코언이 하위문화 개념을 규명하기 위해 **계급**을 어떻게 사용했는가 하는 점이다. '계급'은 단순히 환원론적 방식으로 하위문화를 **대체하지** 않는다. 계급은 일련의 주어진 '배경적' 사회학적 변인이라고 보지도 않는다. 계급과 하위문화의 관계는 좀 더 역동적인 역사적 틀 안에서 파악되었다. 계급 **간의** 관계, 다양한 계급 분파 **내부에서** 변화의 경험과 변화에 대한 반응은 이제는 **결정적인** 수준이라고 간주한다. 하지만 하위문화는 나름대로 의미 구조를 갖추고, 나름대로 '상대적 자율성'을 행사하는 특수한 **부류의 반응이라고** 본다. 따라서 문제점을 바로 (계급 관계가 결정하는) 사회 구성체 전체 수준으로까지 확장해서 사고하려는 시도는 '하위문화'라는 매개적 개념의 구체성을 억압하지 **않고 보존한** 채 시행된다. 사회 구성체는 단순한 통일체('국가,' '문화')가 아니라 필연적으로 복합적이고 분화되고 적대적인 '총체'로 간주한다. 더 나아가 계급 관계에서 일어난 이러한 일반적 변화를 특수한 공동체, 특수한 계급 분파, 특정한 지역 경제에 미치는 영향에 이르기까지 추적하려는 시도는 그러한 분석의 핵심적 단계다.

이 절에서는 하위문화의 구체적 문제로 옮아가기 전에 시기 전체 동안 계급 관계에서 일어난 일부 광범위한 변화를 간략하게 살펴본다. 대규모 움직임을 짤막한 지면에 압축하는 바람에 코언의 이스트엔드 사례 분석에서처럼 특수하고 구체적인 내용 중 상당 부분을 희생하게 되긴 하지만 이 작업은 첫 번째 단계로서 반드시 필요하다.

한 가지 결정적 변화 수준은 전후 시기 생산이 재편되고 현대화된 방식, 그리고 이 변화가 분업, 직업 문화, 노동 계급의 반응, 방어, 저항 형태에 미친 영향이다. 전시와 전후의 상황은 두 차례 세계 대전 사이의 시기에 이미 전개되고 있던 변화를 가속화했다. 한 가지 일반적인 결과는 경제에서 '오래된' 부문과 '새' 부문 간의 격차, 즉 구 산업과 신산업 간, 오래된 구역이나 지역과 새 지역 간의 격차 확대다. 한편으로는 현대적인 기술적, 전자적 과정에 근거하거나 소비자와 수출 지향 노력과 결부된 '신생' 산업이 있었고, 다른 한편에는 1차 산업 혁명의 유산인 온갖 '사양' 산업이 존재했다, 이 부분적이고 무계획적인 '합리화'는 첫째로는 노동 숙련도와 분업에, 둘째로는 크고 작은 지역 단위의 경제적 삶에 영향을 미쳤는데, 그 파급 효과는 엄청난 규모이면서도 상당히 '**불균등**'했다. 일부 지역 — 특히 남동부 — 은 재빨리 앞서 나갔다. 다른 지역 — 때로는 전 산업과 지역이기도 했다 — 은 어쩔 수 없는 장기적 쇠락에 빠졌다. 이 '불균등' 발전의 결과로 분업에서 발생한 정확한 변화 양상은 여기서 자세히 정리할 수 없다. 이는 (주로 숫자로 된) 직업 이동성을 묘사한 상당히 위장된 사회학적 '작업 더미'에서도 주된 속임수로 남아 있다. 합리화는 분명 새로운 파편화의 요소를 노동력에 도입했다. 이는 또한 바로 '부르주아화' 명제로 이어져 이해에 혼란을 초래한 그 모든 '이데올로기적' 논쟁 — 북부 대 남부, '육체노동' 대 '사무직' 등 — 을 촉진하기도 했다. 코언이 논의한 이스트엔드 사례는 합리화가 미치는 영향을 충격적인 방식으로 예시해 준다. 즉 새로운 경제적 세력은 고도로 '불균등한' 방식으로 '후진적' 부문과 지역을 침공한다는 것이다. 비정규직 노동자 풀, 부두 노동의 '합리화'와 '현대화'를 추진하려는 국가의 시도, 컨테이

너화 추진 사이에 진퇴양난 신세가 된 부두 노동자는 '결합되고 불균등한' 발전이 특정한 지역을 점차 잠식해 가는 고전적인 예다.

여기서 중요한 점은 '사회 변동과 노동 계급'이라는 어떤 일반적인 개념이 아니라, 아주 구체적인 경제적 세력에 의해 구체적 상황이 재구조화되고 있는 어떤 노동 계급 부문의 특수한 사회적, 문화적 구성 양상이다. 여기서 경제적 생산 양식의 변화는 직종, 숙련도, 작업장의 특수한 복합체, 직업 문화의 구체적인 '혼합물,' 그 내부의 이질적인 계급 층위의 구체적인 분포 등으로 나타난다. 그렇게 되면 더 광범위한 경제적 세력은 특수한 노동 계급 복합체가 **작동하지 못하도록** 차단하는데, 말하자면 일련의 특수한 내부 균형과 안정성을 해체해 버린다. 특수한 지역 노동 계급 문화는 '당연시되는' 물질적, 사회적 삶의 여건을 중심으로 발전했는데, 경제적 변화는 그러한 여건을 형성하는 생산의 토대를 재형성, 재구조화한다. 이 변화는 방어와 '타협'의 특수한 역사적 네트워크를 흔들어 놓는다(그 점에서 '이스트엔드' 형성의 복잡한 역사는 탁월한 한 가지 예다).

이 생산관계들은 또한 계급의 일상생활과 문화의 토대를 이룬다. 주거와 노동 계급 동네의 생태계에서 일어난 변화는 동일한 패턴의 일부다. 그리고 변화의 다양한 측면들은 서로 반응하고 상대를 통해 반향을 일으킨다. 전후 재개발이 전통적인 노동 계급 동네에 미친 영향은 일반적으로 세 가지 광범위한 단계를 거치는 것으로 보인다. 첫째는 전후 주거 재편, 즉 새로운 주거 대단지와 신도시 건설에 의한 전통적인 주거 패턴의 파괴다. 여기서 뒤처진 구역은 쇠퇴한다. 이 구역은 '도시 게토'나 '새로운 슬럼' 패턴을 향해 서서히 추락하거나, 과도한 임대료 인상, 투기성 임대업과 주택 대량 매입의 제물이 된다. 이민 노동의 유입은 게토화 과정을 부각하고 촉진한다. 그 후에는 게토 일부분이 도시 계획과 투기성 부동산 개발의 결합을 통해 선별적으로 재개발된다. 중간 계급 가정의 진입은 일부 동네의 '계급적 상승'을 가져온다. '계획된 개발'(이스트엔드 개발 계획은 여기서 마찬가지로 고전적인 예다)은 이처럼 좀 더 '향상된' 중간 소득층의 삶의 패턴을 지향하도록 구역을 재규정한다. 다시 말해, 이 변화는 단지 한 구역에 추상적으로 작동하는 세력이 아니다. 이는 노동 계급 주민이 사는 실제 물질적, 사회적 여건을 적나라하게 재구성한다.

노동 계급 동네와 지역 경제를 재구조화하는 세력들은 가족 구조에도 결정적인 영향을 미쳤다. 또한 직업적 관점에서 상향 이동한 사람들은 흔히 배치와 설계에서 이전과 다른, 덜 확장되고 더 '핵가족화한' 가족 패턴을 요구하는 주택 단지와 도시로 이주하게 된다. 심지어 이전의 구역이나 인근에 재건축된 주택 단지도 — 아마도 전쟁 이전의 주택가에 비해 좀 더 일관되게 — '이상적' 가족상, 즉 좀 더 중간 계급적인 '핵' 가족상에 맞춰 건설되었다. 이러한 여건하에서 노동 계급 가정이 '소멸'하지도 않았고, 노동 계급 사람들이 새로운 '부르주아' 가정의 이상을 적극적으로 지지하지도 않았다. 그러나 가족은 좀 더 고립되었을 수도 있다. 자녀와 부모 간의 관계, 동료와 형제자매 간의 관계도 변화해, 특히 젊은 가족 구성원과 여성에게 큰 영향을 미쳤다. 요컨대 불**안정해진** 것은 방어적 계급 문화 내부에서 노동 계급 가족의 정확한 위치와 역할이었다. 흔들리게 된 것은 계급 문화의 **지지대**였던 구체적인 관계들, 지식, 사물, 경험의 네트워크였다. 이러한 여건에서도 '새로움'이란 다시 한번 대안적인 사회 조직 패턴을 침범하고 타격을 입혔다는 바로 그 이유로 지지를 얻었다.

전후 시기 초기에 노동 계급적 삶과 문화의 정교한 메커니즘과 균형에서 일어난 이러한 변화에서 가장 압도적인 부분은 강력한 '풍요' 이데올로기의 득세였다. 이제 우리는 풍요의 실질적인 영향, 그리고 — 심지어 임금과 소비 측면에서도 — 대다수의 노동 계급 부문에게 풍요의 불균등한 분포가 갖는 한계가 어떤 것인지 알고 있다. '질적인 도약'은 일어나지 않았다. 실로 '풍요'는 만인의 평등과 꾸준한 소비 상승이 도래할 것이라는 약속된 유토피아와 현실의 불평등 사이에 존재하는 격차를 은폐하는 데 필수적이라는 바로 그 점 때문에 완벽한 수준의 이데올로기의 모습을 갖추었다. 이 이데올로기적 시나리오를 투사해, '풍요'의 신화는 노동 계급에게 아직 도래하지 않은 미래에 지분을 부여하고, 이를 통해 이 계급을 헤게모니 질서에 구속, 결속시키려고 했다. 바로 여기서 풍요 이데올로기는 전후 영국 사회의 '실제 관계'를 '상상의 관계'로 재구성했다. 이것이 사회적 신화의 기능이다. 이 신화는 한동안 1950년대 정치적 헤게모니의 토대를 마련해 주었다. '풍요'는 본질적으로 (미디어, 광고, 정치 연설 등을 통해) 노동 계급을 **겨냥한**, 노동 계급에 **관한**, 노동 계급을 **위한** 지배 문화의 이데올로기였다. 자신의 실제 차원과 거의 들어맞지 않는데도 자신의 상황에 관해 제시된 그림을 지지하는 노동 계급 구성원은 거의 없었다. 그러므로 중요한 점은 노동 계급을 '풍요의' 이미지에 맞추어 수동적으로 재구성했다는 사실이 **아니라** 이를 통해 조성된 **교란** 효과, 이로 유발된 반응이었다. 전후 상황에 대한 '풍요'식의 해석을 배경으로, 노동당을 국가 내부의 의회 선거 정치의 역할로 완전히 흡수하고(장기적인 역사적 궤도의 완성), 노동조합도 부분적으로 국가 장치에 포섭하게 된 것은 노동 계급에 **실질적인** 정치적 결과를 초래하고 실제 방어 장치도 해체하는 효과를 낳았다. 다른 반응들은 예측할 수도 없었고 의도하지 않은 것이었다. 풍요의 이데올로기에서 돈과 소비를 압도적으로 강조한 것은 '상대적 박탈'감을 자극하고 이를 통해 1960년대와 1970년대 '임금 투쟁의 강경성'에 기여하는 의도치 않은 효과를 낳았을 수도 있다. 기계와 자동차 기업의 풍요로운 노동자들은 작업장 권력, 회사 단위 협상plant bargaining, 작업장 노동자 대표shop stewards 조직과 '임금 상승wage drift' 등으로 옮아가는 추세에 선구자 구실을 했다. 이러한 추이는 일종의 전투적 '경제주의'로서 인플레이션과 경기 침체기에 이를 때까지 지속되어 '저임금층의 반란'을 자극하는 배경이 되었다. 이것들 역시 풍요 이데올로기 주창자들이 예견하지 못했고 할 수도 없었던 '풍요'에 대한 반응이었다.

청년 하위문화를 이러한 부류의 분석 안에서 파악하기 위해서는, 첫째 청년을 '헤게모니적' 지배 문화와, 청년이 한 부문으로 속한 피지배 노동 계급 '모체' 문화 간의 변증법 속에 배치해야만 한다. 이 용어들 — 헤게모니적-조합적, 지배적-예속적 — 은 분석에 핵심적이지만, 하위문화 차원을 도입하기 전에 추가로 정교화 작업이 필요하다. 지배 계급이 피지배 계급에게 자신의 이해관계에 순응하도록 **강제할** 수 있을 뿐 아니라, 피지배 계급에게 '헤게모니' 혹은 '총체적인 사회적 권위'를 행사할 수 있는 계기를 지칭하기 위해 그람시는 '헤게모니'라는 용어를 사용했다. 여기에는 지배 계급에게 정당성을 부여하는 것이 '자발적'일 뿐 아니라 자연스럽고 정상적으로 보이도록 특별한 종류의 권력 — 즉 대안의 틀을 규정하고 기회를 억제하며 **동의를 획득, 형성할** 수 있는 권력 — 을 행사하는 것도 포함된다. 스티븐 루크스Steven Lukes는 최근 이를 의제를 정의하고 선호를 형성하는 권력, "무엇보다 갈등이 발생하지 않도록 저지하는" 권력으로 정의했는데, 이는 어떤 부류의 해결책이 '합리적'이고 '현실적'인지 규정해 갈등이 발생하면 이를 억제하는, 즉 기존의 틀 안에 묶어 둘 수 있는 권력이기도 하다(Lukes, 1974: 23~24). 이러한 헤게모니가 확보되거나 상실되는 지형은 상부 구조의 지형이다. 가령 시민 사회와 국가의 제도, 즉 다소 오도의 소지는 있지만 알튀세르(Althusser, 1971), 니코스 풀란차스Nicos Poulantzas(1973)가 "이데올로기적 국가 장치ideological state apparatuses"라고 부른 것들이다. 이해관계의 갈등은 근본적으로 생산 영역에서 계급들이 차지하는 구조적 위치 차이에서 발생하지만, 사회적, 정치적 삶에서도 '자기 나름대로 효과'를 미친다. 가장 폭넓은 의미에서 정치는 첫 번째 수준에서 두 번째 수준으로 나아가는 이행의 틀을 정해 준다. 따라서 시민 사회와 국가 제도의 지형은 본질적으로 "계급 투쟁의 획득 목표이지만 투쟁의 장"이 되기도 한다(Althusser, 1971). 부분적으로 이 장치들은 '이데올로기에 의해' 작동한다. 말하자면, 이 장치 내부에 제도화된 현실 정의는 피지배 계급에게는 체험된 '현실 자체'를 이루게 되는데, 적어도 이것이야말로 헤게모니가 노리고 확보하고자 하는 것이다. 그람시는 교회의 사례를 활용하면서, 헤게모니는 "자신의 이데올로기가 공고화하고 통일하는 데 기여하는 대상인 전 사회적 블록의 이데올로기적 통일성"을 유지한다고 말한다(Gramsci, 1971: 328). 헤게모니적 문화 질서는 모든 경쟁 관계의 현실 정의를 자신의 **범위** 안에서 **틀 짓기**하려 시도한다. 이 질서가 제시하는 사고와 행동의 지평 안에서 갈등을 둘러싼 투쟁이 전개되고, 갈등이 전유되고(즉 경험되고), 은폐되고(즉 모든 갈등 당사자를 뭉치게 하는 '국익'으로 위장되고), 억제된다(즉 지배 계급에게 이익이 되도록 해결된다). 헤게모니 질서는 관념의 구체적인 내용이 아니라 관념과 갈등이 작동하고 해소되는 **범위의 한도**를 규정한다. 헤게모니는 항상 무력과 강제에 의존하지만 "이제는 고전적인 의회주의 체제의 지형에서 헤게모니의 정상적인 행사는 …… 무력이 동의를 과도하게 압도하지 않도록 하면서 …… 무력과 동의의 결합을 특징으로 한다"(Gramsci, 1971: 80). 따라서 헤게모니는 지배 계급 권력에 정당성의 기본선과 기본구조를 제공한다.

헤게모니는 이데올로기를 통해 작동하지만, 허위의 관념, 지각, 정의로 구성되지는 않는다. 이는 **주로** 지배 질서의 권력과 사회적 권위를 지지하는 핵심 기관과 구조 속에 피지배 계급을 포섭하는 방식으로 작동한다. 피지배 계급은 바로 무엇보다 이 구조와 관계속에서 **자신의 예속을 체험하면서 살아간다**. 흔히 이 예속은 지배 질서가 단지 피지배 계급이 구축한 대안적 방어와 저항 기구를 약화, 파괴, 대체 혹은 포섭하는 데 성공하기 때문에 확보된다. "인간은 이데올로기 수준에서 근본적인 갈등을 의식하게 된다고 주장하는 명제는 그 특성이 심리적이거나 도덕주의적이 아니라 **구조적이고 인식론적**이다"(Gramsci, 1917: 164, 강조는 인용자 추가)라고 그람시는 주장하는데, 이는 아주 옳은 말이다.

헤게모니는 단일한 계급 층위에 의해 유지되기 어렵다. 여기에는 거의 항상 지배 계급 분파 간의 **동맹**, 즉 '역사적 블록historical bloc'이 필수적이다. 헤게모니의 내용은 부분적으로는 바로 어떤 계급 분파가 그러한 '헤게모니 블록'을 구성하고, 이에 따라 그 내부에서 어떤 이해관계가 고려되어야 하는지에 의해 결정될 것이다. 헤게모니는 단순한 '계급 지배'가 아니다. 여기에는 어느 정도 피지배 계급의 '동의'가 필요하고, 그러한 동의는 획득하고 확보해야만 하는 것이다. 따라서 국가에서뿐 아니라 시민 사회에서도 문화와 이데올로기에서 사회적 권위의 우위가 필요하다. 헤게모니는 지배 계급이 지배하거나 '지시'할 뿐 아니라 **주도할** lead 때 성공을 거두게 된다. 이 과정에서 국가는 주요한 교육적 세력이 된다. 국가는 피지배 계급의 삶에 대한 규제를 통해 교육을 시행한다. 이 장치들은 계급 관계를 재생산하고 이를 통해 계급적 예속도 재생산한다(법률, 경찰, 군대, 법정뿐 아니라 가족, 학교, 교회, 문화 기관).

계급 헤게모니에 맞선 투쟁은 이 기관 외부뿐 아니라 내부에서도 발생한다. 이 기관들은 계급 투쟁의 '장'이 된다. 그러나 이 장치들은 또한 "체계적으로, 일관되게 특정한 개인들과 집단에 유리하게 작동하는 일군의 지배적 가치, 신념, 의례, 제도적 절차('게임의 규칙')"(Bacrach & Baratz, 1962)의 작동에 의존한다.

이탈리아 국가에서는 지배 계급이 스스로 '헤게모니'를 장악할 수 있게 해 줄 '자연적인 사회적 권위' 없이 지배하는 사례가 빈번했다고 그람시는 믿는다. 따라서 국가든, 지배 계급이든, 혹은 말이 났으니 말이지 분석가든 헤게모니를 당연시할 수는 없다. 현재 이 용어는 모든 지배 계급이 계급 권력을 꾸준히 논란의 여지 없이 행사하거나 그 반대를 — 피지배 계급의 영구적이고 완성된 포섭 — 의미하는 데 사용되는데,

그람시의 용례에 따르면 이는 매우 잘못된 것이다. 이러한 용례는 개념의 역사적 구체성을 제한한다. 이 주장을 좀 더 구체적으로 설명하자면, 1930년대의 지배 계급들은 대대적으로 대세를 장악한 상태였지만 이들을 '헤게모니적'이었다고 규정하기는 어렵다고 주장하고 싶다. 이 시기에는 경제 위기와 실업이 노동 계급을 '주도'하기보다는 규율화해 예속 상태로 유지했다. 1920년대에 노동 운동이 겪은 패배는 노동 계급에 대한 지배 계급의 강제적 지배에 크게 기여했다. 이와 반대로, 1950년대는 우리가 보기에 진정한 '헤게모니적 지배'의 시기였던 듯하다. 노동 계급의 저항을 해체하고 지배 계급의 권위에 대한 노동 계급의 '자발적 동의'를 선사한 것은 다름 아니라 '풍요'의 역할이었다. 1960년대에 이르면 점차, 그리고 1970년대에는 더 노골적으로 이 '리더십'이 다시 훼손되었다. 사회는 양극화하고 수많은 수준에서 갈등이 다시 나타났다. 지배 계급은 여전히 권력을 유지하고 있지만, 이들의 통제 '레퍼토리'는 점차 도전받고 약화하고 고갈되었다. 이 후자 시기의 가장 눈에 띄는 점 중 하나는 통제 행사가 동의 메커니즘에서 강제 메커니즘으로 옮아간 것이다(예컨대, 국가와 '법과 질서'에 대해 점차 강화되는 위협을 억제하기 위해 법률, 법정, 경찰과 군대, 법적 억압, 음모론 혐의 기소, 무력 등을 구사하게 된 것). 이는 지배 계급의 헤게모니에서 **위기**를 드러낸다.

그렇다면 헤게모니란 특정 계급의 지속적인 지배에 보편적이지도 않고 '당연히 주어진' 것도 아니다. 이는 **쟁취해야** 하고, 노력해서 얻어야 하고, 재생산되어야 하고, 유지되어야 한다. 그람시가 말했듯이, 헤게모니는 '이런저런 경향에 우호적이기도 불리하기도 한 세력 관계'를 포함하는 '움직이는 균형 상태'다. 이는 적대적 계급 간에 달성된 균형의 성격 문제다. 즉 헤게모니를 유지하기 위해 타결된 타협, 세력 관계, 채택된 해결책을 의미한다. 헤게모니의 특성과 내용은 오직 구체적 상황, 구체적인 역사적 계기들을 살펴볼 때만 확정할 수 있다. '영구적인 계급 헤게모니'나 '영구적인 포섭'이란 개념은 폐기해야만 한다.

지배 계급 헤게모니와의 관계에서 노동 계급은 정의상 **종속된** 사회적, 문화적 구성체다. 자본제 생산은 자본과 노동을 끊임없이 적대적인 형태로 재생산한다고 마르크스는 주장했다. 헤게모니의 역할은 계급 간의 사회관계에서 각 계급이 기존의 지배적-혹은-종속적 형태로 끊임없이 **재생산되도록** 하는 데 있다. 헤게모니는 결코 완전히, 절대적으로 노동 계급을 지배 질서 **안으로** 흡수할 수가 없다. 자본제 생산 양식에서 사회는 '일차원적'인 것처럼 보일 수는 있지만 실제로는 일차원적으로 될 수가 없다. 물론 때때로 헤게모니는 강력하고 응집력이 높고, 피지배 계급은 미약하고 결함투성이며 취약성을 드러낼 수도 있다. 그러나 피지배 계급은 정의상 사라질 수가 없다. 이는 종속적 구조로서 흔히 별개이고 차단된 상태로 유지되지만 그러면서도 여전히 지배 계급의 전반적인 통치와 지배 안에 갇혀 있다. 피지배 계급은 자체의 조합주의 문화, 자체적인 사회관계 형태, 독특한 제도, 가치, 삶의 양식을 발전시켰다. 계급 갈등은 결단코 사라지지 않는다. 영국 노동 계급 문화는 이처럼 조합주의적 부류의 독특하게 강력하고 밀집되고 응집되고 방어적인 구조로 되어 있다. 그렇다면 계급 갈등은 이 문화에 뿌리를 두고 구현되는 셈이다. 풍요의 이데올로기가 주장하는 바와 반대로, 계급 갈등은 그 갈등을 생산하고 지속하는 생산관계가 사라지기 전에는 사라질 수 없다. 그러나 갈등은 어느 정도 개방적일 수도, 어느 정도 공식적일 수도, 어느 정도 제도화될 수도, 어느 정도는 자율성을 띨 수도 있다. 1880년대와 현재 사이의 시기는 포섭을 향한 단일한 움직임이 아니라 주기적으로 진퇴를 거듭하는 양상이 두드러진다. 계급 갈등은 상당히 제도화된다 하더라도 사회의 근본적인 기본 리듬 중 하나로 남아 있음을 강조해야 한다.

영국처럼 발전된 구 산업 자본주의 사회에서는, 동일한 사회 구성체 내에서 지배 문화와 종속 문화가 공존하고 존립하고 또한 서로 투쟁을 벌이는 방식을 구조화하는, 말하자면 '제도적 해결책'의 망이 문화를 사실상 **담당한다**. 이 제도 중 상당수는 피지배 문화의 조합주의적 문화를 **보존**하지만, 이 문화가 지배 문화와 맺는 관계를 놓고 **협상**하기도 한다. 이것들은 피지배 계급 문화의 '타협된' 측면들이다. 예를 들면 노동에서 노동자의 이익과 경영진의 권력 사이의 경계는, 흔히 매개 구조에 의해 모호해지고 은폐되긴 하지만 결단코 사라지지 않는다. 그러나 작업장에 따라, 혹은 역사적 계기에 따라 각 측은 이에 아주 다양하게 **대처할** 수도 있다. '작업 중단,' 작업 거부, 집단 파업, 공식적 분규, 공장 점거뿐 아니라 작업장의 비공식 문화, 작업 과정에 대한 일상적 통제 행사 시도, 공장별 최소 임금 협상 등은 경영진과 자본의 직접적 권력과 권위에 대한 노동 계급 대응의 전체 **레퍼토리**를 이룬다. 이것들은 반헤게모니 권력의 유형들이다. 이 전략 중 상당수는 궁극적으로 노동에 대한 자본의 권력을 대체하지 않는 한 계속해서 노동을 자본제 생산의 조합적 — 그러나 포섭되지는 **않은** — 일부로 규정하게 된다. 이것들은 비록 경영진 권력의 중층 결정적 틀 안에서 방어 장치로 작동한다 하더라도 여전히 계급의 방어선에 해당한다.

노동 계급 문화는 '꾸준하게' 지배 문화로부터 '공간을 쟁취'해 왔다. 수많은 노동 계급 기구는 장기간에 걸친 이 치열한 부류의 '협상'에서 나온 다양한 성과에 해당한다. 이 기구들은 때로는 타협적이고 때로는 전투적이다. 이들의 계급적 정체성과 위치는 결코 최종적으로 '확정되지' 않는다. 즉 이 내부의 세력 간 균형은 계속해서 열려 있다. 이것들은 프랭크 파킨Frank Parkin이 표현한 대로 "지배 체제의 '타협된 버전'"의 토대를 이룬다. "지배적 가치는 거부되거나 반대에 부닥치기보다는 환경과 제한된 기회의 결과로 피지배 계급에 의해 변형된다 ……"(Parkin, 1971: 92). 종종 그러한 '타협된 해결책'이 승리를 거두는데, 이는 그 계급이 수동적이고 지배 계급 관념에 경의를 표시하기 때문이 아니라, 그들의 시각이 단기적인 실제적 관심사에 구속과 제약을 받거나, 구체적 상황에 국한되기 때문이다. (이는 노동 계급 '경제주의'의 물질적 토대이자 '합리적 핵심'이다.) 직접적인 계급적 지평을 넘어 더 광범위하고 글로벌한 수준에서 발생하는 문제점에 대한 **상황적 해결책**은 여기서 생겨난다. "순전히 추상적 평가가 요구되는 [상황에서는] 지배적 가치 체제가 도덕적인 준거 틀을 제공할 것이다. 그러나 선택과 행동이 연루된 구체적인 사회 상황에서는 타협된 버전 — 혹은 종속적 가치 체제 — 이 도덕적 틀을 제공할 것이다"(Parkin, 1971: 93). 사회의 주요 제도적 질서에 안치된 권위(예컨대 법의 지배)는 추상적 수준에서는 수용될 수 있지만, 면 대 면 수준(예컨대 경찰에 대한 태도)에서는 훨씬 더 양가적으로 다루어질 것이다. 영국 노동 계급 문화는 '우리'와 '그들'의 태도를 중심으로 대대적으로 조율되는데, 이는 심지어 이 구조화된 차이가 노동 계급에 의해 직접 반헤게모니 전략으로 이어지지 않을 때도 그렇다. 재산 관계 자체를 폐지하려는 어떤 합의된 움직임도 없는데도 불구하고 재산과 재산권에 대한 의심이 이 계급에는 깊숙이 내재해 있음을 최근의 증거는 보여 준다(Moorhouse & Chamberlain, 1974). 노동조합 같은 계급 기관조차도 이 시기에는 국가와 완전한 협력 관계로 상당히 기울어졌지만, 그럼에도 불구하고 다소 다른 상황에서는 (예를 들면 1970년 이후 보수당 정부가 추진한 노동조합의 기본권과 절차 개악 법안) 내키지는 않지만 노동 계급의 기본권 수호자로 부상했다(Lane, 1974). 따라서 '나쁜' 시절뿐 아니라 '좋은' 시절에도 상반된 문화적 정의들이 늘 작동한다. 이는 다양한 계급들의 물질적 위치, 전망과 일상적 삶의 경험 간의 구조적 차이를 반영한다. 그렇다면 상황, 가치, 행동에서 발생하는 이러한 불일치(모순)는 — 적절한 여건만 되면 — 공개적 저항, 투쟁이란 좀 더 발전된 계급 전략, 그리고 파열과 변혁의 반헤게모니 전략의 실질적인 물질적, 역사적 토대를 마련해 준다. 피지배 계급이 이 다양한 타협 전략을 좀 더 지속적인 계급 정치로 수렴할 수 있게 되려면, 물론 동원, 정치화, 조직이 필수적이다. 마르크스가 '즉자적in itself' 계급에서 '대자적for itself' 계급으로의 이동에 관한 주장을 펼치면서 지향한 것은 바로 이 구분이다.

1880년대와 그 이후 '전통적' 형태를 갖추게 되는 노동 계급 동네는 계급 간 타협의 산물을 보여 주는 한 가지 독특한 예다. 그 안에는 다양한 노동 계급 층위가 나름대로 자체적인 삶의 형태를 위한 공간을 쟁취했다. 이 조합적 문화의 가치는 물질적 형태와 사회적 형태, 사물의 모습과 용도, 레크리에이션과 여가 패턴, 사람들 간의 관계와 공유 공간의 성격 등 모든 곳에서 표현된다. 이 공간들은 물리적이기도 하고(거리, 주택, 동네 가게, 선술집과 공원의 연결망), 사회적이기도 하다(친족, 친구, 노동, 이웃 관계의 연결망). 그러한 공간에 대해 계급은 그곳에 거주하는 집단을 위해 그 공간을 재정의하고 재전유하는 '비공식적 사회 통제'를 행사하게 되었다. 말하자면 그곳의 실제 세부 조직과 구조 속에 "유대감 …… 지역적 충성심과 전통"(Cohen, 1972)을 구현하는 권리와 의무, 친밀성과 거리 두기의 망을 구축한 것이다. 이것들은 소유권이나 강제력의 '권리'가 아니라 영역 소유와 문화적 소유, '현 입주자'의 관습적 점유의 '권리'다. 물론 이 제도에는 외부 세력들이 침투하여 얽혀 있다. 가깝든 멀든, 노동과 작업장의 구조는 지역 노동력을 더 광범위한 경제적 세력이나 움직임과 연결해 준다. 그다지 멀지 않은 곳에는 체인점과 슈퍼마켓을 갖춘 붐비는 상업적 중심가가 있어, 거래와 소비를 통해 가정을 더 광범위한 경제와 연결해 준다. 이러한 구조들을 통해 동네는 사회적으로나 경제적으로나 **결속된다**. 한 가지 — 수평적 — 수준에서는 공간과 제도를 지역, 동네, 지역 문화와 전통과 이어 주는 그 모든 유대가 존재한다. 또 다른 — 수직적 — 수준에서는 이 공간과 제도를 지배적인 제도, 문화와 묶어 주는 구조가 있다.

지역 학교는 그러한 "이중적 결속"의 고전적인 예다(Hall, 1974a: 49~55).

이는 여러 세대의 노동 계급 아동들이 '학교 교육을 받고' 친구, 또래 집단, 결혼의 유대가 결성되고 취소되기도 하는 주택, 거리, 가게 이웃의 **지역** 학교다. 하지만 수직적 관계 측면에서, 학교란 지역 문화와는 상당히 맞지 않는 부류의 학습, 규율과 권위 관계 유형, 인정된 경험을 나타낸다. 능력별 학급 편성, '진로별 학급 구분,' 11년제 초중등 과정, 지식 경계 구분, 공식 교육 범위 밖의 언어와 경험에 대한 불관용 등은 도시 노동 계급 지역을 더 폭넓은 교육과 직업 세계와 연계되면서도 본질적으로는 **차단된** 상태로 만든다. 학교는 고전적이고 타협되고 매개된 계급 기관으로 유지된다. 이러한 맥락에서 우리는 학교와 관련해서 개발되는 다양한 전략, 선택지, '해결책'을 다시 살펴보고 다음과 같이 차등화된 평가를 시작할 수 있게 된다. 즉 '장학생,' '보통의 평범한 능력'의 아이, '말썽꾸러기,' 게으르고 결석을 일삼는 학생, 교육적 정서적 '결핍자,' 의식적인 교육 부진 아동(예컨대 교육 수준 미달자인 흑인 아동) 등이 그러한 차등화된 평가 내용이다. 이와 비슷하게 젊은이의 여가 활동, 또래 집단 문화나 교류와 관련해 예컨대 다음과 같은 사례에서 저항과 수용의 '혼합'이 존재한다는 사실도 인정해야 한다. 즉 철저하게 '남성성'에 초점을 둔 동네 길거리 문화, 거의 비행적 성격을 띠는 집단이나 과시 행위, 열성파 기독교 소년단원Boys Brigade,[29] '갱,' '축구 응원단football end,' 잘 규정된 하위문화 등등이 그러한 사례다.

젊은 노동 계급 소년들이 개발한 레퍼토리에서 나오는 이 전략 중 그 어떤 것이든 다른 '동료들'의 전략과는 복잡한 관계에 있게 될 것이다. '성인'들의 전략이나 해결책과의 관계에서나, 똑같은 나이대의 대안적 입장(예컨대 스킨헤드족 대 히피)과의 관계에서, 그리고 지배 문화와 그 통

29 1883년 스코틀랜드 글래스고에서 창설되어 전 세계로 확산한 기독교 청년 단체다. 엄격한 규율과 재미를 기독교적 가치와 결합하는 활동에 중점을 둔다. — 옮긴이

제 레퍼토리와의 관계에서도 마찬가지일 것이다. 어떤 역사적 계기에서 이 중 어떤 전략이 강세를 보이거나 아예 등장하지 않을 것인지는 부분적으로는 역사적 국면(지배와 피지배 간의 세력 균형, '모'계급이 안정된 상황이냐 변동하는 상황이냐 등)에 달려 있을 것이다. 이 전략은 특히 계급의 '문제 틀'에서, 즉 특정한 역사적 계기에서 특정한 계급 층위가 직면한 문제점, 구조, 기회, 경험의 바탕에서 변화를 초래하게 될 것이다. 또한 특정한 집단 전략의 **지지 세력**으로 구성하는 데 동원할 만한, 일상생활의 물질적 조건에서 일어난 변화도 반영할 것이다.

타협, 저항, 투쟁, 즉 종속 문화와 지배 문화 간의 관계는 이 스펙트럼 안에 들어올 때마다 구조적 의미에서 항상 철저하게 적극적이고, 항상 저항적 성격을 띤다(이 점은 심지어 이 저항이 잠재적이거나 단지 정상적 상태로 경험될 때, 즉 앨빈 굴드너Alvin Gouldner가 "정상화된 억압normalised repression"이라 부른 상태일 때도 그렇다). 그 결과는 그냥 주어지지 않고 **형성된다**. 피지배 계급은 이 '투쟁의 장'에 전략과 대응의 레퍼토리, 즉 저항뿐 아니라 극복 방안도 가져온다. 레퍼토리에서 각 전략은 어떤 실제의 물질적, 사회적 요소를 동원한다. 즉 이 요소들을 그 계급이 지속적인 예속의 삶을 살아가고 거기에 저항하는 다양한 방식을 지지하는 기반으로 구성한다. 모든 전략이 똑같은 비중을 지니지는 않는다. 모든 전략이 잠재적으로 반헤게모니적이지도 않다. 일부는 심지어 대안이 될 수도 있는데, 예컨대 노동 계급 정치와 어떤 부류의 노동 계급 범죄가 그렇다. 또한 우리는 잘 개발되고 조직화된 혁명적인 노동 계급 의식은 수많은 가능한 반응 중 오직 **하나**에 불과하며, 그 점에서 아주 특수한 파열적 대응임을 깨달아야 한다. 계급에서 모든 전략의 스펙트럼을 이 한 가지 지정된 의식 형태 측면에서 측정하려 하고, 다른 모든 것을 포섭의 징표로 규정하는 것은 잘못된 생각이다. 이는 추상적 틀을 구체적인 역사적 현실에 뒤집어씌우는 것이나 마찬가지다. 그 대신 우리는 어떤 조건하에서 계급이 주어진 물질적, 문화적 '재료'를 활용해 완전한 **범위**의 대응을 구성해 낼 수 있었는지 이해하려고 시도해야 한다. 일부, 즉 어느 노동 계급의 역사에 특수한 저항의 레퍼토리는 이 계급이 살아남아 '공간을 쟁취'하려는 투쟁에서 지식과 권력의 엄청난 원천을 이룬다. 심지어 계급의 역사에서 거듭해 등장하는 전략일지라도 고정된 대안(개혁 대 혁명)이 아니라 이 계급의 투쟁 전통에서 아주 다양한 환경에 활용되고 각색될 **잠재적인** 역사적 '공간'일 뿐이다. 이 계급의 특수한 사회학적 층위를 레퍼토리에서 특정한 영구적 위치**에** 귀속시킬 수도 없다. 이것 역시 상당히 반역사적이다. '노동 귀족'이 핵심적인 급진적 리더십을 제공할 수도 있다. 조직되지 않은 층이나 이른바 '룸펜'이 조직화할 수도 있고, '맹목적 투표자deference voters'가 권위에 대한 존경심을 상실할 수도 있고, '풍요를 누리는 층'이 또한 '투사'로 변할 수도 있고, '사무직'이 파업할 수도 있으며, 맞벌이 주부와 제1 세대 이민자가 전위의 위치를 차지하는 등등의 상황도 가능하다. 다음 도표(표 1.1)에서는 타협, 갈등과 종속 전략 중에서 가능한 부분을 개략적으로 지적해 이 주장을 강하게 제시하려고 시도했다. (이 주장은 그람시의 헤게모니와 포섭 개념에서 직접 도출될 수 있다고 믿는다.) 이 도표는 예시적 목적으로만 제시되었다. 이 도표의 가치는 하나의 유형화 속에 스펙트럼에서 다소 타협적 극단에 속하는 전략, 계급 투쟁의 공식적 제도화 내부와 외부에서 개발된 전략을 모두 포함했다는 사실에 있다.

F. 하위문화적 반응

이제는 '하위문화' 문제를 살펴볼 때가 되었다. 노동 계급 하위문화는 피지배 계급의 사회적, 문화적 계급 관계 수준에서 형성된다고 앞서 주장했다. 본래 하위문화는 단순히 '이데올로기적' 구성물이 아니다. 이것

역시 젊은이들을 위한 **공간을 쟁취**해 준다. 즉 동네와 제도 속의 문화적 공간, 여가와 레크리에이션용 실제 시간, 길거리나 동네 모퉁이의 실제 공간 등이 그러한 예다. 이 하위문화는 지역에서 '영역'을 표시하고 전유하는 역할을 한다. 이는 주말, 디스코장, 공휴일의 나들이, 야간 '도심' 외출, 평일 저녁에 '길거리에서 빈둥거리기,' 토요일의 경기 등 사회적 상호 작용에서 핵심적 일정에 집중된다. 특정한 장소 단위로 결집하기도 한다. 또한 젊은이와 어른, 경험자와 초심자, 세련된 자와 촌스러운 자 등 구성원 간의 상호 작용, 이들 간의 구조화된 관계의 구체적인 리듬도 발전시킨다. 이는 집단의 내부 생활에 핵심적인 '중점 관심사'도 탐구하는데, 항상 '처리되는' 일이거나 '결코 처리되지 못하는 일,' 구성원의 집단 정체성의 기반이 되고 구성원을 단지 개인의 집합체 대신에 '집단'으로 규정하는 사회적 의례의 무리가 그렇다. 이 하위문화는 재화와 소유물 등 물질적 대상을 채택하고 각색해서 집단으로서의 존재라는 집단성을 표현하는 독특한 '스타일'로 재편하기도 한다. 이 관심사, 활동, 관계, 자료 등은 관계와 일정, 운동의 의례 속에 구현된다. 때때로 자기 외부의 사회 세계를 집단의 시각 안에서만 의미 있는 관점에서 분류하고 그 경계를 긋는 이름이나 **은어**로 세상을 언어적으로 표시하기도 한다. 이는 구성원들이 단기적 활동에 앞서 가까운 미래에 대한 시각, 즉 계획, 전망, 소일거리, 대단한 행위 등을 발전시키는 데 도움이 된다. …… 이 활동들 역시 이 계급의 물질적, 상황적 경험에 대한 집단적 반응으로 구성되는 구체적이고 식별 가능한 사회 구성체다.

하위문화는 '이데올로기적'이지 않으면서도 이데올로기적 차원을 갖고 있다. 전후 시기의 논란이 되는 상황에서 이 이데올로기적 구성 요소는 더 두드러지게 되었다. 이들의 출신 배경이던 특정한 층위의 '계급적 문제 틀'을 다루면서, 다양한 하위문화는 노동 계급 청년 분파(주로 소년들)에게 자신의 집단적 존재를 협상해 만들어 낼 수 있는 **한 가지** 전략을

표 1.1 타협과 반응의 레퍼토리

'태생적으로 보수주의적인 국가'	'하나의 민족 국가'	'산업의 두 측면'	'의회 정치의 길'	'법 앞의 평등'	'호전성,' '극단주의,' '국가를 인질로 잡기'	'전복,' '무정부'
맹목적 투표	노동 계급 동네	노동조합 가입	노동당 투표	'법'	작업장 대표자 권력	좌익 분파
노동 계급 보수 당원	'우리' 대 '그들'	노동조합 의식	노동주의	범죄, 비행	전투적인 '경제주의'	혁명적 정치

('허위의식')...... ('정상화된 억압')...... (비정상적 반응)...... (국가에 대한 위협)

마련해 주었다. 그러나 하위문화가 고도로 의례화되고 스타일화된 형태로 되어 있다는 것은 이 하위문화가 문제투성이 경험에 **해결책을 마련해 주려는 시도**이기도 했다는 사실, 즉 대개 상징적 수준에서 제시되었기 때문에, 실패할 수밖에 없는 해결책이었다는 사실을 시사한다. 피지배 계급 경험의 문제 틀은 '생생한 체험의 대상'이자 타협과 저항의 대상이 될 수는 있지만, 그 수준에서 혹은 그러한 수단에 의해 **해결**될 수는 없다. 노동 계급 소년에게 '하위문화의 직업 경로'란 전혀 가능하지 않고, 하위문화적 환경에서는 그 계급의 핵심적 구조화 경험이 제기한 문제점에 대한 '해결책'도 전혀 없다.

노동 계급 청년의 실업, 교육 불평등, 부실한 의무 교육, 전망이 전혀 없는 일자리, 노동의 단순화와 세분화, 저임금과 숙련도 상실 등에는 '하위문화적 해결책'이란 전혀 존재하지 않는다. 하위문화적 전략은 이 시기 계급 전체에 부상하고 있는 구조화하는 차원에 필적하거나 그 차원을 충족하거나 거기에 대한 해답을 줄 수가 없다. 따라서 전후 하위문화가 이들의 계급적 경험의 문제 틀을 제기할 때는, 흔히 실제 타협책과 상징적으로 대체된 '해결책' 사이의 격차와 불일치를 재생산하는 식으로 그렇게 한다. 하위문화는 구체적인 물질적 수준에서 해결되지 않는 문제점을 '해결'하지만 오직 상상적으로만 해결한다. 따라서 '테디 보이'가 상류 계급의 옷차림 스타일을 수용한 것은 한편으로는 주로 육체노동에 비숙련, 거의 룸펜 수준의 실제 직업 경로나 생애 기회와, 다른 한편으로는 토요일 저녁에 '잘 차려입었으나 갈 곳은 없는' 경험 간에 존재하는 격차를 '은폐한다.' 따라서 소비와 스타일 자체의 수용과 물신화를 통해, '모드족'은 무한한 주말의 자유와 월요일에 재개되는 지루한 막장 노동 간에 존재하는 격차를 은폐한다. 따라서 원형적이고 '상징적인' (그렇지만 사실상 시대착오적인) 노동 계급 복장 형태의 부활을 통해, 그 대신 축구 경기와 축구장 '응원석' '점거'에 초점을 맞추는 과정을 통해, 스킨헤드족은 다시 주장의 목소리를 높이지만 오직 '상상의 차원에서' 노동 계급 성인들이 더 이상 지지하지 않는 계급의 가치, 스타일의 본질, 일종의 '팬심'을 다시 내세운다. 이들은 도시 계획자와 투기꾼이 급속히 망가뜨리고 있는 영역과 지역성 감각을 '재현한다.' 이들은 상업화, 전문직업화, 구경거리화하고 있는 게임이 마치 아직 건재한 것처럼 '선언한다.' '스킨헤드가 최고야, 그럼 됐어' 그럼 됐다고? 그러나 "이데올로기에서 인간은 자신과 자신의 존재 조건 사이의 실제 관계가 아니라 자신과 존재 조건 사이의 관계를 살아가는 **방식**을 표현한다. 이는 실제 관계와 '**상상의**' '**생생하게 체험된**lived' 관계를 모두 전제한다. 그렇다면 이데올로기란 …… 실제 관계와 상상의 관계의 (중층 결정된) 통일체로서, 현실을 기술하기보다는 의지 …… 희망, 혹은 향수를 표현한다"(Althusser, 1969: 233~234).

노동 계급 하위문화는 청년들이 '모체' 계급 문화의 다른 구성원과 공유하는 문제 틀에 대한 반응이다. 그러나 계급은 성인이 그 문제 틀을 경험하는 방식을 독특하게 구조화한다. 첫째, 계급은 발달 형성 단계에 있는 젊은이를 특수한 물질적 문화적 환경에, 독특한 관계와 경험 속에 배치한다. 이 환경 요인들은 청년이 그 문제 틀의 의미를 파악하는 데 적용하는 핵심적인 문화적 틀을 제공한다. 이처럼 청년을 계급 정체성과 위치 **속으로** '사회화'하는 과정은 특히 두 가지 '비공식' 기구를 통해 작동하는데, 바로 가족과 이웃이다. 가족과 이웃은 청년이 계급으로 이행하는 초기 단계를 틀 짓기하고 **형성하는** 구체적인 구조들이다. 예를 들면, 어떤 계급에 특징적인 성 고정 관념적 역할과 책임은 가족 내에서의 언어와 대화를 통해서뿐 아니라 일상적 상호 작용과 예시를 통해 재생산된다. 이웃에서는 공동체 사회성의 패턴이 부분적으로는 노인과 젊은이 사이의 상호 작용 구조를 통해 각인된다. (하워드 파커[Parker, 1974]는 젊은이들이 독특한 부류의 계급적 사회성을 '학습'하는 방안으로서 길거리 축구의 역할을 언급했다.) 이 친밀한 맥락들은 또한 젊은이가 더 큰 바깥세상을 보는 데 적용하는 준거 틀이 된다. 따라서 이 젊은이는 대개 친구와 관계를 통해서 먼 훗날이지만 점차 임박해 오는 노동이나 면 대 면 권위(임대료 수금원, 시 공무원, 사회 보장 담당자, 경찰)의 세계를 수용하게 된다. 이 형성적 네트워크를 통해, 더 넓은 세상과 그 사회적 유형과의 관계, 거리, 상호 작용, 성향이 젊은이에게 묘사되고 재생산된다.

넓게는 계급은 또한 젊은이 개개인의 삶의 기회를 구조화한다. 통계적인 계급적 확률 측면에서 계급은 '성취'와 '실패'의 분포를 결정한다. 교육과 노동에서의 생애 경로를 대하는 어떤 핵심적인 성향도 확정해 준다. 계급은 노동 계급 아이들에게 미래 기회에 대해 '현실적' 기대치를 갖게 유도한다는 점에서 악명이 높다. 권위와 관계를 맺고 타협하는 방식도 가르쳐 준다. 예를 들면, 학부모가 학교 교사와 만날 때 취하는 사회적 거리, 존경심, 불안감, 옷차림은 학교를 본질적으로 낯선 외부 세계의 일부로 경험하게 하는 경향을 재확인하거나 강화할 수도 있다.

이것들은 청년이 계급의 문화 속에 삽입되는 방식이 그들 내부에 그 계급의 문제 틀을 재생산하는 데 기여하게 되는 수많은 방식 중 일부에 불과하다. 그러나 이러한 공유된 계급 상황 외에도 젊은이들의 구체적인 **세대 경험**에는 무엇인가 특권화된 부분이 있다. 근본적으로 이는 젊은이들이 부모들과는 **다른 제도와 경험군**에서 계급 문화의 문제 틀과 접하게 된다는 사실 때문이다. 젊은이는 설혹 똑같은 구조를 접하더라도 생애 경로에서 본질적으로 다른 지점에서 만나게 된다.

앞서 지적한 세 가지 주요 삶의 영역, 즉 교육, 노동, 여가와 관련지어 '세대적 구체성'의 이 측면들을 확인해 볼 수 있다. 5세에서 16세까지의 나이대에서 교육은 젊은이들의 삶에 가장 지속적이고 철저하게 영향을 미치는 제도 영역이다. 교육은 경험에 부과되는 '가장 압도적인 현실'인데, 이는 (쉽사리) 회피할 수 없다는 사실 때문만은 아니다. 이와 반대로 계급의 더 나이 든 구성원들은 교육을 **간접적**이고 요원한 방식으로 다양하게 접한다. 즉 기억된 경험을 통해(요즘 '세상이 많이 변했어'), 특별한 매개된 사건을 통해(부모 참관 행사 등), 그리고 젊은이들이 자신의 학교 경험에 관해 전해 주는 해석을 통해서 접촉이 이루어진다.

노동 영역에서는 젊은이든 나이 든 사람이든 똑같이 비슷한 제도적 장치, 조직, 직업 상황과 대면한다는 점에서 차이는 아마도 덜 자명할 것이다. 그러나 이 안에서도 핵심적인 차이는 남아 있다. 젊은이들은 일자리를 선택하고 진입하며, 공식적인 노동 문화와 비공식적 노동 문화를 모두 학습해야 하는 문제점과 부닥치게 되는데, 이는 바로 학교에서 노동으로 옮아가는 어려운 과정 전체에 해당한다. 일부 영역과 산업에서 변화하는 직업 구조가 전통적으로 생성된 '가정 노동–직업 경로 구조'를 어떻게 해체하고 이를 통해 이행을 더욱 까다롭게 만들 수 있는지 이미 살펴보았다. 그 계급의 더 나이 든 구성원에게 노동은 삶의 상대적으로 일상적인 측면이 되었다. 이들은 직업 정체성과 노동 문화를 체득했는데, 여기에는 노동이 제기하는 문제점에 대처하는 전략, 즉 '살아남는' 방법도 포함된다.

더 넓은 맥락에서 젊은이들은 나이 든 노동자보다 실업 증가의 결과에 더 취약할 가능성이 있다. 1960년대 후반의 실업 통계에서는 미숙련 첫 구직자가 더 나이 든 미숙련 노동자보다 실업 상태가 될 가능성이 두 배나 되었다. 이 밖에도 직업 '경력' 단계에 따라 실업이란 사실은 차등화되어 **경험될** 가능성이 크다.

마지막으로, 여가는 계급에게 중요한 삶의 영역으로 간주해야 한다. 마르크스가 주장했듯이,

> …… 그러므로 노동자는 노동에서 벗어날 때 자아를 느끼며, 노동에서는 자아 외부에 있다고 느낀다. 그는 노동하지 않을 때 편안해지며, 노동하고 있을 때는 편안하지 않다. 그렇다면 그의 노동은 자발적이지 않고 강제된 것이다.

이는 강제 노동이다. 그러므로 이는 욕구의 충족이 아니다. 단순히 그 외부의 욕구를 충족하는 수단일 뿐이다. (Marx, 1964, 110~111)

노동 계급의 여가에서는 앞서 논의한 노동 계급에 의해 사회가 '밀집 수용소' 상태가 되는 바람에 발생한 수많은 결과를 보게 된다. 여가와 레크리에이션은 엄격하게 규율되고 통제된 노동 상황보다 좀 더 타협 가능한 공간을 제공한 듯하다. 노동 계급은 수많은 대중 여가와 레크리에이션 영역에 지울 수 없는 흔적을 남겼다. 이것들은 조합주의 문화의 중요한 일부를 형성하고 전체 계급의 경험과 문화적 정체성에서도 중심을 이룬다. 그런데도 노동 계급 성인과 젊은이가 여가를 경험하고 바라보는 방식에는 주요한 차이가 있다. 1950년대와 1960년대에 '10대 소비자'가 성장하고, 구체적으로 젊은 층 고객을 유치하도록 설계된 폭넓은 상품과 서비스를 선호하는 방향으로 소비와 (상업적, 비상업적 모두) 여가 공급 조직이 개편되면서, 이 차이는 더 강화되었다. 이처럼 청년 문화가 널리 보급되고 가시성이 높아지면서, 여가 영역이 기본적으로 청년에게 맞추어 다양한 양상으로 구조화되었다. 청년은 곧 소비와 여가라는 등식은 어떤 오래된 모체 문화의 성향까지도 재편하고 **강화하였다**. 예를 들면 '자유 시간'이 특별하고 특권화된 의미를 갖게 된 것이라든지, '청년'을 '할 수 있을 때까지 즐겁게 노는' 시기, 즉 '마지막으로 신나게 즐기는 파티'로 파악하게 된 것이 그렇다. 이처럼 계급 내부로부터의 태도 변화는, 젊은이의 여가 패턴을 재편, 재배치하라고 외부에서 가해지는 압력과 결합해 젊은이의 여가 의미를 강조하는 — 실로 **물신화하는** — 역할을 했다. 따라서 청년들은 부모들과 다른 독특한 제도(카페, 디스코, 청년층 클럽, '밤샘 유흥업소' 등) 속에서 여가와 만나게 되었다. 이 제도들은 과거와 다른 모습으로 젊은이에게 강렬하게 등장했는데, 부분적으로 이는 이것들이 너무나 요지부동일 정도로 젊은이 취향이었기 때문이다.

계급을 바로 가로질러 작동하지만 세대마다 차등화되어 경험되는 세력들이 어떻게 해서 나이 위치에 특수한 전망(일종의 의식), 즉 **세대 의식**을 생성하는 토대가 되었는지가 여기서 서서히 드러나기 시작한다. 바로 이 '의식'은 계급 상황과 그 속에서 작동하는 세력들에 의해 형성되었는데, 그런데도 왜 그 계급적 내용이나 맥락과 언뜻 분리되고, 무관하고, 실로 대립되게 설정될 수 있는지도 알 수 있다. 이 구체적 부류의 '세대 의식'이 어떻게 그리고 왜 등장할 수 있는지는 알겠지만, 단순히 문제점 자체가 존재하지 않는 것처럼 재해독하는 식으로, 즉 청년에게 뚜렷하고 단순한 계급 기반의 정체성과 의식을 재부여하는 식으로 문제점이 해결되지는 않는다. 이는 순전히 '세대 의식'에 대해 과도하게 반응하는 셈이 되고 말 것이다. 비록 완전한 '세대 의식'은 부지불식간에 계급 차원을 억압하고 은폐하는 역할을 하긴 했지만, 이는 바로 그 시기 노동 계급 청년의 경험 속에 '합리적 핵심'을 담고 있었다. 가령 이들이 구체적인 제도 안에서 전후의 변화와 대면하게 되었다는 사실, 그리고 무엇보다 여가 시장의 변화가 이 영역을 재편한 방식이 그 예다. 이는 또한 이 시기 그 계급 청년의 다른 물질적 경험이라는 맥락 속에서 발생했을 수도 있다. '세대 의식'은 노동 계급에서 벗어나 상향 이동하거나 외부로 이동하는 청년 부문 — 예컨대 호가트가 말한 '장학생 청년' — 에서 강하게 나타날 가능성이 있다. 이 시기의 직업과 교육에서 일어난 변화는 이처럼 제한된 이동성 경로의 증가를 낳았다. 교육을 통한 상향 이동 경로는 특히 주된 승진 메커니즘으로 **학교와 교육 체제**에 초점을 맞추게 된다. 원래 있던 곳에 계속 머무는 부모와 이동해서 성공을 거두는 아이들 사이에 '차이를 만드는' 것은 바로 이 부분이다. 여기서는 지배 문화를 긍정적으로 평가하고 '모체' 문화를 벗어나려는 젊은이가 생겨나게 마련인데, 심지어 여기서는 두드러지게 문화적 방향 감각 상실이 뒤따르기도 한다. 이 젊은이의 경험과 자아 정체성은 계급의 중층 결정적 권력보다는 자신의 세대에 특유한 부분인 이동성 주변에 토대를 두게 된다. 이처럼 장학생 소년이 '세대 의식'을 수용하게 되는 현상을 뒷받침하는 요인 중 하나는 바로 그의 문화적 고립, 즉 그의 생애 경로가 또래 대다수와 다르다는 사실이다. 물론 또래 집단은 '세대'에 대한 초점을 중심으로 조직된 집단 정체성의 실질적이고 지속적인 토대 중 하나다. 그러나 한 개인의 또래 집단 활동 관여는 비록 청년 특유의 것이긴 하지만 분명히 '모체' 계급 문화를 배우는 일종의 문화적 도제 활동을 이루는 것으로 이해되는데, 한 개인이 이러한 또래 집단의 활동에서 차단되면 여기서 세대 구별 의식이 싹틀 수도 있다. 이러한 부류의 고립은 생애적 요인의 결과일 수도 있다. 예컨대 축구가 또래 집단의 주된 활동인 곳에서 지역 축구 경기에 갈 수 없다든지, 상대적으로 '폐쇄적'이고 엄격한 가족 상황의 구성원이 된다든지 하는 요인이 그렇다. 이유가 무엇이든 이러한 계급 문화 도제 과정을 거치지 못하는 젊은이는 가시성이 대단히 높고 널리 접근 가능한 상업적 청년 문화에서 제공하는 간접적인 또래 집단 경험에 영향을 받을 가능성이 크다. 그러한 청년 문화에서는 수용자 전체가 하나의 방대한 상징적 '또래 집단,' 즉 '우리 세대'로서 진짜 또래 집단을 대체하게 된다.

따라서 '세대 의식'은 노동 계급 청년 전체의 실제 경험에 뿌리를 두고 있다. 그러나 세대 의식은 — 다른 요인 중에서도 — 나이와 세대로 뚜렷이 구획된 전후 하위문화에서 특히 철저한 형태를 갖추게 되었다. 청년은 스스로 '다르다'고 느끼고 그렇게 경험했는데, 이는 특히 이 차이가 주로 '나이'가 자격을 부여하는 활동과 관심사로 규정될 때 그랬다. 그렇다고 해서 반드시 이를 통해 '계급 의식'이 제거되었다는 뜻은 아니다. 예를 들면, 스킨헤드족은 분명히 '세대 의식'을 갖고 있으면서도 '계급' 의식도 갖고 있다. 코언이 주장했듯이, "하위문화는 …… 두 가지 모순된 욕구 사이의 타협된 해결책이다. 즉 한편으로는 부모로부터의

자립과 차이를 달성하고 표현하고자 하는 욕구, …… 다른 한편으로는 자신들을 지탱해 주는 **부모와의 동일시**다"(Cohen, 1972: 26). 다음에는 이 세대 차원으로 구분되는 노동 계급 하위문화의 형성을 살펴볼 것이다.

G. 스타일의 원천

스타일 문제, 실로 세대 스타일 문제는 전후의 이 청년 하위문화 형성에 핵심적이다(이 이슈는 이후 "스타일"에 관한 글[13장]에서 자세히 다룬다. 여기서는 주요 사항만 요약한다.) 여기서 우리 관심사는 첫째, '계급'과 '세대' 요소가 독특한 집단 스타일 생산에서 서로 어떻게 상호 작용하는가, 둘째, 집단이 이용 가능한 재료가 가시적으로 조직된 문화적 반응 형태로 어떻게 구성되고 전유되는가 하는 문제다.

노동 계급 청년은 부모와 마찬가지로 영역, 대상과 사물, 관계, 제도적·사회적 실천에 의해 규정된 독특한 구조적, 문화적 **환경** 속에서 살아간다. 친족, 친구 네트워크, 동네의 비공식 문화, 그 관계들을 중심으로 구체화한 실천의 측면에서, 젊은이들은 이미 '모체' 문화 안에 위치하고 모체 문화에 의해 위치가 정해진다. 이들은 지배 문화를 요원하고 낯설고 강력하고 추상적인 형태가 아니라, 지배 문화를 종속 문화에 매개해 주고 종속 문화 속에 스며들어 배치된 형태와 제도로 만나게 된다. 청년이 보기에 여기서 학교, 노동(주말 일자리에서 모든 직업까지), 여가는 핵심적 제도다. 무엇보다 청년에게는 공적인 사회 통제 제도와 기구도 거의 똑같은 중요성을 지닌다. 학교도 이 기능을 수행하지만, 학교와 더불어 경찰 같은 '강경한' 강제 기구에서 청소년 사회복지사 같은 '부드러운' 변종에까지 이르는 범위의 기구가 이에 속한다.

배치된 모체 문화located parent culture와 지배 문화를 매개하는 기관들의 교차점에서 청년 하위문화는 등장한다. '모체' 문화는 지배 문화와 대면할 때 수많은 적응, 타협, 저항 형태를 정교하게 개발하는데, 젊은이들은 **스스로** 공급과 통제를 매개하는 기관들과 대면할 때 이 형태들을 빌려 와서 각색한다. 이 경험에 대한 반응을 구상할 때, 노동 계급 청년 하위문화는 주로 배치된 '모체' 문화에서 일부를 취한다. 그러나 젊은이들은 이것들을 자신의 독특한 집단생활과 세대 경험에 특징적인 상황과 경험에 적용하고 변형시킨다. 심지어 청년 하위문화가 소속된 '모체' 문화의 성인과 다른 또래 집단 구성원보다 아주 독특하고 차별화되고 스타일 면에서 구분되는 것처럼 보이는 곳에서도, 이들은 분명 모체 문화에 의해 구조화된 어떤 독특한 전망을 개발해 낸다. 여기서는 집단 활동을 둘러싸고 반복해서 등장하는 조직을 생각해 볼 수 있다('집단 성향'). 아니면 (테디 보이와 스킨헤드에서 보이는) '영역성'에 대한 강조라든지, (모든 전후 청년 하위문화에서 재생산되는) 특정한 남성성과 남성 지배 개념도 이에 해당한다. '모체' 문화는 이 광범위하고 역사적으로 배치된 '중점 관심사'를 규정하는 데 기여한다. '모체 문화'에 핵심적인 어떤 주제들은 하위문화의 이 수준에서 거듭해서 재생산되는데, 이는 심지어 이 주제들이 '차별화'에 착수하거나 차별화된 것처럼 보일 때도 그렇다.

그러나 또한 좀 더 직접적이고 국면적이며, '청년'과 그들의 상황과 활동을 구체적으로 다루는 '중점 관심사'도 있다. 대체로 전후 하위문화 관련 문헌은 첫 번째 측면('모체' 문화와 공유되는 부분)을 소홀히 했고, 독특한 부분(청년 집단의 '중점 관심사')을 지나치게 강조했다. 그러나 다시 말해 아주 구체적으로 세대와 관련된 이 두 번째 요소는 어떤 설명에서든 진지하게 다루어야 한다. 이는 그 집단이 하위문화적 정체성 구축에 활용할 만한 자료(옷차림, 음악, 말투)와, 그 맥락(활동, 대단한 행위, 장소, 카페, 댄스홀, 하루 나들이, 야간 외출, 축구 경기 등)으로 구성된다. 저널리즘에서 취급하는 방식은 사물의 용도, 사물을 차용하고 변형시키는 방식, 사물을 '작동'시키는 활동과 공간, 사물과 대상 **위에** 스타일을 각인시키는 집단 정체성과 전망 등을 희생하고, 특히 **사물**을 고립시켜서 파악하는 경향이 있었다. 하위문화에 대상과 사물이 갖는 중요성을 진지하게 받아들여야 하긴 해도, 사물을 **탈**물신화하는 것은 우리 분석의 일부가 되어야 한다.

다양한 청년 하위문화는 소유물이나 대상에 의해 정체성이 규정되었다. 테디 보이의 신발 끈 모양 타이, 벨벳 칼라를 댄 긴 재킷, 모드족의 짧게 깎은 머리, 파커족풍 외투와 스쿠터, 바이크족의 물 빠진 진, 나치 문양, 화려하게 장식한 오토바이, 스킨헤드족의 강철 장식 달린 부츠, 스킨헤드 헤어스타일, 보위족Bowieites[30]의 시카고식 양복 혹은 반짝이 패션 등이 그 예다. 하지만 아무리 눈에 확 띈다고 해도 단순히 수용하거나 입는 (혹은 듣는) 사물만으로 스타일이 만들어지지는 않는다. 스타일을 만들어 내는 것은 스타일화 활동, 즉 대상을 활동과 전망으로 적극적으로 조직화하는 행위를 통해 일관되고 독특한 '세상에 존재하는 방식' 형태나 모습으로 조직된 집단 정체성을 만들어 내는 데 있다. 예를 들면, 필 코언은 강조점을 사물에서 벗어나, 스타일이 하위문화에서 생성되는 상징적 구축 **양식**으로 옮겨 놓으려 했다. 코언은 하위문화 스타일을 생성하는 네 가지 양식을 확인했는데, 바로 옷차림, 음악, 의례와 **은어**다. '상징적 체제'를 이 특수한 네 가지로 국한하고 싶지도 않고, 그가 내린 (좀 더 '유연한' 것과 덜 유연한 것 사이의) 구분을 수용하기 어렵다고 보긴 하지만, 저널리즘 용례에서 흔히 등장하는 상품-대상과 집단 간의 즉흥적이고 정형화된 연결 짓기보다는 이처럼 집단 생성을 강조하는 편이 더 낫다고 본다.

실질적인 경제적 토대가 없었다면 노동 계급 하위문화도 존재할 수 없었을 것이다. 즉 '풍요'의 시기에는 화폐 임금이 상승했고, 더 중요하게

30 영국 뮤지션이자 배우인 데이비드 보위David Bowie의 팬들을 일컫는다. 보위의 패션 스타일을 따라 했다. — 옮긴이

는 노동 계급 중 성인보다는 10대의 소득이 더 빠른 속도로 증가했다는 사실, 그리고 이 중 상당 부분은 '가처분 소득'(여가와 비의무 지출용으로 전용할 수 있는 소득)이었다는 사실이다. 그러나 소득만으로는 스타일이 만들어지지 않는다. 구체적으로 젊은 층을 겨냥한 소비자 시장이 성장하지 않았다면 하위문화도 존재할 수 없었을 것이다. 새로운 청년 산업은 재료인 상품을 제공했다. 그러나 심오한 의미에서 아주 진정성 있거나 지속적인 '스타일'을 생산하지는 못했고, 그러한 시도를 했을 때도 실패했다. 대상은 사용 가능한 상태로 존재했는데, 해당 집단들이 독특한 스타일 구축에 **활용했을** 뿐이다. 그러나 이는 단지 그 대상을 선택했다는 뜻이 아니라 구체적인 사물과 재화의 선별을 통해 하나의 스타일로 적극적으로 구성했다는 의미다. 여기에는 흔히 (앞으로 '민속지학' 섹션에 실린 일부 선별적 글에서 예시하겠지만) 이 사물을 주어진 의미와 용도에서 뒤집어 보고 변형해서 다른 의미와 용도를 만들어 내는 작업이 포함된다. 모든 상품은 사회적 용도가 있고 따라서 문화적 의미를 지닌다. 상품의 언어, 즉 광고만 살펴보아도 알 수 있는데, 여기서는 바르트가 지적하듯이 단순한 '스웨터'란 것은 존재하지 않는다. 즉 여기서는 '가을 숲속 산책용 스웨터'나 '일요일에 집에서 휴식할 때 입는' 용도의 스웨터나, '캐주얼웨어'로서의 스웨터 등만 존재한다(Barthes, 1917). 상품은 또한 문화적 **기호**이기도 하다. 지배 문화에 의해 상품에는 이미 의미, 연상, 사회적 함축이 부여되었다. 이 의미 중 상당 부분은 고정되고 '자연스러운' 것이다. 그러나 이는 오직 지배 문화가 그 의미를 현재의 용도로 아주 완벽하게 전유했고, 지배 문화가 상품에 부여하는 의미가 그 상품이 표현할 수 있는 유일한 의미인 것처럼 보이게 되었기 때문에 그렇다. 사실 문화 체제에서는 '자연스러운' 의미 자체라는 것은 성립하지 않는다. 대상과 상품은 어떤 한 가지만 의미하지 않는다. 상품이 '의미'를 갖게 된 것은 사회적 용도에 따라 **상품에 의미를 부여**하는 문화적 의미 규칙 속으로 이미 배치되었기 때문이다. 중절모,

줄무늬 양복, 접은 우산은 그 자체로는 '근엄함,' '품위,' 일하는 부르주아를 의미하지 않는다. 그러나 이 상품들을 둘러싼 사회적 의미 규칙이 너무나 강력해서, 만약 노동 계급 청년이 그런 복장으로 출근한다면 '부르주아' 이미지를 선망하는 것처럼 보이거나, 그 이미지를 조롱하는 게 분명하다고 여길 것이다. 이 사소한 예는 어떤 대상이 '자연스럽게' 지닌 것처럼 보이는 사회적 의미를 수용할 수도 있을 뿐 아니라 박탈할 수도 있음을 보여 준다. 아니면 이 의미를 다른 것과 (예를 들면 줄무늬 양복을 현란한 빨간색 양말이나 흰색 운동화와) 결합해 그 의미를 변화시키거나 굴절시킬 수도 있다는 것이다. 상품이 표현하는 의미는 사회적으로 주어진 것이기에 — 마르크스는 상품을 '사회적 상형 문자'로 불렀다 — 그 의미는 또한 사회적으로 변경되거나 재구성될 수도 있다. 이를테면 로버츠(Roberts, 1917)나 호가트(Hoggart, 1958)가 기술했듯이, 노동 계급 가정의 인테리어는 그러한 '재작업'의 사례가 될 수 있다. 즉 그러한 재작업을 통해 사물에 의미를 제공하는 세상으로부터 그 사물을 떼 내어 노동 계급 문화 안에 재배치하면, 사물에 새로운 의미, 연상, 가치를 부여할 수도 있다.

노동 계급 청년은 표현성 재화, 대상, 활동에 지출할 돈이 필요했다는 점에서, 전후 소비자 시장은 뚜렷한 경제적 하부 구조를 갖추었다. 그러나 돈이나 시장이 청년 집단에게 이 사물을 사용해 자신에 관한 **어떤 말을 하고 어떤 의미 작용을 할지** 일일이 정해 줄 수는 없을 것이다. 이러한 재의미 작용은 수많은 다양한 수단을 통해 달성되었다. 한 가지 방안은 하나의 의미 체제에서 차용한 여러 사물을 결합해 하위문화 자체에 의해서나 하위문화적 이용을 통해 생성된 다른 의미 규칙으로 굴절시키는 것이었다. 또 다른 방안은 다른 사회 집단이 생산하거나 이용하던 사물을 추가를 통해 변형시키는 것이었다(예컨대 아래에서 토니 제퍼슨Tony Jefferson이 논의했듯이, 테디 보이가 에드워드 시대의 옷차림을 변형시킨 것). 또 하나의 방안은 주어진 의미를 강화하거나 과장하거나 떼 내어 변화시키는 것이다

(딕 헵디지가 논의했듯이, 모드족에 의한 소비와 외모 '물신화,' 이탈리아 스타일의 뾰족한 신발 끝을 더 길게 늘인 윙클 피커winkle picker,[31] 혹은 1940년대에서 차용해 현재 유행 중인 쐐기 모양의 '대중화'). 하지만 또 다른 방안은 집단 구성원들만이 해독할 수 있는 '비밀' 언어나 의미 규칙에 따라 기존 형태들을 결합하는 것이다(예컨대 수많은 하위문화와 일탈 집단이 사용하는 **은어**, 혹인 '루디'의 '라스타파리안' 언어). 이상은 하위문화가 '청년 시장'의 재료와 상품을 활용해 스스로 의미 있는 스타일과 외모를 구성하는 수많은 방안 중 **일부**일 뿐이다.

이보다 훨씬 더 중요한 것은 이 수용된 대상과 사물이 반영하고 표현하고 공명하게 된 집단 삶의 측면들이다. 하위문화에서 스타일 창조의 생성 원칙이 되는 것은 집단이 사용하는 사물과, 그 용도를 구조화하고 규정하는 전망과 활동 간에 이처럼 서로 작용하는 효과다. 여기서는 집단 구성원들이 자신들의 중점 관심사, 활동, 집단 구조와 집단 자아 이미지와 '상동성'을 지니거나 지닐 가능성이 있는 특정한 대상, 즉 자신의 핵심적 가치를 지지하고 반영할 수 있다고 판단한 대상들의 수용에 관여하게 된다. (이 사항은 다음에 나올 '스타일' 관련 글에서 더 자세히 논의된다).[32] 스킨헤드가 부츠와 짧은 진, 밀어 버린 헤어스타일을 채택한 행위가 하위문화 측면에서 '의미 있는' 것은 오직 이 외부적 드러내기가 스킨헤드족의 남성성, '강경함,' '노동 계급다움' 개념과 공명하고 접합되기 때문이었다. 이는 지배 문화의 의미 규칙에서 이 사물에 부여되는 부정적인 의미의 상당 부분을 극복하거나 타협하거나 심지어 긍정적으로 수용한다는 뜻이다. 즉 밀어 버린 머리의 '교도소 머리' 이미지, 노동 이미지, 이른바

31 윙클 피커는 1950년대 이후 영국의 남녀 로큰롤 팬이 착용한 부츠 혹은 단화 스타일이다. 중세 신발을 연상시키는 날카롭고 매우 긴 신발 끝이 특징이다. — 옮긴이

32 그러나 '상동성'이란 중요한 개념에 관한 원래의 공식화에 관해서는 또한 Willis(1972)를 보라. 이 연구를 수정 요약한 글은 1978년 *Profane Culture*(Routledge and Kegan Paul)로 출간되었다.

'케케묵은 노동 계급 이미지' 등이 기존의 그러한 의미였다. 새로운 의미가 부상한 것은 차용하거나 부활된 '조각'을 결합해 새롭고 독특한 스타일의 **총체**로 만들어 냈기 때문이다. 또한 옷차림, 외모, 언어 의례적 행사, 상호 작용 스타일, 음악 등 상징적 대상들이 집단의 관계, 상황, 경험과 **통일체**를 형성하게 되었기 때문이기도 하다. 즉 표현적 형태로의 결정화가 이루어지고 그 후 집단의 공적 정체성을 규정하게 된 것이다. 그렇다면 상징적 측면들은 사회 구성체로서 집단의 구조, 경험, 활동, 세계관과 분리될 수가 없다. 하위문화 스타일은 집단 관계, 활동, 맥락의 하부 구조에 토대를 둔다.

집단 정체성, 상황, 궤도가 이처럼 가시적인 스타일로 등장하고 나면 그 집단은 초점이 느슨한 실체에서 엄격하게 경계가 구획된 실체로 공고화하게 된다. 그러고는 이 집단은 다른 유사한 집단이나 차별화된 집단과 두드러지게 구별된다. 실로 다른 모든 부류의 문화적 구성처럼, 내적 일관성을 공고히 하고 표현하는 데 사물을 상징적으로 이용하는 것은 이와 동시에 (적극적이고 의식적으로 모순되지는 않지만) 자신의 정체성을 규정하는 데 **대척점이** 되는 **다른 집단**에 대한 일종의 거부를 함축한다. 우리 시대에는 이 과정의 결과, 이 스타일의 경로를 따라 '하위문화적 해결책'을 최대한도로 밀어붙인 집단들의 가시성이 두드러지게 되었다. 이와 더불어 사회의 수호자, 도덕적 선도자, 공적 규정자, 사회 통제 문화 전반이 이 집단들에게 이름표를 붙이고 스테레오타입을 부과하고 낙인찍기를 유도하는 식의 엄청나게 부정적인 효과도 나타났다.

하위문화는 젊은이들이 자신이 처한 상황에 대해 취할 수 있는 수많은 다양한 반응 중 **하나**에 불과하다. 청년에게 주어진 선택권은 범위가 넓고 융통성이 있음을 지적하는 것 외에도, 우리가 청년의 **위치**와 특정한 반응이 형성되도록 해 주는 문화적 선택권 사이를 뚜렷하게 구분하는 데 도움이 되는 잠정적 틀을 추가하고 싶다.

넓게 보면, 세 가지 측면을 구분할 수 있는데, 바로 구조, 문화와 생애사다. (이 틀의 개발과 이를 흑인 청년의 상황에 적용한 사례로는, 아래에 실린 '20년20 Years'의 요약을 보라.) 여기서 우리는 **구조**를 주요 제도와 구조와의 관계에서, 계급의 사회적으로 조직된 위치와 경험 무리를 의미하는 용어로 사용한다. 이 위치들은 의미 있는 행동 — 개인적이든 집단적이든 — 이 구성되는 원천인 공통의 관계와 경험 무리를 생성한다. **문화**란 이 기본적인 물질적, 사회적 조건에 대해 나온 사회적으로 조직되고 패턴화된 반응들의 범위다. 각 집단에게 문화는 일군의 전통 — 과거로부터 계승한 행동 노선 — 을 이루지만, 항상 세대마다 집단적으로 새롭게 구성되어야 한다. 마지막으로, **생애사**는 특정한 개인들이 이 구조와 문화를 거쳐 가는 '생애 경로'로서, 그러한 구조와 문화를 통해 개인의 정체성과 삶의 역사가 집단 경험에서 구성된다. 생애사는 개개인의 삶이 집단적 구조와 문화를 거치는 동안 취하는 경로에서 개인화의 요소를 인정하지만, 이를 완전히 개인적이거나 유동적인 것처럼 파악해서는 안 된다. 여러 생애사는 개개인이 위치한 구조와 문화의 결정된 공간 속에서 서로 교차하고 그러한 공간을 관통한다. 여기서는 생애사 수준을 전혀 제대로 다룰 수 없긴 하지만, 생애사는 개개인이 스스로 자신을 구성하도록 해 주는 구조와 문화의 측면에서만 의미가 있다고 주장하고 싶다.

H. 저항 문화의 등장

지금까지 우리는 오로지 노동 계급 청년 하위문화만 다루었다. 똑같은 방식으로, 그리고 똑같은 부류의 이론적 틀 안에서 **중간** 계급 하위문화에 관해서도 이야기할 수 있을지 판단하는 데는 약간의 난관이 있다. 그렇지만 전후 시기에는 중간 계급 청년 사이에서 전쟁 이전 시기의 학교 문화나 '학생' 문화와 다른 아주 독특한 부류의 '표현 운동'이 등장했다. 또한 1970년대가 가까워짐에 따라 이 운동은 어느 편이냐면 노동 계급의 운동보다 공중의 주목과 반응을 **더** 끌었다. 물론 우리는 중간 계급 청년이 '청년 문화'와 관련된 상업화된 대중문화와 여가에 점점 더 관여하게 된 현상뿐 아니라 아주 독특한 '하위문화적' 흐름의 등장도 지목한다. 후자의 예로는 히피 운동, 다양한 '일탈성' 마약, 학교 중퇴, 게이 하위문화, 학생 저항 운동에서 문화적 봉기의 요소 등이 있다. 가장 중요한 부분은 광범위한 중간 계급 청년 부문들의 문화적 탈체제화가 확산했다는 점인데, 바로 저항 문화 현상이 그렇다. 이는 또한 일부 중간 계급 청년 층위의 전반적인 급진화와 정치화(그리고 탈정치화)와 연계되어 있었다.

다양한 계급 소속 청년들의 반응에서 나타난 일부 뚜렷한 구조적 차이에도 주목해야 한다. 노동 계급 하위문화는 명료하게 표현된 집단 구조로 종종 '거의' 혹은 '준' 갱에 가까웠다. 중간 계급 저항 문화는 산만하고 덜 집단 중심적이며 좀 더 개인화되어 있다. 중간 계급 저항 문화는 전형적으로 엄격한 하위문화가 아니라 느슨한 저항 문화 **환경**을 추구한다. 노동 계급 하위문화는 여전히 완전하게 지배적 혹은 '모체' 제도(가족, 가정, 학교, 직장)의 제약하에 있는 집단생활의 측면들과, 비노동 시간, 즉 여가, 또래 집단 교류에 초점을 맞춘 측면들 사이의 뚜렷한 구분을 재생산한다. 중간 계급 저항 문화 **환경**은 '필수적인' 시간, 활동과 '자유로운' 시간, 활동 간의 구분을 융합하고 무너뜨린다. 실로 중간 계급 저항 문화는 바로 지배 문화에서 핵심적인 제도의 '대안적 제도'를 탐색하려는 시도로 뚜렷이 구분된다. 즉 삶이나 가족생활, 노동과 심지어 '직업 경력 포기'의 새로운 패턴이 그러한 대안이다. 중간 계급 청년은 노동 계급 청년보다 '이행 단계'에 더 오래 머무른다. 전형적으로 노동 계급 청년은 기존의 환경을 수용하고, 주어진 노동 계급 환경, 즉 거리, 동네, 축구장, 해변 마을, 댄스홀, 영화관, 폐허지, 선술집, 디스코 등

표 1.2 저항 문화의 연대기

영국		
	정치적	문화적
1965	반핵연대(CND)의 베트남전 반대 행진.	밥 딜런 투어.
1966	베트남연대운동Vietnam Solidarity Campaign. 급진학생동맹Radical Student Alliance.	〈인터내셔널 타임스*International Times*〉, 〈오즈*OZ*〉 창간. BIT, 릴리스Release[1] 설립.
1967	그로스비너 광장 시위 1차. 런던경제대학 점거 농성.	해적 라디오 폐쇄. 〈인터내셔널 타임스〉 잡지사 습격. 해방의 변증법Dialectics of Liberation 대회.[2] 롤링 스톤스 마약 복용 혐의 체포. 런던 반대학Anti-University of London 설립. 아트 랩Arts Lab 설립.
1968	그로스비너 광장 시위 2, 3차. 런던 주택 점거 운동. 혁명적 사회주의학생연맹(RSSF) 출범. 에섹스/혼지/헐/버밍엄 시위.	마리화나 합법화 시위. 〈흑인 왜성*Black Dwarf*〉[3] 창간. 하이드 파크 무료 콘서트. 〈타임아웃*Time Out*〉 창간. 애플 레코드Apple Records[4] 출범. 간달프의 정원Gandalf's Garden.[5] 〈헤어*Hair*〉 런던 초연.[6]
1969	북베트남 대표단 비자 거부(3월). 피터 헤인Perter Hain/1970년 투어 저지 캠페인. 피커딜리 144번지 점거 농성.	롤링 스톤스 하이드파크 페스티벌. 1차 와이트섬Isle of Wight 페스티벌. 우튼 보고서Wootton Report 채택 거부.
1970	케임브리지대학교 가든 하우스 사건.[7] 공정한 크리켓 캠페인Fair Cricket Campaign.[8] 전국여성해방대회(옥스퍼드)/여성해방대회가 미스 월드 행사 저지.	2차 와이트섬 페스티벌, 〈가스펠*Godspell*〉 초연.[9] 이피족의 프로스트 프로그램 방문 방해 사건.[10] 화이트팬서 사건 재판.[11] 《여성, 거세당하다*Female Eunuch*》[12] 출간. 리처드 네빌의 《플레이 파워*Play Power*》 출간.
1971	로버트 카 장관 자택, 비바 부티크, GPO 타워 폭파 사건. 분노의 여단Angry Brigade[13] 체포. (폭파 사건 혐의) 프레스콧Prescott과 퍼디Purdie 재판. 〈오즈〉 재판. 맹그로브Mangrove 사건 재판.[14]	(대안 잡지) 〈잉크*Ink*〉, 〈세븐 데이즈*7 Days*〉 창간. (언더그라운드 만화책) 《고약한 이야기*Nasty Tales*》 압수 수색. 글래스톤베리 페스티벌. 레인보 극장 개관. 〈사회주의 여성*Socialist Woman*〉 창간. 빛의 축제Festival of Light.[15]
1972	분노의 여단 재판. 대학 학생회 재원 이슈. [뮤지컬] 〈헤어〉 사적 기소.[16] 헐대학교/런던경제대학 점거 농성. 파운드 통화 위기.	(환경 문제에 관한) 〈생존의 청사진*Blueprint for Survival*〉 출간. (여성 해방 운동 잡지) 〈여분의 갈비뼈*Spare Rib*〉 창간. (대안적 과학 잡지) 〈저류*Undercurrents*〉 창간. 야간 집회 법안 상정. 빅커쇼Bickershaw/링컨Lincoln (록음악) 페스티벌 개최.
1973	대학 등록금 시위. 테임스 폴리테크닉대학 점거 농성.	피커딜리 광장 보존 운동, 런던은 시민의 것이다 운동. 〈오즈〉 폐간. 대안적 사회 아이디어 풀.[17]
1974	레드 라이언 광장 시위.[18] 칠레 쿠테타에 참전한 영국군 철수 운동Troops Out Movement.[19] 에섹스대학 학생 시위.	윈저 무료 페스티벌Windsor Free Festival. CLAP 출시.[20] 《가능성의 지표*Index of Possibilities*》 출간.[21] FOE(Friends of the Earth) 정부 문서 발간.

미국		
정치적	문화적	
1차 전국반전행진. SDS.[22] 와츠 폭동.[23] 맬컴 엑스 Malcom X 암살 .	뉴욕 자유대학교 설립.	1965
스토컬리 카마이클Stokeley Carmichael을 SNCC(Student Nonviolent Coordinating Committee) 지도자로 선임. SDS 반전 연좌 농성.	하이트 애시베리의 급진 공동체 디거스 Diggers[24] 시작. 키지의 트립스 페스티벌 Trips Festival.[25]	1966
블랙 팬서 출범. 뉴왁/디트로이트 폭동. 휴이 뉴턴 Huey Newton 투옥. 펜타곤 행진.	샌프란시스코에서 최초의 '비 인Be-in' 행사.[26] 몬터레이 팝 페스티벌.	1967
시카고 민주당 전당대회, 마틴 루터 킹Martin Luther King 목사 암살. '돼지가 대통령 출마.'[27] 흑인 학생 투쟁.	이피족의 생명의 축제Festival of Life. 발레리 솔라나스의 워홀 살해 시도(SCUM 메니페스토[28]). 호프만의 《빌어먹을 혁명 *Revolution for the Hell of it*》 출간.[29]	1968
베트남전 종식을 위한 모라토리움.[30] SDS 분열, 웨더만 폭파 사건. 음모 사건 재판 시작.[31] 프레드 햄프턴Fred Hampton 살해.[32] 여성 해방 운동. 버클리대학 시민공원 사건.[33] 미국 원주민의 앨커트래즈섬 점거 사건	우드스톡 페스티벌. 찰스 맨슨Charles Manson 컬트 집단 살해 사건. 화이트 팬서의 존 싱클레어John Sinclair 투옥. 로드무비 〈이지 라이더*Easy Rider*〉 개봉.	1969
블랙 팬서와 경찰 간 총격전. 켄트주립대학교 총격 사건.[34] 앤절라 데이비스Angela Davis 투옥.[35] 예일대학교 학생 팬서 지지 집단 서명. 닉슨/애그뉴 범죄자와 전쟁 선포.	티머시 리어리Timothy Leary 투옥과 웨더맨Weathermen 도움으로 탈옥.[36] 맨슨 재판. 《미국의 녹색화*Greening of America*》 출간.[37]	1970
마지막 전국 반전 행진. 아티카 교도소 폭동.[38] 블랙 팬서 분열. 조지 잭슨George Jackson 피살.[39] (팬서 당원) 바비 실과 에리카 허긴스Ericka Huggins 무죄 방면.	싱클레어가 존 레논John Lennon과 오노 요코 도움으로 '출옥.' 짐 모리슨Jim Morrison 사망. 제리 루빈[40]의 《우리는 어디든 있다*We Are Everywhere*》 출간.	1971
앤절라 데이비스 석방. 닉슨 재집권. 블랙 팬서가 흑인의 '생존술 대회' 개최. 원주민의 (워싱턴 DC) 인디언 담당국 점거 사건.	방글라데시 자선 콘서트.[41] 애니메이션 영화 〈고양이 프리츠*Fritz the Cat*〉[42] 개봉.	1972
바비 실, 오클랜드 시장 출마. 급진주의자 폴 소글린 Paul Soglin, 위스컨신주 매디슨 시장 선출.[43] 공생해방군Symbionese Liberation Army 창설.[44] 마커스 포스터Marcus Foster[45] 피살.	마약 도사 리어리 카불에서 재검거.	1973
공생해방군 총격전과 패티 허스트Patty Hearst 납치.[46] 워터게이트로 사임한 닉슨 대통령에 대해 제럴드 포드Gerald Ford 대통령이 전면 사면 단행.	리어리 변절하다. 로버트 퍼식Robert Pirsig의 《선과 오토바이 수리술*Zen and the Art of Motorcycle Maintenance*》 출간.	1974

* 옮긴이 주는 이 장의 뒷부분을 참조하라.

을 중심으로 독특한 여가 시간 활동을 마련한다. 중간 계급 청년은 지배 문화 사이의 공간 안에 고립된 틈새 공간을 구축하는 경향이 있다. 노동 계급 청년이 '게토'를 수용하는 층에 해당한다면, 중간 계급은 종종 '게토'로 탈출을 감행한다. 1960년대의 저항 문화 전성기 동안, 중간 계급 저항 문화는 완전한 초기적인 '대안 사회'를 형성하고, 저항 문화에 지하의 제도적 토대를 마련해 주었다. 여기서 각 계급의 청년층은 자신이 속한 '모체' 계급의 위치를 재생산하고 있다. 중간 계급 문화는 일부 분파에게 기존의 (악)순환에서 '벗어날' 수 있는 공간과 기회를 허용해 준다. 노동 계급 청년은 토요일 밤과 월요일 아침으로 번갈아 되풀이되는 지배적인 두 대안적 리듬에 의해 끈질기고 일관되게 구속된다.

노동 계급 하위문화의 객관적인 저항적 내용은 사회적으로 표현된다. 그러므로 이러한 내용은 종종 통제 문화에 의해 훌리건주의나 반달리즘으로 규정되면서 전통적인 노동 계급 '비행' 형태로 동화된다. 저항 문화는 좀 더 노골적으로 이데올로기적, 혹은 정치적 형태를 띤다. 그래서 지배적 가치와 제도에 대한 저항을 표현하기도 한다. 이는 흔히 발생하듯이, 심지어 이 저항이 **노골적으로** 정치적 반응 형태를 취하지 않을 때도 그렇다. 노동 계급 하위문화가 공격적으로 계급 의식을 취할 때도, 통제 문화는 이를 '전형적인 비행꾼'으로 취급하면서 이 차원을 억압하는 경향이 있다. 중간 계급 저항 문화는 명백하게 반정치적일 때도, 이 문화의 객관적 경향은 잠재적으로 정치성을 띠는 것처럼 취급된다.

중간 계급 저항 문화는 1950년대보다는 1960년대 중반과 그 이후의 특징이다. 극소수의 좀 더 지적인 청년층만이 미국 '비트 운동Beat Movement'[33]의 영국판 흐름에 참여했다. 포스트비트, '길 위에서on-the-

33 '비트 운동' 혹은 '비트 세대beat generation'로 불리며, 1950년대 미국의 샌프란시스코, 뉴욕, 로스앤젤레스 등의 보헤미안 예술가 공동체에서 시작된 사회적, 문학적 운동을 말한다. 현대 사

road'[34] 스타일이 1950년대 말의 반핵운동단체(CND: Campaign for Nuclear Disarmament)와 평화 운동 안팎에 만연했다. 이 무렵은 비트닉beatnik/피스닉peacenik 시기라 불리면서 포크 리바이벌과 밥 딜런Bob Dylan의 음악과 연관되던 시기였다. 1960년대 후반의 히피들은 가장 두드러진 중간 계급 하위문화였다. 이들이 이 청년 부문에 미친 문화적 영향은 엄청났으며, 수많은 저항 문화 가치의 뿌리는 아직도 히피에까지 거슬러 올라가서 찾아야 한다. 히피는 준 보헤미아 하위문화 환경 전체를 탄생시켰고, 스타일과 옷차림, 태도, 음악 등등도 형성했다. 언더그라운드의 대안적 제도들도 기본적으로 이 토대에서 등장했다. 그러나 히피 문화는 상습 마약 이용족heads, 프리크족freaks,[35] 길거리족 등 다양한 갈래로 재빨리 파편화했다. 이는 그 시기의 '낙오자'와 마약 하위문화의 토양이 되었다. 학생 문화와 중퇴생 문화에도 깊이 침투했다. 그러고는 중간 계급 청년 사이의 좀 더 정치적인 요소들에서 유래하는 영향력과 교차하면서 뒤섞였는데, 학생 저항 운동, 급진적인 사회복지, 공동체 행동 단체, 좌파 분파의 성장 등이 그러한 요소들이다. 이 모든 경향은 저항 문화의 정점인 1967년과 1970년 사이의 기간에 부분적으로 융합하게 됐다. 이 구성체 역시 여러 가지 방향으로 파편화됐다. 두 가지 가장 두드러진 갈래는 한편으로는 마약, 신비주의, '라이프스타일 혁명'을 거쳐 유토피아적 대안

회의 목적 없음과 단조로움에 염증을 느껴, 선불교, 재즈, 마약, 섹스 등에서 돌파구를 찾았다. 특히 재즈 뮤지션의 옷차림, 매너, 어휘 등을 빌어 현대 사회의 소외를 표현하고자 했다. — 옮긴이

34 《길 위에서》는 1957년 미국의 작가 잭 케루악이 친구들과 미 전역을 여행한 경험을 토대로 펴낸 소설 제목이다. 소설 속 주인공들을 재즈, 시, 마약에 탐닉하는 삶을 배경으로 묘사해, 전후 비트 세대, 저항 문화 세대의 특징을 잘 포착한 작품으로 꼽힌다. — 옮긴이

35 1960년대 중반에 히피 운동과 관련지어 혹은 히피과 한 갈래로 시작된 보헤미아 하위문화 운동이다. 히피, 평화주의자, 정치적 급진파를 비롯해 사이키델릭과 프로그레시브록 팬 등 다양한 층위로 구성되었으며, 공격적인 반사회적 입장과 파격적인 음악, 댄스, 옷차림 등을 특징으로 했다. — 옮긴이

문화로 흘러들어가고, 다른 한편으로는 공동체 행동, 저항 행동, 자유지상주의적 목표를 거쳐 좀 더 행동주의적인 정치로 흘러갔다. 요컨대 현재 그 결과는 (마약과 성적 하위문화를 제외하면) 엄격하게 규정된 중간 계급 하위문화의 연쇄라기보다는 광범위하게 정의된 저항 문화 **환경** 내부의 수많은 다양한 갈래, 연계, 차별화로 나타났다.

도덕적 수호자와 통제 문화는 노동 계급 하위문화와 중간 계급 저항 문화가 모두 '권위의 위기'를 드러낸다고 보았다. 한쪽의 '비행'과 다른 쪽의 '체제 이탈'이 사회적 애착의 유대감과 사회를 형성하는 제도의 약화를 드러내는 지표가 된다. 지금까지 그러한 유대감과 제도는 노동 계급 비행족이 근면하고 법을 준수하며 품위 있는 노동 계급 시민으로 '성숙하도록' 해 주거나, 중간 계급 저항 문화 참여자가 진지하고 직업 경로 지향적이고 '소유적 개인주의적인' 부르주아 시민으로 성숙해 가도록 해 주었다. 그런데 이러한 위기 지표는 '더 나은 사람과 연장자'에 대한 존경심의 상실일 뿐 아니라 문화적 계급 관계와 정체성의 재생산에서 비록 붕괴는 아니더라도 제동이 걸린다는 뜻이다. 차이가 있다면 전자가 피지배 계급 청년에 대한 통제 약화인 반면, 후자가 지배 계급 청년 사이의 위기라는 점이었다. 그람시가 언급했듯이, '권위의 위기'가 거론될 때는, '이 위기는 바로 헤게모니의 위기 혹은 국가의 전반적인 위기다.'

줄리엣 미첼은 다음과 같이 주장했다.

> 각 계급은 자신만의 문화에서 상대적으로 자율적인 측면들을 갖고 있다. '노동 계급 문화,' '게토 문화,' '이주민 문화' 등이나, 언급되진 않지만 '중간 계급 문화' 같은 구절은 이러한 사실을 예시해 준다. 우리는 중간 계급의 습속인 매너와 관습은 거론하지만 …… 전체 '문화'에 관해서는 말하지 않는다. 우리는 '중간 계급 문화'를 별도의 문화로 생각하지 않는다. 이는 단지 이 별개의 다른 문화들을 아우르는 전반적인 문화일 뿐이다. 하지만 부르주아 사상에 의

한 이러한 문화적 헤게모니는 경제에서 자본가 계급에 의한 지배와 절대적으로 동일 반열에 있지는 않다. (Mitchell, 1971: 33)

중간 계급 저항 문화는 자신의 지배적인 '모체' 문화로부터의 이탈에서 선두 역할을 했다. 이들의 체제 이탈은 주로 이데올로기적이고 문화적이었다. 이들은 공격 대상을 주로 지배적인 문화적-이데올로기적 관계를 재생산하는 제도, 즉 가족, 교육, 미디어, 결혼, 성적 분업 등으로 삼았다. 이 제도들은 '애착감'을 생산하고 동의를 내면화하는 바로 그 장치들이다. "여성, 히피, 청년 집단, 학생, 취학 아동 등은 모두 자신을 형성한 제도에 의문을 던지고 정반대의 제도를 설립하려고 시도한다……"(Mitchell, 1971: 32). 분명히 이 집단 중 일부는 부르주아 윤리 전체의 체계적인 전복, 상징적 대변혁을 목표로 삼았다. 그러나 이들은 문화에서 서로 모순된 경향들을 극단으로까지 밀어붙임으로써, 이 체제를 전복시키되, 내부에서, **부정에 의해** 전복시키려 하였다. "이들의 자유지상주의적 열망은 전통적 문화의 부정, 즉 방법론적 탈승화desublimation로 보인다"(Marcuse, 1969). 이처럼 지배 문화를 '부정하면서도' 그 문화 **내부로부터** 부정을 시도한 것은 이 부정이 총체적 비판과 — 그 반대인 — 상당 정도의 포섭이라는 양극단 사이를 계속 오간 현상을 설명해 줄 수 있다. 이 시도는 엄청나게 모호한 '부정의 변증법negative dialectic'을 시작하게 되었다.

다시 말해, 중간 계급 청년 사이에서 부상 중인 이 움직임은 첫째, 이 시기 그 '모체인' 중간 계급 문화에 특유한 역동성과 모순이라는 맥락에서 파악해야 한다. 중간 계급은 또한 현대 자본제 생산하에서 고도화된 분업의 산물이기도 했다. 우리는 중간층 화이트칼라와 하위 경영진층의 성장, 과거의 전문직과 함께 새로운 전문직의 등장, 행정과 '복지 국가' 관련 비상업적 중간 계급의 성장, 커뮤니케이션, 경영과 마케팅 혁명과 연계된 새로운 층위의 성장도 이미 목격했다. 이들은 그람시가 이름 붙였듯이 현대 자본주의의 "유기적 지식인"으로, 확장된 전체 생산 영역에서 "지도와 기술적 역량," "다수 대중 …… 투자자의 '신뢰' …… 제품 고객 등"(Gramsci, 1971: 5)을 조직하는 직책으로서의 역할을 특징으로 한다. 학교와 대학은 "다양한 수준의 지식인을 정교하게 만들어 내는 ……" 도구이며, "교육이 담당하는 '영역'이 방대할수록, 학교 교육의 '수직적' 수준이 다양할수록 문화 세계도 더 복잡해진다 ……"(Gramsci, 1971). 따라서 교육의 확장은 이 계급의 구성, 특성, 문제 틀의 변화에서 핵심적인 부분이다. 그러므로 이 계급의 청년에게서 발생하는 위기는 구체적으로 교육과 이데올로기 장치의 위기로 표현된다.

지식인층과 생산의 세계 간의 관계는 전 사회 구조와 상부 구조 복합체에 의해 "매개된다"(Gramsci, 1971). '부르주아' 인간의 문화는 정교한 정서적 절제와 억압, 절제와 이완 간의 조절된 템포를 갖추었고, 프로테스탄트적인 노동 '윤리,' 직업 경력, 경쟁적 성과, 소유적 개인주의에 대한 헌신, 가족 프라이버시와 가정생활의 이상 등을 강조한다는 점에서, 생산 양식 개발을 둘러싼 풍부하고 복잡한 외피를 이룬다. 그러나 전후에 자본주의가 좀 더 기술적으로 진전되고 기업적인 소비자 단계로 변화함에 따라, 이 문화적 외피는 훼손되었다. 이 상부 구조 복합체에서 결정적인 균열이 나타나기 시작했다. 전후 사회의 기술적, 생산적 삶이 재편되고 이처럼 좀 더 '선진화된' 수준에서 생산 양식을 안정화하려는 시도가 실패하는 바람에, 중간 계급 문화 역시 똑같이 불안정하고 '불균등하게' 변모했다.

중간 계급 문화에서 수많은 사고와 감정 습관, 수많은 정착된 관계 패턴은 이 '미완성 혁명'에 따른 문화적 격변으로 동요했다. 이 점은 단지 '국가의 중추'격인 중간 계급이 갑자기 '풍요 이데올로기'의 통제된 쾌락주의에 노출되었기 때문만은 아니다. 좀 더 근본적으로는, 생산 양식의 조직 방식에서 일어난 변화가 '정신적 생산'력의 질적 확장, 즉 현대적 의식 영역에서의 혁명도 **반드시 필요로 했고**, 그러한 확장을 **유발하기도** 했기 때문이다. 자본의 생산력을 통제하려면, 새로운 사회적, 기술적 숙련도, 새로운 정치 구조뿐 아니라 좀 더 반복적인 소비 주기도 필요하고, 소비 리듬과 체제의 새로운 생산, 배포 역량에 좀 더 걸맞은 의식 형태도 필요했다. "선진 자본주의는 …… 그와 나란히 사회적 '두뇌'와 커뮤니케이션 신경망 확장이 …… 없다면 불가능하다"(Nairn, 1968: 159). 따라서 생산적 부에서 더 큰 몫이 의식 자체의 형성에 배당되었다. 경이로운 '상품 물신화'에서 정점에 달한 그러한 허위의식 유형이나, '부의 재생산과 성장을 규제'하게 될 것이라고 한때 마르크스가 예측한 유형의 사회적 지성 생산이 바로 그러한 의식 형성의 예다.

이는 좀 더 구시대적이고 '프로테스탄트적인' 윤리 속에서, 그러한 윤리에 의해 형성된 전통적 중간 계급에게는 — 혼란스럽고 모순되어 보이는 — 완전히 다른 세계였다. 선진 자본주의는 이제 근검이 아니라 소비를 반드시 필요로 했다. 근엄함이 아니라 스타일이, 지연된 욕구 충족이 아니라 즉각적인 충족이, 내구성 재화가 아니라 쓰고 버리는 재화가, 근엄한 라이프스타일보다는 '시류를 좇는' 라이프스타일이 필요했다. 노동의 복음은 점점 더 소비, 쾌락, 놀이에 초점을 두는 삶과는 잘 맞지 않았다. 중간 계급 가정이 소중히 여기는 성적 억압성과 가정생활의 이상은 '관용성'의 성장 시대에는 살아남기 어려웠다. 중간 계급은 당연히 자신의 생활 방식 전체가 이처럼 허물어지는 데 공포를 느꼈다. 이들은 두려움에 사로잡히게 되자, 허공으로부터 악마를 불러낸다. 진보적 지식인, 물러터진 자유주의자, 포르노그래피 옹호자, 저항 문화 간의 공모 때문에 전통적인 중간 계급의 삶이 허물어지고 있다고 이들은 상상했다. 사실은 이 전통적 문화는 첫째, 그리고 가장 근본적으로는 계급 바깥의 적에 의해서가 아니라, 생산 체제 **자체** 내부에서 일어나고 그 체제의 필요성에서 직접 유래하는 변화에 의해 **흔들린** 것이다. 〈오즈〉가 억압적 성 도덕을 반대하는 캠페인을 시작하기 오래전부터, 그 도덕성은 예컨대 공격적으로 착취적인 유사 섹슈얼리티를 강조하는 대량 광고의 언어에 의해 잠식되고 허물어졌다. '현대 여성'은 〈여성 자신*Woman's Own*〉에서 〈노바*Nova*〉와 〈코스모폴리턴*Cosmopolitan*〉에 이르는 '대장정'을 거치는 동안, 메리 화이트하우스Mary Whitehouse[36] 여사에게는 관심조차 두지 않고 품위 있는 가정적 여성에서 보석으로 치장한 '방탕한 여자,' 광고 업종의 유행족으로 변신해 갔다. 당연히 과거의 윤리는 더 완전한 해방의 이름으로가 아니라 단지 상품으로만 충족할 수 있는 욕구의 이름으로 제기된 도전에 직면한 것이다. 헤르베르트 마르쿠제Herbert Marcuse는 전통적인 계급 윤리에서 소비자 기반의 관용성으로 옮아간 이 통제된 변화를 **억압적 탈승화**repressive desublimation로 규정했는데, 이는 근본적이고 정확한 파악이다(Marcuse, 1964). 전통적인 중간 계급 도덕성은 주로 억압적 승화에 근거했기에, 이 통제된 탈승화는 엄청난 균열을 초래했다.

전통적 부르주아 — 좀 더 정확하게는 '프티 부르주아' — 층과 좀 더 '진보적인' 현대 중간 계급 사이에 점차 투쟁이 벌어지기 시작했다. 그러나 최초의 풍요의 물결 속에서 중간 계급 이상의 수호자들은 우선 '청년'이란 형상의 장벽과 맞닥뜨렸다. 처음에는 노동 계급이었지만 그다음에는 자신의 소속 계급 청년이었다. 사회의 이름으로 이들은 청년들의 쾌락주의, 나르시시즘, 관용성, 단기적인 충족 추구, 반권위주의, 도덕적 다원

36 메리 화이트하우스(1910~2001)는 영국의 교사이자 보수주의 사회운동가였다. 보수적인 기독교 신앙에 근거해 1960년대의 '관용 사회'를 비롯해 진보적 사회 추세를 비판했고, 주류 미디어의 폭력과 성 묘사를 견제하는 활동에도 몸담았다. 1964년 클린업TVClean-Up TV 운동으로 유명해졌고, 이후 전국시청자청취자협회National Viewers and Listeners Association를 창설해 BCC의 방송을 비판했으며, 1970년대에는 빛의 축제 등 다양한 보수주의 사회 운동에도 관여했다. — 옮긴이

주의, 물질주의에 저항했다. 이 모든 것은 사회적 가치에 대한 '위협'으로 규정되고, 야망 있는 노동 계급 청년과 기형적이고 잘못 사회화된 중간 계급 청년에게서 유래하는 것처럼 간주됐다. 이들은 지배 문화 **내부의** 위기를 지배 문화에 맞선 공모로 착각했다. (많은 저항 문화 구성원들도 그리했듯이) 이들은 문화적 '단절'이 자체적인 트라우마와 혼란은 있지만 체제의 생산 토대에 **근본적으로는 적응하려는** 성격을 띤다고 파악하지 못했다.

"우리 시대에는 좀 더 선진화된 사회 체제일수록 자신의 내부적 안정성을 위협할 정도로 전례 없는 자체적인 변증법적 갈등 속에 휘말리는 게 당연하다는 점은 사실일 수도 있다"(H. Aitkin, Nairn, 1968: 158 재인용). 저항 문화는 지배 문화 내부의 이러한 질적 단절 안에서, 즉 지배적 윤리의 낡은 변종과 새로운 변종 간의 **중간 지대**에서 출현했다. 그러나 한동안 현상 측면에서 청년은 저항 문화의 가장 공격적이고 가장 가시적인 담당자처럼 보였다. 이에 대한 반응은 독특하게도 양면성을 띠었다. 전통주의자들은 '권위의 위기'에 한탄하고 과거 계급 문화의 안정된 준거점 상실에 슬퍼했다. 하지만 진보적 층은 이를 부추기고 포섭하고 상업적으로 서슴없이 활용했다. 따라서 청년 문화는 문화적 위기가 최초로 '현상 형태'로 나타난 것이었다. 비록 중간 계급 청년의 봉기는 이러한 절충적 틀에 의해 억제되지 않았지만, 이후의 궤도는 이 봉기가 체제의 두 '도덕적 세계' 사이에 애매하게 걸친 지점에서 출발했다는 사실, 즉 자본주의의 불균등하고 미완성인 이행에서 역설적 위치를 차지하고 있다는 점에서 비롯하는 바가 크다.

만약 '중간 계급 봉기'를 가장 순수한 저항 문화적 단계로 파악한다면, 비록 이 봉기가 구현한 것 중 상당 부분은 신성하고 전통적인 중간 계급 가치에 노골적으로 적대적이었다 해도, 객관적으로 그 목표의 일부는 이행 계기 속의 체제에 훌륭하게 적응했다. "급진적 봉기의 주 기능 중 하나는 …… 발전 중인 사회가 꼭 필요로 하지만 그 사회 상부 구조 지분 소유자들이 필연적으로 **기득권 체제**와 결부된 사회적 위치에 있어 스스로 생성해 낼 수 없는 새로운 관념, 기법, 태도와 가치를 생성해내는 데 있다"(Silber, 1970: 11). 대안적 가치는 '프로테스탄트 윤리'에는 역기능을 했지만, 탈프로테스탄트 자본주의의 통제된 탈승화와 과거의 구조 사이에서 갈등과 모순으로 점철되긴 했으나 필요한 교량 구실을 할 수는 있다.

하지만 헤게모니 문화는 모순과 저항 없이 결코 자유롭게 재생산되고 변신할 수 없다. 현대 자본주의에는 새로운 문화적-이데올로기적 기풍이 생존에 '필수적'이었을지도 모르지만 구 질서에서 새 질서로의 이행은 상처투성이에다 불완전했다. 지배 문화의 위기는 사회 구성체 전체에게 위기다. 물론 반대와 저항은 다양한 형태를 띠게 될 것이다(Williams, 1973을 보라). '저항성'으로 보이는 운동이 단순히 과거의 존립이나 흔적일 수도 있다. (저항 문화적 '목가주의'의 일부 측면들을 참고하라.) 일부는 단지 '대안적'으로, 새로운 요소가 과거의 요소와 나란히 공존하는 것일 수도 있다. "단순하고 일차적인 부정, 반명제 …… 직접적인 부정"은 흔히 "전통적 문화, 환각주의 예술을 정복되지 않은 상태로" 종종 남겨둔다고 마르쿠제는 주장했다(Marcuse, 1969: 47). 물론 지배 문화에 의한 재정의와 포섭에 맞서 투쟁해야 하긴 하지만, 진정하게 '새로 부상하는emergent' 다른 요소들도 있다. 단순히 '대안적인' 운동은 반발성 반응을 유발해, 오히려 그 움직임을 내부적으로 발전시켜 좀 더 진정하게 저항성을 띠도록 몰아붙이게 될 수도 있다. 이들은 발생하는 역사적 국면에 따라 '부상하는' 운동이 될 수도 있고, **재정의되어** 흡수될 수도 있다. 전후 중간 계급 저항 문화는 단지 그러한 혼란스럽고 불균등한 그림만 제시해 준다.

이러한 문화적 소요의 일부 측면은 분명히 적응성과 포섭 가능성을 띤다. 저항 문화는 새로운 사회적 형태를 선도하고 실험하여, 결국 체제에게 더 큰 신축성을 부여한다는 점에서 체제를 위해 중요한 임무를 수행했다. 많은 측면에서 '라이프스타일' 혁명은 순수하고 단순하고 격렬한 상업적 성공 사례였다. 옷차림과 스타일에서 저항 문화는 소규모 '장인 생산' 형태와 전위적 자본주의식 생산·배포 형태를 통해, 대량 소비 체인점이 활용하기엔 지나치게 버겁고 유연성도 없고 과도한 자본 투자가 필요한 취향 변화를 탐색했다. 추세가 안정되고 나자, 대규모 상업적 부대가 진입해 싹쓸이를 했다. 물론 실제적이고 대안적인 배포 네트워크를 조성하려는 시도는 있었지만, 음악과 여가 사업도 비슷한 상황이었을 것이다. 도덕 수호자들이 보기엔 터무니없긴 하지만, 수년 동안 대안적 언론 일부 부문이 생존 기반으로 삼은 '계획된 관용성'과 조직화된 분노도 체제를 굴복시키지는 못했다. 그 대신 기성 사회의 발간물과 영화가 좀 더 관용적으로 변해, 〈오즈〉조차 진입하기 꺼리던 영역에 〈플레이걸 *Playgirl*〉이 뛰어들었다. 신비주의-유토피아주의와 준準종교성의 부활은 이중성을 좀 더 띠었다. 그러나 신비주의-유토피아주의는 저항 문화를 무분별하게 반과학적이고 과도하게 이데올로기적으로 몰아가는 경향이 있었다. 예컨대 '혁명은 마음속에 있다'거나, '청년은 계급'이라거나, 우드스탁은 하나의 '국가'라거나, 제리 루빈Jerry Rubin의 불멸의 발언을 빌자면, "사람들은 무엇이든 원하는 대로 해야 한다"(Silber, 1970: 58)라는 식의 발상이었다. 그리고 준종교성의 부활은 다른 어떤 것도 할 수 없어 보이는 새로운 삶의 활력을 종교에 불어넣었다. '너를 위한 일을 해라'라는 식의 새로운 개인주의는 논리적 극단으로 흐를 경우 가장 잔여적이고 전통적 부류의 프티 부르주아 개인주의에 대한 과장된 희화화에 다름 아닌 존재가 된다.

하지만 그렇다고 해서 그 자체의 저항적 내용이 소멸하지는 않는다. 가장 단순한 수준에서 보면, 그러한 경향은 지배 문화가 '가장 영리하고 뛰어난' 층의 애착을 확보하지 못했기에 등장한 것이다. '반듯한 사회'의 목표, 구조, 제도에서의 이탈은 널리 파급 효과를 미쳤다. 여기서 적어도 저항 문화는 더 철저한 체제 이탈이 싹틀 수 있는 사회적, 문화적 숨쉴 공간 — 문화적 관계 재생산에서 틈새 — 을 제공했다. 저항 문화가 지배 문화의 큰 틀을 깨 버린 것이다. '억압적 탈승화'는 위험하고 양면성을 띠는 현상이다. 전통적 문화의 의미 규약이 깨지고 새로운 사회적 충동이 자유롭게 풀려나고 나면, 완전히 억제하기는 불가능해진다. '관용성'과 좀 더 근본적인 성 해방의 문호 개방이 뒤따를 수도 있다. '자유'의 구호를 내걸면, 일부 사람들은 여기에 예기치 않게 혁명적 강조점과 내용을 채울 것이다. 의식 확장의 기술적 수단에 투자하면, 의식은 예측 가능한 한도를 넘어서 확장될 수도 있다. 커뮤니케이션 수단을 발전시키면, 사람들은 인쇄기를 이용해, 웹 오프셋 석판 인쇄기의 용도로 구상한 적이 없던 수용자에게까지 도달할 것이다. "궁극적인 시장 통제를 달성하기 위해 개발된 이데올로기가 ……. **그 나름대로의 틀에 따라** 저항을 일으킬 수도 있는 이데올로기가 된다. …… '자신의 감정에 충실한다'라는 맹목적 믿음은 그 감정이 더 이상 사회가 우리에게 바라는 감정이 아닐 경우 위험해진다. 소속된 세상의 질을 자신의 맥박에 맞춰 측정하다 보면 일부 아주 기이한 심장 박동이 초래될 수가 있다"(Mitchell, 1917: 31). 사실 저항 문화가 새로운 구호를 액면 그대로 받아들이기 시작하자, 구호는 정반대로 변화했다. 이 반전의 성격은 핵심적으로는 여전히 이데올로기적이고 문화적이지만 — 즉 '상부 구조적' 성격을 띠지만 — 전통적 윤리의 체계적 동요는 완전히 흡수가 불가능하고 완전히 흡수되지도 않는 객관적인 저항적 위력을 저항 문화에 부여했다. 사회의 이데올로기적 구조에 대한 지속적인 공격은 고도로 모순된 계기가 된다. 동의 관리와 생산 과정의 사회적 통제를 바로 의식 형성 기관에 점차 의존하게 된 사회에서 그러한 공격이 발생한다면 특히 그렇다. 이는 사회의 "고도의 신경 체계"의 **단절**에 해당한다(Nairn & Quattrocchi, 1968: 156). 이는 '모순을 만천하에 드러내어' 사적 소외를 '길거리의 문제점'으로 전환시키는 데 그치지 않는다. 이는

"항상 배후의 지원 세력으로 존재하던 강제적 국가 폭력의 권력"(Mitchell, 1917: 32)을 풀어놓는 경향이 있고, 실제로도 그렇게 했다. 그리고 억압, 아니면 달리 말해 '동의의 조용함과 강제의 잔혹성 간의 이러한 관계'는 '관용성'과 관용 불가능성 사이의 경계를 공고화하고, 유대를 조성하고, 저항 문화를 반영구적인 자유 지대로 확립하며, 막 싹튼 정치화의 경향을 더 강화한다. 1968년과 1972년 사이의 시기에, 수많은 저항 문화 부문이 '대안적' 경로와 유토피아적 해결책으로 넘어갔다. 그러나 다른 부문들은 더 강경하고 더 예리하고 더 철저하며 장기적인 저항, 행동주의, 공동체 행동의 정치, 자유지상주의적 투쟁으로 나아갔으며, 마침내 노동 계급 정치와 일종의 수렴을 모색하기에 이르렀다.

중간 계급 저항 문화의 이후 진화는 여기서 풀어놓기에는 너무 복잡한 이야기다. 번창하는 대안 언론과 제도를 갖춘 저항 문화는 비록 사라지지는 않았지만 파편화되고 위력을 상실했다. 대안적 라이프스타일, 가치와 급진 정치 간의 상호 침투는 지속된 특징이다. 어떤 저항 문화의 주제들(예컨대 마약과 포르노그래피)은 조직적인 정치적 '반발'을 자극했다. 다른 주제들은 새로운 종류의 정치를 낳았는데, 예컨대 여성 해방과 게이 해방이 그렇다. 대안적 삶의 방식의 '유토피아적인' 실험은 — 코뮌과 집단 공동체 — 정치적 부문과 '탈정치적' 부문에서 **모두** 지속되고 있다. 수많은 개개인이 어느 정도 영구적으로 '때려치기'를 감행하고 저항 문화 **환경**의 언저리 주변의 '직업 경로 포기'로 흘러들어 갔다. 좌파 집단과 분파에 충원된 사람도 많았다. 다른 사람들은 공동체 행동주의나 급진적인 사회복지로 전환했다. 일부는 자유지상주의 이상의 핵심은 보전했지만, 좀 더 정치적인 틀에 따라 재정의했다. 즉 '마르크스주의' 지향적 저항 정치뿐 아니라 '자유지상주의,' 무정부주의-신디컬리즘 성향도 있다. 일반적으로 중간 계급 저항 문화와 급진적 정치 간의 **부분적인 수렴**은 통제 문화에서 좀 더 권위주의적이고 '법과 질서형' 분위기로의 전반적인 전환에 의해, 정치적, 경제적 위기 심화에 의해, 그리고 무엇보다 특히 1972년 이후 좀 더 노골적이고 치열한 산업적, 비산업적 노동 계급 정치의 재개에 의해 중층 결정되었다(표 1.3을 보라).

그래서 중간 계급 청년의 전반적인 궤도는 평가하기 어렵다. 어윈 실버Irwin Silber는 다음과 같이 주장했다. "노동 계급은 어느 정도 직감적인 수준에서 '문화 혁명'이 전혀 혁명이 아니라고 이해한다. 자본주의 착취의 현실에서 노동자를 해방시켜 주기는커녕, 계급적 적에 맞서 노동자를 무방비 상태로만 만들 것이다. 이 '문화 혁명'이란 오직 어설프게 위장한 중간 계급 엘리트주의에 불과하고, 계급 억압의 현실에 대해 여전히 부분적으로 개인적 해결책을 찾을 수 있는 사회 요소가 만들어 낸 철학이라고 …… 노동자는 인식한다. 경제적 안정에 대한 노동자의 취약한 장악력 때문에 '최첨단' 라이프스타일로 표현되는 자아 해방이라는 개인 행동을 할 여유가 없다 ……"(Silber, 1970: 26). 그러나 이 설명은 '문화 혁명'이 초래한 '단절'과 노동 계급 저항의 경제주의의 깊이를 모두 과소평가한다. "조합주의적 자본주의 영역에서 변혁의 두 가지 역사적 요인, 즉 주관적 요인과 객관적 요인은 일치한 채 존재하지 않는다. 이 요인들은 이질적이며 심지어 적대적이기까지 한 집단에 널리 존재한다"라고 마르쿠제는 주장했다(Marcuse, 1969: 56). 그러나 이 주장은 자본주의 경제 위기의 깊이를 과소평가하고 "생산 과정의 인간적 토대"(노동자)와 "비순응주의적 젊은 지식인층의 정치의식"(Marcuse, 1969) 사이의 단순한 균열을 사실로 단정하는데, 이는 타당하지 않을 뿐 아니라 비변증법적인 주장이다. 그럼에도 불구하고 이 수렴이 그 어디서도 완성된 적이 없다는 점은 여전히 사실이다. 진정한 저항 문화적 가치와 '중점 관심사'가 남아 있는 곳에서는, 이것들이 전통적 중간 계급뿐 아니라 노동 계급 가치와 전략과도 **모두 다른** 것처럼 보인다. 이러한 불일치에서, 중간 계급 하위문화는 그 이행기적 계급의 특성과 대체된 위치를 계속해서 드러내고,

표 1.3 계급과 문화적 차이

전통적 중간 계급	저항 문화	노동 계급
지위	스타일	계급
핵가족	코뮌	확장된 가족
커리어	'직업 경로 포기'/일하지 않을 권리	일자리
친기업	반기업과 노동조합	친노조
가정	'거주지pad'	가정
주거 구역	'고립된 영역'	동네
노동/여가	노동이 놀이다	노동/여가
공식적 대표	'참여'	공식적 민주주의
엘리트주의	'지도자 없음'	민주주의
시민적/사적	개인적인 것이 공적이다	공적/사적
학년별 공교육/사립학교	'자유 학교'/탈학교	대중적 공교육
클럽	'현장'	선술집
고급문화	삶이 예술이다	대중문화
최신 패션	'부티크'	체인점
고급 소비	반소비	대량 소비
유물론자	반유물론	유물론적
절제	'자유'	제약
진지함	자유지상주의적	품위
역할 적응	역할 초월	역할 협상
남성적/(여성적)	젠더 역할 파괴	남성적/(여성적)
소유적 개인주의	'가부장적' 개인주의	집단적

1968년 이후 전통적 구조에서 일어난 극도로 불균등한 단절의 템포를 계속 표현한다. (표 1.3에서 우리는 이 **이중적 분기**double divergence를 도표로 표현하려 시도하였다.)

한 가지 수준에서 중간 계급 저항 문화는 — 노동 계급 하위문화와 마찬가지로 — '상상적' 수준에서긴 하지만 자신의 계급 상황에서의 모순이나 문제 틀을 해결하거나 헤쳐 나가려 시도했다. 그러나 (비록 부정적인 방식으로긴 해도) 중간 계급 저항 문화 역시 지배 문화에 깃들어 존재하기에, (노동 계급 하위문화는 그리하지 못하지만) 사회 전체로 내부 모순을 일반화할 수 있는 전략적 위치에 있다. 저항 문화는 소속 계급의 '실제 관계'의 변화에서 유래했다. 즉 지배 문화 내부의 파열을 재현하고, 그 후 헤게모니의 위기, 시민 사회의 위기, 그리고 궁극적으로는 국가 자체의 위기와도 연결된다. 바로 **이러한** 의미에서 지배 계급 문화 **내부의** 한 지점에서 시작된 중간 계급 저항 문화가 전 사회에 파열을 초래하면서 부상하는 세력이 되었다는 것이다. 이 문화의 위력은 더 이상 시작 지점에 의해 억제되지 않는다. 그보다는 사회 내부의 특권화된 위치에서 지배 문화에 대한 '실질적 비판'을 확장하고 발전시킴으로써. 체제 자체의 수많은 모순에 깃들고 그 모순을 구현하고 표현하게 되었다. 당연히 사회는 그 지점으로부터 '상상적으로' 재구성할 수 없다. 그렇다고 해서 이 문화들의 부상하는 잠재력이 고갈되지는 않는다. 왜냐하면 이 문화들은 — 비록 단절되고 도식적이고 '유토피아적' 형태로긴 하지만 — 부상하는 사회적 형태들을 미리 형상화하고 예측하고 예견하는 역할을 하기 때문이다. 물론 이 새로운 형태들이 '저항 문화' 수준에서**만** 등장할 경우, 사회의 자궁 안에서 성숙도는 아직 미완성 상태라고 추정해도 옳긴 하지만, 이 형태들은 체제 자체의 생산이란 토대에 근거를 두고 있다. 이것들은 무엇보다도 현대적 생산의 점차 **사회적인** 성격을 미리 형상화하고, 이 생산을 제약하는 케케묵은 사회적, 문화적, 정치적, 이데올로기적 형태도 예견한다. 저항 문화는 기껏해야 이 토대 모순을 드러내는 데 부분적으로밖에 기여하지 못한다. 이 목적은 마르쿠제가 '새로운 감수성'이라 부른 곳에서 가장 뚜렷하게 실현된다고 일부 분석가들은 주장한다. 톰 네언Tom Nairn 역시 비슷한 방향에서 새로운 부류의 '사회적 개인'의 예견을 지적한다. 그는 "'청년'이 처음으로 생물학적 의미 이상을 갖게 되고 구 사회의 재생산 대신에 새로운 사회를 예견하는 사회적 기구에서 그러한 압력의 담당자로 지니는 긍정적인 사회적 의미를 갖게 될 수 있는" 전망에 관해 논의한다(Nairn, 1968: 172~173). 저항 문화 등장의 이 더 큰 의미는 여기서 결론을 내릴 수 없는데, 이는 역사적으로 그 문화의 궤도가 아직 끝나지 않았기 때문에도 그렇다. 이 문화들이 한 일은 이 질문들을 정치 의제로 올려놓은 것이다. 해답은 다른 곳에 존재한다.

I. 청년에 대한 사회적 반응

이미 살짝 답변을 제시했듯이, 지배적 사회는 이 시기 내내 주변부로 조용히 물러나 하위문화가 설치는 모습을 구경만 하지는 않았다. 혼란스러운 당혹감이란 반응으로 시작한 것이 — '세대 격차'라는 모범 답안으로 잘 포착된다 — 세월이 흐를수록 치열하고 강화된 투쟁으로 변했다. 1950년대에는 '청년'이 사회 변동에서 가장 앞선 지점을 상징하게 되었는데, 바로 청년은 사회 변화의 **은유**로 사용되었다는 것이다. 변화하는 사회에서 가장 극단적인 추세는 그 사회가 청년들의 '관심사'에서 받는 영향에 의해 규정되었다. 즉 청년은 앞으로 다가올 무계급, 탈프로테스탄트, 소비자 사회의 **전위당**이었다. 사회 변화가 '청년'에게 유발한 긴장의 이러한 대체는 모호한 책략이었다. 사회 변화는 전반적으로 유익하지만('지금처럼 좋았던 적은 없었다') 또한 전통적 이정표를 잠식하고 전통 사회의 신성한 질서와 제도를 허물어뜨린다고 여겼다. 그러므로 여기에는 애초부터 분산되고 중심이 없는 사회적 불안감이 뒤따랐다. 사회의 경계는 재정의되고, 도덕적 지형은 새로 설정되며, (무엇보다 오랫동안 영국의 삶에 위계적 안정성을 부여한 계급 관계인) 근본적인 관계는 변화했다. 흔히 언급되듯이(Erikson, 1966; Cohen, 1973 등을 참조), 사회의 규범적 지형을 교란하는 움직임은 문제투성이 시대의 시작을 의미했는데, 이는 특히 기득권 체제의 지속에 압도적으로 헌신한 인구 분파에게 그랬다. '문제투성이 시대'란 사회적 불안이 광범위하게 퍼져 있으나 조직화된 공적 혹은 정치적 형태로 표현되지 못한 시대로서, 편의성 희생양 집단을 겨냥한 공포로 사회적 불안을 대체하는 현상을 낳게 된다. 이것이 바로 '도덕 공황'의 기원이다. 이는 자신의 세계와 위치가 위협당한다고 지각하는 사회 집단이 '이에 책임이 있는 적'을 지목하고 전통적 가치의 대대적인 수호자로 부상하는, 즉 도덕적 선도운동가가 되는 상태를 말한다. 그렇다면 청년이 이 사회적 불안의 초점, 즉 대체된 대상이 된 것은 놀랍지 않다. 1950년대와 1960년대 초반에도 다시 가장 가시적이고 확인 가능한 청년 집단은 '도덕 공황'을 유발한 극적 사건에 연루되어, 대체된 형태로 사회가 '자신과 벌이는 싸움'에 초점을 부여했다. 테드족의 등장과 관련된 사건, 그리고 이후에는 오토바이족 소년들과 모드족은 고전적인 도덕 공황을 촉진했다. 각 사건은 더 광범위하거나 근원적인 사회 문제를 소우주 형태로 의미 작용하는 것처럼 보였는데, 바로 청년 전체의 문제점이었다. 이 권위의 위기에서 이제 청년은 **징후**와 **희생양** 역할을 수행했다.

이러한 부류의 '도덕 공황'은 주로 '노동 계급 청년'을 중심으로 시작되도록 초점이 맞춰졌다. 엄격하게 조직된 하위문화 — 테드족, 모드족 등 — 는 이러한 반응의 가장 가시성 높은 표적에 불과했다. 이와 더불어, 1958년 노팅힐 폭동에서는 청년이 다른 잠재되고 대체된 사회 불안의 주제, 즉 인종과 어떻게 연계되었는지 기억해야 한다. 또한 비행 증가에 대한 전반적인 불안, 범죄에 연루된 청소년 비율 증가, 학교 폭력, 반달리즘, 갱 싸움, 축구 훌리건주의의 폭력 등에 대한 공황도 이와 연계된다. '청년'의 이러한 표현 형태와 다른 표현에 대한 반응은 다양한 형태를 취했다. 미세한 변화에서 청년 서비스, 사회 복지 기구 확장까지, 가족 영향의 쇠퇴에 관한 장기적 논쟁, 학교의 결석과 무규율 단속을 거쳐 모드족 대 로커족 재판에서의 판사의 발언에 이르기까지, 이들은 '무솔리니 같은 인물Sawdust Caesars'보다 결코 나을 바가 없는 존재였다. 영역 기반의 스킨헤드족, 축구 폭동, 철도 재산 파괴의 등장으로 도덕 공황의 물결은 새로운 정점에 도달했다.

1960년대 중반에는 여기에 새로운 부류의 '도덕 공황' 무리가 추가되었는데, 이번에는 중간 계급 청년과 '관용성' 주변에 초점이 맞춰졌다. 노동 계급 청년 집단은 더 근본적인 시민 동요의 징후로 간주되었다. 그러나 공적인 제도 이탈, '반듯한 사회'에 대한 이데올로기적 공세, 쾌락과 충족의 끊임없는 추구 등을 특징으로 하는 중간 계급 집단은 사회적, 도덕적 안정성을 좀 더 의식적으로, 의도적으로 훼손하려는 행동을 저지른다고 해석되었다. 즉 청년은 이제 사회 붕괴를 적극적으로 실행하는 **행위자**가 되었다. 이 영역에서 최초의 사회적 반응의 물결은 사회적, 도덕적, 문화적 이슈 중심으로 구체화했는데, 마약, 섹슈얼리티, 방종주의, 포르노그래피, 젊은이의 타락 등으로 모두 '관용성 혁명'의 핵심 주제들이었다. (이는 도덕 수호자 사이에서 최초의 조직화된 반관용성 '반발'이란 반응을 낳았는데, 화이트하우스 여사, 롱포드 보고서Longford Report,[37] 빛의 축제, 미출생아동보호협회[SPUC: Society for the Protection of Unborn Children] 등이 이에 속한다.) 두 번째 물결은 이 저항 문화의 '정치화'를 중심으로 구체화했는데, 학생 저항, 새로운 길거리

37 포르노그래피가 사회에 미치는 영향을 조사하기 위해 결성된 롱포드위원회의 보고서(1972)를 말한다. 미디어 내용에 대한 규제를 담고 있어 논란이 되었다. — 옮긴이

정치, 시위 등이 여기에 속한다. 여기서 '청년'은 단지 변화의 의식적 행위자가 아니라 의도적으로 사회를 무정부 상태로 몰아넣는 존재, 즉 **전복적 소수파**로서의 청년으로 파악되었다. '정상적'이고 일상적인 방식으로 때때로 동원되던 법은 이제 훌리건주의와 반달리즘에 대처하기 위해 좀 더 공식적이고 적극적으로 작동하게 됐다. 통제 문화 내부에서는 비공식적 분개와 도덕적 십자군 역할에서 공식적 제약과 법적 통제로 옮아가는 변화가 일어났는데, 이러한 변화는 광범위한 출처에서 유래한다(이 점은 여기서 더 자세히 다룰 수가 없다. Hall et al., 1978, 3부를 보라). 그러나 이 변화는 청년과 밀접하고 직접적인 관련성을 갖게 되었다. 즉 연이은 재판과 법적 조치에는 (《오즈》와 〈인터내셔널 타임스〉 재판, 저명한 저항 문화 인물의 마약 소지 혐의 체포, 그리고 《작은 붉은 교과서*Little Red School Book*》[38] 사건, 경찰이 착수한 마약과 포르노그래피 '소탕' 등) 청년의 좀 더 정치적인 진영에 대해 마찬가지로 극적인 법적 통제가 뒤따랐다(가든 하우스 사건 재판, 피터 헤인과 스프링복스 투어 저지 시위[39] 재판, 분노의 여단 재판, 공모 혐의의 광범위한 적용). 경찰과 특별 부서의 대폭 늘어난 활동, 노사 관계, 파업, 피케팅, 광부 5인과 슈루즈버리 피켓 시위 사건 등에 법을 무리하게 확대 적용한 조치와 앞의 사례들을 합쳐서 보면, 대략 1970년 이후(놀랍지 않게도 히드 정부 재집권에 보조를 맞춰) 통제 문화의 속성과 활동에서 일어난 질적인 변화, 즉 '봉쇄'를 향한 급격한 움직임인 '법과 질서형' 사회의 탄생에 관한 논의도 납득이 간다. 비록 이러한 양극화 분위기에서 청

38 《작은 붉은 교과서》는 1969년 덴마크의 교사인 쇠렌 한센과 제스퍼 옌센이 쓴 책이었는데, 1970년대 초 여러 언어로 번역되어 논란을 일으켰다. 영국에서는 1970년에 번역서가 나왔다. 이 책은 젊은이들에게 사회규범에 의문을 제기하고 비판적 시각에서 새롭게 보도록 권유하는 내용을 담았다. 200쪽 중 섹스에 관한 내용이 20쪽, 술, 담배, 마약 관련 내용이 30쪽에 이른다. — 옮긴이

39 피터 헤인은 10대에 남아프리카공화국에서 영국으로 건너왔고, 1970년대 반아파르트헤이드 운동으로 명성을 떨친 인물이다. 그는 '1970 투어 저지 운동'에서도 주도적 인물로 활동했다. — 옮긴이

년은 결코 유일한 공격과 통제 대상은 아니었지만 좀 더 조직화되고 조율된 공적 캠페인의 기준점 구실을 계속했다. 이 캠페인에서 정치인, 경찰국장, 판사, 언론과 미디어는 '청년'과 '관용적 사회'에 대한 전반적인 '공격'에서 도덕 수호자들과 합심해 한목소리를 냈다. 통제 강화가 경찰과 법원, 지역 의원과 주민들의 반흑인 청년 활동에서처럼 두드러지게 나타난 곳은 없다. 여기서 발생한 도덕 공황은 1972~1973년 거의 음모에 가까운 '노상강도' 공포를 낳았다. (그러나 사실 1969년 이후 흑인 공동체, 특히 흑인 청년은 게토 구역에서 끊임없는 '경찰 활동' 대상이 되고 있다.)

청년에 대한 이처럼 '통제식' 반응이 갖는 모순을 간과해서는 안 될 것이다. 1950년대에 언론은 〈쉴 새 없이 흔들어요*Rock Around the Clock*〉[40] 공연을 보러 줄을 선 군중을 통제하기 위해 소방용 호스가 동원되는 바로 그 순간에도 '테드족'을 홍보하고 후원했다. '모드족'은 법정과 신문 컬러 삽지 1면에 동시에 등장했다. 모드족과 로커족의 대결 날짜는 '모드' 패션 광풍, '모드' 스타일의 킹스 로드 '접수,' '런던 스윙 열풍Swinging London'[41] 탄생 시점과 일치했다. 히피는 꽃을 단 복장을 추구하다가 텔레비전 화면을 거쳐 마침내 마약 중독 치료 센터에까지 이르렀다. 믹 재거Mick Jagger는 중앙형사법원에서 사실상 바로 헬리콥터를 타고 세계 정세를 논의하러 기성 체제의 거물들을 만나러 갔다. 이 시기 내내 팝 음악

---

40 빌리 헤일리와 혜성들의 곡으로 1955년 선풍적인 인기를 끌면서 로큰롤 시대를 여는 계기가 되었다는 평가를 받는다. — 옮긴이

41 1960년대에 스윙 열풍swinging sixties이라 불리기도 했던 청년 주도의 문화 혁명이다. 지리적으로는 런던 웨스트엔드(런던 제일의 번화가로 유명)를 중심으로 일어났기에 '스윙 런던swinging London'이라고도 한다. 2차 세계 대전 이후의 복구 붐으로 영국이 경제적 풍요를 누리는 가운데 모더니티와 쾌락주의를 시대정신으로 강조한 운동이었다. 예술, 음악, 패션, 영화 등 모든 창의적 유형에서 일어났는데, 음악에서는 비틀스와 롤링 스톤스, 패션에서는 미니스커트와 모드족 패션, 킹스 로드 쇼핑가의 소비문화, 정치적으로는 반핵 운동과 성 해방 운동 등으로 나타났다. — 옮긴이

의 운명과 성공을 대하는 고급지들의 사고에는 지속적이며 독특한 양면성이 보인다. 여기서 이러한 양면적 태도의 세부 내용이나 뿌리까지 살펴볼 수는 없다. 그러나 청년에 대한 사회적 반응의 두 가지 얼굴 — 즉 후원적 성격의 홍보와 모방 대 도덕적 불안과 분노 — 은 **모두** 사회의 더 깊숙한 사회적 문화적 위기에 뿌리를 두고 있다는 점을 밝히기 위해 이미 충분히 설명했으리라 믿는다. 하지만 노동 계급 청년의 체제 이탈이 더 뚜렷해지고 전통적인 '비행' 형태를 띠게 됨에 따라, 저항 문화가 더 조직화하고 정치화함에 따라, 다른 정치적 저항의 원천들(특히 조직화된 노동 계급 운동)이 점차 가시성 높은 영역으로 진입함에 따라, 무엇보다 경제적 '풍요'의 첫 흐름이 위기와 스태그플레이션에 자리를 내줌에 따라, 전성기는 서서히 끝나 갔다. 1960년대 말과 1970년대에 갈수록 점점 더 자주 그랬듯이 '법과 질서형' 사회가 캠페인에 나설 때마다, 일부 청년 부문은 사회적 관심과 사회적 통제의 중심에서 결코 멀리 벗어나지 못했다. 하지만 이 시기 전 기간을 훑어보면, 청년에 대한 좀 더 노골적인 '공격'이 과연 이 시기 내내 지배 문화가 '청년' 속에서 악몽을 의인화한 민속적 악마를 추적하고 찾아내려 한 경향보다 더 중요한 것인지 확실하게 평가하기는 어렵다. 이는 바로 어떤 근본적인 측면에서 젊은이에게 영향력과 권위를 잃어버리고 그들의 가슴과 마음, 동의를 확보하지 못한 사회의 악몽이자, 비틀거리면서 '무정부 상태'를 향해 나아가고, 그 핵심에는 파월 씨가 언변 좋게 보이지 않고 이름도 없는 '적'으로 묘사한 존재를 숨기고 있는 사회가 감내해야 할 악몽이다. 1950년대에서 1970년대까지의 이러한 변화가 유려하게 증언해 주는 헤게모니 지배의 완전한 붕괴는 '청년 관련' 노선 속에 적혀 있고 아로새겨져 있다.

표 1.2

1. 릴리스는 1967년 마약 소지 혐의로 수감된 사람들에게 법률적 지원을 제공하기 위해 영국에서 설립된 단체다. — 옮긴이
2. 해방의 변증법은 1967년 미국의 교육학자 조 버크Joe Berke가 조직한 국제 행사로, "모든 형태의 인간 폭력과 폭력의 근원이 된 사회 체제를 탈신화화하고, 새로운 행동 형태를 탐색하는" 데 목적을 두었다. — 옮긴이
3. 〈흑인 왜성〉은 1968년에서 1972년까지 발간된 사회주의 성향의 정치, 문화 신문이었다. 영국의 진보적 지식인인 타리크 알리Tariq Ali가 편집자로 있었다. — 옮긴이
4. 애플 레코드는 비틀스가 1968년 설립한 음반 레이블이다. — 옮긴이
5. 간달프의 정원은 1960년대 말 히피 언더그라운드 운동의 한 갈래로 번창한 신비주의 공동체다. 마약을 멀리하고 명상과 사이키델릭 등을 선호했으며, 같은 이름의 공동체 가게와 잡지도 발간했다. — 옮긴이
6. 〈헤어〉는 1960년대의 히피 저항 문화와 성 혁명을 다룬 록 뮤지컬로, 1968년 브로드웨이 공연으로 시작해 널리 무대에 올랐다. 여기서 다룬 노래들은 이후 베트남전 반대 평화 시위의 상징처럼 불렸다. — 옮긴이
7. 가든 하우스 사건은 1970년 2월 13일 영국 케임브리지의 가든 하우스 호텔에서 발생한 소요 사건을 말한다. 그리스 관광청 주최로 관광 홍보 행사가 이곳에서 열렸는데, 그리스의 군부 통치를 반대하는 학생들이 행사를 저지하기 위해 시위를 벌였다. 가든 하우스 폭동이라고도 한다. — 옮긴이
8. 1970년 남아프리카공화국의 인종 차별 정책에 항의해 피터 헤인 주도로 남아공 스프링복스 크리켓 팀 영국 내 순회 경기를 저지하려고 전개한 캠페인을 말한다. — 옮긴이
9. 〈가스펠〉은 1970년 존마이클 테버락John-Michael Tebelak이 대본을 쓴 뮤지컬이다. 신약성서의 마태복음에 나오는 일화를 중심으로 구성했으며, 1970년 테버락이 재학 중이던 카네기 멜런대학교에서 처음으로 공연되었다. — 옮긴이
10. 1970년 11월 7일 데이비드 프로스트David Frost가 진행하던 BBC TV 〈프로스트 쇼〉에서 이피족 리더인 제리 루빈과 생방송 인터뷰 중, 이피족 20여 명이 객석에서 소란을 피워 방송을 방해한 사건을 말한다. 결국 프로스트는 광고 시간 중 다른 장소로 옮겨 방송을 속개했다. — 옮긴이
11. 급진적 반인종주의 운동 단체인 화이트 팬서White Panther의 주요 인물인 L. 플래먼던, 존 싱클레어, 존 포리스트 등은 1968년 CIA 청사 폭탄 투척 사건 연루 혐의로 1970년 재판에 회부되었다. 화이트 팬서는 1968년 설립되었는데, 당시 블랙 팬서 창시자인 휴이 뉴턴에게 백인들이 인종주의 근절을 위해 무엇을 해야 하는가 하는 질문이 나오자 "화이트 팬서당을 설립하는 게 좋겠다"라고 답변한 데서 이름이 유래한다. — 옮긴이
12. 《여성, 거세당하다》는 저메인 그리어Germaine Greer가 1970년 출간한 베스트셀러로 페미니즘 운동에서 중요한 텍스트다. 고전적인 소비 지향적 핵가족이 여성의 성욕을 억압하고 활력을 제거하는 역할을 한다고 주장한다. — 옮긴이

13. 분노의 여단은 1970~1972년 사이에 영국에서 활동하던 극좌파 무장 투쟁 단체를 말한다. 주로 소규모 폭탄으로 주요 건물에 테러를 가했는데, 경찰이 파악한 폭탄 테러만 25회에 달했다. — 옮긴이

14. 1969년과 1970년 사이 런던 경찰은 맹그로브 식당이 흑인 범죄의 온상이라 믿고는 거듭된 급습 끝에 9명을 기소했으나, 이듬해 이들은 모두 무죄로 방면되었다. 흑인 공동체에 대한 경찰의 인종주의적 태도를 잘 드러낸 사건으로 꼽힌다. — 옮긴이

15. 빛의 축제는 영국의 보수적 기독교 단체들이 관용적 사회, 미디어의 성과 폭력물 노출 등에 반대해 1970년에 시작한 풀뿌리 운동을 말한다. 1971년 런던 트래펄가 광장과 하이드 파크에서 대대적인 시위가 열렸다. — 옮긴이

16. 범죄 사건에서 기소는 대개 국가를 대표해 검사가 담당한다. 하지만 관습법을 채택한 국가에서는 개인이나 민간 단체의 요청에 의해 기소가 이루어지기도 하는데, 이를 사적 기소private prosecution라 한다. — 옮긴이

17. 1968년 존 홉킨스는 '대안적 정보 서비스'를 표방하면서 BIT를 설립했는데, 이 단체는 1972년 말 사회의 혁명적 개조를 위한 아이디어를 공모해 이듬해 《비전을 담은 책: 대안적 사회 프로젝트 목록*A Book of Visions: A Directory of Alternative Society Projects*》으로 펴냈다. — 옮긴이

18. 1974년 6월 15일 극우 단체인 국민전선 반대 시위가 런던 레드 라이언 광장에서 벌어졌는데, 시위 중 케빈 케이틀리라는 학생이 머리 부상 후유증으로 숨졌다. 사건의 파장은 컸고, 이 사건을 조사하기 위해 스카먼 경이 주재하는 조사위원회까지 꾸려졌으나, 결론은 나지 않았다. — 옮긴이

19. 영국군철수운동은 북아일랜드 사태에 대한 영국군의 유혈 진압 이후 영국군 철수와 북아일랜드 자치를 주장하기 위해 1973년 아일랜드 공화주의자들 주도로 시작된 운동이다. — 옮긴이

20. 1974년 게스 후Guess Who의 음반 《로드 푸드*Road Food*》에 실린 노래 〈클랩 포 더 울프맨*Clap for the Wolfman*〉을 말하는 듯하다. — 옮긴이

21. 과학에서 종교에 이르기까지 다양한 주제의 내용과 포맷으로 된 대안적 백과사전으로 1974년에 첫 권이 출간되었다. — 옮긴이

22. SDS(Students for a Democratic Society)는 1960년대 미국에서 활동했던 신좌파 성향의 전국 학생 정치 조직이었다. — 옮긴이

23. 와츠 폭동은 1965년 8월 11일 미국 로스앤젤레스의 와츠 지역에서 일어났다. 경찰이 음주 운전으로 의심되는 흑인 운전자를 체포하는 과정에서 촉발된 시위로 대규모 폭동이었다. 폭동은 6일간 계속되어 34명이 사망하고 1,032명이 부상당했다. — 옮긴이

24. 디거스는 1966~1968년 사이 미국 샌프란시스코 하이트 애시베리 지역에서 존재했던 공동체 운동을 말한다. 17세기 영국의 급진적 공동체 운동에서 이름을 따왔고, 자본주의와 돈의 논리에서 자유로운 공동체를 추구했다. 길거리 극장Street Theater 운동과 결합해서 무료 콘서트 등 실험적 문화 운동과 함께 운영되었다. 실험은 오래 지속하지 못했으나 이후 이피Yippies 운동 등 유사한 성격의 사회 운동에 영감을 주었다. — 옮긴이

25. 작가 켄 키지Ken Kesey가 1967년 1월 21일에서 23일까지 샌프란시스코에서 마련한 축제이며,

음악, 공연, 마약 등을 융합한 히피 공동체 행사로, 이후 히피 저항 문화에 큰 영향을 미쳤다. — 옮긴이

26. 1967년 1월 샌프란시스코에서 열린 저항 문화 행사로, 이후 '사랑의 여름Summer of Love'이라 불린 히피 문화의 전주곡 격이었다. 이 덕분에 이 지역 하이트 애시베리는 저항 문화의 상징처럼 떠올랐다. — 옮긴이

27. 1968년 미국 대통령 선거에서 청년국제당(이피족)이 기성 체제를 조롱하는 상징적 제스처로 돼지를 대통령 후보로 추대한 사건을 말한다. — 옮긴이

28. 1967년 밸러리 솔라나스Valerie Solanas가 발표한 급진주의 페미니즘 선언으로, 남성이 세상을 망쳤으므로 여성들이 나서 이를 바로 잡아야 한다는 주장이다. 거의 주목을 받지 못하다가 솔라나스가 앤디 워홀Andy Warhol에게 총격을 가한 살인 미수 사건으로 다시 주목받았다. — 옮긴이

29. 애비 호프만Abbie Hoffman의 자전적인 책으로 청년국제당 창당에서 1968년 민주당 전당대회 시위에 이르기까지 기록했는데, 나중에 그가 시카고 7인방 사건에서 유죄 판결을 받는 결정적 근거가 되었다. — 옮긴이

30. 1969년 10월 15일 미국 전역에서 베트남 전쟁 반대를 위한 대규모 시위와 홍보가 이루어졌고, 한 달 후에는 워싱턴 DC에서 대규모 거리 시위가 벌어졌다. — 옮긴이

31. 1968년 민주당 전당대회 방해 시위 이후 주동자 7인에 대한 음모 혐의 재판이 이듬해 시작되었다. — 옮긴이

32. 블랙 팬서Black Panther 부의장이자 급진적 흑인 운동가인 프레드 햄프턴이 1969년 12월 4일 경찰과 FBI의 기습 시 집중적인 총격을 받고 사망했다. 사건 직후 조사에서는 경찰 측의 정당방위로 판명되었으나, 이후 1985년 연방정부와 시카고시가 유족과 배상에 합의했다. — 옮긴이

33. 캘리포니아 버클리대학 캠퍼스 인근에는 공사를 시행하다 중단한 채 방치된 공간이 있었는데, 학생과 시민이 주도해 이를 자유 발언 공간과 시민공원People's Park으로 만들려고 추진한 운동이다. 하지만 대학 측이 투입한 경찰과 시민 간에 유혈 충돌로 사상자까지 발생했다. 당시 운동은 실패했으나 이후에도 유사한 운동은 계속 이어졌다. — 옮긴이

34. 1970년 5월 4일 미국 정부의 베트남전 확대 반대 시위를 벌이던 켄트주립대학교 대학생들에게 오하이오 주방위군이 총격을 가해 4명이 사망하고 9명이 부상한 사건을 말한다. — 옮긴이

35. 앤절라 데이비스는 당시 대표적인 급진적 성향의 흑인 여성 학자로, 베트남전 반대 운동과 페미니즘 운동에 관여했다. UCLA 교수로 임용되었으나 공산당 가입 전력으로 해고와 복직을 거듭하기도 했다. 1970년에는 데이비스의 총이 법정 점거 사건에 사용되었다는 죄목으로 투옥되었으나 결국 무죄로 풀려났다. — 옮긴이

36. 티머시 리어리는 미국 하버드대학교 심리학 교수를 지낸 인물인데, LSD 등 환각 마약 사용을 옹호해 논란의 중심에 섰다. 수차례 마약 소지 혐의로 체포되었다가 마침내 1970년 20년 형을 선고받고 수감됐으나 극좌 폭력 단체 웨더맨의 도움을 받아 탈옥했다. — 옮긴이

37. 찰스 A. 라이히Charles A. Reich가 1970년 출간한 베스트셀러로 1960년대 저항 문화에 대한 찬가를 내용으로 한다. — 옮긴이

38. 1971년 9월 9일 뉴욕주 아티카 소재 교도소에서 발생한 폭동으로 무려 43명이 사망해 역사상 가장 많은 인명 피해를 낸 감옥 소요로 꼽힌다. 죄수의 권리 운동에서 전환점이 된 사건이다. — 옮긴이

39. 조지 잭슨은 미국의 흑인 운동가이자 저술가다. 범죄로 수감 생활 중 혁명 활동에 눈을 떴고, 《솔레다드 형제들*Soledad Brothers*》이라는 자서전 겸 정치적 선언서를 출간해 유명세를 탔다. 1917년 탈옥을 시도하다 총격을 받고 사망했다. — 옮긴이

40. 제리 루빈은 미국의 사회 활동가, 반전 운동 지도자이자 반문화의 상징이었다. 1964년 UC 버클리대학 대학원에 입학하지만, 인종 차별적 고용에 대한 항의 활동을 계기로 대학원을 도중 자퇴하고 사회주의 활동에 몰두하게 된다. 반전 운동 지도자로 베트남 전쟁 반대 운동을 조직하였다. 1967년에는 애비 호프만 등과 함께 시카고 7인방의 일원으로 청년 국제당(Youth International Party: YIP)을 창설하기도 했다.

41. 비틀스 멤버인 조지 해리슨George Harrison과 인도의 스타 뮤지션 라비 상카르Ravi Shankar는 1971년 8월 1일 방글라데시 난민 지원을 위한 자선 콘서트를 열었다. 당시 파키스탄이 동서로 분리되는 과정에서 수많은 이재민이 발생했기 때문이다. 이 행사는 수많은 뮤지션이 참여했고 흥행에도 성공했으며, 이후 1980년대 라이브 에이드Live Aid 등 유사 자선 이벤트의 모델이 되었다. — 옮긴이

42. 고양이 프리츠는 1965년 로버트 크럼Robert Crumb이 창작한 만화 캐릭터다. 1972년 랠프 박시Ralph Bakshi 감독이 같은 이름의 애니메이션 영화로 다시 제작해 개봉되었다. 이 작품은 X 등급을 받은 최초의 애니메이션 영화로 기록되었다. — 옮긴이

43. 폴 소글린은 베트남전 반대 운동 등 급진적 사회 운동에 몸담고 있다가 28세이던 1973년 위스컨신주 매디슨 시장 선거에 출마해 당선되었다. — 옮긴이

44. 공생해방군은 1973~1975년에 캘리포니아에서 결성되어 활동한 극좌파 운동 단체다. 전위 운동 단체를 표방했으며, 미국의 정치적 좌파에서 등장한 최초의 자생적 테러 조직으로 꼽힌다. — 옮긴이

45. 마커스 포스터는 미국에서 저명한 교육 행정가로 흑인으로서는 최초로 교육감이 되었다. 오클랜드 통합 학군 교육감으로 재직 중 극좌 테러 단체인 공생해방군에 의해 암살당했다. — 옮긴이

46. 1974년 신문 재벌 허스트 가문의 상속녀 패티 허스트가 공생해방군에 납치되었다고 알려졌다. 그러나 이후 범인 체포 후 재판 과정에서 허스트가 은행 강도 등 공생해방군의 범행에 자발적으로 가담한 것으로 밝혀져 허스트는 중형을 선고받았다. — 옮긴이

2장

사회 통제 문화와 뉴스 미디어, 법과 질서 캠페인 구성 간의 관계에 관한 메모

현대문화연구소 노상강도 연구 집단

1. 미디어와 통제 문화: 공생적 관계

1) 일차적 규정자로서의 통제 문화: 재생산자로서의 미디어

일탈적 사건 → 일차적 규정자primary definers로서의 통제 문화 → 재생산자로서의 미디어

(예컨대 신문이 1972년 8월 17일의 살인 사건을 "큰 탈이 난 노상강도"로 기술한 것은 경찰 대변인의 진술을 그대로 복제한 셈이다.)

주

a. 뉴스 생산의 관행적 구조 — 불편부당성과 객관성 — 는 미디어가 일차적으로 외부의 공인된 출처를 지향하도록 한다. '일탈적' 사건의 경우, 이 출처는 실제로는 통제 문화(예컨대 경찰, 사법부, 내무부)의 대표자를 의미한다. 따라서 뉴스 항목은 통제 문화가 제시한 일차적 정의의 재생산에 근거한다.

b. '균형'의 구조는 대안적 정의의 수용을 반드시 필요로 하지만, 이 정의들은 거의 항상 이후에 나오며, 그래서 일차적 정의가 이미 표시해 놓은 지형 위에서 반드시 답변하도록 되어 있다. 이 대안적 정의 역시 공인된 대안적 출처(조직이나 '전문가')에서 유래해야 하며, '일탈자' 자체에서 따와서는 안 된다.

2) 생산자로서의 미디어: 변형, 객관화와 '공중의 목소리'

일탈적 사건 → 일차적 규정자로서의 통제 문화 → 재생산자로서의 미디어 (추정된 수용자)

(예컨대, 〈데일리 메일*Daily Mail*〉의 1973년 6월 14일자 기사 제목인 '폭력적인 영국'은 그러한

단어가 사용되지 않은 1972년 경찰청장 보고서 내용을 요약해 보도하는 데 사용되었다.)

주

a. 일단 일차적 정의가 '작동'하고 나면, 미디어는 이를 자기 나름대로의 공적 언어로 번역해서 변형시킬 수 있다. 이 언어는 특정 신문이 자신의 수용자와 그들의 언어에 대해 지닌 가정에 근거한다.
b. 다른 모든 뉴스 항목과 마찬가지로 이러한 변형 과정은 객관화 과정이다. 즉 이는 사건을 구체적이고 공적으로 파악할 수 있는 사건으로 만든다. 그 밖에도 '공중'의 언어는 미디어가 일차적 규정자에게서 독립적으로 작동하는 것처럼 보이게 만든다.
c. 또한 좀 더 적극적인 역할에서 미디어는 — 사설을 통해 — '공중의 목소리'로 발언한다고 주장함으로써 실질적으로 어떤 이슈에 관해 캠페인을 벌일 수도 있다.

3) 순환 회로의 마감

일탈적 사건 → 일차적 규정자로서의 통제 문화 → 재생산자로서의 미디어

→ 재생산자로서의 통제 문화 → 재생산자로서의 미디어

(예컨대, "신문은 백주 대로에서의 공격에 대한 형량이 더 이상 가볍지 않을 것임이 알려지도록 했다." 레스터 형사법원에서 콜필드 판사의 발언. 〈데일리 익스프레스〉, 1973년 3월 21일자에서 재인용.)

주

일단 미디어가 발언권이 없는 공중을 대변해 자신의 목소리로 발언하고 나면, 일차적 규정자들은 신문이 — 그리고 신문을 경유해 공중이 — 지지한다고 주장함으로써 미디어의 진술과 주장을 (마법적으로 어떤 가시적인 연결 짓기도 없이) 자신의 행동과 진술에 대한 정당화로 활용할 수 있다. 반대로 늘 기회만 노리고 있던 미디어는 통제 문화의 진술을 재생산해서 마술의 순환 회로를 완결 짓는데, 그 결과 이 과정을 누가 제일 먼저 시작했는지 더 이상 판별할 수가 없다. 각자가 상대방을 번갈아 가며 정당화한다.

2. 법과 질서 캠페인의 기법

1) 도덕 공황: 세 가지 역사적 유형

(i) 별개의 도덕 공황들(1960년대 초반의 예컨대 모드족과 로커족)

극적 사건 → 공중의 불안, 도덕적 선도 운동 (민감화) → 통제 문화의 행동

(ii) '십자군 운동': 별개의 도덕 공황을 함께 자리 배치해 '단순화된' 사건 순서 만들어 내기(예컨대 1960년대 말, 포르노그래피와 마약)

민감화 (도덕적 선도 운동) → 극적 사건 → 통제 문화의 행동

(iii) 전후의 법과 질서 캠페인: 변경된 사건 순서(예컨대 1970년대 초 노상강도)

민감화 → 통제 문화 조직과 행동 → 극적인 사건 → 통제 문화의 강화된 행동

주

마지막 예에서, 통제 문화가 특정 '공포'의 공적 가시성을 예측한 상태에서 행동하는 경향에 주목해야 한다.

2) '의미 작용의 나선'

본질적으로 상승 작용을 일으키는 이슈와 문제점을 공적으로 의미 작용하는 방안. 즉 이는 어떤 이슈가 의미 작용되는 방식을 통해 그 이슈의 지각된 잠재적 위협을 증가시킨다.

요소들

(a) 구체적 이슈 확인

(b) '전복적 소수파' 확인

(c) '수렴' 혹은 구체적인 이슈 이름 붙이기에 의해 다른 문제점과 연결 짓기

(d) 일단 넘고 나면 사회에 대한 문제점의 '위협'이 추가로 상승 작용을 일으키게 되는 '문턱thresholds' 개념

(e) 흔히 유일한 모범 사례인 미국과의 유사성 언급을 포함하게 되는 설명과 예언의 요소

(f) 확고한 조치 촉구

주

1968년 이후 내내 이는 전국 일간지 전체에 걸쳐 미디어가 위협적인 이슈들을 다루는 데 유일한 모범이 되었다(예컨대 1968년 10월 27일자 〈선데이 익스

프레스*Sunday Express*〉 사설과 1969년 4월 27일자 〈선데이 타임스*Sunday Times*〉 사설. 두 사설 모두 학생에 관한 내용이다).

3) 수렴

명시적으로든 암시적으로든 이름 붙이기에 의해 특정한 이슈를 다른 이슈와 연계 짓기

세 가지 유형

	실제 움직임	사례	의미 작용
i	실제 수렴	동성애, 게이해방전선Gay Liberation Front(GLF)	잠재적으로 정확
ii	일부 수렴	게이해방전선, 마르크스주의 좌파, '적색' 공모	순수하게 이데올로기적인 차원을 점차 포함함
iii	수렴 없음	학생, 훌리건	순수하게 이데올로기적

주

시기가 경과함에 따라 점차 더 많은 수의 문제점을 합쳐 단일한 위협을 구성하도록 '의미 배치map'하는데, 이러한 수렴은 점차 순수하게 이데올로기적 구성물을 포함하게 되는 경향이 있다(예를 들면, 파월의 노스필드 연설 보도를 보라. 〈선데이 타임스〉, 1970년 6월 14일자).

4) 문턱

사회적 관용의 한도를 강도순으로 구분한 경계

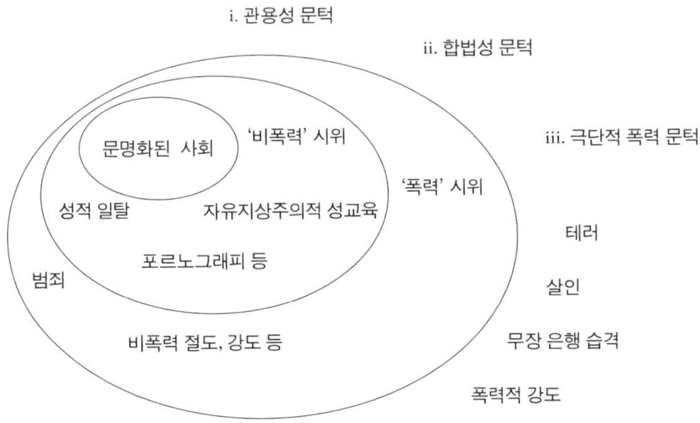

i) 관용성Permissiveness의 문턱을 넘는 행위는 사회적 **권위**(도덕적 기준)를 훼손하는 위협이 된다.

ii) 합법성Legality의 문턱을 넘는 행위는 사회적 **정당성**(의회 정치적 채널)을 훼손하는 위협이 된다.

iii) 극단적 폭력의 문턱을 넘는 행위는 사회적 **통제**(국가 자체)를 훼손하는 위협이 된다.

주

a. 시대 경과에 따라, 사건이 문턱을 넘어가는 경향이 점차 증가한다. 예컨대,

1966~1970년: 관용성의 문턱이 지배적

1970년 이후: 합법성의 문턱이 지배적

1972년 이후: 극단적 폭력의 문턱이 지배적

b. 관용성의 불법적 혹은 폭력적 (혹은 둘 다) 측면을 강조하거나, 불법성의 폭력적 측면을 강조해 사건이 문턱을 넘는 것처럼 투사된다. 따라서 (위의) 우리 사례에서 기껏해야 사회적 권위의 '관용적' 조롱에 불과한 비폭

력 항의 시위가 폭력적이라고 의미 작용되면, 합법성과 극단적 폭력의 문턱을 넘어 투사될 수 있다. 이런 식으로 사건이 사회 통제에 대한 위협으로 의미 작용되면 엄격한 통제 조치가 정당화된다.

이 메모들은 현대문화연구소 노상강도 연구 집단Mugging Group의 저작에서 따왔다(Hall et al., 1978을 보라).

2부

민속지학

3장

테드족에 대한 문화적 반응

토니 제퍼슨

주 테디 보이 문화에 관한 개관에서 토니 제퍼슨은 세 가지 관련된 측면을 다룬다. '집단 소속감'과 낮거나 '거의 룸펜'인 지위 때문에 테드족은 실제든 상상된 것이든 모욕에 어떻게 극도로 민감하게 되었는가? 이 과도한 민감성이 주로 집단의 독특한 옷차림과 외모에 어떻게 연결되었는가? 테드족이 지배 문화에서 차용해서 자신만의 독특한 스타일로 재구성한 요소들은 무엇인가? 상류 계급 옷차림 스타일의 이러한 '프롤레타리아화'는 단순히 스타일적인 번영이 아니었다. 이는 이 집단의 현실과 열망을 모두 표현했다고 제퍼슨은 주장한다. 이 글의 더 긴 버전은 〈등사판 논문*Stencilled Paper*〉 22호(CCCS)로 나와 있다.

[이 논문 앞부분에서 주장했듯이] 구조적 불평등 심화라는 측면에 비추어 볼 때, 어떻게 해서 우리는 테드족의 문화적 반응을 이들의 사회적 곤경의 상징적 표현으로 해석할 수 있는가? 채택된 문화적 반응을 살펴보면, 반대로, 이 반응이 끊임없이 위협받는 공간과 쇠퇴하는 지위를 상징적으로 방어하려는 시도라는 사실이 기호 해독에서 명백하게 드러난다.

a) 집단 지향성 테드족의 집단 지향성은 부분적으로는 확장된 친족 망이라는 사회적으로 결속력 있는 세력이 전후에 급변하면서 파괴된 데 대한 반응으로 해석할 수 있다. 따라서 테드족의 집단생활과 철저한 충성심은 전통적인 슬럼가 노동 계급의 가치와 "강력한 영토 의식"(Downes, 1966: 119)의 재확인이며, 비록 상상 수준에서긴 해도, 개발업자들이 다음 두 가지 수준에서 자신들에게서 빼앗아 가고 있는 영토의 지배를 고수하려는 시도로 볼 수 있다.

(1) 실질적인 토지 수탈

(2) 토지에 결부된 덜 가시적인 문화 수탈, 즉 친족 망과 코언이 언급한 "공유 공간 구현"(Cohen, 1972: 16) 박탈.

b) 실제든 상상적이든 모욕에 대한 극도의 민감성 실제든 상상 수준이든 모욕에 대해 이들이 극도로 민감한 이유를 살펴보면, 이 사건들의 대다수는 자신에 대한 개인적 모욕, 외모 전반에 대한 모욕, 특히 옷차림에 대한 모욕에 초점을 두고 전개되고 있음을 볼 수 있다. 이 점을 예시하기 위해 지금 나와 있는 좀 더 극적인 예를 사용한다. 최초의 '테디 보이' 살인 사건인 1953년의 클래팜 공유지 살해 사건Clapham Common murder은 세 청년과 테드족 집단 간의 싸움에서 발생한 결과였다. 그중 한 청년이 테드족 중 한 명을 "겉만 번지르르한 계집애flash cunt"라고 부르는 바람에 싸

움이 시작되었다(이 사건과 이후의 재판에 관한 자세한 설명은 Parker, 1969를 보라.)

내 주장은 이렇다. 전통적으로 지위가 결여되어 있고 **그나마 얼마 남지 않은 소유물조차 추가로 상실한** 아이들에게는 [이는 테드족의 쇠락하는 사회 상황을 지칭한다고 이전에 이 논문의 더 긴 버전에서 주장한 바 있다] 오직 자아와 자아의 문화적 확장(옷차림, 개인적 외모), 자아의 사회적 확장(집단)만이 남아 있을 뿐이다. 이들이 고수하던 유일한 '현실'이나 '공간'이던 이 영역에서 위협을 감지하고 나면, **이 공간의 방어**를 위한 싸움은 설명이 가능하고 **의미 있는** 현상이 된다.

테디 보이 싸움의 대상을 면밀하게 살펴보면, 자신의 공간 방어라는 개념이 더욱 강화되고 있음을 알 수 있다고 믿는다. 패싸움, 즉 다른 테드족 집단과의 싸움은 자아 집단의 사회적 확장의 방어라는 관점에서 설명할 수 있다(그러므로 '집단 지향성'이 중요하다). 개개인이 테드족을 모욕했을 때 발생하는 싸움은 **옷차림과 전반적 외모로 상징되는 자아와 자아의 문화적 확장의 방어**라는 관점에서 풀이할 수 있다. 이 영역에서 특히 중요한 부분은 옷차림에 대한 모욕에 민감하다는 것이다. '옷차림'에 관한 다음 절에서 이 점을 더 자세히 논의하겠다.

이들의 싸움 중 상당수는 모욕에 대한 극단적인 과민성에서 비롯하지만, 키프로스인 카페의 키프로스인 건물주와 흑인에 대한 이들의 공격조차도 방어, 즉 지위 방어 관점에서 해석할 수 있다. '룸펜' 청년이라는 이들의 지위는 1950년대 영연방 이민자 유입과 **무관하게** 악화하고 있었다. 하지만 자신들의 사회적 현실에 대한 일관성 있고 명확한 파악이 결여된 상태에서 이들이 이 유입을 우연의 일치라기보다는 인과적으로 인식하는 것은 아마도 불가피했을 것이다. 따라서 이들은 자신의 처지가 어쨌든 부분적으로는 이민자 탓이라고 합리화하고 자신의 좌절감을 그들에게 대신 뒤집어씌웠다. 신경에 거슬리는 또 다른 부분은 이민자들이 실제로 성공을 거두었다고 보는 테드족의 인식인데, 물론 이 인식의 당연한 귀결은 이들이 '테드족의 희생으로' 그렇게 살고 있다는 것이다. 카페를 소유한 키프로스인은 '성공을 거둔' 사람 중 한 예였다. 다른 사람들은 유색인 지주와 갈취자였다. 많은 테드족이 그랬듯이, 이들은 곧 재개발이 예정된 황폐해진 도심 슬럼가 구역에 살면서 유색인 소수파와 접하게 됐다. 이 유색인들은 (유색인인 데다 노동 계급이라는) **자신의** 위치가 절망적이기에, 선택의 여지가 거의 없는 위치로 내몰렸다(하찮은 야바위나 포주 노릇이 아마 그나마 가능한 매력적인 두 가지 일이었을 것이다). 그래서 테드족 사이에서 (그리고 많은 백인 노동 계급 성인 사이에서) 유색인 이주민은 포주 아니면 건물주, 야바위꾼이라는 신화가 시작되어 널리 확산했다. 이 모든 것의 영향으로 발생한 1958년 노팅엄과 노팅힐 '인종 폭동'은 슬프게도 너무나 유명하다. 이 폭동을 시작한 측이 테드족이었음에 틀림없다는 사실은 나의 명제에 무게를 실어 준다. 수많은 노동 계급 성인들도 가담해 테드족처럼 행동했다는 사실은 사회 경제적 지위 악화를 경험하는 측이 젊은 '룸펜'만이 아니었다는 점을 보여 준다. 그러나 '풍요'의 시대라면서 **진짜 구조적 원인**을 인정할 수는 없는 노릇이었고, 예상한 대로 인정하지도 않았다. 그 대신 노팅힐 폭동을 시작한 9명의 **미숙련 노동 계급 성인**은 가혹하게도 각기 4년 형을 받았다. 여기에 연루된 분명한 희생양 만들기는, 모든 유사한 희생양 만들기식 처벌 사례에서 그랬듯이, 신비화가 작동하고 있음을 보여 주는 확실한 기호였고, 지금도 여전히 그렇다. 이는 진짜 이해관계가 과도하게 드러나지 않도록 지배 계급의 보호막으로 완전히 은폐해 버린 것이다.

수많은 청년 클럽이 순전히 '평판'에 근거해 모든 테드족을 출입 금지시켰다는 사실을 기억한다면, 청년 클럽에 대한 공격은 아마 설명하기 너무나 쉬울 것이다. 그렇다면 단순한 복수가 일부 공격에서는 행동의 토대를 이루었음에 틀림없다. 하지만 이 밖에도 청소년 여가 증가에 비해 이를 따라잡을 수 있는 공적인 시설 공급은 만성적으로 부족했다(예를 들면 Fyvel, 1963: 120~123을 보라). 그 결과 제공된 시설에 대한 기대치가 높았을 뿐 아니라 너무 높았다. 늘 변함없이 그랬듯이 이 제공이 기대치에 미치지 못했을 때, 어김없이 실망도 커졌다. 따라서 역설적이게도 이미 존재한 청년 클럽은 청년의 여가 문제를 완화하기는커녕 실제로 악화시켰다. (이 영역에서 경험한 시련과 고난, 그리고 아이들에게 **원하는** 것을 공급하려 한 용감했으나 단명한 시도에 관한 탁월한 설명으로는 레이 고슬링Ray Gosling의 책[1962]을 보라.) 마지막으로는 버스 차장에 대한 공격이 있다. 이 공격은 대개 심야 버스 노선의 차장을 대상으로 했다는 점에서, 이 사례는 익명성의 기회가 아마도 술과 결합해 이미 높은 수준인 상상된 모욕에 대한 과민성을 더 증가시켰음을 시사한다.

c) 옷차림과 외모　주기적인 실업과 미숙련 일자리에도 불구하고, 이 시기 노동에 종사하던 다른 10대들과 마찬가지로 테드족은 상대적으로 부유했다. 1945~1950년 사이에 10대의 평균 실질 임금 증가는 성인 임금의 두 배였다(예컨대 Abrams, 1959를 보라). 따라서 분명히 테드족에게는 쓸 돈이 있었는데, 이것이 실질적으로 이들이 가진 전부였기에 **핵심적인** 중요성을 띠게 됐다. 이 돈은 상당 부분 테디 보이의 '제복'격인 옷에 썼다. 그러나 이 특수한 문화적 표현 현상을 해독하기 전에, '스타일'과 그 역사에 대한 간략한 개관이 필요하다.

원래 에드워드 시대풍의 양복은 1950년 새빌 로[42]의 일군의 재단사들이 새로운 스타일을 선보이려 하면서 도입되었다. 이 옷차림은 주로 도시의 젊은 귀족 남성을 대상으로 삼았다. 기본적으로 이 옷은 길고 좁

42　런던의 고급 양복점들이 있는 거리로, 19세기 후반부터 주목을 끌기 시작하여 신사복 발상지로 알려져 있다. 세계 유명 인사를 비롯해 영국 왕실 귀족이 주요 고객이다. — 옮긴이

고 라펠이 달렸으며 허리는 잘록한 재킷과 좁은 (그러나 '홀태' 바지[43]는 아닌) 바지, 끝이 뭉툭한 통상적 구두, 멋진 조끼로 구성되었다. 셔츠는 비스듬히 재단한 칼라에 흰색이었고, 넥타이는 '윈저식' 매듭으로 맸다. 만약 모자를 쓸 경우 중절모를 착용했다. 전통적 옷에서 기본적으로 변한 부분은 재킷의 재단 모양과 멋을 부린 조끼 정도였다. 이 밖에도 이발사들은 개인적인 스타일을 제공하기 시작해, 머리카락은 뒷머리와 옆머리를 짧게 깎는 전통적 스타일보다는 전반적으로 더 길었다. ('진짜' 스타일과 노동 계급이 채택한 이 스타일을 구분하기 위해, 이 묘사 내용은 〈테일러와 커터*Taylor and Cutter*〉에서 발표하고 〈데일리 스케치*Daily Sketch*〉 1953년 11월 14일자에 실린 '진짜' 에드워드식 옷차림의 사진에서 따온 것이다.)

노동 계급 청년들은 1953년 어느 시점에 이 옷을 착용하기 시작했는데, 초창기에는 이 옷을 흔히 도매가로 싸게 인수하곤 했다. (〈데일리 미러〉 1953년 10월 23일자는 이 점을 입증하는 마이클 데이비스Michael Davies의 사진을 보여 준다. 그는 나중에 최초의 '테디 보이' 살인 사건으로 알려지게 되는 죄목으로 기소되었다. 사실 사진은 그가 스리피스로 양복을 맞춰 입은 모습을, 즉 멋진 조끼는 입지 않은 모습을 보여 준다.)

이후 테드족이 이 스타일을 변형시킨 부분은 구두끈 모양의 타이 bootlace tie, 두꺼운 밑창을 댄 스웨이드 구두(이튼의 클럽맨 처커 부츠 유형), 꽉 끼는 (바지 단을 올리지 않은) 홀태바지, 1자 모양의 덜 잘록한 재킷, 몰스킨이나 공단으로 된 재킷 칼라, 선명한 색깔 추가 등이다. 이전의 칙칙한 양복 색깔은 간간이 선명한 녹색, 빨강, 핑크와 다른 '원시적' 양복 색깔로 대체됐다(Sandilands, 1968을 보라). 엘비스 이후에는 푸른색 스웨이드 구두도 신게 됐다. 헤어스타일 역시 변화를 겪었다. 대개 긴 머리카락에 포마드를 발라 '오리꼬리Duck's Ass' 스타일로 빗어넘기고, 보스턴 넥라인으로

43 통이 매우 좁은 바지를 말한다. — 옮긴이

마감하며(스트레이트 컷),[44] 옆 머리 구레나룻과 퀴프quiff 스타일[45]로 바뀌었다. 이 스타일의 변종은 '코끼리 코elephant's trunk' 스타일이나 좀 더 극단적인 (윗머리는 짧고 측면은 길게 하는) '아파치apache' 스타일이었다.

이러한 제복 선택은 (선택한 옷이 원래 상류 계급 멋쟁이들이 입던 것이라는 점에서) 애초에는 돈으로 지위를 사들이려는 시도였다고 본다. 이 시도는 냉담한 사회적 반응 때문에 곧 실패했고(1954년에는 중고 에드워드식 양복이 다양한 시장에서 판매되었는데, 이는 테드족이 자신의 옷으로 수용하고 나자 더 이상 상류 계급 멋쟁이들이 입을 수 없는 옷으로 빠르게 변했기 때문이다), 그 후에는 앞서 간략히 설명한 변형을 통해 자신만의 스타일을 창조하려는 시도가 나오게 되었다.

그렇다면 테드족이 문화에 한 가지 기여한 부분이 있는데, 바로 새빌 로의 에드워드 시대풍 양복을 채택해서 개인적으로 변형한 것이다. 그러나 문화란 사회적 틀로 옮겨 놓을 때만 의미를 지니기에, 문화에 기여했다는 점보다 더 중요한 부분은 이들의 옷차림이 자신의 사회적 현실을 표현하고 타협하는 상징적 방식이자, 자신의 사회적 곤경에 문화적 **의미**를 부여하는 방안에 해당했다는 점이다. 그래서 이 점 때문에, 이들이 옷차림에 대한 모욕에 과민했다는 점 역시 이해가 갈 뿐 아니라 합리적이기도 하다.

그러나 이들의 제복은 어떤 '사회적 현실'을 표현하고 그 현실과 '타협했는가'? 유감스럽게도 옷차림 같은 문화적 상징을 해독할 수 있는 '문법'은 아직 마련되지 않았으며, 다음은 주로 추론 수준의 내용일 뿐이다. 하지만 만약 추측건대 **아마도 문화적 상징을 추출하는 근거가 된 맥락**을 검토해 본다면 — 이는 그러한 문법의 한 측면을 공식화하는 가

44 이는 뒷머리 아랫부분을 수평으로 일직선이 되도록 면도하는 방식을 말한다. — 옮긴이

45 1950년대 테드족 사이에 유행하던 스타일로 머리 윗부분은 풍성하게 부풀리고 옆머리와 뒷머리는 짧게 깎는 헤어스타일이다. — 옮긴이

능한 방안이다 — 예컨대 신발 끈 모양의 타이 채택은 사회적 의미를 갖기 시작한다. 아마도 내가 기억하기로는 도시의 멋쟁이 도박꾼들이 이 시기에 상영된 수많은 미국 서부 영화에서 입는 것을 보고는 널리 채택해 유행한 듯하다. 인정하긴 싫지만 이들은 사회적 지위는 높았는데, 이는 이들이 나름대로 **재치로** 살아남는 능력이 있었고 전통적인 (도회적이거나 쾌락주의적이지 않고, 기본적으로 농촌 성향이고 근면한 기질이었던) 노동 계급의 사회 **관습**에서 **벗어나** 살고 있었기 때문이다. 그렇다면 나는 이 옷차림이 자신의 (기본적으로 이방인이자 재치로 살아갈 수밖에 없는) **사회적 현실**의 표현이면서 동시에 **사회적 열망**(기본적으로 도회적 환경에서 재치를 통해 멋지게 쾌락을 누리며 살 수 있는 능력으로, 탐탁지 않으나, 높은 지위를 달성하고자 하는 시도)의 표현으로서 테드족에게 갖는 상징적, 문화적 의미를 설명할 수 있다고 믿는다.

4장

모드의 의미

딕 헵디지

주 "모드의 의미"는 1960년대 하위문화 스타일에 관한 딕 헵디지의 연구에서 발췌한 두 번째 글이다. (배경이 우리에게 덜 친숙한) 흑인 문화에 관한 그의 글과 달리, 여기서 헵디지는 '모드' 스타일 자체에 관한 기술은 줄이고 그 대신 모드 하위문화에서 스타일 생성 양식에 초점을 맞춘다. 그는 모드족이 어떻게 소비자 상품에서 대상과 사물을 차용해서 새로운 스타일적 총체로 개조하는 방식을 통해 그 의미를 변화시키는지 검토한다. 여기에는 지배적인 소비자 문화가 사물에 부여한 의미를 박탈하고 지배적 가치보다는 하위문화적 가치를 표현하도록 의미를 포섭하는 작업이 포함된다. 이 연구는 또한 모드족이 어떻게 해서 소비, 상품, 스타일 자체를 새로운 수준, 즉 일종의 스타일 '물신화'까지 끌어올려 흔히 '나르시시즘'으로 묘사하는 효과를 낳게 했는지 보여 준다. 이 분석은 하위문화가 실제 상황과의 관계를 '상상적' 관계로 경험한다는 주장에 경험적 실체를 부여한다.

모드족의 등장

대다수의 원시적 어휘처럼 — 보편화한 대중문화판 신어Newspeak[46]인 — 톰 울프Tom Wolfe 작품[47]의 각 단어는 으뜸가는 상징으로 수십 혹은 수백 가지 커뮤니케이션 기능을 수행한다. 따라서 '모드'는 여러 독특한 스타일을 지칭하게 되어, 기본적으로 최근 시작된 '런던 스윙 열풍'의 신화에 보탬이 된 모든 것을 포괄하는 우산 용어가 되었다.

따라서 메리 퀀트Mary Quant[48]의 발자취를 밟아가면서 기괴한 옷 취향을 갖게 된 예술대학 학생 집단이라면 기술적으로는 '모드족'[49]에 속했다. 스노든 경Lord Snowden[50]은 폴로넥 스웨터 차림으로 나타나 모드족이란 별명을 얻었고, 곧 데이비드 베일리David Bailey[51]와 테렌스 스탬프Terrence Stamp[52]처럼 사라져 가는 어떤 관습들을 무시하는 태도를 보인 '스윙족' 계열의 '새로운 부류new breed'의 '명사'와 한 묶음으로 분류됐다.

---

46 신어는 조지 오웰George Orwell의 소설 《1984년》에서 가상의 전체주의 국가 오세아니아에서 사용하는 언어다. 영어에 바탕을 두지만 문법과 어휘가 단순해 기본적 소통만 가능한 원시적 언어다. 국가가 주민들의 사상을 통제하기 쉽도록 언어를 이처럼 단순하게 만들었다. — 옮긴이

47 톰 울프의 언어를 지칭한다. 울프의 작품 예시로는 다음을 보라. Wolfe, 1966; 1969a; 1969b; 1971.

48 메리 퀀트는 영국의 패션 디자이너로 1960년대 모드와 청년 패션 운동에서 주도적 역할을 했다. 미니스커트와 핫팬츠는 퀀트의 대표적 작품이다. — 옮긴이

49 현재의 캠프 록camp rock 유행은 그 창의적 열정의 상당 부분을 이 집단의 극단적 나르시시즘과 자의식적인 도회성에서 도출한 것이다. 데이비드 보위와 마크 볼란Marc Bolan은 이 경향이 가장 두드러지는 멤버에 속한다.

50 앤서니 암스트롱 존즈Anthony Armstrong Jones는 영국의 사진가로 1960년대에 유명 인사의 초상 사진으로 명성을 떨쳤다. 마거릿 공주의 남편으로 스노든 백작 작위를 받았다. — 옮긴이

51 데이비드 베일리는 영국의 사진가로 1960년대 스윙 시대의 대표적인 이미지를 형성하는 데 큰 역할을 했다는 평가를 받는다. — 옮긴이

52 영국의 배우인 테렌스 스탬프는 1960년대에 데뷔해 주로 악역으로 명성을 얻었고, 유명 여배우와 염문을 뿌려 유명세를 탔다. — 옮긴이

그러나 우리 목적으로는 모드족의 정의를 주로 런던과 남부 신도시에 거주하고 독특한 헤어스타일, 옷차림 등으로 쉽사리 식별할 수 있는 노동 계급 10대에 국한해야만 하겠다. 조지 멜리George Melly(1972)에 의하면, 이 스타일의 원조는 아마도 이탈리아 스타일 신봉자의 후손으로 전통적 세계에서 옷차림에 진심이며 런던에 거주한 노동 계급 멋쟁이 집단이었던 것으로 보인다. 오직 점진적으로, 그리고 대중화와 더불어 이 집단은 다른 독특한 정체성 상징(스쿠터, 마약, 음악)을 축적하게 되었다. 1963년경에 이르면 밤새도록 영업하는 리듬 앤 블루스 클럽 때문에 이 집단은 소호와 중부 런던을 고수하게 된 반면, 순환도로 주변에는 톤업 보이스Ton up boys[53]가 뻥 뚫린 도시를 굉음을 내며 달렸고 로큰롤과 엄격한 노동 계급적 가치를 복고풍으로 고수했다.

일찍이 모드/로커라는 이분법이 실제로 두 집단의 자기 정의에 본질적이었던 적이 있는지는 의문이다. 두 집단은 완전히 별개의 목표와 라이프스타일 때문에 어떤 부류든 상호 작용의 여지가 거의 없었다는 증거가 있다. 1964년 클랙턴[54]의 성령강림절 소요에서는 모드족과 로커족 간의 적대 관계가 아무런 중요한 역할도 하지 못했다(공격의 주 표적은 한심할 정도로 부적절한 오락 시설과 소규모 가게 주인들이었다). 그런데도 그 후 미디어는 두 집단 간의 대립을 강조하고 고착시켜서, 이를 부활절 주말의 마게이트[55]와 브

53 2차 세계 대전 이후 영국에서는 젊은이들 사이에 오토바이가 보급되면서 새로운 하위문화가 등장했다. 로커족, 레더 보이스leather boys, 톤업 보이스 등 이름은 달리 불렸지만 모두 비슷한 집단이었다. 여기서 '톤Ton'이란 시속 100마일 이상으로 달린다는 뜻으로, 이들은 속도를 높이기 위해 오토바이에서 부품을 제거하고 개조하는 등 노력을 기울였다. 이들은 고속도로 휴게소transport cafe에 집결하여 활동했기에 '카페 레이서cafe racer'라고 불리기도 했다. 주류의 가치를 거부하고 오토바이를 자기표현 형태로 삼는 하위문화였다. — 옮긴이

54 잉글랜드 남동부 엑세스주 동부의 휴양지다. — 옮긴이

55 마게이트는 잉글랜드 남동부 켄트주에 있는 해변 도시다. 18세기 이후로 대표적 휴양 도시로 알려졌다. — 옮긴이

라이튼, 8월 은행 휴일 기간 헤이스팅스에서 벌어진 갈등의 무대로 삼았다.[56] 모드족이 카메라 앞에서 로커족과 충돌했다는 사실은 실제로 두 집단이 깊게 체감하는 적개심보다는 모드족의 허영심을 드러내는 것은 아닌가 하는 의심이 든다. 모드족은 로커족의 거친 남성성 개념, 동기의 투명성, 투박함을 거부하고 좀 더 모호한 스타일을 수용했는데, 모체 문화가 이를 조롱하거나 거부하기는 좀 더 어려웠다. 1964년 은행 휴일이 이전의 다른 모든 은행 휴일과 구분되는 부분은 폭력(이는 상당히 고정된 특징이었다)이 아니라 이 스타일이 해변 리조트에서 공개적으로 첫선을 보였다는 점이다. 런던과 그 주변에서 온 당혹스러울 정도로 평범하고 심지어 멋지게 차려입은 10대 수천 명이 마게이트, 브라이튼, 헤이스팅스에서 확연하게 눈에 띄었다는 사실은 어쩐지 구 질서(남부 해변 리조트의 시의회를 지배하는 퇴역 대령, 관광객 지향적인 사업가들)를 위협하는 것처럼 보였다. 데이브 랭 Dave Laing에 따르면, 모드족은 "별문제 없어 보였으나, 이들의 행동에는 성인들이 이해할 수 없는 뭔가가 있었다"(Laing, 1969). 이들은 멋진 옷차림과 관련된 가치를 의식적으로 뒤집어 놓으려 하고, 가정에 의도적으로 도전하고, 그러한 출처에서 나온 기대치를 거부하려고 하는 것처럼 보였다. 스탠 코언이 표현하듯이, 이들은 "뭔가 제자리를 이탈한 듯한 행위자"라는 인상을 주었기에 더욱더 당혹스러운 존재였다(Cohen, 1973).

이제는 모드족의 신화를 파고들어 해독을 시도함으로써, 모드족 자체의 경험 속에서 이 스타일의 기원을 분석할 것이다. 마지막으로, 표면적으로 거슬리지 않는 스타일이 왜 그렇게 효과적으로 위협을 투사할 수 있게 되는지에 관해 설명을 제시하고자 한다.

---

56 미디어와 다른 요소들이 '사회적 반응'에서, 또한 모드/로커 이분법의 창안에서 수행한 역할에 관한 자세한 설명으로는 Cohen, 1973을 보라.

피커딜리 선을 따라 천국에 가는 도중

모드족이 맵시 있으면서도 깔끔하고 시각적으로 튀지 않는 스타일을 채택한 이유가 로커족의 과장된 스타일에 대한 반응이라는 설명은 오직 부분적으로만 맞다. 대도시권의 신비로울 정도의 복잡함을 개인적 행동 속에서 제대로 표현하려는 욕망이라든지, 마치 자신의 대사 작용 자체도 도시에 맞춰 성장한 듯해 잘 적응한 듯 보이는 흑인들에게 좀 더 근접하려는 욕망으로도 일부는 설명된다. 습관적으로 소비하던 상품에 대한 독특하고 전복적인 태도로도 부분적인 설명은 가능하다(이 두 번째 사항은 이후 더 자세히 논의한다).

모드족이 이상으로 선망한 라이프스타일은 옷차림의 세련됨이 어느 정도 요구되는 나이트클럽과 도시 중심지를 중심으로 전개되었다. 초고속 상호 작용의 세부 특징인 시시각각의 괴롭힘은 도시의 적극적인 야간의 삶에 따르기 마련으로 피할 수 없는 것인데, 이를 극복하기 위해 모드족은 항상 빈틈이 없어야 했으며, 소중한 밤 시간을 잘 활용하려면 사소한 모욕이나 농담, 도전, 기회도 포착해 낼 수 있는 정서적, 지적 감수성을 갖춘 채 움직여야 했다. 따라서 마음과 신체를 완벽하게 일치시킬 수 있도록 환각제[57]가 필요했다. 그의 이러한 이상적 스타일의 이상적 모델이자 멘토는 (모드족의 위계에서는 런던보다 한 단계 더 높은) 뉴욕에서 촬영한 범죄 영화에 흔히 묘사되는 마피아 조직원 유형일 것이다. 전시의 비밀 거래상이나 '암거래상'이든, 전후의 '화려한 삶을 사는 건달'이든 모두 브루클린의 멋쟁이 젊은이들을 모방 대상으로 삼았으며, 그 스타일은 친숙하고 접

57 나는 이 용어를 1960년대 중반 모드족이 손쉽게 구할 수 있던 '블루스blues,' '퍼플 하트purple hearts,' '블랙 바머black bombers,' 덱세드린dexedrine, 벤제드린benzedrine, 에페드린ephedrine, 메테드린methedrine 등을 포괄하는 의미로 사용한다.

근하기 쉬우며 노력해서 성취하기도 쉬웠다. 그게 아니면 자메이카 출신의 협잡꾼Jamaican hustler(아니면 이후의 '루디')도 마찬가지로 괜찮고 아마도 심지어 더 바람직할 이미지를 투사했다. 모드족은 세월이 지남에 따라 이들이 가능한 모든 길모퉁이에서 부러워할 만한 '임기응변술'을 발휘하며 다니는 것을 점차 자주 목격할 수 있게 됐다. 그래서 포크파이 모자와 짙은 선글라스는 한때 모드에게 필수적인 액세서리였다. (모드족과 흑인을 모두 억압하고 제약했던) 노인들grey people이 낮 시간의 일상을 장악했다면, 흑인들은 야간의 행동에서 더 큰 역할을 했다.[58]

또 다른 아마도 좀 더 널리 미친 영향의 출처는 토착 영국 갱스터 스타일일 텐데, 이 스타일의 진화는 모드족의 진화와 거의 정확하게 일치한다.[59] 1963년 도박법Gaming Laws이 도입되고 나자, 런던은 일종의 유럽판 라스베이거스가 되어, 영국의 좀 더 모험심 강한 범죄자들에게 막대한 보상과 이전에는 달성할 수 없었던 지위를 부여했다. 크레이 형제와 리처드슨 갱[60](각기 동런던과 남런던 출신이다. 두 곳은 모드족의 주 온상이기도 했다) 같은 유명한 보호 갱들은 웨스트엔드에서 결집하기 시작했고, 많은 노동 계급 10대들은 혹 뭔가 건질 게 있는지 확인하러, 연장자를 따라 소호와 웨스터민스터처럼 이전에는 불가침이던 요새에 나들이하곤 했다. 이제 새로운 밤의 유흥거리에 의해 변모하고 새로 정비된 도심은 좀 더 풍요로운 노동 계급 청년에게 모험과 자극의 기회를 더 많이 제공했다. 그리고 은밀한 갱단 간 전쟁, 도처에 존재하는 불길한 위협은 모드족의 이상

58 '하드 모드족hard mods'은 특히 흑인을 많이 따라 했고, 이러한 모방 양상은 이들의 직계 후손인 스킨헤드족의 스타일에서 두드러진다.

59 1969년 크레이 형제가 기소되고 그해 좀 더 엄격한 도박 규제법이 새로 도입되면서, 이 스타일은 치명적인 타격을 받았다.

60 리처드슨 갱은 1960년대에 남런던을 근거로 삼아 활동한 범죄 갱이었다. 잔혹한 행위로 악명을 떨쳐 '고문' 갱으로 알려지기도 했다. — 옮긴이

적 라이프스타일에 더 어울리는 배경을 제공해 주었다. 갱스터들이 고전 할리우드 대본을 충실하게 고수해, 칙칙한 양복 차림에, 고전적 카포네식 동작을 취하고, 총신을 잘라낸 엽총을 상대방에게 서로 휘둘러 대고, 상대방 건물에 화염병을 투척하고, 안경을 쓴 '법률 고문'과 귓속말로 상의하는 장면이 목격되면서, 소호는 스릴러 픽션의 판타지와 지하 음모가 번창할 수 있는 완벽한 토양이 되었다. 이야말로 모드족이 삶에서 추구하던 것이고, 그 문화가 탐닉하던 곳이다.[61] 이는 마치 잠복해 있던 범죄 지하 세계 전체가 1965년 런던 한복판에서 표면에 부상한 듯했고, 이와 더불어 대중 소설, 섹스, 폭력 판타지라는 자신만의 지하 세계도 실현했다. 이 세계는 권력을 획득하게 되면서, 이 판타지를 현실화할 가능성을 탐색했는데, 그 결과는 종종 기이하고 흔히 공포스러웠다. 동부와 남부 런던 범죄 문화와 웨스트엔드 귀족 생활, 첼시 제트족jet set[62] 간의 전례 없는 결합은 일부 기이하고도 색다른 과실을 낳았다. 그중에서 가장 세련된 피조물 중 하나가 소호의 모드족이었다.

61 이 점은 언뜻 보이는 것처럼 그리 무리한 추론은 아니다. 1960년대 중반의 조직 폭력은 하나의 사행 사업이자, 직업적이고 대단히 위험하며 수익성이 높은 사업이지만 그럼에도 여전히 투기성이 강한 사업이었다. 이 사행성 경기의 규칙은 이처럼 신화적인 할리우드-시카고 시절에 정해졌다. 강탈성 징수의 효과성 여부는 주로 홍보 감각, 잔혹한 정신질환자 역할(리처드 위드마크 Richard Widmark 유형)의 지속적인 투사, 실제이지만 궁극적으로 명시할 수 없는 위협의 설득력 있는 제시에 달려 있다. 이 위협은 대중적 판타지 속에서 위협을 접하고 그 판타지의 관습을 엄격하게 고수하는 모든 사람의 욕망 충족을 통해 기능한다. 이는 한마디로 살아 있는 영화다. 과장하고 지나치게 단순화했다는 사실은 나도 알지만, 이 사항의 자세한 논의로는 다음 내 글을 보라. *Stencilled Paper* no.25., CCCS, University of Birmingham.

62 냉전 시대에 서구의 풍속을 동경하던 소련의 젊은이를 지칭하는 표현이다. — 옮긴이

이상적 모드족의 머그숏

〈선데이 타임스〉 잡지 1964년 4월호에서 인터뷰 대상자인 17세의 모드족 덴질은 '모든 사진에서 대단히 맵시 있게 보이고 이상적인 런던 모드족의 평균적인 주간 생활을 다음과 같이 묘사해' 이상적 모드족 역할의 결정판을 보여 준다.

> 월요일 밤에는 메카, 해머스미스 팔레, 펄리 오처드, 혹은 스트리섬 로카르노에 춤추러 간다.
>
> 화요일에는 소호와 씬 클럽에 간다.
>
> 수요일은 마르키 나이트였다.
>
> 목요일은 의례적인 머리 감는 날이다.
>
> 금요일은 다시 씬 클럽에 나간다.
>
> 토요일 오후는 보통 옷과 음반, 쇼핑을 하러 가고, 토요일 밤은 춤을 추며 보내는데, 다음 날 아침 9시나 10시 이전에 끝나는 일은 드물다.
>
> 일요일 저녁은 플라밍고 혹은, 아마도 만약 피로한 기색이 보인다면 잠을 자면서 보낼 수도 있다.

과장의 여지를 감안하더라도 이러한 부류의 삶에 가까스로 근접한 모드족 숫자는 수백 명을 넘지 않을 것이며, 아마도 많아야 수천 명 정도일 것이다. 사실 모드족이 이러한 부류의 일정을 소화하는 데 필수적일 현금은 물론이고, 아마도 (마약성 약품이 잘 준비되어 공급된다 해도) 이렇게 초인간적 체력을 지닌 사람은 아무도 없을 것이다. 그러나 덴질이 자기 편을 실망시키지 않았다는 사실은 여전히 변함이 없다. 그는 집단의 판타지를 밀고 나가, 모든 사람이 선망하지만 불가능한 훌륭한 삶의 이미지를 바로 인쇄물 페이지에까지 투사해 영원히 아로새겨 놓았다. 그런데 만약 기회가 생기고, 돈도 있고, 웰윈 가든 시티Welwyn Garden City[63] 같은 전원도시가 [런던 번화가] 피커딜리 서커스로 변신한다면 기꺼이 나설 수 있도록, 모든 모드족은 스스로 심리적으로 준비하고 있었다. 비록 현실은 찬바람 들어오는 겨울 파카, 낡아빠진 스쿠터, 기름투성이 종이 봉지에 담은 피시 앤드 칩스에 불과하다 할지라도, 모든 모드족은 조직 폭력, 화려한 클럽, 아름다운 여인이란 유령의 세상에서 존재하고 있었다.

표준 모드족의 스냅숏

모드 생활의 현실은 화려함에는 다소 미치지 못한다. 폴 바커Paul Barker와 앨런 리틀Alan Little(1964)이 인터뷰한 43명의 마게이트 사건 검거자 서베이에 따르면, 평균적인 모드족은 주당 약 11파운드를 벌고, 반숙련 노동자이거나 더 전형적으로는 15세에 중등-현대 학교secondary-modern school[64]를 졸업한 사무직 노동자였다. 또한 모드족 중 상당 비율은 백화점 점원, 사환으로 고용되었거나 웨스트엔드의 다양한 서비스 산업에서 비천한 직책을 맡고 있었다. 모드족은 흔히 상승적 선택지를 탐색하는 것처럼 묘사되는데, 이는 모드족이 광적으로 외모에 투자한 모습을 보거나, 마약이나 암페타민amphetamines에 취한 상태에서 허풍을 떠벌이는 경향을 보

63 웰윈 가든 시티는 런던 북쪽 32킬로미터에 소재하는 소도시로 영국에서 두 번째 전원도시 garden city(1920년 지정)이자 초창기 신도시new town(1948년 지정) 중 하나다. — 옮긴이

64 중등-현대 학교는 영국에서 1944년부터 1970년대까지 존재하던 중등학교 제도다. 11세에서 15세 사이의 학생을 수용하는데, 취업과 대학 진학 대비 교육을 함께 제공했다. 이 중 표준 학력 시험인 11-Plus에서 최고 점수를 받은 학생은 선별적인 대학 준비 학교인 그래머 스쿨grammar school 진학 기회를 부여했다. 1965년 이후 대다수 지역에서 폐지되고 종합 학교 제도로 대체되었다. — 옮긴이

고 잘못 추론한 결과였을 가능성이 커 보인다. 덴질이 말하듯이, "마약에 취했을 때는 매주 함께 다니는 여자 숫자나, 양복 가격 등등에 관해 거짓말을 많이 해요……" 원형적 모드족은 바커-리틀 연구의 표본에서 인터뷰한 18세 아이일 가능성이 크다고 생각한다. 그가 유일하게 표현한 야망은 부촌인 메이페어의 술집 주인이 되는 것인데, 육류 배달부라는 현 직업에 비해 너무나 높은 목표라서 이제는 더 이상 이 야망을 진지하게 생각하지도 않았다. 그 대신 화나는 일이지만 현실적으로 자신의 가치에 대한 사회의 평가를 수용하고는 ("대략 육체노동, 그게 내 전부에요"), 순전히 여가 시간을 위해, 또한 그 시간을 통해 존재했다. 모드 경험에 관한 피트 타운센드Pete Townshend[65]의 새로운 록 오페라 — 〈쿼드로페니아*Quadrophenia*〉 — 속의 주인공 벨보이는 언뜻 이와 비슷하게 낮 동안에는 하찮고 비천한 역할을 묵묵히 따르지만, 이를 밤에 보충하겠다고 더욱더 굳게 다짐한다. 울프의 에세이 "정오의 지하철Noonday Underground"(Wolfe, 1969b)에 등장하는 15세 사환 소년은 직장 상사들보다도 더 맵시 있게 차려입었는데, 이 소년처럼 모드족은 자신의 사적 자산인 외모와 여가 활동 선택에 대한 완전한 지배력을 행사해, 자신이 통제하지 못하는 낮 시간의 지위 분야에서 상대적으로 낮은 위상을 보충하기로 마음먹었다.

모든 것이 통제되고 억제되며 자기애로 빛나는 내부 세계와, 모든 것이 적대적이고 벅차며 '그들에게' 유리하게 되어 있는 외부 세계 사이의 큰 격차는 암페타민으로만 메워졌다.[66] '환각제'의 연금술을 통해 모

65 피트 타운센드는 1960년대와 1970년대에 활발히 활동한 영국의 뮤지션으로 록밴드 더 후의 멤버이기도 했다. — 옮긴이

66 모드족의 라이프스타일에서 속도의 중심성을 확인하려면, 영국 청년 하위문화가 도입한 최초의 혁신적 교통수단인 스쿠터에 부여한 문화적 의미만 살펴보아도 된다(오토바이는 미국에서 차용한 것이다). '간다to go'라는 동사는 두 가지 모드족 관련 프로그램인 〈준비하시고, 출발*Ready Steady Go*〉 〈호울 신 고잉〉에 포함되어 있어, 움직임의 중요성을 잘 증언해 준다.

드족은 마법적인 전지전능함을 달성했는데, 이를 통해 자신의 움직임의 역동성은 확대되고, 행동의 가능성은 크게 늘어났으며, 이들의 목적은 부각되었다. 암페타민은 삶을 견딜 만하게 만들었고, 자신의 감각 경로를 '마비시켜' 행동, 위험, 흥분을 가능하게 하고, 소비의 끝없는 주기를 계속할 수 있게 하며, 목적 달성보다는 추구, 이상, 목적에, 즉 해소보다는 경감에 우리의 주의를 국한시켰다. 더 후The Who의 노래인 〈수색자*The Searcher*〉는 목적 자체로서의 추구가 중요하다고 강조한다.

> 난 내가 추구하는 것을 얻지 못하리
> 내 죽는 날까지

추구가 어쩔 수 없이 실질적인 성과를 내지 못했을 때 환각제는 실망감을 차단하고 추슬러 다시 시작할 에너지를 주었다. 이는 또한 신체적 쇠락을 가속화하면서도(의존을 유도함으로써, 청각 활동을 희생하고 끊임없는 음성 활동을 자극하는 커뮤니케이션을 방해함으로써) 정신적, 정서적 발전을 늦추는 경향이 있었다. 모드족은 현재의 삶을 살 뿐 분명히 지불은 나중으로 미루었다. 모드족이 끊임없이 대상을 바꿔서 수명을 연장하려는 절망적인 안간힘을 쓰면서 1960년대의 번지르르한 표면을 따라 쓸려 내려가는 동안, 어느 시점에선가 (아마도 표현하진 않았지만 불가능한 목표인) 자신의 젊음이 결코 영원하지 않다는 사실을 깨닫게 되었을 것이다. 회전 당구의 명수인 토미는 결국에는, 그리고 아주 마지못해, 경기는 시간 제한이 있고 결코 재경기란 없다는 사실과 직면하게 될 것이다. 그래서 (모두 모드족의 영웅인) 더 후와 롤링 스톤스The Rolling Stones의 노래에서 나이 들어가는 과정에 대한 1960년대의 집착이 두드러지게 나타난다.

1964년의 전쟁터에서 주제곡이었던 더 후의 〈우리 세대*My Generation*〉에서 인용하자면,

그들이 하는 일은 너무 냉혹해
늙기 전에 죽었으면 좋겠어

중년의 암페타민 중독은 충분히 예상할 수 있는 모드족의 악몽인데, 이 문제를 다룬 롤링 스톤스의 〈엄마의 작은 조력자*Mother's Little Helper*〉[67]에서 인용하자면,

늙어간다는 것은 얼마나 끔찍한 일인가

따라서 우리가 결국 도달하게 되는 곳은 모드족의 정교한 소비자 의례, 이들이 살고 있는 자본주의 사회의 산물에 대한 언뜻 채울 수 없어 보이는 욕구, 이들이 근본적으로 또 어쩔 수 없이 그 사회 안에 갇혀 있다는 사실 등이다.

모드족 스타일이 자본주의라는 획일적 체제에서 어떤 심각한 결함을 발견했다고 주장하려는 것은 아니지만, 이 스타일이 스스로 취한 상품을 어떻게 독특하고 전복적인 방식으로 다루었는지 보여 주고자 한다. 이 스타일은 결함은 찾아내지 못했다 할지라도 적어도 아주 미세한 균열 몇 군데는 발견했다. 적어도 감옥 창살을 반복해서 두들기는 정도는 했다는 말이다.

67 1966년 발매된 롤링 스톤스의 네 번째 앨범 〈애프터매스*Aftermath*〉에 실린 곡으로 주부의 마약 중독에 대한 경고를 담고 있다. — 옮긴이

과시적 소비와 변형된 상품

흔히 자칭 팝 평론가들은 모드족이 이것저것 탐닉하는 퇴행적 경향이 있다고 비판한다. 이 주장은 대략 이런 식으로 전개된다. 모드족은 전형적인 소외된 소비자라서, 최대한 많은 시간을 최대한 많은 상품 소비에 소비할 수 있도록 충분한 에너지를 조달하기 위해 최신 마약 브랜드를 마구 집어삼킨다. 그러한 소비 행위는 각성제의 영향하에 있을 때만 누릴 수 있기 때문이다. 하지만 모드족은 압도적인 소비 욕구에도 불구하고 쾌락주의 중간 계급 후손들이 흔히 빠지기 쉬운 수동적인 소비자 위치에 머물지는 않는다.[68] 스타일이 모드족에게 갖는 중요성은 아무리 강조해도

68 두 스타일 간의 구분은 모드족 유대의 주요한 상징적 표현인 은행 휴일 집회와 히피 문화에서 이에 상응하는 페스티벌을 비교해 보면 가장 잘 드러난다. 해변에서 모드족은 군중의 수동성에 반발해 참을성 없이 반응했다. 모드족 각 구성원은 개성 없는 구경꾼들의 나라에 자기 정체성의 표시를 오만하게 과시하면서, 상상력이 빈곤한 성인 수용자를 즐겁게 해 줄 수 있는 창의적 주체였다. 반면에 히피의 페스티벌은 의도적으로 다른 문화와 접촉을 회피했고(앨터몬트에서처럼 접촉이 발생할 경우 흔히 참사로 변했다[1969년 12월 6일 미국 캘리포니아 앨터몬트 고속도로 주변에서 열린 록 콘서트인 앨터몬트 무료 콘서트Altermont Free Concert를 말한다. 이 행사에서는 살해, 교통사고, 마약 복용 후 폭력 사태로 사망자까지 나왔고, 이 때문에 출연 예정이던 뮤지션이 대거 불참하는 사태도 빚어졌다. — 옮긴이]), 외딴 장소에서 서로 자축하는 느긋한 분위기에서 열렸으며, 감히 범접할 수 없는 극소수의 슈퍼스타들이 제공하는 음악의 수동적 소비 중심으로 전개됐다(어떻게 해서 수천 명의 구경꾼들이 소수의 무법자 오토바이족에게 어찌할 바를 모른 채 당했는지를 기술한 글 모음으로는 다음을 참조하라. Eisen, ed., 1970). 이 비교가 부당하게 보인다면, 모드족이 자기들의 클럽에서 리듬 앤 블루스와 탐라 모타운Tamla Motown을 소비하는 양상을 주목해 보기만 해도 된다[베리 고디 주니어Berry Gordy Jr.는 1959년 탐라Tamla라는 음반 레이블을 창립했는데, 1960년 모타운Motown과 합병해 오늘날의 모타운 레이블이 되었다. 초기 모타운은 흑인이 소유한 레이블로서 대중음악 장르에서 흑백 간의 인종 경계를 허무는 데 큰 역할을 했다. — 옮긴이]. 모드족은 결코 음악을 정태적으로 소비하지 않았으며(히피들은 대체로 앉아서 구경했다), 댄스장에서 창의적 시도를 위한 촉매로 활용했다. 심지어 필요하다면 혼자 춤을 추기도 했다. 아마 이 구분은 다음 두 가지 등식으로 공식화할 수 있을 것이다.

지나치지 않다. 모드란 순수하고 오염되지 않은 스타일, 스타일의 본질이다. 스타일을 구상하기 위해서는 먼저 상품을 입수하고, 그다음엔 그 용도와 가치를 재정의하고, 마지막으로 그 의미를 완전히 다른 맥락에 재배치해야 할 필요가 있었다. 이 패턴은 모드 스타일에 필수적인 객관적 세계 구성 요소의 의미론적 재배열에 해당했는데, 모드 경험의 모든 수준에서 되풀이되었다. 후기 단계에 이르면 모드족도 수동적 소비자 역할을 기꺼이 채택할 태세가 된 듯하지만, 이 패턴은 그때도 이에 맞서 모드의 사적인 차원을 적어도 일부나마 보존하는 역할을 했다……

따라서 이들은 이전에는 대단히 품위 있는 교통수단이었던 스쿠터를 수용하여 무기이자 유대의 상징으로 전환시켰다. 이 때문에 의학적으로는 정신신경증 치료용으로 인정된 마약이 그 자체로 수용되어 사용되고, 학교와 직장에서 그 효능에 대해 부과된 부정적 평가는 놀이 세계에서 갖는 개인적 신뢰성에 대한 긍정적인 평가로 대체되었다(즉 낮시간의 관리자가 부정적으로 평가하는 똑같은 자질 — 예컨대 게으름, 오만함, 허영심 등 — 이 여가 시간에는 당사자와 동료에 의해 긍정적으로 규정되었다).

따라서 모드족은 비평을 완곡하게 하는 법을 체득했고, 나이, 경험, 경제적 사회적 권력이 반드시 금지하게 되는 곳에서는 직접 충돌을 피하는 법을 (학교와 직장에서의) 경험을 통해 깨달았다. 그러므로 이들이 창조한 스타일은 자신들이 위치한 소비자 사회에 대한 패러디에 해당했다. 모드족은 고용주와 부모들이 그렇게 중시하는 (단정함, 짧은 머리의) 이미지를 뒤집고 왜곡하여, 겉으로는 반듯한 세계와 비슷하면서도 그 세계가 이해하지 못하는 스타일을 창조해 그 이미지에 타격을 입혔다.

모드족은 상징적 승리를 거두어 의기양양해했으며, 연출되었지만

노동 계급 + 모드족 + 환각제 = 행동
중간 계급 + 히피 + 마리화나 = 수동성

궁극적으로 수수께끼 같은 제스처의 달인이 되었다. 은행 휴일 사건과, 1966년 11월 5일 버킹엄 궁전 스쿠터 난입 사건은 (관련 모드족조차 거의 기억하지 못하고 거의 보도되지 않은 사건이었으나) 사회사학자들에게는 어느 정도 매력적인 회고거리이고 참여자에게는 아쟁쿠르Agincourt[69] 전투 승리 같은 자부심을 불러일으키는 사건이었다. 하지만 우리에게는 그다지 오랫동안 의미 있는 사건이라는 인상을 주지는 못했다. 그러나 당시 열여덟 살인 모드족 소년은 마게이트에 관해 이렇게 이야기할 수도 있었다. "그래요, 나도 거기 있었어요 …… 그건 마치 온 나라를 엿 먹이는 것 같았어요"(Booker, 1969에서 재인용).

스타일의 기본은 어떤 주체가 원래 자신을 결정하고 제약하던 객관적 세계의 요소들을 수용하고 재편하는 것이다. 위에서 언급했듯이 모드족이 원하던 승리는 낭만적 승리, 상상력의 승리, 궁극적으로는 상상된 승리였다. 모드족은 이전에는 제각각이던 요소들을 결합해 자신을 하나의 은유로 창조했는데, 이 창조의 적절성 여부는 오직 자신에게만 자명했다. 그러나 모드족은 지배 문화가 전복적 이미지를 흡수하고 무정부적 상상력의 영향을 억제하는 역량을 과소평가했다. 상품의 마법적 변형은 중립적 관찰자에게는 불가사의하고 종종 보이지도 않았으며, 아무리 스타일적인 마법을 발휘해도 아마 상품을 생산해 낸 억압적 경제 양식에는 영향을 미칠 수 없었을 것이다. 아무리 왕국의 깃발을 더럽히고 확 튀는 재킷 형태로 만들어 비쩍 마른 마약쟁이 어깨에 걸치고 다닌다고 하더라도 국가는 계속해서 완벽하게 작동했다.

69 아쟁쿠르 전투는 백 년 전쟁 중이던 1415년 영국군이 수적 열세에도 불구하고 프랑스군을 물리친 전투를 말한다. 이 전쟁 승리는 영국인에게 사기와 권위를 한껏 높여 준 역사적 사건이었다. — 옮긴이

이제는 사망한 어느 흰 피부 흑인의 검시 보고서

나는 이미 모드족의 상대적 배타성이 지니는 긍정적 가치를 강조했고, 이들에게 독특한 옷차림, 음악뿐만 아니라 완전한 의미군도 제공해 이들을 지지하는 우주 전체를 창조한 것이 어떤 긍정적 가치를 지니는지도 역설했다. 하나의 운동으로서 결국 모드의 필연적인 쇠퇴를 낳은 것은 이와 똑같은 비밀스러움과 회피주의였다고 주장하면서 결론을 짓고자 한다. 왜냐하면 모드족은 노먼 메일러Norman Mailer의 에세이(Mailer, 1969)에 나오는 전 영국을 망라하는 최초의 흰 피부의 흑인이었기 때문이다. 이들은 현재의 동향에 따라서 살아가고, 퇴근 후 오직 여가에 대한 열정적인 헌신에 의해서만 부활하고, 자신의 퍼스낼리티의 동학을 통해(혹은 더 정확하게는 집단의 집합적 퍼스낼리티의 역동성을 통해) 간섭하기 좋아하는 어른들의 문화에 맞서 부적절하긴 해도 총체적 스타일로 무장하고, 자신 나름의 합리화와 윤리를 위해 자신 이외에는 신경 쓸 필요도 없는 스타일도 만들어 냈다. 결국 모드족의 자기 부정을 낳은 것은 바로 이 자만심이었다. 정오의 지하철, 담배 연기 자욱한 클럽, 심지어 자기 소외의 함의를 외면한 좋은 삶의 근원을 고수하기로 작심했을 뿐 아니라, 음악에 매료되고 마약에 마비되어 단지 자신이 창조했으나 점차 상업화된 (그러므로 인위적이고 스타일화된) 이미지만 기대했기에, 모드족은 결국 굴복해서, 모든 수준에서 기만당하고 착취당할 수밖에 없었다. 소비자 의례는 더 세련되고 무한하게 증식되어, 급속히 확장하는 대중음악 산업이 모드 시장을 구체적으로 겨냥한 상품 이용을 포함하게 되었다. 옷차림은 더 이상 혁신적이지 않았다. 리바이스 청바지나 허시파피 같은 상품을 '재발견'하는 사람은 더 이상 없었다. 스타일은 내부에서 자발적으로 창조되는 대신 위로부터 제작되었다. 어느 모드 잡지가 '새로운 모드 워크' — 발은 앞으로 내뻗고, 머리는 앞으로 내밀고, 두 손은 재킷 호주머니에 넣은 보행법 — 가 나왔다고 위엄 있게 선언할 수 있게 되었을 때, 내키진 않지만 이 특수한 흰 피부의 흑인은 오던 길 어디쯤에선가 쓰러져 사망했음을 인정할 수밖에 없었다.

5장

스킨헤드족과 공동체의 마법적 회복

존 클라크

주 존 클라크는 '스킨헤드 문화'에 관한 좀 더 자세한 연구에서 가져온 이 요약판에서 하위문화가 어떻게 '공동체'와 '영역'이라는 개념 주변에 초점을 두는지 기술한다. 스킨헤드 문화는 전통적인 노동 계급 문화의 어떤 핵심 가치를 선별적으로 재확인하는데, 이 확인은 옷차림, 스타일과 외모, 활동에서 모두 표현된다. 이 재확인은 '모체' 문화의 일부 측면을 재창조하려는 '실제' 시도라기보다는 상징적 시도다. 스킨헤드 문화에서 영역, 축구와 '팬 현상,' 특정한 부류의 남성성에 대한 집착은 따라서 클라크가 이들의 '마법적인 공동체 회복'이라 이름 붙인 현상을 나타낸다. 또한 클라크가 석사 학위 논문인 "청년 문화 재개념화하기Reconceptualising Youth Culture"(CCCs, Birmingham)와 "스킨헤드와 청년 문화Skinheads and Youth Culture"(CCCS *Stenclled Paper* no.23)에서 이 사례를 어떻게 사용하는지도 보라.

스킨헤드족에 관한 우리의 기본적 명제는 공동체 개념을 중심으로 한다. 스킨헤드 스타일은 전통적인 노동 계급 공동체의 **실질적인** 쇠퇴를 대체하기 위해 '무리'를 통해 그 공동체를 재창조하려는 시도에 해당한다고 주장하고자 한다. 이 점에 비추어 볼 때 이 스타일 근저에 내재하는 사회적 동학은 1960년대 후반 내내 노동 계급의 상황이 상대적으로 악화했고, 특히 하위 노동 계급의 (그리고 그 내부 젊은 층의) 상황이 더 빠르게 악화하고 있었다는 점이다. 이 점은 기존의 ('언더그라운드'에서 유래한 음악과 스타일이 공적 영역에서 지배적이던) '청년 하위문화'에서 배제되었다는 청년층의 인식과 결합해 하위 노동 계급 젊은이 사이에서 '우리-그들' 의식, 즉 다양한 지점에서 배제되고 공격받고 있다는 인식 강화로 되돌아 가는 결과를 낳았다. 이러한 배제감을 극복할 수 있는 자원은 청년 하위문화의 부상 중인 혹은 포섭된 요소 내부가 아니라, 좀 더 전통적인 집단 유대 형태를 강조하는 이미지와 행태에서만 찾을 수 있었다. 〈페인트 하우스*Paint House*〉에서 따온 자료는 이러한 억압감을 예시해 준다.

> 어딜 가든 망할 놈의 보스만 있고, 그들은 늘 우리에게 명령을 내리려고만 해. …… 무슨 일을 하든, 어딜 가든 상관없이, 그들은 항상 거기 있어. 권위를 쥔 사람들, 우리에게 할 일을 명령하고 하는지 확인하는 사람들. 그게 우리가 살고 있는 체제이고, 그건 총독 체제다.
>
> 너 학교 가야 하지 않냐? 교사와 교장은 권위 있는 인물이지, 안 그래? 그들은 너에게 이래라저래라하고 너는 벗어났다고 떠나서 좋다고 하지 않냐? 그들은 네가 어리고 자기들이 돈을 댄다는 이유 등으로, 너를 마음대로 대할 수 있고, 하고 싶은 말은 마음대로 할 수 있다고 생각해. 그다음엔 '경찰'과 법원이 있어…… 그들은 모두 권위의 일부야. 관리와 제복을 입은 모든 부류의 인간들. 누구든 배지를 단 사람, 주차 단속원, 시의회 등 모든 것…… 그래, 심지어 아파트 관리인도 너에게 '잔소리를 해대지.' 그다음엔 직장이나 학교

를 마치고 나면 클럽에 가는데, 거기서도 청년 지도자는 모두 권위의 일부야. (Daniel & McGuire, eds., 1972: 67)

그러나 스킨헤드족은 자신들을 억압하는 것이 단지 명백한 권위 구조에 그치지 않는다고 느꼈다. 이들은 참견하려 하면서 '자신들에게 잘못된 의견을 주는' 사람들, 사회적으로 우월한 위치인 체하는 동네 사람들을 불쾌히 여겼고, '번번이 거슬리는 비판만 해대는 사람'도 싫어했다.

> 학교에서 늘 시키는 대로 하는 이 모든 멍청이 …… 이들이 결국에는 경찰관 따위가 된다고. 나는 '저 슬럼에 빈곤층을 도와주러' 오는 물정 모르는 자선가도 싫어. 그들은 착하고 자상하고 친절하며 너희 편인 척하고, 친절한 말로 너희에 대해서 알아내지만, 사회복지사 같은 사람들은 네 편이 아니야. 그들은 네가 어떤 식으로 살아야 하는지 안다고 생각해. 그들은 정말 네 친구인 체하는 권위 있는 인물이야. 너에게 어떤 일을 시키려 하고, 네가 그렇게 하지 않으면 법이 자기들 편이야. 이 모든 게 우리에게 불리하지만, 여전히 유대인, 파키스탄인, 중동인, 히피가 우리 편에 있어. (Daniel & McGuire, eds., 1972: 68).

이처럼 온갖 억압적, 착취적 세력 '한가운데' 있다는 인식은 집단 유대의 필요성을 낳는다. 이러한 유대 의식은 본질적으로 방어적 성격을 띠지만 스킨헤드족에서는 희생양적 외부인에 대한 공격으로 좌절과 불만을 표현하는 공격적 내용과 결합하게 됐다. 스킨헤드 스타일 요소에 대한 고찰에서 앞으로 보게 되겠지만, 이 유대의 내용은 노동 계급 공동체의 전통적 내용에서, 예컨대 특히 방어적으로 조직된 집단성에서 유래했다.

하지만 스킨헤드 스타일은 실질적 의미에서 공동체를 부활시키지는 않는다. 전후 그 공동체의 토대가 쇠퇴하면서, 공동체는 유대의 실질적 원천이 될 수 없게 됐다. 스킨헤드족은 공동체가 갖고 있던 모습의 **이미**

지를 그 스타일의 토대로 활용해야 했다. 이들은 '소유물을 몰수당한 상속자'였다. 실질적인 사회적 토대를 박탈당한 전통을 계승한 것이다. 주제와 표상은 여전히 남아 있었지만, 현실은 쇠락과 소멸 상태에 있었다. 이처럼 전통적 공동체와의 탈구된 관계는 그 공동체의 가치와 관심사가 스킨헤드 스타일에서 과장되고 강화된 형태로 수용되는 양상을 설명해준다고 주장하고자 한다. 대니얼과 맥과이어는 다음과 같이 주장한다.

> 콜린우드 갱은 공동체 정신보다는 거칠고 유머 감각이 있고 자신만의 하위문화를 갖춘 이스트엔드인의 이미지와 유사성을 띠는 경향이 있다 …… 이 갱은 스스로 이전의 부모나 조부모와 똑같은 태도와 행태를 지니고, 그 지역의 노동 계급 전통을 자연스럽게 계승하고 있다고 인식한다. 이들은 스스로 생각하기에 자신의 부모가 그래 왔던 것과 똑같은 스테레오타입화한 편견을 이민자와 외국인에 대해 갖고 있다고 믿는다. 그러나 **이들은 부모 세대가 경험한 공동체 맥락에서 벗어나 이러한 역할을 수행한다**…… (Daniel & McGuire, eds., 1972: 21~22. 강조점은 인용자 추가).

이러한 관찰은 갱과 이들이 지역성과 맺는 관계에 관한 스킨헤드족 자신의 다음과 같은 발언으로 보강된다.

> 사람들이 계속 스킨헤드 이야기를 하고, 우리가 이스트엔드에서 출현한 이야기를 하는데, 이는 과거 여러 세대 전에 일어난 일이었어요…… 말하자면 어디서 스킨헤드라는 존재가 생겨났냐는 거죠?
>
> 그건 공동체, 갱이죠, 안 그래요? 이는 공동체, 아이들, 건달 등등의 또 다른 단어일 뿐이죠. (Daniel & McGuire, eds., 1972: 21, 31).

아이들은 모체 문화에서 그 구역의 구전 전통을 계승하는데, 특히 공동체의 자기 이미지, 집단적 유대, 남성성 개념, '외부인'에 대한 성향 등을 지칭하는 부분을 받아들인다. 스킨헤드족이 가장 많이 연관된 구역이 이스트엔드라는 사실은 아마 놀랍지 않을 것이다. 사회학적 관점에서 이 구역은 원형적인 노동 계급 공동체로 간주되었기 때문이다. 이 공동체의 자기 이미지는 늘 특히 강력한 것이었고, '강경한' 구역이라는 공적 평판에 의해 더 보강되었다. 이러한 평판은 1960년대 중반에는 크레이 형제의 화려한 이력으로 한층 더 강화되었다.

마지막으로, 우리는 스킨헤드족의 핵심 요소 중 일부를 통해 스킨헤드족과 공동체 이미지 간의 이 관계를 예시하고자 한다. 가장 핵심적 측면 중 하나는 스킨헤드족이 영역상의 연관을 강조했다는 점이다. 여기서 '패거리'는 영역 기반으로 조직되고 특정한 지역성(예컨대 '스메스윅 패거리Smethwick Mob' 등)과 동일시하며 그러한 단위를 통해 정체성이 규정되었다. 패거리는 자신의 특정한 '소 구획'의 경계 획정과 방어에 관여해 경계선을 따라 페인트로 구호를 표시하고('여기는 퀸턴 무리가 지배하는 땅이다' 등으로), 다른 집단의 침범에 맞서 경계선을 지키려 했다. 이러한 영역성은 공동체와 마찬가지로 상호 작용 표현에서 중심 구실을 하는 구심점을 나름대로 갖고 있었는데, 길모퉁이 집결점, 선술집, 축구장 등이 그랬다. 비록 축구장은 패거리의 구역과 반드시 일치하지는 않았지만, 이스트엔드에서 자신들만의 지역적 정체성과 기존의 활동은 무리들이 조직의 중심으로 삼을 구체적인 구심점을 제공했다.

축구, 특히 축구를 중심으로 표현되는 폭력 역시 스킨헤드족의 관심사를 표현하는 한 가지 영역을 제공해 주었다. 이러한 관심사는 특정한 집단적인 남성적 자아 개념으로서 신체적 강경함과 남성성을 동일시하고 '골칫거리'와 만났을 때 뒷걸음치지 않으려는 자세를 포함했다.[70] 폭

70 전후 시기 동안 축구에서 일어난 변화는 스킨헤드족이 이처럼 특수한 지역을 선택하는 데

력에는 또한 '필요성'이 발생하는 시기가 왔을 때 집단 유대와 상호 지원을 강조하는 무리의 전통이 포함됐다. 이처럼 강경함에 대한 관심은 또한 스킨헤드의 두 가지 가장 널리 알려진 활동, 즉 '파키스탄인 괴롭히기'와 '퀴어 괴롭히기'와 관련이 있었다. 파키스탄인 괴롭히기에는 가장 두드러지게 희생양이 된 외부인에 맞서 공동체의 사회적, 문화적 동질성을 방어하려는 의례적이고 공격적인 행위가 포함되었다. 이들이 희생양이 된 이유로는 (가게 소유 패턴 등의 측면에서) 서인도제도인에 비교해 동네 내부에서 유난히 튀어 보인다는 점, 역시 서인도제도 청년에 비해 (특히 허약한 자기방어 의지 측면 등에서) 아주 다른 문화적 패턴 등이 있었다.

'퀴어 괴롭히기'는 전통적으로 통용되던 남성성의 스테레오타입을 특히 히피들이 잠식한 데 대한 반응으로 해석할 수 있다. 이는 스메스윅 스킨헤드의 다음 진술문이 시사하듯이, 스킨헤드족이 자의적으로 정한 '퀴어' 개념은 자신들의 기준에 비추어 '특이하게' 보이는 모든 남성에게까지 확장된 듯하다.

> 대개 그것은 그냥 우리 중 상당수가 특이하게 보인다고 생각한 어떤 놈을 발견했을 때야. 이를테면 어느 날 밤 윌리 우즈에 나갔을 때 특이해 보이는 이 자식을 발견했는데, 그 자식은 장발에 장식 달린 바지를 입고 있었던 거야.

지금은 점차 커지는 억압 경험으로 상호 조직과 방어 형태가 필요한 시기가 되었는데, 영역성, 집단 유대, '남성성'이라는 이 세 가지 서로 연관된 요소는 그러한 시대에 스킨헤드족이 공동체의 계승된 표상을 재창조하려고 시도하는 방식이라고 간주할 수 있다. 그리고 마지막으로

일정 부분 영향을 미쳤는데, 이에 관한 더 자세한 설명으로는 예컨대 다음을 보라. Taylor, 1971a, 1917b; Critcher, 1975.

스타일과 연계된 강도 높은 폭력은 '공동체 재창조'가 실제로는 '마법적'이거나 '상상적'인 공동체에 그치고 있다는 증거로 볼 수 있다. 이는 그 공동체가 물질적, 조직적 토대 없이 창조되었고, 그 결과 그러한 공동체의 특징인 사회 통제의 비공식적 메커니즘의 지배를 그다지 받지 않는다는 점에서 그렇다. 스킨헤드 스타일에서 우리는 모체 문화와 청년 하위문화 사이의 (스타일의 내용 측면에서는) 연속성과, (스타일 형태 측면에서는) 비연속성의 요소를 모두 발견할 수 있다.

6장

빈둥거리기

폴 코리건

주 폴 코리건의 선더랜드 길거리 문화연구인 《스매시 거리의 아이들*The Smash Street Kids*》은 1979년 팔라딘 출판사에서 출간되었다. 이 연구는 흔히 발견되는 '빈둥거리기' 추구에서는 집약적인 활동이 연루되어 있으며, 대다수 어른이 끝없는 시간 낭비, 목적 부재로 간주하는 행위가 아이들의 시각에서 보면 사건으로 가득 차 있고 '기이한 관념'의 영향을 끊임없이 받고 있다는 사실을 입증한다. 코리건은 노동 계급 아이들의 대다수가 관여하는 가장 흔하고 집약적인 활동 중 상당 부분은 '소일消日하기'라는 단순하면서도 흡인력 높은 활동이라고 주장하고, 이 축약 논문에서 이를 입증하려 한다.

대다수 아이들이 주로 머무는 곳은 길거리다. 낭만적 행동으로 가득한 게토 거리가 아니라 위건, 셰퍼드 부시, 선더랜드의 젖은 아스팔트 포장도로다. 영국 하위문화에서 주된 행동인 이 거리에서의 주 활동은 사실 '빈둥거리기'다.

친구들과 무슨 종류의 일을 하나?

덩컨 그냥 멍하니 서서 축구 이야기도 하고. 이것저것요.

그 밖에 하는 일은 있나?

덩컨 농담도 하고, 시시덕거리고, 장난도 치고. 진짜 마음 내키는 대로 하죠.

그게 무엇이지?

덩컨 그냥 빈둥거리기요. 지난 토요일엔 누군가 빈 병을 던지기 시작했는데, 우리 모두 동참했어요.

왜 그랬는데?

덩컨 정말 아무 이유도 없었어요.

이 모든 활동은 '빈둥거리기'라는 이름표 안에 들어오는데, 가장 규모가 크고 복잡한 청년 하위문화다. 빈둥거리기에서 주된 요소는 말하기다. 텔레비전 토크쇼에 관한 비밀스러운 토론이 아니라, 결코 진실이거나 실제일 필요도 없지만 가능하면 재미있는 이야기를 자세하게 묘사하고 서로 주고받는 것이다. 축구 이야기도 하고, 상대방에 관해서도 이야기하고, 생각을 교환하기 위해서가 아니라 이야기 경험을 전달하기 위해 이야기한다. 이 행위는 시간 때우기가 되고, 소년들이 시간을 때우는 다양한 방식의 집단적 성격을 강조한다. 상당히 많은 농담도 주고받는다. 다름 아니라 말하기, 농담하기, 장난치기 영역 사이에서 이 소년들이 '기발한 생각'이라 부르는 것들이 부상한다.

외출해서 다른 애들과 돌아다니기도 하나?

앨버트 가끔씩 기분이 내키면요.

무슨 일을 하는데?

앨버트 가끔 못된 장난을 쳐요.

못된 장난?

앨버트 누군가 머릿속에 기발한 생각을 떠올리면 실행에 옮기고 다른 애들도 동참하는 거죠.

기발한 생각?

앨버트 이것저것 …… 돌아다니면서 우유병 깨뜨리는 일 같은 거요.

'빈둥거리기'에서 주요한 요소에 해당하는 것은 '기발한 생각'이다. 지루함과 싸우면서 아이들은 거리를 놀랄 정도로 활력 있는 장소로 선택하지 않고, 그보다는 뭔가 일이 터질 가능성이 가장 큰 장소로 여긴다. 거리에서 빈둥거리기는 다른 대안들과 비교해야 한다. 예를 들면, 거실에서 엄마 아빠와는 아무런 일도 생기지 않을 것임을 알고 있고, 청년클럽도 지루함투성이일 것이라 거의 확신한다. 이 때문에 거리는 뭔가 일어날지도 모르는 장소가 된다. 이번 토요일이 아니면 확실히 그다음 토요일에라도.

그렇다면 기발한 생각도 지루함과, 미래와 이후에 이어질 지루함에 대한 기대치에서 탄생한다. 이는 어떤 부류의 기발한 생각이 나올 것인지에 영향을 미친다. 훌륭한 생각이라면 자극과 참여뿐 아니라 지속적인 변화의 씨앗을 포함하고 있어야 한다. 우유병 깨뜨리기는 이를 보여주는 좋은 사례다. 그 생각을 실행에 옮기는 방식을 정형화해 버리기 때문이다. 이 아이들에게 우유병을 왜 깨뜨리냐고 묻는 것은 의미 없는 질문에 불과하다.

동네 길거리에서는 무엇을 하나?

딕　　경찰은 우리가 잘못을 저지르는 것을 보지 못했으니, 우릴 괴롭힐 이유가 없죠. 그러나 우리는 그냥 시시덕거리면서 돌아다니다가 물건을 부수곤 했어요.

어떤 부류의 것들?

딕　　정말 아무거나요. 이유는 모르겠어요. 그냥 그런 생각이 들어요.

예를 들면 마지막 질문에 대한 대답은 소년들 자신의 관점 안에서는 사실 가능하지 않고, 당시의 총체적 경험에서 벗어난 일이다. 왜냐하면 우리는 토요일 밤에 깨트릴 우유병을 찾아서 외출하는 소년들 이야기를 하는 게 아니라, 그냥 순수하게 흥미로운 일이 발생한다고 말하는 것일 뿐이다.

길거리를 그냥 어슬렁거리며 다닐 때 무엇을 하나?

리처드　　때로는 싸움질도 하고 말썽도 일으키지만, 대개는 아무것도 안 해요.

예를 하나 들면?

리처드　　어 …… 지난 토요일 어슬렁거리고 있다가 누군가 병을 찼는데, 병이 박살 났어요. 그러자 우리도 모두 병을 깨기 시작했죠.

우유병 깨기를 중심으로 누군가 일탈 증폭 모델을 구축하는 일이 없도록, 다른 파괴 대상도 기발한 생각에 포함해야 한다.

에드워드　　최근 내 친구가 가게 유리창을 부수어 버리는 바람에 혼이 났어요. 그렇지만 그게 다예요.

스티븐　　저 아래쪽에 그랑프리 있잖아요. 글쎄, 기계를 걷어찼더니 그게 돌아가는 거예요. 회사 버스 있잖아요. 그 사람들이 차 한잔하러 들어간 사이에 우리가 가서 문을 열고 버스에 올라탔어요.

'빈둥거리기'의 다른 주요 요소는 싸움이다. 이 맥락에서 싸움은 중요하면서 흥분되는 사건이다. 싸움은 시작하기도 쉬울 뿐 아니라 흥미로운 사건이다. 그다지 많은 위험이 따르지도 않는다. 일부 소년들에게 싸움이란 별일도 아니다. 다른 소년들에게는 매주 토요일 밤의 주요 사건이다. 왜냐하면 이들에겐 싸움이 빈둥거리기에서 가장 큰 요소이기 때문이다.

보통 토요일 밤에는 무엇을 하나?

데이브 토요일 밤에는, 어 글쎄요, 대개 주류 소매점에 가서 마실 것도 사는데, 일부는 사과주스, 일부는 맥주를 사죠. 대개 친구 집에 가서 음반도 틀고, 텔레비전도 보고, 그러고는 그냥 돌아다니죠.

돌아다닐 때는 무엇을 하나?

데이브 그냥 돌아다니다 축구 같은 거를 하거나, 길거리에다 약간은 못된 장난도 치고 그래요.

못된 장난?

데이브 음, 그냥 길거리에서 흥미가 당기는 것을 찾는 것 같아요.

싸움해 본 적도 있나?

데이브 아뇨…… 그다지 많이는 안 해 봤어요.

이 싸움들이 왜 일어나는지 따지고 설명해 봐야 쓸모가 없는 일이 될 것이다. 할 일도 없음을 감안하면, 심지어 하품이라 할지라도 무슨 일이든 일어나기 마련이다. 아니면 누군가 다른 누군가를 맞닥뜨릴 수도 있고, 옛날의 모욕당한 일이 떠오를 수도 있다. 싸움을 유발하는 것은 이런 것들이다. 하찮은 것이나 '아무것도 아니어서' 잊어버린 일이 이러한 행태 군에서는 중요한 일이 된다.

하지만 싸움이 일어날 가능성이 조금 더 있다 싶은 곳에는 다른 부류의 아이들도 있다.

보통 토요일 저녁에는 무엇을 하나?

프레드　있잖아요, 타운 중심가에 있는 역으로 가서 뉴시까지 잽싸게 이동해요. 우리 패거리 전부 다요. 그러고는 뉴시 주변을 걸어서 돌아다니면서 사고 칠 게 없나 보는 거죠. 매기[마거릿 대처] 지지자 몇 명이 눈에 띄면 걷어차 버려요. 한판 붙는 거죠.

어떤 종류의 싸움인가?

프레드　음, 진짜 싸움은 아니고요. 그들 중 일부는 아주 친절한 애들일 수도 있으니까요. 그렇지만 싸움을 걸 때는 걸어요. 싸움이 끝나면 친해지지만.

보통 토요일 저녁에는 무엇을 하나?

폴　무리를 지어 어슬렁거리다가 싸움을 시작하죠. 시비 거는 거…… 있잖아요……

어떤 종류의 싸움인가?

폴　음, 다른 갱과 작심하고 만나서 그들에게 우유병을 던지기 시작해요. 주로 사우스 힐튼 갱이요.

왜 그런 짓을 하나?

폴　우리 가까이 못 오게 하려고요.

그 아이들이 가까이 오면 어떻게 되나?

폴　한판 붙는 거죠. 재미있어요.

사람들이 다치기도 하는지?

폴　아뇨.

이 싸움은 다른 싸움보다는 덜 즉흥적이지만, 그래도 오로지 어떤 영역이나 집단 요인 때문에 발생하기보다는 토요일 밤의 '빈둥거림'에서 발생한다. 이 싸움의 맥락은 싸움의 성격을 규정한다. 이 싸움이 진짜였다면, 영국 도시의 길거리는 시체로 뒤덮여 있을 것이다. 이 싸움은 단지 아무것도 아닌 일 속의 …… 사소한 일에 불과하다.

7장

마약 복용의 문화적 의미

폴 E. 윌리스

주 대규모 산업 도시의 히피 하위문화에서 마약 복용의 역할에 관한 폴 윌리스의 연구는 더 긴 연구의 일부로서, 두 하위문화 집단 — 히피 집단과 오토바이 집단 — 의 라이프스타일, 세계관, 음악 취향을 비교한다. 이 논문은 이 집단들의 삶과 가치, 하는 일, 대상, 기계, 마약 사용법, 이들이 표현하는 음악 취향 사이의 '일치도'를 탐색했다. 기본적으로, 집단의 가치와 라이프스타일, 주관적 경험, 집단이 채택하는 음악 형태 사이에는 '상동성'이 존재하는 게 분명하다고 윌리스는 주장한다. 선호되는 음악은 적어도 형태적 구조에서 집단 삶의 다른 측면과 공명하는 의미를 표현할 수 있는 잠재력을 지녀야 한다. 하위문화가 이용하는 것 중 일부는 집단과 더 긴밀한 '일치도'를 보이며, 윌리스는 이를 '상동적' 관계가 아니라 통합적integral 관계로 부른다. 이 연구에서 윌리스는 오토바이 자체는 오토바이 문화와 통합적 관계에 있으며, 마약은 히피 문화와 통합적 관계를 맺는다고 주장한다. '마약은 히피의 삶에서 많은 영역을 매개하는 중요한 역할을 하며,' 여기에는 이 집단과 음악의 관계도 포함된다. 오토바이 문화연구의 발췌문은 〈문화연구 초고〉 2로 출간되었다. 완전한 비교 연구는 윌리스의 미간행 박사 학위 논문 〈팝 음악과 청년 집단Pop Music and Youth Groups〉(CCCS, University of Birmingham, 1972; in Willis, 1978)으로 나왔다. 이 글에 등장하는 모든 이름은 가명이다.

히피는 마약을 상습적으로 사용했으며, 이 점은 널리 확인되고 근거도 있다. 지역 교구 목사의 조사는 마약 사용이 널리 수용되고 있음을 보여주었고, 잉글랜드 국교회 소속 직원이 "마약 현장의 영적 저류"라는 제목으로 작성했지만 출판하지 않은 또 다른 조사는 의문의 여지 없이 히피를 마약 사용자의 원형적 사례로 들었다. 마약 단속반은 전 사회 내에서 히피 세계를 마약 사용과 유통의 주된 중심지로 보았다. 마약 단속반은 또한 마약 세계와 관련된 숫자가 '18개월마다 두 배로 늘어나고 있다'고 추정했다. 마약은 매일 매일의 사회적 상호 작용에도 영향을 미쳤다. 마약은 현장에서 대개 대화의 중심적인 주제였고, 다양한 마약 유형에 관한 지식이 크게 강조되고 있었다. 경찰과 사회가 마약을 대하는 태도에 대한 불만이 널리 퍼져 있었고, 자신이 문화적 '내부자임'을 드러내는 더 손쉬운 방안 중 하나는 반듯한 사회의 마약 '편집증'에 대해 비난을 늘어놓는 것이었다. 그러나 이 중 어떤 것도 히피 마약 사용의 특수한 성격을 파악하지 못한다. 내가 같이 일해 본 온갖 집단의 사람들이 모두 마약 이야기를 하고 마약을 소유했고 경찰을 반대했으며, 마약 사용자의 행태적 기호를 뚜렷하게 드러냈다. 론은 집단 속 누구보다도 마약에 관해 가장 해박한 지식을 일부 지녔지만 '마약 상습자 세계'에서의 지위는 형편없었다. 마약 세계에 잠시 기웃거려 본 적 있는 학생 집단 역시 누구든 비슷한 특성을 보이지만, 이처럼 원자화된 목록 만들기를 통해서는 마약이 히피 문화에 실제로 갖는 중요성을 발견할 수가 없다.

나는 레스의 발언이 무슨 뜻인지 오랫동안 잘 이해하지 못했지만, 이 발언은 히피 마약 사용의 구체적인 독특성을 이해하는 단서를 준다. 그는 이렇게 말했다. "LSD 마약을 흡입하고 '환각'에 빠지지 않는 것도 가능하고, 마약을 흡입하지 않고 '환각'에 빠지는 것도 가능하다. '정상' 사회에도 '마약 상습자heads'는 많이 존재했다." 사실 마약의 중요성은 신체에 직접 미치는 효과에 있지 않고, '정상' 사회에 맞서 세운 거대한 상징적 장벽 통과를 쉽게 해 준다는 점에 있었다. 좀 더 구체적인 'LSD 마약 상습자'에서 유래해 좀 더 최근에 와서 히피에게 붙은 이름인 '마약 상습자'는 문화에서 마약 경험의 요소를 좀 더 정확하게 대변한다. 그는 단지 마약 사용에 의해 정의되지 않고, 이 상징적 장벽의 다른 쪽에 있는 **실존적 존재**라는 사실에 의해 정의된다. 마약 상습자란 이름은 **상징적**이지 **실제적**이지 않다. 따라서 '장벽 의식 너머' 존재하는 개개인은 마약을 복용하지 않더라도 '진짜' '마약 상습자'가 될 수도 있었다. 반면에 마약을 복용하지만 그 상징적 중요성을 느끼지 못하고 그리하는 사람은 '마약 상습자'가 아니었다. 이들은 그냥 시도해 보려는 사람이었을 뿐이다. 장벽의 '정상' 쪽에는 개인적 책임, 회색빛 색깔, 서투름, 촌스러운 스타일의 세계가 존재했고, 다른 쪽에는 자유, 무책임과 멋진 스타일, 즉 '힙hip'이라는 세계가 있었다. 마약은 본질적으로 이 두 번째 세계를 포함하지 않았다. 이를 정신의 깊숙한 프로젝터에 비밀스럽게 끼워 넣는 경험의 마이크로필름으로 간주해서는 안 된다. 이것들은 본질적으로 자체 창조된 영역으로 가는 입구를 마련하기 위한 감광 스위치에 불과했다. 이전 시대의 경험은 '환각 여행의 청사진'이었다는 설명을 나는 무수하게 들었다.

밸　음, 미리 준비를 해야 해요, 말하자면, 이를테면 한 주나 한 달, 12개월 동안 준비만 해야 할 수도 있어요, 아마. 그렇지만 평생이나 10년, 20년, 한평생 심신을 가다듬어야 할 수도.

노먼　당신의 '환각 여행'은 이전 몇 주 동안 한 일과, 그 특정한 순간 마음의 상태로 이루어지죠.

어떤 면에서 마약이란 경험 자체보다는 문화적 플라세보placebo, 즉 경험으로 가는 열쇠로 생각할 수도 있다. 하지만 그렇다고 해서 특히 마리화나와 LSD가 현저한 화학적 효과를 발휘하지 못한다는 뜻은 **아니다**. 효과를 발휘하기는 한다. 주체가 인식하는 의식 변화는 아마도 그의 실존적 이행existential passage의 토대가 될 것이다. 그는 **어떤 변화**가 일어났다고 느끼고 이 변화에 내용을 채운다. 변화의 생리학적 토대 역시 마찬가지로 수천 가지 다양한 **문화적** 형태로 해석할 수도 있으며, 변화된 의식의 객관적인 화학적 토대가 비물리적 방식으로 비슷한 실존적 의식 상태에 도달할 가능성을 부정하지는 않는다.[71] 어느 토론에서 레스가 말했듯이,

> 레스　(고양된 의식의 경험을 언급하면서) 저절로 될 수도 있고, LSD 덕분일 수도 있고, 어떤 마약이든 사용해서 그럴 수도 있고, 아니면 마약 없이도 그리될 수 있는데요, 그러니까 그게 진짜 핵심입니다. 마약은 우리에게 의식을 변화시킬 기회를 주는 거죠. 다시 말해 새로운 통찰력을 주는 겁니다. 마약은 그냥 기회를 주는 거고, 사람마다 다양한 이유로 다양한 방식으로 그것을 사용하는 거죠. 현장에서 일어나는 수많은 사태의 본질은 이것입니다. '정상인'들은 모든 것을 지워 버리려고 술을 마시잖아요.
>
> 노먼　— 가라앉히려고 —
>
> 레스　의식 수준을 가라앉히려고, 그리고 그들은 자신의 편집증에 의해 초래된 신경증 수준을 낮추려고 담배도 피우죠. 아시다시피 자신의 감각에 의해 주변 환경에 대한 지각을 향상시키려고 말도 안 되는 것도 쓰잖아요. 말하자면, 시각적 지각은 아마도 향상될 것이고, 청각적 지각은 확실히 향상되죠.

마약은 열쇠에 불과하지만 여전히 마약 상습자 문화에서 일종의 성

71　Young, 1972를 보라. 그는 마약 이용을 약학적으로뿐 아니라 사회적으로도 이해해야 한다고 주장하는데, 이는 이 분야의 대다수 이론화보다는 훨씬 더 진전된 것이다. 그러나 그는 양쪽의 중요도가 대략 비슷하다고 시사하는 듯하다. 반면에 내 주장은 사회 문화적 요인이 약학적 요인의 중요도를 **훨씬 능가**한다는 것이다.

스러운 자리를 부여받았다. 마약 사용은 의례와 존경으로 둘러싸여 있었다. 이 의례들은 종종 실제로 흡입하는 마약 양을 증가시켰고, 이는 특수한 문화적 해석의 여지가 있는 더 큰 생리학적 반응을 낳았다. 마약과 문화 간의 변증법적 관계는 이런 식으로 작동한다. 마약 상습자에게는 어떤 마약이든, 특히 LSD는 항상 **내재**하면서도 상징적 장벽 반대편에서만 완전하게 구현되는 경험으로 가는 상징적 열쇠였다. 이 상징적 열쇠는 의식을 이상한 땅으로 유도했다기보다는 친숙한 땅에서 느끼는 **죄의식**에서 벗어나게 했다. 즉 지형도 이에 못지않게 변화되었다. 마약은 어느 정도는 어떤 사람의 의식 상태를 초래했다는 이유로 비난을 받는 것처럼 보이고, 이 때문에 역설적이게도 의식의 자유를 증가시키는 것처럼 보일 수도 있다. '마약 때문이지, 내 탓이 아냐'라는 **믿음**은 개인으로 하여금 한동안은 자유과 결정론 사이의 모순을, 즉 양자 사이의 변증법을 간파할 수 있게 해 주었다. 이러한 부류의 지각은 이 대화에서는, 테이프 중 주장이 복잡하게 얽힌 지점에서 나온 레스의 "마약에 취하고 나면 아주 곤란해져"라는 발언에서부터, 다음 대화에서는 자율성 상실에 관한 전통적 스테레오타입에 대한 조롱성, 희화성 파악에 이르기까지 무수하게 미세한 방식으로 뚜렷하게 드러난다.

토니 (긴 주장 끝에 결국 물러설 수밖에 없었다는 이전의 발언을 언급하면서).

그건, 그건 내 생각엔 그냥 최초의 독창적인 깨달음이었고, 그냥 입에서 튀어나왔어, 그리고……

레스 마약을 흡입하면 그게 문제야, 이 양반아. 밖에 나가 누구든 바로 덮쳐야겠어.

/ 웃음 /

토니 다 같이 나가 저 길거리에서 아무 늙은 여자나 덮치자.

이 국지화된 사례보다 더 중요한 것은 인간이 주변의 구조에 의해 결정된다는 일반적인 상징적 통찰이었다. 마약은 스스로 자율적으로 결정하는 행위자라는 느낌에서, 부분적으로는 세상에서 결정된 변인이라고 느끼는 쪽으로 옮아가는 근본적으로 존재론적 변화를 상징했다. **문화적인** 마약 이용자에게 그러한 감각은 마약 경험에만 국한되지 않았다. 경제, 정치, 사회, 산업, 환경 오염, 경찰, 양육 등 모든 것이 개인의 의식에 결정적인 변인이 되었다. 이는 스스로 느끼는 책임감의 감소를 낳았고, 이에 상응하는 죄의식도 감소했다. 그러나 마약 상습자에게는 실존적 측면에서 역설적으로 이러한 통찰에 변증법적으로 상응하는 현상은 개인적 자유 감각이 현격하게 증가한다는 것이다. 그는 마침내 공허함을 저지하려는 끊임없는 개인적 투쟁, 상식의 세계를 유지하려는 투쟁을 자제할 수 있었고, 점점 더 제약이 심한 상식의 요구에서 해방되었다. 그는 현실과 현실 속의 자명한 자유의 불확실한 성격을 꿰뚫어 보고, 현실의 진정한 사회적 결정요인을 간파했다. 히피들이 흔히 이용하는 정신의학적 용어로는 '자아 상실'과 또한 '초자아적' 상태의 경험이 있었다. 마약 상습자는 멀쩡하고 자율적인 정신이라면 초조하게 차단했을 법한 세력에 편승하고 그 세력을 경험할 수도 있었다. 그는 세상을 유지하는 개인적 과업에서 면제되었기에 경험적으로 자유로웠다.

위력에 저항하는 대신, 우리는 전혀 다른 지형에서 반응할 수도 있다. 긴장을 풀고 우리에게 발생하도록 내버려 둘 수도 있다. 그것은 하나의 경험이었다. 모든 경험은 완벽하게 음미할 수도 있는 나름대로 독특한 향취를 갖추고 있을 것이다. 이런 식으로 판단하면, 심지어 파멸조차도 마약을 피하려 처절하게 노력한 사람이나, 경험을 차단하려는 강박적인 충동에 의해 감수성이 돌이킬 수 없이 위축된 사람에게만 참사였다. 그렇다면 어떤 점에서는 '취한 상태일' 때는 마약 상습자에게 어떤 것도 해가 될 수 없을 것이다. 그는 공적 세계의 강제가 미치지 않는 곳에 있었다. 그는 삶의 궁극적으로 강압적 성격을 목격했고 거기서 해방감을 느꼈기에, 어떤 것도 그를 다시 동요시킬 수 없을 것이다. 물론, 마약 상습자는 '약효가 가라앉은' 후에는 그다지 안도감을 느끼지는 못했지만, 이런 류의 감정은 일부나마 항상 남아 있었다. 심지어 상징적 질서에서 그가 '힙'의 편에 속하는 것은 작게나마 이러한 시각을 이해하기 때문이었다.

상습자에게 '정상' 의식, 세상에서 일상적으로 당연시하는 자율성은, 사실 의식의 잠재적 상태의 전체 스펙트럼에서 아주 미세한 점으로 의식을 한정한다는 뜻이었다. 우연한 역사적 전환 — 합리적 기술적 분석의 발견 — 은 이 점을 지금까지 알려진 전체 사고 세계로까지 확대시켰다. 만약 당신이 표면적인 확실성의 꽉 짜인 주기를 과감하게 벗어날 수 있다고 믿는다면, 마음껏 방대한 새로운 경험 영역에 진입하게 될 것이다. 마약은 분명 현실의 언뜻 꽉 짜인 틀을 풀어주는 훌륭한 방안으로 간주되었다. 이는 싫든 좋든 현실 세계를 풀어놓기 시작하는 것처럼 보였다. 마약 상습자는 이게 마음에 들었고, 이를 한 걸음 더 나아가라는 신호로 받아들여, 상징적 장벽을 넘어가 버렸다. 마약을 싫어하는 '정상인'은 이게 탐탁지 않아서, 얽힌 타래가 스스로 다시 풀릴 때까지 기다렸다.

마약, 특히 LSD가 차단된 경험 영역의 문을 열어 주는 능력이 있다는 사실은 우리 집단이 흔히 언급한 부분이다.

> 레스　실제로 음악을 눈으로 볼 수도 있고, 저는 이미 본 적이 있어요. 저는 음악이 스피커에서 끓어 넘치는 것을 봤어요.
>
> 밸　아시다시피 우리는 모든 감각에 갇혀 있어요, 촉각, 후각, 미각, 시각, 청각에 갇혀 있는 거죠. 그렇지만 LSD를 흡입하면 크로스오버가 일어나고 더 이상 갇히지 않은 상태가 돼요. 이전에 세상을 보던 방식에 더 이상 사로잡히지 않게 되는 거죠.

레스 LSD를 흡입하면 모든 감각, 특히 시각적 감각의 총체적 경험을 지향하게 돼요. 다른 감각도 볼 수 있게 되는데, 저는 냄새를 보지는 못했지만, 소리를 보고, 색깔도 들어봤어요…… 그랬어요, 글쎄, LSD에 취한 채 '젊은 여자'랑 한번 한 적이 있는데, 지금까지 겪은 것 중 가장 놀라운 경험이었어요. 왜냐하면 모든 오르가슴이 총제적, 음 …… 쾌락의 느낌을 주는 것이 뇌의 신경 중심부에만이 아니라, 성기 끝에만이 아니라, 신체 전체에 걸쳐, 이런, 제 손가락 끝에도, 오르가슴이 줄줄이 이어졌거든요. 내 생각엔 인생 최고의 희열에 거의 도달한 상태였어요. …… 완전히 믿을 수 없는 정도였구요, 이 오르가슴을 방해하는 유일한 요인은 제 자신의 신체적 힘이었어요. 제 사지에서 에너지가 그냥 모두 빠져나갔거든요. 에너지가 모두 빠져나가는 것을 느낄 수 있었으니, 그건 정말 놀라운 경험이었어요. 내 근육이 산소를 미처 다 전환하지 못하고 있음을 알 수 있었어요. …… 아주 믿을 수 없는 일이었어요.

상징적 장벽에서 '정상인' 측의 마약 이용자와는 달리, 마약 상습자는 공통된 상황에서 이례적인 일에 관해 비록 살짝 지나가는 수준이긴 해도 지속적으로 언급하고 거기에 주목했다. 공유된 세상에서 살고 있는데도, 이들은 마약을 하지 않은 상태에서도 '정상인'이 할 수 있는 것보다 그 속에서 더 많은 측면들을 발견하고 가볍게 굴절되는 부분을 찾아냈다. 마약 상습자는 실제 세계를 '응시하고' '정상인'은 '관리한다.'

이처럼 경험에 몸을 맡기고 결정을 경험적으로 극복하는 현상에서 한 가지 핵심적 측면은 '현재'에 총체적으로 집착한다는 것이다. 만약 경험이 전부라면, 존재가 전부이고, 존재의 주된 차원은 '현재성nowness'이었다.

로빈 '마약'은 말하자면 과거에 어땠고 미래에 어찌 될지보다는 …… 현재 어떤지에 관해 훨씬 더 잘 알고 있는 데서 …… 파생되는 결과로 누리는 어느 정도의 자유를 의미했어요. 있잖아요…… 음 …… 우리는 현재에, 그러니까

이 순간, 지금, 현재의 상태를 그대로 경험하면서 살아야 한다고 믿어요. 왜냐하면 거기엔, 왜냐하면 거기엔 다른 어떤 이유도 없어요. 수도원에 들어가 50년 동안 명상을 해도, 아마도 똑같은 발견을 할 수 있었을 것 같아요. 저는 막 그것을 하는 방법을 찾아냈고, LSD는 그 과정을 더 빠르게 해 주었죠. 그러니까 아주 상당히요.

이처럼 '현재'로 요약되는 것, '걸어서 돌아다니며 순간을 체감해 볼' 자유의 느낌은 전통적 시간 개념의 완전한 붕괴를 낳았다. 산업적 시간과 직업 지향적인 시간은 본질적으로 질서, 즉 다른 일을 할 수 있도록 그 전에 마쳐야 할 일, 바로 대대적인 핵심적 의식 경로와 관련이 있다. 상당히 잘 결정되고 공통적으로 수용된 이러한 부류의 시간 구조가 없다면, 특히 다양한 전문화의 통합에 의존하는 정교한 선형적 임무는 완수될 수가 없다. 작업장에서 아주 흔한 지루함과 좌절의 감정 — 노동자가 자신과 사이렌 사이에서 느끼는 원거리 사막 같은 황량함, 사이렌이 울리는 시간의 기이한 무작위성 — 에서 볼 수 있듯이, 시간 경험을 이런 식으로 외부에서 강제하는 것은 인간적으로 늘 적절하지 않다. 마약 상습자들은 이 '환각 상태' 도중에 전통적 시간의 부적절함을 특히 강력하게 느꼈다.

노먼　시간은 인위적이라는 사실을 아시잖아요. '시간'이란 것은 존재하지 않아요. 시간은 한 무더기 시계, 인간이 자신을 전산화하기 위해 만든 물건에 불과하죠.

현장의 교회 관계자가 가한 가장 흔한 비판 중 하나는 '히피들'은 '전혀 믿을 수가 없다'는 점이었다. 하지만 마찬가지로 우연히 마약 상습자를 마주치게 되었는데, 그가 어떤 일에 관심을 갖게 되었다면, 그는 그

일이 철저하게 이해될 때까지 그냥 머물면서 이야기할 것이다. **진짜** 만남의 위험을 회피하기 위해 '지금 서둘러 가야 해'나 '시간이 잠깐밖에 나지 않아' 식의 이야기는 나오지 않는다. 마약 경험에서 느낀 이러한 주관적 시간 감각, 감각의 최대한 개방성, 본질적인 자율성 결여는 통상적인 거부감을 없애 줄 수도 있을 것이다. 즉 객관적으로 혐오스러운 상황은 즐거운 시간이 되기도 하고 심지어 환상적인 시간이 되기도 했다.

로빈　그런데, '여자애'랑 함께 있었는데, 걔가 바닥에 온통 토해 놓은 거에요. 우리는 둘 다 말하자면 완전히 정신이 몽롱해졌어요. 방은 빙빙 도는 것 같고, 뭐 내가 어디서부터 시작했는지조차 모르겠는걸요. 그러나 저는 토해 놓은 것을 모두 치우기 시작했어요. 그땐 혐오감조차 들지 않았어요. 그러니까 평상시라면 그랬겠지만. 누군가 저와 같은 방에 있었다면 당연히 구역질이 났겠죠. 저도 구역질이 났어요. 그렇지만 저는 거기서 맨손으로 토사물을 퍼서 변기에 처리했어요.

레스　바스Bath에 갔더니 이런 변소가 있었는데요. 축구장 길이 정도였던 게 분명해요. V자 모양으로 파인 골함석이 반대편 끝까지 이중으로 놓여 있었죠.

데릭　한쪽 끝에 서 있으려면 키가 커야겠군.

레스　말하자면 모두 소변을 보고 있었어요. 여기 사람들이 끝까지 늘어서 있는 거예요. 나는 작은 쪽 끝에 서 있었고, 그게 강물을 이룬 거죠. 나는 말할 수 없는 '환각' 상태였고. 그러니까 멋진 풍경이었어요. 나는 소변에만 몰두했고요.

데릭　모든 담배꽁초와 성냥개비가 떠내려가고.

레스　멋진 모습이었죠. 악취가 말도 못할 정도였어요.

자아 상실, 방어적 반사 행동 상실, 기이함에 대한 개방성 등은 모두 누적되어 마약 상습자에게 또 다른 금지된 영역을 열어 주었는데, 바로 정신 질환 그 자체였다. 우리의 전통적 의식에 의해 대개 잘 억제되던 경험 이면이 심각하게 '환각에 빠진' 상습자에게 정상적 경험만큼 손쉽게 제공되었다. 이들은 때때로 두 가지를 분간할 수도 없었다. 흔히 '환각에 빠진' 사람은 임상적으로 정신질환자로 보일 것이고, 물론 LSD도 처음에는 실험 여건에서 정신분열증과 같은 조건을 조성하려는 시도로 사용되었다. 이제는 LSD 경험이 정신분열증 증세와 똑같다는 확신은 훨씬 줄었지만,[72] 많은 사람에게 '환각'은 '이들의 본성에서 어두운 측면'으로의 여행이라는 데는 의심의 여지가 없다.

마약 이용과 전통적으로 이해되던 정신분열적 쇠약 증세 사이에는 아주 뚜렷한 관련이 있다는 점은 분명한 사실이었다. 마약 단속반은 멀쩡한 상태에서 나타나는 이 관계의 명확성을 증언해 준다.

> B　아주 흔히 마약 세계의 아이에게 질문을 던지고, 그 아이가 마약에 관해 이야기하는 것을 보면, 이 아이에게 영향을 미치는 것은 마약이 아니라는 깨달음이 갑자기 들곤 합니다. 이는 어떤 훨씬 더 근원적인 것이죠, 우리는 이 중 다수를 병원에 넘깁니다. 병원에서는 이들이 비록 마약 뒤에 숨어 있긴 하지만, 심각한 정도는 아니라도 정신 질환을 갖고 있음을 발견했어요. "그런데 저 '대마초' 중독이에요"라고 말하는 아이를 볼 수 있죠. 일부 의사는 이를 이른바 대마초 정신 질환이라 부르지만, 음, 내가 보기에 어떤 의사들이 대처하는 방식은 이런 식인 듯해요. 즉 만약 이들이 내진 환자를 받고, 그가 의뢰 환자라면, 그리고 다른 의뢰 환자의 경험을 통해, 의사들은 마약에 관해서는 까

72　다음에 실린 의사록을 보라. "Drug Dependency Discussion Unit," King Edward's Hospital, London(1972: 3).

맣게 잊어버리고 이 아이들을 정신질환자로 검진하기 시작합니다. 이 의사들은 아마 이 과정을 밟아가다 어디선가 환자가 약간의 경미한 정신과 질환을 갖고 있음을 발견할 것입니다. 그러니까 이 사람은 정신분열증 환자나 여타 환자가 되어 버리죠.

하지만 비록 이 시점에서 마약 상습자의 경과를 추적할 수 있는 역량이 우리에겐 제한적이긴 해도, 마약 사용의 정신병적 측면을 병리 현상으로만 치부해서는 안 된다. 우리의 통상적 의식의 모호하고 신비로운 측면에 대한 지식과 자각은 현대의 의학적 지혜에 의해 참담할 정도로 차단되고 혐오스러운 존재로 낙인찍혔다. "일부는 LSD 없이도 '환각에 빠질' 수 있다"라는 말로 레스가 의미한 바는 대부분 정신 질환 자체와의 대면이라는 이러한 의미에서 그렇다고 생각한다. 이 은밀한 영역에 대한 자각을 어느 정도 갖추었다면, 마약과 접촉하지도 않아도 장벽의 '힙'의 편에 설 수도 있었다.

히피 세계에서 마약을 탈피해 종교를 지향하는 경향의 발전과 이어지는 접점이 바로 여기에 있다.[73] 표면적으로는 마약 청산 때문에 외부에서는 '건전한' 발전으로 여기지만, 이는 사실 상징적 의미에서 마약 경험과 아주 가깝다. 이는 자신을 좀 더 완벽하게 파악하려는 시도와 상당 부분 관련이 있다. 그렇게 보면 마약 이용과 감각은 마약 흡입이라는 직접적인 행동이나, 마약 흡입과 관련된 행태적 요인에 의해 구속되지 않았다. 마약 이용의 진짜 의미는 큰 상징적 세계로의 진입에 있었다. 일단

73 현재 잉글랜드까지 번지고 있는 캘리포니아의 예수 열광 운동Jesus-Freak movement은 이러한 전개의 가장 자명한 예다[예수 열광 운동은 1960년대 말에서 1970년대 초 저항 문화의 분위기에서 싹튼 복음주의 기독교 운동의 한 흐름이다. 미국 서부 캘리포니아에서 시작해 북미 전역, 유럽, 중미 등으로 번졌다. 초기 기독교의 삶으로 돌아가자는 구호를 내걸고 단순한 삶과 금욕주의, 기적과 징후, 치유 등에 대한 믿음을 특징으로 한다. — 옮긴이].

이 세계에 진입하고 나면, 실제로 마약 이용 여부는 직접적인 관심사가 아니었다.

마약을 이용하지 않고도 '도취' 상태가 될 수도 있고, 마약 경험과 무관하게 정상적 경험의 질은 변화되기도 했다. 어떤 측면에서, '힙'으로부터 '정상인'을 구분하는 상징적 장벽을 통과하는 과정은 고전적인 믿음의 역설을 제시해 준다. 이해하든 못하든, 이 격차를 논리적 주장으로 메울 방도는 없다. 이 상징적 세계의 존재를 불신자에게, 특히 당신은 '역겹다'고 이미 판단한 불신자에게 입증할 수도 없다. '정상인' 외부인에게 떠오를 수도 있는 부류의 질문은 정작 내부에서는 무의미해지며, 심지어 특정한 질문을 던지는 것은 이미 질문자가 해답을 이해할 수 없을 것임을 드러낸다. 마약 문화에서 이처럼 '부조리한 상황Catch 22'의 측면은 선의의 기구와 우호적인 집단에게 특히 곤혹스러움의 원천이었다. 이는 외부에서 그 문화를 이해하는 데 가장 큰 장벽 중 하나다. '원인'에 대한 관심, 원인 파악, 그리고 궁극적으로는 변형, 약한 마약에서 강한 마약으로 갈아타기에 대한 관심 등은 마약 문화를 이해하려는 대다수의 시도에서 토대가 된다. 이것들은 모두 마약 이용자가 인과적 연쇄 내에서 자신의 자율성을 다시 주장할 수 있도록 하는 데 목표를 둔다. 이 접근 방식들은 한마디로 마약 상습자의 경험에서 실제를 이루는 틀을 결코 파악하지 못한다. 마약 상습자는 자신을 결정하는 과정의 변증법적 성격을 이해했을 때, 역설적으로 가장 (외부적으로) 결정되는 상태일 때, 의식의 완전한 풍성함을 가장 자유롭게 경험하게 된다. 전능함으로 포장된 확장된 의식은 **정상적** 의식을 극도로 하찮게 여기고, 오염된 세상일은 아무 의미가 없는 문제라는 식으로 간주한다. 이 세계로 되돌아오라는 훈계는 마약 상습자에겐 단지 경험의 의미 재배치를 확인해 줄 뿐이다. 훈계자는 저 '아무 의미 없는 문제'의 일부에 불과하며, 그의 발언을 뒷받침하는 노동/책임감이라는 토대는 그것이 이전처럼 여전히 '하찮은' 상태로 남아 있음을 보여 준다.

각자의 관점 안에서 보면, 마약 이용자는 사회복지사가 자신을 아는 것보다 사회복지사에 관해 더 잘 알고 있다. 마약 현상의 객관적이고 인과적인 이해와 마약 연루의 실제 경험적 성격 사이에 가장 큰 차이가 드러나는 지점은 바로 이 모순된 자유 개념이다. '객관적' 집단에게 자유란 자기 책임이고, '주관적' 집단에게 인간은 자신을 책임지지 않을 때만 진정하게 자유로워진다. 마약 상습자는 자신의 마약 이용에 대한 외부의 규정을 굳이 실제로 반박하려 시도하지 않으려 하기에, 상황의 복잡성이 더 심해진다. 훈계자는 마약이 어떤 신비로운 방식으로 더욱더 중독자를 사로잡았고, 이용자의 정상적 커뮤니케이션 역량을 압도하게 되었다고 느낀다. 훈계자는 이전의 자율적인 자아에서 그나마 남은 부분에게 호소해 사악한 침입자를 떨쳐 버리려는 노력을 배가한다. 반대로 마약 상습자는 훈계자가 결코 '진실'을 볼 수 없을 것이라는 확신을 그냥 더 굳히게 된다.

이러한 '신념 수준의 이해' 감각 혹은 직접적인 감각적 인상으로서의 이해는 이들의 삶에서 다른 측면으로까지 눈에 띄게 퍼져 나간다. 이들은 인과적이고 외부적인 설명에 짜증이 나서 사물에 대한 경험을 원하며, 경험–설명의 외피에 싫증을 내게 되었다. 그러한 감정이 상습자 문화의 삶의 체험에서 일관되게 유지되었다는 사실은 놀라울 정도다. 합리적–기술적 이해에 비해 경험의 우월성은 아마 전체 운동에서 주가 되고 가장 널리 공유되는 신조였을 것이다. 그렇다고 해서 언어가 불필요해졌다는 뜻은 아니다. 오히려 반대로, 히피 문화는 고도의 구두 문화였지만, 언어 사용은 '진실' 혹은 과정에 대한 객관적이고 공통된 이해 도달을 목표로 하지 않았다. 언어는 우아하고 정교하며 때로는 짓궂은 제안, 반대 제안, 대비, 역설과 허를 찌르기에 의해 감정과 이해 **상태**를 북돋우는 방안으로 이용되었다. 많은 부분은 말로 표현하지 않은 채 내

버려두고 당연시되었다. 말하자면 단어는 이 분위기를 객관적으로 재현하기보다는 그 형상을 자료 속에 새겨 놓았다.

이 감정들은 현재에 대한 초인간적 집중력, 일상적 경험을 변화시키는 역량, 특히 정신질환자의 과감한 행동과 결합해, 마약 상습자를 신비로운 경험의 풍부한 토대로 만들었다. 이는 특히 LSD에 의한 '환각 상태'에서 발생할 가능성이 컸고, 일단 경험하고 나면 마침내 개개인을 상징적 장벽에서 '힙' 쪽으로 옮겨 놓았다. 이 경험의 실제 성격은 접근하기 아주 어렵고, 마약 상습자가 즐겨 화제 **대상으로** 삼는다 해도 자신들의 경험 중 말로 표현하기 가장 어려운 부분이었다. 이 경험은 그 자체 이외의 틀로서는 결코 전달할 수 없는 것이었다. 신비로운 경험은 상습자의 마약 세계에서 핵심적인 가치의 전형적인 상징이자 인정 표식이었다. 이를 통해 개개인은 마침내 일상 세계의 도달 범위와 그 세계가 주장하는 자율성을 초월할 수 있게 된다. 만약 우주적 의식의 일부이자 신의 일부가 된다면, 만약 당신이 사실상 신**이라면**, 인과관계와 개인적 자율성 개념들은 당신이 이미 완전히 초월하고 장악해 버린, 삶의 아주 미세한 부분에 대한 잘못된 이해일 뿐이었다. 삶의 모든 측면이 당신의 일부인데, 어떻게 당신 자신에 맞서 싸울 수 있겠는가?

여기서 상습자의 마약 세계와 동방의 종교, 문화가 서로 접촉하는 지점이 있었다. 이 종교들에 관한 자세한 지식은 아주 부족했다. 대개 피상적인 지식이 깊숙한 수준의 무지를 은폐했다. 동방은 글자 그대로의 상대역이라기보다는 자신들의 입장에 대한 **은유**로 수용되었다. 동방에 관한 객관적 지식의 결여가 동방의 은유로 **이르는 경험의 진정성**을 훼손하지는 않았다고 주장하고 싶다. 여기 자연스러운 집단 환경에서 LSD에 관한 신비로운 체험이 묘사되는 몇 가지 사례가 테이프에 나온다.

레스　나는 지고의 존재가 계신다고 믿고, 삶의 순수한 에너지의 존재도 믿는데, LSD 상태에서 나는 여기에 관해 많은 것을 발견하게 되었어. 한때 이는 나에게 엄청나게 종교적인 것이었거든.

데릭　그렇지, 하지만 최고의 존재가 있다고 믿니?

레스　그래, 현재 나의 지존이 있는 곳을 나는 내 성경, 팔괘, 혹은 무슨 이름으로 불리든, 중국의 주역 같은 것으로 여기거든.

노먼　지금 네가 하는 일, 경험하는 것, 네가 얻는 지식이 네게 어떤 식이든 혜택을 줄 것이라고 생각해?

레스　물론 그렇지.

데릭　경험이 삶이야.

레스　그것은 나 자신에게뿐 아니라, 희망컨대 내 동료에게도 대단히 엄청난 혜택이 될 거야. 주역을 살펴볼 때 나에게 제시된 변화인 궤를 보게 된다고 믿어. 나는 그 특정한 순간에 이 노선을 따라 삶을 살아가려고 할 뿐 아니라 주역에 따라, 나 자신의 인간관에 따라, 나 자신의 절대자 개념, 삶을 움직이는 순수한 에너지의 힘에 따라 내가 하는 일이, 다른 사람에게도, 바로 내 주변 사람들, 내가 아는 사람들에게도 더 좋은 일을 해 줄 것이라 믿어. 만약 그런 식으로 표현하고 싶다면 내가 사회에 진 빚, 동료들에게 신세 진 것을 나 자신에게도 빚지고 있어.

………………………………………………………………………………………

레스　그래, 동방의 종교 개념은 LSD, 혹은 LSD의 종교 개념과 공통점이 아주 많아,

밸　서구는 신이 초월적 존재라는 견해, 달리 말해 신이 세상과 분리되어 있고, 인간은 이 생애에서 착한 사람일 경우 천국 왕국에 들어갈 수 있다는 견해를 취하지.

/ 웃음 /

그리고 아시다시피 우리는 신과 함께하는 존재가 될 수 있지만, 동방에서는 신이 내재하고, 우리는 신 안의 신이며, 신이 우리 안에 있다는 견해를 취해.

이게 바로 LSD가 우리에게 주는 것이지.

LSD를 초월적 경험과 연루시킨다고 해서, 일부에서 주장했듯이 약물이 무효화되는 것은 아니다. 첫째로 이는 이 논문 전체의 핵심 주장과 관련이 있는데, 마약의 핵심적 중요성은 약학적 속성이 아니라 더 큰 상징적 체제로의 수용에 있다는 것이다. 비록 마약이 이 세계로 들어가는 안전장치 구실을 하긴 해도, 상징 세계 자체는 공통적인 일상적 인간 과정에 근거하고 그 과정을 통해 체험된다. 초월적 경험은 어떤 화학물질이 뇌에 작용해서 나온 산물이기보다는 **이 세계에 거주**한 결과 발생하는 산물에 더 가까웠다. 둘째로, 잠시 의식의 화학적 결정 인자가 문화적 인자보다 더 강력한 요인이라고 가정한다고 쳐도, 여전히 신비로운 일화의 경험적 진실성이 무효화되지는 않는다. 원인이 무엇이든, 이는 여전히 진짜처럼 경험된다. 경험은 그 원인을 근거로 판단할 수 없다. 오직 경험의 성격과 삶에서의 효과에 의해서만 판단할 수 있을 뿐이다.

하위문화적 약학

비록 '상습적' 마약 세계를 하나의 거대한 상징적 구분 측면에서 설명하기는 했지만, 상습자 자신들은 다양한 마약 유형을 좀 더 정교하게 구분하였다. **대마초**는 모든 마약의 공통분모였고, 가장 흔히 사용되는 마약이었다. 적절한 상징적 의미 귀속과 더불어 올바르게 사용한다면 이는 상습자 경험에서 진정한 일부였다. 그러나 수많은 다른 집단들도 마약을 아주 다양한 방식으로 사용해서 아주 다양한 의미를 얻는다는 사실도 인정되었다. LSD는 훨씬 더 강력하고 훨씬 더 문화적으로 긍정적인 마약으로 간주되었다. 물론 환각 체험을 하지 않은 채 LSD를 흡입하는 것도 가능했다. 이는 비문화적 이용이지만 '정상인들'은 마약을 한 번만 흡입해 보고는 '혼비백산할' 가능성이 크다는 데 공감이 이루어졌다. 그 세계의 많은 히피는 스스로 마약을 두려워했고, 마약은 심각한 잠재적 위험성을 갖고 있다는 인식이 널리 퍼져 있었다. 마약에 겁을 내는 히피들이 외집단 인물은 아니었다. 이들은 더 광범위한 상징적 세계의 일부였고, 그래서 정기적으로 환각에 빠지는 게 어떤 것인지 **어느 정도** 이해했다. 그러나 LSD를 사용하지 않았다는 점에서 이들을 '진짜' 상습자로는 여기지는 않았다. '진짜' 상습자는 LSD를 무차별적으로 사용하지 않았고 'LSD 중독자'가 되는 일의 위험성도 인식하고 있었다. 이들은 경험에 대한 채비를 아주 세심하게 하면서, 혹은 LSD가 효능을 잘 발휘하는 분위기를 정교하게 조율하면서 LSD를 정기적으로 조심스럽게 이용했다.

LSD가 대마초를 능가했듯이, **헤로인**은 LSD를 훨씬 능가했는데, 이는 문화적으로 덜 적절한 방식으로 그랬다. '헤로인'의 위험성은 잘 인식되었지만, 헤로인이나 코카인에 완전히 중독된 사람에 대해서는 진정한 동정심을 표현하는 이조차 없었다. 여기서 일반적인 태도는 여전히 이용은 이용자의 선택 문제라는 것이었다. 만약 이용자가 마약에 빠지게 되면 분명히 어떤 영향을 받게 되는데, 이는 이용자의 **환각** 상태였다. 나는 심각한 마약 중독자와 작업해 본 적은 없지만, 마약 단속반에 의하면 도시의 마약 중독 수준은 1960년대 중반에 기록한 두 자리 숫자에서 한 자리 숫자로까지 떨어졌다. 헤로인은 현장에서 그다지 자주 거론되지 않는 마약이었다. 만약 가끔 사용한다 해도 오직 아주 가까운 동료들이나 눈치챌 정도였다. 내가 잘 아는 어느 상습자는 '헤로인'을 가끔 사용한다고 실토했는데, 양과 빈도를 계속 세심하게 확인하고 '정맥 주사'보다 '피하 주사'를 고수하는 한, 의존성과 이후 따르는 모든 공포스러운 결과를 피할 수 있다고 일러 주었다. 마약의 위험성은 잘 알려졌지만, '정상' 사회에서 만나게 되는 것과 똑같은 마약 공포는 없었다는 점도 분명한 사실이다. 마약은 강력한 적이라기보다는 단지 강력한 작용제로서, 통상적으로는 피해야 하지만 극단적 상황에서는 환영할 대상으로 간주되었다. 물론 일관성 있는 증거를 확보하지는 못했지만, 현장에서는 통제된 헤로인 사용, 조심스러운 피하 주사 이용이 대다수의 통제 기구들이 파악한 것보다는 훨씬 더 잘 이루어지고 있었다고 생각한다.

'헤로인'의 문화적 의미는 주로 신체적 회복 불능성이라는 예상의 상징적 확장에 있는 것처럼 보였다. 헤로인을 시작하는 것은 단지 '힙'과 '정상인'을 구분하는 상징적 장벽을 통과하는 데 그치지 않았다. 이는 정상 사회와의 관계를 돌이킬 수 없이 단절한다는 뜻이었다. 어떤 점에서 이 '헤로인' 경험은 문화적으로 LSD 경험과 비슷했지만, '헤로인'의 경우 이용자가 극단적 정도의 마약을 경험해 보았을 뿐 아니라 타고 온 배까지 태워 버려 아예 되돌아갈 수도 없게 된 셈이다. 어떤 점에서 이 때문에 '헤로인'은 마약 문화의 의미를 극단적으로 표현하게 되었다. 이 마약은 정상인이 도저히 이해할 수도 없고, 정상 사회가 이용자들을 구출할 수도 없는 장벽 너머의 의미에 대한 충성심의 표현이었다. 반면에 실제 상태나 신체적 상태보다 상징적 상태가 더 우월하다는 사실을 이를테면 간접적으로 인정하는 바람에, '헤로인'은 부분적으로 불신의 대상이 되었다. 헤로인의 의미는 백지 상태가 오기 전의 마지막 것이 될 수밖에 없었다. 이용자는 죽겠지만 — 얼마나 반박할 수도 없을 정도로 반정상파의 극단적인 히피식 '사망' 방식인가 — 그래도 계속할 것인데, 이만하면 대단히 비싼 대가를 치른 셈이다. 이러한 의미에서 '헤로인'의 문화적 의미는 상습자 세계에서 사용되는 모든 마약의 약학적 근거에 가장 가깝다. 물론 마약마다 체험의 의미는 아주 다르겠지만, 마약 이용의 최종적 대가는 죽음이라는 데 문화적 접근과 약학적 접근이 의견 일치를 보이는 것은 **오직** 이 사례에서뿐이다.

암페타민과 **바르비투르산염**barbiturates의 역할은 주류에서는 다소 벗어나 있는 것처럼 보였다. 이들은 금지 약물과 LSD가 했던 것처럼 상습자 세계에서 중심 자리를 차지하지는 않았다. 이 약품들은 대개 다른 문화 집단과 더 연관되었다. 히피 세계에서 이 약들은 임시변통용으로 사용되고, 수면 각성제로, 혹은 특정 과업을 완성할 수 있도록 하는 데 이용되었다. 적절한 상징적 양식대로 사용될 경우, 그 효과는 대략 대마초 경험의 강도 정도라면 문화적으로 적절했다. 그러나 내가 보기에 마약성 의약품이 이런 식으로 널리 사용되지는 않는 듯하다. 스스로 장기간 약효를 유지해야만 할 특별한 이유가 없다면, 대다수의 상황에서는 '부는 마약'이 더 적절했을 것이다. 물론 공급 문제가 있었기에, 다른 대안이 없을 경우 마약성 약품을 이용하게 되었을 것이다. 강력한 상징 구조를 갖춘 마약 문화에서, 모든 마약은 가치 있게 여겨지고 어떤 마약이든 적절한 효과를 제공할 수는 있다. 문화의 핵심 구성원들은 상상할 수 있는 거의 모든 마약을 시도해 보았으며, 파쇄한 바르비투르산염이 때로는 '헤로인'을 대신해 정맥 주사용으로 사용되었을 가능성도 있지만, 그런 관행은 개인적으로 접해 보지 못했다.

마약 상습자들이 본 다양한 마약 간의 서열에 대한 이러한 기술을 ― 가벼운 마약 이용이 돌이킬 수 없이 강한 마약 이용으로 이어진다는 전통적 이론의 의미에서 ― '점진적 상승 작용escalation'의 증거로 여겨서는 안 된다. 비록 현장에서 사용되는 다양한 마약 사이에 인지적 차이는 있었지만, 한 가지 마약에서 다른 마약으로의 이동은 의식 상태에 의해 결정되었는데, 이는 마약의 내적 속성의 시각에서보다는 문화적 의미의 시각에서 파악하는 편이 훨씬 더 낫다. 마약에 귀속된 문화적 의미와 마약의 '객관적인' 약학적 효과 사이에 결정적인 연계가 있는 것은 정말로 오직 헤로인의 사례뿐이다. 한 가지 마약에서 다른 마약으로의 문화적 이동은 그 약의 약학적 속성과는 상대적으로 무관하다. 마약 없이도 또 다른 의식으로 상승할 수도 있고, 그러한 상승효과 없이 마약을 흡입하는 것도 가능하다. 마약 이용자는 대마초에서 LSD로, 특히 LSD에서 헤로인으로의 이동이 갖는 성격을 외부 관계자보다 더 세밀하게 알고 있다. 일단 어떤 개인이나 집단이 마약의 상징 세계로 접어들고 나면, 단순히 마약 중단으로는 아무런 효과가 없을 것이다. 상습자는 곧 정상 상태를 넘어설 또 다른 방안을 찾아낼 것이고, 이는 아마도 전통적 사회에 훨씬 더 큰 대가도 초래할 것이다. 헤로인 수준에서는 문화와 약학의 일치도가 더 커진다는 사실은, 이 지점에서 전통적인 상승 작용 개념에 일말의 진실이 존재할 수도 있다는 뜻이다.

8장

거울로 본 민속지학

제프리 피어슨, 존 트워힉

주 일탈 사회학에서 비슷한 성향을 공유하는 하워드 베커와 데이비드 마차David Matza 등은 상호작용론과 민속지학 전통과 연관되는데(이들의 주장에 관한 자세한 설명으로는 아래에 실린 브라이언 로버츠와 스티브 버터스의 비판을 보라), (앞서 초록으로 소개한) 히피 하위문화에서 마약 이용에 관한 폴 윌리스의 연구 역시 이 전통 안에 당당히 자리 잡고 있다. 즉 이를테면 베커가 쓴 《외부인》(Becker, 1963)의 마리화나 관련 글을 따라, 윌리스는 다양한 마약 종류의 생리학적, 약학적 속성보다는 마약 경험이 하위문화적 이용에서 사회적으로 구성되고 문화적으로 정의되고 학습되는 방식을 더 강조한다. 따라서 윌리스는 마약 이용의 유형론을 구성할 때 민속지학적 관찰에 근거해 그의 '행위자들'이 자신의 경험을 어떻게 규정하는지 판단한 결과에 크게 의존한다. 엄격히 말해 윌리스는 다양한 마약이 생리학적 효과를 발휘한다는 사실을 인정하기에, 문화적 정의는 '이 효과를 사회적으로 의미 있게 만드는' 것으로 보아야 한다. 이는 조크 영Jock Young이 《마약 복용자*Drug Takers*》(1972)에서 취한 입장에 가까운데, 이 책에서 영은 "약학과 문화 간의 밀접한 관계"와 "마약 효과의 문화적 구조화"에 관해 이야기한다. 피어슨과 트워힉은 (아래에서 요약 소개한) 마약 이용에 관한 연구에서 강조점을 반대 방향에 둔다. 즉 이용의 하위문화적 맥락은 다양한 마약의 속성과 (이들이 '섭취의 테크놀로지'라고 부르는) 흡입 수단보다는 마약 경험에 적게 영향을 미친다고 이들은 주장한다. 이처럼 좀 더 '유물론적' — 일부는 좀 더 생물학적인 결정론이라 말할 것이다 — 해독에 근거해 피어슨과 트워힉은 베커의 '사회적 의미 구성'식 접근 방식과 그 민속지학적 연구의 뿌리에 대한 총체적 비판을 발전시킨다. 그러한 접근 방식은 이미 수용된 사회학적 도그마, 즉 물질적 혹은 실천적 토대가 없는 의미 사회학으로 변질하는 경향이 있다고 이들은 주장한다.

일탈적 하위문화의 민속지학은 문화의 내부 의미 규칙과 '있는 그대로 전해 준다'는 원칙을 따라 전개된다. 혹은 적어도 그렇게 한다고 이야기한다. 그렇다면 우리가 민속지학자의 텍스트를 일탈적 하위문화 구성원에게 보여 주면 어떤 일이 발생할까? 연구자가 그들의 경험에 관해 이야기하는 내용에서 이 구성원들은 자신들을 식별할까? (구성원들의 생각이라고 연구자가 파악한 것에 관해) 구성원들이 생각하는 바가 민속지학의 검사 잣대가 되는가? 아니면 민속지학은 이해verstehen를 있는 그대로 보여 주는 것 이외에 어떤 다른 숨겨진 기능(결과를 그럴듯하고, 멋지고 설득력 있게 만드는 그 무엇)을 수행하는가?

민속지학이 제공하는 내용을 검토하는 우리의 접근 방식은 투박하고 다소 지나치게 자명한 부분이 있었다(Pearson & Twohig, 시기 불확실). 우리는 마약 이용자들에게 마리화나 흡입이 내부에서 경험되는 방식에 관한 하워드 베커의 '현상학'을 어떻게 생각하는지 질문해 보았다. 또한 이들의 발언을 일탈적 하위문화 내부에서 발견한 세분화된 특징과 대조해 보려 하였다. 이제는 문제를 이런 식으로 처리하지 않으려 한다. 그럼에도 불구하고 우리의 투박한 접근 방식은 하워드 베커의 민속지학과 이 방법이 사회학자들에 의해 마치 교리문답서처럼 전수되는 양상에 맞서 진지한 질문을 제기한다.

첫째, 베커의 주장을 다시 한번 요약할 것이다. 그다음에는 우리 자신의 민속지학 데이터 일부의 제시가 뒤따를 예정인데, 여기에는 일탈 집단이 베커의 민속지학을 반대로 따라 한 결과도 포함된다. 마지막으로는 약간의 결론이 제시될 것이다.

마약으로 유발된 경험의 사회적 구성

하워드 베커의 "마리화나 이용자 되기Becoming a marijuana user"와 "마리화나 이용과 사회 통제Marijuana use and social control"는 일탈 행위 사회학에 근본적으로 기여한 저술이다(Becker, 1963). 이 둘은 LSD 정신병의 기원에 관한 탐구인 "역사, 문화와 주관적 경험History, Culture and Subjective Experience"(Becker, 1971)과 더불어 사회학에서 민속적 지혜의 반열에 올랐다. 마약의 경험 효과는 직접적인 화학적 효과가 아니라고 베커는 주장한다. 그 대신 이 효과는 마약 사용에 부여되는 문화적 의미에 의해 매개된다. 핵심적으로는 "어떤 사람이 마약의 효과를 경험하는 방식은 그에게 미치는 효과를 다른 사람들이 규정하는 방식에 크게 의존한다"(Becker, 1971: 311). 기대치, 배경, 문화적 정의 등의 효과(요컨대 마약으로 유발된 경험의 사회적 구성)는 너무나 중요하기에 마약을 흡입한 사람은 "심지어 마약의 효과가 신체적으로 현저할 때조차 일부 효과를 전혀 인식하지 못할 수도 있다"(Becker, 1971: 310)라고 베커는 주장한다. '마약의 영향하에 있는' 사람은 요컨대 베커의 견해로는 마약 자체 이외 것의 영향하에 있다. 베커의 마약 이용 현상학은 따라서 생물학(혹은 약학)과 문화의 교차점에서 작동하고 있다.

베커는 마리화나 이용자의 이력을 초심자에서 쾌락(베커의 표현으로 '재미')용으로 마약을 이용한 경험이 풍부한 단계까지 추적한다. '성공적인' 마리화나 이용은 마약의 약학적 속성에 의해 보장되지 않으며 **학습되어야** 한다고 그는 주장한다. 이 학습은 세 가지 단계로 이루어진다.

1. 기법 배우기　"초심자는 통상적으로 마리화나를 처음 피울 때 환각 상태에 도달하지 않으며, 이 단계를 유도하는 데는 대개 여러 차례의 시도가 필요하다. 이에 대한 한 가지 설명은 마약을 '제대로' 즉 실제로 도

취 징후를 유발하기에 충분한 용량이 흡수되도록 피우지 않았다는 것이다"(Becker, 1963: 46). 그러한 기술적 요령이 부재한 상태에서는 마약이 잠재적으로 즐거운 것으로 간주될 수도 없고, "마리화나 이용이 무의미하게 여겨지고 지속되지도 않았다"(Becker, 1963: 48).

2. 효과를 지각하는 법 배우기 "제대로 피우는 기법을 학습한 후에도, 신규 이용자는 환각 상태에 도달하지 못하고, 따라서 마약이 쾌락용으로 사용될 수 있는 것이라는 개념을 형성하지 못할 수도 있다"(Becker, 1963).

문제는 초심자가 마약 효과를 식별하는 법을 학습해야 한다는 점이라고 베커는 주장한다. 이 효과는 자명하지도 않고, 마약 흡입과 자명하게 연계되어 있지도 않다. 그러므로 효과에 대한 지각은 마약 문화 참여에 의해 지목되고, 그러한 참여를 통해 학습되어야 한다. 다시 말해, 초심자는 하위문화의 해박하고 영향력 있는 구성원으로부터 '영향하에 있다'는 것이 무슨 뜻인지 배우게 된다. 베커의 사회학에서는 약학의 중요성이 후퇴하기 시작하는 것을 여기서 발견할 수 있다.

3. 효과를 즐기는 법 배우기 "이제 환각 상태에 도달하는 법을 배운 이용자가 이용을 계속하려면 한 가지 단계가 더 필요하다. 그는 자신이 방금 경험하는 법을 배운 데서 발생하는 효과를 즐길 줄 알아야 한다"(Becker, 1963: 53). 화학적으로 유도된 효과는 모호하다고 베커는 말한다. '환각' 상태의 징후는 자명할 정도로 즐거운 것은 아니다. 그러므로 마리화나 이용자는 마약을 (이용하기 전이 아니라) 이용하는 과정에서 쾌락추구형 마약 이용의 동기를 글자 그대로 학습해야 한다. 베커에 의하면, 어떤 것이 '재미'이고 어떻게 그것이 '재미'가 되는지 학습하는 행위는 다시 말해 경험이 풍부한 마약 사용자의 하위문화에 의해 매개된다.

요약하자면, 마약에 의해 유도된 효과의 주관적 경험을 이해하는 데는 약학이 눈에 띄지 않은 위치로 물러나야 한다고 베커는 말한다. 주관적 경험은 기대치, 배경, 문화적으로 규정된 의미 등등에 의존할 것이다. 마약 효과는 직접적이지 않다. 그보다는 문화에 의해 매개되고 (결정된다).

"하워드 베커, 거래처를 바꾸시오!"

반복하자면 베커의 여러 글은 현상학적 사회학에서 마치 복음처럼 채택되었다. 데이비드 마차는 다음과 같이 주장하면서 그 입장에 자기 나름대로 권위를 부여한다.

> "마리화나 이용자 되기"에서 사회학적 인간 개념은 철저하게 인간화했다 …… [그 글은] 사람들이 다소 부지불식간에 늘 해온 일을 어떻게 처리할 것인지에 대한 '처방'이자 충실한 요약으로 간주할 수 있다 …… 이 글은 '마리화나 피우는 법'이란 제목을 붙여도 괜찮았을 것이다. (Matza, 1969: 109～110)

마차는 이처럼 강력한 추천사를 아주 자세하게 진전시킨다. 이 저작은 새로운 사회학적 정통 교의로 소중히 모셔진다. 좀 더 최근에 와서, 예컨대 어느 영국인 필자는 베커와 마차의 공식에 다음과 같이 공감을 표한다.

> [마리화나] 이용자가 되는 과정은 …… 그 효과를 확인하고 즐기는 법을 학습하는 역량 습득을 포함한다. 이것들은 결코 자명하지도 본질적으로 즐거운 일도 아니다. 실로 마약을 약학적으로는 플라세보 효과와 거의 같을 정도로 효과가 미미하다고 보는 의견도 늘어나고 있다. (Auld, 1973: 569)

다음 내용은 이러한 정통적 견해에 의문을 제기하는 일부 증거를 간단하게 요약한 것이다.

우리는 다음과 같은 질문들을 던지고 싶다. 약학을 망각하는 (혹은 삭제하는) 이론은 어떤 부류의 마약 이용 '현상학'인가? 사회학자들이 마약의 유독한 효과에서 독을 제거한 설명을 곧이곧대로 받아들이게 되다니 도대체 어찌 된 일인가? 그러나 먼저 우리는 다음 질문을 던진다. (사회학자와 반대로) 마약 이용자는 자신의 습관 체득에 관한 이 '처방'에 어떻게 반응하는가?

경험이 오랜 마약 이용자인 한 남성은 우리에게 핵심적인 이슈 중 하나를 요약해 주었다. 초심자는 효과를 지각하는 법부터 배울 필요가 있다고 베커는 주장했다. 이 남성 자신의 경험은 어땠을까? "효과를 지각한다고? 와! (한참 동안 웃음) 효과란 그냥 …… 확 하고 발생하는 것이다! …… 머리 뒤통수를 가격하는 망치처럼 말이다 …… 그 베커란 친구는 거래처를 바꿔야 해!" 이 남성은 형과 친구 무리와 어울려 처음으로 마리화나를 피워 보았다. 그의 진술에 따르면, 그는 다소 많은 양의 마리화나 진액을 커다란 담배 '마디'에 말아 넣어 피웠다. 그는 언뜻 아주 오랫동안 '마약에 취했고' 결국 음악을 들으면서 잠에 빠졌다고 말했다. 마리화나의 약학적 효과가 (아무런 하위문화적 매개 없이) 그에게 덮쳐 왔다는 식의 극적으로 표현된 경험은 베커의 현상학에서 자신의 모습을 식별하지 못한 대규모 집단을 대변한다. 이러한 사회학적 설명의 어리석음과 잘못된 생각에 관해 무뢰한 언급이 무수하게 나왔다. 만약 베커의 연구 대상자들이 효과를 확인하는 법을 배울 필요가 있었다면, '부당한 거래'를 당한 게 틀림없다고 여러 명이 농담을 했다.

우리는 이 첫 번째 기법을 **무거운 테크놀로지**heavy technology로 부를 것이다. 경험은 보편적이지 않았다. 두 번째 사람은 흡연 테크놀로지도 다르고 언뜻 효과도 달라서, 사실 전혀 다른 경로로 마리화나를 이용하게 된 또 다른 하위 집단을 대변할 수도 있다. 그는 (1967~1968년 영국에서) 어느 파티에서 한 친구가 담배 한 개비를 건넸을 때 처음으로 마리화나를 피워 봤다. 그는 "LSD에서 상상한 것처럼 …… 아름다운 색깔을 …… 일종의 사이키델릭 효과"를 예상했지만, 실제로 얻은 것은 킬킬거리는 웃음뿐이었다. "우리 중 몇몇은 실없는 농담을 무수하게 던졌다…… 나는 위스키, 와인, 맥주를 많이 마셔, 아마 이미 어느 정도 취해 있었던 듯하다." 이 사람은 가끔 파티에서 재미로 수년 동안 마리화나를 피웠다. 마약이 늘 효과를 발휘하는 것 같지는 않았다고 그는 말했다.

이 두 번째 집단은 파티와 모임에서 자극을 얻으려고 마약을 이용하고, 마약의 효과는 대개 술로 몽롱한 상태로 지각한다. 많은 점에서 이 집단은 베커가 제시한 식의 마약 이용 이력 버전에 가장 가깝게 들어맞는다. 마약의 효과는 좀 더 모호한 것으로 알려졌다. 마약은 흔히 첫 경험 사례에서는 작동하지 않은 듯했고, 일부는 그 시점에서 마약을 아예 포기해 버렸다. '환각' 상태가 무엇인지는 잘 분간되지 않았다. 이 두 번째 마약 이용 형태를 우리는 **파티 테크놀로지**라 부른다.

우리가 받은 인상은 이 두 가지 하위 집단 사이의 핵심적 구분은 **테크놀로지**(**마약을 흡입하는 방법**)라는 점, 테크놀로지마다 마약 효과는 다르게 나타난다는 점이다. 기대치, 문화, 배경은 중요하지 않은 듯했다. 때로는 마약 이용을 둘러싸고 의례가 존재했지만, 편차가 커서 그다지 의미 있는 패턴이 나오지 않았다. 모든 사례에서 다양한 효과의 패턴화, 온갖 하위문화 라이프스타일, 다양한 마약 이용 패턴을 연결해 준 것은 테크놀로지였다. 간결함을 위해 우리는 여기서 오직 두 가지 테크놀로지만 언급했다.

일부 이용자는 다양한 테크놀로지를 자유롭게 오가면서 다채로운 효과를 경험하였다. 예를 들면 어느 여성은 파티에서 마리화나를 가끔 피웠는데(그리고 즐겼는데), 이 역시 술을 마신 후였다. 이 여자는 이후 무거운 테크놀로지 유형의 '상습자' 집단과 친구가 되었다. "너무나 달랐어요. 말하자면 좀 더 생생하달까, 나를 축 늘어지게 했거나 그렇게 보였어요. 내내 킬킬거리고 이야기하고 싶은 마음이 들지 않아도 정말로 음악을 즐길 수 있었죠 …… 대화는 거의 없었어요." 여기서 우리의 대상자는 '배경'의 영향을 기술하는 게 아니라, 전혀 다른 테크놀로지의 효과를 기술한다는 점이 중요하다. '배경'이 영향을 미칠 가능성을 부정하고 싶지는 않지만, 이러한 부류의 증거는 일방적으로 '배경'만 강조하는 사회학적 입장을 바로잡는 구실을 한다.

마찬가지로, 테크놀로지가 (그리고 당연히 약학도) 마약 효과의 주관적 경험에서 주된 결정 요인이라고 말한다고 해서, 개별적 마약 이용자에게 의도성(어떤 것이 이들을 마약 이용으로 이끌었는지, 혹은 어떤 이데올로기가 마약 이용을 둘러싸고 있는지)이나 (마리화나 이용을 포기하거나, 한 가지 테크놀로지가 더 즐겁다고 선호하는 식의) 선택을 부정하지는 않는다. 예를 들면, 똑같은 여성이 '상습자들'에 관해서 이렇게 말했다. "그들은 빙 둘러앉아 마리화나를 엄청나게 피워대고, 진짜로 잔뜩 취해서 둘러앉아 음악을 듣는다. 소프트 머신Soft Machine이나 핑크 플로이드Fink Floyd, 뭐 그런 것이지 …… 진짜 잔뜩 취해 …… 그렇지만 그냥 둘러앉아서. 그런 것은 내가 좋아하는 장면이 전혀 아니야. 그냥 너무 수동적이고, 너무 지루해." 그리고 여기서 그 여성이 거부하는 것은 단지 라이프스타일(즉 문화)이 아니라 테크놀로지라는 점도 거듭 강조해야만 하겠다.

사회학적 제국주의, 맹점과 희열

마약으로 유발된 경험과 마약 하위문화를 이해하는 데 기여하기엔 우리가 제시한 증거는 너무 진부하다. 그러나 우리 질문은 그런 것이 아니었다. 우리의 의도는 최근 유행하는 '상호작용론적,' '현상학적,' 그리고 '내부자' 사회학에 대한 검토였고, 지금도 여전히 그렇다. 우리의 질문으로 되돌아가자면, 첫째 마약 이용에 관한 민속지학자의 텍스트와 마약 이용자의 경험 사이에 발생하는 불일치를 어떻게 설명할 것인가?

어떤 의미에서, 그다지 놀랄 만한 일은 아니다. 베커는 (추측건대) 재즈 음악, 재즈 클럽, 아방가르드 스타일의 비밥bebop 성장을 둘러싸고 전개된 1950년대 미국 하위문화에서 예를 따온다. (사실 베커는 자신이 설정하는 현장의 다른 문화적 측면에 관해 자세히 밝히지는 않는데, 이는 마약 이용에 관한 그의 민속지학에서 큰 약점이다.) 우리는 연구 대상을 1970년대 초반 비폭력 반전 운동 시대 이후, 백인에다 주로 중간 계급인 영국 청년으로 구성된 히피 세대에서 따온다. 이 두 하위문화는 (그리고 그들의 거시-문화적 맥락은) 전혀 다른 세상에 속하며, 그들의 경험도 다르다. 아마도 베커에 대한 의혹은 풀렸고, 우리 작업은 단지 문화적 가치와 '배경'이 지각된 마약 효과에 어떻게 영향을 미치는지만 보여 주는 데 그칠 수도 있다.

그러나 우리의 목적은 베커의 저작을 입증하거나 반증하는 데 있지 않고(한마디로 표의 문자적 관찰을 어떻게 입증할 수 있겠는가?), 그의 민속지학이 어떻게 해서 사회학자들에 의해 마치 복음처럼 계승되었는지 이해하는 데 있다. 이를 다른 식으로 표현하자면, 일부 헷갈리는 가정을 포함한 특정 연구 저작이 어떻게 해서 사회학자들의 직업적 실천에 의해 물화되는지 (그리고 신격화되는지)가 관심사다. 우리는 민속지학의 이데올로기적 내용, 그 배경을 이루는 가정에 관심을 둔다. 다른 곳에서 우리 중 한 명은 현대 일탈 사회학에 감추어진 이데올로기적 주제들을 자세히 발전시켰는데, 바로 우리가 '이론의 냄새'라 부른 것이다(Pearson, 1975; Part 1). 여기서 우리는 몇 가지 간결한 결론적 관찰만 제시한다.

1. 마약 이용자들은 하워드 베커의 연구에 나오는 마약은 강도가 약한 게 틀림없다고 우리에게 일러 주었다. 우리는 그의 이론에서 약학

이 약점이라고 말하는 것이다. 베커의 이론에서 배경적 가정은 이를테면, 생물학은 사실 그다지 중요하지 않다는 것이다.

이는 세상에는 직업 사회학이 필요하다는 사실을 보여 준다는 점에서, 직업 사회학자에게는 편리한 가정이다. 즉 이들은 사회학이 생물학과 약학을 중층 결정한다고 진술한다. 따라서 이 가정은 사회학적 제국주의와 (여기서 중요한 할 일은 비판적 연구에 종사하는 게 아니라 사회학의 방법과 원칙을 방어하는 것이다) 추상적인 사회학적 기발한 사고의 맹점을 조장한다. 이러한 마약 이용 민속지학에서 마약이 망각되는 것처럼, (예를 들면) 의학 사회학을 둘러싼 민속지학 연구에서는 연구 대상이 **사람들에 대한 건강 돌봄**과 **서비스임**이 완전히 망각되고 있다. 그 대신 우리는 탈정치화되고 탈도덕화되며 현상학적인 (결코 존재하지 않는) 가상의 땅에 매몰되고 만다.

2. 마약의 유독성을 제대로 강조하지 않는 것 또한 '소프트' 마약을 합법화하고자 하는 좌파-리버럴의 지적 시류 편승과 깔끔하게 맞아 떨어진다. 또한 이러한 이데올로기적 배경 가정은 마약 통제에서 까다로운 도덕적-정치적 이슈들을 그냥 단순화해 버린다. 그 이론의 가짜 급진주의는 인간적-실천적 딜레마와 대면하는 데서 [본질을 회피하는] 핑계 구실을 하게 된다.

3. 심지어 개인적 경험에서 가장 은밀한 측면의 사회적 구성이란 명제는 선진 산업 사회가 사적 생활의 구석구석을 압도할 것이며, 현대성과 사회의 '대중화'가 인간 주관성의 바로 그 가능성 자체에까지 침투할 (그리고 위협할) 것이라는 (부르주아 지식인 사이에 만연한) 두려움을 반영한다.

이와 동시에 민속지학 연구는 지식인들에게 주체 없는 대중 사회에서 희망찬 오락의 원천도 제공한다. 왜냐하면 (이들이 연구라고 부르는) 그들 자신의 프라이버시 침범은 일상생활의 미시적 세부 사항을 재구성하고 찬양하는 듯하기 때문이다. 이러한 식으로 해서 민속지학의 인기는 공포를 나타낼 뿐 아니라 공포의 대상인 문제점에 대해 마법적인 해결책도 제공한다.

따라서 민속지학은 우리의 위협받는 주관성을 구출하려는 진흙탕 싸움에 뛰어든다(Jacoby, 1973: 37~49를 참고하라). 그리고 심지어 우리 삶의 숨겨진 심층부조차도 규범이 잘 갖춰지고 질서정연하게 작동하고 있을 가능성이 있다는 점에 희열을 느낀다. 그러나 만약 주관성과 프라이버시가 위협받는다면, 민속지학 연구는 과연 위협과 싸우는 방법이 될 수 있는가? 콜린 플레처Colin Flecher의 다음과 같이 절묘한 발언은 민속지학의 허약한 미학을 잘 요약해 준다. "질적 연구는 …… 두 전쟁 사이의 휴지기에 실행되고 개발되었다……"(Fletcher, 1974: 140).

9장

코뮌

콜린 웹스터

주 핵가족의 대안으로 일종의 집합체 혹은 집단적 생활의 사회적 장치 모색은 중간 계급 '저항 문화'에서 핵심적인 주제였다. 여기서 콜린 웹스터가 보여 주듯이, 비록 아주 다양한 주제를 중심으로 결집하긴 했지만, 코뮌 '운동'은 젊은이들에 의한 그러한 대안의 적극적인 모색에 해당한다. '코뮌'이란 이상을 적극적으로 지지하지 않은 수많은 다른 이들도 그럼에도 불구하고 다른 활동과 더불어 코뮌식 스타일의 삶에 시간을 투자하거나 그 스타일을 실험해 보기도 했다. 따라서 코뮌은 저항 문화의 핵심적 '대안 제도' 중 하나를 제시한다. (버밍엄 폴리테크닉대학에서 1년 동안 연구소에 파견 나온) 콜린 웹스터는 이 글에서 코뮌 운동에서 주요 변종의 '주제별 유형론'을 대략적으로 제시한다.

토머스 모어Thomas More 경은 상습적인 말장난의 귀재였다. 유토피아는 존재하지 않는 장소를 뜻하는 아우토피아Outopia나 좋은 장소를 뜻하는 에우토피아Eutopia를 지칭하는 장난스러운 이름이다. (Mumford, 1922)

1970년 미국에서는 수천 군데의 도시 집단 외에도 2000군데 이상의 농촌 코뮌이 있었으며, 영국에서는 다양한 유형의 진지한 코뮌 시도가 대략 50군데 정도 있었던 것으로 추정된다.[74] 나머지 유럽에서도 대다수의 주요 도시에 코뮌이 존재했는데, 이는 널리 유명세를 탄 1967년 베를린의 제1 코뮌Kommunes 1과 제2 코뮌에서 어느 정도 자극을 받았다.

우리는 단지 주제별 유형론 작성을 통해, 일부 환멸을 느낀 청년들이 1965~1975년 사이에 주도한 이 사회 운동을 간략히 살펴보고자 한다. 이 유형론은 주로 사회학자들이 수행한 경험적 현장 조사, 코뮌 참여자가 출간한 설명, 개인적 경험에 근거해 도출한 것이다.

농촌 중심의 주제

이 주제는 1960년대 미국에서 구성된 '땅으로 되돌아가자'류의 코뮌에서 실질적으로 구현된다. 이 주제 안에는 이 운동의 근거가 된 다양하게 이상화되거나 예측된 (황야든 낙원이든, 사막이든 정원이든, 공포의 원천이든 구원의 원천이든) 자연에 대한 비전들 사이의 여러 모순된 긴장, 그리고 이러한 이상화와 실제로 살아본 경험 간의 긴장이 포함되어 있다. 이 모순들이 운동에 뒤따르게 된 다양한 의례화된 표현적 활동에서 어떻게 상징적 형태를 발견하게 되었는지 살펴볼 수도 있다. 따라서 아마도 가장 널리 알

74 추정치의 비교로는 앤드루 릭비Andrew Rigby(1974a), 키스 멜빌Keith Melville(1972)을 보라.

려진 농촌 코뮌의 예를 사용하자면, 켄 케시Ken Kesey와 메리 프랭스터스 Merry Pranksters[75]에 의해 집약적으로 드러나듯이(Wolfe, 1969a를 보라), 관여도가 높고 적극적이며 심지어 광적인 춤과 마약 복용 스타일이, 밀브룩[76]의 리어리와 추종자들이 추구한 명상적이고 성찰적이고 수동적이고, '쿨'하며 흰 옷차림의 초월적 스타일과 전반적으로는 동일한 궤도 내에서 어색하게 공존했다(Leary, 1970을 보라).

도시 중간 계급 청년들로 구성된 코뮌 운동에 대한 정당화는 자연, 은유, 기대치를 통해, 그리고 참가자 자신도, 그들의 조상조차도 실제로 겪어 보지 못한 자연의 경험에 대한 노스탤지어를 통해 기능한다. 미국의 역사에서 원형을 찾아내고 '**현재**' 시점에서 원시주의, 자발적 빈곤, 반테크놀로지 편향, 성적 규범 완화로 실행되는 한, 기원으로의 회귀는 역사적으로 정당화되고 동시대적으로 실천된다. 이것들은 때때로 '종말론적 나체주의'와 성적 자유 같은 극단적 형태로 표현되고, '낙원'에 대한 의례적인 기대 역할을 한다. 농촌 관련 주제의 종말론적 토대는 또한 '세상의 종말' 형태를 띠기도 하는데, 이는 **경험적으로** 나타나기도 하고(중퇴자는 **자신의** 도시 중간 계급 세계가 끝나는 것을 경험한다). 환경 오염, 생태학적 참사, 인종 갈등, 전쟁과 그 전쟁을 지지하는 '사악한' 기술 관료 체제의 **표상**imagery을 통해 나타나기도 한다. 여기서 코뮌은 '구원받은 생존자'가 되고, 오래된 '사악한 현실'이 사라진 후 도래할 낙원을 의례적으로 또

75 켄 케시는 《뻐꾸기 둥지 위로 날아간 새》 등의 소설로 1960년대 미국과 히피 문화에 큰 영향을 준 소설가다. 1964년 '메리 프랭스터스'(즐거운 장난꾼들)라고 자칭하는 일단의 친구들과 함께 낡은 스쿨버스를 타고 LSD에 취한 채 미국 전역을 도는 기행을 연출했다. 이 때문에 그는 톰 울프가 쓴 논픽션 작품의 주인공으로 등장하기도 했다. 그는 이 작품 속에서 LSD에 취해 자기 안에서 우주를 탐색하는 집단의 지도자로 묘사됐다. — 옮긴이

76 1963년 하버드대학교 심리학 교수이던 티머시 리어리는 마약의 치유 효과를 주장하다가 해고당한 후 부유층으로부터 뉴욕주 밀브룩의 한 저택을 지원받았다. 여기서 IFIF(the International Federation for Internal Freedom)를 설립하였고 이후 카스탈리아재단으로 개명했다. — 옮긴이

실질적으로 예견한다. 여기서 천년왕국설의 메시아적 측면이 주류가 된다. 이와 밀접하게 관련된 부분이 (비록 다른 식으로 매개되긴 하지만) 환각제의 광범위한 사용을 통해 매개되는 인간의 재영역화와 총체화 가능성에 대한 자각이다. 이러한 '내적 지형 방문'은 자연 은유에서 나타나는 개방적인 공간적 탐색과 대비된다. 후자에서는 자연 공간이 변경/장벽으로 경험되고, 그 장벽의 극복은 (시골에서의) 실험적 가능성을 기대하면서 일련의 선택권을 열어 주게 된다. 그리고 그곳에서는 **도회주의**urbanism가 실험적 공간에 대한 접근의 상실로 이해된다.

이러한 특징은 농촌 코뮌에서 실현되는 것과 같은 진지한 선택을 뒷받침하기에 충분한 정당화 기제들이다. 왜냐하면 농촌 코뮌이란 탈농업적 경험의 토대 위에 구축되기 때문이다. 그 결과 발생하는 고립감, 일상적 삶 구조의 근본적인 변화, 새로운 기술 습득, 정체성에 대한 근원적인 도전 등은 농촌 실험을 **더 순수한 운동 형태**로 만드는 데 기여하게 된다.[77]

에우토피아적 주제

'낙오자들'의 생애사에서 반복해 등장하는 **이행적** 계기는 유토피아적, 혹은 더 정확하게는 '에우토피아적'이다. 그러나 달리 갈 곳이 없기에, 낙오자는 복지 국가의 틈새에서 기생적으로 존재하는 '구걸자' 신세가 된다. 환멸에 빠진 중간 계급 청년이 점유하는 일탈적 하위문화 내부에서 (다른 명상가들과 함께하는) 마약 이용은 당대의 프로테스탄트 윤리 붕괴에

77 구체적인 저항 문화 내에서 농촌 관련 주제에 관한 언급으로 존 맥더모트John McDermott(1971)와 메이너드 코프먼Maynard Kaufman(1972)을 보라. 자연신비주의/천년왕국설에 관한 좀 더 일반적인 언급으로는 노먼 콘Norman Cohn(1971), 시어도어 로잭Theodore Roszak(1972)을 보라.

기여한다. 이처럼 (의지, 계산, 도구주의, 지연된 충족 등) 지배 이데올로기와의 결속이 느슨해진 결과, 가용 자원에 따라 코뮌에 가입하거나 건설하는 형태를 취하는 '에우토피아'에 대한 갈망이 등장하게 된다. 대안적으로는, 이행 단계가 다른 '해결책'을 추구할 수도 있는데, 그중 하나는 '정상' 직업으로 회귀하는 것이다(낙오자가 포섭된다). 이 이행의 계기 동안에는 어떤 해결책을 취하든 우선순위를 재평가하게 되고, 이는 낙오자들이 흔히 '각성'의 시기로 인용하는 시기가 된다.[78]

일부일처주의적 주제

코뮌 관계의 본질은, 그 관계에 문제가 생길 때, 그리고 만약 문제가 **생긴다면**, 그 관계를 지탱해 줄 구조적 기반이 **취약**하거나, 상대적으로 부족하다는 점이다. 법적 결혼이나 구속력 있는 일자리는 상대적으로 거의 없고, 환경이 되는 지역에 대한 투자도 거의 없다. 친밀한 관계의 '현재 성향'을 지탱하는 것은 미래의 혹은 연속적인 일부일처제를 신뢰하기 꺼린다는 점, 그리고 '다양한 형태의 순진무구함'을 유지하고 싶어 하는 간헐적 욕망이다. 취약성을 보상하는 지지대는 (실현될 것으로 기대하지는 않지만) 낭만적 **이미지**와 공동체적 **유대**다.

역설적이게도, 대다수 코뮌에서 일부일처주의 이성애 커플이 표준을 이룬다. 이 점에서 표현적 코뮌은 도구적 코뮌과 다르다. 도구적 코

78 에우토피아적 주제는 코뮌 운동에 관한 모든 문헌을 관통하는 갈래이지만, 좀 더 일반적으로 역사에서의 '유토피아적 멘털리티'는 카를 만하임Karl Manheim(1972)이 분석했다. 아주 적절하고 (뿌리까지 도달한다는 의미에서) 급진적인 분석으로는 에른스트 블로흐Ernest Bloch(1970; 1971)가 있다.

뮌은 흔히 중간 계급의 '파트너 교환족'에 의해 구성되고, 성적 난잡함을 표준으로 고수한다. 표현적 코뮌에서는, 흔히 **취약성 때문에** 집단 결혼을 향하는 **움직임**이 일어나는데, 이는 순간순간의 삶을 추구하는 데서 발생하는 긴장을 완화해 주는 기능을 한다. 이러한 긴장을 예시해 주는 전형적인 사건의 순서는 다음과 같다. (남성) 코뮌 참가자가 아이가 있든 없든 한 여성을 선택해 집에 데리고 가는데, 그곳에서는 '그의 여자'라는 모호한 지위가 부여된다. 이 남성은 다시 떠나서 돌아오지 않을 수도 있고, 혼자 돌아오거나 아예 딴 여자를 데리고 돌아올 수도 있다. 이 점은 도시 코뮌에서 더 두드러지는데, 여기서는 잠재적인 중요한 타자가 더 많이 있기에 '이탈' 현상이 더 빈번하다. 더구나 개개인의 (특히 남성의) 자아 찾기보다 우선하는 규범은 없다. 애 딸린 여자가 남성을 줄줄이 받아들이는 일이 빈번해도 그다지 분열을 초래하는 현상으로 보지 않는다 (그리고 이 여성이 복지 수당을 받기 때문에 오히려 더 신뢰가 간다). 따라서 코뮌에서 이른바 **강한 여성**은 자신의 아이를 위해 정착하는 반면('가정성' 규범), 반대로 남성은 형이상학적인 '탐험의 여정'을 떠나는 것(개인적 규범 실현)이 흔한 상황이다. 자립이 더 두드러지고 흔히 여성의 지위에 대한 관심을 강조하는 도시 코뮌에서는 이러한 상황이 줄어든다.[79]

79 구체적으로 코뮌에서 일어나는 상황이라는 측면에서는 러스텀 로이Rustum Roy와 델라 로이Della Roy(1972), 제이 오길비Jay Ogilvy와 헤더 오길비heather Ogilvy(1971)를 보라. 성적 투쟁과 일부일처제 전반에 관한 논의는 모든 여성 해방 운동 문헌에서 발견되지만, 도시 코뮌과 관련해서는 R. 라이헤R. Reiche(1968)를 보라.

아이 양육 관련 주제

코뮌식 사회생활 영역에서는 어린이에게도 대개 성인 같은 자율성을 부여하는 경향이 있어, 언뜻 **평등**을 뚜렷하게 지지하는 것처럼 보인다. 그러나 여기서도 아이 출생 의식의 유대 확인적 성격(이는 가정으로서의 집단 속성, 단일 가족 구성원으로서 개인을 상징한다)이 아동을 독립되고 자족적인 인간으로 간주하는 코뮌의 독특한 '아동 이론'과 긴장을 일으키는 한, 모순이 발생하는 것을 목격할 수 있다. 아동이 나이가 들어감에 따라 아동 '소유'의 정도는 순차적으로 줄어드는 듯하지만, 지배적 양식은 아직 엄마와 함께하는 아이, 공동체 양육이어서, 그러한 이상은 대개 너무 급진적이라고 간주된다. 여기서 더 진전된 제도는 '여성'과 '아동'의 지위 할당이 분명히 고도의 우주적 통일체('우리는 모두 하나다')에 참여하는 평등주의적인 '**인민**' 개념으로 융합되는 형태를 취하게 된다. 성인-아동 간의 대인 관계 내에서 일어나는 논란 사태는 흔히 점성술적으로 파악된다. 특히 아이들은 아동 스스로 해결해야 할 자신의 **카르마**Karma(혹은 운명)를 지닌 '우주적 피후견인cosmic Wards'이라는 이름표가 붙는 대상이다. 따라서 아동의 사회화는 중간 계급 규범과 아주 다르지만, 이 점이 어느 정도 중요한지는 아직 확인해 볼 필요가 있다.[80]

종교적 주제

이 주제하에 우리는 **확실하게** 종교적인 코뮌을 포함한다. 여기에는 앞서

80 아동 양육 주제는 다음 문헌에서 논의된다. Berger, Hackett, & Millar(1972), Bookhagen et al.(1973), Zicklin(1973).

농촌 관련 주제에서 고려한 코뮌 중 문화에 기반한 종교적 은유에서 그다지 의식적으로 도출되진 않았으며, 노골적으로 신조를 드러내지 않은 코뮌은 배제했다. 신조를 표방하고 아주 의도적으로 조성된 코뮌은 흔히 **부재**absence의 토대 위에 존재한다. 그리고 외적인 거룩한 혹은 신성한 세력을 상징으로 삼으며, 코뮌이나 '아쉬란ashran'에 존재할 수도 하지 않을 수도 있지만 권위주의적이고 카리스마가 넘치는 스승guru이나 '신성한 지도자'에 의해 실행된다. 이러한 코뮌의 예로는 국제크리슈나의식협회The International Society for Krishna Consciouness의 '사원Temples,' 신성한 빛의 미션Divine Light Mission의 '아쉬란,' 신의 아이들Children of God의 '공동체' 등을 들 수 있다. 그러한 프로젝트는 '금욕주의적 종교' 코뮌이라 불러도 무방하다. 대안적으로는, '종교적-신비주의' 코뮌은 **내재적인** 신성한 힘에 대한 믿음, 전체와 하나됨을 달성하려는 욕망(다시 말해 '우리는 모두 하나다')을 특징으로 한다. 이는 외부성으로서의 세계를 변화시키는 데는 거의 무관심하지만, 어느 정도 성찰적으로 실행되는 자아 해방 기법에는 큰 관심을 둔다는 점에서 농촌 관련 주제와 밀접하게 관련되어 있다.[81]

도시 행동주의 주제

농촌 코뮌에 비해, 도시 코뮌은 일반적으로 이론적 자기 이해를 강조하는데, 이 점은 '실천으로서의 개인화' 주제를 중심으로 하는 라이프스타일

81 릭비(Rigby, 1974a; 1974b)와 〈부활*Resurgence*〉 저널을 보라. 이 밖에는 이 주제에 관해 출간된 연구가 거의 없다. 종교적-유토피아적 전통에 관해서는 콘(Cohn, 1917), 로잭(Roszak, 1972)을 보라. 순전히 이해의 깊이라는 점에서는 블로흐(Bloch, 1970, 1971). 당대의 청년/저항 문화 신비주의와 종교에 미친 영향의 개관으로는 제이콥 니들먼Jacob Needleman(1971)을 보라. 또한 다양한 분파의 운동 간행물도 살펴보라.

정치와, 코뮌이 일부로 속한 **정치적** 실천에서 구체화된다. 그러나 이들은 코뮌 라이프스타일을 지속하는 능력은 떨어져 보인다. 제1 코뮌과 제2 코뮌은 좀 더 노골적인 정치적 문제뿐 아니라 성 해방과 아동 양육 주제들에 초점을 맞추어서, 도시 행동주의 관심사를 추구하는 코뮌의 이상형을 제공한다. 독일에서 1968년 이후 강력해진 반권위주의 운동에 전형적인 부분으로, 코뮌들은 (Reiche, 1968을 따라) 캐릭터 형성 과정에 대한 관심과, (Marcuse, 1970을 따라) '억압적 탈승화' 효과와의 투쟁에 대한 관심을 결합한다. 내적 캐릭터는 현대 자본주의에서 크게 확장된 소비 기능의 욕구에 구조화되고 형태가 정해진다고 이들은 주장한다. 가족은 소비의 생성이자 '문화산업'(광고, 미디어 등)이 아동들의 캐릭터 구조에 침투하는 수단으로 간주된다. 이 소비 기능은 성적 본능의 억압과 조작을 반드시 필요로 한다. 그러나 주로 지배적인 아동 양육 실천을 통해 체제를 위해 이 억압적 '작업'을 수행하는 것은 가족이다. 가족은 자유주의 시절에는 구성원을 방어하는 기관으로 간주되었지만, 오늘날 독점 자본주의하에서는 공동체로부터의 후퇴(개인의 **사유화**와 개인의 **해체**가 동시에 달성된다)와 기득권 체제의 사회 경제적 필수 사항 재생산을 제공한다. 가족은 본능적 욕구를 지배적 규범에 대한 순응으로 유도한다. 코뮌의 목적은 해방적 아동 양육과 관계의 '성공적 완성'을 통해 혁명적 변혁의 사전 조건으로서 '지금 여기의' 본능과 잠재력을 합리적으로 해방시키는 데 있다. 억압적 탈승화에 맞선 이 방어는 난잡한 대상관계와 소비자주의의 사이비 충족을 모두 기피한다. 덜 성찰적으로 보면, 도시 코뮌은 흔히 '**결절점**nodal points,' 애정의 원천이자 쫓기는 도시 생활의 구조 해체자로 간주된다.

도시 코뮌의 다른 유형들은 위의 내용과 어느 정도 관련이 있긴 하지만, 런던에서 론 베일리Ron Bailey[82] 같은 자유지상주의자들이 부추긴

82 영국은 2차 세계 대전 종전 후 심각한 주택난을 겪었는데, 이에 대한 반발로 주택난 문제

점거 농성 운동처럼 정치 경제적 투쟁 형태를 취한다. 여기에는 재산 시장을 통한 자원의 부적절한 할당 탓에 조성된 주택 부족이라는 맥락에서 빈 건물에 코뮌을 설치하는 방식이 포함된다. 암스테르담의 프로보 Provos[83]와 캘리포니아의 디거스 같은 집단은 공동체 자립 프로젝트에 착수해, 라이프스타일 정치 운동 내부에서 노골적으로 정치적인 형태를 취하게 됐다. 일반적으로 도시 코뮌은 한결같이 도시 행동주의의 중심으로 조성되었고, 흔히 '풀뿌리' 성격을 띠는 혁명적 스타일의 정치를 특징으로 한다.[84]

하부 구조적 주제

'대안 테크놀로지' 운동 내부에서는 생태계에서 인간의 위치에 관한 좀 더 과학적인 지식의 증거가 제시된다. 〈저류*Undercurrents*〉, 〈민중을 위한 과학*Science for People*〉, 〈홀 어스 카탈로그*The Whole Earth Catalog*〉처럼 널리 배

를 정치적 이슈화하기 위해 특히 1960년대에는 빈집 점거squatting 운동이 활발하게 일어났다. 론 베일리는 당시 가족 빈집 점거 운동Family Squatting Movement을 주도하던 주요 활동가다. — 옮긴이

83 프로보는 1960년대 중반 네덜란드에서 활발했던 저항 문화 운동을 말한다. 비폭력적 사건을 통해 당국의 폭력적 반응을 유발해 이슈화하는 전략을 주로 사용하였다. 1965년 창설되어 1967년 5월에 공식적으로 해체되었다. 당시 이 단체가 참여한 베트남전 반대 시위를 경찰이 폭력적으로 진압하는 바람에, 폭력이 큰 사회적 이슈가 되었고, 결국 경찰 수장과 시장이 물러나는 결과로 이어졌다. 두 사람의 사임 후 프로보는 소기의 목적을 달성했다며 해체를 선언했다. 이 운동은 이후 히피 운동에도 큰 영향을 미쳤다. — 옮긴이

84 제1, 제2 코뮌에 관해서는 북하겐 등(Bookhagen et al., 1973)과 라이헤(Reiche, 1968)를 보라. 점거 농성에 관해서는 예컨대 론 베일리(Bailey, 1973), 이와 관련된 유럽 학생 운동에 관해서는 잔니 스타테라Gianni Statera(1975)를 보라.

포되는 저널은 버크민스터 풀러Buckminster Fuller[85] 등에서 유래했듯이, 전통적 테크놀로지와 미래형 테크놀로지의 독특한 혼합을 추진한다. 여기서는 새로운 과학과 새로운 지식이 생성되고 이른바 **하부 구조 코뮌**에서 실천 기술적으로 구현된다. 이 주제는 이론적 규칙과 기술적 규칙의 정교화와, (특히 스코틀랜드와 웨일스의) 공동체 대안적 테크놀로지 중심지에서의 응용에서 확연히 드러난다. 이 주제는 농촌 관련 주제에서 논의한 비합리주의 추세와 여러 측면에서 복잡한 상동성을 보여 준다. 생산적 코뮌/공동체는 새로운 사회 조직이 의존할 수 있고, 이에 따라 생산 과정과 사회관계, 노동과 놀이 간의 전통적 이분법을 극복할 수 있게 해 주는 경제적 하부 구조를 형성한다고 간주된다. 유토피아/실용주의 논쟁 내부에서는, 인간과 자연 간의 공생적 관계라는 가정이 이 관계의 '신비화'로 조성된 생태 참사와 대치 관계에 있었다. 채식주의와 신비주의(인간은 생태계나 우주와 한몸을 이룬다)는 자연에 대한 착취적 취급과 대척점을 이룬다. 인간의 사회 조직은 생태 조직과 일체를 이룬다고 여겨졌고, 이에 따라 불교 경제학의 주제들, 비화석 연료 사용, 생산의 다변화와 탈중심화, 반도시주의, 자급자족 등의 주제를 주장하게 됐다. 이러한 관심사의 비합리주의적 계기들은 흔히 미래주의 테크놀로지, 컴퓨터 자동제어, SF 판타지와 원시주의 사이의 모순된 상동성에 포함되어 있다. 이것들은 비관주의, 종말론, 묵시록 사이의 상동성 속에 구현되었다.[86]

85 버크민스터 풀러(1895~1983)는 미국의 발명가, 건축가, 디자이너, 작가로 당대의 문제점을 종합적 시각에서 접근하는 독창적인 사상가이기도 했다. 대중적 글과 미래주의적 건축 설계 등으로 유명세를 탔다. — 옮긴이

86 텍스트에 인용된 저널과 잡지를 보라. 여기서는 이미 인용한 종말론 – 천년왕국설의 영향 외에는 출간된 연구가 거의 없다. 그렇지만 에른스트 슈마허Ernst Schumacher(1974)와 머레이 북친Murray Bookchin(1971)을 보라.

치유적 주제

'치유'란 전통적으로 지배 문화에서 병들거나 일탈적이라는 이름표가 붙은 특정한 유형의 사람들이 '좀 더 의미 있는 삶'을 살 수 있게 된다는 의미에서, 보살핌을 받고 자립하도록 격려도 받고 성장하도록 도움도 받게 해 주는 물리적, 문화적 환경에서 유래했을 수도 있다. 치유적 코뮌은 만남 집단으로서의 코뮌에서 시작해, 런던의 킹스웨이 공동체Kingsway Community처럼 '광기 여행'을 시작하는 공간에 이르기까지 다양하다. 특히 영국에서 실존적 정신분석학자 R. D. 랭R. D. Laing과 데이비드 쿠퍼David Cooper가 이 유형의 코뮌에 미친 영향은 줄리엣 미첼이 이미 주목한 바 있다.

> 1960년대에 이르러 한때 전업 엄마가 키우던 전후 출생아들이 10대가 되었다⋯⋯ 어머니와 아이 숭배가 거침없이 전개됨에 따라, 사춘기에 이른 아이는 이유 없는 방향이나 아니면 점차 이유 있는 — 즉 부모들에 맞선다는 대의 — 반항의 백일몽 속으로 도피했다. 1950년대 말이나 1960년대 초에는 청년 정치의 등장이 두드러졌다. 반핵 운동, 뉴 레프트, 100인위원회Committee of 100[87] 등은 젊은이들에 의해 지배됐다. 청소년 사이에는 정신분열증이 만연했는데, 이 역시 폐소공포증적 가족에 맞선 저항의 징후였을까? 랭은 이 질문으로 그 계기를 포착하고 조성하는 데 기여했다. (Mitchell, 1975: 230, 인용자 강조)

위의 사실에 비추어 보면 도리스 레싱Doris Lessing이 《네 개의 문이 있

87 100인위원회는 1960년 영국에서 결성되어 1968년 해체된 반전 운동 단체다. 처음에는 버트런드 러셀Bertrand Russell, 마이클 스콧Michael Scott 등 유명 인사들의 집단 서명으로 시작해, 시민 불복종 등 비폭력 대중 저항을 지향했다. — 옮긴이

는 도시*The Four-Gated City*》(1972)에서 **광기**('재생?'에서처럼. Laing, 1967 참조), **SF**와 **신비주의**(Laing, 1967 참조) 사이의 상동성을 주장했다는 사실은 그다지 놀랍지 않다.[88]

결론

결론적으로, 우리는 코뮌 운동에 만연한 긴장과 모순에 주목한다. 이러한 긴장과 모순은 합리주의와 비합리주의의 주제와 실천 사이에, 자연 신비주의와 생태계로서의 자연 사이에, 종교적인 세상의 종말 철학과 생태 참사 개념 사이에, 신비주의, 밀교주의, 점성술적 정당화와 기술적 정당화 사이에, '어머니 대지'로서의 아이 딸린 여성과 자율적인 여성과 아이 사이에, 광기와 재탄생, 개인적인 것과 정치적인 것, 공동체와 사회, 개인과 집단, 도시주의와 농촌주의, 그리고 마지막으로 아우토피아와 에우토피아 사이에 발생했다.

88 릭비(Rigby, 1974a; 1974b), 쿠퍼(Cooper, 1967; 1972; 1974), 랭(Laing, 1967)을 보라. 또한 인카운터 운동의 기관지인 〈자아와 사회*Self and Society*〉도 보라.

10장

레게, 라스타와 루디

딕 헵디지

주 이 글은 딕 헵디지의 더 긴 연구인 "레게, 라스타와 루디: 스타일과 형식의 전복Reggae, Rastas and Rudies: Style and the Subversion of Form"에서 발췌한 것이며, 헵디지의 석사 학위 논문인 〈일탈적인 스타일의 양상: 1960년대 하위문화Aspects of Style in the Deviant: Sub-Cultures of the 1960's〉의 일부를 이룬다. 이 학위 논문의 미축약 장과 다른 논문들은 현대문화연구소 〈등사판 논문〉의 20, 21, 24, 25호로 나와 있다(또한 Hebdige, 1979도 보라). 이 축약문은 주로 자메이카의 문화적 맥락을 다룬다. 즉 라스타파리아 신앙의 구조, 특히 스카ska와 레게 등 이 신앙의 음악적 형태로의 포장, 음악의 사회적, 문화적 의미, 이 음악의 영국 이식, 백인 스킨헤드에 의한 이 음악의 부분적 포섭, 포섭을 거부하고 저항하기 위한 흑인 '루드 보이'들의 이 음악 사용 등이 그러한 맥락이다. 이 축약문은 라스타파리안 신앙의 더 자세한 분석과 하나의 운동으로서 그 신앙의 최근 역사 부분을 생략한다. 그리고 '루드 보이 문화'에 의한 할리우드 갱스터 영화의 요소 사용과 그 중요성에 관한 논의, 영국에서 '흑인'과 이스트엔드 문화 간의 상호 관계 분석, 그리고 방법에 관한 절도 생략되었지만, 이 생략된 글은 모두 장으로 된 더 긴 버전에는 포함되어 있다.

1. 비스턴 거리의 바빌론

창살은 나를 막을 수 없었네,

벽도 나를 통제할 수 없었네.

— 더 웨일러스The Wailers의 〈유령 정복자*Duppy Conquerer*〉에서

나는 영어와 함께 태어났는데, 알고 보니 영어는 나의 적이었어요.

— 제임스 볼드윈James Baldwin(인터뷰에서)

혁명은 곧 — 온다.

— 불독Bulldog(Thames, 1973에서 재인용)

노예제 경험은 자메이카 흑인의 일상적 상호 작용에서 영원히 되풀이된다. 이 경험은 (현재 서부 아프리카 민족 사이에서는 지금도 남아 있는 전통적으로 강력한 친족 네트워크를 무너뜨리고) 불안정한 가족 구조를 조성한 데도 주된 책임이 있으며, 분명히 노동 패턴과 권위와의 관계도 계속해서 결정하고 있다. 이는 보이지 않으면서도 형성하는 존재로서, 고스트 타운의 슬럼가에 출몰하면서 지금까지도 추방을 거부하고 있다. 사실 이는 모든 자메이카인 슬럼의 붐비는 길거리에서 일어나는 모든 구두 대화에 개입해 오염시키고 있다. 딜립 히로Dilip Hiro(1973)가 지적하듯이, "크레올[89] 언어의 진화는 노예제의 역학과 직접 관련되어 있었다." 백인 감시자들은 흑인과 아프리카의 문화적 연결을 사실상 단절하기 위해, 다양한 부족 출신 노예를 플랜테이션에 모아 놓고는 커뮤니케이션을 체계적으로 차단

89 서인도제도나 중남미에 이주한 에스파냐인이나 프랑스인과 신대륙의 흑인 사이에서 태어난 혼혈아를 말한다. — 옮긴이

했다. 노예에게 영어 교육을 금지하는 법이 존재했다는 사실은 새로운 언어가 (대략적인 추정, 입술 해독 등에 의해) 은밀하게 수용되고 구전으로 전수된다는 뜻이었다. 17세기에 주인 계급이 구사한 영어는 흑인이 이용하던 불법적 커뮤니케이션 채널을 통해 굴절되어, 주인의 바람을 직접 거부하고 발전된 신생 문화의 은밀한 의미론을 구현하는 데 사용됐다. 왜곡은 필연적이었고, 추측건대 심지어 의도적이기도 했다.

그 후 언어는 자체적인 어휘, 구문론과 문법을 개발했다. 그러나 이 언어는 본질적으로 그림자 언어로 남아서, 정상적 상황에서라면 지역 노동 계급 악센트와 집단 **은어**에 의해 충족되는 필수 요건을 좀 더 과장되고 극적인 방식으로 완수했다. 형식은 은연중에 내용을 규정하며, 쓰라리고 돌이킬 수 없는 경험 속에 불변으로 고착된 의미의 축들은 그 경험을 조용히 일상적 교환 속에 재구축한다. 나중에 살펴보겠지만, 어떤 서인도제도인 하위문화 구성원들은 이 사실을 직관적으로 파악하고는, 동화에 저항하고 지배 집단 구성원의 침투를 저지하는 특히 효과적 수단으로 언어를 이용한다. 보호 장치로서 언어는 너무나 소중한 존재임이 밝혀졌다. 루드 보이의 '봉고 토크Bongo talk'와 자메이카 방언patois은 의도적으로 이 언어의 전복적 리듬을 강조하기에, 이 언어는 인종적, 계급적 정체성의 적극적인 주장이 된다. 사회 구조에서 높은 위치를 점유하는 사람들의 문화 규범과 목표에서 흑인이 소외된 정도를 보여 주는 살아 있는 지표로서, 크레올 언어는 유일무이하다,

흑인이 더 넓은 언어 공동체에서 추방되었다는 사실은 전체 문화가 은밀하고 금지된 삼투 과정에 의해 진화했다는 뜻이다. 어떤 정당한 문화적 교환도 박탈당했기에, 노예는 과도한 개인주의와 문화적 구성물 무리를 발전시켰다. 이 둘은 함께 노예제와 자유, 노예의 물질적 여건과 영적 생활, 자메이카의 경험과 아프리카의 기억 사이에 이루어져야 할 중요한 상징적 거래 행위를 나타낸다. 어떤 점에서 이 거래는 결코 만족스럽

게 달성되지 않았고, 흑인 자메이카인들은 어느 쪽에도 완전한 헌신을 표하지 않은 채 두 세계 사이에 엉거주춤 떠 있는 상태로 남아 있다. 이 문화적, 심리적 허점을 수정할 수 없기에, 흑인은 하나의 세계에서 다른 세계로 급격하게 오가는 경향이 있으며, 결국에는 둘 다 이상화하게 된다. 실로 결국 흑인은 자메이카에서도, 아프리카에서도, 영국과 브릭스턴[90]에서도 유배당하고, 어떤 상상의 내부 차원에서 찬양받은 위치를 차지하기 위해 현실 세계에서 자신의 자리를 희생한다. 그러한 상상의 차원에서는 행동이 존재로 해체되고, 가장 유리한 때도 행동은 무효화되고 실행하기 어려워지며, 해결책은 혁명적이기보다는 종교적인 데 그친다.

사실 애초의 노예제 합리화는 명시적으로 종교적인 형태를 띠었다. 백인의 교회에서 금지되었기에, 노예는 기독교 교의를 간접적으로 배워, 성공 정도는 다양했지만, 아프리카에서 갖고 온 이교도 신앙의 본체에 접목했다. 잔여적인 미신(부두교, 마법 등)은 지금도 기독교 신앙의 표면 아래 남아 있다가 자메이카 산골과 농촌 지역에서 원래 형태대로 주기적으로 다시 나타나고, 좀 더 비밀스러운 도시 기반의 밴드 음악에서 부활된다.[91] 자메이카의 토착적인 기독교 신앙 교파들은 여전히 고대의 최면, 빙의, '방언' 등의 실천을 유지하고 있고, 이 기독교회들(오순절 교회, 그리스도 안에 있는 하느님의 교회Church of God in Christ 등)은 계속해서 엄청난 숫자의 신도를 끌어들이고 있다. 집단 유대를 강화하고 노예제에 대한 집단 반응을 표현하는 수단으로서, 이 비순응자 교회들은 실제로 아주 큰 가치를 입증하게 된다. (개인적 '은총'의 교의를 지지해) 개인과 (집단 구원을 약속해) 집단에게 모두 호소함으로써, 이들은 거부할 수 없는 해결책을 제시했는데, 양극화

90 브릭스턴은 런던 남동부의 한 행정 구역을 말하는데, 카리브해 출신 인구가 큰 비율을 차지하는 다민족 거주지다. — 옮긴이

91 예를 들면, 엑수마Exuma는 주술사, 악령, 좀비에 관해 노래한다.

를 해소하는 게 아니라 완전히 초월하는 수단이었다. 성서는 무한한 즉흥적 변주와 해석의 여지를 제공했다. 고통받는 이스라엘인을 포로 생활에서 구출해 내는 모세 이야기는 즉시 적용 가능했고, 자메이카 흑인의 신화에서 영구적으로 자리 잡았다. 다양한 광신 집단은 노먼 콘Norman Cohn(1970)이 다른 곳에서 추적한 바 있는 바로 그 경로를 따라 모호한 묵시록을 추구하면서, 다양한 시점에서 신성 혁명, **사후적인** 계시를 선포했다. 신이 시간을 끄는 것처럼 보일 때마다, 농촌 지역에서는 항상 서두를 준비가 된 천년왕국 광신도 집단이 등장했다. 지금도 가끔씩 '포코마니아Pocomania'[92](글자 그대로 해석하면 '작은 광기'라는 뜻)가 산악 지대 마을을 휩쓸면서 짧지만 강력한 효과를 미치며, 부활은 물론 언제든 되살릴 대상으로 남아 있다. 날이면 날마다 수백만 번 헛되이 천년왕국을 되뇌었지만, 여전히 신은 꿈속에서 분노의 인간들에게 이야기하고 계신다. 심판의 날, 회개의 날은 결코 멀지 않았다. 그날은 항상 오늘, 내일이 아니라 그다음 날이다. 심판의 날은 모든 라스타와 루디의 가슴속에 소중한 날이다. 그리고 이들에게 그날은 전적으로 세속적인 권력의 재분배를 의미한다.

물질적 문제점을 대체해 영적 지형으로 올려놓은 것은 물론 흑인 자메이카인에게만 특유한 일은 결코 아니다. 이 본질적으로 종교적인 시각이 유토피아적이고 실존주의적인 시각으로 변화하는 방식은 아마 좀 더 특이하며 분명히 여기서 고려 중인 현상과 관련성이 더 클 것이다. 기독교는 여전히 서인도제도인들의 상상력에 배어 있고, 성서의 신화는 계속해서 지배한다. 그러나 사회 구조의 어떤 특정 지점에서는(즉 실업자 청년과

92 포코마니아는 19세기 자메이카에서 아프리카 종교에 프로테스탄트 교회의 요소가 융합해 탄생한 토착 컬트 종교다. '캡틴,' '어머니,' '목자' 등의 이름으로 불리는 지도자가 이끄는 작은 지역 집단 형태를 띤다. 이 컬트는 조상 영혼 숭배, 시온의 부활Revival Zion 혹은 부활주의Revivalism, 기독교 교회 등의 여러 가지 갈래로 발전했다. — 옮긴이

일탈적 성인 인구 사이에는), 선포된 유대 기독교 문화의 득세(노동과 억압의 강조)를 진지하게 검토하고는 결국 거부할 수 있도록, 이 신화를 무너뜨려 버렸다. 이 상징적 뒤집기에서 큰 역할을 한 것이 바로 라스타파리안[93]들이다.

라스타파리안들은 망명을 떠난 에티오피아 하일레 셀라시에Haile Selasie 황제가 신이며, 그의 에티오피아 황제 즉위는 "흑인 왕이 즉위할 때 아프리카를 보라. 해방의 날이 가까워졌기 때문이니라"라는 마커스 가비Marcus Garvey[94]의 예언을 완성한다고 믿는다. 그러나 라스타파리안주의가 생성된 종교적 환경에는 구체적으로 성서적 신화가 필요했고, 서유럽의 '프로테스탄트 윤리'가 원래의 유대적 형태를 나름대로 새롭게 수용한 것과 마찬가지로, 이 신화를 새롭게 수용하여 다른 문화적 수요 무리에 봉사하도록 만들어야 했다. 변증법적 재정의 과정을 통해, 끊임없이 자메이카 흑인의 혁명적 잠재력을 흡수하고 굴절시킨 성서는 그 잠재력을 찾아내서 유대 기독교적 문화를 부정하는 데 사용되었다. 아니면 자메이카 길거리 소년들의 좀 더 간결한 관용구로 표현하자면, 이들은 성서를 취해서 읽은 후 "그냥 버렸다.'"

따라서 하일레 셀라시에는 라스타파리, 에티오피아 황제the Negus, 왕 중의 왕, 살아 있는 신일 뿐 아니라 유대 부족의 정복자 사자였다. (좀 더 최근에 와서는, 단순한 칭호인 '야Jah'[여호와]가 사용되었다.) 이 공식에서는 수세기 동안 자메이카 흑인들을 사로잡은 인종적, 종교적 문제들이 수렴해서 즉각적이고 동시적인 해결책을 찾았다. 예상한 대로, 이 컬트는 주로 킹

93 'locksman'은 라스타파리안주의의 문화적, 종교적 상징인 헤어스타일을 한 사람이란 뜻으로 라스타를 지칭하는 대명사처럼 사용된다. — 옮긴이

94 마커스 가비(1887~1940)는 자메이카의 흑인 정치 운동가로, 그의 운동 이념은 가비즘Garveyism으로 불린다. 유럽 식민주의 종식을 주장하고 아프리카와 아프리카 디아스포라인의 통합, 전 아프리카 국가 건설, 흑인의 혈통 순수성 보존, 흑인 디아스포라의 아프리카 귀환 등을 주장했다. 그의 사상은 이후 라스타파리안주의와 블랙 파워 운동에 큰 영향을 미쳤다. — 옮긴이

스턴 슬럼가에서 지지를 얻었다. 1960년의 서인도제도대학교(UCWI) 연구 보고서인 〈자메이카 킹스턴의 라스타파리 운동Ras Tafari Movement in Kingston, Jamaica〉은 이 운동에 관해 직접 조사한 연구 결과를 보고하면서, 모든 라스타파리안에게 공통된 믿음의 폭넓은 토대를 기술했다(M. G. Smith et al., 1960). 네 가지 사항으로 된 선언은 다음과 같다.

1. 라스타파리는 살아 있는 신이다.
2. 에티오피아는 흑인의 집이다.
3. 본국 귀환은 흑인이 구원받는 방법이다. 이는 예언되었고 곧 일어날 것이다.
4. 백인의 방식은 특히 흑인에게는 악이다.

가장 충격적인 특징은 성서의 은유를 총체적인 체계 — 시각의 규약 — 로 정교화한 방식인데, 동시에 유연하면서 총체적이고, 적용에서 보편적이고, 방향은 수평적이다. 흑인 인종은 진정한 이스라엘인이고, 솔로몬과 시바는 흑인 신인 하일레 셀라시에의 흑인 조상으로 해석된다. 바빌론은 정말로 서구 세계에 해당한다(물론 많은 라스타파리안은 러시아를 예외로 두는데, 러시아는 "와서 그 나머지를 짓밟아 바빌론은 민족들 사이의 폐허가 되리라"라는 예언을 구현하는 세 개의 갈비뼈를 가진 곰으로 규정된다 — 요한묵시록 18장[95]). 경찰, 교회, 정부(특히 부스타만테[96]와 큰 맨리the elder Manley[97] 같은 구 정치 지도자)는 제국주

95 이 성서 인용 부분의 출처는 필자의 착오인 듯하다. 요한묵시록 18장에는 해당 구절이 나오지 않는다. — 옮긴이

96 알렉산더 부스타만테Alexander Bustamante(1884~1977)는 자메이카의 정치인으로 영국 식민지 시절 노동당 지도자이자 독립 투쟁의 주요 지도자였고, 1962년 자메이카 독립 후에는 초대 수상을 지냈다. — 옮긴이

97 자메이카의 정치인 노먼 맨리Norman Manley(1893~1969)를 말한다. 영국 식민지 시절 자메이카의 자치권 확대를 위해 적극적으로 활동했고 자치 정부 내각 각료(1955~1959)와 수상(1959~1962)을 지냈다. 독립 후 수상을 역임한 마이클 맨리의 아버지다. — 옮긴이

의자의 하수인이며 백인 억압자와 끔찍한 운명을 함께할 것이다. 에티오피아는 모든 아프리카의 진정한 이름이다. 1655년 이후 백인과 갈색 피부의 그 동맹들은 흑인을 노예로 삼았다. 물론 신체적 노예제는 1838년에 폐지되었지만, 위장된 형태로 지속되고 있다. 모든 흑인은 에티오피아인이며 자메이카 정부는 흑인의 정부가 아니다. 이 정부는 아직도 자메이카를 식민지로 여기는 영국에 굴복하고 있다. 비록 바빌론 체제인 자본주의보다야 공산주의가 훨씬 더 바람직하긴 하지만, 유일한 진짜 정부는 하일레 셀라시에 황제의 신정 국가다. 교회에서의 결혼은 죄악이며, 진정한 에티오피아인은 그냥 흑인 '여왕'과 함께 살면서 최고의 존경심으로 여왕을 대해야 한다. (여왕 측에서는 결코 머리카락을 스트레이트로 펴서는 안 된다.) 도박과 마찬가지로 술도 금지된다. 부적, 마술, 마법에 대한 자메이카인의 믿음은 얼토당토않은 미신이며, 경험적으로 전혀 타당성이 없다. 부활주의는 정신적 노예제를 악화시킨다. 인도대마는 신성하다. 자메이카에서 세속적 소유물은 꼭 필요하지도 않고, 개인적 재산 소유도 바람직하지 않다. 노동은 좋은 것이지만, 소외된 노동은 단지 노예제의 영속화에 불과하다. 모든 형제는 조상 노예의 영혼이 다시 태어난 존재다. 영혼 재생은 상실된 문화와 전통의 재확인이다. 라스타파리를 신으로 여기는 모든 형제는 인간을 신으로 여긴다. '인간'은 죽음을 피할 수 없는 죄인이자 억압자다. '인간'은 살아 있는 신인 형제들을 알고 유한한 생명을 지닌 자이며, 모든 형제의 육신 속에 영원히 살아 있는 자다. (어느 라스타파리안은 다른 사람을 '형제'라고 부를 것이며, 일인칭 단수를 '너와 나'식으로 구성하는 대신에 '나와 나'로 고쳐 부를 것이다.)

상대적으로 정태적인 이러한 '확실한 사항'을 넘어서면, 라스타파리안은 자신이 '진실한 말'을 소유하고 있음을 보여 주기 위해 — 수수께끼, 역설, 우화 등 — 성서의 수사 양식을 습관적으로 사용한다. 마이클 토머스Michael Tomas(1973)는 쿤치먼이라 불리는 어느 은자 라스타파리안의 말을 인용하는데, 이 은자는 자신이 어떻게 해서 (평생 벌목용으로 도끼를 사용하던 사람 13명을 죽일 수도 있는) 도끼를 '체포'해서 벽에다 걸어 둠으로써 노동의 독재를 정복했는지 들려준다. (아마도 진정하게 국제적인 추종자를 거느린 최초의 레게 밴드인) '더 웨일러스'의 라스타 리더 밥 말리는 1973년 〈롤링 스톤*Rolling Stone*〉과 인터뷰에서, 어떻게 '물건에서 파괴가 나오는지' 자신의 기타를 물화된 은유로 사용해 보여 준다(기타는 아름다운 음악을 연주하지만, 누전이 발생하면 살인을 저지를 수도 있다). 그처럼 혼합적이고 연상적인 사고 패턴은 모든 지식을 즉시 (즉 마법적으로) 이해하기 쉽게 만든다. 따라서 충분히 취하고 나면 라스타파리안은 예수회 수사 같은 궤변과 확신을 갖고 글자 그대로 어떤 것이든(예컨대 번개와 전기 중 어느 쪽이 더 강력한가, 상어와 돌고래 중 어느 것이 더 빠른가?) 논의할 것이라고 마이클 토머스(Thomas, 1973)는 주장한다. 결국 테크놀로지는 믿음에 굴복하고, 믿음은 지식에 무릎을 꿇으며, 사고는 실제로 느낄 수 있게 된다. 이 시점에 이르면, 내부 차원과 외부 차원 간의 조화로운 관계는 가능해지고, '형제'는 "여호와와 머리 베개를 함께한다"(혹은 '깃든다')라고 한다. 이처럼 지고의 존재와의 명시적인 동일시는 선형적 체제의 거부와 모든 차이의 종말을 요구하며, 극도의 주관주의를 초래한다. 물론 신비주의는 균형 상태를 의미하며, 운동은 결국 운동이 자연스럽게 지향하는 정적주의quietist[98] 입장 때문에 난관에 처한다.[99] 과학을 시로 전환한다고 해도, 기대했던 실질적 권력 재분배는 나타나지 않았다. (비록 이 권력이 그냥 '자명'하고, 라스타파리아 신화에서는 바빌론식 '헛됨'의 '허구'에 불과하더

98 정적주의란 영혼이 수동적 상태, 즉 인간의 주도적 노력을 억제해 신이 온전하게 활동을 펼칠 수 있는 상태일 때 완전함에 도달할 수 있다고 본다는 교리다. 이는 기독교와 비기독교에서 모두 나타나는 요소다. — 옮긴이

99 네틀포드(Nettleford, 1970)는 레드 힐스Red Hills와 코럴 가든즈Coral Gardens 간의 폭력 사태가 과격한 양상을 띠면서 많은 라스타파리안들이 폭력적 해결책을 외면하게 되는 바람에, 신비주의로의 전향이 가속화했다고 주장한다.

라도 그렇다.)[100] 그러나 전통적으로는 신에 대해 깨달음을 얻는 방식으로 종교적 대체가 이루어졌는데, 믿음에서 핵심적 행동은 이러한 대체에서 벗어난 원형적 수용 기법을 이루게 된다. 여기에는 흑인 자메이카인의 잠재력에 대한 급진적 재평가가 뒤따랐고, 라스타파리안은 사회 내에서 자신의 위치를 재평가할 수 있게 됐다. 이 모든 것이 너무 난해하게 보인다면, 단지 루드 보이만 봐도 라스타 시각의 타당성을 확인할 수 있다. 왜냐하면 라스타의 절대적 존재의 세속화는 수탈당한 루드 보이의 정치화와 시기가 일치했고, 라스타파리안의 인식을 이끌고 조직화한 새로운 미학은 레게에서 완벽한 형식을 발견했기 때문이다.

2. 음악과 형식의 전복

> 배고픈 사람은 분노한 사람이 된다.
>
> — 루드 보이의 발언(White, 1967에서 재인용)

> 위대한 신께서 하늘에서 내려오신다고 전도사는 말하네.
> 모든 사람을 행복하게 하고. 모든 사람을 기분 좋게 하네.
> 그러나 만약 삶의 가치를 안다면
> 지상에서 너의 삶을 찾게 되리라.
> 그러니 이제는 빛을 보았기에

100 이는 아마도 1960년대의 가장 실망스러운 사건이었을 것이다(히피와 1968년 파리 학생 운동의 몰락, 또한 랭의 '초월적 여행meta-journey'이 실제로는 그를 아무 데도 데려다주지 못했던 사실 등을 참조하라. 줄리엣 미첼[1974], 235~292를 보라). 자메이카에서 부상하던 흑인 의식이 아프리카 연구에서는 좀 더 철저하고 분석적인 접근 방식을 채택하지 못했다고 네틀포드(Nettleford, 1970)는 비판한다.

나는 내 권리를 지키겠노라.

— 더 웨일러스, 〈일어나, 당신의 권리를 위해 맞서라*Get Up, Stand Up for Your Rights*〉

레게 자체는 다양한 형태로 되어 있으며, 다른 모든 요소를 무시하고 한 가지 요소에 집중한다면 문화적 과정에서 복잡한 부분을 축소하게 된다. 이를테면 레게는 변형된 미국의 '소울' 음악에 아프리카 리듬의 잔재와 순수한 자메이카 저항의 저류가 가미된 것이다. 레게는 이식된 오순절 교회다. 레게는 새 자메이카 정부의 토착화된 애국가이자, 라스타의 성가, 킹스턴 루드 보이의 절규이기도 하다. 이 음악은 이 모든 것이자 그 이상의 것이며, 흑인 자메이카 문화를 구성하는 모든 갈래를 포함한 모자이크다. 오순절 교회의 말 주고받기 패턴이자, 자메이카 길거리 대화를 우회적으로 표현한 운율, 미국 리듬 앤 블루스의 섹스와 쿨함, 라스타파리안의 잼 세션jam-sessions(격식 없이 자유로운 연주)의 강렬한 타악기 등 이 모든 것이 레게에 반영되어 있다.

심지어 '레게'라는 단어의 어원조차도 논쟁거리다. 마이클 토머스(Thomas, 1973)의 글에 의하면 웨스트 킹스턴에서 명성을 얻은 루드 보이인 불독은 '라가무핀raggamuffin'을 '업타운'식으로 읽은 '라가ragga'에서 이 단어가 유래했다고 주장하는데, 그 음악을 좋아하는 사람들은 이런 식의 뜻풀이에 함축된 비판적 견해를 환영했다. 대안으로는 (인도어 형태인) 라가raga라는 단어와의 유사성을 강조하는 해석들이 있었으며, 또 다른 사람들은 레게가 단지 (돈 드러몬드Don Drummond와 더불어 오리지널 '스카' 뮤지션 중 한 명이던) 레코 로드리게스Reco Rodriguez의 왜곡이었을 뿐이라고 주장한다. 음악 자체의 등장은 더 격렬한 논쟁을 불러일으켰다. 이 음악에 대한 어떤 사람의 반응은 이 음악이 집단 경험에서 자생적으로 진화해 나왔다고 믿는지, 아니면 위에서 지시한 의식적 '토착화' 정책의 일부였다고 믿는지에 따라 달라진다. 올랜도 패터슨Orlando Patterson(1964)은 레게의 민속적 측면을 경시하는 경향이 있어, 이에 따라 라스타파리안주의를 그다지 우호적으로 설명하지 않는다(그는 이 종교를 '집단 판타지'를 통한 신비화로 해석한다). 롤스턴 캘린디르Rolston Kallyndyr와 헨더슨 댈림플Henderson Dalrymple(시기 불확실)은 이 민속적 측면만 언급하면서, 다소 무비판적인 견해를 취하는 경향이 있다. 콜린 맥글래션Colin McGlashan(1973)의 글에서는, 킹the King(영국 흑인 공동체에서는 으뜸가는 사운드 시스템 주도자)이 비경험적이고 은유적인 특징의 설명을 제공하는데, 이 설명은 라스타 '논리'의 으뜸가는 또 다른 예를 보여 준다.

> 레게는 고통에서 형성된 저항이다…… 그런 강경하고 강렬한 감정을 가져야 돼 …… 그 감정은 엄마의 가슴에서, 모유에서 나와. 그건 사실이야! …… 천연 우유는 엄마의 가슴에서 나와, 친구. 모유는 그 …… 끈적끈적함을 네 몸에 줘. 그리고 만들어져야 마땅한 것들을 창조할 감정도 줘.

그러한 수사적 과잉의 오류 가능성을 인정하면서도, 나는 패터슨보다는 킹을 지지하고 싶다. 이는 단지 새로운 음반 산업을 통제하는 기업가의 상업적 이익이 어떤 부류이든 중앙 정부가 시도하는 개입과 갈등을 빚었기 때문이다. 더구나 아프리카화의 충동에는 위로부터의 격려가 전혀 필요 없었다. 이 충동은 라스타파리 운동의 전개에서도, 환멸을 느낀 실업자 청년의 현실 도피에서도 이미 나타났다. 라스타파리안들은 라스타 운동의 전투적인 핵심파일 뿐 아니라 덜 일관된 저항 형태들이 결집할 때 구심점을 제공하고, 그 후 레게에서 오페라풍으로 표현된 대화도 제공했다.

(레게의 선구자인) '스카' 이전에만 해도 자메이카는 자신만의 독특한 음악을 거의 갖고 있지 않았다. 자메이카의 '민속 음악 멘토mento'는 지역

방언으로 된 '민속 음악'과 아프리카 리듬의 품위 있는 버전을 결합한 다소 맥이 빠지는 음악 형태였는데, 원래의 아주 강력한 재료가 크게 훼손된 것이었다. 이 음악과 해리 벨라폰테Harry Belafonte[101] 외에도, 북쪽 해안 지방에서는 윌리 로페즈Willy Lopez와 그의 화려한 라틴 오케스트라 풍의 삼바를 즐겼다. 그러나 1950년대는 미국에서 수입된 리듬 앤 블루스가 웨스트 킹스턴에서 주목을 끌기 시작했다. 듀크 레이드Duke Reid 같은 인물은 재빨리 돈벌이의 잠재력을 깨닫고 디스크 자키(DJ)로 변신해 빈민 지대 슬럼의 화려한 귀족층을 이루게 되었다. 사운드 시스템의 시대가 시작된 것이다. 경쟁이 치열한 동네 디스코장 세계에서는 경쟁 관계의 DJ들이 '최고의 사운드'라는 타이틀을 놓고 싸웠는데, 여기서 살아남으려면 기민함과 창의력, 탐험 정신이 필요했다. 1950년대 말에 미국의 리듬 앤 블루스가 원래의 위력을 상실하기 시작하자, 좀 더 야망 있는 DJ들은 새로운 방편을 시도하면서 스스로 음반 제작에도 진출했다. 대개 필요한 것은 기악 녹음뿐이었고, DJ들은 '라이브' 연주 동안 가사를 즉흥적으로 작사하곤 했다(가사는 대개 단순하고 공식화된 것으로 '해결해, 해결해' 같은 식이었다). 이 초창기 녹음은 어떤 중요한 선례도 마련했다. 첫째로, 뮤지션은 일반적으로 방대한 실업자군에서 선택되었다. 이들은 한 세션에 활용되고, 쥐꼬리만 한 보수를 받은 후, 다시 길거리로 돌아갔다. 지역 음반 산업 일부 부문에서는 가혹한 젊은 인재 착취가 완화되지 않은 채 지속됐다. 둘째, 심지어 지금도 음악은 기본적으로 디스코와 결부된 채 남아 있고, 주로 댄스용으로 설계되었다. 셋째, 즉흥적 가사를 붙

101 해리 벨라폰테(1927~2023)는 미국의 가수, 배우, 민권운동가로, 뉴욕에서 자메이카 출신 부모에게서 출생했다. 특히 1950년대와 1960년대에 칼립소 음악을 국제적으로 대중화하는 데 기여한 핵심 인물이다. — 옮긴이

인 단순하고 반복적인 반주 내내 '스캣 창법scatting'[102]으로 부르는 전통은 좀 더 흥미롭고 신나는 몇몇 레게를 계속해서 낳았다. 마지막이자 가장 중요한 부분으로는, '스카' 비트가 이 초창기 레이블 없는 음반에서 처음으로 선보였다. '스카'는 일종의 바보스러운 내용을 뒤섞은 음악으로, 진동을 올린 상태에서 전기 기타로 연주한다. 리듬 앤 블루스에서처럼 오프비트보다는 업비트를 강조하며, 베이스, 드럼, 브래스 부문으로 강조점을 둔다(트롬본은 초기 스카에서 필수불가결한 부분이었다). 스카는 구조적으로는 리듬 앤 블루스의 순서를 뒤집어 놓은 버전이다.

다시 말해 언어와 종교에서와 마찬가지로 원래 형태의 왜곡은 불가피할 뿐 아니라 의도적이기도 한 듯하다. 뒤집기는 문화적 거래가 발생했음을 의미하면서 수용을 표시하는 것처럼 보인다. 하지만 소울을 스카로 바꾸어 놓은 연금술은 결코 단순하지 않다. 수입된 음악은 이미 자메이카에 정착해 잘 드러나지 않는 형태들과 상호 작용을 일으켰다. 쿠미나Cumina, 빅 드럼Big Drum, 부라 댄스burra dance는 아프리카의 리듬을 오래전에 부활시켰는데, 이 형태들이 개발된 맥락은 그 형상과 내용을 직접 결정했다. 이것들은 스카의 의미론에 지울 수 없는 흔적을 남겼다. 부라 댄스가 특히 중요했다. 베이스, 푼드funde, 연타 드럼으로 연주하는 부라는 범죄성에 대한 공개적인 찬양가에 해당했다. 1930년대 초반부터 웨스트 킹스턴 슬럼 주민들은 출옥한 죄수를 다시 공동체로 받아들이는 환영 행사를 '부라'로 하는 것이 관습이었다. 음악은 슬럼 너머의 더 큰 사회에 대한 헌신을 버리고 지역에 대한 충성과 범죄 조직에 대한 소속감을 공고히 했다. 1940년대 말 라스타파리안이 경찰과 주기적으로 충돌하기 시작하면서 라스타파리안과 강성 범죄자가 서로 교섭하게 되

102 스캣 창법이란 가사 대신에 의미 없는 구절로 흥얼거리면서 노래하는 보컬 창법으로 재즈에서 자주 사용된다. — 옮긴이

었다. 라스타파리안들의 레게 머리dreadlocks[103] 헤어스타일은 버림받은 자의 오랜 도상학으로 흡수되었고, 수많은 라스타는 당국이 자신에게 뒤집어씌우려고 작심한 듯한 무법자의 지위를 공개적으로 수용했다. 여전히 더 많은 사람들이 인도대마 범죄로 복역하는 동안 자메이카 지하 세계에서 영구적인 인맥을 쌓았다. 경찰은 모든 라스타파리안이 신비주의를 전복 활동의 위장막으로 악용하는 잠재적으로 위험한 범죄자인 양 이름표를 붙여 운동의 신뢰성을 떨어뜨리려 하였다. 하지만 경찰의 이러한 시도는 오히려 의식적으로 반사회적이고 무정부적인 입장으로의 변화를 가속화하는 데 기여했을 뿐이다. 다른 곳에서도 흔히 관찰되었듯이, 이와 같은 예측은 실현되는 경향이 있었다. 이후에 살인 강간으로 처형된 워피 킹Woppy King 같은 범죄자는 라스타파리아 형제단에 가입해서 화려한 레게 머리 헤어스타일에도 영향을 미쳤다. 곧 라스타파리안들은 부라 댄스를 완전히 넘겨받았고 부라 드럼을 '아케테 드럼akete drums'으로 불렀다. 필연적으로 이 음악을 둘러싸고 있던 범죄자 분위기도 이전 과정에서 남아서, 부라를 대체한 니야빙기 댄스Niyabingi dance는 원래 존재하던 범죄자 가치와의 동일시를 테러리스트 폭력에 대한 공개적인 지지로 옮겨 놓았다. 웨스트 킹스턴의 범죄와 음악은 이렇게 해서 미묘하고도 지속적인 공생 관계 속에서 서로 연결되었다. 이들의 결속은 소울의 침투 이후까지 이어졌다. 더구나 라스타파리안들은 계속해서 새로운 음악의 감독을 맡았고, 음악 생산의 창의적 과정에도 관여했다. 그런데 1957년의 서베이는 노동력의 18%가 실업 상태임을 밝혀냈다. 12년 후 독시 보고서Doxey Report가 진술하게 되듯이, "수많은 젊은이가 한번도 정규직에 고용된 경험도 없이 생애 상당 기간을 보내게 되는 것"도 가능해

103 록스locks 혹은 드레드록스는 라스타의 헤어스타일로 흔한 길게 땋은 머리를 말한다. 국내에서는 원래 맥락에서 분리되어 스타일 측면으로만 이해되면서 흔히 '레게 머리'로 불린다. — 옮긴이

졌다(Doxey, 1969). 자신들에게 봉사한다고 주장하는 사회의 버림을 받고 적개심을 품은 웨스트 킹스턴 청년들은 라스타파리안들에게 설명을 구하고, 그들의 음악을 듣고, 이들의 현실 부정적 입장도 기꺼이 모방하려 한다. 1960년대 루드 보이 음악의 과장된 몸짓, 섹스, 폭력과 쿨함 배후에는 알맞은 수사와 너무나 포괄적인 은유를 구사하는 몽상적인 라스타인이 존재한다는 사실은 거의 놀랍지 않다.

그래서 스카는 강력하고 잘 무장된 음악이자, 하나 이상의 의미에서 '거칠고 다부진' 음악이었다. 이 음악이 출발한 과정을 보면, 위에서부터의 심각한 간섭이나 의미 수준에서의 조작이 아예 통하지 않도록 확립되어 있었음을 알 수 있다. 자메이카에서 취향의 공식적 중재자가 스카에 원래 부여한 낙인은 '부라' 댄스가 갖고 있던 범죄적인 함축적 의미와 직접 관련이 있었다. 초기에 정부 측에서는 민족적인 사운드를 만들어 내려 시도했으나 솔직히 말해 실패했다. 자메이카에서 최초의 음반 회사 중 하나(서인도제도레코드사West Indies Records)를 설립한 에디 시가 Eddie Seaga는 스카를 대표적인 (그러므로 품위 있는) '토착' 형태로 세계에 홍보하려 한 중간 계급 '민족주의' 기업자 중 한 명이었다. 시가가 노동당 내각에 입각하면서 그가 추진한 이 프로젝트는 추진력을 얻었다. 웨스트 킹스턴을 정치 선거구로 조직하려는 시도 외에, 시가는 북부 해변 지역에서 연주하고 있던 '탁월한 인물'인 바이런 리와 드레곤에어즈Byron Lee and the Dragonaires[104]를 채용하고, 이들을 먼저 웨스트 킹스턴에 보내 음악을 공부한 다음 뉴욕에 가서 완성된 상품을 공개하도록 주선했다. 번역 과정에서 음악은 다소 손상을 입었다. 바이런 리는 스카를 제대로

104 바이런 리와 드레건에어즈는 자메이카의 스카, 칼립소, 소카로 유명한 밴드로, 카리브 음악을 전 세계에 소개한 선구적 밴드다. 이 밴드는 장소와 장르를 가리지 않고 공연을 하다가 1959년 처음으로 음반을 취입했다. 이때부터 에디 시가와 긴밀한 관계를 유지하며 활동했다. — 옮긴이

연주하기에는 너무 세련된 인물이었고, 투박한 스카는 당시 세계 시장의 흥미를 끌기에는 지나치게 '거칠었다.'

그래서 스카는 대체로 자신의 전략을 고수하도록 방치되었다. 1960년대 초 음반 산업은 서인도제도레코드사 사주 시가, 페더럴스튜디오Federal Studios의 켄 쿠리Ken Kouri, 그리고 백인이자 플랜테이션 소유주의 아들인 아일랜드레코드사Island Records 크리스 블랙웰Chris Blackwell의 후원하에 발전했다. 그러나 블랙웰은 스스로 서인도에 안주하지 않았다. 그는 곧 영국 시장 개척에도 나섰는데, 여기서는 자메이카 원주민보다 향수병에 걸린 루디들에게 음반이 더 많이 팔리고 있었다.[105] 블랙웰은 킬번 로드의 건물을 매입하고, 블루비트Bluebeat 레이블이 힘겹게 획득한 영국 내 서인도제도 음반 시장 독점에 도전하기 시작했다.

블랙웰이 블루비트를 압도했다는 사실은 1964년 스카 음반 〈마이 보이 롤리팝*My Boy Lollipop*〉 출시로 공개적으로 인정받았다. 이 음반은 열여섯 살 밀리 스몰Millie Small이 사랑스러운 간절한 비음으로 불러 스카로서는 최초로 전국적인 인기를 끌었다. 블랙웰은 영국 내 출시를 대부분 담당한 트로얀Trojan이라는 또 다른 레이블을 설립했고, 리 곱탈Lee Gopthal에게 사우스 런던을 거점으로 삼아 배급을 지휘하도록 했다. 그 후 1966년 여름 어느 시점에 음악은 눈에 띄게 변했고, 스카는 변조되어 '록스테디rocksteady'로 옮아갔다. 호른은 비중이 줄어들거나 완전히 퇴출되었고, 사운드는 다소 느려지고, 더 몽환적이고 에로틱하게 바뀌었다. 베이스가 지배하기 시작했고, 이번에는 록스테디가 더 무거워지면서 레게로 알려지게 되었다. 세월이 지나면서, 레게는 엄청난 추종자를 끌

105 예를 들면 브릭스턴에는 흑인 주민의 80%가 자메이카 출신이었고, 이 구역의 레코드 가게는 곧 블루비트와 스카를 전문으로 삼기 시작했다.

어들였고, 이 때문에 마이클 맨리Michael Manley(현재 수상)[106]는 레게 노래인 〈더 좋은 날이 와야 해*Better Must Come*〉를 1972년 선거 캠페인에 사용했다.[107] 맨리의 인민민족당People's National Party은 압승을 거두었다.

그러나 그렇다고 해서 이 음악의 폭발력이 제거되었다는 뜻은 아니다. 왜냐하면 이 시기에는 루드 보이가 스카의 정교하게 짜인 구조를 제대로 활용하는 시각 스타일을 동시에 개발하고 있었기 때문이다. 미국 소울의 요소는 자기 만족적인 태도에, 그리고 윤곽이 뚜렷하고 현란한 옷차림, 길거리 소년들의 영향을 받은 '멍청이jive-ass' 걸음걸이 등에 가장 두드러지게 반영되었다. 게토 매춘업의 정치는 자메이카 빈민층 마을의 걸거리 대화에까지 침투했다. 어느 가난한 농촌 변방 지대에서 갓 올라온 모든 루드 보이는 곧 고스트 타운과 백 오월[108] 어디든 산재한 술집에서 그들 중 최고를 내세워 술책을 부리기 시작했다. 루디 보이는 마치 결과에 그의 생애가 달린 양 필사적으로 도미노 게임[109]에 매달리면서 찬란한 순간을 노리며 살았다. 할 일 없는 대도시의 협잡꾼이자 항상 록스테디, 스카, 레게 연주자로 살아왔기에 그는 생각할 필요조차 없이 [거의 조건반사적으로 — 옮긴이] 즉시 동원할 수 있는 수단을 갖추었다. 그만큼 요원하고 정의하기 어려운 자질인 쿨함은 거의 추상적이고 거의 형이상

106 마이클 맨리(1924~1997)는 자메이카의 정치인으로 신문 편집인과 노동 운동 지도자로 활동하다 정치에 뛰어들었다. 1972~1980년과 1989~1992년에 총리를 지냈다. 민주사회주의 강령을 주장했고, 포퓰리즘 성향의 정책을 많이 폈다. — 옮긴이

107 맨리는 또한 홀리 롤러Holly Roller 종교 유형이 아직 남아 있는 농촌 지역에서 공개적으로 나타나 지지를 얻었다. 그는 자칭 '교정의 회초리'라는 지팡이를 들고 다니면서, 이 지팡이로 모든 '악령'을 이기고 불의를 몰아낼 수 있다고 장담했다.

108 백 오월은 자메이카 웨스트 킹스턴에서 라스타파리안들이 거주하던 빈민가였는데, 1950년대에는 카리브 지역에서도 특히 악명 높은 슬럼가였다. 1960년대 초반 이곳을 허물고 재개발을 통해 티볼리 가든Tivoli Garden이라는 새 주거지가 들어섰다. — 옮긴이

109 자메이카 노동 계급 사이에 인기 있던 게임이다.

학적이고 위협적이며 스타일이 있는 종류의 극기, 즉 생존과 그 이상의 것이 되어 버렸다.

물론 경찰과 충돌도 일어났다. 인도대마, 총기, '압력' 덕분에 법에 맞서 자신의 강함을 시험해 보려 안간힘을 쓰는 루드 보이는 끊임없이 배출되었다. 여기에 판사는 갈수록 길어지는 형기로 응답했다. 마이클 토머스(Thomas, 1973)의 말을 빌면, 모든 루디는 "비스턴 거리에서 가장 쿨한 악당 조니"가 되겠다는 야망을 품고 "어둠 속에서 춤추고" 있었다. 이는 스카의 혼란기였다. 프린스 버스터Prince Buster[110]는 재판부를 조롱하는 〈저지 드레드*Judge Dread*〉라는 노래를 불렀다. 그의 노래에서 저지 드레드는 한편으로는 훌쩍이는 루드 보이들에게 500년 형과 1만 대 채찍질을 선고하면서도("질서! 질서! 루드 보이는 울지 않는다!"), 다른 한편으로는 이들을 사면해 주고 석방을 축하하는 파티도 열어 준다. 범죄와 처벌, 낙인찍기와 포섭의 삭막한 역학은 이 초기 음반에서 희비극적 형태로 끊임없이 재생된다. 그리고 이전에 나온 '부라' 음악 같은 스카 고전들은 흔히 일탈적, 폭력적 행태를 그냥 찬양했다. 사운드 시스템 경쟁, 길거리 싸움,[111] 성적 만남,[112] 복싱 경기,[113] 경마,[114] 그리고 감옥 경험[115]은 즉시 포크 송으로 전환되

---

110 프린스 버스터는 자메이카의 작곡자이자 가수, 프로듀서다. 1960년대에 그가 출시한 음반들은 현대 자메이카 음악에 큰 영향을 미쳤다. 자메이카의 대표 음악인 레게와 스카 역시 그의 영향을 많이 받았다. — 옮긴이

111 〈지진*Earthquake*〉을 보라. 여기서 프린스 버스터는 경쟁자에게 오렌지가에서 전쟁을 하자고 도전장을 던진다.

112 이 시기의 다른 모든 기록을 보라.

113 나이니Niney의 〈불 같은 포맨이 스모킹 조 프레이지와 대결하다*Fiery Foreman meets Smokey Joe Frazier*〉의 가사를 보라.

114 더 파이오니어스The Pioneers의 〈롱 숏 킥 더 버킷*Long Shot Kick the Bucket*〉 가사를 보라. 이는 모든 사람의 판돈이 걸린 상태에서 죽는 말을 다룬다.

115 이 부분도 메이털스Maytals[투츠 앤 메이털스Toots and the Maytals]의 〈54-46〉 가사를 보라(이는 투츠가 인도대마 혐의로 수감되었을 때 받은 죄수 번호다).

어 스카 비트가 가미되었다. 이제는 가진 것을 모두 잃은 초기 스카 시대의 공작, 백작, 교황급 인물들은 음악 홀의 갱스터로서 우연히 서로 마주치는 신세가 되었고, 프린스 버스터는 옅은 미소를 지은 채 지독히 엄숙하게 "알 카포네의 총은 말싸움을 하지 않아"[116]라고 경고했다.

그러나 루드 보이가 '집행 유예로 나와 있는 동안' '약탈하고' '총질하고' '울부짖는,' '007'[117]의 세계에서 '경찰은 더 강경해지고,' '군인들은 [매시간] 더 늘어나며,' 마지막 대결에서는 당국이 항상 승리해야 한다. 그래서 대결은 한 번 더 예비되어 있어야 한다. 아직 더 상위의 당국은 항상 존재하고, 바로 여기서 심판의 날이 레게에 되돌아온다. 그리고 저지드레드가 스스로 지핀 불속에서 소멸하게 되는 날, 라스타는 '고통'의 종말을 노래한다. 라스타파리안주의가 레게에 미친 영향은 초창기부터 강력했다. 이는 돈 드러몬드와 레코 로드리게스가 〈파더 이스트*Father East*〉, 〈아디스 아바바*Addis Ababa*〉, 〈마커스 가비에게 바친다*Tribute to Marcus Garvey*〉, 〈재생*Reincarnation*〉 같은 곡을 우호적인 수용자에게 연주해 준 이래로 계속 그랬다. 심지어 혼란스러운 루드 보이 시대의 절정기에는 '보스'이자 주인공, 단연코 개인주의자였던 프린스 버스터도 〈프리 러브*Free Love*〉에서 추종자들에게 "진실되게 행동하고," "진실되게 말하고," "서로 사랑하는 법을 배워라"라고 훈계하며, 반항적인 루디에게 "진실은 우리에게 최고의 무기다," 그리고 "우리가 뭉치면 이길 것이다"라고 조언할 수 있었다. 풍자적인 〈십계*Ten Commandments*〉에서 프린스 버스터는 전형적으로 양가적이고, 전도풍이고, 설교하고, 조롱하는 태도를 모두 한꺼번에 보여 준다. 그러나 그럼에도 불구하고 거세게 몰아치는 모든 광적 애국주의 배후에는 라스타 신조의 특징인 신의 내면화가 자리하고 있다.

116 프린스 버스터의 〈알 카포네*Al Capone*〉 가사.

117 데스먼드 데커Desmond Dekker의 〈샌티 타운*Shanty Town*〉에서.

이는 나 프린스 버스터가 내 영감을 통해 여성들에게 준 남성의 10계명이다.

시간이 경과함에 따라, 음악은 미국을 벗어나 에티오피아를 향해 옮아갔고, 루드 보이도 음악과 함께 옮겨갔다. 인종적, 계급적 충성심은 강화되었고, 음악이 성숙함에 따라 원래 촉진제를 제공했던 리듬 앤 블루스와 어떤 핵심적인 단절을 단행했다. 음악은 더 '종족화하고,' 덜 열광적이고,[118] 더 사색적으로 변했으며, 라스타파리안의 정치적 은유와 농축된 신화는 가사에 좀 더 두드러지게 스며들기 시작했다. 더 웨일러스, 업세터스Upsetters, 멜로디언즈Melodians, 라이언에어스Lionaires 같은 그룹이 흔히 혁명적이고 항상 본질적으로 자메이카적인 새로운 재료를 갖고 등장했다. 일부 루드 보이는 레게 머리를 기르기 시작했고, 많은 사람이 모직 비니를 쓰는 데 익숙해졌는데, 종종 서구로부터의 소외를 선언하기 위해 에티오피아 국기의 녹색, 황금색, 빨간색으로 된 비니를 썼다. (만일 그처럼 섬세한 옷차림 변화에 그러한 묵시록적 용어가 합당하다면) 이러한 변혁은 스타일을 넘어서 루드 보이의 계급과 피부색 의식을 수정하고 달리 유도하게 되었다. 요지를 지나치게 강조하지는 않더라도, 1960년대 초반의 마구잡이식 폭력, 허세, 경쟁적 개인주의에서 벗어나 좀 더 명확하고 지식에 기반한 분노를 지향하는 추세가 생겨났다. 만약 범죄가 계속해서 가능한 유일한 해결책이었다면, 새로운 구분이 내려졌다. 렉스 네틀포드Rex Nettleford(1970)가 인용한 어느 루드 보이는 폭력에 관한 발언에서 '더 발전된 의식'을 보여 준다.

진짜로 털어먹어야 하는 사람은 고통받는 형제가 아니다. 그러한 사람은 바로 온갖 사치스러운 시설 더미로 온통 치장한 ……. 이 모든 장소를 열두 군데나

118 미국인은 "천천히 움직이는 법을 모른다"라고 쿤치먼은 말했다. Thomas(1973)를 보라.

소유한 거상들이다. …… 우리가 정말로 원하는 것은 이처럼 평등한 권리와 정의다. 모든 사람이 좋은 생활 여건, 좋은 학교 교육을 누린다면, 나는 세상이 훨씬 더 나아질 것이라는 느낌이 든다.

라스타 자신들이 폭력적 해결책에서 벗어나 새로운 미학을 지향하기 시작함에 따라, 스카에 푹 빠진 로드 보이들은 곧 라스타파리안의 준거 틀을 습득하고, 라스타 운동의 군사 부문이 되었다고 주장하고 싶다. 따라서 음악이 진화해서 라스타파리안들의 손에 넘어감에 따라, 서인도제도 공동체를 통한 계급과 피부색 의식의 확장도 뒤따라 일어났다. 물론 '더 발전된 의식'의 등장을 미국의 게토와 대학 캠퍼스에서 일어난 더 넓은 사태 전개로부터 분리해서 보지는 않겠다. 1960년대 말까지 중간 계급 학생들이 주도하고 서인도제도 대학교 중심으로 집결해 있던 자메이카 블랙 파워 운동이 자극한 효과도 무시하지는 않겠다.[119] 그러나 (백 오월뿐 아니라 브릭스턴에서도) 이 외부적 사태 전개가 루드 보이에게 어떻게 독특하게 매개되었는지, 레게 음악 한복판에 위치한 전지한 라스타 로고스Rasta Logos에 의해 그 외부의 사태가 어떻게 소화되고 해석되고 재조립되는지를 강조하고자 한다. 맨리와 시가의 영향에도 불구하고, 레게는 온전하게 남았다. 레게는 말하자면 이전처럼 언어나 피부색, 문화에 의해 결코 조종될 수도 없고 보호받을 수도 없었다. 그 문화가 바로 출발점에서부터 주인 계급의 침입에 맞서 비밀 유지를 조성하고 방어막을 정교화할 수밖에 없었는데도 그렇다.

---

119 자메이카 블랙 파워 운동 공식 기관지인 〈아벵*Abeng*〉은 라스타파리안의 '은유 사용법'을 그대로 마르크스주의 변증법으로 번역했다. 이 신문 칼럼에서는 경제적 분석이 '피해자' 개개인의 철저하게 개인적 증언과 불편하게 공존한다. 다른 여러 사건 중에서도 대학이 블랙 파워 역사가인 월터 로드니Walter Rodney에 금지 조치를 내린 사건은 이 운동을 정치적 방향으로 구체화하는 데 기여했다. Rodney(1969)를 보라.

더구나 레게의 형식 자체가 외부 간섭에 취약했던 데다가 어느 정도의 자율성을 보장했다. 레게는 반복되는 강력한 저음부를 지정해서 팝 음악의 확립된 패턴을 뒤집어 놓았다.[120] 그러한 반복적 저음부는 신체에 직접 커뮤니케이션을 했고, 물결치는 리듬의 표면에 걸쳐 가수가 '스캣 창법'을 구사할 수 있는 여지를 주었다. 훌륭한 레게에서는 음악과 단어가 동조를 이루고, 고정된 해석을 회피하는 수준에서 조정된다. 언어적 패턴은 음악적 패턴이 된다. 이 둘은 사운드가 추상화되고, 의미가 구체성을 상실할 때까지 물질적 신진대사와 융합된다. 따라서 더 웨일러스처럼 명쾌하지만 직설적인 비난을 넘어 레게의 '중후한 쪽' 언저리에서, 카운트 오시Count Ossie[121]와 미스틱 레빌레이션 오브 라스타파리Mystic Revelation of Rastafari는 넌지시 바빌론의 길을 비난하고, 레게를 다시 아프리카로 데려간다. (빅 유스Big Youth, 나이니Niney, 아이로이I-Roy, 유로이U-Roy 같은) 루디 DJ들은 당김음으로 된 크레올 운율과 표현 불가능한 것에 대한 안목으로 아예 언어 자체를 훼손할 조짐을 보인다. 언어는 신체 언어, 믿음, 직감에 자리를 내준다. 형태에서나 정의상으로나 레게는 정의를 거부한다.[122] 그렇다면 형태는 본질적으로 전복적이다. 자메이카 길거리 소년들

120 '헤비 록'도 강조성, 최면성의 저음부를 갖추었지만, 록에는 '스캣 창법'에 상응하는 것이 없다. 일부 현대 재즈는 이 수준의 언어로 연주하지만, 이 재즈는 주로 흑인 뮤지션들이 만들어 낸 것이다(앨버트 아일러Albert Ayler, 라산 롤런드 커크Rahsaan Roland Kirk, 파로아 샌더스Pharoah Saunders, 존 콜트레인 등).

121 카운트 오시(본명 오스월드 윌리엄스Oswald Williams)(1926~1976)는 자메이카의 라스타파리 드럼 연주자이자 밴드 리더였다. — 옮긴이

122 이와 비슷하게, '헤비' 소울의 구문론도 어휘적인 의미의 필요성을 없애 버렸다. 제임스 브라운James Brown은 〈뼛속까지 취하다*Stoned to the Bone*〉에서 '발음과 표현' 사이의 관계를 살펴보고, '정신의 힘'을 지칭하는 데 사용된 다양한 단어의 목록을 제시하지만('초감각적 지각을 발산하다,' '적극적 사고' 등), 언어 자체를 폐기함으로써 이 어휘들을 모두 폐기한다. "그러나 나는 이를 있는 그대로의 것은 있는 그대로일 뿐이라 부른다." 이 동어반복적 등식은 강력하고 반복적인 반주와 동조를 이루어 결국 흡수될 때까지 거듭 되풀이된다.

이 가장 중요한 혁신을 일으킨 곳은 바로 형태 영역이다.

3. 스킨헤드 간주곡: 스톰프 춤을 멈춰야 할 때

> 지금 우리는 스페이즈the Spades를 영웅으로 숭배하고 있다. 그 사람들은 춤도 추고 노래도 부를 줄 안다…… 우리는 몸도 흔들고 후딱 잡히는 차로 히치하이킹도 한다. 그러나 우리는 가까운 데서 춤추려고 되돌아가고 있다. 스페이즈가 그렇게 하거든.
>
> — 열아홉 살 모드족. Hamblett & Deverson, eds.(1964: 22)에서 재인용.

이제는 영국의 서인도제도 공동체 내부에서 상응하는 문화가 형성되는 양상과, 레게가 남부 런던에서 수용된 맥락을 다룬다. 젊은 흑인들이 극단적인 문화적 종속 상황을 사실상 자율성의 상황으로 변화시키는 데 레게를 어떻게 사용했는지 보여 주려고 한다.

영국 레게의 초기 역사를 반복할 필요는 없다. 새로운 음악 수입에서 크리스 블랙웰과 리 곱탈이 한 중요한 역할은 이미 언급했다. 점차 트로얀의 음반이 시장에 넘쳐나기 시작함에 따라, 흑인 영국인의 야간 생활의 속도를 정해 주는 꾸준한 맥박으로 스카가 블루비트의 자리를 넘겨받았다. 자메이카 협잡꾼, 포주와 마약상이 등장하기 시작하면서, 콜린 매키니스(McInnes, 1957)가 묘사하는 아프리카 '해변 지대 아이들'의 시대는 확실히 저물고 있었고, 빌리 위스퍼스Billy Whispers의 날도 마침내 얼마 남지 않았다. 거의 전적으로 서인도제도인 고객을 대상으로 영업하는 브릭스턴, 페컴, 래드브로크 그로브의 무허가 술집(하우스 파티), 흑인 클럽, 음반 가게 지하 네트워크 등을 통해 음악은 전파되었다. 거의 그렇게 된 것은 맞지만 완전히 그랬던 것은 아니다. 초기 음악이 무한한 공격성을 가동시키고 극단적 개인주의의 컬트를 조장함에 따라, 음악의 호소력은 흑인 공동체 구성원에게만 국한되지 않았다. 이 음악은 이민자들이 모여 사는 똑같은 남부 런던 빈곤 지역에 거주하면서 곧 루드 보이 무리의 스타일을 모방하기 시작한 '하드 모드족'[123]의 주제곡이 됐다. 이렇게 해서 이들은 자메이카 협잡꾼의 '챙이 넓은 중절모'(포크 파이 모자)와 선글래스를 쓰고, 심지어 이민자들은 할 수 없이 사용할 뿐 아니라 아마 바람직하지 않다고 여길 빈곤의 상징까지 일부러 수용했다. 따라서 대개 어쩔 수 없이 물려 입었다는 뜻인 잘 맞지 않는 앵클 스윙어 바지는 과도하게 짧은 리바이스 청바지에서도 '되풀이'되었는데, '하드 모드족'은 이 패션을 유독 좋아했다. 심지어 1964년 마게이트와 브라이튼에서는 모드족들이 부츠와 멜빵 차림에다 당시 서인도제도 출신 흑인이 선호하던 짧은 흑인 헤어스타일의 질감과 모습을 인위적으로 재생해 짧게 자른 머리를 과시하는 장면을 볼 수 있었다. 1965년에는 프린스 버스터의 〈매드니스 *Madness*〉가 일부 모드 그룹 사이에 열광 대상이 되어 남부 런던 모드족이 자주 드나드는 대형 댄스홀의 단골 신청곡 목록에 올랐다. 흑인과 백인 루드 보이 문화 사이의 관계는 진지하게 시작되어 1960년대 말까지 지속되었는데, 청년 문화 평론가들은 이에 이해할 수 없다는 반응을 보였다.

스카는 분명히 주류 팝 음악이 더 이상 제공할 수 없는 욕구를 충족해 주었다. 이는 전국적 수준의 상업적인 영리용 활용에서 벗어난 비밀스러운 사운드였고, 여전히 원래 이 음악을 옹호하던 하위문화의 '소유물'이었다. 이 음악은 또한 노동 계급 문화의 준비행 청소년 주변 분

123 1966년경 모드족 내부에서 분화가 일어나기 시작했다. 한편으로는 온건 모드족smooth mods, 혹은 공작새 모드족peacock mods은 덜 폭력적이고 최신 유행 옷차림을 추구하는 방향으로 진화한 반면, 하드 모드족, 혹은 갱 모드족gang mods은 짧은 머리에다 노동 계급 이미지에 더 가까운 차림을 하기 시작했다. 하드 모드족은 1968년경 스킨헤드족으로 불리기 시작한다. — 옮긴이

파에서도 즉시 이해할 수 있는 언어로 성과 폭력의 단순함에 관해 이야기하고 가능한 한 유쾌한 방식으로 치부를 건드렸다. '하드 모드족'의 삶은 새로운 히피 문화의 탄생 무대인 세련되고 교육받은 층의 환경과 완전히 동떨어져 있었기에, 당시 발전하고 있던 백인 '**현대**' 음악은 이들과 관련성을 지니기에는 너무 비현실적이고 마약 지향적이었다. 물론 BBC는 전혀 이상적인 매체가 아니었다. 스카는 트랜지스터 라디오로 들을 경우 날카로운 소리가 나는 데다 역동성까지 모두 잃어버렸다. 라디오에는 한마디로 베이스가 충분하지 않았다. 더구나 프린스 버스터의 〈10계〉와 맥스 로미오Max Romeo의 〈웻 드림*Wet Dream*〉 같은 곡의 가사는 거의 허용되지 않았고, 대다수의 새 출시 음악은 부적합으로 분류됐다. 따라서 음악은 비밀스러운 상태로 유지되었고, 밀접한 상호 작용이 이루어지는 코뮌이나 하위문화의 비밀 결사 같은 분위기에서 전파되었다. 브릭스턴의 램 잼Ram Jam은 런던에서 백인과 흑인 청년이 때로 섞여 노는 최초의 클럽 중 하나였다. 그러나 이미 평판이 나쁘고 폭력적인 단체들이 새로운 음악을 중심으로 결집하기 시작했다. 램 잼에는 칼과 대마초가 난무한다는 이야기가 돌았다. 어떤 백인 루디든 자기 목숨을 그의 손에 맡길 각오를 하고, 마약으로 고무된 남성성을 입증하러 브릭스턴에 발을 들여놓기에는 감수해야 할 위험이 너무 컸다.

1967년에 이르면, 이 초기 무대에서 스킨헤드가 등장해 즉시 언론에 의해 — 당시의 주류 팝 문화가 점차 차지하길 꺼리게 된 — '폭력적 위협'의 범주로 분류되었다. 샌프란시스코의 경이로운 온갖 군상들이 여름날 킹스 로드에서 멋지게 선을 보임에 따라, 전국적으로 인정받은 최초의 영국 레게 스타인 댄디 리빙스턴Dandy Livingstone은 남부 런던의 덜 부유한 구역 수용자에게 〈루디, 너에게 보내는 편지*Rudy a Message to You*〉[124]를 불렀

124 1967년 댄디 리빙스턴이 작곡한 록스테디 곡의 제목이다. 원래 가사는 루드 보이에게 미래

고, 완전히 다른 기준을 중심으로 추종자를 결집시켰다. 스킨헤드 경우에는 하드 모드족을 루드 보이 하위문화와 이어 준 연계가 더 단단해졌다. 스킨헤드는 일부 서인도제도인이 입던 열어젖힌 긴 코트를 재해석해 '크롬비 코트'로 선보였는데, 이 옷은 좀 더 레게 지향적인 집단 사이에서 (즉 스스로 오후의 아스널팀 팬이라기보다는 한밤중 배회족으로 자처한 사람들 사이에서) 인기 있는 옷차림 항목이 되었다. 심지어 서인도제도 길거리 소년들의 특징인 똑바로 선 자세와 사지는 건들거리는 걸음걸이까지도 (다소 불완전하게나마) '흰색 피부의 흑인'이 되고자 하는 사람들의 모방 대상이었다. 에이 트레인A-Train, 슬루피즈Sloopy's, 미스터 비즈Mr. B's 같은 클럽에서는 스킨헤드들이 젊은 서인도제도인과 섞여 놀면서, 서로 '건달Rass'이나 '멍청한 년Pussy clot'[125]으로 불렀고, 순혈 자메이카인처럼 가능한 한 당당하고 위축됨이 없이 손가락 꺾는 소리를 냈다. 그리고 '제길srses,' '여성 성기pum pum'[126] 같은 욕도 섞어 쓰고, 한껏 멋져 보이도록 안간힘을 써가며 처신했다.

문화적 통합을 향한 (물론 오직 서인도제도인과의 통합이지, 파키스탄인이나 인도인 이민자와 통합은 **아니라는** 것은 말할 필요도 없다) 이 자생적 움직임은 전례 없는 일이었지만, 남부 런던 노동 계급 공동체 내부의 인종 관계에 어떤 영구적으로 유익한 효과를 미치지는 않았다. 왜냐하면 스킨헤드는 어느 정도의 스타일을 유지한 채 '[발을 끄는 짧은 스텝의] 셔플shuffle' 춤이나 '레게 댄스'를 출 수도 있었다는 사실이나, 필연적으로 영어 구문론은 무시한 채 고대 프랑스어 몇 구절을 아무거나 입에 올릴 수도 있었다는 사실에도 불구하고, 이는 모두 다소 작위적이고, 설득력을 발휘하기에는 그냥 너

를 생각해 현재 생활을 바꾸지 않으면 결국 감옥신세를 면치 못할 것이라고 충고하는 내용으로 되어 있었다. 하지만 이 곡은 원래 의도와 달리 루드 보이 문화를 찬양하는 음악으로 수용되어 널리 인기를 끌었다. — 옮긴이

125 사실 번역이 불가능한 자메이카의 욕설.

126 예컨대 도박과 여자.

무 부자연스러웠다. 그 모든 시도에도 불구하고 스킨헤드는 그러한 문화적 이행을 결코 달성할 수 없을 것이다. 그가 진한 방언과 이후 레게의 특징인 성서적 암시로 가득한 음악을 도저히 따라잡을 수 없음을 깨달았을 때, 아마 더욱더 절망적일 정도로 소외감을 느꼈음에 틀림없다. 심지어 배제된 층에서조차 배제되어, 스킨헤드는 완전히 잊혀지고 바빌론에서 생애를 보내야 할 운명에 처한다. 그에겐 시온이란 개념이 도저히 이해가 되지 않았기 때문이다. 설혹 노팅힐에서 아디스아바바로 가는 순탄한 경로를 통과하게 되거나, 어쨌든 그다지 값어치도 없는 백인에서 좀 더 가치가 있을지도 모르는 흑인으로 변신한다손 치더라도, 그는 결국 해결할 수 없는 더 큰 모순 속에 갇히게 되고 만다. 루드 보이는 성년이 되었고, 스킨헤드는 영원한 청소년기에 묶이게 되었기 때문이다. 데스먼드 데커Desmond Dekker는 〈이스라엘인*Israelite*〉(에티오피아를 향한 외침)으로 1969년 영국 차트에서 선두에 올랐지만, 1960년대의 짤막한 인종 혼합은 끝나고 말았다.[127]

이미 자메이카에 관한 절에서 강조한 바 있는 레게의 '아프리카화'(혹은 '라스타화') 탓에, 흑인과 백인 청년 문화 사이의 어떤 영구적인 밀접한 접촉은 가능성이 희박해졌다. 다시 말해 인종 정체성 모색이 이전의 행동 패턴과 의미 있는 균열을 낳은 정확한 '계기'는 신화적으로만 표현할 수 있을 뿐이다. 홀로웨이 로드에서의 하람비Harambee 프로젝트[128]

---

127 물론 스킨헤드 스타일은 특히 미들랜즈와 북부 산업 도시에서 1970년대까지 살아남았지만, 초창기처럼 흑인 문화와의 강력한 연계는 유지하지 못했다. (항상 인종 관계가 그다지 바람직하지 못했던) 버밍엄의 스킨헤드족은 흔히 서인도제도인에게 노골적으로 적대적이었고, 축구는 레게를 밀어내고 스킨헤드 집단의 핵심 관심사 자리를 차지했다.

128 하람비는 스와힐리어로 '단결'을 의미하는 단어인데, 케냐를 비롯한 동아프리카의 전통적인 공동체 자조 운동을 지칭한다. 이 단어는 케냐의 국가 구호로 국장에도 새겨져 있다. 아프리카 흑인이 이주한 서구 지역에서도 유사한 목표를 추구하는 운동이 시도되었다. — 옮긴이

에 관한 피터 길먼Peter Gillman(1973)의 논문에서, 근거지인 남부 런던에 사는 어느 젊은 서인도제도인 DJ는 〈젊고 재능 있지만 흑인*Young, Gifted and Black*〉[129]이란 곡이 흑인과 백인 루디들을 모두 포함해서 수용자에게 미친 영향을 기술한다.

> 마이크와 마샤의 〈젊고 재능 있지만 흑인〉이라는 노래가 있었다. 우리가 그 노래를 연주하자, 모든 스킨헤드가 "젊고 재능 있지만 백인"이라고 노래하곤 했다. 이들은 스피커와 연결된 선을 절단했고, 우리는 여러 차례 난투극을 벌이곤 했다. 그 후에는 덜 백인인 자들이 등장하곤 했다.[130]

이런 식의 결별은 댄스홀 바깥에서, 학교와 노동이란 낮 시간의 세계에서 오랫동안 준비되고 있었다. 첫째, 딜립 히로가 지적하듯이, 백인과 흑인 아이들이 학교에서는 서로 아주 가까운 거리에서 붙어 지내다 보니 조잡한 인종적 신화가 버텨내지 못하는 경향이 있었다. 흑인 부모들은 서인도제도에서 영국화된 교육을 받으면서 백인 우월성의 환상을 갖게 되었는데, 이 부모의 아이들은 이 환상에 도저히 수긍할 수가 없었다. 이 아이들은 장차 상급자가 될 백인 아이들 옆에서 성장했는데, 이 백인 아이들에게서 실제 업적이든 잠재력에서든 주목할 만한 차이를 발견하지 못했다. 그런데도 학교를 떠날 무렵이 되면, 흑인 청년은 흔히 잠

129 밥 앤디Bob Andy와 마샤 그리피스Marcia Griffiths로 구성된 보컬 듀오가 부른 곡이다. — 옮긴이

130 이후 똑같은 글에서, 호스텔에 살던 두 소년은 '노상강도질'의 더 세부적인 사항을 논의했다고 전해졌다. 이들의 발언은 이들이 인종적 구분을 할 태세가 되어 있으며 심판에서 신자에게 구원 자격의 지표로 사용된 듯한 라스타파리안주의의 핵심 개념인 '고난'을 빈번하게 언급하는 것을 보여 준다. 첫 번째 소년은 우리는 자신의 민족은 건드리지 않으며, 흑인에게 그런 일을 할 것이라 생각해 본 적은 없다고 말한다. 두 번째 소년은 흑인은 우리 모두 똑같은 고통을 겪고 있음을 안다고 말한다.

재적인 고용주의 노골적인 차별과 맞닥뜨리게 되었다. 미숙련 노동에 대한 수요가 감소함에 따라, 흑인과 백인 구직자는 그나마 남은 일자리를 놓고 치열한 경쟁에 뛰어들게 됐다. 대개 백인 청년에 대한 선호도가 더 높았다. 만약 흑인 구직자가 좀 더 야망이 크고, 숙련 일자리를 목표로 한다면, 더욱더 처절하게 실망할 가능성이 컸다. 패딩턴과 노팅힐 같은 흑인 정착지인 '빈곤' 지역 백인 청년은 유색인 젊은이보다 숙련된 일자리를 얻을 가능성이 거의 다섯 배에 달했음을 〈업저버*Obserber*〉(1968. 7. 14) 특파원은 보여 주었다. 마이클 밴턴Michael Banton(1967)은 1974년 무렵 런던 도심 빈민 지역의 학교 졸업자 여섯 명 중 한 명이 유색인이 될 것이고, 이에 따라 분명히 경쟁은 더 치열해질 것이라고 추정했다. 그래서 학교를 졸업하면서 겪은 곤경 때문에 흑인 청년은 부모들보다 자신의 위치를 더 비판적인 눈으로 훑어보게 되었다. 서인도제도에서 온 첫 이민 세대에게 영국은 황금의 미래를 약속했다. 만약 그 꿈이 성취되지 않았다면, 다른 곳을 찾아보는 게 아무 의미가 없었다. 사실 그리하는 것은 패배와 실패를 인정하는 셈이기에, 나이 든 이주민은 계속 버스에서 일하거나, 실업 수당 수령 줄에 서거나, 무심한 미소 아래 자신의 쓰라림을 숨겨야 했다. 그러나 젊은 흑인 영국인들은 참고 넘겨 버리려는 성향이 덜 했다. 현재 자메이카와 미국에서 진행되고 있는 아프리카 유산의 재평가는 이들의 분노가 제 방향을 찾고 자존감이 회복되는 경로를 제공해 주어야만 했다. 따라서 아프리카의 구원을 향한 라스타의 외침은 남부 런던의 좌절한 디아스포라들의 환영을 받았다. 처음에는 아프리카에서 추방되고, 다음엔 서인도제도에서 냉혹하고 비우호적인 영국 제도로 옮겨 왔기에, 셰퍼즈 부시와 브릭스턴의 수탈당한 루드 보이들은 상처 치유에 대한 갈망을 더욱더 통렬하게 느꼈다.

런던에서 1958년에 태어난 노엘 그린의 예를 통해, 히로는 영국 유색인 청년의 새로운 흑인 의식과 서인도제도계 부모들의 좀 더 냉정한 태도를 대비시킨다. 노엘의 아버지 앤서니는 다음과 같이 불평한다.

> 젊은 아이 시절 그는 영국인이라고 불리고 싶어 했다. 그러나 지금[1969년]은 자신을 서인도제도인이자 흑인이라고 여긴다. (Hiro, 1973)

이 사태 전개는 구체적으로 자메이카의 관점으로 번역되었고, 레게 머리를 한 남성들은 다시 한번 메트로폴리스의 회색빛 거리에 어울리지 않는 불길한 모습을 드러내기 시작했다. 1973년에 이르러, 맥글래션은 웨스트 런던 그랜드 라스타파리안 홀에서 아프리카와 일링[131]이 기묘한 형태로 결합되는 양상을 기술하게 됐다. 여기서 킬킬거리는 백인 소녀들이 레게에 맞춰 춤을 추는 동안, 라스타는 신화적 고향에서 두 번이나 쫓겨난 후 한목소리로 '고통'의 종말을 갈망했다. 라스타파리 컬트는 적어도 자메이카의 사촌에게 발휘한 효과만큼 영국의 흑인 청년에게 강한 호소력을 발휘했다. 어느 편인가 하면 라스타파리는 더욱더 거역할 수 없는 존재가 되었고, 고립된 공동체에게 즉시 이름과 미래를 부여했고, 이스라엘의 잃어버린 부족에게 수백 년 동안의 노예제에 대한 복수를 약속했으며, 거부를 거부로 맞설 수 있도록 후퇴의 기술도 길러주었다. 이 모든 것은 음악에 반영되고 음악을 통해 커뮤니케이션되었는데, 이 음악은 원래 출신국보다 영국에서 더욱더 크고 열렬한 수용자를 발견했을 정도였다. 스킨헤드족은 라스타가 '가난뱅이'가 '조화'를 추구하고, 스캣 창법으로 노래하는 DJ가 자신의 흑인 형제들에게 "[자기] 동네에서는 착하게 처신하라"라고 훈계하는 소리를 듣고는, 물론 실망에 빠져 돌아

131 일링은 런던 외곽의 한 행정 구역으로, 도시 편의 시설과 전원적 환경을 동시에 갖춘 교외 주택지 성격이 강한 도시다. 인구 분포에서도 백인 주민의 비율이 높다(2011년 기준으로 66%). — 옮긴이

섰다. 스킨헤드에게 더욱 혐오스러운 부분은 라스타가 '평화와 사랑'이라고 인사하는 것이었는데, 심지어 많은 젊은 루디들은 (라스타식 악수와 함께) 이것까지 채택했다. 사태는 돌고 돌아 원래 상태로 되돌아왔다. 스킨헤드족은 대마초를 피워대는 히피들이 지복을 누리는 체하는 데서 도망쳐 흑인 비행 청소년의 내향적 패거리에서 피난처를 찾았는데, 이제는 원래 자신을 도피로 내몬 바로 그 태도처럼 보이는 존재와 대면하게 됐다. 루디들이 공조를 강화함에 따라, 이들도 다른 편으로 돌아서 어리둥절해하는 스킨헤드족을 철저하게 외면하게 되었던 게 틀림없다.

지금까지 내가 이미 해독하려 노력한 라스타파리안주의의 신화로 되돌아와 보면 그러한 결과는 사실 조만간 불가피했다는 점을 알 수 있다. 서인도제도 이주민의 이식된 종교, 언어, 리듬, 스타일은 이에 상응하는 백인 집단의 어떤 깊숙한 침투로부터도 이들의 문화를 보호해 주었다. 이와 동시에 이국 생활의 소외를 신격화하는 바람에 이들은 어떤 문화적 상실감도 느끼지 않고 사회 주변부에서 자신의 위치를 지킬 수 있었고, 명목상의 충성을 바치도록 되어 있는 사회를 매우 비판적으로 분석할 수 있도록 충분한 거리도 유지하게 됐다. 그 밖의 것에 관해서는 성서 용어, 불, 레게 머리, 하일레 셀라시에 등은 정치를 부활시키는 데 보탬이 됐고, 착취를 폭로하고 전통적으로 라스타파리안들이 권하는 방식대로 반박할 수 있도록 경제 구조의 골격을 감싸는 신화적 포장 구실을 했다. 이렇게 조성된 메타 체제는 엄밀하면서도 모호한 준거 틀을 중심으로 구축되었다. 이 체제는 고통, 바빌론과 억압의 물질적 세계에 뿌리내린 채 존재하면서도, 글자 그대로 '언제든' 지배 이데올로기의 시간 척도를 초월하는 이상적 차원으로 도피할 수도 있었다. 이처럼 간접적인 커뮤니케이션 형태를 채택하면 실질적 이점도 얻을 수 있었다. 왜냐하면 좀 더 직설적인 저항의 언어를 선택했을 경우, 이 저항이 상대로 삼는 지배 계급이 처리하기도 좀 더 쉽고 동화시키기도 수월했을 것이기 때문이다. 역설적으로 '공포'는 오직 의도된 희생자가 이해하기 어려운 상태로 남아, 달성할 수 없는 복수의 표현할 수 없는 의례를 암시하는 한에만 커뮤니케이션을 달성한다. 라스타파리안주의의 이국풍 관습은 루드 보이 문화가 자신의 일탈적 장치를 방해받지 않고 드러나지도 않은 채로 추구할 수 있도록 해 주면서 주의를 흐트러뜨리는 장막을 제공해 주었다.

부록

실업, 길거리 소년 문화의 맥락

레이철 파월

1943년 자메이카의 실업률은 25.6%에 달했다. 1945년에는 자메이카 군 퇴역자와 전시 기간 영국에서 고용된 사람들이 귀환하면서 이 수치는 더 나빠졌다(Richmond, 1954: 140). 토머스 스펜슬리 사이미Thomas Spensley Simey(1946: 136)는 이전 위원회들의 보고서를 분석하고는, (웨스트 킹스턴에서는 아주 예외적일 정도로 시급한) 사회적 서비스 개선의 재원 마련을 위한 전국적인 생산성 향상의 필요성과, 생활 수준 개선의 욕망에 의해 동기화된 개인별 생산성 향상이 일자리 부족을 더욱 심화할 가능성 간의 모순을 발견했다.

1950년대와 1960년대 동안 자메이카는 세계에서 가장 높은 1인당 생산성 증가를 달성했고(Lowenthal, 1972: 297), 주로 광산업과 관광업의 산업 발전이 상당히 확대되었다. 주로 관련 캐나다 자본에 의해 개발된 보크사이트 광산업은 일부에게 상대적으로 아주 고임금 일자리를 제공했는데, 이 수치는 중간값이 연간 415파운드로 남성 임금 중간값의 거의 네 배였다. 그러나 이 '일부'는 전체 노동력의 2% 이하에 그쳤고, 비율이 알려지지 않은 재외 피고용자를 포함한 수치였다(Frances, 1963). 이와 비슷하게, 1958년 수치(출처는 킹스턴 사회경제연구소Institute for Social and Economic Research)는 관광 무역 성장에서 입은 혜택 분포를 보여 주는데, 이는 100만 파운드로 세금으로 지출된 전체 지출액의 약 6%였다. 이 중 약 27%는 관광 관련 임금 소득이었고, 39%는 자메이카 바깥의 조직과 개인에게 즉시 송금되었다. 내부적으로 볼 때, 그러한 사태 전개는 또한 자메이카의 인구 최상층 5%가 국민 소득 30%를 장악한 반면, 최빈층 20%가 단지 2%만 차지한 데 그치는 분포를 보여, 자메이카가 현재 소득 배분 불평등에서 세계 기록을 세웠음을 의미했다(Ahiram, 1966). 이처럼 잠재적으로 폭발적인 상황에 대한 외부의 우려가 〈자메이카 주간 취합Jamaica Weekly Gleaner〉 보고서(1971. 11. 10)에서 캐나다와 자메이카 정부 사이의 합의 타결 내용에 반영된 것일 수도 있다. 이에 따르면 이 타결은 보험 보장 대상에서 "수탈[즉 국유화], 소득이나 자본 송금 불능, 봉기, 혁명 혹은 전쟁에 따른 손실을 포함해 …… 상업적 보험사에 통상적으로 보험을 들 수 없는 특정한 위험 대비"를 내용으로 했다.

또한 개인적으로 전후의 발전은 변화를 의미했다. 1955년 농촌 지역에서 25세 이하 남성 표본 중 조사 이전 주 전업 근무자가 16%에 불과했고, 44%는 절반 이하의 시간제로 일했고, 15%는 전혀 노동에 종사하지 않았다는 사실을 M. G. 스미스M. G. Smith(1965: 197)는 발견했다. 모든 나이대 집단을 포함해 표본에서 평균적인 농촌 가족은 식구가 약 다섯 명이었고, 대략 주당 총 2파운드를 지출할 여력이 있었다(Smith, M. G., 1956). '필요' 지출과 '선택' 지출을 비교해 보면, 동시적으로 **자메이카와 영국에서 모두** 실효성 있는 정도의 실제 지출 선택은 가족당 매주 14파운드 정도의 소득이 있을 때만 달성될 수 있었다(Powell, 1972). 아마 놀라운 일은 아니겠지만, 1960년도 자메이카 인구 총조사는 농촌 지역에서 광역 대도시 구역으로 아주 큰 인구 유출을 기록했다. 광역 대도시 구역에서는 당시 거주자 중 거의 40%가 자메이카의 다른 곳에서 태어났다(Francis, 1963).

동일한 출처에 의하면, 광역 대도시 구역 거주자 남성의 46%가 주당 4파운드 이하를 벌었고, 거의 8%는 1파운드 이하에 그쳤다. 고용 실태를 교차 분석해 보면, 도시 실업률은 11.9%에 달했고, 자메이카 전체로는 다소 의외의 수준인 6%에 그쳤다. 비판가들의 주장에 따르면, 센서스 기간으로 선택된 주인 4월 1~7일은 추수 시즌과 일치해, 연중 절반만 고용되는 사람들의 상황을 거의 반영하지 못했다. 도시 노동자의 13%는 불완전 고용으로 기록되었고, 농촌 교구는 심지어 추수 기간에도 중간값이 30%에 달했다. 고든 러스코Gordon Ruscoe(1963)는 〈일간 취합〉의 추정치(1962. 7. 2)를 인용했는데, 여기서는 실업자가 꾸준하게 10만 명에 달했고, 가용 노동력의 15%, 여기에다 알려지지 않은 반고용 비율을 더해야 했다. 러스코는 정부가 실업자 수치를 기밀 정보로 간주한다고 결론지었다. 하지만 1972년에 이르면, 새로 집권한 인민민족당 정부가 아주 솔직해져, BBC 인터뷰에서 (이전 정부에서) 넘겨받은 문제점에 실업률을 포함했는데, 이 수치는 킹스턴에서만 성인의 15~20% 수준이었고, 당시 첫 직장을 구하던 젊은이의 경우 무려 30%나 됐다.

11장

삶을 위한 전략

이언 체임버스

주 이언 체임버스는 문화와 이데올로기 분석에서 기호학적 접근 방식의 좀 더 형식주의적이고 반역사적인 측면들에 대해 비판을 제기하고 있다. 롤랑 바르트의 저작에 대한 그의 평가는 〈문화연구 초고〉 6호에 출간되었다. 지금까지 그의 저작은 주로 영화와 시각적 텍스트 영역에 적용되었다. 여기서 체임버스는 흑인 음악 연구에서 정치적, 역사적 분석을 어떻게 형태적 분석과 결합할 수 있을까 하는 문제를 제기한다 (Chambers, 1985를 보라). 미국 흑인의 역사적 경험과 구조적 위치, 백인 미국의 문화적 헤게모니에 대한 이들의 종속은 흑인 음악의 독특한 형태를 설명하는 데 사용될 뿐 아니라 그 음악이 백인 미국 (그리고 영국) 청년에 의해 채택되어 이들의 아주 다른 경험을 표현하도록 각색될 때 어떤 일이 발생할지 설명하는 데도 원용된다.

흑인에게 해방은 아프리카계 미국의 혁명적 문화, 의식, 경험 등에서 나올 것이다.

— 얼 오파리 허친슨Earl Ofari Hutchinson

라일락 향기가 풍기는 어느 저녁, 나는 온몸의 근육이 쑤셨지만 덴버의 유색인 구역인 27번가와 웰튼가의 불빛 사이를 걸으면서, 내가 흑인이라면 좋겠다고 생각했다. 백인의 세계가 주는 것은 아무리 최상이라도 나에게는 충분한 희열이 되지 못했고, 충분한 삶도, 기쁨도, 활력도, 어둠도, 음악도, 충분한 밤도 되지 못한다고 느꼈다.

— 잭 케루악Jack Kerouac(1958)

로큰롤의 뿌리는 미국 흑인 남녀의 역사적 경험 깊숙이 자리 잡고 있다. 이 역사에서 핵심적인 부분은 흑인이 신세계로 이동한 것이다. 15세기 말에 시작된 서유럽 확장으로 이 이동이 이루어졌고, 식민주의와 노예무역에 의해 대서양 건너 서쪽으로 넘겨졌다. 따라서 흑인 남녀를 서아프리카 고향에서 강제 이주시킨 것은 자본주의와 그에 따르는 인종주의 이데올로기 — 즉 이윤을 위해 사회 일부 부문을 착취하고 비인간화한 조치의 정당화 — 와 분리할 수 없다. 낯선 이국땅에서는 인종의 문화적 구분이라는 차원이 부가되면서 계급의 사회적 분화가 더 복잡해졌는데, 흑인 음악은 이 세계에서 벌어진 이 역사에 대한 아프리카계 미국인의 의식과 떼놓을 수 없을 정도로 얽혀 있다.

이러한 상황에서 흑인 남녀들은 과거와 현재 경험을 음악으로 만들어 냈는데, 이 음악은 흑인과 백인, 아프리카와 유럽의 상호 침투를 반영하면서도, 핵심적으로는 경제적·사회적 수탈, 인종주의 이데올로기에서 계속되는 노예화에 대한 흑인 경험과 흑인 의식을 중심으로 작동한다. 그 결과 나타난 음악을 '자생적'이라 기술하는 것은 흑인 음악의 정치적 토대를 강조하는 것, 즉 스티븐 포스터Stephen Foster[132]의 민스트럴minstrel[133]과 '검은 얼굴'에서 래그타임rag-time과 빅 스윙 밴드를 거쳐 '백인' 블루스 가수에 이르기까지 이 음악을 수용하고 중립화하려는 백인 문화의 시도에도 불구하고, 백인 헤게모니에서 상대적으로 독립성을 누렸다는 사실을 강조하는 것이다. 미국의 흑인 표현사에서 흑인 경험의 뿌리를 계속 유지해 온 것은 무엇보다 음악이다. 흑인의 포섭이 좀 더 성공적이었던 문학, 오락, 스포츠처럼 다른 표현 형태를 떠올려 보기만 해도 된다. 그러한 다른 형태에서 흑인은 편리하게도 무시되거나 물화되어 '투명 인간'으로 변하고 말았다. 무하마드 알리Muhammad Ali[134]의 이력이나, 1972년 멕시코 올림픽에서 나온 블랙 파워식 경례[135]에 대한 분노의 목소리가 뚜렷하게 예시하듯이, 이 경로들을 흑인의 목적에 이용하려는 시도는 과도할 정도로 검열을 받았다.

132 스티븐 포스터는 19세기 미국의 음악가로서, 주로 대중적인 가정용 음악parlor music이나 민스트럴 음악을 작곡했다. 가정용 음악은 일반 가정에서 아마추어 가수나 피아니스트가 분위기용으로 연주하던 음악인데, 주로 악보 형태로 보급되었다. 일반 가정의 경제 여건이 향상되고, 피아노 등 악기를 구비하는 가정이 많아지면서 인기를 끌었다. 20세기 들어서 전축과 라디오가 등장하자 점차 쇠퇴했다. — 옮긴이

133 민스트럴은 19세기 초부터 미국 등지에서 유행하던 대중 예능 형태로, 춤과 공연, 음악 등 다양한 내용으로 된 혼합 장르다. 주로 백인이 얼굴에 검은 칠을 한 채 흑인을 희화화하는 내용을 선보였다. — 옮긴이

134 무하마드 알리(1942~2016)는 미국의 권투 선수로 헤비급 챔피언을 지냈다. 1960년 로마 올림픽에서 금메달을 획득했으나 인종 차별 경험 후 메달을 강에 버렸다고 전해진다. 1964년 맬컴 엑스가 속한 네이션 오브 이슬람에 감화를 받아 이슬람으로 개종하였다. 원래 이름은 케시어스 클레이였으나 개종 후 무하마드 알리로 개명하였다. 베트남전을 반대해 양심적 병역 거부를 선언했고, 이후 유죄 선고를 받고 챔피언 타이틀도 박탈당했다. 이 사건을 계기로 알리는 1960년대 저항 문화의 상징으로 떠올랐다. — 옮긴이

135 1968년 멕시코시티에서 열린 하계 올림픽 때 미국의 육상선수 토미 스미스와 존 카를로스가 메달 수상식을 위해 연단에 섰다. 이때 두 사람은 흑인 빈곤에 대한 항의 표시로 머리를 숙인 채 주먹을 쥔 한 팔을 높이 들어 주목을 끌었다. — 옮긴이

모든 죽은 세대의 전통이 악몽처럼 산 자의 머리 위에 드리운다.

— 카를 마르크스(1951)

과거 노예의 후손들이 제작해 로큰롤이란 혼종 형태로 형성된 흑인 음악은 미국 노동 계급의 또 다른 부분인 백인, 농촌, 남부 빈곤층 부문에 의해 재생산되었다. 초창기 로큰롤 역사에서 이러한 전유가 발생했다는 경험적인 증거는 아주 분명하지만, 이러한 연결 짓기가 지닌 엄청난 함의는 분명히 밝힐 필요가 있다. 왜냐하면 대다수의 논평가는 이를 스타일 수용의 수준으로 축소시키고, 이 과정에서 로큰롤이 갖고 있던 깊은 의미를 탈정치화하고 약화시켰기 때문이다.

1877년 북부 부르주아와 남부 귀족 사이에서 시작되어 재건 시대 Reconstruction[136]를 종결시킨 대타협 이래로, 미국에서 계급 이슈는 일관되게 인종 이슈로 전환되었다. 이는 노동 계급의 내부적 분열을 유지하고 자본과의 관계에서 노동을 약하게 만드는 효과를 낳았다. 미국 노동을 조직하려는 최초의 주요 시도들은 — 노동기사단the Knights of Labour[137] — 흑인 노동자들과 어떤 형태의 관계를 맺는 것도 거부했다. 20세기 초에는 백인들이 흑인을 자신의 일자리 안정성에 대한 잠재적 위협으로 보는 바람에 인종 간 긴장이 유독 날카로워졌다. 1차 세계 대전 직전 30년 동안 미국이 경험한 가혹한 경제 불황 때문에 이러한 분열은 더 심화했다.

136 재건 시대(1861~1900)는 남북 전쟁 종전 이후 수백만 명의 해방 흑인 노예를 미국의 사회적, 정치적, 노동 체제에 통합하는 문제로 씨름했던 중요한 사회 변혁의 시대를 말한다. — 옮긴이

137 노동기사단은 1869년 미국에서 최초로 창설된 전국 단위 노동조합 연맹으로 캐나다, 영국, 호주까지 조직을 확장하였다. 노동자의 사회적, 문화적 향상을 목표로 삼았으며 8시간 노동, 젠더와 인종 문제 등 폭넓은 이슈를 놓고 활동했다. 1886년에는 조합원이 80만 명으로 미국의 전 노동자의 20%까지 도달했으나, 1893년 경제 불황 이후 영향력이 급속하게 하락했다. 1917년 전국 본부가 폐쇄되면서 사실상 조직이 해체되었다. — 옮긴이

처음에는 흑인 지식인들이 흑인의 일부 기본권을 확립하려는 시도가 잠시 있었으나(전국유색인지위개선협회National Association for the Advancement of Coloured People), 1920년대에 이르러 이는 미국 흑인의 아프리카적 기원을 강조하는 마커스 가비의 운동에 의해 대체되었다. 1차 세계 대전 기간 내내 그리고 1920년대까지 혁명적 봉기의 파도가 휩쓰는 가운데, 가비 운동은 미국 흑인 사이에 대중적 토대를 마련하였다.

> 글쎄 그들은 오늘을 태풍이 부는 월요일이라 부른다.
> 그러나 화요일은 그냥, …… 똑같이 나쁜 날이다.
> — 전통 블루스

종전 직후 미시시피 계곡을 따라 올라가 디트로이트, 게리, 피츠버그 같은 북부 산업 도시를 향한 흑인 이주가 늘어나자, 기대와 가혹한 현실은 충돌하게 되고 이는 1930년대에 폭발하게 되었다. 이 폭발적인 시기에 많은 흑인이 실업자가 되어 구호품 수급자 신세로 전락하긴 했지만, 1937년 수백만 명이 농성 파업에 동참하면서 절정에 달한 극도로 전투적인 일선 노동자rank and file 운동에서 중요한 역할도 했다. 이 호전성의 산물 중 하나가 CIO 출범이었다. 흑인이 (적어도 흑인 남성이) 지위 개선과 더 많은 경제 권력의 기회를 누리게 된 것은 사실 1930년대가 끝나고 전쟁 경제로 접어들게 되면서부터다. 이는 막 생겨나고 있던 흑인 부르주아뿐 아니라 흑인의 사회적, 정치적 권리 향상 요구에도 필요한 지형을 마련해 주었다.

일부 흑인이 제국주의의 모순을 잘 활용하고 있긴 했지만, 미국의 자본은 1929년에서 교훈을 얻었다. 1930년대에 비케인스적인 조치와 뉴딜을 통해 백인 산업 부문에서 계급 투쟁의 제도화를 진행한 것처럼, 2차 세계 대전 이후 시기에도 군 주둔지와 북부 도시에서 폭동이 일어나자 자본은 흑인의 봉기를 정치적으로 억제하려 하였다. 이러한 억제의 주된 장은 민주당이었다. 1948년 해리 트루먼Harry Truman은 민권 강령으로 대통령 선거에 출마해 당선되었다. 1954년에는 대법원의 유명한 흑백 학교 분리 정책에 대한 위헌 판결과 더불어 남부 백인의 거센 저항이 일어났다. 흑인들은 이 법이 완전히 집행되기까지 20년 이상을 기다려야 했다. 그러나 심지어 이 정도 제한된 진보조차도 1950년대의 냉전 시대 빨갱이 사냥이 전개되는 과정에서 중단되고 말았다. 해빙 이후 1960년대의 게토 폭동까지 대다수의 사태 진전은 자본의 주도로 모든 사회 부문에서 성공적으로 이루어진 인종주의 통합을 계속해서 반영했다.

1930년대 이후 미국 자본의 성공적 확장은 노동 계급 내부의 균열을 유지했는데, 이 균열은 계급을 성, 국적과 숙련도뿐 아니라 인종으로도 구분했다. 이 확장은 공장에서 벗어나 사회 전체로 ('사회적 공장') 옮아갔고, 자본의 지속과 상대적 안정성을 계속해서 보장해 주었다. 이 분열은 노동 계급을 균열시킨 일상적 적대에서 전개되었다. 즉 일자리, 주택, 교육, 사회적, 정치적 권력을 놓고 흑인과 백인 사이에 벌어진 투쟁이었다. 이 균열은 1960년대 미국의 현장을 계속해서 곤경에 빠뜨렸고, 정치 수준에도 구체적인 '효과'를 미쳤다. 1960년대 중반부터 흑인 민족주의, 블랙 파워, 분리주의 흑인 정치 운동이 등장한 것은 이처럼 계급과 인종에 의한 이중적 착취에 대한 반응이었다.

점심시간 저항 농성, 민권 행진, 와츠 폭동, 흑인 무슬림, 블랙 팬서 결성 등에서 표현되듯이, 아프리카의 흑인 민족 해방 투쟁은 1960년대에 성장하던 흑인의 전투성에도 큰 영감을 주었다. 그러나 리처드 닉슨 Richard Nixon 행정부에 의한 흑인 저항의 무자비한 억압이 성공했다는 사실은 대중적 기반을 형성하지 못하고 정치적으로 미성숙한 분파 정치의 취약성을 보여 준다. 노동 계급 투쟁은 흑인, 여성, 학생, 반전 등으로 계속해서 분파성을 띠고 있다. 이는 '급진적' 분파 정치는 낳았지만, 사회주의 정치는 낳지 못했다. '반인종주의,' '반성차별주의,' '반제국주의' 등 온갖 '반'운동 전체가 여기에 속하는데, 이들은 흔히 반노동 계급적이기도 했다!

> 이는 마치 운전자 없는 차량이 미국의 밤을 관통해 불도 켜지지 않은 거리를 달려 돌벽을 향해 돌진하는 것과 마찬가지였다. 날아다니는 차에는 은밀한 유령이 안면에 침을 질질 흘린 채 추파를 날리며 탑승하고 있었는데, 유령은 혼란이 닥치기 전 마지막 우회로에서 미래와 생명으로 가는 쭉 뻗은 고속도로로 휘청거리며 차를 몰고 달렸다. 이 미국인들에게 자신이 이 운전자 없는 차량의 승객이며, 음탕한 유령은 토요일 밤 트위스트의 악취이거나 비틀스The Beatles가 레이 찰스Ray Charles에게서 빼앗아 온 "예, 예, 예"의 외침에 불과하다는 사실을 이해하라고 요구하는 것은, 그리고 이 칼뱅주의 방탕아들에게 논리적, 상호적 연계를 파악하라고 요구하는 것은, 존 콜트레인John Coltrane의 사운드를 저지하기 위해 오클라호마 음악 팬으로 살다 죽으라는 희망 사항을 부탁하는 것보다 더 잔인한 일이다.
>
> — 엘드리지 클리버Eldridge Cleaver[138](1970)

이제는 음악으로 되돌아가 흑인 음악, 특히 블루스와 리듬 앤 블루스가 왜 가시적으로 이 음악에 적대적인 또 다른 노동 계급 분파에 의해 채택되고, 그 과정에서 변형되었는지 살펴보자. 위에서 간략히 소개한 내용은 이 두 분파의 공통된 계급적 이해관계를 지적했을 뿐 아니라 자본이 인종주의를 활용해 시도한 분파 간의 균열도 지적했다. 그 결과

138 엘드리지 클리버는 1960년대 미국 흑인 운동 단체인 블랙 팬서의 지도자다. 미국의 인종 차별에 대한 분노를 담은 자서전《갇힌 영혼*Soul on Ice*》으로 1960년대 후반 급진적 흑인 운동의 상징이 되었다. — 옮긴이

백인 노동 계급은 경제적으로나 문화적으로 흑인 노동 계급보다 우위에 서게 된다. 이 덕분에 백인은 객관적으로 동일한 계급 소속이지만 문화적으로 백인 헤게모니에 종속된 사람들이 제작한 음악을 **재정의할** 권력을 장악할 수 있게 된다.

다른 측면은 이렇게 해서 이 '국외자들'인 흑인 노동 계급이 그 계급 백인 구성원보다 자신들의 억압에 대해 뚜렷하고 일관된 표현을 만들어 내기에 더 나은 위치에 처하게 되었다는 점이다. 플랜테이션에서 게토에 이르기까지 흑인 문화, 특히 흑인 음악은 가장 강력한 생존 수단 중 하나를 제공했다. 이는 유대의 비밀 언어이자, 억압을 표현하는 방안이자, 문화적 저항 수단, 희망의 외침이다. 놀라운 일은 아니지만, 흑인 문화와 흑인 의식의 대대적인 고양은 1960년대 흑인 정치의 도래를 알렸다. 억압에 대한 반응이 흔히 공개적인 정치 형태보다는 문화적 형태를 취했다는 사실은 흑인 경험의 어떤 측면이 '허용 가능'하고 어떤 측면이 그렇지 않은지 결정할 문화적 권력을 백인 사회가 움켜쥐고 있었던 탓이기도 하다. 흑인 '오락'과 흑인 '예술'은 허용되었지만, 흑인 정치는 결코 용납되지 않았다. 흑인이 흑인 문화의 정치적 의미를 명시적으로 드러내자마자, 흑인 문화 자체도 집중 공격을 받았다.

1950년대에는 주로 남부의 젊은 노동 계급 백인이 그 시기 공황 세대들과 차이를 부각하려 시도하는 과정에서 음악을 택했다. 이 무렵엔 미국 경제의 가장 낙후된 부문, 즉 남부 농업조차도 아이젠하워 정부의 공화주의와 냉전 경제학에 의해 자극된 호황으로 재생을 맞고 있었다. 이처럼 1950년대 초 백인 미국 청년에 의한 차이와 새로운 정체성 확립은 예컨대 젊은 엘비스 프레슬리가 '깜둥이 음악'을 부른 데 항의하는 남부 백인들의 아우성에 의해 강화되었다. 그리고 이는 이후의 대형 라이브 공연 이전의 일이었다. 이후에는 헤어스타일, 옷차림, 댄스, 음악과 정형화된 동작의 총체적인 결합 — 프레슬리의 **스타일** — 이 그를 메이슨-딕슨 라인Mason-Dixon line[139] 남북쪽 **할 것 없이** 모든 부모의 분노가 결집되는 지점으로 만들었다.

> 그녀는 나에게 실크 옷을 사줬네.
>
> 그녀는 내 손에 짐가방을 쥐여 줬네.
>
> 나는 앨뷰커키 위로 높이 날아가고 있었네.
>
> 약속된 땅을 향해
>
> — 척 베리Chuck Berry, 〈약속된 땅*The Promised Land*〉

백인 청년 하위문화와 흑인 음악 간의 이처럼 모순된 관계는 매디슨가의 인증 도장을 받았다. 신분 격차가 큰 남녀 간의 결혼은 정당화되었고, 상표는 새로 찍어냈다. 이 신성치 못한 동맹에서 '미국의 10대'는 앞으로 나아갔다. 이 '가난한 시골 소년' 중 일부 — 프레슬리, 조니 캐시Johnny Cash, 로이 오비슨Roy Orbison, 제리 리 루이스Jerry Lee Lewis — 는 그 과정에서 자신의 농촌이나 계급적 출신의 마지막 남은 흔적까지 떨쳐 버리고 '일류'에 도달하는 데 성공했다. 이 과정을 통해, 10대 성공의 꿈을 키우고 확대하는 데 끌어다 쓸 만한 모든 것이 다 빨려 들어갔다. 떠돌이 블루스 가수는 도시 길거리에서 카우보이를 만났고, 흑인의 표현은 백인 도시 낭만주의의 실존적 껍데기 안으로 포섭되었다. 흑인 종마는 미드나이트 카우보이midnight cowboy[140]로 전락한다. 미시시피 존 허트

139 메이슨-딕슨 라인은 미국이 영국 식민지 시절이던 1763~1767년에 메릴랜드, 펜실베이니아, 델라웨어의 주 경계 분쟁을 해결하기 위해 찰스 메이슨Charles Mason과 제러마이어 딕슨Jeremiah Dixon이 조사해서 설정한 경계선이다. 이는 남북 전쟁 때 노예제 찬성주와 반대주의 경계와 대략 일치한다. 이 용어는 특히 1820년 노예제 실시 주와 자유주 사이에 경계를 합의한 미주리 협약 때 화제로 떠오르면서 널리 알려졌다. — 옮긴이

140 미드나이트 카우보이란 돈을 받고 몸을 파는 남성을 의미한다. — 옮긴이

Mississippi John Hurt의 '캔디맨Candyman'[141]은 롤링 스톤스의 '미드나이트 램블러Midnight Rambler'[142]가 된다.

이러한 포섭과 거세 과정 바깥에 흑인 음악 자체가 있었다. 바로 아프리카계 미국인의 경험에서 생산되고 그러한 구체적 맥락 속에 배치된 감정적 표현이었다. 노예제, 경제적·사회적·정치적 수탈, 인종주의, 게토의 삶 등 그 경험의 차원들은 거의 손대지 않고 바뀌지 않은 채 유지되고 있었다. 이 음악은 계속해서 대개 언더그라운드의 '보이지 않는' 존재로 남아 있다. 1950년대와 1960년대 내내 흑인 음악은 백인 록과 팝에 연이어 생명과 에너지를 수혈해 주었다. 기록되지도 않고 찬양받지도 못했지만, 흑인 음악은 이후 나온 수천 가지 변종과 모방작의 원천이었다. 그러나 영광과 홍보, 그리고 돈을 쓸어 담은 쪽은 백인 모방자들이다. 흑인 뮤지션들은 게토 파티나 소규모 나이트클럽, 스튜디오 세션에 역할이 국한되었고, 하룻저녁 행사용으로나 끊임없이 불려 다니며 팁이나 받는 신세에 불과했다. 하지만 이처럼 무자비한 착취에도 불구하고 흑인 뮤지션들은 자신의 자율적인 뿌리와 형태에 맞춰 계속 성장하고 개발하고 변화한다.

당대 서구의 클래식 음악이 갈수록 합리성과 '수학적' 논리(그리고 비논리)를 추구한 것과 반대로, 흑인 음악은 모든 포크 음악처럼 **감정적** 음악이다. 대다수의 유럽 포크 음악에서와 마찬가지로, 대다수 흑인 음악의 원천이 된 서아프리카 음악은 5음 음계에 근거한다. (사실 유럽의 파이프 음악 — 예컨대 스코틀랜드, 시칠리아 등 — 은 유럽 '고전' 음악보다는 블루스에 더 가깝다.) 백

141 캔디맨은 불법으로 마약을 파는 사람을 지칭한다. 미시시피 존 허트의 곡 〈캔디맨〉 가사에도 나온다. — 옮긴이

142 롤링 스톤스의 '미드나이트 램블러'는 한밤중에 배회하는 살인마를 다루는데, 1960년대 13명을 목 졸라 살해한 연쇄 살인마 '보스턴 교살자'에서 따온 내용이다. — 옮긴이

인 수용자가 선택하고 백인 뮤지션이 새롭게 제작하게 되면, 흑인 음악은 새로운 **맥락**에서 재편되는 과정에서 변형을 겪는다. 이러한 측면에서 단순성이 중요하지만, 이 못지않게 기본적으로 12소절로 된 블루스 패턴에 포함된 주제 전개와 즉흥적 변주의 경이로운 잠재력도 중요하다. 이는 기초를 습득하기는 쉬우면서도 지미 헨드릭스Jimi Hendrix나 존 콜트레인 같은 거장의 음악적 탐구에 토대를 제공할 수도 있는 음악이었다. (1955년 가장 정교하고 앞선 재즈 뮤지션 중 한 명인 크리스 파커Chris Parker는 병상에서 죽어 가면서도, 아트 블래키Art Blakey에게 큰소리로 "언제 젊은 친구들이 블루스를 연주하러 돌아올 것인지" 궁금해하며 물었다. Hall & Whannel, 1964: 89를 보라.) 영국에서는 복고주의 재즈 연주의 난해함과, 1950년대 말과 1960년대 초 등장한 수백 명의 스키플 그룹으로 예고된 음악 제작 민주화 사이의 연결 고리를 형성한 것은 바로 '스키플skiffle'[143] 형태의 12소절 패턴이었다. 그러나 스키플 자체는 1890년대 뉴올리언스의 '스패즘 밴드spasm band'[144]와 1940년대 할렘의 '점프' 밴드 같은 흑인 음악에서 빌려온 것이다.

흑인 음악은 흑인 노동 계급에게 작동하는 문화적 결정성의 산물이지만, 그 특정한 존재의 물질적 조건에서 직접 등장하는 형태이기도 했다. 경작지에서 노동하는 동안 개발된 말 주고받기 패턴과 필드홀러field holler[145]는, 리듬 앤 블루스든 소울이든 재즈든 오늘날의 흑인 음악에 여전히 깊숙이 각인되어 있는 것을 볼 수 있다. 블루스의 특징인 불분명한 음

143 스키플은 1950년대 영국에서 등장한 통속 음악의 한 형식인데, 영국 민요와 로큰롤에서 기원한다고 알려졌다. — 옮긴이

144 스패즘 밴드는 딕시랜드, 전통적인 재즈, 저그 밴드jug band, 스키플 음악 등을 연주하는 그룹을 말한다. 스패즘이라는 용어는 대개 담배통, 술통, 호루라기, 병, 커주 피리kazoo 등 독자적으로 사용되지 않는 악기를 사용하는 밴드에 적용된다. 19세기 말 뉴올리언스 거리에서 탄생했다. — 옮긴이

145 아프리카계 미국인들의 노동요에 나타나던 창법으로, 가성, 운음portamento 사용, 음높이의 급격한 변화 등의 기법으로 독특한 소리를 낸다. — 옮긴이

조는 5음계로 작곡된 음악을 평균율 8음계용으로 설계된 악기에 맞춰 연주하던 데서 생겨났다는 점은 일반적으로 인정된 사실이다. 그러나 이 모든 스타일적인 특징에서는 이 특징이 구체적인 문화적 맥락에 대한 반응을 어떻게 재현하는지뿐 아니라, 이 맥락이 어떻게 **연주자와 수용자 사이의 공유된 경험**으로서 음악을 뒷받침하는 역할을 하는지가 중요하다. 어떤 상황은 저항하고 살아남은 문화에 의해, 인종주의로 공고화된 계급 세력에 의해서뿐 아니라 특정한 상황에 의해 결집된다. 이러한 복합체는 음악으로 표현될 수밖에 없는 고양된 자의식을 낳게 되었다.

흑인이 — 노예로서, 농장 노동자, 목화 채집 노동자로서, 술집 공연자, 매춘부, 하녀와 웨이트리스로서 — 겪은 이질적인 경험과 여건을 반영하고 거기에 적응할 수 있는 역량에 의해 흑인 음악은 살아남았다. 흑인들이 북부 도시로 이주하게 되면서 추가로 발전 노선이 개척됐는데, 이 노선 덕분에 백인 청년 하위문화가 흑인 문화를 수용하기 훨씬 수월해졌다. 노동 계급 중심지에서 흑인 음악은 더욱 다듬어져 도심 빈민가 삶의 경험을 포착하게 되었다. 기타는 전기 기타로 바뀌었고, 게토의 소음을 블루스에 담기 위해 리듬 섹션이 추가되었다. 블루스는 리듬 앤 블루스가 되었다. 미국에서 1960년대에 이르면, "도시는 흑인의 땅이"(제임스 보그스James Boggs) 되고, 여기서 제작된 음악은 전 세계의 할렘에 반향을 일으킨다. 지미 러싱Jimmy Rushing이 예언했듯이. 블루스는 "모든 이의 관심사"가 되었다.

> 그 부엌에서 나와
> 냄비와 프라이팬을 흔들어라
> — 〈흔들고, 떠들고, 굴러라*Shake, Rattle 'n' Roll*〉에서

나는 1950년대 초 바로 로큰롤 시작 무렵 등장한 〈흔들고, 떠들고,

굴러라〉의 두 가지 버전을 검토함으로써, 흑인 음악이 백인에 의한 수용 과정에서 변형되는 방식에 관해 이 주장을 펼치고자 한다. 연속적 히트를 기록한 빌 헤일리와 혜성들Bill Haley and the Comets의 버전은 빅 조 터너Big Joe Turner의 리듬 앤 블루스 히트작의 커버 버전이었다. (이는 규칙을 입증해 주는 예외다. 헤일리는 남부 출신도, 젊지도 **않은** 소수의 초창기 로큰롤 가수 중 한 명이었다.) 여러 필자는 헤일리가 가사에서 노골적인 성적 언급 부분을 삭제한 점에 주목했다. 그러나 이와 똑같이 중요한 점은 두 가지 버전에서 나타나는 보컬과 악기 간의 역학 차이다.

헤일리 버전에서는 음악이 배경으로 물러서고 보이스가 전면에 나선다. 이러한 특징은 미국의 백인 음악 제작 역사에 존재했던 여러 갈래에서 유래한다. 로큰롤 그룹으로 바뀌기 전, 빌 헤일리와 혜성들은 여러 해 동안 컨트리 웨스턴 밴드였다. 비록 복잡한 관계이긴 하지만, 컨트리 웨스턴은 기본적으로 블루스와 유럽 포크 음악의 혼합물이다. 컨트리 웨스턴은 블루스와 리듬 앤 블루스의 요소를 많이 갖고 있었고, 댄스 스텝을 외치는 부분도 있었기에, 댄스 음악으로서의 성격을 매우 강조했다. 헤일리의 〈흔들고, 떠들고, 굴러라〉에서도 이 유산은 상실되지 않는다. 가사는 노래로 부르기보다는 고함처럼 외친다. 이처럼 보컬을 강조한 것은 또한 틴 팬 앨리Tin Pan Alley[146]의 관습과도 일치한다. 틴 팬 앨리에서 중요한 요소이자 상업적 활용의 주 수단이 되는 부분은 — 빙 크로스비Bing Crosby, 프랭크 시나트라Frank Sinatra, 페리 코모Perry Como 같은 — 가수이지 노래가 아니었다.

여기서 우리는 2차 세계 대전 이후 음반 산업의 대대적인 확장으

146 틴 팬 앨리는 19세기에서 20세기 초까지 미국 대중음악을 지배하던 뉴욕시 음악 출판업자와 작곡가 집단을 지칭하는 용어였다. 이 이름은 뉴욕 맨해튼의 특정 거리를 지칭하는 별명에서 유래했으나, 이후에는 미국 음악 산업 전체를 지칭하는 단어로 의미가 확대되었다. — 옮긴이

로 음악 생산에 개입하게 된 일련의 추가적인 매개 과정을 설명해야 한다. 이러한 확장과 더불어, 강조점이 **녹화된 공연**에서 **공연 녹화**로 옮아갔는데, 이는 다시 보컬리스트에서 녹화 대상 스타로의 이동과도 관련이 있었다. 로큰롤은 자본주의에서 또 다른 첫 번째를 기록한다. 로큰롤은 주로 음반을 통해 인기를 얻게 된 최초의 음악이었다. 이는 기획자, 작곡작사자, 프로듀서, 스튜디오 뮤지션으로 이루어진 생산 과정을 거쳤고, 그 후 DJ, 라디오 방송사, 라이브 공연에 의해 '서비스'로 제공되었다. **녹화된 공연**이 여전히 중요하게 남아 있었던 것은 기본적으로 오직 1950년대의 흑인 대중음악에서뿐이었다. (초창기 프레슬리와 제리 리 루이스 음반의 일부가 비슷한 범주에 속하지 않았다고 주장하는 것은 부당할 수도 있다. 그러나 대량 조립 라인 뮤지컬과 — 프레슬리의 경우 — 영화 제작은 이 방식을 곧 집어삼켜 버렸다.)

터너의 오리지널 〈흔들고, 떠들고, 굴러라〉 버전에서는 보컬과 악기가 긴밀하게 통합되고, 보이스가 특권화된 악기가 아니라 평등한 일부로서 참여하는 것을 볼 수 있다. 헤일리의 고함으로 표현한 가사가 백인 음악 제작의 산물인 것처럼, 보컬과 악기가 밀접하게 통합되는 터너 버전에서는 또 다른 문화적 전통의 산물을 발견할 수 있다. 즉 블루스 기타리스트나 피아니스트가 대개 음악을 작곡하고 가사를 쓰며 연주까지 하는 전통이다. 이와 비슷하게 재즈에서도, 사용되는 '표준' 노래는 실제 음악 제작, 즉 즉흥 변주에 필요한 화음의 기초 시퀀스에 불과할 뿐이었다. (찰리 파커Charles Parker와 그 후에는 '프로그레시브' 재즈와 연관되는 '비밥' 시대는 '표준화된' 화음 전개를 넘어 이러한 즉흥 변주 관행을 극단적 한계로까지 끌고 갔다.) 그 결과로 만들어진 음악은 수용자와 연주자의 공유된 문화적, 사회적 맥락에서 모습을 갖추고 구체화하는 표현이었다. 그 이유는 앞서 섹션들을 읽어 보고 아주 명확해졌기를 바란다. 달리 말해 이 음악은 생생한 사회적, 문화적 맥락에서 마련되고, 그 후 음반에 '포착'될 수도 있다. 초기 필드홀러에서 처음 시작된 '리드'와 참가자 간의 이러한 관계는 더 진전된 '공연' 재즈의 특징인 라이브 잼 세션에서 유지되고 재생산되었다.

흑인 음악의 직접적인 영향하에 백인 뮤지션이 의식적으로 보이스와 악기 간의 이러한 통합을 이루려는 시도가 있었을 때도 — 스톤스, 전기 기타 사용기의 딜런, 비틀스 등. 이 중 비틀스는 첫 번째 LP를 제작할 때 스튜디오에서 '라이브' 느낌을 달성하려고 시도했다 — 보컬의 중요성은 스톤스가 가끔 무지막지하게 시도한 사례를 예외로 하면 좀체 포기되지 않았다. 예컨대 〈주사위 굴리기*Tumbling the Dice*〉는 아마 가장 뛰어난 예일 것이다. 음악적 스타일을 어떻게 사회적, 문화적 결정성 속에서 파악할 수 있는지에 관한 주장을 강조하기 위해서라면, 다음 두 음악을 비교해 보더라도 보컬과 악기 중에서 강조하는 부분의 차이를 다시 뚜렷이 간파할 수 있다. 하나는 척 베리가 1957년 자신의 노래인 〈66번 국도*Route 66*〉를 녹음한 음반이고, 다른 하나는 1963년에 녹음한 스톤스의 버전이다. 이번에도 베리의 버전에서는 보이스와 기타가 상호 호환적인데 비해, 스톤스 버전에서는 믹 재거가 '전면에서' 노래를 부르고, 나머지 멤버는 '반주'를 녹음하는 것을 볼 수 있다.

> 당신이 노래와의 이 만남을 시작한 방식이 정말 마음에 들었어. 내가 젊어서 서부 워싱턴의 벌목 산판에서 일할 때, 가끔 시애틀에 나가 스키드 로드에서 워블리 홀Wobbly Hall[147]까지 걸어가던 생각이 나네. 거기서 우리 모임은 노래로 시작됐어. 노래는 IWW[148] 노조를 함께 묶어 주는 위대한 존재였어.
>
> — 하비 오코너Harvey O'Connor, CIO 강성파

147 워블리 홀은 IWW 건물로, '워블리'는 IWW의 애칭이다. — 옮긴이

148 IWW(Industrial Workers of the World)는 이름과는 달리 1905년 미국 시카고에서 설립된 북미 중심의 국제 노동조합 단체다. 상대적으로 혁명적 산업 노동조합주의를 추구하는 탓에 조합원의 수가 들쑥날쑥했고 1950년대 냉전기에는 거의 소멸 위기에 처하기도 했다. — 옮긴이

노동 계급 특정 분파의 표현들은 지배적인 사회적 정의에서 대개 주변적으로만 간주되었는데, 나는 흑인 음악을 이러한 분파에 의해 생산된 음악으로 자리매김하고자 하였다. 이러한 특징은 이 음악에 **긴장**감을 부여한다고 주장했다. 이는 그 음악의 역사와 의미 작용 간의 변증법을 드러내는 균열을 확대하기도 하는데, 이 점 때문에 우리는 다시 사회적, 문화적 의미를 그 의미의 생산과, 그다음엔 다양한 전유 양상 속에서 파악할 수 있게 된다. 이 의미는 미국 흑인 노동 계급의 문화에서 음악이 차지하는 위상의 깊이를 가리킨다. 어느 필자가 표현했듯이, 흑인에게 소울의 이데올로기는 '삶을 위한 전략에서 강력한 무기다.' 반면에, 이 점은 왜 백인의 흑인 음악 전유가 늘 더 피상적인 데 그치는 것처럼 보이는지를 말해 준다. 음악은 일단 원래 맥락에서 차단되고 나면, 스타일 측면으로만 **재구성**된다. 이를테면 1960년대의 영국에서 스킨헤드족이 '흑인의 자부심'이란 가사를 '백인의 자부심'으로 고쳐 쓰는 것을 볼 수 있다. 바로 그 [본질적인] 형태에서 백인 헤게모니에 맞서 투쟁하는 음악을 백인이 전유한다는 데서 모순이 발생할 수밖에 없는데, 백인 청년 집단이 그러한 모순을 몰아내고자 할 때 발생하는 긴장에 의해 이 표면상의 피상성은 분명 더 강화된다.

이 글에서 나는 한편으로는 흑인과 청년, 다른 한편으로는 백인과 부모 간의 어떤 조잡한 유사성을 찾아내려고 시도하지는 않았다. 영국에서 청년, 그리고 특히 노동 계급 청년에 의한 흑인 음악의 매개된 전유는 분명히 아주 다른 구체적 욕구를 충족하고 표현했다. 그럼에도 불구하고 흑인 문화, 흑인 음악에 뿌리박혀 있는 것은 저항적 가치다. 그러한 저항적 가치는 영국 노동 계급 청년 하위문화에서 일어나는 모순과 긴장을 새로운 맥락에서 상징하고 징후화하는 역할을 했다.

12장

구조, 문화와 생애사

체스 크리처

주 이 글은 연구소 구성원들이 '노상강도'에 관해 작성하고 폴·지미 무스타파 후원회Paul, Jimmy Mustafa Support Committee에서 출판한 팸플릿에서 발췌한 것이다. 〈20년20 Years〉이라는 제목의 이 팸플릿은 세 청년이 아일랜드 노동자에게 '노상강도질'을 한 죄로 장기간의 억제형을 선고받은 핸즈워스 사례를 다루었다. '노상강도'가 전적으로 흑인만의 범죄는 아니었지만, 미디어와 공중의 생각에는 흑인 청년과 밀접하게 연관되었다. 1972~1973년 동안, '노상강도' 증가에 대한 대대적인 '도덕 공황'이 발생했다. '노상강도'를 인종주의 사회에 갇힌 흑인 아이들에게 합리적인 선택으로 만들 수도 있는 '논리'와 흑인 청년의 상황을 파악하지 못한다면 이 현상은 이해할 수 없을 것이라고 이 팸플릿은 주장한다. 어떻게 해서 사회 상황이 어떤 개인들에게 통제 문화가 '범죄적' 해결책이라 부른 선택에 이르게 하는지에 관한 개념을 구체화하면서, 이 팸플릿은 서로 관련된 세 가지 개념을 활용하는데, 바로 구조, 문화, 생애사다. 여기서는 특히 흑인 청년과 범죄에 적용되었지만 이 틀은 청년 집단 일반의 위치와 훨씬 더 폭넓게 관련되어 있다. 연구소의 '노상강도' 관련 작업에 관한 더 자세한 설명은 토니 제퍼슨의 석사 학위 논문인 〈일탈의 사회 이론을 위해: 강도 사건의 사례 검토For a Social Theory of Deviance: The Case of Mugging, 1972-3〉(Jefferson & Clarke, 1974, CCCS *Stencilled Paper* no.17), 그리고 1972~1973년 노상강도 공황에 관한 연구소의 연구 결과(Hall et al., 1978)에 나와 있다.

폴 스토리, 제임스 듀이건과 무스타파 푸앗에게 선고된 형은 '도덕 공황' 과정의 정점에 해당하는데, 이 공황에서 복수의 필요성은 세 청소년의 희생자화로 완성되었다. 우리가 이해하는 한, 형량은 저지른 범죄의 성격과 아무런 관련이 없었고, 세 소년의 상대적으로 제한적이고 완전히 비폭력적인 전과 기록을 반영하지도 않았다. 설혹 '노상강도' 공황이 없었다 해도, 범죄의 설명이나 대처에 관한 기존의 사고방식이 아주 다른 결과를 낳았을지는 의문이다. 형량에서 정도 차이는 있었을지 모르나 종류는 바뀌지 않았을 것이다. 사법적, 형사적 체제의 극단적인 엄격성은 어떤 범죄가 이해하기 어려울수록, 기본적 야만성이란 개념을 구사하면 가장 손쉽게 설명할 수 있고, 야만적 형도 정당화할 수 있다는 뜻이다. 그러한 형이 나오게 된 것은 개인이나 범죄 군에 대한 이해가 경직성을 띨 뿐 아니라 모든 범죄 행동의 성격을 이해하지 못하고, 범죄 행동을 사회 구성원으로서 범죄자의 삶 속에서 관련짓지 못하는 데서도 비롯한다.

따라서 나는 범죄를 이해하는 틀을 제시하고자 하는데, 이 틀은 이 특정한 사례에 적용된다면 전통적으로 범죄를 해석하고 처벌하는 방식이 더 이상 범죄를 이처럼 복잡한 현상으로 이해하거나 '처리'하게 될 수 없음을 보여 줄 것이다. 우리는 어떤 개인의 생애 상황에서 범죄 활동에 연루될 가능성에 영향을 미치는 세 가지 요소를 구분하고자 한다. 이는 바로 구조, 문화, 생애사의 요소들이다. 우리는 **구조**를 어떤 개인의 생애 상황에서 '객관적' 측면으로, 개인의 통제를 벗어나 있는 것처럼 보이고 사회의 권력과 부의 분포에서 유래하는 속성으로 정의한다. 종합하면, 그러한 구조적 요인은 개인이나 가족을 다른 개인이나 가족과의 관계 속에 배치한다. 노동, 소득, 주거, 교육이 영속적으로 이 사회의 기본적 구조 구실을 하지만, 특정한 시간에 특정한 장소에서는 인종처럼 다른 구조적 요인이 핵심적 중요성을 띨 수도 있다. 즉 영국의 수많은 대

도시 도심에서는 인종 요인이 차별의 연쇄에서 마지막 고리가 되기도 한다. 그렇다면 첫째로, 어떤 개인이나 친밀한 사회 집단을 사회의 기본적 구조와 관련지어 파악하게 된다. 이 구조는 현재의 경험을 제약하고 어떤 예측 가능한 미래의 범위를 설정하기도 한다. 이 구조의 잘못된 극단 — 열악한 주거, 교육 기회 결여, 지겹도록 단조로운 일자리, 낮은 소득 — 에 처하면 어떤 경우든 범죄가 발생한다고 주장하는 것은 아니다. 혹은 이 구조적 제약을 제거하고 나면, 범죄가 대부분 사라질 것이라는 뜻도 아니다. 사람들은 그렇게 조잡한 방식으로 환경에 반응하지 않는다. 이들은 자신들을 위해 관념, 믿음, 가치, 선악 개념을 구체화하는 사고와 행동 방식을 창안하고 창안해 왔다. 우리는 이를 **문화**라고 부른다.

> 어쩔 도리가 없으니 그냥 당분간 현실을 그대로 받아들여. 어떤 기회가 생길 때까지는 그냥 받아들여야 해. 그 후에 나는 어떤 놈을 혼내 줄 수 있지. 내 몫도 회수할 거야. 그러나 그런 기회는 아직 오지 않았어. 그때까지 시간이 오래 걸릴 수도 있지. 그렇지만 언제 올지 두고 보겠어. 이 나라의 나이 든 흑인 세대는 다른 뺨도 내주듯이 참기만 하는데, 그런 사람이 주변에 있는 한 도저히 기회를 얻을 수가 없지. 우리는 모두 이 사람들을 혼내 주고 내 몫을 전부 회수한다는 생각을 마음에 품어야 해.
>
> — 열여덟 살 흑인 영국인(Gillman, 1973에서 재인용)

> 나는 파산한 처지라 그 후에도 도둑질을 좀 더 해야 했어. 베이커 거리의 아파트에 난입했지…… 그러나 한푼도 챙기지 못했어. 나는 길거리에서 살았기에 늙은 영감처럼 피곤했거든. 나는 내게 무슨 일이 벌어지든 신경도 쓰지 않아. 난 이제 마약을 흡입했어. 약품을 복용하고 있다고.
>
> — 스물두 살 흑인 영국인(Hines, 1973: 39에서 재인용)

난 다섯 가지 유죄 판결을 받았어. 그중 두 가지는 어처구니가 없었는데, 검문 검색과 아이스크림 절도였어. 다른 세 가지는 절도였는데, 난 어느 범죄도 저지르지 않았어. 한 가지 혐의로 6개월간 재구류되고, 중앙형사법원에 갔는데, 배심원은 유죄 판결을 내리고 판사는 10실링 벌금을 때렸어. 10실링 외에 6개월 수감이었어. 판사는 뻔뻔스럽게도 내게 지금 10실링이 있냐고 묻네…… 나는 백인을 미워한 적이 없어. 지금도 그들을 모두 미워하지는 않아. 그러나 내게 미워하는 법을 가르친 건 그들이야 …… 나는 총 15개월을 감옥 안에서 보내고, 결코 하지도 않은 일로 갇혀 있었어. 나를 가두어 버린 사람들을 어떻게 좋아할 수 있겠어?

— 열여덟 살 자메이카 청년(Gillman, 1973에서 재인용)

범죄를 저지를 때는 대개 돈을 노리고 저질러 …… 한 푼도 없을 때는 1파운드만 챙겨도 큰돈이야 …… 오늘 밤 외출하고 싶은데, 돈을 구할 방법이 없어. 그런데 돈을 마련할 방법을 궁리하면서 길을 걸어가는데 갑자기 이 친구를 발견하게 돼. 그러면 어, 이봐라 하는 생각이 드는 거야……

— 신분을 밝히지 않은 흑인 청년(Gillamn, 1973에서 재인용)

선과 악의 개념에 한 가지만 있는 게 아니듯이, 사회에는 한 가지 문화만 있는 게 아니다. 사람들 사이에 어떤 행동이 용납되지 않는지에 관해 최소한의 합의된 정의는 존재할 수 있고, 법 일부에 이 점이 포함될 수는 있다. 그러나 많은 법은 권위 있는 직책의 사람들이 지지하는 문화의 가치를 심각한 범죄의 정의에 재탕한다. 어떤 문화에서는 정상적인 것이 다른 문화에서는 일탈이 될 수도 있다. 여기에는 가족 패턴, 재산 개념, 심지어 폭력의 허용 가능성까지도 포함된다. 흔히 범죄 활동 혐의로 법원에 출두하는 사람은 그가 접하는 문화가 자연스럽고 정상적인 일로 정의한 것을 행동에 옮겼을 뿐이다.

여기서 핵심적인 부분은 어떤 개인이 접하는 문화를 통해 그에게 주어진 문화적 선택 범위다. 그러한 문화는 청년, 계급, 종족이나 단순한 지리적 집단 결성에서 유래할 수도 있다. 어떤 개인은 단 하나 혹은 여러 문화를 접할 수도 있고, 각 문화는 명쾌하거나 모호한 도덕적 가치를 제시할 수도 있다. 다시 말해 우리는 모든 범죄 행위가 단지 개인의 문화적 상황에 의해 설명된다고 말하려는 것이 아니다. 특히 개인이 준법적 문화를 접할 기회가 없는 곳에서는 이 요인을 고려해야 한다는 뜻일 뿐이다.

양형 정책에서는 '나쁜 친구를 두었다'라거나 '환경이 나빴다'라는 식의 모호한 언급을 제외하면, 구조와 문화가 거의 주목받지 못한다. 개인의 사적 생활이 훨씬 더 강조되는데, 학교 기록, 정신의학적 상태, 그리고 특히 가족 환경 등이 그렇다. 여기서는 '무엇이 잘못되었는지' 설명하려는 시도도 일부 나오지만, 전반적인 시각은 개인을 아주 한정된 사회적 상황 속에서 파악한다. 그러한 상황은 소수의 기본적인 도덕적 가치 전달 장치를 통해 사회와 느슨하게 연결되어 있지만, 그 장치는 일부 고장이 발생하거나 개인이 제대로 반응하지 않는다면 쉽사리 실패할 수도 있다. 따라서 '결손 가정'이 범죄의 원인이란 상식이 유행하고 있다. 이러한 상식은 제한적이며 불안정하다. 상식은 폭력 같은 극단적 범죄 형태를 **완전히** 설명하도록 결코 허용되지 않는다는 점에서 제한적이다. 여전히 '한계를 넘은' [것으로 간주되는] 행동이 일부 존재하며, 이 경우 야만성과 도덕적 타락 개념으로 되돌아가는 경향이 있다. 모든 '결손' 가정이 범죄로 이르지는 않고, 따라서 결손 가정 자체로 충분한 설명이 될 수가 없다는 점에서 상식은 불안정하다.

이처럼 일관성이 부족한 것은 어떤 개인의 총체적인 생애 상황에서 **생애사**의 역할에 대한 잘못된 이해에서 비롯한다. 이처럼 잘못된 이해 방식은 아무런 구조나 문화 개념을 갖고 있지 않고, 따라서 특정한 생애사를 배치할 맥락도 없다. 이는 실로 사회가 작동하는 방식에 대한 다소 흥미로운 이미지를 함축한다. 즉 우리는 모두 어느 정도는 혼자이고, 우리 내부의 악마와 투쟁하며, 가족, 친구, 교사의 구속과 온정에 의해서만 구원받는 것처럼 보일 것이다. 범죄의 전체적인 사회적 맥락을 그러한 관점에서는 결코 파악할 수 없다.

우리가 보기에, 생애사란 이미 고도로 구조화된 상황 안에서, 주어진 문화적 선택권이 한정된 상태에서 발생하는 개인적 상황, 결정, 행운(불운)의 네트워크다.

> 어느 날 밤 베이즈워터에 있는 클럽에서 나왔을 무렵 폭우가 내리고 있었다. 지하철로 (잠자러) 가려고 했으나, 이미 운행이 마감되었다. 그래서 길을 따라 조금 걷다 보니 정말로 화려한 아파트 단지 입구에 도달했다. 현관을 들어서면 카펫이 바닥에 깔려 있고 뭐 그런 식이었다.
>
> 우리는 정문을 닫고 소파에 앉았지만, 여전히 외풍이 좀 불었다. 그래서 엘리베이터를 타고 맨 꼭대기 층으로 올라가야겠다고 생각했고, 그 후 다시 내려왔다. 우리는 조금 전에 들어온 현관에 앉아 있었다. 약 30분 정도 앉아 있었는데, 경찰 두 명이 지나가다가 우리를 봤다. 그들은 건물 안으로 들어왔다.
>
> 이들은 우리를 수색하겠다고 말했다. 우리는 아무 잘못도 범하지 않았기에, 왜 그러느냐고 물었다. 경찰은 우리가 절도 의도로 어슬렁거리고 있었다고 말했다. 그들은 몸을 수색했으나 아무것도 찾아내지 못했다. 그래서 우리는 첫 번째 경찰이 전화로 호출한 경찰차에 탑승했다. 우리가 차 안에 앉아 있는 동안, 다른 경찰관 두 명이 위층으로 올라가 조사를 진행했다. 그들은 한동안 거기 있다가 돌아와 긁힌 자국이 있는 전화박스를 보았다고 말했다. 이들은 바로 그것이 우리가 부수고 들어가려던 것이라고 말했다. 우리는 전화박스가 있다는 사실조차 몰랐다고 경찰관에게 말했다. 그래서 이들은 우리를 패딩턴 그린 경찰서로 데려가더니 기소 조치를 했다.
>
> 그다음 날 우리는 법원에 갔는데, 그들은 우리를 임시 구금했다. 우리는

애시포드 구치소로 갔다. 2주 후 그들은 우리를 다시 구금 조치했고, 그래서 우리는 계속해서 법원을 들락거렸다. 결국 재판이 열렸는데, 증거 불충분으로 기각됐다. 그래서 우린 아무것도 아닌 일로 한 달 이상 '내부' 생활을 한 셈이다.

내 친구 부모가 법원에 있었는데, 당시 무슨 일이 벌어졌는지(즉 자기 아들이 '험한 데서 자고' 있었다는 사실을) 알아차렸다. 그 아이는 부모가 사는 데로 돌아갔다. 나는 법원에서 변호사를 고용하지 못했다. 어쨌든 법적 조력 따위를 받긴 했는데, 우리 부모는 나타나지도 않았다.

그래서 재판이 기각되었을 때, 나는 혼자였고, 내 담당 사회복지사가 숙소를 마련해 주었다. 담당자는 호스텔이라고 말해 주었는데, 나는 "또 호스텔은 싫어요"라고 했다. 사회복지사는 다른 데는 구해 줄 수 없다고 말했다.

나는 사회복지사와 함께 호스텔로 갔다. 나는 거기서 두어 시간 머문 후 외출했다. 돌아오지 않을 작정으로 나간 것은 아니었다. 나는 웨스트엔드까지 갔다. 친구를 만났는데, 그가 돈을 약간 줘서 클럽에 가 밤새 놀았다. 그 후 나는 약 4일 동안 굳이 호스텔로 돌아갈 생각조차 하지 않았다. 호스텔로 돌아갔지만, 거기서 더 이상 머물고 싶지는 않았다.

나는 혼자였다. '무엇을 해야 하나' 하고 생각했다.

정말 도둑질은 하고 싶지 않았다. 내가 보기에, 나에겐 두 가지 선택권만 주어졌다. 호스텔로 돌아가거나, 머물면서 돈을 좀 버는 것이었다.

나는 바깥에서 머물기로 마음먹었다. 여기저기서 도둑질을 시작했다. 핸드백도 날치기하곤 했다. 래드브로크 그로브, 이스트 런던으로 가서 다른 사람들이 하는 일을 구경하곤 했다. 그들이 핸드백을 날치기하면, 나도 핸드백을 날치기했다.

— 나이지리아 출신 부모를 두었고 이제는 스물두 살이 된 런던 태생 흑인의 생애사에서(Hines, 1973: 35에서 재인용)

따지고 보면, 최종적으로 범죄 활동에 뛰어들게 되는 데는 (일부 의식적인 선택을 포함해서) 생애사적 요인이 핵심일 수도 있다. 그러나 범죄가 '실제로 낳게 되는' 문제점들은 개인 행위자를 넘어서 구조적, 문화적 요인들의 상호 작용에 의해 정해진 것이다.

그렇다면 이 틀이 하나의 범죄 행위 혹은 노상강도의 '물결'처럼 일련의 그러한 행위를 이해하는 데 어떻게 도움을 줄 수 있을까? 첫째, 우리는 이 활동에 어떤 구체적인 사회 집단들이 관여하는지 살펴볼 필요가 있다. 수많은 이른바 노상강도가 쇠락한 혹은 도심 빈민가 구역이나 신축 공공 주택 단지 공터에서 자행된다는 사실은 우연의 일치가 아니다. 그러한 구역의 주민에게 작용하는 구조적 제약은 실로 가혹하다. 사회에 어떤 가시적인 이익 지분도 없는 사람에게, 기득권 체제의 처방대로 처신하는 것은 어리석어 보일 수도 있다. 직업 범죄자나 갱처럼 실현 가능한 정체성의 정의를 제공해 주는 문화가 존재한다면 더욱 그럴 것이다. 일부 문화적 상황에서는 **직접적으로는** 기본적 법을 어기지 않으면서도 '정상' 사회에서의 자리를 거부하는 '해결책'이 나와 있을 수도 있다. 예를 들면 히피는 그러한 선택지의 모델을 제공할 수 있다. 이는 히피가 사실상 범죄자라는 의미는 아니다. 범죄자는 히피들이 제시한 것처럼 명쾌한 사회 비판을 제공할 수 있다는 뜻도 아니다. 단지 히피나 범죄자가 된다는 것은 개인의 삶의 상황이 초래한 문제점을 실행한다는 점을 인정한다는 뜻이다. 어느 '해결책'이 채택될지는 그러한 문화의 접근 가능성과 실행 가능성에 관한 지식을 갖춘 친구, 친지나 다른 지식원을 갖고 있는지에 달렸다. 이는 그러한 선택이 항상 의식적으로 내려진다는 의미는 아니다. '만약 노상강도가 되면 나의 모든 골칫거리가 해결될 것이다'라는 식으로 앉아서 결정을 내리는 사람은 없을 것이다. 그러나 실업자에 지위도 없는 도심 빈민 구역 청년에게는, '노상강도질'이 약간의 물질적 소득을 얻고 약간의 지위도 확보하는 선택 가능한 수단이 될 수도 있다. 그러한 지위는 친구에게서뿐 아니라 간접적 방식으로 일부 중요한 사회 기관에서도 구할 수 있다. 만약 신문이 고양이 귀에 감자를 쑤셔 넣는 것이 새로운 청소년 도착 행위가 될 것이라 판단했고 그렇게 실행되는 예를 찾을 수만 있다면, 의심의 여지 없이 그런 일이 어느 정도 발생할 것이다. 특정 상황의 일부 청소년에게는 어떤 일탈 행동 모델이든 채택될 것이기 때문이다. 그런 식으로 해서, '노상강도' 같은 활동은 미디어의 특정한 처리 방식에 의해 촉진될 수도 있다. 이는 전통적 모델에서 배제된 사람들에게는 가장 접근하기 쉬운 행동 모델이 된다.

물론 그러한 행동을 저지를 사전 성향이 존재해야 하고, 든든한 아버지 같은 존재의 부재 같은 일부 순수하게 생애사적 요인이 **어떤 상황**에서는 핵심적일 **수도** 있다. 물론 다양한 구조적, 문화적 여건이 적용되는 **다른 상황**에서는 그러한 생애사적 요인이 아동들의 미래 삶에 그다지 중요하지 않을 수도 있다. (핵가족에 대한 집착 때문에, 아버지의 부재는 우리 사회에서 항상 문제가 된다.) 여기서 우리가 주장하는 것은 바로 범죄란 행위자가 총체적 상황 속에 배치된 채 벌어지는 사회 활동으로 이해할 수 있다는 사실이다. 즉 이 상황은 그가 어디 사는가, 학교에서 어떻게 지냈는가, 일자리를 갖고 있는가, 아버지와 관계는 어떠한가 같은 문제만이 아니라, 이 모든 것 그리고 총체적인 삶의 상황에서 벌어지는 다른 모든 것이다. 물론 그러한 질문을 던지려면 범죄에 관해 완전히 새로운 사고방식이 필요해지는데, 현재의 지배 집단은 그러한 방식에 전혀 근접하지 않았을 뿐 아니라 오히려 그러한 방식을 거부할 가능성이 있다. 지금까지 우리가 대략 제시한 이해의 틀에서 어떤 부류의 형사 정책이 도출될지 살펴본다면 이 점을 좀 더 뚜렷하게 파악할 수 있다.

핸즈워스 판결을 지지하는 사람들은 종종 반대 의견에게 그러한 사악한 범죄를 저지른 세 소년에게 어떤 조치를 취해야 하는지 묻는다. 이 질문은 공정해 보일 수도 있지만, 이 질문의 기본 전제가 이를 숨은 의도가 있는 질문으로 만든다고 주장하고 싶다. 이 질문은 다양한 개인들이 저지른 유사한 행동, 그리고 이 개인들이 다양한 사건에서 저지른 다른 행동에서 분리된 별개의 행동에서 시작된다. 폭력적 범죄는 하늘에서 떨어지는 것도, 모든 인간의 가슴 깊숙이 있는 사탄에게서 솟아나오는 것도 아니다. 이 범죄는 ('치정 범죄'를 제외하면) 일반적으로 범죄 의도에 관해 이미 충분한 경고를 받은 사람들이 범한다. 만약 사회가 순진한 사회복지 이데올로기로 얄팍하게 포장하긴 했어도 기본적으로 보복성 형사 정책을 유지한다면, 어떤 사람의 삶의 상황에서 범죄 행위로 이르게 하는 핵심적 요인을 확인하지 못할 위험을 무릅쓰게 된다. 저변에 흐르는 원인을 확인하고 거기에 대처하려는 시도가 없다면, 결국 사회의 인내심이 고갈되고 범죄 당사자가 투옥될 때까지 범죄 행위는 단계적으로 고조될 가능성이 크다. 이때쯤이면 흔히 사태가 과도하게 악화되도록 방치한 상태이고 개인은 생활 방식으로서의 범죄에 확고하게 얽혀 있게 된다. 이는 단지 조기 경보 체제가 필요하다는 탄원이 아니다. 범죄를 종합적으로 이해하려는 시도가 없는 한, 이 호소는 계속 효과가 없을 것이기 때문이다. 그러한 시도가 이루어질 가능성은 낮다. 왜냐하면 구조적, 문화적 요인에 대한 고려는 기존 사회 질서의 — 부와 권력 분포, 주거와 고용 시장에 대한 불평등한 접근 같은 — 일부 근본적인 측면에 의문을 제기하게 되기 때문이다.

그러니까 — 무슨 조치를 내렸어야 하는가 같은 — 질문에 대한 대답은 수많은 다양한 조치가 더 일찍 취해졌어야 하고, 개개인의 삶의 상황 전체를 변화시키려는 시도에까지 미치지 못하는 조치라면 실패할 가능성이 크다는 주장이 되어야 한다. 그러한 답변은 유토피아적이고 지금 현재를 다루지 못한다는 비판은 논점을 벗어난 것이다. 여기서 싸움의 원인은 어느 특정 판결이나 비자유주의적인 양형 정책에 있지 않다. 그보다는 범죄가 문제점으로 설정되는 방식 전체에, 그리고 범죄에 대한 사회적 반응 저변에 흐르는 사회 안정, 인간 동기화, 정당한 복수 개념에 있다. 완전히 잘못된 범죄 개념에 근거한 양형 정책의 틀 안에서 '올바른' 판결을 제안할 수는 없다. 생애사적 선택을 차단하기보다는 열어 주는 데 목표를 둔 구조적, 문화적 변화의 복잡한 전략을 제시할 수도 있을 것이다. 그러한 전략은 문화적 해결책으로 범죄에 의존하는 것을 감소시킬 수는 있겠지만, 그처럼 혁명적인 청사진은 여기서 어울리지 않을 것이며, 그 내용은 지금까지 말한 내용에서 이미 자명해졌을 것이라 믿는다. 우리가 말할 수 있는 바는 이 사건에서 지배적인 사고 양식에서는 심지어 이 범죄의 성격을 이해하려는 노력의 시작조차 줄곧 시도하지 못했다는 사실 때문에 이러한 판결이 나오고 말았다는 점이다. 이 판결은 관련 당사자에게나, 그러한 활동이 반복되는 것을 저지하고자 하는 사람들에게나 아무 문제점도 해결하지 못한다. '수감' 형은 실로 범죄에 대한 사회적 반응의 패러다임이 되고 있다. 이는 회피성이고 위선적이며, 아무리 따져 봐도 결국 야만적이다.

3부

이론 II

13장

스타일

존 클라크

스타일의 창조

1. 여가와 노동 계급

우리가 이 책에서 주로 다룬 하위문화 스타일이 여가 영역에 국한되지는 않지만, 스타일이 가장 가시성을 띠게 된 것은 핵심적으로 이 영역에서다. 이는 자명해 보일지 몰라도, 사실 설명이 필수적이다. 여가는 흔히 '자유 시간,' '자유로운 선택'의 영역으로 제시된다. 사실 노동 계급 여가 시간은 자유롭지도 않고, 구조적 문화적 결정 요인의 제약에서 벗어난 것도 아니다. 하지만 여가는 **상대적** 자유의 영역에 해당하는 (그리고 역사적으로 적어도 현대 노동 문화가 19세기 후반부에 형성된 이래로는 여기에 해당했다) 측면이 있다. 이는 주로 임무와 임무 간 간격 조정의 물리적 구조뿐 아니라 기술적 조직과 경영진의 감독을 통해 유지되는 엄격한 노동 규율이 작업장 바깥에서도 똑같은 방식으로 유지될 수 없기 때문에 그렇다고 우리는 주장하고자 한다. 이 점은 또한 노동 계급과 여가의 관계가 현금 관계에 의해 '규율화'된다는 사실에서 유래한다. 노동 계급의 여가는 레크리에이션에 투입될 수 있는 주당 예산액에 의해 제한된다. 그러나 노동 계급 소비자는 자신이 그나마 가진 현금을 여가 서비스 공급자로부터 보류할 권력을 쥐고 있고, 이 때문에 다양한 대안 사이에서 선택할 상대적 자유를 누린다. 이 점은 오로지 노동 계급 고객을 대상으로 삼는 서비스 공급자(소규모 가게 주인, 술집 건물주 등)와의 관계에서 특히 그렇다. 존 포스터 John Foster(1974)는 19세기의 올드햄 연구에서 이 권력을 '배타적 거래' 권력으로 부른다. 단골 이용을 중단하겠다는 위협은 1837년 선거에서 급진파 후보에게 투표하길 꺼리는 가게 주인들을 설득하는 데 실제로 사용되었다. 노동 계급 고객이 주로 다른 사람이 제공한 서비스에 대해 누리는 '관습적 권리' 외에도, 노동 계급 공동체 자체**에서** 제공되는 여가

설비도 있는데, 단체, 클럽, 협회, 특히 (1884년 고객들이 산업 금융에게서 인수한) 노동 계급 남성 클럽Working Men's Clubs이 그렇다. 이 두 가지 사이 어디쯤엔가 속하는 사례는 축구인데, 이는 비노동 계급이 재정과 경영을 장악한 구조에도 불구하고 1880년대 이래로 크게는 그 후원자들에 의해 형태가 결정되었다.

이러한 여가에서의 '상대적 자유'는 내내 저항의 대상이 되었다. 실제로 노동 계급 여가 영역에서는 통제를 둘러싼 투쟁이 끊임없이 일어났다. 노동 계급을 통제하고 규율화하고 '개선'하려는 목적의 활동은 흔히 이 영역에서 아주 강력하게 전개되었다. 이러한 강제는 다양한 형태를 취했다. 1800년대 초에는 인기 있는 축구를 억압하려는 시도가 있었고,[149] 현대에 와서는 노동 계급 주점의 '격을 높이고' '소비자화'하려는 시도가 이루어져 크게 성공을 거두기도 했으며,[150] 철저한 규정에 의하거나 자발적으로 (예컨대 당대의 청년 서비스나 준군사적인 '청년 여단') 노동 계급 청년에게 '뭔가 건설적인 일거리'를 제공하려는 시도까지 나왔다. 이러한 시도는 '불법적인' 여가 활동 감시에 필요한 인력이 부족했거나, 좀 더 건설적인 여가 추구 활동이 필연적으로 자발적 성격을 띨 수밖에 없다는 사실 때문에 한계가 있었다.

따라서 19세기 중반 이후 노동 계급 문화의 상당 부분은 여가 영역을 중심으로 형태를 갖추었는데, 축구, 주점, 노동 계급 남성 클럽, 길거리 활동 등이 그렇다. 이것들은 단지 제도에 그치거나 심지어 특정한 활동에 표현된 가치일 뿐 아니라, 계급 전체의 경험을 표현하는 형태이기도 했다. 여가의 탐닉이 시작되어도 노동의 엄격성은 잊혀지지 않는다. 그러나 여가의 '상대적 자유' 덕분에 노동에서 개발된 중심적인 계급 관

149 Walvin(1975)을 보라.

150 Hutt(1973)을 보라.

심사와 가치가 여가 영역의 상징적 활동으로 **대체**될 수 있게 되었다. 예를 들면 축구 문화의 '남성적'인 기풍은 산업 생산 상당 부분의 남성적 초점이나 조직과 맺는 상동적 관계를 벗어나서는 이해할 수가 없다. 축구 선수처럼 '남성'은 '좀 얻어맞아도 더 많은 것을 위해 계속 돌아올' 수 있어야 한다. …… 노동 계급 여가와 스포츠에서 가장 복잡한 일 중 하나는 언뜻 자유로워 보이는 여가 활동에서 노동 리듬에서의 해방과 그 리듬의 재생산이 왜 이처럼 결합되는지 완벽하게 이해하는 것이다.

노동 계급 청년이 여가에 초점을 두는 이유는 이 틀 안에 놓고 보면 완벽하게 이해된다. 앞서 주장했듯이, 이는 청년, 특히 소년에 대한 노동 계급의 태도로 강화된다. 소년의 경우, 청소년기 자체가 성인의 책임이 시작되기 전 상대적 탐닉과 자유를 누리는 시간이자, 따라서 두드러지게 여가의 시간으로 간주되기 때문이다. 나아가 이 점은 전후 '청년 시장'의 확장과 투자로 강화되고 새로운 모습으로 구성된다.

전후 젊은이를 위한 영역으로서 여가가 차지하는 특권화된 위치는 분명하다. 그러나 이제는 질적인 차이도 고려해야 한다. 즉 이 지점에서 청년은 활동과 관심사의 상당 부분을 여가 중심으로 구조화할 뿐 아니라 아주 독특한 하위문화 **스타일**을 구축해 이 영역을 적극적으로 이용하게 된다. 스타일은 집단의 구조, 위치, 관계, 실천, 자의식과 떼놓고는 파악할 수 없다고 앞서 주장했다. 그럼에도 불구하고 여기서 우리는 스타일 창조의 '계기'에 특별히 주목한다. 이는 어떤 아주 제한되고 일관된 표현 형태를 **중심으로** 활동, 실천, 세계관이 **구체화**하는 계기다. 그러므로 다음 논의에서는 하위문화의 존재를 당연시한 후, 그 대신 이 하위문화가 어떻게 해서 집단에게 '가능성의 장'에서 상징적 대상을 선별적으로 수용하도록 유도하는지, 이 '조각들'이 스타일적 덩어리로 조직되는 방식 측면에서 집단의 관계와 실천이 어떻게 확정되는지 살펴본다.

2. 스타일의 생성

스타일 생성 과정을 기술하면서 우리는 레비스트로스의 **브리콜라주** 개념을 부분적으로, 또 다소 절충적으로 사용했다. 브리콜라주는 이용 대상에 대해 이미 사전에 부여되고 침전된 의미를 포함하는 총체적 의미 체제 내에서 대상을 재배열하고 재맥락화해서 새로운 의미를 커뮤니케이션한다는 의미다(Lévi-Strauss, 1966; 1969). 대상과 의미는 함께 기호를 구성하고, 어떤 하나의 문화 내에서 그러한 기호는 반복적으로 조립되어 특징적 담론 형태로 만들어진다. 하지만 브리콜레르bricoleur가 전반적으로 똑같은 기호의 레퍼토리를 사용하면서도, 의미 있는 대상을 그 담론 내부의 다른 위치에 재배치하거나, 대상이 다른 총체 내부에 배치될 때, 새로운 담론이 구성되고, 다른 메시지가 전달된다.

원래 기호의 엄밀한 성격, 그리고 그 원래 기호와 새로운 기호 사이의 관계에 관한 레비스트로스의 공식화는 물론 그가 주된 자료를 분석할 때 필요했던 요구 사항에 맞춰진 것이다. 그의 자료는 주로 '이데올로기적' 커뮤니케이션이 신화나 토템 체제 형태로 제도화된 소규모 사회에서 도출되었다. 그곳에서 신화란 특징을 이루는 담론이며, 전체 사회에 의해 전통화되고 수용되었기 때문에 신화로 존재한다. 아무리 변종이 무수하다 할지라도, 기본 형태는 X 집단의 신화라는 형태가 되었다. 하지만 우리는 최근 반복해서 등장하는 '비공식적' 스타일을 검토하고 있는데, 여기서는 부분적으로는 타협되긴 했어도 더 넓은 사회의 가치에 대한 **저항**을 드러내는 표현에서 (만약 그런 것이 존재한다면) 스타일적 핵심을 확인할 수 있다.[151]

151 이러한 대비는 토템 체제와 관련해 특히 뚜렷하게 나타난다. 토템 체제는 기호를 통해 자연 세계와 사회 세계에 모두 지배적이고 일관된 분류 틀을 제공하고, 그러한 틀이 부족 사회 내부에

하지만 메시지가 커뮤니케이션되려면 하위문화적 브리콜레르가 언급해야 하는 기본적 담론 형태가 계속 남아 있다. 이 경우 담론은 **패션**의 담론이다. 레비스트로스의 신화-브리콜레르와 마찬가지로, 하위문화적 브리콜라주의 실천가는 담론 내에 이미 존재하는 기호의 의미에 제약을 받는다. 즉 새로운 하위문화적 스타일을 조합하는 데 사용되는 대상, '장치'가 이미 존재해야 할 뿐 아니라, 그 대상의 재배치와 변형이 **변형으로** 충분히 이해될 수 있을 정도로 일관된 체제로 조직된 의미도 전달해야 한다. 만약 새로운 조립이 이미 존재하는 것과 정확히 똑같아 보이고, 정확히 똑같은 메시지를 전달한다면, 그 속에는 아무런 의미가 없다.

둘째로, 신화-브리콜라주의 요소들이 주로 자연적 대상, 자연적으로 접할 수 있는 숙고 대상이라면, 하위문화적 브리콜레르가 채택한 대상은 물리적으로 전유되고 — 입고 사용하고 — 원래 특수한 시장을 겨냥해 생산된 상품이기도 하다. 즉 이것들의 변형 이전 존재는 또한 **다른** 집단들의 존재, 즉 아주 흔하게는 원래 이 상품을 구매하고 이용하고 이 대상-기호를 통해 자신의 라이프스타일을 표현하던 지배 계급 하위 부문의 존재를 전제로 했다.

그러므로 레비스트로스가 파악한 전통적 의미와 구분되는, 상당수 하위문화적 브리콜라주의 저항적 의미에 대해 우리는 헷갈릴 필요가 없다. 원시 사회에서는 대개 그렇지 않지만, 자본주의와 계급 갈등이 우리 사회의 특징이라는 점을 감안할 때, 저항적 의미는 두 가지 변형 경로를 통해 달성할 수 있는데, 이 중 어느 것도 상대를 배제하지는 않는다. 지배 문화가 선호하는 의미에 대한 대안적인 의미이자 억압당한 사회 집단의 경험과 의식 내에서 생성되는 의미는 표면으로 끌어내 원래의 담론을 변화시킬 수도 있다. 이 변형은 저항 계급들의 존재에 달려 있다.

서 공식화될 수 있는 곳에서는, 나이 위계를 압도하면서도 그러한 위계로의 계층화를 제공한다.

아니면 상품 자체의 형태가 새로운 저항적 의미를 생성할 수도 있다. 이 상품들은 시장에서 존재해야 한다. 이것들은 사용되기 전에 재정적으로 스타일 창작자의 도달 범위 안에 있어야 한다. 이것들은 (다른 곳에서) 구체적인 시장용으로 생산되었기에, 불평등한 상품 접근, 또한 차별적으로 가치가 매겨진 라이프스타일에 관한 의미, 메시지를 이미 담고 있다. 이전에 부적격하다고 판정받은 라이프스타일을 재평가하거나, 계급 갈등을 표현하기 위해 이루어지는 변형과 재의미 작용은 그러한 부류의 메시지가 이미 그 속에, 그 상품에 '각인되어 있기' 때문에 발생할 수 있다. 즉 선호된 메시지가 아무리 그 현실을 은폐하려 시도한다 해도, 원래의 대상-기호는 분열된 사회를 전제로 했다.

그렇다면 하위문화적 스타일의 생성은 기존 것의 모체 내에서 차별화된 선별을 포함한다. 실제로 일어나는 일은 무에서 대상과 의미를 창조하는 것이 아니라 이미 주어진 (그리고 '차용된') 것을 **변형**하고 **재배열**해서 새로운 의미를 전달하는 패턴으로 만들거나, 새로운 맥락으로 **번역**, **각색**하는 데 있다. 예를 들면, 테디 보이족이 차용한 '에드워드 시대풍 겉모습'(상층 계급과 학생 것의 리바이벌)은 부차적인 항목들인 신발 끈 모양의 타이, 크레이프 밑창 구두와 결합해 새롭고 이전과 다른 특징적인 의미로 등장했다. 모드 스타일에 관한 (2부의 민속지학에 실린) 딕 헵디지의 글은 어떻게 해서 언뜻 원래 양식 내부의 계급 저항의 반향에 덜 맞춘 변화인 듯하면서도, 대상을 미묘하게 재배치한 결과, 상징적 총체의 의미가 얼마나 엄청나게 변화하게 되는지를 기술한다.

3. 선별의 의미론

스타일 전반의 창조에 관해 이만큼 이야기했기에, 이제는 왜 특정한 집단이 다른 것이 아니라 특정한 상징적 대상 무리를 채택하는가 하는 질문을 제기해야 한다. 여기서 중요한 요지는 이 집단이 특정한 상징적 대상의 어느 정도 억압된 잠재적 의미 속에서 **자신을 파악할** 수 있어야 한다는 점이다. 여기에는 어떤 필수 요건이 있다. 즉 문제의 대상은 문제되는 집단의 특수한 가치와 관심사를, 어떤 대상의 잠재적 의미 범위 중 하나로 반영할 수 있는 '객관적 가능성'을 갖고 있어야 한다. 또한 해당 집단 구성원이 접촉 가능한 상징적 대상의 범위 안에서 자신을 인식할 수 있을 정도로 집단 자의식이 충분히 발전되어 있어야 한다. 내용 측면에서 발전된 이 자의식(자신의 자아 이미지 등)과 상징적 대상에 대한 지향성 측면의 자의식은 스타일이 생성되도록 해 주는 수단이다. 스타일을 생성하도록 해 주는 대상 선별은 그렇다면 집단 자의식과 입수할 수 있는 대상의 가능한 의미 간의 **상동성** 문제다. 대상과 집단 간의 그러한 상동적 관계에 관해 가장 깔끔한 서술로는 아마 조지 멜리(Melly, 1972: 36)가 로큰롤을 테드족용으로 "비틀고 부수는screw and smash" 음악이라고 한 연구가 가장 유명할 것이다.

비록 공식적인 측면에서는 초창기 로큰롤과 '웨스트코스트 록West Coast Rock'[152]이 서로 다른 의미를 전달하고 표현할 잠재력이 있긴 하지만, '오토바이 보이들'의 철저한 행동주의, 신체성, 행위에서 태도의 외부화, 성찰의 금기시, 속도와 기계 사랑과, 이들이 전적으로 애착을 느낀 초기 로큰롤 음악 사이에는 뚜렷한 상동성 혹은 **일체성**이 존재한다고 폴 윌리스(1972)는 주장했다. 이는 '히피' 집단의 '무구조성,' 내향성, 느슨한 집단 소속감과 그들이 선호한 음악 사이에 상동성이 존재하는 것과 마찬

152 웨스트코스트 록은 1970년대 말에서 1980년대 초까지 미국의 FM 라디오에서 인기 있던 음악 장르로서 '요트 록yacht rock'이라 불리기도 한다. 미국 남부 캘리포니아에서 시작되었다고 해서 웨스트코스트 록이라는 이름이 붙었다. 매끄러운 연주, 감미로운 보컬, 발랄한 리듬 등을 특징으로 하며, 요트에 어울리는 편안한 분위기를 자아내는 소프트 록 장르의 한 갈래로 분류된다. — 옮긴이

가지다. 문화적 형태(즉 이 경우, 음악)의 객관적 잠재력, 그리고 이 잠재력과 집단의 주관적 성향 간의 일체성이야말로, 후자에 의한 전자의 수용을 촉진해 (때로는) 대상과 집단 사이에 일종의 스타일적 융합을 낳는다. 하지만 최종적으로 생산된 스타일은 모든 별개 요소의 단순한 합계 이상이다. 스타일은 모든 요소를 함께 하나의 **총체** 속에 배열해 집단의 자의식을 구현하고 표현하는 데서 그 구체적인 상징적 자질을 도출한다.

4. 스타일 차이의 토대

각 스타일의 구체성도 강조해야만 한다. 이는 단지 각 스타일에서 가시적 구성 요소인 대상 간의 차이라는 의미에서 각 스타일의 객관적 변이에 대한 감수성뿐 아니라, 스타일이 생성되는 배경인 이질적인 물질적, 문화적 여건에 대한 감수성도 의미한다. 따라서 특정한 스타일의 상징적 측면은 독특한 제도군 안에서 발생하는 특정한 활동군을 중심으로 하는 집단 관심사의 구체적인 바탕에서 구성된다. 이 구체적인 집단 연계망은 노동 계급 공동체의 물질적, 문화적 맥락의 더 폭넓은 네트워크에서 생성된다. 이론적 개관에서 보았듯이, 그 공동체는 특수한 지역적 효과를 통한 사회 전체의 더 광범위한 사회 운동에 의해, 또 그 운동에 대한 반응으로 구성되고 재구성된다. 따라서 테드 스타일 옷차림의 상징적 측면은 이들의 복잡하게 매개된 사회적 위치에 대해 특정 집단이 보이는 반응의 일부일 뿐이다. 스타일에 대한 **더 자세한** 설명을 제시하려면, 첫째로 집단의 물질적, 문화적 위치를 전후 남부 런던에서 일어난 사회 재편의 지역적 경험과 관련지어 분석해야 할 것이다. 그 후 집단의 관계와 의식의 일반적 성격을 검토해야 하고, 마지막으로 이것들이 **스타일**의 가시적 측면을 형성하는 과정에서 집단이 이용하는 대상에 어떻게 구현되는지 고찰해야 할 것이다. 이 분석은 또한 선택된 특정 대상과 집단 간의 관계를 설명해야 하고, 이 특정한 대상이 어떻게 집단의 자아 이미지를 **객관화**하는 기능을 하는지도 규명해야 한다. (테드족에 대한 이러한 부류의 분석에서 후반 단계들에 관한 논평은 2부 민속지학에 토니 제퍼슨이 기고한 글에서 볼 수 있다.)

5. 스타일과 집단 정체성

지금까지 스타일 생성에서 다양한 상징적 대상의 선별과 전유에 연루된 내부적 과정을 다루었다. 이제는 이 초점을 확대해 해당 집단의 스타일이 다른 집단과의 관계에서 어떤 기능을 하는지 살펴보아야 한다. 스타일은 집단의 자아 이미지를 객관화한다고 이미 말했다. 이제는 이들의 자아 정체성이 단지 집단의 내부 과정을 통해서가 아니라 집단이 자신의 상황 — 다른 의미 있는 집단을 포함하는 상황 — 과 맺는 관계의 발전에 의해 생성된다는 점을 강조해야겠다. 집단의 정체성 형성 과정은 특정한 방향에 대한 적극적인 반응 탓인 만큼이나, **다른** 집단, 사건, 관념 등에 대한 '부정적' 반응에서 기인한다. 독특한 하위문화 스타일의 주된 기능 중 하나는 다른 집단과 구분해 자기 집단 구성원의 경계를 규정하는 데 있다. 이는 대개 청년 하위문화 영역 내부의 다른 집단에 대한 반응으로 간주된다(예컨대 모드족 대 로커족, 스킨헤드족 대 히피와 그리서족Greasers[153] 등등). 이 특정한 차원에 관해서는 언급할 만한 중요한 특징이 많지만, 관련된 집단의 범위는 적어도 잠재적으로는 다른 그냥 '저항적인' 청년 하위문화보다는

153 그리서족은 1950년대에서 1960년대 초까지 미국과 캐나다에서 유행한 노동 계급 청년 하위문화로, 이탈리아계와 히스패닉계 위주의 종족적 성격을 띠었다. 가장 두드러진 특징은 포마드를 발라 빗어넘긴 헤어스타일이었다. 하지만 외부적으로 구분되는 일관된 옷차림이나 하위문화를 발전시키지는 못했다. 주로 전통적 노동 계급 옷차림에 개조한 중고 자동차나 오토바이에 관심을 드러낸 사람이 많았다. — 옮긴이

훨씬 더 넓다. 하위문화 규정의 잣대가 되는 집단 범위를 보여 주는 최고의 잠재적인 예는 아마도 〈페인트 하우스*The Paint House*〉에서 따온 도표의 내용일 것이다. 여기서 집단의 범위는 '통치자 체제,' '우리 편,' '배신자' 같은 항목 중 하나에 속하는 것으로 분류된다. 각 위치는 스킨헤드 하위문화를 이루는 일차적 관심사의 하나였던 지역 공동체의 이미지와 그 특정 집단이 맺는 관계 개념을 포함한다. 이는 스킨헤드족이 느끼던 공동체 — 영역성 — 감각과 '억압' 감각에 모두 **구체적 차원**을 부여한다. 이는 스킨헤드족이 경험한 공격과 억압의 **원천**을 확인하고, 스킨헤드가 공동체의 그 이미지를 상징적-집단적으로 '방어'하기 위해 설정한 **표적**도 찾아낸다. 이 예는 하위문화가 다양한 외부 집단과 맺는 관계에 관해 추가적인 주장을 제기해 준다. 어떤 집단에 대한 이들의 반응은 꼭 주로 스타일의 **상징적** 측면(옷차림, 음악 등)으로 드러나지는 않고, 모두 합쳐서 스타일적인 총체를 이루는 광범위한 활동, 맥락, 대상에서 찾아야 한다. 따라서 스킨헤드의 히피에 대한 반응은 오로지 이들이 거부하는 옷차림과 헤어스타일에서만 드러나지는 않고, (흔히 '퀴어 괴롭히기'나 이들이 하이드 파크의 무료 콘서트에 '침입'했다는 핑계로) 히피에 가한 물리적 공격에서도 드러난다. 이와 비슷하게, 이들의 '공동체 방어'는 다양한 상징적 현상으로만 ('작업' 복장, 페인트로 쓴 구호 등) 나타나지는 않으며, 노동 계급의 전통적인 여가 기관인 선술집과 축구장의 '재점거'를 비롯해 물리적, 폭력적 행동(파키스탄인 괴롭히기, '갱' 전투 등)으로도 다시 등장한다.

6. 스타일 차별화의 결과

하지만 특수한 스타일의 발전에서 상당한 부분은 **어떤** 다른 특정한 하위문화적 '외집단'과의 관계 속에서 진화한 듯하다는 점 역시 사실이다. 모드족과 로커족은 이처럼 직접 대비되는 사태 전개의 가장 좋은 예다.

마게이트 사건 범행자를 대상으로 한 바커와 리틀의 조사는 두 집단이 어떻게 해서 부분적으로 다른 집단과의 차이를 언급하면서 자신의 이미지를 규정했는지에 관한 예를 제공한다.

> 모드족과 로커족은 자신에 관해 적극적 이미지와 부정적 이미지를 모두 갖고 있었다. 적극적 이미지는 이들이 자신을 어떻게 보는지 드러냈고, 부정적 이미지는 자신이 경쟁자를 어떻게 보는지에 의해 자신을 드러낸다. 양자는 모드족의 유명한 깔끔한 복장이든, 로커족의 가죽 재킷과 물 빠진 청바지이든 주로 옷차림의 관점에서 자신을 파악했다.
>
> 부정적 이미지는 이와 다르다. 로커족은 모드족을 여자처럼 나약하다고 본다. "내가 그중 한 명을 여자로 지목하지 않는 한, 그들은 원한다면 치마를 입을 수도 있어." 이는 그래도 너그러운 의견이었다. 모드족은 로커족을 단정치 못하고 더럽다고 본다. "장발에 기름기투성이 머리. 그들은 자동차 회전축 기름을 사용해. 그들에겐 고약한 석유 냄새가 풍겨." (Barker & Little, 1964: 121)

모드족과 로커족 일화에 관한 논평에는 온통 비슷한 주장이 반복해서 등장한다. 모드족은 로커족의 거칠고 전통적인 남성성의 자아 이미지를 조롱하면서, 자기 자신의 '쿨함'과 세련됨을 그 조잡함과 대비시킨다. 로커족은 모드 스타일의 '여성적인 나약함'에 초점을 둔다. 하지만 스탠 코언(Cohen, 1973)이 모드족과 로커족에 대한 사회적 반응을 분석한 연구는 이처럼 '대립적' 이미지 창조 형태에 관해 너무 단순한 시각을 취할 때 발생할 위험성을 경고한다. 원래의 해변가 '전투'는 모드 대 로커 사이의 분열이 아니라 지역인과 런던에서 원정 온 사람들 간의 분열에 근거했다고 코언은 주장한다(물론 모드족과 로커족 소속은 당연히 어느 정도는 이 분열을 따라서 분포되었을 가능성도 있어 보인다). 하지만 이후에 나온 뉴스 보도는 '전투'를 두 '거대 갱단' 간의 대결이라는 〈웨스트 사이드 스토리*West Side Story*〉식 시나

리오 틀 안에서 처리했고, 이를 통해 이 분열을 본질적으로 '스타일 간의 전투'로 고착시켰다. 머독은 이러한 보도의 결과에 주목한다.

> …… 놀라운 일은 아니지만, 양극화의 표상은 집단 구성원의 자기 이미지에 침투해, 이전에는 중립적이던 스타일 요소가 집단 간 적대와 갈등의 초점이 되는 결과를 낳았다. 이 갈등은 다시 원래의 (미디어) 이미지를 확인하고 더욱 증폭하는 구실을 했다. (Murdock, 1974: 217)

코언의 분석은 우리에게 두 가지 일반적인 경고를 한다. 첫째, 길고 복잡한 스타일 발전 과정을 지나치게 협소한 분석의 계기로 압축하는 바람에, 특정한 계기에서 또한 특정한 사건과 관련지어, 왜 어떤 측면은 채택되거나 특별한 중요성을 띠게 되는지 무시하게 되는 결과를 초래하지 말라는 것이다. 둘째, 코언의 분석은 스타일 발전에 대해, 일단 작동되고 나면 대개 집단 내부의 과정으로 작동할 것이라고 단정하지 말라고 경고한다. 일단 집단 스타일이 성립하고 난 후에도, 집단을 구체적인 상황에 배치하는 외부적 관계와 구조화의 원칙들이 현장에서 그냥 사라지지는 않고, 집단이 움직이고 행동하는 데 한정적 환경의 일부로 지속된다.

마지막으로, 이 절에서는 스타일의 존재가 집단에게 미치는 결과에 어느 정도 주목해야겠다. 독특한 스타일의 창조는 단지 하위문화 자신의 정체성과 자아 이미지를 구현하는 문제는 아니다. 이는 또한 내부 구성원과 모든 외부인과 관련해 집단의 경계를 더 뚜렷하게 정의하는 기능도 한다. 이 기능은 집단의 지속적인 존재에도 특정한 효과를 미치게 된다. 예를 들면, 제퍼슨의 분석은 독특한 테디 보이 스타일의 창조가 어떻게 해서 집단에게 특정한 지위를 달성해 주고 어느 정도 통제도 행사할 수 있는 소수의 수단 중 하나에 해당했는지 보여 준다. 이 스타일의 결과로, **외모**는 집단 구성원에게 특히 민감한 주제가 되었다. 이 점은 (실제든 상상적이든) 다른 사람들의 모욕에 대해 왜 이들이 그렇게 민감하고 '과잉 반응'하는지도 설명해 준다고 제퍼슨은 주장한다. 방식은 다르지만, 플레처(Fletcher, 1966)는 머시사이드 갱의 발전 과정을 '비트' 음악 중심으로 설명한다. 이 분석은 집단의 변화하는 관심사와, 집단 삶의 중심적 관심사로 음악에 대한 헌신이 점차 강화된 현상이 어떻게 집단의 관계를 변화시키고(일부 구성원의 이탈을 낳고), 반복되는 활동을 변화시키며, 정규적인 집단 활동의 중심이 되는 부류의 맥락을 바꿔놓았는지 예시해 준다. 그중에서도 독특한 스타일의 탄생은 집단의 정체성을 규정하지만, 이들을 다양한 형태의 사회적 반응의 개입에 더 취약하게 만든다. 따라서 록과 코언(Rock & Cohen, 1970)은 댄스홀과 영화관이 에드워드식 양복 차림이면 누구든 시설 이용을 금지시킨 사례를 예로 제시한다. 그리고 모드족에 관한 코언의 연구는 지역 가게 주인과 오락실이 모드족과 로커족처럼 보이는 젊은이를 금지시키는 동안, 경찰은 어떻게 해서 '모드족'(즉 공중이 갖고 있던 모드 이미지와 비슷한 모든 사람)을 해변 리조트에서 쫓아냈는지 예시해 준다. 1960년대 말 경찰이 축구 훌리건주의에 대해 행동을 취했을 때, 스킨헤드 복장을 착용한 젊은이는, 축구장 바깥에서 경찰에 의해 부츠, 발찌, 벨트를 압수당하는 조치를 포함해 경찰의 괴롭힘을 당할 가능성이 커졌다. 이 모든 것은 축구장 안에서 이루어진 — 퇴장, 팬 체포, 축구 '특별 행사'로 오가는 과정에서 호위 등 — 일상적 경찰 활동 이외의 부가 조치였다. 경찰이 디스코 행사 주최자에게 어떤 독특한 '루디' 스타일로 차려입은 흑인 청년을 입장시키지 말라고 압력을 가했음을 보여 주는 일부 증거도 있다. 이는 심지어 디스코장이 [자메이카 흑인 음악인] 레게와 '소울' 레퍼토리로 유명했는데도 그랬다.

요컨대, 스타일의 진화는 해당 집단에든 집단이 남에게 보이고 규정되고 '반응 대상이 되는' 방식에든 실제로 효과를 미쳤다. 하위문화 스

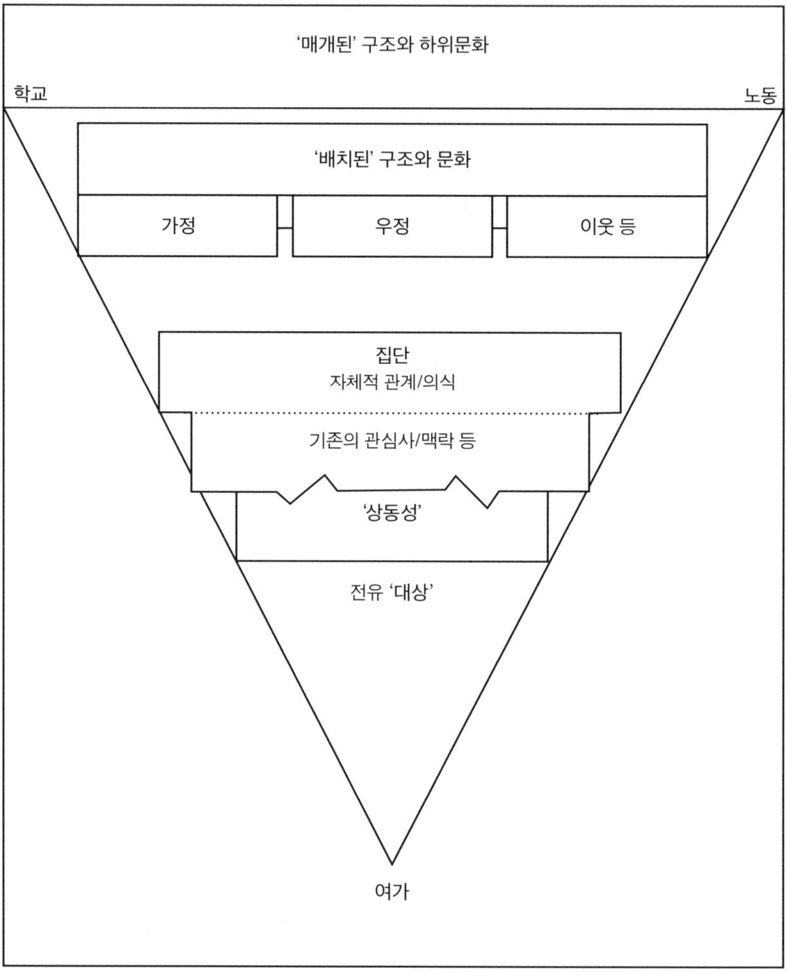

그림 13.1 매개 요인과 스타일의 생성

타일은 매스 미디어가 '청년'을 보도하거나 시각화하는 주된 방식이 되었다. 판사, 경찰, 사회복지사는 외모와 옷차림에 근거한 스테레오타입을 이용해 집단에 이름표를 붙이고 이들을 어떤 특징적 부류의 행위와 연결 짓는다. 옷차림, 스타일과 외모의 측면들은 그러므로 집단 낙인화에서 핵심 역할을 하고, 이에 따라 사회 반응의 작동과 점진적 강화에서도 그러한 역할을 한다. 이 절에서 우리가 다룰 범위를 넘어서는 일이긴 하지만, 어떤 확인 가능한 스타일의 존재가 다양한 집단 사이에 생성한 그러한 반응은 그 집단이 개발한 스타일과 관련해 집단 자신의 위치에도 영향을 미친다는 사실을 주목해야 한다. 이 점이 집단 유대 강화에 대한 이들의 헌신을 강화하거나 새로운 수준으로까지 발전시킬지, 아니면 결국 사회적 반응이 그렇게 규정된 구성원에게 원래 의도를 중단하도록 설득하는 데 성공할지는 좀 더 엄밀하게 확정해야 할 경험적 질문이다. 하지만 테드족에 관한 제퍼슨의 발언은, 이들의 원래 에드워드 시대 양복 수용에 대한 공중의 반응이 이들로 하여금 기본적 양복에 자신만의 독특한 강조점과 변형을 가하도록 하는 데 중심적 역할을 했음을 시사한다. 그의 주장에 따르면, 제복 선택은 애초에는 "지위를 구매하려는 시도[였으나] (그 옷은 원래 상층 계급 멋쟁이가 입던 것이기 때문이다), 가혹한 사회적 반응 탓에 금방 실패하자 ……. 자신만의 스타일을 창조하려는 시도가 뒤따랐다……"

스타일의 확산과 희석

1. 확산

스타일 확산에 관한 논의는 다양한 함정으로 점철되어 있다. 너무 쉽게 전달되는 이미지라든지, 스타일이 모두 어떻게 작동하는지에 대한 다목적 설명이 그 예다. 이 '설명'은 오로지 미디어-광고나 상업적 조작 관점에서 이루어질 수도, 자연적인 유행병 전염의 관점에서 이루어질 수도 있다. 우리가 강조하고 싶은 것은, 첫째, 스타일 전유 과정의 상대적 **개방성**이다. 둘째로는, 지배 문화 내부에서 토착적인 하위문화 스타일을 활용하려는 시도가 이루어지면서 거기에 내재한 **모순**이 중요한 역할을 수행한다는 사실이다. 한 가지 수준의 모순은 상업적 발전에서 두드러지는데, 마케팅의 요구 — 참신성, 패션의 빠른 변화, 유행성과 불연속성 — 와 표준화를 추구하는 생산의 요구, 생산 규모와 연속성의 편의와 경제성 사이에 그러한 모순이 나타난다. 또 다른 수준에서, 지배 문화에 의한 하위문화 스타일 착취는 그 자체가 두 가지 대립된 측면을 갖고 있다. 긍정적 측면에서는 패션과 트렌드라는 청년의 세계에 과중한 상업적 투자가 투입된다는 사실이고, 부정적 측면에서는 압도적으로 '반사회적'이라 간주되는 집단을 확인하고 희망컨대 고립시키는 데 편리한 스테레오타입으로 스타일 특징화를 일관되게 사용한다는 것이다. 이 후자의 움직임에서는 과정의 '개방성'이 특히 핵심적이다. 여기서 사용되는 선별적 특징화(예컨대, 모드 = 폭력/마약, 히피 = 마약/비도덕성, 스킨헤드 = 기묘한 폭력)가 그 자체로 상징화이고, 이 때문에 메시지의 지배적 '기호화'와 수용자가 실행하는 '기호 해독' 간의 잠재적 불연속성[154]에 영향을 받는다.

그렇다면 여기서 작동하는 복잡한 과정의 한 예로, 스킨헤드 스타일의 확산을 살펴볼 수 있다. 이 스타일은 첫째, 면 대 면 접촉에 의한 확산 메커니즘의 예를 보여 줄 수 있다. 축구 경기장의 '양쪽 응원석'은 스킨헤드 스타일이 등장하기 전에 이미 잘 '조직화'되었기 때문에, 그리고

154 여기서 미디어 과정의 모든 복잡한 사항을 자세히 다룰 수는 없지만, 그중에서도 특히 Hall, 1973을 보라.

스킨헤드는 자신의 주요한 사회적 극장의 하나로 축구에 집착했기 때문에, 하나의 구조적 틀 안에 다양한 집단의 행사가 빈번하게, 지리적으로 널리 전개되었다. 비록 이 모임이 일시적이고 상대적으로 폭력성을 띠긴 해도, 스타일은 그 안에서 적어도 일부 공통된 의미를 확인할 수 있는 집단인 한, 창안자에서 다른 집단에게 전파되었다. 그러나 그러한 접촉이 어떻게 해서 원래 스타일을 차용하고 각색하는 사람들 속에서 **선별적인** '수용'을 낳게 되는지 여기서 다시 한번 주목해야 한다.

두 번째로, 뉴스 미디어는 스타일의 중요성에 대한 지배 문화의 인식에 따라, 공적으로 부각할 스타일의 측면을 선별한다. 다른 사례에서와 마찬가지로 스킨헤드의 경우, 완전히 부정적인 함축적 의미를 지닌 이미지가 수용자에게 제시된다. 지배 문화의 인식을 공유하는 사람들에게는 그러한 '기호화'가 심각한 변형 없이 '기호 해독'될 수 있다. 그러나 축구 경기에서 '훌리건주의'에 **이미** 관여한 청소년 집단은 '일탈적' 해독을 할 수도 있다. 여기서 비슷하게 관여했지만 옷차림과 헤어스타일로 구분되는 집단들에 관한 미디어 보도는 '그러한 스타일을 갖추지 않은' 축구 지지자들에게 완전한 하위문화 스타일에 진입하는 수단을 제공할 수도 있다. 자신들이 지닌 관련성 구조(축구/폭력/집단 소속) 때문에 이들은 스킨헤드 갱에 관한 뉴스 항목을 긍정적으로 해석하고, 스타일과 자기 자신의 활동 간의 잠재적 연계성을 읽어낼 수 있게 된다. 그러나 이것들은 여전히 **잠재적** 연계성에 불과하다. 이전에 스타일화되지 않았던 층이 이미 이중적 층위로 된 상징적 재현('오리지널' 스킨헤드 집단의 것 + 미디어 중계)을 재구성해 자신의 집단 라이프스타일로 만들어 낼 수 있는 일종의 '문화적 공간'의 여지를 남겨둔다면, 지리적으로 다양하게 분포한 스타일의 버전들 사이에 나타나는 변이를 더 잘 설명할 수 있다.

이 예에서, 우리는 뉴스 지향적 미디어 재현과, 하위문화 스타일에 대한 지배 문화의 착취가 지닌 부정적 측면을 고찰했다. 그러나 적어도 이 분석에서 한 가지 사항은 긍정적이고 상업적인 '오락적' 착취 형태들의 논의에도 똑같이 관련성이 있다. 뉴스 미디어가 자신의 상징적 (그리고 경멸적인) 커뮤니케이션을 하기 위해 토착적 스타일을 까발려 단순화하고 교란시키는 곳에서는, 지리적으로 분산된 집단에 의한 스타일의 선별적 재구성과 재전유를 허용하는 '문화 공간'이 오히려 확대될 수도 있다. 이와 비슷하게, 마케팅 동기는 원래 하위문화 스타일의 일반화와 단순화를 촉진한다. 상징적 요소들은 애초에 지녔던 구체적인 삶의 맥락과의 통합적 관계를 상실한다. 따라서 활동이나 자기 이미지, 중점 관심사가 반드시 똑같지 않은 다른 집단이 이 상징들을 재전유할 때, 이 상징적 요소들은 바로 이 재전유의 구조화 과정에서 변이를 겪을 가능성이 더 크다.

상업적 메커니즘 자체에서 **벗어나 있는** '자생적' 재구조화의 정도도 강조해야 한다. 왜냐하면 이러한 재구조화는 이와 나란히 생산과 마케팅의 요구 간의 모순에서 발생하는 현상에 의해 쉽사리 은폐되기 때문이다. 대규모 상업적 조직에게는 경제적 제품 표준화와 잘 팔리는 창의성 제품처럼 서로 반대 방향으로 끌어당기는 힘이, 특정한 추세용의 '공식'을 발전시키고 이를 마지막 판매에까지 철저히 활용하는 관행에 의해 부분적으로 약화될 수 있기 때문이다. 예컨대 비틀스의 성공 후, 리버풀과 관련이 있는 그룹을 최대한 많이 정신없이 찾아다니는 것이 그러한 관행이다.[155] 그러나 그러한 해답은 생산의 요구 사항에 여전히 지배되고 있고, 추세의 표준화는 과거의 추세를 대체해 **새로운** 추세를 생산해야 한다는 마케팅의 필수 사항과도 역행한다. 이러한 방향으로의 과감한 (그리고 적어도 재정적으로는 손해가 아닌) 시도에도 불구하고, 음악과 패션 산업은 일반적으로 '주제 위의 변주'를 가동시키는 데 국한되었고, 구체적인 지역의 활

155 프레슬리의 이미지를 재생산하려는 시도에 관해 랭(Laing, 1969)이 논평한 내용과 비교해 보라.

동과 해석 복합체에 맞춰진 실제 하위문화적 스타일의 변종은 이처럼 상업적으로 편의적인 과정에 너무나 쉽사리 포섭되어 버렸다.

더구나 상업적 청년 문화에서 일어난 주요한 발전 사항은 상업적 세계 외부의 '풀뿌리' 수준에서 기원한 혁신에서 도출되었다. 성공을 거두려면, 이러한 부류의 추진력은 대규모 상업적 참여를 끌어들이기 전에, 지역적 맥락과 상호 작용에서 발전되어 나와야 하고, 지역의 '욕구'를 충족시켜야 한다(Herman, 'Mersey Sound,' 1971의 분석을 참조하라). 게다가 일련의 복잡한 병렬화와 상호 침투도 발생한다. 청년 산업의 관심사에 관한 한, 스타일은 더 광범위한 규모의 소비자의 비슷한 '욕구'를 충족할 수 있을 정도로 충분히 일반화할 때만 청년 시장에서 잠재적 교환 가치로 존재한다. 그러나 이 확산 과정에서 젊은이 자체의 역할을 간과해서는 안 된다. 한때 음반 회사들은 해체된 그룹의 젊은 뮤지션을 주기적으로 채용했다. 이는 이들이 새로운 음악 추세를 정의하고, 사전 테스트하고, 가능하다면 예측하도록 하고, 때로는 심지어 실패하기도 했지만 그러한 추세를 창조하도록 하기 위해서였다. 구체적인 '청년의 외모'의 '생산'과 마케팅뿐 아니라 옷차림, 패션, 화장품에서, 시장과 접촉하고 있는 젊은 기업가들은 핵심 역할을 했다. 그러한 패션 기업, 마이너 음반 레이블 같은 혁신은 대량 생산 회사가 진입하기 전, 흔히 규모는 작고 상대적으로 투자 액수는 적었지만, 추세를 예측하고 시장을 탐색하는 일을 했다.

그렇다면 청년 스타일이 하위문화에서 패션 시장으로 확산한 것은 단지 '문화 과정'이 아니라 새로운 종류의 상업적, 경제적 제도의 실제 네트워크나 하부 구조에 해당한다. 좀 더 일반화되고 불특정의 현상보다는 소규모 음반 가게, 음반 회사, 부티크와 여성 한두 명으로 운영되는 제조사 등 장인 자본주의의 이 버전들은 상업적 '조작'의 변증법을 구체적으로 시도한다. 1960년대 중반 '런던 스윙 열풍'의 폭발 전체는 원래 기본적으로 모드족의 전유물이던 스타일의 대대적인 상업적 확산에 근거했는데, 그러한 네트워크를 통해 매개되고, 결국 '대중' 문화적, 상업적 현상으로 진화한 것이다. 비틀스 시대는 하위문화 스타일에 기원을 두었던 것이 점차 상업적 조직과 유행 수용을 통해 순수한 '시장'이나 '소비자' 스타일로 변형된 방식을 보여 주는 가장 극적인 예 중 하나다.

2. 거세

그다음에는 하위문화적 재정의와 재전유의 지속적인 가능성 외에도, 두 가지 '대중화' 과정을 확인할 수 있다. 하나는 진정한 풀뿌리 수준에서의 재전유와 정반대되는 것인데, 이를테면 널리 판매할 수 있도록 만들기 위해 특정한 스타일을 상업적으로 **거세**defusion시키는 것이다. 이와 관련된 다른 하나는 특정 세대 특유의 청년 문화라는 개념의 등장이다. 두 과정은 모두 구체적인 계급 현실을 어떻게든 회피한다.

'거세'를 우리는 특정한 스타일을 생성한 맥락과 집단에서 그 스타일을 분리하고, 이를 '상업적 기획,' 특히 참신한 제품으로 만드는 요소를 강조한 채 채택한다는 뜻으로 사용한다. 그것을 생성한 하위문화의 관점에서 보면, 스타일은 총체적 라이프스타일로 존재하는데, 이는 상업적 연결망을 통해 **새로운 소비 스타일**로 변형된다. 전형적 패턴을 보면, '무난한' 요소들이 강조될수록 다른 요소들은 무시된다. 〈레디, 레디, 고!*Ready, Ready, Go!*〉와 모드 스타일에 관한 허먼의 논평은 이 과정을 보여 주는 완벽한 예다.

> 〈레디, 레디, 고!〉는 이전의 〈6.5 스페셜*6.5 special*〉 계열에 속하는 엄청나게 인기 있는 팝 음악 프로그램인데, 생방송 스튜디오 방청객을 두고 참여 그룹은 음반에 맞춰 연기를 하는 식으로 구성되었다. 이는 모드 스타일 상품 생산자에게 이윤을 보장해 주는 엄청난 홍보 장치의 일부였다. 각 방청객은 정중하

게 작성한 주의 편지를 받았는데, 여기엔 출연 중에는 옷을 멋지게 차려입고, 최대한 멋있게 춤을 추고, 담배는 자제하고, 일반적으로 영국 청년의 명성에 누가 되지 않도록 처신하라는 내용이 적혀 있었다…… 무엇보다도 이 프로그램은 이미 존재하는 추세를 널리 홍보하였다…… 사실 〈레디, 레디, 고!〉는 마약도, 싸움도 하지 않고, 그냥 예쁘장한 일종의 거세된 모드를 선호하는 것으로 거듭 밝혀졌다. 〈레디, 레디, 고!〉는 '모드'가 '부분적인 포섭으로 제약을 받는' 수많은 장소 중 하나였다. 모드족이 카메라 앞에서 춤추는 것을 허락받으려면, 좀 더 불유쾌한 측면들은 포기해야 했다. (Herman, 1971: 54)

상징적 요소, 특히 옷차림과 음악은 상징적 요소를 더 넓은 청년 시장 기반용으로 쉽게 '판촉'할 수 있는 요소로서 사회관계의 맥락에서 분리된다. 이 상업적 공식화는 바로 독특한 세대 문화의 존재가 전제로 삼는 주요 차원이다. 소비 스타일이 지향하는 시장은 **세대** 시장으로 구상되고, 판매되는 대상의 정체성은 그 '젊음'에 의해 정의된다. 이는 어떤 **계급적** 토대도 갖지 않은 것처럼 간주된다. 이 과정은 제조사와 판매원 측의 공모라기보다는 부르주아 상품과 이데올로기적 생산 과정의 '자연적' 기능이다. 특히 청년 시장용 생산은 '무계급성'을 향해 나가는 사회의 이미지에 근거했다. 이 정의는 특히 '세대 격차' 개념과 젊은이의 점진적 풍요로 구현됐다. 이 시장 정의들은 부르주아 상품 생산 전체의 '일반화하는' 성격에 의해 강화되어 '청년용 생산' 과정의 전 범위를 지탱했다. 이는 다시 성인문화와의 차별성을 표시하는 것으로 보이는 바로 그 가공물을 **제공함**으로써, 포괄적인 세대 청년 문화의 존재를 입증하는 '증거'를 강화했다. 어떤 식으로 도달했든 상업적 스타일은 다양하게 배치된 집단들의 스타일 양식과 무관하게 '청년 문화'의 가변적 내용을 규정해 주는 역할을 했다.

스타일의 한계

하위문화는 계급 모순의 '마법적 해결책'을 시도한다고 필 코언은 주장했다(Cohen, 1972). 우리는 헤게모니 문화와 종속 문화의 관계라는 맥락에서 스타일의 한계를 살펴봄으로써, '마법적 해결책' 개념에 내용을 채워 넣고자 한다. 우리가 이해하기에 '마법적 해결책'이란 개념은 계급 모순에서 발생하는 문제점을 다루려는 시도일 뿐 아니라, 본질적으로는 모순 자체가 발생하는 **실제** 지형에서 그 해결책을 시행하지 않으며, 이에 따라 대안적이고 잠재적으로 반헤게모니적인 해결책을 제시하지 못하는 **해결** 시도이기도 하다. 헤게모니란 바로 주요 사회 제도의 통제를 통하거나, 지배 계급 문화의 이미지에 맞춰 사회의 문화 형태를 형성하는 방법을 통해, 사회의 주요 측면들을 지배하는 양상을 의미한다. 이 지배에 제기되는 도전이 오직 부분적이거나 분파적인 데 그치는 한, 이 도전은 내재적으로 그람시가 말하는 '조합적'인 수준에 머물게 된다.

노동 계급 하위문화의 경우, 그러한 한계의 한 가지 일반적 원천은 여가를 '상대적인 계급적 자유'에서 중요한 영역으로 여기는 모체 문화의 문제 틀 일부를 철저하게 채택한다는 데 있다. 모순 '해결책'을 이 영역 내에서만 제기하는 바람에, 하위문화 운동은 자신이 직면한 모순을 '마법적으로' 해결하려고 시도하게 된다. 모순을 여가로 대체하면 모순이 생성되는 다른 핵심 영역의 초월보다는 **억압**이 따르기 때문이다. 이 억압은 노동과 가족 영역의 순수하게 마법적인 초월 형태를 띤다.

모드족의 경우, 이들이 노동에서 경험한 억압과 단순화에 대해 시도한 해결책은 여가 시간의 철저한 활용과 여가에 사용되는 상품의 '전복' 속에서 문제점을 해소하는 것이었다. 스타일이 대안을 창출하지 못한 것은 이를 반대하는 세력의 존재라는 측면뿐 아니라 그 자신의 내재적 모순이라는 측면에서 부분적으로 이해해야 한다고 헵디지는 주장한다. 예를 들면, 모드족은 자신을 '스타일'이자 '이미지'로 표현하는 데 집착하는데, 이 때문에 바로 그러한 관점에서 이루어지는 상업 부문과 미디어의 포섭에, 즉 지배 문화의 관점에서 시도되는 포섭에 취약하다. 마찬가지로, 이들의 상품 전복은 순수하게 소비 지점에서만 발생했다. 전복적 여가 시간을 추구하면서 자신의 노동 경험을 억압하는 바람에, '최후의 분석에서' 상품 형태가 의존하게 되는 생산적 양식은 완전히 무시하게 되는 결과가 나왔다.

스킨헤드족이 노동 계급 공동체의 이미지를 자신들의 실천 속에 재구성한 것은 본질적으로 방어적 반응이다. 그러나 좀 더 중요한 점으로는, '영역'의 상징적 확인은 자신들이 재창조하려고 시도하는 전통적 공동체의 진짜 물질적 토대의 쇠퇴를 은폐했다. 공동체의 그러한 '재구성'은 오로지 여가 영역에서만 수행되었고, 실제 형태에서는 공동체 세계를 노동 세계와 연결해 주는 관계가 빠져 있었다. 순수하게 여가 기반의 해결책이 부과한 한계는 하위문화 자체의 해체로 귀결될 수도 있다. 필 코언은 이에 대해 다음과 같은 평가를 내린다.

> 하위문화는 가족/학교 연결망 사이의 사회화 고리, 다음 세대용 모체 문화 패턴의 재개에 해당하는 노동 과정으로의 통합에서 취약한 지점에 주목한다. (Cohen, 1972: 25~26)

바로 이 '취약 지점'이야말로 노동 계급 청년에게 여가를 지배적 삶의 영역으로 경험할 수 있게 해 주고, 그 여가가 경험되는 형태 — 즉 하위문화 — 가 발전할 '공간'을 허락해 준다고 우리는 주장했다. 이 취약 지점의 이행적 성격을 예시하기 위해, 우리는 스킨헤드족의 스타일에서 한 가지 특정한 측면을 선택했다. 하위문화의 라이프스타일 측면 중 한 가지는 '남성적' 행위의 전통적 이미지를 강조한다는 것이었고, 이 이미지가 취하는 형태 중 하나는 하위문화 주변의 여성을 향한 '집단적 쇼비니즘'이었다. 집단의 집합적 세계에 속하는 이 소녀들은 집단적 혹은 개인적 성적 실험 대상으로 '이용 가능'했고 '착한 여자'와 구분해 '매춘부slags'나 '헤픈 여자scrubbers'로 알려져 있었다.[156] 오직 여가 영역과 그것이 체험되는 하위문화 형태가 구성원의 삶에서 지배적인 초점이 되는 동안에만, 이 집단적 쇼비니즘은 유지될 수 있다. '착한 여자' 중 한 명과 '꾸준히' 사귀게 되면, 단체 생활의 집단적 관행과 단절하고 좀 더 개인화된 섹슈얼리티 형태로 옮아가야 할 필요성이 생겨난다. 두 가지 과정은 상호 배타적이어서, 희소 자원(시간과 돈)을 서로 다른 방향으로 투입하도록 요구한다. 그 결과 개인화된 '구애' 패턴이 시작되면 단체 생활과 참여는 쇠퇴하게 되고, 장기적 섹슈얼리티라는 지배적 패턴에 대한 현실성 있는 대안을 제시하는 데 실패했다는 이유로 하위문화적 대안은 '해체된다.'

여가를 물신화하는 하위문화는 오직 집단적 여가 패턴이 다른 영역보다 우세하게 유지될 수 있는 한도까지만 실행 가능하다. 노동이나 가족의 요구가 더 중요해질 때, 집단 여가의 스타일은 이 영역에 대한 해결책이나 대안을 제시하지 못한다는 바로 그 점 때문에, 생애사의 지속적인 일부로서는 [더 이상 유지되지 못하고] 해체된다…… "하위문화에서는 …… 직업 경로의 전망 자체가 성립하지 않는다……"(Cohen, 1972: 26).

노동 계급 하위문화의 이러한 한계는 아마 히피의 중간 계급 하위문화에서 나타나는 상대적으로 긴 직업 경력과 비교해 보면 가장 잘 드러날 것이다. 이러한 한계는 거기서도 여가가 하위문화에서 주목의 주

156 스킨헤드의 매춘부와 헤픈 여자에 관해서는 수지 대니얼Susie Daniel과 피트 맥과이어Pete McGuire가 편집한 책(1972: 35~36, 52~53)을 보라. 하지만 이러한 구분은 스킨헤드족 특유의 사항은 아니다. 예를 들면 Willmott, 1969와 Parker, 1974를 보라.

된 초점처럼 보이지만 (아무리 제한적이라도) 대안적인 노동, 생산과 섹슈얼리티 전략을 생성하려는 시도도 이루어진다는 사실에서 유래한다. 그렇다고 해서 히피 하위문화가 그 자체의 모순과 한계가 없었다는 뜻은 아니다.[157] 단지 삶의 영역에서 더 넓은 범위에 걸쳐 대안을 조성하려고 시도했기에, 히피는 대안적 문화 형태로서 실행 가능성이 더 높았다는 뜻일 뿐이다.

SH, TJ, RP, BR과 공동으로 작성한 글임

157 이러한 관점에서 히피를 분석한 연구로는 Young, 1973을 보라.

14장

계급 의식과 세대 의식

그레이엄 머독, 로빈 매크론

청년이 계급에 반기를 들다: 사회주의의 유령

청년과 청소년기에 대한 현대적 이미지는 기본적으로 빅토리아 시대 중간 계급의 창조물이었다. 그 훨씬 이전에도 핵심적 요소는 대부분 존재했지만, 1850년대에 이르러서야 이 이미지는 분리와 의존이라는 친숙한 주제를 중심으로 구체화하기 시작했다. 빅토리아 시대 이데올로기의 여러 다른 갈래와 공통적으로, 당시 부상하던 청년의 기풍은 '새로운' 사립 학교에서 주조되었고, 1855년 〈소년 자신의 잡지*Boys' Own Magazine*〉의 성공적인 출범, 그리고 1년 뒤 《톰 브라운의 학창 시절*Tom Brown's Schooldays*》[158] 등장 이후 쏟아져 나온 잡지와 소설을 통해 널리 전파되었다. 처음에는 이 새로운 청년의 정의가 중간 계급 자손들에게 국한되었다. 하지만 이후 세월이 지나면서, 이 원래의 사회적 토대에서 점차 분리되어 개인적 성숙의 보편적 단계에 관한 서술로 일반화되었다. 그래서 1900년경 전후에 이르면 중간 계급의 사회적 규범을 청년 자체의 '태생적' 속성으로 기리게 되었다.[159] 애초부터 청년의 이러한 이미지는 특유하게 강력한 문화적 무게를 지니게 되었고, 국내외의 위협에 맞서 자신의 것을 고수하려 애쓰는 중간 계급의 희망, 공포와 밀접하게 얽히게 되었다.

독일 해군력의 성장은 제국으로서 영국의 소유물뿐 아니라 이들의 안전이 의존하는 항로에 대한 심각한 위협으로 널리 간주되었다. 하지만 참사로 끝난 남아프리카 전쟁은 군대의 허약한 물리적 여건과 군 지휘 체계의 비효율성을 드러냈기 때문에, 영국의 제국 유지 역량에 대한

---

158 영국의 소설가 토머스 휴즈Thomas Hughes가 1857년에 출간한 소설로, 1830년대 사립 학교인 럭비 학교를 배경으로 삼았다. 실제로 휴즈는 1834~1842년에 이 학교를 다녔는데, 학교 교정, 럭비 경기, 학교의 분위기에 대한 애정을 소설에 생생하게 재현했다. — 옮긴이

159 청소년기의 '민주화' 문제는 존 R. 길리스John R. Gillis(1974)의 책 3장에 통찰력 있게 분석되어 있다.

믿음을 유지하는 데는 전혀 도움이 되지 못했다. 이러한 상황에서, 계급의 요구를 초월한 애국주의와 '국익' 제고는 정점에 달했다. 이와 동시에, 산업과 정치 영역에서 모두 사회주의의 영향과 조직화된 노동의 위세가 갈수록 커지면서, 국내에서 계급 갈등이 약화하기보다는 더 강화될 것이라는 예측이 우세했다. 그러므로 영국의 부르주아는 스스로 양측에서 — 즉 바깥에서는 독일이란 적에게서, 내부적으로는 사회주의라는 적에게서 — 모두 위협받고 있다고 느꼈다. 그 결과 국가적 단결을 공고화하는 문제는 노동 계급의 호전성을 억제하는 문제와 어느 정도 일치하는 것처럼 간주되었다.

1867년과 1884년 선거권 확대와 더불어, 억제의 축은 강제에서 이데올로기로 옮아갔다. 선택의 자유에 의해 통치되는 자유 민주주의라는 국가 이미지를 보존하기 위해, 강제와 무력보다는 주로 유인과 설득을 통한 포섭 전략이 전개될 수밖에 없었다. 하지만 억압이 완전히 배제되지는 않았다. 예를 들면 1893년 파업 동안, 페더스톤에서는 광부들에게 총격을 가했고, 헐 부두에는 군함이 등장했다. 이 패턴은 1911년에도 반복되어, 토니팬디에 총격이 가해지고 머시에는 군함이 정박했다. 하지만 이처럼 국가 무력의 주기적 과시는 규칙이라기보다는 예외였다. 이보다 더 중요한 것은 지배 이데올로기의 헤게모니를 확립하려는 전방위적이고 지속적인 노력이었는데, 바로 떠오르는 세대의 가슴과 마음을 사로잡으려는 시도가 핵심적 역할을 하는 투쟁이었다. 그렇다면 처음부터 청년 문제와 청년 의식은 계급 의식과 계급 갈등 이슈와 떼놓을 수 없을 정도로 얽혀 있었던 것이다.

청년에 대한 헤게모니 장악을 둘러싼 투쟁은 1870년 법 이후 설립된 국가 지원 학교 체제를 중심으로 전개되었다. 그러나 상당한 시간 동안 학교 교육의 도달 범위는 확실히 제한적이었다. 졸업 나이가 14세로 정해진 1918년까지 노동 계급 청소년의 상당수가 그 나이 이전에 학교를 떠났고, 그 결과 논평가들이 청소년의 정신적, 도덕적 발전에서 결정적 단계로 간주하게 된 시점에 이르기도 전에 학교의 영향력에서 벗어나게 됐다. 노동 계급 청소년의 여가에 침투해 조직화하려는 기관들이 발전한 것은 대개 이 '회피자'에 도달하려는 시도였다. 여기에는 기독교 소년단, 교회 소년 여단the Church Lads' Brigade, YMCA, 그리고 무엇보다 영향력이 컸던 베이든 파월Baden Powell의 보이 스카우트Boy Scouts가 포함되었다.

대개 스카우트 활동과 연상되는 건강, 위생, 금욕에 대한 집착 배후에는 국가와 제국 방어를 위해 계급적 단결을 조성할 필요성에 대한 압도적인 관심이 존재했다. 베이든 파월이 1908년 베스트셀러인 핸드북 《소년들을 위한 스카우트 활동*Scouting for Boys*》에서 표현했듯이,

> 만약 강력한 적이 우리의 풍요로운 상업과 영토를 탐내고, 우리 영국인들이 서로 맞서 분열된 것을 발견한다면, 적은 덤벼들어서 영국인들을 사로잡으려 할 것이다. 이를 위해 소년 여러분은 다른 계급의 소년들을 적으로 여기지 않도록 해야 한다. 부자든 가난하든, 귀족에서 빈민에 이르기까지 여러분은 모두 우선 영국인임을 명심하라. 여러분은 외부의 적에 맞서 영국을 지켜야 한다. (Baden-Powell, [1908] 1930: 280)

이러한 애국주의와 국가적 단결에 관한 훈계에는 사회주의에 대한 공격이 뒤따른다. "어떤 극단적 사상을 지닌 일부 새로운 정치인의 꼬임에 넘어가는 사람도 많다 …… 극단적 사상이 좋은 사례는 매우 드물다 …… 정부의 변화보다는 더 철저한 절약이 모든 사람에게 부를 안겨줄 것이다. 강력하게 단결된 제국은 어떤 사회주의의 꿈도 실현하지 못할 힘, 평화, 번영을 우리에게 가져다줄 것이다"(Wilkinson, 1969: 11에서 재인용). 물론 스카우트가 손쉽게 에드워드 시대의 가장 큰 청년 조직이 되긴

했지만, 이 운동은 대다수의 회원을 중간 계급과 중하층 계급에서 충당했고, 노동 계급 청년 사이에서는 폭넓은 지지 기반을 결코 확보하지 못했다. 그럼에도 불구하고 스카우트에서 구현되고 청소년용 잡지와 만화에서 홍보된 기풍이 대중적 사고에 스며들어, "청년들 사이에 지속적인 애국심의 분위기를 [조성하는 데 기여하고] 1914년 8월 전쟁이 발발하자마자 대대적인 자원자를 낳았다"(Springhall, 1917: 151)라는 데는 의심의 여지가 없다. 하지만 전쟁이 끝난 후 베이든 파월은 재빨리 반군국주의의 득세에 순응하게 됐다. 그래서 1918년 《재건을 향한 스카우트 활동*Scouting Towards Reconstruction*》에서 과거 제국 방어에 대한 강조는 국제 협력과 형제애에 대한 호소로 대체되었다. 하지만 이와 동시에, 러시아 혁명 성공을 계기로 사회주의와 계급 전쟁이란 두 가지 망령이 부활했고, 이 때문에 베이든 파월은 청년들에게 볼셰비키주의의 전복에 맞서 단결해야 한다고 다시 호소하게 됐다.

> 연설가와 문헌을 통해 계급 증오와 모든 것의 전복을 설교하는 사람들이 있다…… 이는 자칫 자본가의 몰락뿐 아니라 묵묵히 성실하게 살아가는 거대한 시민과 임금 소득자 대중의 몰락까지 초래할 수도 있는 미친 볼셰비키주의일 뿐이다. (Wilkinson, 1969: 16에서 재인용)

새로 떠오르는 청년의 이미지에 사회주의와 계급 갈등에 대한 공포가 배어 있었다면, 이 이미지는 또한 자본주의의 현 상태에 대한 중간 계급 자신의 의구심도 담고 있었다. 이러한 불안감은 1904년 스탠리 홀Stanley Hall의 획기적인 교과서 《청소년기*Adolescence*》에서 성문화되고 과학의 인증까지 받았다. 홀에 따르면, 개인적 성숙은 인종 발전 과정의 압축판이고, 아동기에서 성숙기로의 이행은 야만에서 문명으로의 도약에 상응했다. 따라서 문명의 미래는 핵심적인 중간 단계인 청소년기에서 일어난 일에 달려 있었다. 그러므로 청년의 여건은 자본주의 사회의 진보나 쇠퇴를 측정할 수 있는 잣대 구실을 했다. "오직 여기서만 우리는 문명 전반의 경향을 저지할 진정한 규범을 발견할 것이라는 희망을 품을 수 있다"라고 홀은 주장했다([1904] 1905: viii). 다른 사람들은 홀이 유도하는 방향에 재빨리 동조해, 우리를 감싸고 날뛰는 우울한 물질주의의 소용돌이 속에서 이상주의와 숭고함의 횃불을 든 재생과 갱신의 세력으로 청년의 이미지를 구축했다. 예를 들면 1909년에는 저명한 사회 개혁가 제인 애덤스Jane Adams가 완전히 시적인 환상에 빠져 있는 것을 다음 글에서 볼 수 있다.

> …… 그래서 우리는 늙은이뿐 아니라 젊은이 사이에서도 오직 상업적 가치만 탐지할 수 있는 시대정신의 영향 아래 있는 것인가? 이는 마치 우리의 눈이 신비로운 아름다움, 즉 젊은이들이 우리의 더러운 도시에 제공할지도 모르는 속죄의 기쁨에만 고정되어 있는 것이나 마찬가지다.
>
> 우리는 산업주의의 굉음과 빈틈 없는 상업 단체 위로 뚜렷하게 솟아오르는 젊은 목소리에 귀 기울일 수도 있다. 아니면 갑자기 부와 권력을 새롭게 강조하는 분위기에 매료되어 인간사에서 영적 세력의 지고함을 망각할 수도 있다. (Adams, [1909] 1972: 161)

이러한 재생 세력으로서의 청년이란 이미지는 1918년 종전 후 뒤따른 재건 열망에서 새로 힘을 얻었다. 청년이라면 계급 전쟁과 사회주의 없이도 계급 불평등과 착취를 철폐하는 무혈 혁명을 달성할 것처럼 느껴졌다. 1919년의 어느 신문 사설이 표현했듯이,

> 우리가 착수한 이 사회 혁명은 계급 문제가 아니다. 이는 더 깊은 뿌리를 갖고 있다. 이는 늙은이에 맞선 젊은이의 봉기다…… 희생자는 비전을 보지 못

한 사람들이 될 것이다…… 넓은 땅을 붙들고 있는 부자, 자신이 경멸하는 대중의 땀과 노고에서 이국적인 향수를 쥐어짜 내는 오만한 여성, 부풀린 주머니와 부풀어오른 배를 갖고 있는 속물 모리배 …… 뻔뻔하게도 육체노동자를 조직해서 충동질하는 어설프게 교육받고 망상에 빠진 선동가 ……[160]

이 대중적 수사의 흐름은 보수적인 역사 이론에서 학술적으로 표현되었는데, 호세 오르테가 이 가세트José Ortega y Gasset가 그러한 이론의 주요한 옹호자다.

러시아 혁명이 성공했다면, 독일에서의 시도는 실패했다. 오르테가의 견해로는 이 실패는 유럽에서 "혁명의 석양"이자, 그럴듯한 사회 변동 이론으로서 사적 유물론의 죽음에 해당했다. "산업적, 정치적 성격의 변화는 피상적"이며, 본질적으로 시대의 "핵심적 감수성"에 뿌리 내린 사상의 복합체에 의존한다고 그는 주장했다. 더구나 "역사에서 결정적인 핵심적 감수성의 변화"는 세대 형태의 영향하에 등장하기에, 그 결과 "세대는 역사에서 가장 중요한 개념이자 …… 역사적 진화 운동을 책임진 축"(1931: 15)이라고 오르테가는 주장했다. 그렇다면 오르테가의 틀에서, 청년은 일차적인 역사 주체로서 프롤레타리아를 대체했고, 세대 계승은 변화의 주된 동력으로서 계급 투쟁을 밀어냈다. 하지만 오르테가는 '유기적 역량'이라는 모호한 주장 외에는, 나이 집단이 정확히 어떻게 해서 공통된 의식을 발전시키고, 일관된 역사적 세력으로 작용하기 시작하는가 하는 핵심적 문제를 전혀 다루지 않았다. 이 문제는 1927년 극찬을 받은 논문인 "세대 문제The Problem of Generation"에서 이 질문을 채택한 카를 만하임에게 남겨졌다.

160 'Collum,' "The New England: Social Transformation to be led by Young Men Back from the War," *Daily Chronicle* (Monday, June 16th, 1919: 4).

세대, 계급과 사회학자: 숨겨진 논쟁

만하임이 보기에, 세대 의식은 서로 밀접하게 얽힌 특정한 '구체적인 집단들'이 공통된 사회 상황에 대응하는 과정에서 발전시킨 태도와 반응에서 기원한다. 하지만 일단 형성되고 나면, "이 태도와 형성적 경향은 자신의 기원인 구체적인 집단에서 분리되어" "이들에게서 자신의 위치에 대한 만족스러운 표현을 발견하는" 비슷한 사회적 상황의 세대 구성원에 "매력과 구속력을 행사할"(Manheim, [1927] 1952: 307) 수 있게 된다고 그는 주장한다. 그 결과 이 비슷한 위치를 점한 당대인 "세대 단위" 사이에서 "반응의 정체성, 모든 사람들이 행동하는 방식, 그리고 이것들이 공통된 경험에 의해 형성되는 방식의 어떤 친화성," 요컨대 공유된 의식이 발전하게 된다고 만하임은 주장한다(Manheim, [1927] 1952: 306). 이 '세대 단위' 의식은 일단 형성되고 나면 그 기반을 더욱 확장해, 성인 세대의 지배적 스타일과 별개의, 그리고 아마도 그와 상반될 수도 있는 새로운 '세대 스타일'의 핵심을 이루게 될 수도 있다. 여기서 만하임이 구상한 모델은, 1901년 소규모의 베를린 성인들 사이에서 싹터서 1914년 이전 기간 동안 대규모 숫자의 중간 계급 독일 청년의 지지를 빠르게 얻은 반더포겔Wandervogel 운동[161]이었다. 그러나 만약 반더포겔 운동이 만하임의 명제를 예시했다면, 이는 그 한계도 드러냈다. 특히 이 운동이 노동 계급 청년에 거의 영향을 미치지 못했다는 사실은 세대 의식과 계급 의식 간의 관계라는 핵심 질문을 야기했다. 만하임은 넌지시 이를 문제점으로 인정하고는, "각 세대 내에는 수많은 분화되고 적대적인 세대 단위가 존

161 반더포겔 운동은 1896~1933년 사이에 독일에서 유행했던 청년 그룹 운동이다. 산업화를 거부하고 시골과 자연을 지향하는 자연 회귀적 가치를 추구했다. 과거 튜턴 시대의 가치와 독일 민족주의를 숭상하는 운동이었다. 이 운동은 나치가 집권한 후 해산되었다. — 옮긴이

재할 수 있다"(Manheim, [1927] 1952)라는 지적으로 그의 명제에 단서를 달았다. 하지만 이와 동시에, 이러한 분화와 적대 관계의 토대는 결코 명시하지 않았고, 그 결과 나이와 계급 간의 관계도 탐구하지 않은 채 방치했다. 그럼에도 불구하고 만하임의 공식화는 적어도 그 당시까지 '세대'가 아주 느슨한 의미로 사용되던 한계를 넘어섰고, 필요한 분석 수준들도 명시하기 시작했다. 불행하게도 이처럼 세심한 구분은 이후의 필자에게 대부분 무시당했다.

만하임의 글은 1950년대 초까지 번역되지 않았고, 그래서 지금까지 20년이 넘도록 영국과 미국의 사회학자 사이에서 사실상 알려지지 않은 채 있었다. 심지어 마침내 출간되었을 때도 대개 주목받지 못했다. 하지만 이 글이 제기한 문제는 무시되지 않았다. 반대로, 1920년대 중반부터 대서양 양쪽의 사회학자들은 점차 세대 의식과 이 의식이 사회 변화와 맺는 관계 문제에 몰두하게 되었다. 이처럼 새로 등장한 사회학 문헌은 청년에 관한 대중적 언급에서 확립된 상황 정의를 반박하기보다는 그 안에서 작업하는 경향이 있었다. 그러나 중요한 차이점이 있었다. 대다수의 초창기 필자들이 청년과 그 의식 문제가 더 넓은 계급 계층화나 계급 투쟁 이슈와 연계된 것으로 보았다는 사실을 감추지 않은 반면, 사회학자들은 점차 '과학적' 방법론과 가치 자유 개념에 집착하는 바람에 자신의 작업이 지니는 정치적 차원을 은폐하거나 평가절하하게 되었다. 마르크스의 유령과의 논쟁, 조직화된 사회주의라는 좀 더 실체화한 유령과의 논쟁은 물론 계속되었지만, 은밀하게 수행되었다. 그러므로 청년에 관한 주류 사회학 저작의 상당수에서 상대적으로 최근까지 계급은 완전히 폐기되거나 상대적으로 중요치 않은 것처럼 취급되었다.[162]

162 청년에 관한 미국과 영국의 주류 저작에서 계급을 다루는 방식이 논란의 여지가 크다는 점은 그레이엄 머독(Murdock, 1976)의 저작에서 좀 더 자세히 다룬다.

만하임의 글이 독일에서 출간된 바로 그해, 미국에서는 프레데릭 스래셔Frederic Thrasher(1927)의 영향력 있는 책 《갱*The Gang*》이 출판되었다. 이 글에서 스래셔는 시카고 다운타운의 청소년들이 독특한 문화에 의해 지탱되는 별도의 자족적인 사회적 갱 네트워크를 설립하는 식으로 슬럼의 사회적 해체에 반응했다고 주장했다. 그러므로 갱은 전통적 제도가 붕괴된 지점에서 시작된 일종의 사회적 무인지대에서 작동했다. 2년 후 월가가 붕괴하고 대공황이 시작됐을 때, 도심 빈민가에서 사회 해체가 시작되어 확산하고 풍토병화했다는 일반적인 정서가 존재했다. 그러므로 사회학자들은 세대 관계의 붕괴와 자율적인 또래 집단 문화의 발전을 단지 슬럼 생활의 특징이 아니라 국가의 전반적 상태의 특징으로 보게 되었다는 사실은 전혀 놀랍지 않았다. 그러나 1942년 탤컷 파슨스Talcott Parsons에 이르러서야 이처럼 발전하는 또래 집단 문화는 사실 쾌락주의 소비를 중심으로 한 독특한 '청년 문화' 주변에 구체화하고 있던 광범위한 기반 위에서 세대 의식이 국지화된 표현이라는 주장이 나왔다. 파슨스의 '청년 문화'는 생산하지 않고 소비하는 세대의 문화였다. 이 세대는 나이대별 교육 기관에 장기 구금되어 버리는 바람에 생산 체제만이 아니라 그 체제에 뿌리를 둔 계급 관계로부터도 제거된 것으로 간주되었다. 이처럼 나이대 구분의 중심성을 점차 강조하고, 이에 상응하여 계급 관계의 무관련성을 역설하는 입장은 소비와 여가를 청년 의식의 축으로 강조하는 견해와 맞물려 다가오는 30년 동안 청년 사회학을 지배할 수밖에 없는 운명이었다.

1945년 이후에는, 전후 시기 동안 선진 자본주의 사회의 축이 노동에서 여가로 옮아가고 있다는 널리 통념화한 가정과, 새로운 소비 관계가 사회생활의 중심으로서 과거의 생산관계의 자리를 빠르게 대체한다는 가정에 의해, 이 주제들은 증폭되고 새로 동력을 얻었다. 널리 알려진 것처럼 청년 지향적 신생 오락 산업의 후원하에, 여가 산업에 뿌리를 둔 '청년 문화'의 등장은 이러한 변화를 완벽하게 집약했다. 소년 클럽과 스카우트는 실패한 반면, 비틀스와 메리 퀀트는 성공을 거두고 있는 듯했다. 부상 중인 세대는 자본주의를 보존하면서도 계급을 초월하는 과정에 있었다. 새로운 여가 스타일에 대한 접근의 명목상 평등은 삶의 기회에서 계급 불평등의 마지막 남은 잔재를 지워 버리는 듯했다. 풍요의 상속자인 전후 청년은 그러므로 다가오는 '여가 사회'의 전위처럼 보였다. 그러한 사회의 결과로서 텔레비전 수상기와 보졸레 와인 병을 갖춘 '새로운' 노동 계급이 전면에 나섰다. 이는 광고의 표상으로 치장한 혁명 없는 갱신이라는 오랜 비전이었다.

비록 지위가 강등되긴 했어도 계급이 청년 분석에서 완전히 사라지지는 않았다. 반대로, 학교 체제 연구와 일탈 행동 연구 모두 노동 계급 청소년의 삶의 기회와 라이프스타일이 계급 위치에 의해 구조화되는 방식을 반복해서 보여 주었다. 하지만 이와 동시에 교육 불평등과 청소년 비행의 이슈는 점차, 전문화된 연구와 치유적 교정에 의해 아주 적절하게 파악하고 처리할 수 있는 독립된 '문제점'으로 규정되었다. 그 결과, 이 연구들의 광범위한 함의는 대부분 탐구되지 않은 채 방치되었고, 청년에 관한 주류의 글쓰기는 무계급성의 신화에 확고하게 결부되어 있었다.

청년을 사회 변화의 전위로 보는 시각은 1960년대 말 '저항 문화'의 등장으로 정점에 달했다. 이러한 사태 전개에 대다수 논평가들은 거의 완전히 경악했고, 일관된 계급 분석이 부재한 상태에서 대다수는 관념론적 이론으로 돌아섰다. 대서양 양쪽에서 베스트셀러가 된 찰스 라이히Charles Reich의 《미국의 녹색화*The Freening of America*》는 지배적인 주장의 연쇄에 전형을 제시했다.

> 이전에도 늘 젊은이들은 자신이 '세대'보다는 직접적인 상황에 연결되어 있다고 느꼈다. 그러나 지금은 음악, 옷, 마약을 포함해 전체 문화가 청년을 구분

하기 시작했다. 그렇게 하면서, 의식의 메시지도 그 뒤를 따랐다.

> 의식은 폭력 없이도, 정치권력을 장악하지 않고도, 어떤 기존의 인간 집단을 전복하지 않고도, 조합적 국가를 변화시키고 파괴할 수 있다…… (Reich, 1972: 189, 253)

청년은 '독자적으로' 독특한 의식과 스타일을 갖춘 세대가 되는 과정에 있는 듯했고, 히피는 "미래의 부상하는 사회에 의해, [즉 풍요와 여가의 사회에 의해] 제기된 중심적인 삶의 문제점들에 대해 가능한 문화적 해결책을 생체 안에서 예행연습하는"(Davis, 1970: 330) 선발대처럼 보였다.

1960년대 말은 전환점에 해당했지만, 중요한 움직임은 풍요를 향한 진전이 아니라 내핍으로의 회귀였다. 선진 자본주의 사회의 경제 상황이 악화함에 따라, 미래의 핵심적 갈등은 의식과 문화적 스타일 양식을 놓고 세대 간에 벌어지는 대결이 아니라 경제적 자원과 기본적 삶의 기회를 둘러싸고 계급과 계급 분파 간에 벌어지는 투쟁이 될 것이라는 사실은 점차 자명해졌다. 그러나 이는 단지 과거의 이론을 거의 그대로 부활시키는 문제는 아니었다. 전쟁 이후 발생한 사회 변화의 복합체가 계급 구조를 해체하지는 않았을지 모르나 사람들이 그 구조를 경험하고 극복하는 수많은 방식은 확실히 변화시켰다. 그 결과 계급의 중심성을 인정한 사회학자들은 당대 상황의 복잡성을 충분히 극복할 정도로 섬세한 분석을 개발하는 문제를 떠안았다. 이는 여전히 우리의 기본적 과업으로 남아 있다.

청년은 분석에 특히 어려운 문제를 야기한다. 전후 시기에는 보편적인 중등 교육 정착과 구체적으로 청년을 겨냥한 여가와 오락 시설 전체 복합체의 등장을 통해 마침내 청소년기의 제도화가 이루어졌다. '청년 문화' 이론가들이 주장한 대로, 이 기구가 청소년을 계급 체제에서 분리하지는 않았지만, 청년을 그 체제와 특수한 관계 속에 배치했다. 그러므로 나이는 계급 경험의 형태와 그 경험을 처리하는 방식을 구조화해서, (특히 여성에게) 점차 계급을 **매개하는** 중요한 요인이 되었다. 이와 동시에 새로운 청년 제도를 뒷받침하는 이데올로기 — 기회균등, 소비자 주권의 이데올로기, 그리고 무엇보다 특별하고 독특하게 중요한 시기로서의 청소년기라는 이데올로기 — 가 계급 불평등의 중심성을 계속해서 은폐하고, 나이 구분의 우선성을 강조했다. 따라서 세대 분리와 청년 평등의 수사는 여전히 상당 부분 이용 가능한 상태로 남아 있으면서, 사회 구조와 사회 변동의 상식적 이해에 필요한 틀을 꾸준하게 제공하고 있다. 그 결과 나이는 계급 경험의 매개로서 중요할 뿐 아니라 계급 의식의 매개체로서도 중요하다.

세대 의식과 계급 의식의 관계는 그러므로 중요한 탐구 주제를 이룬다. 이는 재구성된 청년 이데올로기에 필수불가결하기 때문만이 아니라 계급 의식이 형성되는 방식과 이러한 형성이 중단되거나 사전 차단되는 방식에 대한 적절한 분석에도 중심적이기 때문에도 중요하다. 현재 이 관계에 대한 탐색은 주로 두 가지 방향으로 발전했다. 첫 번째는 만하임의 틀에 대한 관심의 부활에서 유래하고, 두 번째는 하위문화 분석의 진전에서 나온다.

의식의 지도 그리기: 만하임과 그 너머

'저항 문화'의 등장을 맞이한 초창기에는 사회학적 추론의 혼란 상태가 한동안 이어지다가 곧 히피와 코뮌 참가자의 사회적 기원과 이데올로기에 관한 경험적 탐구가 쏟아져 나왔다. 이 연구들은 좀 더 날카로운 논평가라면 줄곧 깨달았던 사항을 확인했다. 즉 '저항 문화'는 본질적으로 교육받은 중간 계급 청년 운동이었다는 사실이다. 이는 다시 만하임의 틀에 대한 관심의 부활로 이어졌는데, 특히 그의 '세대 단위generation unit' 개념에 대한 관심이었다. 따라서 '저항 문화'는 점차 청년의 구체화된 의식이 아니라 특정한 '세대 단위'의 독특한 '스타일'로 규정되었다.

하지만 당대의 청년은 '수많은 분화된 적대적 세대 단위'를 포함할 뿐 아니라 이 구분은 더 넓은 계급 불평등 구조에 뿌리를 두고 있음을 연구자들이 인식하게 됨에 따라, 만하임의 틀은 부활되었을 뿐 아니라 더 확장되었다. '새로운' 미국 청년 사회학자 중 두 사람이 표현했듯이,

> 세대 분석에서 핵심적이면서도 개발이 덜 된 측면은 세대 기반의 이슈 전개에서 계급 집단화가 중요하고, 상위 계급과 피지배 계급 집단이 **나이 무리 소속의 경험을 매개하는 방식**을 검토해야 한다는 사실이다. (Laufer & Bengtson, 1974: 181; 인용자 강조)

물론 이 논평가들은 계급의 중요성을 인정하긴 해도, 계속해서 나이를 분석의 주된 초점으로 취급한다. 따라서 계급은 주로 세대 경험의 매개 요인으로서 관련성이 있는 부차적 변인으로 등장한다. 놀라운 일은 아니지만, 그래서 이 공식화에 의해 생성된 경험적 저작은 계급 의식 문제를 건너뛰고 그 대신 다양한 계급 위치에 있는 청년이 '저항 문화'에 구현된 의식과 스타일을 공유하는 정도에만 초점을 둔다.[163] 그렇다 할지라도 이 연구는 프랭크 무스그로브Frank Musgrove의 최근 저작에 비해서는 눈에 띄게 진보한 것이다. 무스그로브는 계급의 중요성을 계속해서 깎아내리고, "저항 문화는 새로운 세대에게 충만한 정신이다"(1974a: 35)[164]라고 계속 주장한다. 하지만 청소년의 계급 의식에 관한 최근 연구는 세대 의

163 예를 들면 Kasschau, Ransford, & Bengtson(1974)을 보라.

164 또한 Musgrove(1974b)를 보라.

식 문제를 완전히 무시한다는 점에서 마찬가지로 편향적이다.[165]

다음 단계는 계급 의식과 세대 의식 사이의 관계뿐 아니라 양자와 청소년의 전반적인 사회 계층화 개념 사이의 관계를 모두 탐색하는 좀 더 종합적인 분석을 향해 나아가는 것이다. 우선, 다양한 계급 위치의 청소년들이 계층화 체제를 기술하고 설명하는 데 사용하는 상식적 범주와 이론의 자세한 지도를 그려 볼 필요가 있다. 지금까지 계층화에 대한 일상적 이해의 지도를 그려 내려는 가장 일관되게 잘 실행된 시도는 계급 의식에 관심 있는 사회학자들에게서 나왔다. 그 결과로 이 영역에서 최근 나온 작업을 출발점으로 삼아, 동원 가능한 방법론을 비판적으로 검토해 본다.

최근 저작에서, 마이클 만Michael Mann은 쓸모 있게도 네 가지 수준의 계급 의식을 구분했다. 즉 스스로 특정한 계급 위치를 공유한다고 정의하는 **정체성**, 계급 구조가 자본과 노동의 영구적인 대립을 중심으로 한다고 보는 인식, 첫 두 가지 수준을 자신의 사회적 위치와 사회 전체를 규정하는 특징으로 수용하는 **총체성**, 그리고 마지막으로는 계급 투쟁을 통해 지향하는 **대안적** 사회 질서의 비전이다(Mann, 1973: 13). 전반적으로, 최근 계급 의식에 관해 영국에서 나온 연구는 사람들의 계급 정체성 규정과 계급 구조의 전반적 이미지에 초점을 맞추는 첫 두 가지 수준에 집중되었다.

이 연구들은 대부분 설문지를 통하거나 인터뷰 과정에서 던지는 표준화된 설문 문항에 근거한다. 언뜻 보면 이 질문들은 예컨대 "영국의 다양한 사회 계급에 관해 이야기하는 사람이 많다. '사회 계급'이란 용어는 무슨 뜻이라고 생각하는가? 사회 계급은 몇 가지나 존재하는가?"(Stradley & Zuriek, 1973: 298)처럼 완전히 직설적으로 보인다. 하지만 이러한 질문은

165 예를 들면 Stradling & Zuriek(1973)을 보라.

핵심적이면서도 검증되지 않은 가정에 근거하는데, 바로 응답자가 전반적인 계급 구조에 대한 일관된 이미지의 토대를 이루는 '계급'에 대해 뚜렷한 정의를 지녔다는 것이다. 이 가정은 논란의 여지가 매우 크다.

우리 자신의 진행 중인 연구를 포함해 최근 연구들은 계층화에 대한 수많은 사람의 이해에서 계급 개념은 간접적인데 그치거나 아예 무관하다는 사실을 지적했다. 이는 이들이 깊숙이 존재하는 사회적 균열과 적대 관계를 알지 못한다는 의미가 아니라, 단지 이 지식이 계급 개념을 중심으로 구체화되지 않았다는 뜻이다. 왜냐하면 두 영국 사회학자가 최근 환기해 주었듯이, "계급 대립의 본질인 종속, 차별, 불공정, 적대의 느낌은 …… 사회생활의 수많은 부문에서 발생할 수 있지만 '계급'이라는 단어를 전혀 사용하지 않는 관점에서 설명될 수도 있다"(Moorhouse & Chamberlain, 1974: 390). 이는 특히 놀랍거나 새로운 인식은 아니다. 이 점은 자신이 담당한 노동 계급의 적개심과 직면해 본 무수하게 많은 사회복지사와 교사가 이미 파악한 것이다. 빅토리아 시대 런던의 허름한 학교에서 괴롭힘을 당한 어느 교사가 표현했듯이,

> …… 여기서는 어떤 사람이 걸친 코트의 외관 자체가 그들에겐 계급의 표지다. 왜냐하면 그들이 단어의 의미는 모를 수 있어도 우리가 그들이 지금까지 전쟁 상대로 여겼던 존재의 대표라는 사실은 아주 잘 알거나 적어도 그렇게 느끼기 때문이다. (Carpenter, [1851] 1968: 60에서 재인용)

민속지학 방법론자들은 모든 사람은 자기 나름대로 사회학자라고 주장했는데, 이는 옳은 말일 수도 있다. 그러나 이는 모든 사람이 사회학자처럼 생각하고 말한다는 뜻은 아니다. 따라서 계급이 사람들의 일상적 어휘에서 중심적인 범주일 것이라고 당연시할 수는 없다. 반대로, 어느 정도 이 점이 사실일지는 경험적 탐구 문제다. 그리고 우리는 계급

상황이 다른 용어로 기술되는 사례에 특히 주의를 기울여야 한다. 우리는 사실 '허위의식'의 범주를 분석의 중심으로 복원해야 한다.

하지만 '계급'이라는 용어가 사용되는 곳에서조차, 표준화된 사회학적 분류를 벗어나는 반향이 포함될 수도 있다. 예를 들면 최근 호주에서 나온 한 연구는 상당수의 응답자가 계급을 주로 속물적이고 고고한 체하는 사람과, 폭넓은 범위의 사회 집단과 스스럼없이 어울리는 사람 간의 구분이라는 관점에서 파악하는 것을 발견했다(Hiller, 1975). 저자 자신이 주장하듯이, 속물스러움이 호주인 사이에서 특히 공명을 일으키는 개념일 수도 있지만, 〈페인트 하우스〉의 이 발췌문에서처럼 영국의 맥락에서도 이는 아주 빈번하게 나타난다.

> …… 내가 학교에 다녔을 때 그러니까 나는 중간 계급이라 생각했거든. 그래서 엄마에게 '우리는 중간 계급이야'라고 말했어. 그랬더니 엄마가 이렇게 말하는 거야. "너 이 망할 자식, 아무것도 모르는구나. 중간 계급은 속물이야." 나는 몰랐어. 나는 거지가 아니니까 중간 계급이라고 생각했어. 학교에는 늘 나보다 더 가난한 친구가 있었기에 이렇게 생각했어 …… 그러니까 나는 더 높은 계급일 거라고. (Daniel & McGuire, eds. 1972: 73)

이런 부류의 지역화된 계급 개념은 사실 예외라기보다는 규칙이다. 왜냐하면 데이비드 록우드가 유려하게 지적했듯이,

> 대개 인간은 …… 자신이 속한 사회의 계급 구조를 …… 자신의 특정한 환경의 시각에서 시각화한다. 더 큰 사회에 대한 이들의 지각은 이들이 일상적 삶을 살아가는 더 소규모 사회에서 겪은 사회적 불평등 경험에 따라 달라질 것이다. (Lockwood, 1966: 249)

구체적인 사회적 맥락에 대한 자세한 지식은 그러므로 사회적 의식을 적절하게 분석하는 데 필수적이다. 이는 계급 위치의 조잡한 지표를 훌쩍 넘어, 일상적 삶의 수준에서 계급 구조가 실제로 경험되고 이해되는 방식을 살펴본다는 뜻이다.

하지만 이와 동시에, 지역화된 계급 개념은 헤게모니 이데올로기가 제공한 전반적인 틀 안에서 개발된다는 사실을 간과하지 않는 것도 중요하다. 따라서 이 계급 개념은 사람들이 자신의 불평등과 종속의 직접 경험에 의미를 부과하는 꾸준한 시도의 산물일 뿐 아니라, 매스 커뮤니케이션과 교육 체제가 제공한 상황 정의를 전유하고 재구성하려는 시도의 산물이기도 하다. 여기서 나온 특징적인 결과는 개인적 경험의 확장 적용과, 지배 이데올로기에서 도출한 요소가 엉거주춤하게 융합된 것이다.[166] 사실 "사회의 일관성 있는 이미지를 낳는 사회적 상황은 규칙이라기보다는 예외인 것이 당연하다"(Cousins & Brown, 1972: 3). 따라서 이러한 불일치를 얼버무리고 넘어가는 연구는 필연적으로 사회의식의 복잡성을 은폐하게 된다.

계급 의식의 분열과 모순은 특히 청소년의 특징일 가능성이 크다. 이는 바로 이들이 계급 불평등의 중심성을 명시적으로 평가절하하고 은폐하면서 나이 차이의 중요성을 강조하는 대안적 개념을 제시하는 기관에 연루되어 있기 때문이다. 청년에 대한 이처럼 끈질긴 찬양이 청소년의 계급 의식에 어떤 영향을 미치는지는 미래의 탐구에서 핵심적 주제로 남아 있다. 리처드 브라운Richard Brown, 짐 커즌스Jim Cousins, 테오 니콜라스Theo Nicholas 같은 사람들의 최근 저작은, 세심하게 다루기만 한다면 인터뷰와 엿듣기는 여전히 제공할 부분이 아주 많다고 주장한다. 그러나 최선의 경우에도 이 기법들은 주요한 결함이 있다. 이 기법들은 오

166 이 주장은 Nichols(1974)에서 통찰력 있게 논의된다.

로지 의식의 구두 표현에만 집중하기 때문에, 사회의식이 다른 사회적, 문화적 행동 형태를 통해 객관화되고 표현되는 방식을 무시한다.[167] 그렇다면 결국 분석은 “특정한 일상적 개념을 넘어서 …… 이 공식화의 결과와 이 공식이 행동에 응용되는 양상을 보여 줄”(Hillier, 1975: 22) 필요가 있다. 그러한 분석을 개발하려는 시도는, 버밍엄 현대문화연구소의 저작을 포함해서, 최근 청년 하위문화에 관한 연구의 주 궤도 중 하나를 이루었다.

스타일의 해독: 하위문화 분석의 방향

우리가 여기서 관심을 둔 하위문화 분석의 특정한 버전은 특정한 계급 위치에서 청소년의 공유된 사회적 경험이 독특한 여가 스타일 구성을 통해 집단적으로 표현되고 타협되는 양상에 초점을 맞춘다. 하위문화 스타일은 두 가지 주 출처에서 끌어온 요소들의 혼합물로 구성된다. 하나는 가족과 지역 동네에 뿌리를 둔 ‘배치된located’ 계급 문화이고, 다른 하나는 오락 산업의 청년 지향적 부문이 후원하는 ‘매개된mediated’ 상징 체제다. 하지만 이 요소들은 원래 모습 그대로 채택되지는 않는다. 반대로, 하위문화 스타일은 **선별**과 **변형**의 누적되는 과정의 산물로, 이 과정을 통해 가용 대상, 상징, 활동이 통상적인 사회적 맥락에서 분리되고, 전통적인 함축적 의미의 일부나 전부가 제거되어, “집단 구성원에 의해 그 나름의 특수한 의미를 지닌 새롭고 일관된 총체로” 재구성된다(Clarke & Jefferson, 1974: 15). 이 과정의 중심적 부분은 ‘10대 문화’ 산업의 외관적으로 무계급적인 구성물과 상품을 전유하고 거기에 계급 기반의 의미와

167 구두 표현에 의존하는 기법의 한계에 관한 예리한 논의로는 Willis(1974)를 보라.

공명을 투입하는 작업을 포함한다. 그러므로 하위문화 스타일은 청년의 구체적 맥락으로 전이된, 계급 의식의 코드화된 표현으로, 나이가 계급 경험과 계급 의식의 매개 역할을 하는 복잡한 방식을 반영하는 것으로 볼 수 있다.

하위문화 스타일은 의식의 기호화된 표현이기 때문에. 일차적인 분석 행동은 곧 기호 해독 행동이다. 따라서 구성 요소와 요소 간의 관계에 부착된 의미 발굴이라는 의미에서 스타일 '해독'은 복잡하고 맥락화된 총체로서 청년의 계급의식에 관한 의미 지도 그리기의 방법을 제시한다고 간주된다. 예를 들면 파리 북부의 노동 계급 소년 집단이 지지하는 스타일을 세심하고 정교하게 '해독'한 결과, 제인 모노드Jean Monod(1967)는 이들의 근저에 흐르는 사회 계층화 개념을 정교한 질감을 갖춘 상태로 설명할 수 있었다. 그러나 지금까지 가장 종합적인 스타일 '해독' 시도는 노동 계급 청년에 관한 영국의 연구에서 나왔는데, 가장 주목할 만한 연구로는 이스트엔드 하위문화에 관한 필 코언(1972)의 선구적인 설명과 그 이후 버밍엄 현대문화연구소에서 테드족, 모드족, 스킨헤드족에 관해 수행한 작업이었다.[168] 종합하자면, 이 연구들은 계급, 나이, 의식 간의 관계에 대한 독창적 접근 방식을 제시했는데, 당대 청년에 관한 좀 더 적절한 사회학 개발의 가능성에 진지하게 관심 있는 사람이라면 누구든 감히 무시할 수 없는 업적이었다. 하지만 이와 동시에, 이 연구에서 제시된 접근 방식은 몇 가지 중요한 한계에서 벗어나지 못했다.

당대의 하위문화 분석은 청소년 비행 연구에서 유래했으며, 여전히 그 영역의 관심사를 반영한다. 따라서 최근 연구는 관습적 부분보다는 일탈적 부분에, 중위나 중간 계급보다는 노동 계급 청소년에, 무엇보다 중요하게는 소녀보다는 소년에 초점을 맞춘다는 점에서 이전의 작업을

168 예를 들면, Clarke, Hebdige, & Jefferson(1974)을 보라.

계속 답습한다. 이러한 불균형과 공백의 결과, 최근 연구의 범위는 상대적으로 제한되어 있다. 지금까지 나와 있는 문헌에서 성인의 무시는 또 다른 중요한 공백이다.

'청년 문화' 이론가들이 단순하게 세대 간의 '격차' 확대만 주장한 데 반해, 하위문화 분석 옹호자들은 청년 하위문화와 그 하위문화가 근거한 성인문화 간의 연속성과 단절의 복잡한 패턴을 강조한다는 점에서 데이비드 마차(Matza, 1961; Matza & Sykes, 1961)를 따르고 있다. 예를 들면, 필 코언은 "하위문화의 잠재적 기능은 …… 모체 문화에서 은폐되거나 해결되지 않은 채 남아 있는 모순을, 비록 '마법적으로긴' 하나 표현하고 해결하는 것이다"(1972: 23)라고 주장한다. 이와 비슷하게, 존 클라크와 공동 연구자들은 "스킨헤드족은 변화된 구조적 위치에 대한 반응으로, 변화하면서 지배 문화와 나름대로 새로운 타협에 들어가는 문화를 부활시키려는 시도로 '해석'할 수 있다"(1974: 155)라고 주장한다. 이 연구에서는 모체 문화에 큰 이론적 중요성을 부여하면서도 이를 경험적으로 검토하지는 않으며, 그 결과 세대 간의 핵심적인 문화적 관계는 대개 주장의 수준에 머무른다. 그러므로 그다음 단계는 청소년**과** 성인을 똑같이 기본적인 계급 위치에 배치하고, 각각의 계급 경험, 계급 의식과 문화적 행동 패턴에서 나타나는 상응 관계와 변종을 자세히 검토하는 좀 더 **균형 잡힌** 분석을 향해 나아가는 것이다. 만약 나이 위치가 계급 위치의 매개 요인으로 작동하는 방식에 관해 좀 더 적절하고 '근거가 충실한' 이해를 도모하려 한다면 그러한 분석은 필수불가결하다.

하위문화연구는 청소년의 행동 선택권이 노동 상황 내에서는 아주 제한적일 가능성이 있으므로, 자신의 계급 위치에 대한 이들의 반응은 소비와 여가 영역에서 가장 완전하게 표현될 것이라는 아주 합리적인 가정에 근거한다. 이 가정은 구할 수 있는 증거에 의해 대체로 확증되었다. 하지만 이와 동시에, 이처럼 여가의 중요성을 강조하는 바람에 연구자들은 거의 모든 노력을 이 영역에 집중하고 청소년의 노동 경험에 대해서는 상대적으로 거의 주의를 기울이지 않게 되었다. 이러한 선택은 역설적 상황을 낳았는데, 분명 계급 위치와 사회의식 간의 연계를 추적하겠다며 나선 접근 방식이 계급 위치의 가장 강력하고 끈질긴 매개 요인인 노동 상황에 대해서는 적절한 분석을 하지 못했다는 사실이다. 하지만 생산 지점에서 계급 불평등이 경험되고 타협되는 방식을 자세하게 파악하지 않고는, 특정한 의식 형태와 문화적 반응을 특정한 계급 위치와 관련지으려는 어떤 시도든 필연적으로 한계를 지닐 수밖에 없다.

분명히 이 공백을 메우는 일은 미래의 연구에서 자명한 우선순위를 차지하지만, 이는 그냥 더 많은 연구를 추가하는 문제는 아니다. 대면하고 헤쳐 나가야 할 방법이라는 중요한 문제도 있다.

하위문화연구는 독특한 하위문화 스타일과 거기에 관여하는 집단을 선택하고, 되돌아가 이들의 계급적 기반을 밝혀내는 식으로 시작한다. 그 결과는 문화적 스타일과 구조적 상황 간의 상동적 관계에 대한 우아하고 뛰어나게 그럴듯한 설명이 된다. 하지만 만약 이 절차를 뒤집어서 분석이 문화적 반응보다는 계급 위치에서 시작된다면, 심각한 문제점이 나타나게 된다. 똑같은 구조적 위치가 다양한 반응과 수용 양식을 생성하고 지탱할 수 있다는 점이 곧 자명해지기 때문이다.

예를 들면 최근의 노동 계급 영역 연구는 동일한 지역 내에 여러 독특한 청년 하위문화가 공존하면서 기본적으로 똑같은 계급 상황의 소년 중에서 각자 참여자와 지지자를 끌어들인다고 주장한다. 예컨대 스티븐 버프Stephen Buff의 시카고 연구(1970)는 이 구역 내 소년 중 대다수는 지배적인 '그리서' 스타일을 지지하지만 상당한 규모의 소수파는 중간 계급 내부에서 생성된 '히피' 스타일로 기울어졌다는 사실을 보여 주었다. 피터 윌모트Peter Willmott(1969)는 1960년대 중반 베스널 그린의 소년들 사이에서도 이와 비슷한 계급적 '이탈자' 집단을 발견했다. 그러므로 문제는 왜 특정한 시점에 특정한 노동 계급 청년 집단 사이에서 테드족, 그리서족, 스킨헤드족 같은 스타일이 발전하는지 설명하는 것뿐 아니라, 똑같은 계급 위치를 공유하는 청소년이 왜 다른 계급 분파가 발전시킨 스타일에 매력을 느끼는지 설명하는 데도 있다. 하위문화 소속과 거기에 내재하는 의식에서 나타나는 이러한 미묘한 변이를 설명하려면, 흔히 사용되는 상대적으로 조잡한 계급 위치 지표 — 부모의 직업, 학교 위상 등 — 를 훨씬 더 넘어서, 계급 불평등이 일상생활 수준에서 실제로 경험되고 파악되는 구체적 매개 과정을 검토해야 한다.

윌모트와 버프의 연구는 하위문화 분석에서 또 다른 문제점도 제기하는데, 우리는 최근 레스터에서 연구를 수행하는 과정에서 이 문제점을 점차 깨닫게 됐다. 이는 '전통적인' 청년의 문제다.

하위문화 이론은 원래 연구의 주된 이론적 근거 중 하나를 제공했다. 그 결과 하위문화 스타일은 청소년이 자신과 주변 사회 상황에 대해 스스로 내린 정의를 표현하는 지배적 경로가 될 것이라는 기대를 갖고 출발했는데, 이 기대는 초기의 파일럿 연구 결과에 의해 지지되었다(Murdock & McCron, 1973). 하지만 주 현장 조사 단계가 진행되자, 수많은 응답자가 도시에서 접촉 가능한 어떤 하위문화에도 관여하지 않고 있음이 점차 분명해졌다. 그 대신 이들은 공식적 청년 기구나 주류 10대 오락 산업이 후원하는 스타일 중심의 성향을 보이는 경향이 있었다. 하위문화 구성체와 대조적으로, 이 스타일은 상당한 정도로 재구성되거나 각색되지 않고 대개 그대로 채택되었다. 지배적 의미 체제에 도전하거나 저항하기는커녕, 이것들은 사실상 그 체제의 표현과 확장이었다. 그렇지만 청년에 관한 종합적 분석이라면 반드시 일탈과 거부뿐 아니라 전통과 순응도 수용해 설명할 수 있어야 한다. 하지만 정의에 따르면, 하위문화는 오직 지배 문화 이면에서만 존재할 수 있으며, 지배 문화 내에서는 존재할 수 없다. 따라서 하위문화 분석은 '전통적인' 청년 스타일을 극복할 수가 없다. 이는 하위문화 분석을 조롱하는 주장이 아니라, 그 한계를 인정해야 한다는 주장이다.

결론

그렇다면 현재로서는 계급 위치, 나이 위치, 사회의식 간의 복잡하고 미묘한 상호 작용은 대서양 양쪽의 사회학자의 주목을 끌기 시작했고, 지금까지 여러 독특하고 대개 서로 고립된 분석 노선들을 낳았다. 그러나 만약 지금까지 나온 연구가 아직 이 영역에 대해 일관되고 통합된 접근 방식으로 이어지지 못했다면, 그러한 공백의 존재만으로도, 이 연구들은 적어도 그러한 접근 방식에 따르는 결과를 시사했다.

첫째로, 새로운 접근 방식은 **종합적**이어야 하고 지금까지 무시되거나 기존의 설명에서 주변부로 밀려난 청년 집단을 포함해야 한다. 둘째로는 **균형**을 이루어야 하고 청소년뿐 아니라 성인, 양자 간의 관계도 다루어야 한다. 셋째로는 계급 불평등이 실제로 일상적 경험 속으로 매개되게 하는 구체적인 노동과 비노동 **맥락**에 대한 자세한 경험적 검토에 근거해야 한다. 하지만 이와 동시에, 새로운 접근 방식은 이러한 맥락 안에서 생성된 의식과 행동 형태가 어떻게 좀 더 일반적인 구조적, 이데올로기적 구성체에 근거하고 그러한 구성체에 의해 형성되는지 보여 줄 수 있어야 한다. 여기에는 청년의 사회적, 문화적 위치에서 발생한 변화와, 계급 관계 구조와 계급 기반의 의미 체제에서 일어난 변화 간의 관계에 대한 **구조적, 역사적** 분석이 필수적이다. 이처럼 좀 더 거시적인 분석 수준이 따르지 않는다면, 이 접근 방식의 설명력은 심각할 정도로 줄어들 것이다. 따라서 구체적인 사례와 일반적인 사회적, 문화적 과정 간의 개념적, 경험적 연계를 개발하는 일은 중심적인 문제가 된다. 그러나

이는 정면으로 직시하고 극복해야만 하는 문제점이다. 왜냐하면 궁극적으로 여기서 개략적으로 제시한 접근 방식의 적절성은 생애사와 역사 간의 관계를 조명하는 역량에 달려 있기 때문이다. 분명히 그러한 접근 방식은 어떤 단일한 방법론의 기반 위에서 구축할 수는 없다. 실로 특정한 절차와 경험적 기법을 물신화하는 것은 그냥 유망한 분석 노선을 파산시키는 가장 빠른 지름길이다. 그 한계를 인정하고 허용한다면, 하위문화 분석, 섬세한 인터뷰 실시, '새로운' 사회사 등은 모두 독특하게 기여할 부분이 있다.

여기서 개략적으로 설명한 노선을 따라 청년 사회학을 재구축하는 일은 쉽지 않겠지만, 시도할 만한 가치가 있다고 주장하고 싶다. 이는 현재의 청년에 대한 좀 더 종합적인 분석의 전망이 있기 때문만이 아니라, 현대 영국에서 계급 의식 형성과 '허위' 의식의 동학을 좀 더 적절하게 이해하는 데 필수불가결하기 때문에도 중요하다. 초창기의 청년 이미지에 사회주의의 유령이 늘 어른거렸듯이, 당대의 사회주의에도 지배적인 세대 신화가 출몰하고 있다. 그러므로 탈신화화는 이 마귀들을 쫓아내는 데 필수적인 단계다.

15장

소녀들과 하위문화

앤절라 맥로비, 제니 가버

이번 호 앞부분에서는 하위문화가 '노동 계급 청년 분파, **주로 소년들**에게 자신들의 구체적인 집단 존재에 관한 일종의 타협 전략을 제공했다'(필자 강조)라는 지적이 나왔다. 이 영역의 문헌 전체에서 소녀의 실종은 아주 두드러지며, 설명이 필요하다. 청년 문화 집단 결성 전반에서 소녀의 역할에 관해서는 나온 글이 거의 없는 듯하다. 이러한 글은 고전적인 하위문화 민속지학 연구, '팝'의 역사(가령 Nuttall, 1970), 개인적 설명(가령 Daniel & McGuire, eds., 1972), 혹은 저널리즘 스타일의 조사(가령 Fyvel, 1963)에서도 보이지 않았다. 설혹 등장하더라도 우리에게 지금 너무나 익숙한 대로 여성의 스테레오타입화한 이미지를 무비판적으로 강화하는 식인데, 예를 들면 테디 보이에 관한 연구에서 피벨(Fyvel, 1963)은 '조잡하게 칠을 한 멍청하고 수동적인 10대 소녀'를 언급한다. 아니면 이들은 스쳐 가듯이 주변적으로만 재현된다.

> 이는 마치 오직 우리와 관련된 모든 것은 본문의 각주에서 신기한 참고 사항으로서만 가치가 있는 것처럼 나오는 듯하다. 우리는 '청년'과 '다른 특이 사항' 사이 어딘가쯤에서 의제로 오른다. 우리는 남성 문화에서 '부언'과 주변 사항으로만 자신을 만난다. 반영된 모든 양상에 따르면 우리는 실제로 거기 존재하지 않는다. (Rowbotham, 1973: 35)

여기서 난점은 이 비가시성을 어떻게 이해할 것인가 하는 점이다. 사실 우리가 파악할 수 있는 이유로 소녀들은 **실제로도** 청년 하위문화에서 적극적이지 않거나 존재하지 않는 것인가? 아니면 이러한 종류의 연구를 수행하는 방식에서 무엇인가 이들을 비가시적으로 만든 것인가?

소녀들이 문헌에서 인정받을 때도 이러한 인정은 성적 매력의 정도, 혹은 결여 측면에서 이루어지는 경향이 있다. 그러나 이 역시 해석하기 어려운 문제다. 오토바이 하위문화연구에서 관계에 얽매이지 않는 소녀들에 관한 폴 윌리스의 언급을 예로 들어보자.

> 이들을 결집시키는 것처럼 보이는 요인은 한 남성과의 지속적인 관계에 대한 공통된 욕망과, 남성을 장기적 관계로 끌어들일 만한 능력이 공통적으로 부재한다는 점이었다. 이들은 관계에 얽매인 소녀들보다 더 너저분하고 덜 매력적인 경향이 있었다. (Willis, 1972)

이는 단지 남성 연구자와 남성 응답자 간의 자연스러운 친밀감을 반영해 소녀들을 무시하면서 대하는 전형적인 태도에 불과한가? 아니면 실제로 오토바이족 소년을 연구하는 연구자가 소녀들에 대한 소년들의 태도나 평가를 진지하게 받아들여, 자신의 기술적 언어에 반영하고, 심지어 연구 상황의 맥락에서 스스로 자신의 시각으로 채택하게 되는 식의 태도를 버리기가 어려운 것은 아닐까? 윌리스는 질문에 대한 소녀들의 일부 반응에 관해 언급하는데, 가령 킬킬거리며 웃고, 말하기를 꺼리고, 배타적 태도로 후퇴하는 등등의 태도를 거론한다. 다시 말해 이 응답들은 복잡하고 해석하기 어려운 현상이다. 이러한 반응은 연구자가 남성이라는 사실, 그의 개인적 외모, 매력 등에 영향을 받는 식으로, 남성 연구자에 대한 전형적인 반응에 해당하는가? 아니면 이 반응은 연구자가 남성을 연구하면서 소녀들에 대한 평가에서도 어떤 식으로든 남자 편을 들 것이라는 점에서 소녀들에 의해 '남자애들 편'으로 규정되었다는 사실에 영향을 받았는가? 아니면 이 반응은 남성이 지배하고 정의한 문화에서 소녀들이 자신들에게 제공된 공간을 관례적으로 타협하는 방식의 특징인가? 우리는 이러한 요인들을 통해 매개되는 경험과 위치를 이해하기 전에, 엄청나게 복잡한 이 반응들을 확인하고 해석할 수 있어야 한다. 예를 들면 소녀들, 특히 어린 소녀들은 (자신들이 성적으로 이름 붙여지고 판단되는) 남성이 정의한 상황에서 '집단성'이나 소집단성으로 **후퇴**

할 수도 있는데, '킬킬거리며 웃기'가 이를 보여 주는 한 가지 명백한 기호다. 다른 상황(예를 들면 교실)에서는 소녀들 간의 집단 유대가 이들을 좀 더 공격적인 반응으로 유도해, 젊은 남성 교사에 대한 접근 경로를 열기 위해 자신들의 섹슈얼리티를 활용한다든지, 그를 당혹게 하거나 그의 권위를 훼손할 수도 있다. 중요한 사항은, 방어적 반응이든 공격적 반응이든 모두 남성의 정의가 (그리고 이에 따라 성적인 이름표 붙이기 등도) 지배하는 상황에 대한 반응에서 구조화된다는 것이다. 그러므로 우리는 소녀들이 실제로 움직이는 영역, 이들이 사회적으로뿐 아니라 성적으로도 위치한 공간을 제대로 규정할 수 있으려면 이 반응들을 해석해야 한다.

다음 내용은 그냥 소녀와 하위문화의 관계에 관해 생각하고 연구할 수 있을 법한 방안 중 일부를 초기 단계에서 개략적으로 정리하려는 잠정적 시도일 뿐이다. 이렇게 하면서 우리는 이 저널 다른 부분에서 소년들을 위해 설계한 시각 중 일부를 채택한다. 예를 들면, 계급의 중심성, 학교, 노동, 여가, 가족 영역의 중요성, 하위문화의 등장 배경이 되는 일반적인 사회 맥락, 다양한 하위문화를 부분적으로 정의하는 전후 영국 사회의 구조적 변화 등이 그렇다. 하지만 우리는 여기에 성과 젠더 구조화라는 핵심적 차원을 추가해야 한다. 그렇다면 문제는 이 차원이 분석 전체의 모습을 어떻게 수정하게 되는가? 계급은 중간 계급과 노동 계급 소년들에게 주어진 다양한 하위문화적 선택권을 정의하는 데서 핵심적 변인이라는 주장이 이미 나왔다. 예를 들면 노동 계급 하위문화는 여가 영역에 국한되는 경향이 있는 반면, 중간 계급 하위문화는 전업 '직업 경로'를 더 많이 제공한다. 이처럼 계급에 의한 욕구와 선택지의 구조화는 소녀들에게도 작동해야 한다. 따라서 소녀들은 이를테면 스킨헤드 문화에서보다는 이를테면 히피나 중퇴자(즉 중간 계급) 하위문화에서 대안적 직업 경로를 발견하기가 아마 더 수월할 것이다. 하지만 그렇다면 일반적으로 소년들이 소녀보다는 하위문화적 선택지를 택할 가능성이 더 크다. 그러한 분석은 소년들의 하위문화에 적용되는 사항 — 예컨대 계급의 구조화 효과 — 이 소녀들에게도 비슷하게 적용될 뿐 아니라 **더욱 강하게 그렇다**는 것을 시사한다. 이는 하위문화 패턴이 대략 소년과 소녀에게 비슷하게 나타나고, 소녀들은 필연적으로 모든 차원에서 **더 주변적**이라는 점만 다를 뿐이다.

하지만 소녀의 **주변성**은 하위문화에서 이들의 위치를 나타내는 최선의 방안은 아닐 수도 있다. 소녀들의 위치는 주변적으로가 아니라 **구조적으로** 다를 수도 있다. 소녀들이 하위문화에서 주변적일 수도 있는 것은 단지 이들이 남성 지배에 의해 각 사회 활동에서 주변으로 밀려나기 때문만이 아니라, 핵심적 측면에서 남성과 다른 필연적으로 종속된 활동 무리나 범위에 속하기 때문이기도 하다. 그러한 분석은 여성들의 주변성이 아니라 구조화된 **이차성**secondariness에 의존하게 될 것이다. 만일 여성이 남성 노동 문화(중간 계급과 노동 계급)에서 '주변적'이라면, 이는 여성이 보충적이면서 종속적 방식으로 '지배적' 남성 영역을 거울처럼 반영하는 종속 영역에서 중심적이고 중추적이기 때문이다. 여성들은 **가족**이란 종속적이고 보충적인 영역에서 중심적이기 **때문에** 노동에서 '주변적'이다. 이와 비슷하게 노동 계급 청년의 적극적이고 남성 중심적인 여가 하위문화에서 소녀들의 '주변성'은 팬과 팬클럽이란 '보충적'이지만 좀 더 수동적인 하위문화에서 소녀들의 강력한 존재감에 관해서는 잘 말해 줄 수 없을 것이다. (우리는 다음 주석에서 이 보충적이고 종속적인 부류의 분석을 대략적인 도표 형태로 제시하려 한다.)

이 일반적인 주장을 염두에 둔다면, 이제는 이후 작업이 대상으로 삼을 만한 수많은 핵심 질문을 확인해 볼 수 있다. (1) 소녀들은 전후의 주요 하위문화에서 정말로 실종되었는가? 아니면 이들은 존재하면서도 보이지 않는 것인가? (2) 이들이 존재하고 가시적인 곳에서, 이들의 역할은 소년과 동일하면서도 좀 더 주변적이었는가? 아니면 서로 달랐는가?

(3) 주변적이든 다르든, 소녀들의 위치는 하위문화적 선택 사항에 특유한 것인가? 아니면 이들의 역할은 주류 문화 — 가정, 노동, 학교, 여가 — 의 중심 영역에서 여성의 좀 더 일반적인 사회적-종속성을 반영하는가? (4) 만약 하위문화적 선택 사항이 소녀들에게 기꺼이 주어지지 않는다면, 소녀들이 자신의 문화적 삶을 조직화하는 다르면서도 보충적인 방안은 무엇인가? 이것들은 자기 나름대로 형태에서 하위문화적인가? (소녀 하위문화가 비가시적으로 된 것은 '하위문화'란 용어 자체가 강력한 남성적 기조를 띠게 되었기 때문일 수도 있다.)

소녀들은 정말로 하위문화에서 실종되었나

이 질문에 대답하기 어렵게 만드는 가장 자명한 요인은 (대다수의 학술적 작업 영역에서 그렇듯이) 남성에 의한 '사회학적' 작업 지배다. 역설적으로 여성 배제는 전통적 범죄학에서 그랬던 것만큼이나 새로운 '급진적' 혹은 냉소적 일탈 이론의 특징이었다. 《비판 범죄학*Critical Criminology*》 편집자들은 "새로운 일탈 이론"이 흔히 "일탈 이론가가 간접적으로 동일시할 수 있을 법한 일탈 형태에 대한 분석이라기보다 찬양"을 드러내는 사례가 빈번했는데, 이는 "무력한 지식인이 사건을 좀 더 성공적으로 통제하는 것처럼 보이는 일탈자와 동일시한 현상"이었다(Taylor, Walton, & Young, 1975). 아마도 성적 일탈을 예외로 한다면, 여성은 급진적이고 비판적인 이론가에게 찬양받지 못하는 사회 범주를 이루었다. 이러한 일반적 비가시성은 물론 좀 더 극단적인 청년 하위문화 구현에 대한 사회적 반응으로 공고해졌다. 대중 신문과 미디어는 각 하위문화와 관련된 선정적 사건에 초점을 맞추었다(예컨대, 테디 보이 살인 사건, 마게이트에서 모드족과 로커족 간의 충돌 사건). 뉴스 가치의 자격을 갖추는 것은 항상 현상의 폭력적 측면이라는 사실에서 나오는 한 가지 직접적인 결과는 이 측면들이야말로 바로 여성이 배제되는 경향이 있었던 하위문화 활동 영역이라는 것이다. 미디어가 기호화하고 정의한 하위문화의 객관적, 대중적 이미지는 남성 구성원, 남성적 '중점 관심사,' 남성적 가치를 강조하는 이미지일 가능성이 크다. 아니면 히피 하위문화가 그랬듯이, 여성이 생성된 도덕 공황의 일부로 등장할 경우, 대개 상대적으로 좀 더 무고한 역할, 예컨대 성적으로 관용적인 역할로 나온다.

그렇다면 청년 하위문화에서 여성의 비가시성은 다양한 이유로 자기 충족적 예언이자 악순환이 되어 버린다. 소녀/여성이 이 패거리 짓기에서 핵심적 역할을 하지 않았던 것도 당연하다. 반면에 이 현상 기록에서 남성과 남성성에 대한 강조는 하위문화가 압도적으로 남성적이라는 우리의 인식을 강화하고 증폭한다. 우리가 소녀와 하위문화의 관계에 '끼어들기'는 쉽지 않다. 예를 들면 이차적 증거에 따르면, 테디 걸스로 자처하면서 테디 보이 문화와 동일시하는 소규모 소녀 집단이 **있었는데,** 이들은 테디 보이와 엘리펀트 앤 캐슬Elephant and Castle[169]에서 춤도 추고, 영화관에도 가면서, 테디 보이족이 부추긴 사건의 폭력적 성격과 관련짓는 데서 간접적 즐거움을 약간 얻고 있었던 듯하다.[170] 그러나 많은 노동 계급 소녀들에게는 이러한 선택권이 주어지지 않았다고 믿을 만한 근거는 많다.

1950년대의 청년에게 주어진 가처분 소득의 전반적 인상을 소녀들도 누리긴 했지만, 소녀들의 임금은 상대적으로 소년들만큼 높지는 않

169 남부 런던의 행정 구역을 말한다. — 옮긴이

170 제임스 패트릭James Patrick(1972)이 기술했듯이, 댄스홀 등에 갈 때 남성 구성원의 무기를 날라주거나 사건 발생 후 경찰관에 맞서 그들을 지원해 주는 데서 소녀 '갱' 구성원들이 수행하는 역할도 보라.

았다. 좀 더 중요하게는, 소녀들의 지출 패턴은 소년들과 다른 방향으로 강력하게 구조화되었을 것이다. 노동 계급 소녀는 일시적으로 직장에 다녔지만 형제나 남성 동료보다는 가정, 엄마, 결혼에 더 초점을 둔 상태였다. 이들은 가정에서 더 많은 시간을 보냈다. 테디 보이 문화는 저녁과 주말의 '시내' 나들이뿐 아니라 가정에서 길거리와 카페로의 탈출이기도 했다. 분명 소녀들은 잘 차려입고 외출하곤 했는데, 남자 친구와 어울리거나 소녀끼리 무리를 이루어 다른 소년 집단과 함께하기도 했다. 그러나 '싸돌아 다니기'나 동네 싸움에 연루되는 일은 훨씬 더 적을 것이다. 노동 계급 부모의 가치 체제에서는, 남자는 '가능한 한 오래 재미를 볼' 것이라는 기대치가 있었다(물론 많은 노동 계급 부모는 테디 보이류의 '재미'는 아주 특이하다고 여겼다). 그러나 소녀는 '골치 아픈 일에 말려들지' 말아야 한다는 금기 외에도 '재미 보기'에 대해 이중적인 금지를 받는 쪽이었다. 성적 금기와 도덕적 틀, 그리고 그 구현체인 '규칙'은 계속해서 소년보다는 소녀에 대해 과도할 정도로 불리하게 작동했다. 소년들은 영역 내에서 오랫동안 '어울려 돌아다닐' 수 있었지만, 소녀들의 패턴은 아마도 집에 있기, (종종 다른 소녀들과 함께) 데이트하러 나갈 준비, 외출 사이에 확고하게 구조화되어 있었을 것이다. 성적으로나 사회적으로 '자유분방한 생활을 한' 소년들은 '새 출발을 해' 정착할 수도 있다. 소녀에게는 동네에서 '자유분방한' 애로 소문나게 되면 그 결과는 엄청난 데다가 돌이킬 수 없는 것이 된다.

이를테면 전쟁 이전의 청년 문화에 비해 확실히 10대 여가 시장과 그에 뒤따르는 표현 형태(콘서트, 음반, 연예인 사진pin-ups, 잡지)에 대한 관심도가 늘어났으며, 이 점은 소년뿐 아니라 소녀도 모두 비슷했을 것이다. 그러나 이 활동 중 다수는 가정이나 동료 중심의 소녀 '문화'라는 전통적으로 정의된 문화 공간 내에도 쉽사리 수용될 수 있었을 것이다. 이러한 전통적 문화 공간은 길거리나 카페에 어울려 돌아다니는 좀 더 위험하고 비난 대상인 경로에 관여하지 않더라도 주로 가정 내에서나 소녀의 친구 집 방문, 혹은 파티 등을 통해 가동될 수 있었다. '침실 문화culture of the bedroom'[171] **내부에서도** 새로운 10대 소비문화의 상당 부분을 수용할 여지가 있었다. 새 화장품을 써 본다든지, 음반을 틀어 본다든지, 잡지를 읽는다든지, 남자 친구 평가를 한다든지, 수다를 떤다든지, 춤을 춘다든지 하는 일이 그 예다. 이 문화는 오히려 **가정** (바깥보다는) 내부에서, 방을 언니와 불편하게 함께 쓰는 경우라 할지라도, 소녀들이 방과 공간을 어느 정도 이용할 수 있는지에 달려 있었다.

여기서 우리는 소녀들이 주변적이거나 적어도 고도로 정형화된 방식이긴 했지만 테디 보이 하위문화에서 실제로 존재했으며, 위에서 간략히 설명한 입장을 따르자면, 이들의 '관여'는 보충적이면서도 차별화된 하위문화 패턴에 의해 지탱되었다는 주장으로 이르게 된다. 이 주장을 좀 더 구체적으로 옮기자면, 이 시기 로큰롤의 등장에 대한 많은 소녀들의 반응은 대단히 아마추어적이긴 해도 스스로 적극적인 연주자가 되겠다는 것이었던 반면(스키플 집단의 등장), 이 문화에 참여한 여성들은 팬이 되거나 음반 수집가, '10대 주인공' 잡지와 애정 만화 독자가 되었다. 1950년대에 등장한 것처럼, **소년용** 10대 록 스타 지향적인 '애정 만화'는 없었다(물론 일부 소년은 누이의 만화를 몰래 읽었을 수는 있다!). 이와 꼭 마찬가지로, **소녀** 스키플 그룹 음반은 단 한 장도 없다.

만약 20년 후에 등장한 마찬가지로 '거친' 남성 지향적 노동 계급 하위문화, 즉 1970년대의 스킨헤드 집단을 보면 그림은 복잡해진다. 위에

171 침실 문화는 페미니스트 문화이론가 앤절라 멕로비가 개발한 사회 이론이다. 이에 따르면 소녀들은 성장 과정에서 바깥나들이에서 발생하는 위험을 이유로 집안에 오래 머물도록 하는 압력을 받는다. 그래서 소녀들의 침실은 이들이 친구를 만나고, 대화하고, 억압된 분노와 불만을 표출하는 공간이 된다. 이러한 활동은 상업적 잡지나 음반 구매 등 소비문화를 기반으로 전개된다. — 옮긴이

서 언급한 대로, 미디어의 대중적 선정주의를 근거로 판단해 보면, 스킨헤드 문화의 미디어 이미지는 주로 남성적이다. 실제로는 소규모의 '스킨헤드 소녀' 집단도 있는데, 이들의 숫자는 소년에 비해 많지 않지만 이들이 — 전통적으로 압도적인 남성 지향적 스포츠이자 행사인 — 축구 경기에서 한 적극적 역할은 중요할 수도 있다. 더구나 테드족의 '여자 친구'는 함께 어울리는 남자와 모습이나 옷차림이 전혀 다른 데 비해, **일부** 스킨헤드 소녀는 스킨헤드 남자 친구와 모습이나 옷차림, 행동도 **정말** 흡사하고 그들을 지원하는 방식으로 행동했다. 1970년대에 이르면 이 남성적으로 정의되고 남성 중심적인 노동 계급 하위문화에서 소수 소녀 집단의 직업 참여가 아마 1950년대보다는 더 늘어났을 것임을 뒷받침하는 증거도 미약하게나마 있다. 그러나 그러한 가설을 구축할 정도로 충분한 기록은 없다. 테디 보이 시절에 비해, 여성의 (폭력을 비롯해) 갱과 집단 활동 참여에 관해 파고드는 언론 보도는 확실히 더 늘어났다. 그러나 이는 대체로 당시보다 지금 문화에서 여성의 가시성이 전반적으로 증가했고 여성의 위치 문제에 주목도가 높아졌음을 반영한 것뿐일 수도 있다. 그런데 하위문화에서 소녀들의 역할이 실제로 변화했는지 아니면 이들의 역할이 단지 공개적으로 가시성을 좀 더 띠게 된 것인지 판단하기는 어렵다. 분명히 다음과 같은 단락은 은연중에 폭력과 여성 운동 증가 간의 인과 관계를 설정하는데, 1950년대라면 등장할 수 없었을 것이다.

> 전통적으로 더 부드러운 성별인 여성이 왜 기꺼이 폭력을 행사하는가? 그냥 사회 자체가 좀 더 폭력적으로 변하고 있는 것인가, 아니면 평등을 위한 투쟁의 일부, 즉 일종의 '남자가 하는 일이라면 나는 더 잘할 수 있다' 식의 투쟁인가? (Berry, 1974)

테디 보이 문화에서 소녀들의 상대적 부재('부차적으로'를 제외하면)와, 스킨헤드 문화에서 소녀들의 '존재'를 보여 주는 사소한 징후 사이에 일종의 다리를 놓는 일부 사항을 잠정적으로 더 채워 넣기 시작하고자 한다면, 적어도 네 가지 중간적 특징을 언급할 필요가 있을 것이다. 첫째, 1960년대 중반에는 '더 부드러운' 노동 계급 하위문화가 등장했는데, 여기서는 소녀들이 (물론 남성에게 종속된 상태였기는 하지만) 훨씬 더 공개적이고 직접적으로 참여했다. (아래에서 더 자세히 논의하겠지만) 이는 모드 하위문화로, 여기서는 (a) 분명히 모드 소년뿐 아니라 모드 소녀도 있었다. (b) 모드 스타일을 한 소년과 소녀들은 [경쟁 하위문화에 비해] 서로 비슷한 모습을 한 듯하다. (c) 이는 부분적으로 모드 스타일, 스타일과 외모에 대한 모드의 집착 때문에 자신뿐 아니라 로커족 경쟁자 눈에는 모드족 소년이 더 '여성적'으로 보이게 되었다는 사실에 근거한다. 둘째는 1960년대 후반 일부 소녀와 여성이 (그런데 여기서도 종속적 위치에 남기는 했지만) 적극적이고 가시적인 역할을 한 — 히피 같은 — 중간 계급 하위문화가 등장했다는 사실이다. 셋째는 '유니섹스' 스타일의 성장인데, 남녀가 똑같이 입도록 디자인되어 그 결과 성적으로 구분된 패션 이미지가 흐려졌다. 이는 분명히 모드와 히피 스타일과 관련이 있는 추세로, 두 가지 스타일이 패션 업종과 이미지 사업을 통해 확산되고 거세되면서 일어난 일이다. 넷째는 팝 음악 산업 자체 내부에서 의도적으로 '여성적'인 동성애, 양성애, 트랜스젠더 가수와 스타가 부상한 것이다. 이것들은 1950년대와 1970년대 사이 하위문화에서 여성이 완전한 비가시성에서 '상대적' 가시성으로 향하는 길에서 취한 어떤 중요한 중간 지점들을 이룬다. 그런데 이는 제대로 기록으로 입증하거나 해석하기에 대단히 어렵거나 복잡한 문화적 자료다. 어떤 좀 더 본격적인 해석에서든 하위문화 추세와 관련해 소녀들의 가시성의 상대적 변화를 주목하는 일이 중요할 **뿐 아니라**, 아무리 소수의 소녀들이 가시적이고 적극적으로 변했고, 성 기반의 이미지가 흐려진다고 하더라도 하위문화에서 소녀들의 상대적인 종속은 여전히 남아 있다는 사실도 주목해야 한다. 믹 재거, 게리 글리터Gary Glitter, 데이비드 보위David Bowie의 도상학에 관해 어떤 연구를 하든 드러나겠지만, 남성 팝 스타가 동일한 이미지 안에서 동시에 '더 여성적'이면서도 '공격적인 남성 쇼비니스트'가 되는 것도 가능하다. 남성 이미지의 여성화가 곧 보완적으로 여성을 여성적 이미지의 제약에서 해방시킨다는 것을 결코 시사하지는 않는다.

제공된 문화의 이러한 표면적 변화에도 불구하고, 하위문화에서 소녀들의 위치에 대한 근원적 태도는 20년이 지나도 그다지 변하지 않았을지도 모른다는 사실은 〈페인트 하우스〉에 인용된 스킨헤드 소년들의 성적 태도에서도 입증된다(Danidel & McGuire, eds., 1972). 이를테면 '질리 크라운, 공인된 매춘부'라는 제목의 장은 소녀들의 발언을 인용하는데, 여기서 사용된 조잡한 부류의 표현에서는 전혀 새로운 점이 없다. 우리가 알 수 없는 것은 이러한 부류의 이름 붙이기에 대해 소녀 자신들이 어떻게 반응하는지다. 그런데 이 역시 전형적인 일이지만 스킨헤드 소녀 중에서는 〈페인트 하우스〉에 나온 사람이 없다.

요컨대 전후 주요 하위문화에서 소녀들이 얼마나 적극적이고 어느 정도 존재했는지에 관한 증거는 현재 알려진 바로는 어느 쪽으로든 최종적으로 해석하기 어렵다. 분명히 우리가 지닌 정보의 비중으로 판단할 때, 대다수 소녀들이 (하위문화이든 주류 문화이든) 남성 문화에 직접 진입할 경우 초래될 부류의 '불이익'과 위험에 대한 대안에 가깝게 자신의 사회적 삶을 조직화한다는 사실을 알 수 있다. 섹스에 관한 한 남자들은 '손쉽게 관계를 하면서도' 자신들 사이에서 '값싸게 처신'한다는 평가를 받은 소녀와는 유대감을 느끼지 않는다는 사실을 소녀들은 안다. 그렇지만 다음 인용문이 예시하듯이,

항상 알긴 하지만 — 공평하지 못해 — 누구랑 어울려 다니는지 지켜봐야 한

다는 식이지. 그래, 클럽에 한 명이 있긴 해, 그녀 이름은 밝히지 않겠지만, 걔는 제대로 된 아이야. 그 아이는 지나가면서 "괜찮아, 티나?"라고 말해. 그러나 그 아이는 내가 함께 어울려 다니지 않을 한 명이지. 소문나니까. (10대 소녀, '티나')[172]

그렇다면 이는 하위문화에 소녀들이 존재하는가, 부재하는가 하는 문제가 아니라, 소녀들이 자신과 하위문화의 관계를 타협하거나 심지어 하위문화 선택에서 적극적으로 벗어날 수 있게 해 주는 대안적 반응과 활동의 전체 네트워크가 있는가 하는 문제다.

가시적인 곳에서 소녀들의 역할은 무엇인가
이는 문화에서 여성의 전반적인 종속을 반영하는가

여기서는 세 가지 선별된 이미지만 제시해도 충분히 제 역할을 할 것이다. 분명히 소녀들이 존재하는 곳에서도 이들이 존재하는 방식은 이들의 문화적 종속이 유지되고 재생산되는 방식을 시사한다. 첫 번째는 가죽 옷을 걸친 오토바이 소녀의 이미지인데, — 신문에서 등장했듯이 확실히 — 새롭고 위협적인 부류의 공격적 섹슈얼리티를 예고하는 일종의 하위문화 스타 이미지다. 이 이미지는 신문과 미디어에서 새로운 성적 관용성을 예고하는 데 흔히 사용되었다. 그러나 이러한 존재가 어떻게 (비록 새롭고 현대적이고 대담하긴 해도) 순수하게 성적인 방식으로 기호화되었는지 주목해야 한다. 팬 스틱을 바른 입술, 어둡게 화장한 눈, 멍한 표정 없

172 이 인용문은 현재 버밍엄 청년센터에서 열네 살 소녀 대상으로 수행 중인 일련의 인터뷰에서 따온 것이다.

는 얼굴, 약간 지퍼를 내린 가죽 재킷 등이 그렇다. 이 하위문화적 이미지는 한편으로는 광고와 현대 패션 업종의 새로운 섹슈얼리티와 거의 차이가 없고, 다른 한편으로는 포르노그래피 업종의 고전적인 물신화이기도 하다. 이 언뜻 새롭게 보이는 성적 관용성 안에서, 오토바이 하위문화의 진짜 성적 종속은 신비화되었다. 일반적인 오토바이 문화에서 어린 여자는 문화적 핵심에서 계속 배제된 채로 있었다. 즉 여자는 특정한 하위문화의 정점인 '폭주'나 주말 질주에 동참하려면 남자 라이더의 뒷좌석 탑승 제안을 받아들여야 했다. 하위문화의 상징적 핵심, 즉 오토바이 자체, 기계에 관한 기술적 지식, 기계의 한계와 성능 등에까지 침투한 소녀는 거의 없었다. 소녀의 집단 소속은 그녀가 함께하는 남자에게 달려 있었다. 이는 항상 잠정적이었고, 그녀와 남자의 관계 상태에 따라 손쉬운 집단 퇴출로 이어졌다. 더 엄격한 버전의 오토바이 문화 — 예컨대 지옥의 천사들Hell's Angels[173] 그룹 — 에서는 그룹의 전체 초점이 압도적으로 남성적이었는데, 바로 터프한 남성의 **마초** 문화machismo culture였다. 여기엔 일부 남성만큼 터프해질 수 있는 오직 소수의 여성만이 진입할 수 있었고, 그 후에는 리더의 여자거나 지부 전체에 일종의 '엄마' 같은 존재가 될 때만 가능했다. 《지옥의 천사들*Hell's Angels*》(1967)에서 헌터 톰슨Hunter Thompson은 천사들이 빈번하게 대다수의 여성을 성적 대상으로 취급했다고 주장한다. 즉 이들은 '엄마'가 아니면 윤간 대상이었다. 이 하위문화에서 관계의 내용과 이미지는 새롭고 대단히 일탈적이었을 것이다. 그러나 지옥의 천사들이 여성의 세계를 자신을 돌보는 황금 심장의 여인과 매춘부로 구분하는 경향은 대단히 오래된 전통적인 이항

173 지옥의 천사들은 1948년 미국 캘리포니아에서 모터사이클 동호회 형태로 출발해 전 세계로 확산했다. 1960년대 저항 문화의 일종으로 유명해졌는데, 자주 폭력이나 조직범죄에 연루되어 있다는 의심을 받았다. — 옮긴이

대립binary opposition이다.

앞서 주장했듯이, 모드 문화와 그곳에 속한 소녀들의 두드러진 가시성이 아마 우리 주장과 더 관련이 있을 것이다. 소녀들은 항상 학교와 결혼 사이의 짧은 기간에 어떤 식으로든 일자리에 출근하곤 했다. 그러나 1960년대 초에는 직장에 다니는 10대 후반의 소녀가 더 많았던 것 같고, 특히 부티크, 화장품, 의류 업종의 '화려한' 일자리와 사무직 등 분명히 새로운 종류의 직업도 생겨나고 있었다. 이 일자리는 사실 따지고 보면 단순 반복 노동에다 전망이 밝지 않은 쪽이었지만, 특히 대도시에서 이러한 일자리에는 차려입고 '시내'로 출근한다는 느낌이 약간 있었다. 부티크 업종에서는 화려함과 지위가 흔히 열악한 임금을 상쇄했다. 변해 가는 경제적, 직업적 구조가 이러한 부류의 직업에 종사하는 소녀들에게 모드 문화의 소비자주의에 더 적극적으로 참여하도록 하는 데 기여했을 수도 있다. 그러나 이러한 참여 확대는 또한 문화적으로 구조화되어 있었다. 개인적 '멋짐'이란 모드족 기풍은 좀 더 공격적이고 거슬리는 하위문화 스타일보다는 소녀들이 부모나 어른의 직접적인 반응을 유발하지 않고도 집이나 학교, 직장에서 손쉽게 유지할 수 있었다. 부모와 교사들은 소녀들이 뽀얗게 화장한 얼굴과 단발머리가 '요즘 좀 특이하게' 보인다는 사실은 알았지만, 데이브 랭이 모드족에 관해 언급했듯이, "부모들은 이해할 수 없었지만 이들의 행동거지에는 뭔가 있었다"(1969). 문화의 이러한 유동성과 모호성은 소녀들이 반드시 어떤 모드 소년과 직접 **커플이 되지** 않고도 '활동할' 수 있다는 뜻이었다. 즉 그녀는 모드 커플이 되든, 다른 모드 소녀 무리에 속하든, 혹은 심지어 혼자로든 '모드가 될' 수 있었다는 것이다. 참여는 옷이나 외모, 스타일화된 겉모습과 큰 관련이 있었다. 남성 모드족처럼 모드 소녀는 똑같이 세부적인 옷차림에 요란을 떨고, 똑같이 외모에 과도하게 신경 쓰는 식의 태도를 드러냈다. 하위문화의 소년 소녀들은 더 비슷하게 보였기에, 모드 소녀들의 가시성은 더 높아졌을 수도 있다. 패션 업종이 유니섹스 옷차림에 손대게 된 것은 아마 모드 스타일의 확산 덕분일 것이다. 그러나 우리가 이미 주장했듯이, 이는 하위문화 전체가 테디 보이나 오토바이 문화에 비해 전체적으로 다소 '여성적'으로 보였기 때문이었을 수도 있다. 이 이미지는 모드족의 맵시와, 스타일, 소비, 외모에 대한 집착, 그의 전반적인 스타일리시함에 의해 보강되었다. 지금 단계에서는 왜 다른 곳에서는 흔한 심한 쇼비니스트적인 태도가 모드 집단에서는 만연하지 않은 것처럼 보이는지 판단하기란 불가능하다. 그러나 지배적인 전반적 인상은 분명히 그렇다. 하위문화 스펙트럼에서 좀 더 여성적인 끝단에 있는 모드 문화의 위상은 단순히 다른 쪽의 (모드/로커족 간의 상당한 경쟁의 원천인) '더 강경하고' 남성적인 하위문화에 대한 거부감을 반영할 수도 있다. 이는 하위문화 전반의 지위 상승 이동적 성격과 성향을 반영할 수도 있다. 또한 참여한 소녀들의 상대적 자신감 강화와 관련된 것일 수도 있다. 이러한 자신감은 대략 이 무렵 브룩 상담소Brooke clinics[174]의 등장과 16세 이상의 미혼 여성용 피임약의 이용 가능성 증가와 무관하지 않았다. 물론 어떤 집단이 이 시설을 처음 이용하게 되었는지는 정확하게 알 수 없지만, 그 시설의 접근 가능성은 적어도 이용자의 성적 자신감을 높여 주었음에는 틀림없다. 그리고 우리가 주장했듯이, 남성 중심적 하위문화에 속하거나 주변에 있는 소녀들에게 성적 자신감은 사회적, 문화적 자신감에도 영향을 미쳤을 것으로 추정할 수 있다.

소녀들이 모드 하위문화에서 더 가시적이고 상대적으로 독립적으로 변한 일반적 경향은 소녀들의 삶을 사전에 결정하고 이 상대적 가시

174 브룩 상담소Brook Advisory Centre는 영국의 헬런 브룩Helen Brook이 1964년 25세 이하 싱글 여성에게 피임 관련 자문을 제공하기 위해 설립한 기관이다. 1967년 새 국립건강서비스법National Health Service Act은 이 서비스를 정부 차원에서 공식화했다. — 옮긴이

성/자율성/공간을 제약하고 한정하는 기본적인 물질적, 사회적 구조의 지속적인 장악력과 함께 고려해야 한다. 앞서 주장했듯이, 모드 하위문화는 일부 참여자에게 이 제약 여건과 어떤 '상상적 관계'를 체험하며 살아가게 해 주었을 수는 있으나 초월하게 할 수는 없었다. 모드족 소녀의 '상대적 자율성'은 이들의 단기적 풍요를 반영했다. 하지만 이들에게 가외적인 현금을 제공해 준 일자리는 단기적 만족은 주지만, 직업 경로로서의 전망이나 초과 근무 보너스 기회는 거의 제공하지 못했으며 20세 도달 이후의 임금 폭 상승도 보장해 주지 못했다. 비록 더 나은 교육은 아니더라도 더 오래 교육을 받았지만, 그런데도 소녀들은 아마 주로 뉴섬식 사고방식에 노출되었을 것이다. 뉴섬식 교육[175]은 '일찍 학교를 떠나는 학생'을 위한 교육 과정의 일환으로 '소녀들의 흥미를 북돋우도록' 설계되었는데, 가정용이나 여성적 과목, 아이 돌보기, 대인 관계 훈련, 상업적, 사무직 실무 등이 그 내용을 이루었다(Newsom, 1948; 1963을 보라). 모드 하위문화 참여가 모녀간의 유대에 심각한 균열을 초래하거나 소녀들의 자아 개념이나 결혼과 가족에 대한 성향을 상당히 훼손했음을 시사하는 증거는 없다.

물론 '히피'라는 용어는 온갖 다양한 무리와 경향을 망라하는 우산 개념이다. 여기서 가장 직접적인 관련성이 있는 측면은 대다수의 소녀들이 이 무정형 문화의 특정 부분에 진입하거나 끌려 들어가게 된 지점인데, 바로 중간 계급 학생 문화다. 중간 계급 소녀에게는 비구조화된 상태이긴 하지만 정당한 공간이 상당 정도 뚜렷하게 실제 히피 하위문화

175 뉴섬식 교육이란 영국에서 1963년 정부위원회 자료로 발간된 이른바 '뉴섬 보고서'의 전반적 방향을 지칭한다. 당시 존 뉴섬John Newsom을 의장으로 하는 위원회는 〈절반의 미래Half Our Future〉라는 보고서에서 평균이나 평균 이하의 능력을 지닌 학생들의 교육 향상에 영국의 미래가 달려 있다고 주장하면서, 이 목적 달성을 위한 여러 가지 개선 방안을 제시했다. — 옮긴이

와 주류 중간 계급 문화(대학 진학 준비 기간sixth form[176] 혹은 학생 문화) 사이 어딘가쯤에 주어져 있다. 따라서 중간 계급 여학생이나 대학 신입생에게는, 실제로 거주하든 방문용이든, 아파트란 부모들이 침투할 수 없는 타협된 영역에서 얻어낸 쟁취물을 상징한다. 또한 이 공간은 상대적으로 비구조화된 학생 생활의 성격 때문에 마찬가지로 금지될 수 없는 곳이기도 하다. 중간 계급 여학생은 시간도 더 많고 시간표도 더 유연한 데다, 3~4년 동안은 적극적으로 결혼 이야기도 꺼낼 수 없는 상황일 뿐 아니라, 마지막으로 환경도 더 유연하고, 엄격하게 노동과 여가로 구분되지 않는 총체적인 경험을 더 많이 하게 되므로 **개인적** 스타일을 개발할 여유도 생기게 된다.

반면에, 이러한 신축성을 감안할 때, 이 주변적 문화 내에서나 히피 하위문화의 주류 내에서나 전통적으로 여성적인 역할에서 벗어나는 변화는 놀랍게도 거의 없다고 말해도 좋을 것이다. 우리가 히피 문화에서 가장 쉽사리 떠올리는 스테레오타입화한 이미지는 어머니인 대지, 수유 중인 아기, 연약한 라파엘 전파pre-Raphaelite[177]식 귀부인의 이미지인 경향이 있다. 비록 이 공황 자체가 이중성을 띠고 있어, 모성과 연계된 성적 관용성이 공격적 페미니즘보다 더 구미에 맞게 비칠 수는 있지만, 언론 보도를 통해 도덕 공황의 일부로 부상한 이미지를 무비판적으로 수용하는 자세의 위험성은 당연히 인지하고 있어야 한다. 분명히, 좀 더 전통

176 영연방 국가 중등학교 학제에서 고등학교 졸업 전 2년간의 기간을 말한다. 취업 준비 과정은 제외하고 주로 대학 진학 준비용 학술 과정을 지칭하는 용어다. — 옮긴이

177 라파엘 전파는 19세기 중반 윌리엄 헌트William Hunt, 존 밀레이John Millais, 단테 가브리엘 로세티Dante Gabriel Rossetti 등 영국의 화가들이 주도한 회화 운동을 지칭한다. 라파엘로와 미켈란젤로에서 시작해 매너리즘으로 이어진 이전 화풍이 고전적인 자세와 우아한 구성 등 지나치게 기계적인 접근이라며 거부하고, 라파엘로 이전 시기인 15세기 이탈리아 회화의 강렬한 색감과 풍부한 디테일, 복합적 구성을 추구했다. 이들은 자연으로의 회귀와 현대 문화에서 상실된 중세 문화에 매료되었다. — 옮긴이

적인 음악 영역에서처럼 거의 늘 '히피' 여성은 가수로서 가까스로 살아남았는데, 이는 추정컨대 여성의 목소리가 독특성을 띤 덕분이었다. 이 점을 감안하면, 일반적으로 통용되는 이미지 유형은 아주 제한적인 듯하다. 이 영역에서 성공한 소수의 여성들은 대개 이를테면 조니 미첼Joni Mitchell처럼 부드럽고 시적이고 성찰적인 이미지이거나 제니스 조플린Janis Joplin이나 매기 벨Maggie Bell을 연상시키는 공격적이고 터프하며 술에 찌든 유형에 잘 들어맞는다.

하지만 언더그라운드가 여성들이 유난히 두각을 나타낸 대안적 직업/라이프스타일의 여지를 제공했음을 인정하지 않는다면 오도의 여지가 있을 것이다. '대안적' 발간물로서 〈여분의 갈비뼈*Spare Rib*〉[178]는 이러한 맥락 안에서 확실하게 파악할 수 있다. 또한 〈릴리스*Release*〉의 캐롤라인 쿤Caroline Coon은 저항 문화의 일부로 생겨난 정보/지원/관계 센터에서 일하는 수많은 여성 중 한 명이었다.

소녀들은 자신의 문화생활을 조직화하는 대안적 방식을 갖고 있는가

위에서 제시한 일부 추론을 통해, 대다수의 소녀는 남성 하위문화에 대한 대안적 전략을 찾아낸다는 결론을 얻을 수 있다. 그렇다면 중요한 문제는 남성 하위문화에서 소녀들의 존재 혹은 부재가 아니라, 소녀들이 자신만의 독특한 문화를 형성하기 위해 내부적으로, 또 서로 보완적으

178 〈여분의 갈비뼈〉라는 잡지 이름은 성서 창세기에서 하느님이 아담의 갈비뼈 하나를 취해 여성을 창조했다는 이야기에서 따온 것이다. 즉 여성은 남성에게서 독립해 존재할 수 없다는 가부장적인 성서 해석을 비틀어 풍자한 표현이다. — 옮긴이

로 상호 작용하는 방식일 수도 있다. 소녀들 사이에서 가장 의미 있는 대안적 '하위문화' 형태 중 하나는 10대 유행족the Teeny Bopper[179] 문화다. 물론 전혀 새로운 현상이 아니긴 하지만(지난 20년 동안 소녀/팝 아이돌 관계는 늘 존재했다), 현재 통용되는 청년 문화 중 가장 고도로 생산품화된 형태 중 하나다. 즉 이는 거의 총체적으로 패키지화한 것이다. 이 현상의 증거는 팝 진화 궤도 어디서든 찾아낼 수 있지만, 1970년대 10대 유행족 문화에서 중요한 부분은 특히 더 어린 시장인 10~15세 소녀들을 겨냥했다는 점이다. 이들은 너무 어려 심지어 비틀스를 들어본 적도 없고, 오빠나 언니들이 열렬하게 듣는 새로운 헤비 록(E.L.P., 그렇다, 레드 제플린Led Zeppelin이나 딥 퍼플Deep Purple)에도 흥분하지 않는 층이 분명했다. 잠재적 회전율이 빠른 (이번 주에는 마크 볼란Mark Bolan, 다음 주에는 데이비드 캐시디David Cassidy식으로) 이 시장의 매력은 — 특히 스크린젬스Screengems와 MGM처럼 — 경영난에 허덕이던 미국 영화사와 방송사에게 이윤을 끌어올릴 기회도 부여했다.

심지어 이런 식으로 형성된 네트워크와의 관계에서도, 소녀들 자체 내의 다양한 타협 과정이 작동하는 것을 발견할 수 있다.

a) 10대 유행족 문화는 오직 침실과 전축, 친구들을 불러도 좋다는 허락만 필요해, 가정에 있는 10~15세 소녀들이 손쉽게 수용할 수 있다. 그러나 이 정도의 역량 안에서도, 이 문화는 이 소녀들에게 준 성적 의례에 참여할 기회를 제공할 수 있을 것이다(소녀들은 소년들 사이에 흔한 자위 의례도 접하지 않는다는 점을 유념해야 한다). 이 문화는 또한 — 포스터를 붙인 침실과 록 콘서트 등 — 사적, 공적 표현의 기회도 제공한다.

179 10대 유행족 문화는 음악, 패션, 문화 등 청소년 문화의 최신 추이를 열심히 추적, 모방하는 10대 초반 소년, 소녀들의 문화를 지칭한다. 원래 마케팅 분야에서 고안된 용어였으나, 독자적인 하위문화로 발전했다. — 옮긴이

b) 10대 유행족 문화는 누구든 동참하게 할 수 있을 정도로 충분히 신축성이 있다. 이는 진입 시 어떤 배제 규칙이나 자격 요건을 가동하지 않는다. 따라서 특정 활동 참여에는 어느 정도 역량과 돈이 요구되는 여학교 환경과 큰 차이가 있다.

c) 개인적 모욕이나 타락을 포함할 위험도 없고, 바람을 맞거나 피해 입을 가능성도 없다. 우리가 접해 본 일부 10대 유행족 소녀는 소년들이 '한 가지'에 총력을 기울인다는 사실도, 그러한 게임에서는 소녀들이 늘 패배할 것이라는 사실도 놀랄 정도로 잘 알고 있었다. 그렇다면 10대 유행족 문화 참여는 성적인 이름표가 붙을 가능성으로부터 일종의 방어적 후퇴로 볼 수도 있지만, 다양한 소규모 여성 무리 안에서 고도의 자급자족 추구 성향을 드러낸다고도 할 수 있다. 즉 '우리는 여자들끼리 아주 잘 놀아요'라는 식이다.

d) 도니 오즈먼드Donny Osmond 등 특정 스타에 대한 집착은 학교에서 소녀들의 삶을 통제하는 선별적이고 권위주의적인 구조에 맞서는 의미 있는 반응으로 볼 수 있다. 즉, '집착'은 교사를 소외시키는 수단이 될 수도 있고, 만일 공유한다면, 특히 스스로 학업에서 낙오자라는 의식을 지닌 학생들에게 방어적 유대감을 제공할 수도 있다.

10대 유행족 문화에는 소녀들에게 자신만의 공간을 협상할 수 있게 해 주는 요소가 분명히 존재할 수도 있다. 그렇지만 우리가 파악할 수 있는 한, 이들이 불러내서 교환하는 소녀와 아이돌 간의 관계는 판타지의 요소 — 즉 대체 — 로 가득 차 있으며, 10대 유행족 시장의 명백하게 상업적이고 성적으로 조작적인 아이콘을 어느 정도 탈섹스화하는 부분도 있다. 여기서 소년이든 소녀든 상업적 팝 음악 문화의 재현된 이미지에 몰입하는 과정에 항상 어느 정도 존재하는 판타지화와 물신화는 특히 고도의 강력한 감정적 정점에까지 고양된다. 이 저항을 특징짓는 판타지 관계의 존재 자체가 무대 위의 남성을 경외하는 종속적이고 숭배하는 여성의 존재에 의존한다는 사실은 의심의 여지도 없어 보인다. 이 문화는 또한 미래의 '실제' 관계 형태를 기대하는 경향이 있다. 이 점이 잡지 기사와 스토리에 표현되는 한, 이 문화는 로맨스와 결국에는 이상화된 버전의 결혼을 희망하도록 소녀들을 유도하게 된다. 그렇다면 10대 유행족 스펙트럼 전역에서 작동하는 변증법은 말하자면 훨씬 더 철저한 셈이다. 10~15세 소녀들이 개인적이고 자율적인 영역을 조성할 수 있도록 마련된 소규모의 구조화되고 고도로 생산품화된 공간은, 이 전략이 현재의 종속뿐 아니라 미래의 일반적인 종속도 상징한다는 양해하에서만 제공되는 듯하다.

결론

그렇다면 이 글에서 우리의 초점은 하위문화 집단 현상에서 벗어나는 경향이 있는 셈인데, 이는 단지 우리가 보기에 하위문화 집단은 (남성 집단에 상응하는) 여성의 의례, 반응, 협상 결과를 발견할 가능성이 가장 큰 장소가 아닐 수도 있기 때문이다. 청년 하위문화 연구에서 섹슈얼리티 차원이 포함될 때, 소녀들은 적어도 부분적으로는 자신들의 성적인 종속으로 볼 수 있는 것에 대해 다른 유형의 저항을 제기하며, 다른 공간을 협상해 내는 것으로 볼 수 있다는 느낌이 든다. 따라서 여성 청년 문화가 활동에서는 아니더라도 형태에서는 — '함께 어울려 다니는' 5~10세 소년들부터 시작해 아무나 받아들이는 — **비하위문화** 남성 무리와 비숫할 수도 있지만, 미국의 10대 경험을 기술하면서 다음과 같이 지적한 줄스 헨리Jules Henry의 의견에는 대체로 동의하고 싶다.

> 점차 청소년기에 가까워지면서 소녀들은 자신이 하는 사실상 다수의 일에 집단을 필요로 하지 않기에, 집단이 둘 이상이면 걸리적거리기만 한다고 여길 것이다. 소년들은 떼 지어 다닌다. 소년들에게 네 명으로 된 집단이면 거의 쓸모가 없는 반면, 소녀들은 네 명 이상의 단체로 모이는 일이 드물다. 소년들은 상대적으로 대규모 집단 내에서의 남성적 유대에 의존한다. 소년들의 집단에서는 남성적 단결을 강조한다. 소녀들의 파당에서는 단체의 목적이 다른 소녀들을 배제하는 데 있다. (Henry, 1963)

우리의 사전 조사 결과에 비추어 보면, 소녀 문화는 외부와 너무나 잘 차단되어 있어, 다른 '바람직하지 못한' 소녀뿐 아니라 남자, 어른, 교사, 연구자까지도 사실상 배제하도록 작동한다는 점을 덧붙이고 싶다.[180]

180 우리가 버밍엄 청년센터에서 접한 소녀들은 자기들끼리 끊임없이 농담을 한다. 이들의 목적은 오로지 개인적 질문으로 자신들의 영역을 사실상 침범하고, 자신이 싫어하는데도 매주 디스코에 나타나는 연구자에게 혼란을 주거나 헷갈리게 하려는 데 있다. 예를 들면, 14세 소녀 세 명으로 된 무리는 자기 '갱'의 네 번째 구성원이 남성 성기를 갖고 있다고 우리에게 설명했다. '농담'은 아주 진지하게 약 10분 동안 이어져서, 소녀 중 한 명이 '디키'가 미들섹스Middlesex[이는 영국의 한 지역 이름이기도 하고, 남녀가 아닌 중간의 젠더라는 의미도 있다. ― 옮긴이] 출신이라고 말할 때쯤에는 그런 확신이 들었다. 소녀들은 자지러지게 낄낄댔고, 인터뷰는 중단됐다.

16장

주변성에 관한 주석

레이철 파월, 존 클라크

앞 논문에서 말한 모든 사항에 비춰 볼 때 소녀들의 하위문화 참여(혹은 비참여) 형태 분석이, 아직 완전한 해답이 나오지 않은 어떤 중요한 이론적 질문을 제기한다는 사실은 분명하다. 소녀들의 상황에 관해 균형 잡힌 설명을 제시하고자 하는 분석가조차도 — 우리가 보기에는 — 잘못 적용하는 개념이 있는데, 우리는 이 주석에서 이 개념에 맞추고자 한다. 은연중에 사용되기도 하고 비명시적으로 사용되기도 하는 이 개념을 잠정적으로 **주변성**marginality으로 기술하려 한다. 주변성은 동원된 이론적 구성물에 준분석적 형태로 원용되기도 하고, '현실' 지각에 응용되기도 한다. 앞의 양식에서는 마치 사회적 총체성, 그리고 그 속의 하위문화적 활동이 인간이 하는 일의 측면에서 설명되고, **그다음엔** 소녀들의 활동도 추가적이고 좀 더 섬세한 하위 범주로 설명되는 것처럼 통한다. [후자인] 지각 양식에서는, 여성의 **실제** 활동이 남성과 똑같은 구조적, 문화적 연결망 속에서 발생한다고 간주되지만, 어떤 경우든 여성의 참여는 구체적 계급 상황을 구성하는 주요한 긴장, 갈등, 타협에 부수적인 것처럼 인식된다. 우리는 (만약 실로 이것이 모델이라 불릴 정도로 충실하다면) 이 모델이 부적절하다고 믿는다.

도형으로 표시해 보면, 이는 일련의 동심원으로 표시된다. 원에서 바깥으로 나갈수록, 그 안의 거주자는 지배 문화의 중심인 중간 계급 성인 남성의 세계에서 더 떨어진 주변적인 존재가 된다. 따라서.

도형 A

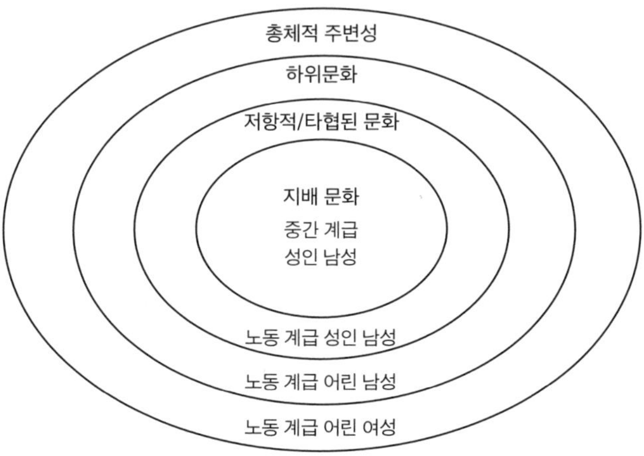

이 도형은 잠재적으로 일탈적인 소녀의 활동이라는 한 가지 이론적 초점에 따라 도식화되고 선별된다. 이는 스킨헤드족 연구로부터 전체 사회 모델을 정교화해서 도출하려 시도하는 것이나 마찬가지다. 만약 **다른** 여성들은 어디에 속해야 하는지 우리가 묻는다면, 이 모델의 결함은 더 뚜렷해진다. 성인 중간 계급 여성은 중간에 더 가깝고, 예컨대 성인 노동 계급 남성보다 덜 주변적인가? 이러한 부류의 질문은 어떤 단일한 만족스러운 해답이 없지만, 그러한 모델의 타당성을 약화시킨다. 이 모델은 가족의 **중심성**과 **사적 성격**이라는 가정, 그리고 여성에게 **적합한 영역**으로서의 가족이라는 가정에서 도출되는 설명력을 어느 정도 갖고 있다.

이러한 가정에서 출발하면, '다른 여성들'을 어디로 분류할 것인지는 아무런 문제가 되지 않는다. 우리는 이들이 어디에 있는지 알고, 이들은 **그곳에 있지 않고**, 사적이고 사회적으로 보이지 않는 가정생활에 숨겨져 있다는 사실도 안다. 이 여성들은 권력, 경쟁, 갈등의 세계 바깥에 있고, 그 결과 오직 가정 **바깥에** 있는 소녀들만이 (그리고 좀 더 최근에 와서는 '폭력적인' 소녀와 여성만이) 그 도전과 통제의 영역으로 진입한다. 이렇게 여성을 이데올로기적으로 배치하는 방식은 다음과 같이 도형화할 수 있다.

도형 B

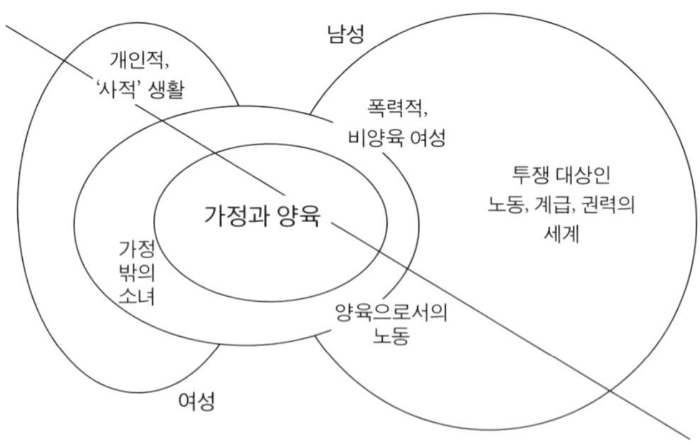

지배 문화의 시각에서 보면 실로 여기에는 일종의 주변성 문제가 재현되고 있다. 이는 특정한 이데올로기와 통제의 구성체에 독특한 문제들이다. 그 시각에서 보면, '여성의 문제점'은 **부모의 보호에서 벗어나 — 한 가족에서 벗어나 — 다시 모성적 역할이라는 새로운 가족으로 가는 '위험한 이행'을 어떻게 어린 소녀가 관리할 것인지**로 공식화할 수 있다.

그러한 통제 문제 개념은 주변성 문제를 아주 다른 식으로 사고하도록 유도한다고 주장하고 싶다. 문제점을 사회의 사회관계 재생산에서 잠재적으로 '약한 고리'를 확인하는 일로 간주함으로써, 이 개념은 그러한 이행을 낳도록 설계된 주요 제도적 구조와 소녀들이 맺는 관계를 살펴보게 우리를 유도한다. 이는 **동일한** 주요 제도 군에 대한 소년과 소녀의 **분화**된 관계를 분석함으로써, **진짜** 균형 잡힌 분석 가능성을 허용해 준다. 여기서 분화라는 단어는 각 제도가 그 이행을 통해 소년이나 소녀의 관계에서 행사하는 상대적 현저성과 권력에 대한 인식을 의미한다. 우리는 이 책 앞에서 (남성) 하위문화는 가정/학교와 직장 사이의 취약 지점에 서식한다고 주장했다. 이와 대칭되는 소녀 분석은 우리를 이 이행의 성격으로(즉 소녀들은 이 제도들에 대해 남성들과 동일한 주변성 관계에 있는가 하는 질문으로), 그리고 이들이 이 이행에 서식할 때 취할 수 있는 형태로도 유도한다. 논의의 출발점으로, 두 가지 이행을 다음과 같이 (과도하게) 도식화하고자 한다.

도형 C

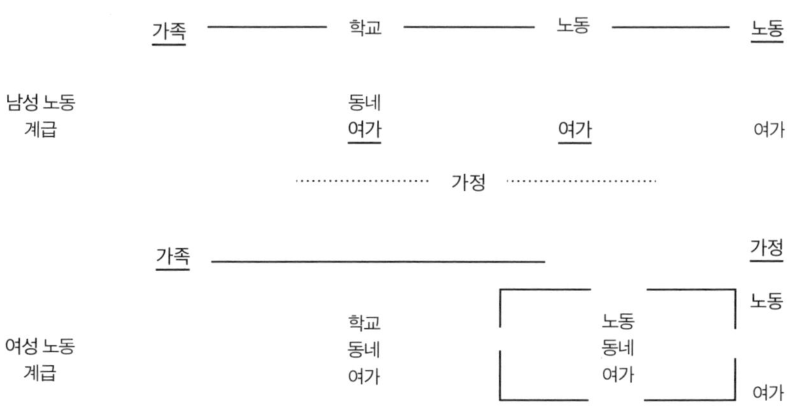

주

1. 출발점인 가족은 내부 경제에서 수행하는 기능 측면뿐 아니라 다음 단계로의 이행을 위한 실질적인 훈련장으로서, 소년보다는 소녀에 대해 더 엄격하고 영구적인 장악력을 행사한다.
2. '아내/어머니'로서 소녀의 재생산은 (학교에서는 기회 억압, 여성적 '직업' 훈련 등; 여가에서는 소비성 여성성, 로맨스 등) 다른 제도 영역에서도 보강된다.
3. 노동은 (경제적으로 등) 상대적 자유의 잠재적 원천으로 존재하지만, 다음 요인에 의해 균형을 이루게 된다. (a) 가정 기반의 지배적인 경력 중단으로서의 노동이라는 지배적 개념, (b) 노동 계급 소녀들이 가정에 거주하는 패턴으로, 이는 부분적으로 여성의 [낮은] 임금 수준에 의해 강제된다.

그렇다면 우리의 주장은 여성이 사회구성체에서 별개의 비가시적 부분으로 존재하지 않고, 남성과 정확히 똑같은 제도적 구조에 관여하지만, 처한 관계가 다를 뿐이라는 것이다. 여성의 비가시성을 구조화하는 것은 가정과 노동 사이의 지배적인 이데올로기적 구분이지, 이들이 노동의 세계에서 **실제로** 부재하기 때문이 아니다. 이들이 오로지 가정의 '사유화된' 세계와 동일시하게 된 것은 첫째로 역사적으로 (자연적인 것이 아니라, 그리고 오랫동안 아주 불균등하게) 노동이 가정에서 분리되었기 때문이며, 둘째로는, 노동하는 여성이 계속해서 존재했기 때문이다. (이는 또한 남성이 가정에서도 존재한다는 사실을 은폐한다.) 남성과 여성은 두 가지 경험적으로 분리된 세상에서 살지 않으며, 서로 다른 관계 속에서, 서로 다른 궤도 위에서 동일한 제도를 거쳐 간다. 우리는 이처럼 서로 얽힌 구조를 대략 도형 D로 표시하고자 한다.

도형 D

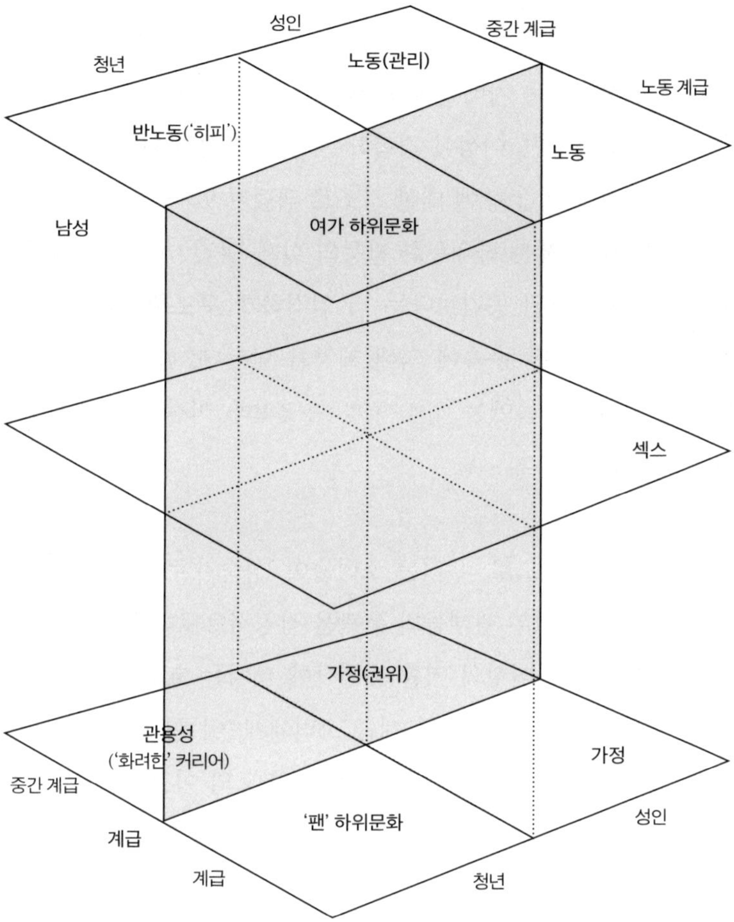

주

1. 도형이 보여 주려 하듯이, 남성이든 여성에게든, 청년이든 성인이든, '사회적 공간'은 계급에 의해 고도로 구조화된다.

2. 하지만 그러한 기본적 구분을 감안할 때, 나이와 성, 어느 정도는 계급 자체와 같은 사회적 장벽은 구조 내에서 실제 위치에 따라 침투 가능성 정도의 차이를 드러낸다. 상대적 침투 가능성은 기본적인 경제적, 이

데올로기적 형태에 의해 규정되지만, 주로 **생애사적** 환경으로 경험된다 (위 크리처의 글을 보라).

3. 두 성별에 가능한 활동의 차원들은 어떤 대립 항을 중심으로 구성된다. 그러나 남성에게는 지배적 대립 항이 노동/비노동, 경영/노동, 노동/여가의 대립 항이라면, 여성이 경험하는 **동일한 대립 항**은 과도할 정도로 가정/비가정의 대립 항에 대한 강조로 뒤덮여 있다.

4. 그렇다면 소녀에게는 하위문화 활동의 실제 '공간'이 주변적이지는 않으나 남성에게 개방된 공간보다는 **더 엄격하게 구조화**되어 있다. 이는 이중적으로 구조화된 종속에 의해 제약을 받는데, 하위문화적 브리콜라주에 가능한 요소들에는 (위의 스타일 논문을 보라) 이전에 확립된 의미가 더 과중하게 실려 있다.

그렇다면 마지막으로, 우리는 소녀들이 '성숙기'로 이행하는 과정에서 사용할 수 있는 일부 형태들의 윤곽을 잠정적으로나마 그려 보고, 이와 더불어 이것들이 여성의 역할 재생산에 미치는 효과에 대한 관찰도 일부 정리해 보고자 한다. 노동 계급 소녀에게, 이 형태의 대략적인 레퍼토리는 — 물론 이는 포괄적이지도 않고 별도의 이것/혹은 저것 식의 선택 문제도 아니다 — 다음과 같을 듯하다.

'젊은 엄마'	'침실 문화'	'고정 데이트 상대'	디스코 '그룹'	'커리어 걸'	'매춘부.' '헤픈 여자'

이 형태들은 모두 **여성성**에 대한 특정한 정의를 중심으로 결정되며, 실제적('고정 데이트 상대steadies') 관계와 잠재적/상상의 크로스 섹슈얼 관계를 포함한다. (여기서 포함된 '커리어 걸'은 그 궤도가 가정/비가정 대립 명제 내에서의 순응으로 볼 수도 있지만, 그들의 여가 활동에 대해서는 여기서 무엇이라고 단정하기 어렵다). 심지

어 어떤 남성도 경험적으로 존재하지 않는 곳에서도, 이것들은 다양한 형태로 여성 섹슈얼리티와 여성의 종속성 형태 중 하나를 재생산한다. 이들은 지배적인 가족 기반의 섹슈얼리티 개념을 파괴할 수도 있으나(예컨대 '헤픈 여자'), 그러한 경우라 하더라도, 남성과의 또 다른 성적 관계 개념을 강화해 종속을 재생산한다. 이 형태들은 자신의 정체성을 구성하는 주요 요소들의 수용이나 타협을 포함한다. 여성 섹슈얼리티 정의에서 드러난 모순의 탐구를 포함하는 타협책인 셈이다. 이 형태 중 대단히 널리 알려진 것들은 특히 이러한 이데올로기적 긴장을 뚜렷하게 드러내는데, '연소자와의 긴장 관계로서의 섹스'인 10대 유행족이나(그렇다면 섹스는 **언제**쯤이면 적절해지는가?), 거리와의 긴장 속의 섹스로서의 팬(섹스는 **어디서** 하는가? 머릿속에서? 아니면 몸으로?), '가족과의 긴장 속의 섹스'로서의 소녀팬(섹스는 **무엇을 위한** 것인가?)이 그러한 예다.

그러나 소녀들은 **또한** 자신의 성적 정체성을 사회적 이동성의 경로로 여기도록 권장된다. 그것이 (소년들에게 통상적인 것처럼) 계급 경계를 넘어서는 행위로 정의되든, 일찍부터 성숙한 지위로 이행해 '자신의' 가족에서 엄마가 되는 것이든 상관이 없다. 도형 D의 내용을 보면, **중간 계급** 젊은이에게는 나이의 경계가 상대적으로 넘어가기 수월하다고 여겨질 수도 있고, 노동 계급 **소녀**들에게는 다른 식으로 경계 넘기 수월성의 형태가 발생할 수 있다. 이는 확실히 판타지화된 것이지만 어느 정도는 실제로 가능하기도 하다. 즉 노동 계급 소년들의 경험과 반대로, 소녀들의 여가 활동 자체가 '직업 경로'의 요소를 제공할 수도 있다. 서로 얽힌 경계를 가로지르는 일부 이행 형태들은 분명히 이 요소를 최소화하는데, 일부 거친 스킨헤드족 소녀나, 일부 터프한 모드족 소녀처럼 젊은 노동 계급 **남성**이 점유한 지대로의 이행이 그렇다. 하지만 일부 노동 계급 히피 소녀나, 일부 대단히 출세한 포섭된 모드족 '스타'처럼, 젊은 **중간 계급** 영토로의 이행을 포함하는 다른 사례는 상당히 더 큰 '직업 경로'의 전망을 제공할 수도 있다. 그리고 이를 반듯하고 '정상적으로만' 시행한다면 — 나이 경계를 넘어서 노동 계급 **성인**의 영토인 조기 결혼과 출산으로 들어가는 것 — 그 어떤 것보다도 더 두드러진 '직업 경로'를 마련해 주게 된다.

물론 이 주석은 아직 도식적인 수준에 불과하다. 지금 우리에게 필요한 것은 우리 모델이 작동하는지 확인하기 위한 자세한 민속지학적 연구다.

17장

청년 문화의 정치

폴 코리건, 사이먼 프리스

우리의 관심사는 청년 문화의 **정치**적 함의에 있기에, 우리의 언급은 잠정적이며 어떤 면에서는 부정적이라는 사실을 강조하는 데서 시작해야 한다. 원래 이 언급은 영국 청년에 관한 대다수 기존 설명의 가정과 결론에 대한 비평에서 유래한다. 우리 자신의 분석은 청년 하위문화를 계급적 맥락에 배치한다는 점에서 필 코언(1972)의 입장을 따른다. 우리의 관심은 **노동 계급 청년**의 정치[181]에 있지만, 우리 전략은 코언과 다소 다르다. 우리가 주장하고자 하는 바는 특히 청년 분석가들이 범한 오류는 영국 노동 계급 문화 전반의 분석가들이 범한 오류와 관련이 있다는 것이다. 달리 말해, 노동 계급 청년 문화의 정치적 함의에 대한 이해는 노동 계급 문화 전체에 대한 이해에 근거해야 한다.

영국 노동 계급 문화에 관한 기존 문헌 — 학술적 사회학 문헌이든, 마르크스주의자 활동가의 문헌이든 — 은 이데올로기적 포섭이란 공통된 갈래에 의해 묶여 있다. 언어의 차이가 무엇이든, 좌우파 이론가의 논리는 놀라울 정도로 비슷하다. 문제점은 영국 노동 계급이 정치적으로 비혁명적/휴면 상태/수동적이라는 것이고, 이유는 노동 계급 문화가 비혁명적/휴면 상태/수동적 가치에 근거한다는 것이며, 이에 대한 설명은 노동 계급이 이데올로기적으로 포섭되었고, 그 가치는 부르주아 문화의 근본적인 수용을 반영한다는 것이다. 이러한 부류의 주장은 다양한 사회학자(토머스 험프리 마셜Thomas Humphrey Marshall[1963], W. G. 런치먼W. G. Runciman[1966], 골드소프 등[1969])와 마르크스주의자(특히 그람시[1917]를 추종하는

181 청년 문화의 정치적 분석은 1960년대 중반 이후 부르주아 청년의 '저항 문화'가 발전하면서 엄청난 혼란에 빠졌다. (일부 필자가 — 예컨대 그레이엄 머독 — 주장했던 것만큼 두 집단 사이의 구분이 절대적이진 않다고 하더라도) 학생과 히피 모두 노동 계급 10대로서는 부적합한 부류의 분석 대상이며, 그래서 이 글에서는 예를 들면 로빈 블랙번Robin Blackburn과 알렉산더 콕번Alexander Cockburn(eds., 1969) 혹은 리처드 네빌Richard Neville(1971)의 연구에 전혀 주목하지 않는다. 다양한 청년 집단 사이의 관계에 관한 작업은 아직 부족하다.

〈뉴 레프트 리뷰〉 필자들) 사이에서 발견할 수 있다. 이러한 접근 방식을 부분적으로 비판한 이론가조차도 (한편으로는 예컨대 프랭크 파킨[Parkin, 1971], 존 웨스터가드[Westergaard, 1974], 다른 한편으로는 예컨대 에드워드 톰슨Edward Thomposn[1965]) 그 접근 방식이 왜 본질적으로 과도한 단순화에 빠져 있는지 명쾌하게 밝혀내지 못했다. 우리는 특히 두 가지를 지적하고자 한다. 첫째, 이 주장은 문화를 이데올로기와 동일시하지만, 그 이데올로기를 구조화된 **제도적** 맥락 안에 배치하지 못한다. 둘째, 이 주장은 노동 계급을 그 계급 문화의 수동적인 수용자로 취급하고, 문화가 **물질적인 경험**에서 창조되는 적극적 과정을 추적하지 못한다. 요컨대, 노동 계급 정치는 지적, 관념론적 과정, 게다가 아무런 갈등도 수반하지 않는 과정을 참고해 설명된다.

노동 계급 청년 문화 분석은 아마도 그렇게 자명하지는 않더라도 정확히 똑같은 부류의 과도한 단순화에 의존한다. 청년 문화 사회학은 대부분 일탈 이론가의 특권 영역이었고, 그렇게 해서 피상적으로 보기에 부르주아 가치에 **어긋나게** 행동하는 듯한 청년에 초점을 맞췄다. 하지만 일탈은 (**개인** 일탈자가 보기에) 이 가치와 거기에 맞춰 살아갈 수 있는 물질적 가능성 간 모순의 결과인데도, 역설적이게도 이 행태에 대한 설명은 일탈 집단의 부르주아 가치 **수용**을 강조하는 주장에 의존한다. 앨버트 코언(1955)에서, 클로워드와 올린(Cloward & Ohlin, 1960)을 거쳐 다운스(1966)에 이르기까지 하위문화적 일탈 접근 방식은 방향을 다소 잘못 설정한 이데올로기적 포섭 이론이다. 심지어 스탠 코언(1973)도 (방관자에 의해 일탈이 조성되는 과정으로 옮겨가는 식으로) 강조점을 바꾸면서도 기본 요지는 건드리지 않았다. 일탈 청년은 오직 **부르주아** 가치를 준거로 삼아 이해할 수 있다는 것이다. 사회학자에게 청년 문화란 오직 부정적인 정치적 함의만 있을 뿐이다. 비행 청소년은 포섭된 문제아이고, 정상아는 추정컨대 문제점 없이 포섭된 아이다.[182]

182 비행에 가담하지 않는 노동 계급 아이들에 관한 사회학적 문헌은 희소하며, 그나마 이들의

마르크스주의자들은 이 결론에 거의 이의를 제기하지 않는데, 이들은 거의 예외 없이 노동 계급 10대의 일상적 경험이 잠재적 프롤레타리아를 총체적으로 조작해 (그리고 총체적으로 성공한다) 바로 자본주의의 소비자 모델로 만들어 버린다고 해석한다. 청년에 대해서도 노동 계급 문화 전체에 관해 하던 것과 똑같은 가정을 한다. 젊은이들이 부르주아 이데올로기를 대면하게 되는 **제도적** 맥락은 전혀 설명하지 않는다. 10대들이 경험에서 자신만의 문화를 **창조하는** 방식에 대한 설명도 없다.

기존의 청년 문화 관련 문헌에서 우리가 끌어내는 결론은, 정치가 논의에 허용되지 않았으므로, 이 문화의 정치적 함의에 관해 **어떤 결론도 내릴 수 없다**는 것이다. 분석에서 제도가 배제된다면, 청년 문화에서 젊은이의 적극적 역할에 전혀 주목하지 않는다면, 젊은이들이 관여할 수 있는 (혹은 할 수 없는) 구체적 투쟁에 관해 **어떤 말도 할 수 없다**. 청년 문화는 그런 식으로 정의되었기에 비정치적인 것이다. 청년 문화에 관한 우리 자신의 작업으로부터,[183] 분명히 (심지어 부르주아 가치에 대한 '반응 구성'이라는 측면에서 보더라도) 부르주아적이지 않은 행태와 관념에 관한 기술이 등장한다. 그렇다면 바로 이 현실을 어떻게 정치적으로 평가하고, 정치가 분석의 **중심**이 되도록 청년 문화 접근 방식을 어떻게 개발할 것인지가 문제다.

그런데 우리는 노동 계급 문화 전체를 어떻게 분석할 것인가 하는 더 넓은 문제에서 방향의 단서를 얻는다. 만약 이 문화를 역사적으로 살펴보면, 우리가 살펴보는 것이 다양한 부르주아 제도(시장, 작업장, 교육, 정치체제, 법률 등)에서 살아남고 이를 극복하려 투쟁하는 계급의 역사임이 분

삶에서 특정한 측면에만 초점을 맞추는 경향이 있다(예컨대 학교, 혹은 학교에서 직장으로 이행하는 과정, 혹은 놀이의 양상 등). 우리가 기억하는 한, 유일하게 일반적 분석을 시도한 것은 윌모트의 연구(Willmott, 1969)인데, 이는 '평범한' 노동 계급 청년 문화는 부르주아적이지 않다는 직설적인 주장만으로도 중요한 저작이다.

183 Corrigan, 1979 혹은 Frith, 1976을 보라.

명해진다. 노동 계급 문화는 이 제도들을 참조하지 않은 채 이해할 수는 없고, 관련된 **투쟁**을 참조하지 않고 파악할 수는 없다. 노동 계급은 단순히 관념 수준에서 온순하게 포섭되지 않았으며(물질적 토대를 감안할 때 그렇게 될 수도 없다). 그람시(Gramsci, 1917)에게서 단서를 얻어, 우리는 노동 계급 문화의 역사는 국가의 역사를 참고하지 않고는 이해할 수 없고, 부분적으로는 바로 노동 계급을 이데올로기적으로 또한 **제도적으로** 포섭하려 함으로써 자본주의의 사회관계를 재생산하고 유지하는 기능을 하는 저 제도의 역사를 언급하지 않는다면 이해는 불가능하다고 주장한다. 국가가 이데올로기적 세력, 포섭뿐 아니라 물질적 세력도 갖추었다는 것은 제도의 창조뿐 아니라 파괴도 의미했다. 이는 관념적 투쟁 외에도 다양한 투쟁을 포함했다. 노동 계급 문화의 정치는 노동 계급이 관여해 온 모든 투쟁을 참고할 때 비로소 이해할 수 있다. 우리는 교육의 역사를 참고해 보면 이 점을 가장 잘 예시할 수 있다.

교육: 부르주아 제도 속의 노동 계급

> 놀이터를 에워싼 울타리의 성격과 높이는 무엇인가?
>
> (왕립장학위원회Her Majesty's Inspectors of Schools 보고서 양식의 질문, 1840~1841).

1840~1870년 교육평의회(그리고 이후의 교육부)의 위원회 회의록을 대강 훑어보면 국가가 노동 계급 교육을 규제하기 위해 어떤 식으로 정교한 장치를 고안해 냈는지 알 수 있다. 장학위원회, 교사 훈련과 인증, 학교 허가 보류 등을 통해, 교육에 대한 특정한 정의가 득세하게 됐다. 이 과정은 수많은 연구에서 소개되었는데, 이 모든 연구는 부르주아가 교육 구조의 지배 확립에 성공했음을 보여 준다(예를 들면, Johnson, 1970; Hurt, 1972;

Frith, 1977을 보라). 이 과정은 별도로 떼내어 단순히 국가 교육의 성장으로 볼 수도 있지만(실제로도 그랬다), 실제로 여기에는 단지 위로부터 교육을 강제하는 조치만 포함되지는 않았고, 이와 똑같이 교육 형태들에 **반대하는** 투쟁도 일어났다. 이는 특히 노동 계급이 자체적으로 마련한 교육 제도를 거부하는 투쟁이었다.

> 국가 교육은 단지 기초적 교육을, 만약 그렇지 못할 경우 지적으로나 도덕적으로 피폐했을 계급에게 제공하는 문제만은 아니다. 이는 그보다는 (아무리 비체계적이라 하더라도) 이용 가능한 대안적 학습 **형태**를 갖춘 계급에게 특정한 교육 형태를 제공하는 문제였다. (Frith, 1977)

국가 교육의 성장은 단지 노동 계급의 삶에 대한 **개입**의 성장만이 아니었다. 이는 제도의 **파괴**도 포함하는 복잡한 과정이었다. 대안적 교육 수단은 발전하는 자본주의 사회의 욕구에 대한 반명제로 간주되었다. 예를 들면,

> 시온 학교의 교육은 리즈 국립 학교들에서 동시 발생적으로 개발되고 있던 국가적 과정과 중요한 측면에서 차이가 있었다. 이는 나이대별 교육이 아니어서, 아이와 어른이 일요일과 야간 학교, 도서관과 독서실에 함께 다녔다. 전일제 출석을 반드시 요구하지도 않았다. 이는 전업 직업을 갖고 있는 사람들을 위해 설계된 교육이었다. 의무화된 교육 과정은 없었지만, 다양한 교육 활동과 내용(읽기, 쓰기, 셈하기 교육, 상호 개선, 종교적 교육, 신문 읽기 등)이 제공되었다. 그리고 어쨌든 시온 학교에서 제공한 교육은 교사와 관련된 부분에 그치지 않았고, 가령 상호 개선에 대한 강조, 나이 든 학생에서 젊은 교사로 자연스럽게 승급하는 방식은 그러한 구분을 흐트러뜨렸다. (Frith, 1977)

그러한 공동체 기반의 교육 과정, 조직(그리고 실로 교육 **경험**)은 국가의 장학위원회가 빈번히 접해 본 것이었다.

> 탄광 광부들은 대체로 자식을 자신이 속한 계급의 사람들이 운영하는 오래된 부류의 주간 학교에 보내는 쪽을 선호하는 경향이 있다…… 교사 중 소수는, 스스로 자부한 것처럼 나름대로 읽기, 쓰기, 셈법 등을 가르칠 자격을 상당히 잘 갖춘 것처럼 보였다. 그러나 모두 예상했겠지만 대다수는 필수적 자질이 아주 부실하다. 이들이 사용하는 책은 학부모들이 선택해 보낸 것이다. 그 결과 어떤 과목이든 정규적인 교육 과정이 있을 수가 없다. 성경이나 신약 성서도 읽지만, 해설은 거의 시도하지 않는다. 각 학생에게는 집에서 가져온 아무 교리문답이나 가르친다. (Tremenheere, 1844).

우리는 이 장학사의 기술에서 공포를 읽어 낼 수가 있다. 즉 그러한 교육은 무정부 상태다. **학생들이** 읽고 싶어 하는 책이라니! 제대로 된 교사도 없고! 체계는 전혀 없고! 도덕적 구조도 갖춰지지 않았다니!

> 주변 세상에 관한 지식, 사회의 작동에 관한 지식, 매일 노동자의 주의를 끌 수밖에 없는 수많은 사회적, 경제적 문제점에 관한 지식과 관련된 모든 사안에서, 성장기 청년의 정신은 내키는 대로 흘러가도록 방치되고, 그러므로 우연히 접하게 되는 사실과 원칙만을 채택하기 쉽다. 이들은 지식이 자신들에게 무엇이 잘못되었는지 깨달을 수 있게 해 주길 바라지만, 일반적으로는 오류에 빠지고는 오류를 참고 버텨 낸다. (Tremenheere, 1844)

그러한 비판에도 불구하고 전국적, 국가 재원의 학교들이 '교육'을 제공했듯이. 이 기관들도 의심할 여지 없이 '교육'을 제공했다. 요지는 두 가지 **제도** 형태가 대립했는데, 하나는 국가 권력을 배후에 두고 있었고, 다른 하나는 오직 특수화되고 지역적인 공동체 압력밖에 없었다는 것이다. 19세기 중반 이후로 부르주아가 정의한 교육을 제공하고 대안의 평판을 떨어뜨리고 파괴하는 데 국가 **권력**이 사용되었다. 바로 **이것이** 부르주아 이데올로기가 노동 계급의 마음과 정신을 '사로잡은' 과정이었다. 이 과정을 통해 계급은 '**포섭되었다**.'

수많은 마르크스주의자는 이 이야기를 읽으며 한탄한다. 부르주아 지배가 확립되고, 노동 계급은 저항하거나 자신의 제도를 재창조할 힘이 없다. 이러한 기관의 부재를 감안하면, 노동자는 어쩔 수 없이 부르주아식의 교육 참여자가 된다. 이들은 부르주아 학교에 가고, 부르주아의 사실과 이론을 배우며, 부르주아의 가치를 수용한다. 그러나 이 주장에는 확증되지 않은 가정이 존재한다. 교육의 역사가 기술하는 것은 **제도적** 포섭의 과정이다. 분명히 이 과정은 이데올로기 투쟁을 포함했지만, 이 투쟁은 제도의 관점에서 수행된 것이다. 한 가지 부류의 교육 **경험**이 다른 경험으로 대체되었다. 확실히 노동 계급은 부르주아 교육에 얽혀 들었다. 19세기의 지역화된 자체 교육은 영국 노동 계급이 포섭에 맞서 벌인 투쟁에서 마지막 헛된 동작으로 볼 수 있다.[184] 확실히 이제 노

184 다소 수수께끼 같은 이 발언은 톰슨과 페리 앤더슨Perry Anderson 간 논쟁에서 부상한 주장을 지칭한다. 톰슨이 영국 노동 계급의 형성에 관한 설명에서 활용하는 수많은 증거는 실제로는 프롤레타리아가 되지 않으려고 안간힘을 쓰는 노동력(즉 규율화되고 시장 지향적인 노동력)을 보여 주는 증거다. 이 (영웅적) 투쟁은 분명 영국 프롤레타리아가 이후 발전시킨 문화에 반영되었지만, 이 노동 계급은 자신을 창조하지 않았음을 강조해야 한다. 이는 자본가의 수요와 이 수요에 대한 노동자의 반응 간의 투쟁에 의해 (톰슨의 중요한 단어를 사용하자면) '형성된다.' 톰슨과 〈뉴 레프트 리뷰〉 논쟁에서 주역들은 흔히 변증법에서 한 가지 측면만 반영하는 입장을 취한다(톰슨은 노동자의 자체 창조를 강조하고, 앤더슨과 톰 네언은 이들이 부르주아에 의존하는 측면을 강조한다). 교육사학자 역시 단순히 교육에서 부르주아의 역할을 지나치게 강조하던 데서 노동자의 자조를 과도하게 강조하는 쪽으로 옮아가려 할 경우 비슷한 오류를 범하게 될 것이다. 노동력을 제대로 교육하는 것은 자본주의 논리의 일부이긴 했지만, 그러므로 (그리고 그러한 측면에서) 저항이 헛수고였다는 사실은 투쟁이 이후의 노동 계급 문화 발전에서 핵심적으로 중요하

동 계급 문화는 이렇게 부르주아가 결정한 경험을 파악해야 한다. 그러나 제도를 '파악하는 것'이 반드시 그 제도를 **인정**하는 것은 아니다. 주장을 다른 식으로 표현하자면, (지난 150년 동안 영국 노동 계급이 경험해 온) 제도적 포섭이 **반드시** 이데올로기적 포섭은 아니며, (좌파든 우파든) 노동 계급 문화 분석가들에 대해 우리가 반박하는 부분은 이들이 이 구분을 혼동한다는 것이다. 이들은 제도의 역사를 문화의 역사의 **직접적인** 증거로 해석한다. 그러고는 이 관계의 진짜 복잡성을 은폐한다. 그러므로 이들의 정치적 결론은 의심스럽다.

이러한 측면에서, '올바른 분석'의 어려움은 교육 경험이 청년 문화의 일부가 되는 지점에서 특히 두드러지게 된다. 노동 계급 학생들을 **정치적으로** 어떻게 이해할 수 있을까? 이들은 **정말로** 부르주아 학교에 다닌다. 교육이 무엇이고, 무엇을 위한 것이며, 어떤 식으로 체계화해야 하는지에 관한 이들의 생각은 **바로** 이들의 학교에서 구체화된 것이다. 대안적, 노동 계급, '교육' 기관은 전혀 없다. **교육으로서의** 교육에 저항한다는 개념도 없다. 하지만 노동 계급 아이들은 학교 체제에서 무엇인가에 다소나마 저항한다는 증거가 있다. 그렇지 않다면 학교가 전쟁터이고 학생들의 무기는 무관심에서 무규율을 거쳐 노골적인 결석에 이르기까지 다양하다는 압도적인 (어떤 교사든 수긍할) 증거를 어떻게 달리 설명할 것인가? 그리고 이 투쟁에서 학교는 항상 (바로 이데올로기의 측면에서) 패자가 된다. 모든 공식적, 억압적 권력 사용은 교육이 (하지만 내 지평을 넓혀 주고 나를 좋은 사람으로 만들어 줄 좋은 것이 아니라) **강제**라는 노동 계급의 경험을 강화

지 않았다는 뜻은 아니다.

톰슨과 〈뉴 레프트 리뷰〉 논쟁의 주요 참고 문헌은 다음을 보라. Thompson, E. P., 1963; Anderson, 1964; Nairn, 1964a, 1964b, 1964c; Anderson, 1965a; Thompson, E. P., 1965; Anderson, 1965b; Poulantzas, 1966.

한다. 모든 (정기적) 실패 경험은 '여기는 내가 있을 자리가 **아니야**'라는 현실을 확인해 준다(Corrigan, 1977).

이러한 상황의 역설은 (대다수 분석가는 놓치는 부분이긴 한데) 부르주아 교육에 대한 아이들의 이데올로기적 저항(즉 규범과 가치 무리의 거부)은 이들이 부르주아 제도에 포섭되었다는 사실의 맥락에서, 그리고 그 **결과**로 발생한다.[185] 요지는 실제로 분명한데, 심지어 부르주아 제도에 관한 것이라 해도 노동 계급의 **경험**은 부르주아 경험이 아니라는 것이다. 심지어 부르주아 제도 내에서라 해도 노동 계급의 상황은 부르주아의 상황이 아니다. 이는 기능주의 분석에서는 사라진 듯한 (모든 삶의 영역에서의) 계급 갈등의 현실이다. 청년 문화와 관련해 이 논의를 요약하자면(여기서 논의할 수는 없지만, 교육에 관해 제기된 수많은 다른 질문들이 있다), 청년 문화는 부르주아 **제도**의 틀에 의해 제기된 문제에 대한 반응으로 이해해야 한다. 그렇지만 이 반응은 이 제도에 대한 **노동 계급의** 경험에서 나온 반응이라는 것이다. 문제는 어떠한 의미에서 이 반응이 곧 저항이 되며, 어떤 조건하에서 그 반응이 **정치적** 함의를 갖게 되는지 판단하는 일이다.

현재 우리는 이 질문들에 대한 명쾌한 해답을 구하면서 근거로 삼을 만한 지식을 갖고 있지 못하다. 그래서 그 대신 지금 수행해야 할 연구의 지침을 제시하는 것으로 결론을 내리고자 한다. 첫째, 그렇다면 청년 문화의 정치적 분석은 이 문화의 청년성보다는 '노동 계급성'에 초점을 맞추어야 한다(이는 마치 교육의 정치가 단지 교실 관계가 아니라 계급에 초점을 두어

185 이 상황의 자명한 모순은 교육에 관해 좌파가 지닌 정치적 사고의 매우 혼란스러운 상태 자체에도 반영된다. 한편으로는 마르크스주의든 비마르크스주의든 조직화된 노동 계급 정당이 있어, 이 계급의 자녀들이 매일매일 저항하는 국가 교육을 늘리려는 운동을 지난 100년 동안 이끌어 왔다. 다른 한편으로는 제대로 조직되지 못하고 아동 중심적이며 '자유지상주의적인' 좌파는 학교를 직설적으로 억압적이라 여기고, '농땡이'들을 혁명적 영웅으로 간주하면서 노동 계급 아이들을 교육에서 '해방'시키려 하고 있다(탈학교deschooling 논쟁을 참고하라).

야 하는 것과 마찬가지다). 이는 젊은이들이 (대개 이들이 가족과 직업 유대에서 상대적으로 — 그리고 오직 상대적으로만 — 자유롭기 때문에) '특수한' 상황에 있음을 부정하는 것이 아니라, 이 점을 **강조하면** 정치적 분석이 불가능해지기 때문이다. 우선 이는 연속성을 희생한 채, 청년 문화와 그 계급적 맥락 사이의 차이를 과장한다는 뜻이다. (중간 계급 청년 이론에서 도출된) '세대 격차' 개념은 노동 계급 10대에게는 부절적하고 부정확하다. 이들이 부모와는 다른 **기관**(학교 등)에 관여한다 할지라도, 모든 증거는 그 기관들에 대한 이들의 반응은 비슷한 **가치**에 근거한다는 점을 보여 준다. 만약 10대들이 '어른답지 못한' 방식으로 행동한다면, 성인들의 반응은 다음과 같이 여전히 관용과 격려가 된다. "사내 애들이 다 그렇지, 뭐," "할 수 있을 때 잘 놀아," "내게도 너처럼 기회가 있었다면"[186] 등이 그렇다. 청년 문화의 청년성에 초점을 둔다는 것은 젊은이들의 사회학적 특성, 자본주의의 사회관계 구조에서 이들의 상황 등을 무시하고, 이들의 심리적 특성 — 사춘기, 섹슈얼리티에 눈뜨기, 개인적 불확실성 등등 — 에 초점을 둔다는 뜻이다.

노동 계급 청년은 사회학적 측면에서 실질적이고 잠재적인 **노동력**이며, (이들의 젊음이 아니라) 바로 이것이 이들의 사회적 상황을 결정하고 이들의 제도적 관계를 구조화한다(그리고 이 점이야말로 이들의 다양한 경험을 통합하고, 이들을 연장자와 연결해 주며, 이들의 문화에 정치적 잠재력을 부여한다). 연구자를 위한 우리의 두 번째 규칙은, 노동 계급 경험에서 그랬던 것과 마찬가지로, 모든 관련된 기관들이 사회학적 분석에서 **연결**되어야 한다는 것이다. 10대 세계의 현실은 가정과 학교, 도제제와 일자리, 경찰과 법원, 청년 클럽과

186 1972년 케일리(요크셔) 지역의 15~16세 아이들을 대상으로 한 설문 조사에서, 내가 발견한 바에 따르면 (중간 계급 동년배와 달리) 노동 계급 아이들의 대다수는 청년 문화나 세대 격차 개념을 이해하지 못했고, 자신들이 어떤 중요한 측면에서 부모들과 다르다고 생각하지 않았다. (SF)

사회복지사, 상업과 매스 미디어의 **결합체**이며, 청년 문화 역시 이 **결합**에 대한 반응이다. 우리는 오직 상업적 여가, **혹은** 학교, **혹은** 법과 관련된 부분으로 청년 문화를 고립시키려는 시도를 중단해야 한다. 청년 문화의 제도적 구성 요소들이 알튀세르의 국가 장치 목록과 일치하는 것도 우연이 아니다(Althusser, 1917). 젊은이들이 경험하는 바는 곧 이들이 자본주의 재생산에 확실히 기여하도록 하려는 국가 시도에 대한 경험이나 다름없다(국가의 시도는 연장자보다 젊은이에게 더 거슬리는데, 이는 젊은이들의 위치가 아직 덜 확고하기 때문이다). 바로 이러한 맥락에서 저항 개념은 가능해진다. 문제는 노동 계급 아이들이 부르주아 기관에서 독립을 유지할 수 있는지가 아니라(이들은 그리할 수 없다), 이들의 '독립'의 성격은 무엇이며, 한편으로는 그 독립이 특정한 기관의 작업에 미치는 효과, 다른 한편으로는 일반적인 재생산 과정에 미치는 효과가 어떤 것인가 하는 질문이다. 우리가 여기서 강조하는 사항은 또한 청년 문화의 바로 그 '중층적 결정'(청년들이 겪는 국가 폭력의 바로 그 강도와 다양성)이 저항의 가능성을 결정한다는 것이다. 예를 들면 우리는 아이들이 팝 문화의 상징을 학교나 경찰과의 투쟁에서 집단적 힘의 원천으로 사용할 수 있는 방안을 구상하고 있다.

그리고 여기서 우리는 마지막 주장으로 이르게 된다(이는 특히 좌파 이론가들에게 제시하고 싶은 주장이다). 상업적 여가의 상징(팝 음악, 패션)이 청년 문화에서 핵심적 역할을 하며,[187] 이에 대해 좌파는 '무고한 자의 타락'이란 주제의 수많은 변종으로 반응했다는 사실은 의심의 여지가 없다. 젊은이들은 이미 자본주의의 제도적 구조에 근거를 두기에 이러한 의미에서 무고하지는 않다고 우리는 이미 주장했다. 우리는 이제 타락이라는 개념에도

187 특히 팝 음악의 중요성은 1950년대 말 이후 청년에 관한 모든 사회학적 연구에서 확인되었다(그러고는 결코 분석된 적이 없다). 10대 소비자에 관한 마크 에이브럼스(Abrams, 1959)의 고전적인 기술은 개정된 적도 없다.

의문을 제기하고자 한다. 분명히 팝 문화 기구들(음반 회사, 10대 잡지, 옷 가게 등등)은 젊은이들을 **착취한다**(자본주의에서 놀랄 만한 측면은 전혀 아니다). 문제는 이 기구들이 젊은이들을 어느 정도로 **조작하는가** 하는 것이다. 좌파가 제시하는 그림은 10대가 완전히 수동적인 소비자로서 상업이 시키는 대로 구매하고 놀고 행동하면서, 미디어가 구현하는 가치를 수용하는 바람에 기쁨, 창작, 저항의 어떤 자율적인 원천조차 다 박탈당했다는 식이다. 이들이 어른이 될 무렵이면, 팝 문화에 타락한 이 10대들은 무기력한 양이나 전혀 다를 바가 없게 된다.[188] 이 그림은 〈오늘의 마르크스주의〉 지면에 아주 생생하게 묘사되었지만,[189] 웨스트 햄의 노스엔드[190]나 슬레이드 Slade[191]의 콘서트라는 현실을 마주하면 다소 빛이 바랜다. 이 활기 넘치고 자부심에 차 있고 호전적이며 **빈틈 없는** 아이들을 정말로 순수한 소비자로만 이해하는 것이 최선인가? 상업의 생각 없는 피조물이라고? 다시 말해 제도적 포섭과 이데올로기적 포섭은 구분되어야 한다. 젊은이들이 상업적 제도에 과도하게 관여한다고 해서 이들의 반응이 단지 결정된 것에 불과하다고 해석할 수는 없다. 우리는 청년 수용자가 미디어에 보이는 반응과 이들의 미디어 이용에 관해 더 많이 알 필요가 있다. 우리는 주장의 근거를 단지 착취자의 의도에만 둘 수는 없다.

우리의 주장을 요약하자면 이렇다. 청년 문화에 대한 어떤 정치적 판단이든 첫 번째로는 이를 **노동 계급** 문화로 취급하고, 두 번째로는 제

188 청년이 강제된 문화의 수동적 참여자에 불과하다는 이러한 견해는 심지어 더 정교한 '일탈 증폭' 이론에서도 전제가 되고 있다. 스탠 코언(1973)의 모드족 연구를 참고하라.

189 이러한 접근 방식의 가장 생생한 예로는 존 보이드John Boyd가 〈오늘의 마르크스주의〉(1973)의 청년 문화 논쟁에 기고한 글을 보라.

190 웨스트햄은 동부 런던의 구역 이름이며, 같은 이름의 프리미어 축구 구단이 있다. 노스엔드는 북부 런던의 캠든을 지칭하는 명칭이다. — 옮긴이

191 슬레이드는 영국의 록 밴드로서 1966년에 결성되었고 1970년대 글램 록glam rock 시대에 최고의 명성을 구가했다. — 옮긴이

도 간의 **결합**에 대한 문화적 반응으로, 세 번째로는 결정되는 만큼이나 창조적인 반응으로 취급하는 입장에 근거해 이루어져야 한다. 비체계적이긴 해도 우리가 판단하기로는, 청년 문화가 국가 권력을 노린 계급 의식적 투쟁의 일부라는 의미에서는 정치적이지 않다고 해도, 그럼에도 불구하고 그러한 투쟁에 필요한 전제 조건을 **제공한다**는 것이다. 노동 계급 아이들의 구조적 무력함을 감안하고 이들이 감내해야 하는 엄청난 국가 압력을 감안하면, 어떤 부류의 집단으로든 이들의 생존을 지탱하는 문화의 즐거움과 위력이 그저 놀라울 따름이다. 마지막으로 그러한 문화를 어떻게 확장하고, 어떻게 조직화해서 저항을 봉기로 전환할 것인지 묻는다면, 이는 우리를 청년 문화에서 벗어나 노동 계급 정치 전반에 대한 분석으로 유도하는 질문이다.[192]

192 이 글에서 우리는 (청년 문화에 관한 거의 모든 다른 필자와 공통적으로) 여성을 무시했다. 우리의 '노동 계급 아이' 개념은 남성적 개념이다. 우리는 10대 소녀 문화에 관해 아는 바가 거의 없기에 무지라는 사실 외에는 어떤 핑계도 없다. 그러나 성인이든 아이이든, 노동 계급 성차별주의의 심각한 정치적 문제점을 은폐하고 싶지는 않다.

교육 연표	노동당 1945 →	보수당 1951 →	노동당 1964 →
정부 정책과 중등 교육 재편	3자 체제[1] 확대	제한된 종합 학교 실험: 대학 진학 학교 보호 조치 1957 레스터셔 교육 계획 확정	종합 학교[2] 추진 — 전국적 정책 (회람 10/65[3]) 1965 CSE 시험 도입[4]
주요 보고서		1954 '조기 중퇴자' 1959 크라우서: '15~18세' 1963 로빈스: '고등 교육' 1963 뉴섬: '미래의 절반'	1967 플라우든: '초등 교육' 사립학교위원회 (1968~1970) 570개 EPA[5] 학교 재원 지원
'자유주의' 사상과 교육 정책	접근권 평등이 주 관심사로 부상	기회 평등과 선별의 사회적 성격에 관한 교육 사회학 작업이 많이 이루어짐	EPA 행동 연구 →
학생들의 행동			1968 마일스 플래팅Miles Platting 학생 파업 1969 전국학생연맹(SAU) 결성 운동장 폭력 사건 보도 1968 홀로웨이 학교 칼부림 사건
대안과 지하 교육 언론			
교사 · 부모의 행동		'WHERE' → '교육정보센터(ACE)'[6] → 좌파 교사들의 임금 행동 촉구 정부 임금 제안 '일선 교사' 운동 결성	'자유지상주의적 교사' → '학생 체벌 반대 운동'[7] → 학생의 학교 선택권 부여 1969 ILTA 소속 교사들 한나절 파업 전국 캠페인
반응		1965 라이징힐 학교 폐쇄[8]	'교육 수준'에 대한 우려 제기 '대학 진학 학교 살리기' 운동 1969 '흑서' 발간 헤링기 주택 배정 정책 논란

보수당 → 1970 → 노동당 1974 →

종합 학교 전환 지연
정부 정책의 변화(회람 10/70)
개방대학교 개교
CSE 양식 3 시험 시작

정부 정책이 다시 친종합 학교로 회귀(회람 4/74)

1972 제임스 보고서: '교사 교육'

1974 불록 보고서: '리터러시'

행동 연구 → 1972 핼시 교육 우대 정책 보고서(자유주의 교육 정책은 실패했다) → 의무교육연장정책(ROSLA)[9] / 미드윈터Midwinter '우대 정책' 프로젝트 착수 → 공동체 학교 운동

1972 파업 확산/전국학생연맹(NUSS)[10] 결성
1971 아동의 권리 회의
1971 《스테프니 단어집》 빌미로 크리스 설Chris Searle 교사 해고 항의 파업[11]

탈학교 문헌 → 펭귄 교육 특별판 시리즈 시작 → 펭귄 시리즈 중단

1971 화이트 라이언 거리/스코틀랜드 거리에서 무료 학교 시작 → 1972년까지 30개 무료 학교 설립

대안 교육 실험
('담장 없는 학교'; '배움의 교환'; '즐거운 교육')

'급진적 교육' →
'아동' 권리 워크숍 →
'타이트한 남성 속옷' →
'하드 치즈' →

→ '자유지상주의 교육' →
1972 '아동의 권리'/'아이' 사용 중지
'교사 행동 집단' →

버나드 코어드의 보고서 발간[12] → '인종주의 반대 교사 운동' →

전국적 교사 임금 캠페인 → 교사 파업 → 1974 스코틀랜드 교사 파업(10~12월)
크리스 설 해고 → 1972 법원 복직 조치
《작은 붉은 교과서》 압수
매켄지 해고되다[13]

폭력에 대한 우려 증가 → 대처의 예산 '삭감' → '제3차 흑서' →

1972 NAS 폭력 보고서
1973 LEA 폭력 조사
인종/지능 논쟁
학습 부진 센터 설립

1. 3자 체제는 기본적으로 학업 능력에 따라 학교 유형을 배정하는 영국의 국가 후원 학제로 1945년부터 1970년대까지 시행되었다. 대학 진학 학교grammar school, 직업 훈련에 중점을 두는 중등 기술 학교secondary tehnical, 일반 학생 대상의 중등 현대secondary modern 학교 등의 세 유형으로 나뉜다. 중등 현대 학교 재학생은 마지막 학년에 11-플러스11-Plus라는 시험을 치러 성적 우수자는 대학 진학 학교로 진학하는 기회를 얻도록 되어 있다. — 옮긴이

2. 종합 학교comprehensive school 제도는 기본적으로 학교 배정에서 학생의 학업 능력을 고려하지 않는 체제를 말한다. 1940년대에 시범적으로 시행되다가 1965년 노동당 정권하에서 본격적으로 도입되었다. 물론 이 제도하에서도 등록금을 부과하는 사립 학교는 학생을 선별적으로 입학시킬 수 있다. — 옮긴이

3. 회람 10/65Circular 10/65는 1965년 노동당 정부 교육부에서 발간한 정부 회람이다. 지역 정부에 종합 학교 체제 전환을 권고하는 내용으로 되어 있다. 당시 교육부 장관이던 앤소니 크로스랜드의 이름을 따서 크로스랜드 회람이라 불리기도 한다. — 옮긴이

4. CSE(Certificate of Secondary Education)는 영국에서 1965~1987년 사이에 시행된 교육 제도다. 전국적으로 과목별 시험을 통해 인증서를 발부하는 제도로, 진학용 학교와 직업 학교에 모두 시행되었다. — 옮긴이

5. EPA는 교육 우대 구역Educational Priority Area의 약자로 지리적 위치에 따라 선정된 학교, 특히 대도시 빈민가의 학교들이 속한 구역을 지칭한다. 1967년 플라우든 보고서는 사회적, 경제적으로 낙후된 지역 학생들의 성취 기회를 보완하려면 '적극적 차별화' 원칙에 따라 해당 구역 학교에 적극적인 교육 자원 지원이 필요하다고 권고했다. 이 제안을 수용하여 EPA 구역 내 학교에 대해 특별한 지원이 행해졌다. — 옮긴이

6. ACE는 1960년 영국에서 설립된 단체로, 학부모들에게 자녀들의 학교 선택과 관련된 정보와 자문을 제공하는 데 목적을 두었다. — 옮긴이

7. 학생 체벌 반대 운동(STOPP)은 'Society of Teachers Opposed to Physical Punishment'의 약자로 영국에서 주로 1968~1989년 사이에 활발했던 교사 운동 단체다. — 옮긴이

8. 라이징힐 학교Risinghill school는 1960년 북런던 이슬링튼에 설립되어 1965년 폐쇄된 중등 과정 종합 학교다. 진보적 교육 과정과 교육 방법으로 유명했으나 일부 학부모의 불만 제기로 결국 폐쇄되었다. 이 학교의 교육 실험은 이후 여러 권의 책으로 다루어질 정도로 큰 관심을 끌었다. — 옮긴이

9. 영국의 의무교육 연령 정책(ROSLA: Raising of School Leaving Age)은 1880년에 10세를 시작으로 1972년에는 16세로 연장되었다. 2015년부터는 18세로 상향되었다. — 옮긴이

10. 전국학생연맹(NUSS)은 영국에서 1972년 설립되어 잠깐 동안 활동했던 학생 단체다. 학교 교육 개선과 운영 체제 민주화를 목표로 삼았으며, 제복 폐지, 체벌 금지, 교사 근무 여건 개선 등을 요구했다. — 옮긴이

11. 1971년 스테프니 학교의 젊은 영어 교사이던 크리스 설은 학생들이 작성한 시를 모아 《스테프니 단어집》을 발간했다. 그런데 이 책이 스테프니 지역을 부정적으로 묘사했다는 이유로 해당 교사가 해고됐다. 이에 항의해 스테프니 학교뿐 아니라 인근 학교 학생들까지 동참해 항의 파

업을 벌였고, 결국 설은 복직됐다. — 옮긴이

12. 영국의 교사인 버나드 코어드Benard Coard는 1972년 〈서인도제도 출신 아이들은 어떻게 교육적 재능 미달로 만들어지는가〉라는 보고서로 이민자 자녀의 영국 교육 체제 부적응 문제를 고발했다. 〈가디언〉이 이 내용 일부를 소개하면서 이 보고서는 큰 논쟁이 벌어지는 계기가 된다. — 옮긴이

13. 로버트 F. 매켄지는 영국의 교육자로 표준화된 시험, 체벌, 권위주의적 교육 방식 등을 반대하고 새로운 교육 철학을 현장에 구현하여 애썼다. 1968년 서머힐 아카데미에서 새로운 실험으로 유명해졌으나, 교사와 학부모 등의 반발로 1972년 교장 직책에서 보직 해임됐고 결국 해고됐다. — 옮긴이

4부

방법

18장

하위문화와 일탈의 자연주의적 연구

브라이언 로버츠

저널리즘 수준의 설명을 제외하면, 하위문화연구는 주로 이를테면 사회사 내에서보다는 사회학적 탐구의 틀 안에서 수행되었다. 그러나 충분하고 납득할 만한 이유이긴 하지만, '일탈적 하위문화'에 관한 사회학적 연구는 (그 연구 주제와 마찬가지로) 그 자체가 주류 사회학과 관련해서는 '일탈적'이었다. 사회학의 '주류'를 이루는 전통은 실증주의다. 이는 객관적이고 과학적 완결성을 목표로 삼는데, 여기서 '과학'이란 독일어에서처럼 어떤 영역이나 현상에 관한 진지하고 철저하고 체계적인 연구를 의미하지 않고, 좀 더 협소하게는 무지한 사회과학자들이 믿기에, 가능한 한 '자연과학'의 방법에 근접한 탐구 방식을 뜻한다. 자연과학의 작동 방식에 대한 이러한 견해가 20세기 개념이기보다는 시대에 뒤떨어진 19세기적 개념이라고 해서, 사회학이 스스로 믿기에는 — 정의하기 어렵긴 해도 — 진정한 '궁극적 목표'를 추구하는 것을 포기하지는 않았다. 계량화, 분석적 방법 사용, 반역사적 시각 채택, '객관적 인과성' 추구 등은 모두 이처럼 더 근본적인 수준의 철학적인 — 진실이 아니라 — 특정한 부류의 확실성 추구의 일부다. 물론 특히 좀 더 최근 시기에 와서야 압도적인 이데올로기적 위력으로 전면에 부각되기는 했지만, 사회가 구조적으로 기능하는 '총체'로서 단일한 사회적, 도덕적 질서를 갖춘 '핵심적 가치 체제'를 중심으로 통합되어 있다는 발상 역시 이러한 추구의 일부였다. 이 분야를 구조 기능주의에 부합시키려는 로버트 머튼Robert Merton(1968: 175~248)의 시도를 망각해서는 안 되겠지만, 기능적으로 통합된 총체로 파악된 사회에 대한 실증주의적인 탐구 방법은 당연히 지배적 규범과 사회 질서로부터의 '일탈'과 갈등을 특히 당혹스럽게 여긴다.

그러므로 '일탈' 연구는 다소 이질적인 사회학적 전통이나 시각, 즉 어떤 면에서는 실증주의 사회학보다는 민속지학적 인류학의 탐구 방법에 더 가까운 시각과 연관되었다. 하위문화에 관한 작업의 상당 부분이 이루어진 미국에서는, 채택된 시각이 자연주의Naturalsim로 규정되었다

(Matza, 1969를 보라). 그리고 여기서 채용된 연구 실천은 주로 '참여 관찰'의 다양한 형태와 전략과 연관되었다. '자연주의'는 1920년대와 1930년대 시카고학파에 의해 선구적으로 도입되었다(Faris, 1967을 보라). 파슨스와 머튼이 분야를 좌지우지한 1940년대와 1950년대 초에는 두각을 덜 나타냈지만, 1950년대 후반과 1960년대에는 특히 일탈과 범죄, 범죄와 비행 영역에서 상당 부분 부활되었다.

가장 단순하게 보면, 그리고 그 이름이 시사하듯이, 참여 관찰은 사회학자들이 '현장'에 들어가 '그곳이 어떻게 작동하는지' 바로 가까이서 관찰할 때 수행된다. 연구자는 주기적으로 연구 기지로 물러나 관찰과 대화 내용을 적어두고, 거기서 자신이 연구해 온 현상의 성격에 관한 결론을 도출한다. 조지 매콜George McCall과 J. L. 시먼스J. L. Simmons(1969: 1)가 파악하듯이, 참여 관찰은 신문 기자의 치밀한 실천과 많은 점에서 비슷하다. 실로 시카고학파는 저널리즘과 '폭로muckraking' 전통에 큰 빚을 지는데, 이는 로버트 파크Robert Park처럼 여러 초기 시카고학파 연구자가 언론인 출신이었기 때문이다(Faris, 1968을 보라). 이러한 실천은 어떤 핵심적 측면에서는 사회학적 탐구의 지배적 형태와 차이가 있고, 그 실행가들도 대개 이 차이를 알고 있었다. 참여 관찰 작업의 상당 부분은 게오르크 지멜Georg Simmel, 빌헬름 딜타이, 존 듀이John Dewey, 조지 허버트 미드를 포함하는 필자의 계보에서 영감을 얻었다.[193] 이들은 모두 '인간의 학문'에 두루 관심을 둔 자유주의적 인본주의자였다. 따라서 이들은 오귀스트 콩트Auguste Comte, 피에르 기욤 프레데리크 르 플레Pierre Guillaume Frédéric le Play, 에밀 뒤르켐, 마사 비어트리스 웹Martha Beatrice Webb과 시드니 웹Sidney Webb 등이 창시하고, 정착된 사회과학의 실증주의 방법론을

193 지멜 부분은 Wolff (ed), 1964를 보라. 딜타이는 Rickman (ed), 1961과 Habermas, 1972(7장과 8장)를 보라. 듀이는 Mills, 1966(4부)을 보라. 미드 부문은 Strauss (ed), 1965를 보라.

제공한 행태주의 사회 심리학이 시작한 흐름에 맞서, 제대로 인정받지는 못했지만 대안적인 전통을 제시한다.[194] 그러나 참여 관찰은 사회학의 실증주의에 결코 완전한 대안이 되지는 못했다. 이는 주류 사회학적 탐구에 맞서 흔히 방어적 입장에 있었다. 그리고 때로는, 또한 어떤 점에서는 부분적으로 주류와 똑같은 근거 위에 엉거주춤 서 있는 것으로 드러나기도 했다. 좋은 관찰은 설명적 가설로 이어질 수도 있지만, 실증적 방법이 요구하는 '변인 통제'와 '설계의 반복가능성,' 가설 검증 논리, '객관적인' 인과적 연쇄의 계량적 추적 등을 갖춘 완벽한 학문이 되기는 어렵다. 참여 관찰은 독자적 관점에서 실증적 방법과 정면으로 맞선 적이 없다. 그 대신 일종의 자신만의 사회학적 '하위문화'를, 즉 주류 내에서 좀 더 인본주의적이고 '공감력 있는' 고립 지대를 형성하는 쪽을 택했다.

자연주의 시각에서는 연구가 객관적 조사가 아니라, 관찰자와 그가 함께 참여하는 사람들('호스트') 사이에서 공유된 언어(이는 '과학적' 변인 언어가 아니다. Blumer, 1956을 보라)를 통해 이루어지는 교환이 된다. 이는 주로 미드(Mead, 1934)에게서 유래한 상징적 상호작용론적 사회심리학에 근거한다. 이 시각은 행동이 항상 의미의 주고받기를 통해 정보가 풍성해진다고 이해한다. 행동은 행태behaviour가 아니라 '의미 있는 행동meaningful action'이며, 행위자 간의 의미로 가득한 교환이다. 자연주의적 참여 관찰 연구는 또한 낯선 세계로 들어가 — 탐색, 관찰, 참여에 의해 — 이 세계가 어떻게 작동하는지 알아내는 사회 인류학자의 접근 방식에 가깝다. 그러나 인류학자란 흔히 사실상 원주민 문화 속의 이방인에 불과한 데

194 콩트에 관해서는 Andreski (ed), 1974: 137~198을 보라. '실증주의 전통'에 대한 다른 기여자에 관한 참고 문헌과 논평은 개리 이스토프Gary Easthope(1974)의 아주 유용한 참고 문헌 목록에서 발견할 수 있다. 이스토프는 참여 관찰과 생애사에 관한 장에서 제한적인 편향을 보이는 '실증주의자들'에게 상당히 공감한다.

비해, 현대의 참여 관찰 민속지학자가 여행을 가는 '현장'은 자신이 사는 도시의 다른 구역처럼 바로 코앞이고 '친숙한' — 혹은 낯선 — 곳일 수도 있다. 참여 관찰을 '민속지학'에 동화시키면서 초점은 객관성과 계량화에서 '공감성 이해emphatic understanding'(즉 원주민의 시각을 취하는 내부로부터의 이해)와 질적인 작업으로 옮아가게 된다. 그러나 실제로 이루어지는 참여 관찰의 실천은 실증주의의 요구 앞에서 위축되어 계속 소심증을 드러낸다. 따라서 참여 관찰은 철저하게 민속지학적이고 질적인 방법으로 수행되는 사례가 드물었다. 이는 실제로는 단일한 방법이 아니라, 심지어 서베이 기법과 통계학까지 포함하는 방법들의 레퍼토리다.[195] 대다수의 참여 관찰자는 다른 좀 더 '객관적인' 기법으로 관찰을 뒷받침한다. 그렇다면 참여 관찰은 방법만큼이나 연구 주제(원시 사회, 일탈적 하위문화, 복잡한 조직, 사회 운동, 공동체, 비공식 소집단)의 규모와 성격에 의해 규정된다는 점에서 "방법과 기법의 혼합 혹은 결합"(McCall & Simmons, eds., 1969: 1)이다.

실증적 방법은 탐구 대상으로부터 연구자가 거리를 두게 해 연구자가 현장에 미치는 영향을 중립화하는 데 보탬을 준다. 참여 관찰은 오히려 연구자와 현장 간의 교환을 **활용한다**. 어떤 면에서는 더 가까울수록 더 나은 셈이다. 관찰자는 우선 '원주민'이 스스로 보고 경험하는 대로 현장을 재구성할 수 있도록 현장에 충분히 익숙해져야 한다. 즉 그는 어느 정도 현장을 스스로 '경험'해야 한다. (이러한 의미에서, 참여 관찰은 정의상 그

195 서베이 방법론에 대한 허버트 블루머(Blumer, 1954; 1956)의 공격을 따라, 하워드 베커와 블란체 기어Blanche Geer는 어떤 사회학적 연구에서든 사회적 사건에 관해 가장 완벽한 설명을 만들어 내는 방법으로 참여 관찰을 극찬했다(Becker & Geer, 1957). 이들은 노동조합주의, 파시스트 성향의 투표자, 대학생 대상의 대규모 서베이 연구 공저자인 마틴 트로Martin Trow의 논리적인 반박에 침묵을 지켰고("모든 구두장이는 가죽만이 전부라고 생각한다," Trow, 1957), 부분적으로 이전 입장에서 한발 물러나 서베이 방법의 가치를 인정했다. 그 후 베커는 현장 관찰 노트에서 참여 관찰 가설을 지지하는 증거의 비중을 계산하는 절차를 개발했는데, 이는 그가 '준통계학'이라 부른 경험의 법칙 형태로 되어 있다(McCall & Simmons, eds., 1969: 252~254에 재수록).

세계관이 '사회적 사실을 사물로 취급하라'라는 뒤르켐의 엄명보다는 '주관적 의미'라는 베버의 기준에 더 가깝다. '경험하기'를 강조하는 것이나 공감적 동일시는 참여 관찰을, 철학적으로는 아니더라도 근본적으로, 현상학적으로 만든다.) 그러나 가까움에는 대가가 따른다. 연구자의 '참여'가 현장에 미치는 영향을 고려하지 않고 어떻게 현장을 기술하고 정의할 수 있겠는가(말하자면, 연구자의 '호손 효과Hawthorne effect'[196])? 연구자에게 관찰과 개입을 구분할 수 있게 해 주는 윤리적 규칙은 무엇인가? 연구자가 '원주민화하는going native' 데서 발생하는 위험성은 어떤 것인가? 연구자의 근접성이 낳는 결과는 — 질적으로는 완벽한 기술이지만 — 기술을 넘어 '과학'의 수준에까지 도달할 수 있을까? 참여 관찰은 재치와 전술의 과중한 부담을 연구자에게 지운다. 동일시 없는 공감, '기만당하지 않으면서' 이해하기, 타협 없는 라포 형성 등이 그러한 부담의 예다. 기이하게도 참여 연구자 역시 자신의 실증주의 동료들처럼, '중립성'과 관련된 문제점을 안고 있다(물론 이 문제점은 실증주의가 '과학적 중립성' 때문에 지게 되는 문제점과 똑같지는 않다). 자연주의자는 스스로 지멜이 말한 '이방인'으로 동화되었다. 그는 문화 안에 들어가 있지만 완전히 문화의 일부가 되지는 않는다(Wolff, ed., 1964: 127을 보라).

참여 관찰의 이점은 현장에 관해 산출하는 지식의 질에 있다. 연구자는 '현장'의 표면도 세밀하게 알게 되지만, 그 표면 아래로 현실 세계가 어떻게 작동하는지도 알게 된다. 그는 공식적 문화뿐 아니라 비공식적 문화도 포착한다. 원주민 구성원들의 경험적인 섬세한 세부 특징에 대한 감각도 얻는다. 연구자의 접근 방법은 현실에 대한 **인본주의적** 확

196 호손 효과란 인간의 반응 행태 중 하나로, 자신이 관찰당하고 있다는 사실을 인지하면, 이에 대한 반응으로 실제 행태의 일부를 수정하려는 경향이 나타난다는 것이다. 참여 관찰에서 연구자의 존재가 연구 결과에 영향을 미치는 것이 대표적인 예다. 1920년대 미국 일리노이주의 호손 공장에서 수행된 연구에서 유래되었다. — 옮긴이

인과 자신 이외의 삶과 경험의 타당성, 즉 사회적 **접촉 대상**에 대한 인간적 믿음에 의해 형성된다. 이보다 덜 관대한 견해는 연구자가 '다른 문화'에 대한 간접적이고 낭만적인 애착에 끌려 들어간다는 것이다. 이처럼 낭만주의의 함정은 흔히 어떤 무정한 표면적인 스타일에 의해 전술적으로 상쇄된다. 참여 연구자는 '실제 삶'을 직시한 인간(그리고 연구자의 이미지는 특성상 남성**이다**)이자, '발로 뛰어 조사한 인간,' '모든 것을 파악한' 사람이다. 아마도 너무나 많은 참여 관찰 작업이 시카고에서 수행되었다는 사실도 이러한 '사립 탐정' 이미지에 기여했을 것이다. 그러나 레이먼드 챈들러Raymond Chandler[197] 독자라면 알겠지만, 모든 사설탐정은 권총을 차는 어깨띠 밑에 따뜻하고 낭만적인 심장을 숨겨두고 있다.

또한 시카고는 참여 관찰자 작업의 상당 부분이 도시 생활의 '밑바닥'에서 — 국외자들(범죄자, 보헤미안, 퇴출자, 떠돌이, 비행 청소년, 일탈자와 범죄자) 사이에서 — 수행되었다는 사실을 부분적으로 설명해 줄 수도 있다. '국외자'의 낭만스러운 무엇인가가 연구자에게 영향을 미쳤음에 틀림없다. 그리고 그 반대도 성립한다. 재즈 뮤지션 '세계'에 대한 베커의 통찰은 상당 부분 그가 재즈 피아노 연주자로 경력을 시작했다는 사실 덕분이다(Becker, 1963). 네드 폴스키Ned Polsky(1971)는 '당구장 협잡꾼' 연구를 하기 전에는 베테랑급 당구 선수였다. 계속 그런 식이다. 그러나 시카고 배경을 거론하는 것은 사실 너무 단순하고 환경적인 설명이다. 참여 관찰 방법과 시각은 연구자에게 '타자'에게 공감하는 입장을 취한 후 그 위치에서 삶을 바라보라고 요구한다. 사실은 이 덕분에 연구자는 지하 세계의 논리, 그리고 지상 사회를 '지하'의 시각에서 보는 사람/집단의 삶과

197 레이먼드 챈들러는 미국의 범죄 소설 작가다. 그의 소설에 등장하는 필립 말로는 대실 해밋의 샘 스페이드와 더불어 대중문화 속 사립 탐정의 대명사로 통한다. 그는 1959년 사망할 때까지 《빅 슬립》, 《기나긴 이별》, 《안녕 내 사랑》, 《호수의 여인》 등의 작품을 남겼다. — 옮긴이

세계관에 관해 '만족스러운 소식'을 지상 사회에 전달할 수 있는 자질을 갖추게 되었다. 이 접근 방식의 **긍정적** 성격은 연구자를 국외자의 자연스러운 과학적 동맹, 즉 일종의 내부 국외자Inside Outsider로 만들었다.

자연주의적 탐구의 연구 주제는 흔히 이국적이다. 그러나 이를 취급하는 방식은 흔히 '상식적'이다. 과학적 연구자가 ('상식적 가치 체계'의 관점에서) 기이하고 일탈적으로 여기는 것은 '자연주의자'에게는 놀랍거나 충격적이지 않다. 이들의 실천은 '자연주의적'일 뿐 아니라(즉 다른 연구자가 상당히 간과하는 도시 자연환경으로 들어간다), 이들의 실천은 이상한 것, 기괴한 것을 **자연화한다**. 이 전통에서 집필된 최고의 서적들은 자신이 기술하는 삶에 너무나 충실해서 그 삶의 자연주의적인 '재창조'에 불과해 보인다. 그래서 때로는 '당신이 발견한 결과는 우리가 늘 알고 있던 것이오. 왜 굳이 그것을 책으로 쓰는데요?'라는 식의 반응도 나온다. 물론 예술에서처럼 사회학에서 순수한 자연주의는 환상에 불과하다. 연구자가 보고 이해하는 것은 다음과 같은 요인들의 산물이다. 즉 **자신이** 누군가, 그가 연구에 어떤 가정을 도입하는가, 기술하기에 충분히 중요하다며 선별하는 조각들은 어떤 것인가, 현장에 어떻게 진입하는가, 현장의 '첫날'에 어떤 일이 발생하는가, 그가 운 좋게도 특히 감수성이 좋고 예민한 응답자를 만나게 되는가 등은 중요한 요인이다. 그러나 자연주의의 이상대로 왜곡이나 선입견 없이 충실하게 묘사하고 기술하는 것, 즉 사회 세계의 충실한 반영에 도달한다는 목표는 여전히 미완의 상태로 남아 있다.

좀 더 최근에 와서 참여 관찰 과정을 좀 더 공식적으로 체계화해 실천용 요강을 마련하고, '연구 행위'의 규칙을 규정하며, 민속지학의 비교 연구에서 '근거 이론'을 도출하는 법을 제시하려는 시도가 있었다(예를 들면, Glaser & Strauss, 1968; Denzin, 1970을 보라). 그러나 이 '더 높은 수준의' 주제화는 연구자의 틀과 가정을 좀 더 명시화하거나, 기술 내용과 민속지학적 결과를 더 넓은 설명 이론의 맥락 안에 배치하는 데 필요한 과업을 달성하지 못했다(따지고 보면, 이 모든 작업이 실증주의적일 필요는 없다). 이런 식의 게임에 훨씬 더 오랫동안 몸담은 사회 인류학에서 너무나 잘 알듯이, 물론 기술 차원에서 완벽한 민속지학과 좀 더 구조적, 기능적, 혹은 역사적 이론 사이에 교량을 놓는 데는 이론적 어려움이 존재한다. 그러나 또한 주류 사회학에서 제시한 틀을 수용하기도, 어떤 대안적 틀을 정교화하기도 선뜻 내키지 않기에, 자연주의는 이 거창한 문제 중 일부를 회피했다는 측면도 있다. 이러한 회피, 이러한 전략적 보류는 참여 관찰에서 아주 흔히 사용되는 일부 틀만 보더라도 분명하다. 예를 들면, '자연적' 경계와 잘 규정된 배경을 갖춘 지형이라고 은연중에 전제되는 '현장' 개념이라든지(Geer, 1969를 보라)(그러나 '현장'은 다른 영역, 이를테면 도시와 어떻게 교차하는가?), 은연중에 실존적으로 고립된 공간을 함축하는 '세계' 개념이 그렇다(그러나 경찰의 '세계'가 떠돌이나 중독자의 '세계'와 교차할 때는 어떻게 되는가?). 물론 자연주의는 그 이름을 도시가 각자 나름대로 '세계'를 갖춘 어느 정도 서로 별개의 생태학적 영역으로 — 이는 서로 구분되는 거의 자연적인 사회 공간이다 — 분화되고 조직화된다는 시카고학파의 발상에 빚지고 있다(Faris, 1967; Park & Mackenzie, eds., 1967을 보라). 이유가 무엇이든 — 이것들은 분명히 복잡하다 — 이질적인 자원과 권력을 동원할 수 있는 '세계들'이 연결되고 충돌할 때 어떤 일이 발생하는지 규정하는 일보다는, 서로 구분되는 특정 부류의 사회적 외집단의 '세계들'을 우호적으로 탐구하는 데 자연주의가 더 적합했다는 점은 사실이다. 물론 자연주의의 전형적인 연구 주제 — 일탈, 범죄, 비행 — 는 사회 통제의 핵심 질문을 자연주의의 의제로 올려놓긴 했다. 그러나 이는 주로 통제 문화와의 단기적이고 지역화된 '상호 작용'의 측면에서 연구되었다. 가령 길거리의 비행 청소년과 사회복지사, 중독자와 지역 경찰, 떠돌이와 복지 기구가 그러한 예다. 오직 드물게, 그리고 최근에 와서야 자연주의는 제도적 권력 척도와 신뢰성의 위계에서 더 높이 올라가, 빈곤층과 권력층 사이의 관계를 상호 작용적 관점과 (혹은 그 관점보다는) 구조적 관점에서 살펴보았다. 이는 전체 분야에서 핵심적인 전환점 중 하나를 제공하게 되었다 (Nicolas, 1969의 비판과 Becker, 1967-Gouldner, 1968 간 공방도 참조하라). 이는 일부 좀 더 개인적인 전향(예컨대 Matza, 1969)뿐 아니라, 자연주의 분야 자체에 일부 중요한 변형도 초래했다(예를 들면, 아래에서 논의하겠지만 상호 작용적 접근에서 거래주의적 접근으로의 이동). 이러한 변화는 오직 참여 관찰의 논리에만 존재하는 어떤 내부적 모순에서만 유래하지는 않았다. 이것들은 1960년대 중반 미국의 충격적인 정치적 사건에 의해 참여 관찰의 의제로 부상했는데, 이 사건들이 아주 효과적으로 무너뜨린 것 중 하나는 초창기 자연주의 시각의 **무고함**과 **순진함**이었다.

지난 10년 동안 자연주의 시각 내부에서는 새로운 일탈 사회학이 등장해 성장했다. 이 사회학은 한 가지 특정한 부류의 '사회적 상호 작용'을 중요시하는 것이 특징인데, 바로 사회 통제 행사에 연루된 사회적 상호 작용이었다. 사회 집단들은 그냥 상호 작용하는 게 아니라, 어떤 목적을 위해 그리한다. 가장 두드러진 '목적' 중 하나는 한 집단이 다른 집단에 대해 통제를 행사하는 것이고, 이를 통해 사회 질서를 유지하고 방어하는 것이다. 이는 때로는 쌍방적 상호 작용이라는 권력 없는 세계로만 보이던 현상에 **권력**의 차원을 다시 도입한다. 일탈과 비행은 이제 '국외자'의 세계에서 자연스럽게 등장하는 것이 아니라, 권력 분포에서 불평등한 집단 간의 상호 작용에서 발생하며 귀속된 사회적 정체성의 일부로 간주된다. 어떤 집단의 '일탈'이란 '자연스러운' 것이 아니라 구체적인 부류의 사회적 구성의 결과물이다. 그리고 이 과정의 핵심 메커니즘의 하나는 다른 이들**에게** 상황을 정의해 주고, 다른 이에게 이름표를 붙일 권력, 그리고 이 이름표가 유지되도록 만들 수 있는 권력이다. 그중에서도 특히 베커(Becker, 1963; ed., 1964), 어빙 고프먼Erving Goffman(1961; 1968), 케이 에릭슨Kai Erikson(1962), 존 킷수스John Kitsuse(1962), 에드윈 레머트Edwin Lemert(1967)

등의 저작은 자연주의의 진화에서 이 '거래주의' 단계에 속한다. 이름 붙이기는 사건의 과정이나 시퀀스의 일부로 파악된다. 개인들뿐 아니라 집단도 '커리어'를 거쳐 간다. 이러한 커리어에서 집단과 개인의 정체성, 자아 개념, 헌신이 변화된다. 다른 집단과의 계약과 거래에 따라, 일탈자는 일탈적 커리어에 대한 헌신이 어느 정도 확고해지게 된다. 일단 어떤 이름표의 귀속을 통해 일탈적 정체성이 구체화되고 정착되면(이차적 일탈), 원래의 행동(일차적 일탈)과 이후의 행동에 대한 구별 짓기가 이루어진다.

이름 붙이기 혹은 거래주의 이론은 이전의 '민속지학적' 자연주의에서 발전해 나오면서 그 정신을 상당 부분 보존하지만, 집단이나 장의 내부 세계와 과정에 더 이상 초점을 두지 않고, 집단 간의 (실질적이든 상징적이든) 거래에 집중한다. 이 이론은 일탈자에 대한 권력층의 이름표 붙이기와 통제 행사를 '구조적'이거나 행태적인 입력으로 취급하지 않고, 일탈자가 의미 있게 해석하고 반응하는 의미 있는 행위 혹은 행위군으로 다룬다(예컨대 자신에게 귀속된 일탈에 더 강하게 헌신한다)는 측면에서는 여전히 상호작용주의로 남아 있다. 통제는 '규칙' 제정을 통해 작동하는 것처럼 이해된다. 그렇다면 일탈은 타인이 정의하고 유지하는 규칙을 위반하는 행동이 된다. 이는 이전의 참여 관찰에 공통되던 '현장'의 절대적 진실성을 훼손한다. 현장은 이제 분명히 자신이 만들었다기보다는 자신을 위해 만들어진 규칙에 의해 구조화되고 그 규칙에 대해 반응하기 때문이다. 실로 일부 비판가들은 이러한 시각이 이제 일탈을 **지나치게** 규칙 위반이란 관점에서, 지나치게 사회 통제 기구들의 '반응'이란 측면에서 파악하고, 통제당하는 주체나 집단이 세계를 자신의 시각에서 보는 방식을 너무 소홀히 한다고 주장했다. 다른 비판가들은 '이름표 붙이기' 시각이 거래 자체가 역사와 구조에 의해 **틀 지어지는** 방식의 관점에서 충분하게 전개되지 않는다고 주장한다. 밀턴 맨코프Milton Mankoff는 '사회적 반응' 시각에서 드러나는 결함 중 일부를 아주 명쾌하게 진술했다.

이론적 문제점 중에는 …… 커리어 일탈이 발전하는 과정에서 초기 규칙 위반의 사회 구조적, 심리적 원천이 미치는 **지속적인** 효과를 고려하지 못했다는 점이 있다. 어떤 규칙 위반자는 자체적인 이름표 붙이기 과정에 노출될 수도 있고, 이는 일탈 커리어를 결정하는 데서 **객관적** 이름표 붙이기 관행의 중요성을 감소시킬 수 있는데, 이 점에 대한 고려가 부족한 것도 한계점이다. 또한 이와 관련해 실제적인 사회적 제재는 '성공적인' 이름표 붙이기를 원활하게 촉진할 수도 있는데, 이러한 제재의 유형과 강도에 대한 진지한 분석을 아예 생략해 버렸다는 점도 한계점이다. (Mankoff, 1971: 216)

다른 이들은 더 나아가 어떻게 하면 상호작용론을 훨씬 더 광범위한 사회적, 구조적, 역사적 틀과 양립 가능하게 만들어, 이를 통해 좀 더 '직접적' 수준뿐 아니라 '광범위한' 수준에서도 설명력을 얻도록 할 수 있을지 규명했다(예를 들면 Taylor, Walton & Young, 1973; 1975. 또한 Akers, 1967; Gibbs, 1966 등 이전의 다양한 시각에서 제기된 비판을 보라).

미국의 사회학적 자연주의의 실제에서 일어난 이러한 상황 전개는 영국에서는 무엇보다 (물론 결코 전부는 아니지만) 전국일탈연구회National Deviancy Conference의 저작에 반영되었다(Cohen, ed., 1971; Taylor & Taylor, eds., 1973; Rock & McIntosh, eds., 1974). 이미 미국에서는 미국사회문제연구회the American Society for the Study of Social Problems가 미국의 자연주의에 강력한 존재감을 부여했는데, 영국에서는 이 정도가 사회학자들이 미국에 필적하는 제도적 기반을 구축하는 데 그나마 가장 근접한 것이다. 여기서는 참여 관찰과 거래주의를 영국 사례에 경험적으로 적용할 뿐 아니라, 이러한 '회의적 혁명'을 이론적으로 발전시키려는 시도가 이루어졌다. 비록 당시 영국에서 이러한 추세 등장에는 분명 다른 좀 더 깊숙한 구조적 원인이 있긴 했지만(1950년대 영국에서는 사회학의 대대적인 확장, 확장된 복지 국가, 행정 경영 구조에서 사회학과 사회복지 '배경'을 갖춘 인재에 대한 수요 증가, 1960년대는 — 흔히 사회 문제와 일탈과 관련된 — 사회적 저항 운동 성장, 학생 운동과 '저항 문화' 등장), 미국이 영감을 준 부분은 꽤 직접적이었고, 전국일탈연구회 내에서도 이 점을 공개적으로 인정했다. 전국일탈연구회는 '회의적' 시각을 전면적으로 지지하는 사회학자와 범죄학자 그룹에 의해 결성되었다. 이 단체는 젊은 학생과 연구자를 끌어들였는데, 이 중 다수는 학생 운동이나 저항 문화에서 적극적으로 활동하고 있었다. 그뿐 아니라 '언더그라운드' 탄생 이후 여기저기 생겨난 다양한 '급진적 사회 복지' 조직과 대안들도 여기에 참여했다(급진적 사회복지사로는 케이스 콘Case Con, 급진적 심리학자로는 붉은 쥐Red Rat, 급진적 변호사로는 애스Ass, 그리고 신설 죄수 노조인 PROP,[198] 오래됐지만 상당 부분 재활성화된 전국민권평의회National Council for Civil Liberties 같은 운동 단체도 있었다). 이는 자연주의, 거래주의의 시각뿐 아니라 네오마르크스주의와 자유지상주의 등 수많은 다양한 '대안적 사회학'에 구심점을 제공했다. (과거 시카고학파 시절처럼) 전국일탈연구회에서는 사회학 작업과 연구 대상인 일탈 세계 사이의 구분이 다시 한번 흐릿해졌다. 조크 영(1970)의 마약 하위문화 연구는 이처럼 내부-외부 관계의 풍성함을 증언하는데, 그는 역설적이게도 스스로 '일탈자/일탈 사회학자'를 "일탈의 사육사"로 불렀다. 전국일탈연구회의 주 실행가들은 확실히 여러 가지 목표를 결합했다. 즉 실증주의 사회학과 범죄학 비판 개발, 참여 관찰과 거래주의 접근 방식을 활용해 훌륭한 경험적 연구 수행, 자신들의 관심사에 가장 가까운 급진적 대의와 대상자 층과 직접 접촉하고 관여하는 것 등이 그러한 목표였다. 전국일탈연구회의 역사에 관한 개관에서, 스탠 코언(1974)은 급진 사회학자가 '배신하지 않고 머물 수 있는 방안'을 찾아내는 데서 제기되는 문제점을 언급했다. 초창기에 전국일탈연구회는 엄청나게 생산적이면서 촉매 역

198 PROP(Preservation of the Rights of Prisoners)는 1972년 영국에서 죄수들의 권익 보호를 위해 결성된 조직으로, 영국 전역 감옥에서 100회 이상 시위, 파업, 저항 등을 벌였다. — 옮긴이

할도 했다. 여기서 주최하는 행사는 어떤 엄격한 의미에서 직업 사회학자들의 모임이라기보다는 광범위한 급진적 대의와 집단의 장 구실을 해, 급진적 인사들도 여기에 대거 참석했다. 이 시기에는 또한 전국일탈연구회 환경 안의 일부 갈래에서 파생되어 더 완벽한 '대안적' 범죄학 혹은 사회학 이론을 형성하려는 시도뿐 아니라 '민속지학'이나 '거래주의' 부류의 핵심적 연구도 무수하게 간행되었다. 하지만 필연적으로 긴장과 모순은 더 두드러졌고, 일부 파편화도 진행되어 무수하게 다양한 갈래로 분화가 전개되는 바람에, 방향과 동력 상실이 일어나기도 했다.

일탈과 하위문화 이론에서 중요한 저작 상당수가 전국일탈연구회의 '우산' 아래에서 기원했기에, 이것들을 추가로 살펴볼 만한 가치가 있다. 또한 여기서 발생한 모순은 개인적, 사회적, 정치적일 뿐 아니라 이론적, 방법론적 성격을 띠고, 이 영역에서 추가 작업을 어떻게 유용하게 잘 추진할 수 있을 것인가 하는 문제와도 관련이 있기 때문이다. 급진적 학술 작업과 정치적 개입의 선택안은 그냥 **떠오르지** 않는다. 만약 전국일탈연구회가 세운 최전선 초소가 단순히 원래 부대원에게 일상적 현장 임무 수준을 넘어 확실한 전진의 새로운 토대를 제공하려 한다면, 대안적 전략은 대면해서 쟁취해야 하는 것이다.

우리가 보기엔 기본적으로 여기서 세 가지 이슈가 있는 것 같다. 첫째는 이론의 문제다. 일반 이론, 즉 사회구성체 전체의 이론은 일탈 영역의 '국지적' 발전에서, 혹은 이전의 자연주의적 상호작용론이나 거래주의적 초기 작업을 기반으로 일반화하거나 단계적으로 달성할 수 있는 것인가? 이처럼 일탈의 민속지학이나 사회 통제 문화에서 사회구성체 전체 수준으로 이동함에 따라, 얻은 것은 무엇이고, 잃은 것은 무엇이고, 어떤 것은 수정해서 보존하며, 어떤 식으로 해야 하는가? 결코 결론적 단계는 아직 아니지만, 일부 작업은 이 방향을 따라 이미 이루어졌고, 자연주의 시각의 일부 핵심 사항으로부터 사회의 '정치경제학'을 개발할 수 있을 것이라고 '비판 범죄학자들'은 분명히 희망하고 있다. 이들을 비판하는 학자들은 '상징적 상호작용론'의 근본적인 교의와 **단절**하지 않는다면 이는 가능하지 않다고 주장할 것이다. 이 논쟁은 우리가 보기에 이 분야의 어떤 추가적인 이론적 발전에도 절대적으로 핵심적이지만, 불행하게도 지금까지는 함축적이고 주로 '개인적'이며 **비체계적인** 수준에 머물렀다. 이처럼 아주 핵심적인 주장을 재개할 책임은 전국일탈연구회의 작업에서 영향을 받아 작업 중인 연구자들의 미래 전망뿐 아니라 연구회 자신의 몫이기도 하다. 이는 분명 상징적 상호작용론, 거래주의 이론과 다양한 마르크스주의 간의 상호 작용과 모든 면에서 관련이 있다.

다음 장에서 스티브 버터스가 더 자세히 논의하겠지만, 그다음 두 번째 이슈는 방법 문제다. 그러나 방법은 궁극적으로 이론적 시각으로부터도, 실로 세 번째 이슈인 개입 문제로부터도 분리될 수가 없다. 지적, 이론적 실천에서 어떤 종류의 사회적, 정치적 개입이 도출되고 그러한 실천과 일관성을 유지하게 되는가? 어떤 점에서는 '급진적 사회학'이란 자연주의 시각과 긴밀하게 연계되긴 하지만, 결국 필연적으로 그 개입 전략은 연구 대상인 고객 — 즉 일탈적, 비행적, 범죄적 하위문화의 정치화와 지원 — 과 아주 밀접하게 연결되어 있다. 급진적 자연주의와 특정한 부류의 급진적-자유지상주의적 개입은 서로 잘 '부합'한다. 그러나 이론적 시각과 역사적 풍토는 모두 변해 간다. 개입 형태의 어떤 변화가 여기서 파생되어 나오는가? 개입주의 전략은 말하자면 사후에 외부에서, 이런 식으로 지적 실천에 '부착'될 수가 없다는 주장도 있다. 그보다는 적극적인 '정치'에서 이론적 시각이 도출되어야 한다.

S H와 공동 집필

19장

참여 관찰의 탐구 논리

스티브 버터스

서론

버밍엄 현대문화연구소에서 하위문화 관련 작업은 사회학적 '방법론'에 대한 어떤 공식적인 투자에서 탄생한 것이 아니다. 폴 윌리스의 오토바이족 소년 연구(Willis, 1971), 풀햄의 하위문화 흐름에 관한 딥 헵디지의 연구(Hebdige, 1974)는 전문적 연구 스타일 적용이 아니라 중요한 이슈에 관한 독창적이고 철저한 규명 작업에 해당한다. 그러나 하위문화연구 집단이 비행, 청년 스타일, '문화산업'에 관한 작업을 발전시켜 나감에 따라, 참여 관찰 방법의 논리적 위상과 일관성에 관한 질문이 의제에 오르게 됐다. 전국일탈연구회 등의 기관이 미국의 참여 관찰 실행자들의 글을 전파하는 바람에, 하위문화를 공부하는 학생들에게 방법론적 의식에 해당하는 무엇인가를 주입하게 됐다. 일군의 텍스트는 현장 조사 절차와 분석의 성문화를 일부나마 제시하는 쪽으로 수렴되었는데, 이 작업은 하워드 베커(Becker, 1971), 노먼 덴진Norman Denzin(1970; ed., 1970), 허버트 갠스Herber Gans(1963; 1968), 블란체 기어Blanche Geer(1964; 1970), 바니 글래서Barney Glaser와 안젤름 스트라우스Anselm Strauss(1965; 1968; 1975), 레너드 샤츠먼Leonard Schatzman(1973) 등의 실질적인 참여 관찰 연구 성과와 관련이 있었다. 이러한 체계화의 범위와 한계점은 매콜과 시먼스(McCall & Simmons, eds., 1969)의 권위 있는 '텍스트와 선집'에서 잘 예시된다. 반면에 덴진(Denzin, 1971)은 아널드 로즈Arnold Rose(Rose, eds., 1962), 스트라우스(Strauss, 1959), 허버트 블루머Herbert Blumer(1969), 버나드 멜처Bernard Meltzer 등(Meltzer et al., 1975) 상징적 상호작용론 이론을 체계적으로 공식화하려는 시도와 참여 관찰 방법이 유기적으로 연계된다고 지적한다. 1960년대 후반 이후로 상징적 상호작용론의 비호하에 실행되는 참여 관찰은 실증주의/기능주의 접근 방식에 필적하는 이론과 방법의 '패러다임'을 이룬다는 확신에 찬 주장도 점차 늘어났다. 이 글의 목적은 '참여 관찰 패러다임'용으로 작성된 '방법론적 규정집'을 다소 자세하게 살펴보고, (위에서) 브라이언 로버츠가 제시한 주장에 비추어, 원칙과 규정 집행에서 발생하는 긴장 지점을 논의하는 데 있다. 로버츠는 실증주의 사회학과 참여 관찰 패러다임 사이의 대비는 상당한 정도로 매개된 것이며, 전자에 의한 후자의 오염을 초래하게 된다고 주장했다. 이 저널의 다른 부분들이 보여주듯이, 하위문화연구 집단 구성원들은 '자연주의 사회학' 외에도 현상학, 구조주의, 사적 유물론의 접근 방식에 진지한 관심을 표명했다. 여기서 내 주장은, 이전의 패러다임에 비해 탐구 분야의 '이데올로기적 봉쇄'에 덜 취약하도록, 문화 사회학의 새로운 접근 방식 내에 다큐멘터리와 참여 관찰 방법에서 최선의 특징을 통합하는 방안을 지속적으로 모색하는 데, 기반 조성 측면에서 도움을 주려는 의도에서 나왔다.

1. 경험주의와 귀납적 방법

(a) 실증주의 사회학과 자연과학의 이상

많은 사회학 교과서는 '경험주의의 일반 법칙'이 그들의 주장의 토대라고 설명하는데, 최근의 예가 어니스트 크라우스Ernest Krausz와 스티븐 밀러Stephen Miller(1974)의 책이다. 여기서는 물리학의 성과에서 도출된, 과학적 절차와 추론의 보편적 모델이 존재하며, 또한 문화·사회과학은 연구 결과에서 절차적으로 보장된 확실성의 가능성을 [자연과학과] 똑같은 수준으로 제공하도록 문제점을 공식화하는 방안을 찾아내야 한다고 단정한다. 자연과학의 탐구 논리에 배어 있는 전제, 은유, 방법의 위상을 놓고 열띤 논란이 벌어지고 있다는 점에서, 이는 아주 잘못된 주장이다(최근의 일부 흥미로운 기고로는 Hindess, 1973a: 51~58; Lecourt, 1975를 보라). 어떤 구조적 총체 내부에서 공리와 정리의 위계에 근거한 체계적 이론, 고전적인 논리의 전범에 비추어 가설 검증 등의 개념들은 때때로 사회학 작업을 정당화하기 위해 소환되기는 하지만, 합리주의와 경험주의를 결합하는 독특하게 혼종화된 '과학 철학'에 속한다. 어쨌든 이것들은 'x가 더 많을수록, y는 더 빈번해진다,' 'p와 q의 결합은 흔히 y라는 특정한 사건을 수반하게 된다' 같은 명제를 포함하는 부류의 이론화에는 부적절하다. 데이비드 윌러David Willer와 주디스 윌러Judith Willer가 쓴 책(1973)은 어떻게 해서 사회학자들이 특정한 방법론적 신화에 사로잡혀 속류 실증주의 방법이 '과학적 경험주의'의 기치하에 생산하는 보증되지 않은 부류의 지식을 옹호하게 되는지 기록했다. 여기에는 다음과 같은 주장이 포함된다.

(i) 정신이 맑고 세심한 관찰자의 경험에 직접 재현될 수 있는 객관적인 사회적 현실이 '저기 바깥에' 존재한다는 관념(여기서 논란의 여지가 큰 부분은 '재현'이다).

(ii) 과학적 지식이란 실제로 존재하는 대상에 주의를 기울이는 주체(과학자)에 의해 생산된다는 관념이다. 과학자는 편의상 대상에 이름을 붙인다는 측면에서 대상에 관해 이론화한다. (가스통 바슐라르Gaston Bachelard처럼 더 정교한 철학자들은 — Lecourt, 1975를 보라 — 과학자란 현상 세계를 재현하고자 할 때 원하는 형태를 일부 **만들어 낼** 뿐, 이미 주어진 형태를 그냥 **기록하는** 것이 아니라고 파악한다.)

(iii) 모든 종류의 과학적 연구와 이론화가 의존하는 추론 기법으로서 '귀납법'이 작동하는 방식에 대한 설명. 이 설명은 존 스튜어트 밀John Stuart Mill에서 유래하는데, 그래서 윌러와 윌러(Willer & Willer, 1973)는 밀에 대해 한 장을 할애한다. 밀이 '가설적-귀납적 방법'이라 부른 방법은 연역(출발점이 되는 어떤 조건과 규칙에서 따라 나와야 하는 사건의 예측)과 귀납(어떤 규칙의 타당성을 감안할 때, 관찰된 사건에서 어떤 가설이 실증 혹은 확인되었다고 추론하는 것)을 모두 포함한다. 그러나 그는 경험주의적 탐구의 일반적 방향을 귀납적이라고 규정한다.

윌러와 윌러는 사회학자들의 믿음과 실천이 이러한 신화에 휘둘리면, 이들의 작업은 종종 사회 조직과 문화 형태의 기술을 경제적으로 요약하는 방법 모색으로 귀결하게 된다는 사실을 보여 준다. 그리고 진정으로 이론적인 작업에는 경험적 '사실' 분석과 비판 작업 동안 귀납과 여타 추론 양식의 작동이 필수적이라고 이들은 주장한다. 브라이언 로버츠는 위의 글에서 참여 관찰은 속류 실증주의에 대한 자연주의의 반란에 힘입었다고 지적했다. 더 깊숙이 존재하는 '경험주의의 일반 법칙'과 단절하는 탐구 논리 모색에서 참여 관찰 실행자들이 어느 정도 성공적이었는지는 앞으로 더 살펴볼 일이다. 실증주의 사회학은 그러한 경험주의의 일반 법칙을 실행에 옮기는 한 가지 스타일을 제시한 데 불과하다.

(b) 대안적인 사회학적 탐구 모델

나는 질적인 사회학 연구용으로 사용된 추론 양식을 여기서 간략하게 요약하면서 **데이터 분석**의 계기에 집중하고자 한다. 이는 사실상 귀납적 추론이 곧 과학적 방법이라는 주장으로 이어진 (앞서 언급한) 세 번째 신화와 평행을 이룬다. 물론 현상과 그 세계에 대한 정의, 경험적 탐구 과정 개념들도 탐구 논리에 관한 어떤 철저한 리뷰에서든 다루어야 마땅하지만, 나는 이것들을 오직 간략하게만 언급할 것이다. 여기서 나는 네 가지 대안적 분석 전략 유형을 제시하고, 각 유형이 동원될 때 사용되는 추론 양식에 관해 논평할 것이다.

유형 1: '긍정적 이해'

고전적 사회 인류학은 연구자가 상정하는 폐쇄적 문화 체제 내에서 풍습, 역할, 사회 구조가 갖는 의미를 **민속지학적 기술**을 통해 '지도화'하고, 이 기술에서 얻어 잠정적으로 정리한 현장 조사 데이터에 근거해 이론화를 시도한다. 참여 관찰 연구는 여전히 민속지학적 기술의 상당 부분을 생산하고 있다. 그러나 연구의 기조는 좀 더 '현상학적인' 기록으로 옮아갔는데, 여기서는 개개인이 자신의 사회적 만남에서 나름대로 의미를 창출하는 방식에 실질적으로 어떻게 몰두하는지 밝혀내기 위해 상징적 교환의 성격을 부각한다. 하위문화 상황에서 '체험된 의미'에 대해 긍정적 이해를 추구하는 것이 순전히 자의적이지는 않다. 세버린 브륀Severyn Bruyn(1966)은 이러한 귀납 형태에 동원되는 일부 기법을 설명했다. 그러나 이러한 추론 스타일은 '통찰'의 요소를 강하게 포함하고 있어, 저절로 이론적 분석의 생산으로 이르지는 않는다.

유형 2: 분석적 귀납

앨프리드 린드스미스Alfred Lindesmith(1947)는 아편 중독이 대단히 '구체화한' 현상이어서 마약 이용자의 이력을 분석해 보면 문화 형태로서 아편 사용의 속성에 관한 고도의 일반화를 달성할 수 있을 것이라 믿었다. 플로리안 즈나니에츠키Florian Znaniecki(1972)의 분석적 귀납 전략을 사용해, 희망컨대 의미 있는 하위문화적 변종들을 유지하면서도, 국지적 맥락에서 중독성 마약 이용 행태의 주요 패턴을 추출하려고 했다. 그리고 린드스미스는 시행착오를 통해 중독의 문화적 특징에 관해 부분적인 모델을 정교하게 개발했다. 그 후 그는 모든 부분적인 모델 혹은 가설을 서로, 그리고 모든 데이터에 비추어 대조했다. 만약 어떤 반대되는 증거가 나오면, 관련된 모델은 이를 설명할 수 있도록 수정해야 했다. 최종적 결과는 모든 나머지 명제를 결합해 다소 길고 복잡한 '총체적 가설total hypothesis'로 만들어 낸 것이다. 즉 이는 현상의 실제 특징에 대한, 단서와 우회로 가득 찬 설명적 해설이었다. 이 귀납 전략은 설득력 있고 검증 가능한 하위 모델을 발견하기 위해 증거의 체계적인 코딩과 자리 배치를, 좀 더 창의적인 데이터 검토와 결합한다. 이 전략의 단점(이는 터너[1953]

에서 확실하게 논의된다)은 한정된 숫자의 사회학적 문제점에만 작동할 수 있으며, 좀 더 심각하게는, 과학적 이론에 귀속되는 진정한 '보편성'이 아니라 어떤 문화적 형태에서 널리 관찰되는 '사실'의 시각화와 패턴화만 생성할 수 있다는 것이다.

유형 3: 지속적 비교 방법

이 분석 전략 역시 가설 군집을 구축하기 위해 데이터 코딩과 검토를 통해 널리 적용 가능한 모델의 생성을 추구한다. 그러나 여기서는 체계적 비교의 목적이 더 뚜렷하게 표명되어, 참여 관찰 현장 조사에서 관찰의 수집과 코딩 전략과 통합된다. 여기서는 문제 영역 내에서 의미 있는 데이터를 추적할 맥락의 선택은 현장 조사의 노트 작성과 성찰과 동시에 생산되면서 점차 부상하는 분석에 의해 인도되는 것이 가장 바람직하다고 가정한다. 장소와 사건의 (통계적 표본 추출과 반대되는) '이론적 표집,' 관찰의 기록과 코딩, 시험적 가설을 '분석적 메모'로 작성하기, 추가적인 그리고 이제는 좀 더 사회학적 지식으로 풍부해진 표본 추출을 통해 데이터와 데이터 간의, 데이터와 개념 혹은 가설 간의 좀 더 자세하고 집중적인 비교 마련 등으로 구성된 나선 과정이 작동한다.

이렇게 확인된 사회적 유형, 대인 간 상호 거래, 이데올로기적 형태 등의 범주를 이제 교차 비교하고 정착된 사회 조직 패턴 내에 적합한 배치 장소와 관련짓는다. 이것이 바로 글래서(Glaser, 1965)가 설명한 지속적 비교 방법이 해야 할 일이다. 새로운 차원이 부과되면 기존의 구분들은 서로 교차하면서 새로운 유형화로 이어질 것임을 감안하면, 초점은 늘 새로운 분석적 차원 도입이 사건, 사람, 사회적 형태의 하위 집단 간의 관계에 초래할 차이에 둔다. 절차와 그 논리는 폴 라자스펠트Paul Lazarsfeld가 서베이 통계 자료의 '다변량 분석multivariate analysis'용으로 개발한 것과 아주 비슷하다(Lararsfeld et al., eds, 1972: 119~217을 보라). 그러나 이 절차는 구체적으로 질적 데이터만 대상으로 삼는다. 왜냐하면 책 저자인 글래서와 스트라우스(1968)는 현장에 대한 탐구가 시작되기 전 이미 정의된 '변인'을 사전에 선정하게 될까 봐 우려해 이를 방지하고자 했기 때문이다. 이 방법은 가설을 검증하기보다는 생성하는 방향('근거 이론의 발견')을 지향한다.

이 전략은 협소하게 한정된 사회적, 역사적 장소 내의 문화적 형태에 관해 법칙 같은 일반화를 확립하는 방향을 추구한다. 이러한 일반화는 즉시 달성되지 않고, 일련의 잠정적 가설이나 부분적인 모델의 수정과 위계적 조직화를 시행한 후에야 얻어진다. 이 전략의 분석적 추론 양식은 찰스 샌더스 퍼스Charles Sanders Peirce가 개연적 삼단논법abduction이라 규정한 양식에 가깝다(Habermans, 1972: 334를 보라). 즉 분석가는 놀랄 만한 결과(비정상적 사건)에서 출발하여, 이 사례(사건 + 이미 파악된 맥락)를 설명해 줄 규칙(사회학적 가설이나 모델)을 찾는다. 그러나 하버마스가 지적하듯이, 이 개연적 삼단논법이 실제로 어떻게 작동하는지에 대해서는 상당한 의구심이 남아 있다.

유형 4: 점진적 – 회귀적 방법

지속적 비교 방법의 중요한 약점은 이전에 정해진 이론이 여러모로 분석 규칙의 틀을 제공해 준다는 사실을 인정하지 않는다는 데 있다. 글래서와 스트라우스의 이론화는 구문론syntax과 스타일학stylistics에서 자유로울 수 없다. 장폴 사르트르Jena-Paul Sartre(1963)는 마르크스주의 문화연구와 관련해 이 문제점을 놓고 고심한다. 스탈린 시절의 마르크스주의는 오로지 사적 유물론의 변증법적 법칙을 예시할 수 있는 (추정된) 역량에 비추어 연구 자료를 선택했다는 데 사르트르는 주목한다. 비판적 탐구는 다양한 문화적–역사적 맥락에서 이 법칙이 다양하게 표현되는 형태에 관한 추론으로 제한되었다. 그는 현상을 이론 속에 이렇게 '배치하는' 방식을 분석의 회귀적 계기regressive moment라고 이름 붙였다. 그러나 그는 이를 필요한 계기라고 인정하는데, 이론의 현 상태라는 한계 내에서 이론적 선호에 따라 주제를 선택해야 하기 때문이다. 그러나 일단 분석이 현상에 대한 구체적 관여에 착수하고 나면, 분석가는 이 현상에 자신의 감수성을 자유롭게 발휘해야 하고, 운동은 우리 모두의 배후에서 전개되는 사회 과정과 인간의 경험 사이의 인과적, 문화적 연계('매개')를 **회귀적으로** 추적하는 데로 옮아가게 된다.

현상에 대한 점점 더 많은 결정 과정의 출처와 타당성에 의문을 제기함에 따라, 이러한 매개 과정의 추적은 출발점의 이론이 이미 판단을 내린 이슈를 끊임없이 다시 불러오게 된다. 매개의 수준과 유형에 관해 이후 축적되는 지식은 처음에는 이론을 풍부하게 하다가, 그다음엔 새로운 회귀적 움직임 속에서 그 이론을 재구조화한다. 사르트르가 구상한 문화연구 프로그램에는 점진적 분석과 회귀적 분석 간의 반복되는 움직임을 지탱할 추론 양식이 반드시 필요하다. 이것이 바로 그의 주요(미완성) 방법론적 저작의 주제다(Sartre, 1960). 그의 방법은 모순된 문화적 세력 간의 상호 작용이란 '역사주의적' 개념에 근거하는데, 이 개념은 사회 질서의 지배적 의미를 거부하는 계기가 지니는 자기 발견적 가치를 강조한다. 지속적 비교 방법이 그러한 계기를 공평하게 인간 조직 패턴의 일부로만 취급하는 데 비해, 사르트르의 분석 전략은 문화적 형태와 사회 세력은 서로 비대칭적으로 관련되어 있다고 가정한다. 나는 이후 절에서 두 가지 분석 양식 간의 이러한 '단절'을 다시 논의할 것이다.

2. 자연주의 현장 연구의 몇 가지 일반적 원칙

현장 연구란 연구 전략을 구상하는 시각과 정신에 의해 서로 뭉쳐지는 활동들을 지칭하는 '우산' 용어다. 참여 관찰 연구자는 "실용주의자가 [되어야 하는데] 미리 구체적인 기법이나 구체적인 문제를 표현하는 식의 제약을 받지 않기 때문에 더더욱 그렇다"라고 샤츠먼(Schatzman, 1973: 14)은 말한다. 이처럼 현장 연구가 개방적 특징을 지닌다는 견해는 실용주의의 고전적인 대변인인 존 듀이의 견해보다 더 급진적이다. 존 듀이(Dewey, 1938)는 단지 모든 탐구의 준실험적 특징을 탐색했을 따름이다. 그러한 연구는 연구자-호스트(연구 대상) 관계의 심리적-사회적 동학을 인정하고 포용하기까지 한다. 이는 관찰자가 과정을 연구하다가 대상에게 도움을 주거나 심지어 그 과정을 굴절시키는 것도 허용한다. 여기서는 연구자가 호스트의 경험이 갖는 사적 의미를 추출하고 공감을 통해 이를 연구자 자신의 의식에 수용해야 한다. 이러한 연구는 하위문화와 일탈을 연구하는 학생에게는 민속지학 연구가 갖는 재사회화의 힘에 자신의 성격을 노출시키고, 분석 결과의 표현을 통해 스스로 변신하도록 권장한다. 여기서는 단지 자연주의 성향 내에서 방법의 '일반적 원칙' 몇 가지를 선별해, 연구 궤도에서 '단계'를 가리키는 제목하에 제시할 것이다. 그러나 이 단계들은 변경할 수 없는 시퀀스 형태로 고정된 순서가 아니라는 점을 명심하라. 이 논문의 나머지 절에서는 내 나름대로 재구성한 참여 관찰 패러다임 입문서 내용에 따라, 이 일반적 원칙들을 집행할 때 참고할 방법의 규칙 몇 가지를 살펴본다.

(a) 현장 조사에서의 관계 형성: 호스트와의 관계는 공개적이고 호혜적인 방식으로 협상해야 하며, 여기서 연구자는 자신의 정체성과 목적을 어느 정도 설명하게 된다. 그러나 특정한 관계 협상에 투입되는 노력은 '이론적 표집' 계획이나, 정보 제공 예정자와 접촉에서 예상되는 성과의 풍성함(데이터의 양과 질)에 따라 달라질 것이다.

(b) 연구 계획 수립: 연구자는 자신에게 가능한 확정된 주제 개념과 사회학적 관심사를 갖고 현장에 진입해야 한다. 그러나 현장 작업의 초점과 전략은, 현장에서 일어나는 사건의 패턴과 속성을 탐구하고, 호스트가 자신들의 상황에서 문제가 된다고 여기는 것들을 어떻게 설명하는지 주의 깊게 관찰해서 점진적으로 도출해야 한다.

(c) 현장 조사 과정 관리: 연구자는 현장에서 마주치게 되는 만남과 관계를 유형별로 관리 가능한 수준으로 유지하도록 결합해서 대처해야 한다. 즉 도구적 관계(데이터의 흐름을 활용해 가설 생성에 도움을 주도록 한다), 개입적 관계(자연환경적 과정을 조명하거나 촉진하도록 새로운 상황을 조성한다), 단순히 사교성 관계('호스트' 중에서 친구 사귀기) 등이 있는데, 인본주의적 규약에 따르면 세 가지 모두 시도해 보아야 한다.

(d) 질적 데이터 분석: 분석적 단계는 일관성 있고 방어가 가능한 이론 생산을 지향한다. 이는 그러므로 참여 관찰 현장 조사 스타일의 실용주의에 대해 어느 정도 소급 적용되는 통제력을 행사할 것이다. 연구자가 자신의 시각에서 보기에 부상하는 이론이 설득력이 있고, 데이터의 사실적 내용에 적절하게 근거한다는 확신이 들면, 그는 자신의 분석에 결론을 내릴 것이다. 그리고 가능하다면, 이를 활용하거나 억압하고 싶어 하는 당사자들에게 떳떳하게, 언제든 모든 내용을 출간할 것이다.

3. 진입 전략

윌리엄 푸트 화이트William Foote Whyte의 유명한 책 《길모퉁이 사회*Street Corner Society*》(1955)의 부록은 최초의 현장 관계가 연구를 성사시키기도,

좌절시키기도 할 정도로 얼마나 큰 위력을 발휘하는지 보여 준다. 허버트 갠스(Gans, 1968) 역시 참여 관찰 프로젝트에서 이 순간이 계속 어렵다는 사실을 증언해 준다. 일단 연구 주제가 정해지고 나면(다음 절에서 이 문제로 되돌아갈 것이다), 사람, 장소, 정보에 대한 접근권의 협상이 연구의 상당 부분을 결정한다. 이 협상은 연구자의 (i) 사전 조사, (ii) 적절한 대표적 역할master-role 설정, (iii) 전개할 필요가 있는 대표적 역할의 주요 변종 예측, (iv) [연구 대상인] 호스트 개개인을 개별적으로 처음 만날 때 '호스트'의 설명과 교환할 수 있는 소개문 준비 등의 역량에 달려 있다.

(i) 샤츠먼(Schatzman, 1973: 19~21)은 사전 조사의 목적은 다음과 같은 데 있다고 말한다. 즉 관찰 장소에 대한 판단을 내리기 위해(런던에서 동성애자의 은어를 접하기에 가장 적합한 선술집은 어딘가?), 임무의 실행 가능성을 타진하기 위해(직업 댄서를 고용한 댄스홀에서 손님에게는 어느 정도의 춤 실력이 기대되는가?), 진입 전략의 적합성을 알아보기 위해서(원장을 통하면 병원에 진입할 수 있는가, 아니면 종교 분파는 지도부를 통해서 들어갈 수 있는가?)라는 것이다. 사전 조사 기법은 주로 사립 탐정, 사기꾼과 기타 관련 업종의 관행과의 두드러진 유사성에서 도출된다. 주된 필수 요건은 연구자가 자료가 풍부하고, 호스트의 언어 체계 해독의 여지를 제공하는 실행 가능한 현장 상황에 대한 감각을 갖추어야 한다는 것이다. (실행 가능성은 다음 절에서 논의할 전반적인 연구 전략과 관련지어져야 한다.)

(ii) 버포드 정커Buford Junker는 참여 관찰 연구의 네 가지 '대표적 역할'을 특징지었는데, 레이먼드 골드Raymond Gold(1958)는 이를 명쾌하게 요약한다. 순수한 관찰자the pure observer는 곁으로 물러나서 안전한 거리를 두고 현상을 수동적으로 기록한다. 참여자로서의 관찰자observer-as-participant는 호스트 주체와 잠시 직접 대면에 들어가지만, 감정적으로 더 긍정적이고 유연한 대화/관계를 제안하고, 자신의 '인터뷰'를 사전에 결정되지 않은 정도로 발전시킬

여지를 남겨둠으로써 '집중 인터뷰'의 규칙에서 벗어난다. 관찰자로서의 참여자participant-as-observer는 좀 더 과감하게 행동에 뛰어든다. 그는 연구 대상들과 함께 어떤 공통의 활동에 참여하고, 자신의 연구 활동에도 이들의 참여를 어느 정도 허용하려 한다. 이 역할을 제한하는 경우는 고전적인 사회 인류학자의 현장 조사에서 호스트 집단의 규범, 역할, 신념의 전체 틀이 연구자를 제한할 때 발생한다. 하지만 연구자는 현장 조사 전략에 대한 통제를 잃지 않도록 호스트의 '동기의 어휘'에서 소외된 상태를 유지해야 한다. (앨버트 라이스Albert Reiss[1968]는 관할 경찰서에서 작업한 어느 관찰자 사례를 들며 설명하는데, 이 연구자는 [경찰 세계에] 너무나 철저하게 '동화'되는 바람에 흑인 용의자가 추가로 경찰서에 들어오면 자신이 직접 심문할 수 있게 해 달라고 요구할 정도였다.) 완전한 참여자complete participant는 은밀하게 관찰하고 교활하게 기록하는 비밀 탐구자다. 이 역할에는 심각한 난점이 따른다. 그리고 이는 문화연구의 관점에서 자신의 생애사 집필을 포함하는 또 다른 연구 양식과 뚜렷하게 중복된다.

(iii) 다양한 이론적, 실질적, 윤리적 기준은 대표적 역할 선택에 영향을 미친다. 그러나 일단 선택되고 나면 이를 작동시키는 방안으로 가능한 변종들에 주목해야 한다. 이러한 방안들은 연구자가 초기에 '지도 그리기' 작업을 근거로 구축한 제보자 유형에서 도출된다. 존 딘John Dean 등(1967)은 제보자 유형학을 제시하는데, 여기에는 도움이 될지는 모르지만 아는 것을 모두 이야기해 주는 토착 제보자native informant, 정치적 좌절 경험자the politically frustrated(자리에서 밀려난 자), 풍부한 경험자the old hand, 궂은 일꾼dogsbody, 대화에서 인정받으려 애쓰는 신경증 환자 등이 그러한 유형이다. 유능한 참여관찰 연구자는, 만약 역할 놀이의 기본 원칙을 이해한다면, 각 유형이 자기표현에 대해 보이는 반응을 잘 조절할 수 있다(Goffman, 1959; 1963; 1969를 보라).

(iv) 소개문 전략은 검증을 거쳐야 한다. 주된 접근 이슈에 그다지 핵심적이지

않은 호스트와 먼저 실행 순서를 예행연습해 보는 것이 좋다. 만약 거래의 기조에 비추어 추정해 볼 때 이 예행연습에서 '라포'가 잘 형성되었다는 판단이 들면, 가장 긍정적으로 기여한 것처럼 보이는 소개문의 그 측면들(예컨대 그의 과거 생애사 버전들)을 유지하면 될 것이다. 이는 상당히 '상식적인 역량'이다.

우리가 그 기법을 대략 설명한 바 있는 진입 단계의 논리적 문제점들은 '접근 협상'의 성격이 문제의 소지가 크다는 데서 발생한다. 연구자가 관심 있는 현상의 내부 관계를 탐구할 수 있도록 현장 접근권을 충분히 달라고 호스트에게 보상을 제공하는 경우에는, 거래에서 주고받는 것이 무엇인가? 실질적인 핵심 딜레마는 다음과 같다.

> '현장 연구자는' 자신에 대한 타인의 오리엔테이션에 추가로 영향을 미칠 여지를 남겨두기 위해, 자신의 역할의 불확실성을 유지하면서도 "타인들에게 가시성과 공개를 초래할 상황을 조성해야 한다"(Schatzman, 1973). 연구자가 자신의 진입 협상 내용에서 발생하는 의무에 의해 이후 단계에서 손발이 묶이지 않고, 어떻게 접근 기회 협상을 마무리할 수 있을까?

연구자에게 이러한 딜레마를 거부할 수 있게 해 주는 규칙은 상징적 상호작용론의 지식 자원에서 도출된다. 연구자는 랠프 터너Ralph Turner(1962)가 개략적으로 제시한 네 가지 역할 발전 단계에서 자신이 역할 **수행**을 떠맡는 동안 다른 사람들도 역할 **수락** 행태에 끌려 들어갈 수 있도록 설득을 시도해야 한다. 여기에는 연구자의 주된 의식 양식으로서 자아 분리와 도구성을 유지할 수 있도록, '연구자 역할'을 '삶의 역할'에서 분리하도록 애쓰는 작업도 포함된다(Olsen & Whittaker, 1967을 보라).

연구자는 스스로 옷차림이나 행동거지를 통해 관료제 공직자와 골수 하위문화 구성원 사이의 중간쯤 되는 주변적인 사회적 지위를 시사하면서(흔히 '대학원생'이면 충분히 통한다), 자신을 표현할 때 운신의 자유를 유지해야 한다. 호스트가 자신의 사적 문제에 관한 정보 금지를 조금씩 완화할 수 있도록, 이들의 감정에 항상 관심을 표하면서 한번에 한 단계씩 접근 기회를 타협해 넓혀 나가야 한다. 애초에 수용한 제약은 "이후 적절한 때가 되면 재타협 가능한" 것으로 이해해야 한다(Schatzman, 1973). 이 규칙을 집행하는 데 필요한 논리적 기술은 제로섬 게임 수행의 성격을 띤다. 네드 폴스키는 당구장 협잡꾼 연구에서 자신이 사회학자로서 갖춘 직업적 기술과 연구 대상의 기술 사이에 중복되는 부분이 있다는 사실을 인정한다. 물론 그는 현장에 대한 자신의 몰두가 그를 사회과학자보다는 사기꾼의 성격으로 만들었다는 주장을 완강히 부인한다(Polsky, 1971: 115~147).

논평

이 규칙들이 시사하는 역량의 지위는 그 출처에 비추어 보자면 상당히 자명하다. 여기서는 도구적 실용주의가 장악하고 있는 상태다. 고프먼의 드라마적인 시각은 연구자가 '무대 뒤'에서 해야 할 역할 준비와 '무대에서' 자기표현의 통제 전략에 대해 환기해 준다(Messinger, 1962를 보라). 전문가들이 고객과 '현실 정의' 타협에서 주도권을 유지하는 법에 관한 T. 세프T. Scheff(1968)의 설명은 도덕적, 인식론적 질서의 협상에서도 권력이 관련되어 있음을 드러내 보여 준다. 그러나 이러한 '배경적 관련 사항'은 실질적으로든 철학적으로든 연구자의 규칙 준수에 어떤 이해관계가 걸려 있는지에 대한 우리의 이해 방식을 형성하는 데서 **은유**가 핵심적 중요성을 지닌다는 사실을 시사한다. 이 '현장 진입 전략'의 설명에서는 **두 가지** 은유가 충돌한다. **전략적 상호 작용**의 은유는 호스트가 재량권과 주도권을 모두 갖고 있으며(그렇지 않다면 접근 문제란 발생하지 않는다), 접근권 협상에서 대항 전략을 통해 이후 포커식 게임에서 몇 차례 승리를 거둘 수 있음을 우리에게 환기해 준다. 즉 여기서는 일정 비율의 비행이 탐지되고 '해결'되는 범죄 현장과의 유사성이 존재한다. 어빙 고프먼의 논의(1969)는, 남미에서 CIA가 일반적으로 했듯이, 지식 교환 거래에서 한쪽 당사자가 어떤 조건 때문에 꾸준하게 이득을 취하게 되는가 하는 문제에서 논점을 교묘하게 회피한다. 그러나 그의 게임 이론적 성향은 '연승' 지속을 오직 우연적인 차원에서만 허용할 뿐이다. 대안적으로, **잉여 전유**surplus appropriation의 은유는 공식적인 대면과 교환 체제 내에서 어떻게 해서 한쪽이 **실패의 위험 없이** '잉여 생산물'의 창조와 실현을 확보할 수 있게 되는지에 대해 훨씬 더 완전한 설명을 제공한다. 모리스 고델리어Maurice Godelier(1966)는 원주민 친족 체제를 통한 여성 교환에 대한 레비스트로스의 분석과, 살아 있는 노동력과 임금 상품의 죽은 노동 교환에 대한 마르크스의 분석이 형태에서 어떻게 서로 비슷한지 보여 준다. 연구자–호스트 관계의 형성과 가동도 비슷한 반열의 것으로, 참여 관찰 패러다임의 방법론자가 진입 문제에 면밀하게 주목하는 이유를 설명해 주는 듯하다. 접근권 협상의 중심적 딜레마를 다루는 규칙(문화적 기호/상품의 공정한 교환에서 이윤 얻는 법)은 회계 규칙이 자본주의에 지니는 중요성만큼이나 참여 관찰 연구에 중요하다. 이는 반론의 여지가 없는 도덕적 비판으로 의도된 것은 아니다. 인간 과학에서 어떤 점진적인 지식 발전이 어떻게 그러한 구조적인 '불평등 교환'을 근거로 삼게 되는 것을 피할 수 있을지 깨닫기란 어렵기 때문이다. 내 주장은 단지 상호작용론적 은유는 참여 관찰 접근권 협상 배후의 더 근본적인 과정을 설명할 수 없다는 것이며, 이러한 설명 실패는 참여 관찰 연구가 자신의 실천에 대해 신비화한 의식을 갖고 있음을 시사한다.

4. 연구 설계 개발 전략

사회 문화연구는 이미 일반적으로 인정된 공리나 정리도 없고, 토머스 쿤Thomas Kuhn식으로 두드러진 이론적 '난제'를 해결한다고 주장하는, 가설 검증의 표준화된 전범도 갖추지 못했다.[199] 참여 관찰 패러다임은 이러한 '정상 과학'의 부재를 기회로 삼아 그 대신 다음과 같이 주장한다.

(a) 설득력 있고, 데이터와 관련된 가설 제안이 — 동시적으로 제시되고 서로 연결된 가설 집단 내에서 제시되면 더 좋고 — 기존 관념의 세심한 검증보다 훨씬 더 가치 있다.

(b) 질적인 데이터의 공동 수집, 코딩, 분석을 통해 생성된 가설의 설득력 혹은 신뢰성은 (일정한 조건하에서는) 과학적으로 검증된 가설만큼 높게 평가할

199 자연과학 지식 생산에 관한 토머스 쿤의 설명은 연구 대상과 방법까지 지정해 주는 공리, 개념, 방법에 관한 합의 패러다임이 과학 탐구를 상당 기간 지배했다는 사실에 근거한다. 그러한 '정상 과학'의 기간 동안, 패러다임 지지자들은 세상이 어떻게 구성되는지에 관한 핵심 질문을 해결했다고 주장한다. 과학자는 과학 지식 주변부에 남아 있는 '수수께끼'의 세부 사항에 주의를 기울이고, 거기서는 제도적 규칙에 따라 실천적 연구가 계속된다.

과학의 장이 처음으로 '정상 과학'으로 이동하기 전에는, 직업 과학자 지망생의 선호에서 최고 자리를 차지하려는 '전 단계 패러다임pre-paradigms' 간에 공개적인 경쟁이 벌어진다. 만약 (주로 우화적 성격을 띠는) 쿤의 모델을 사회과학에 적용하려 시도한다면, '실증주의'와 '자연주의' 사회학을 손꼽히는 전 단계 패러다임 경쟁자로 규정할 수 있을 것이다. 자연주의자들은 승리에 대한 기대 때문에, 마치 정상 과학 패러다임의 전범을 실행하는 양 방법론적 규정집을 작성했을 수도 있다. 하지만 역설적이게도, 쿤의 설명은 기성의 과학 관행에서 드러나는 권위와 낭만주의의 정체를 폭로한다.

> 정상 과학의 목표 중 어떤 부분도 새로운 부류의 현상을 일으키는 데 있지 않다. 실로 상자에 들어맞지 않는 것은 흔히 전혀 보이지 않게 된다. 과학자들도 통상적으로는 새로운 이론을 발명하는 데 목표를 두지 않으며, 다른 사람들이 발명한 이론도 흔히 용납하지 못한다. 그 대신 정상 과학적 연구는 [기존의] 패러다임이 이미 제공하는 현상과 이론의 구체적인 표현을 지향한다. (Kuhn, 1970: 24)

수 있다.

이러한 전제 위에서 참여 관찰 패러다임은 연구 설계의 세부 사항을 공식화하는 장소는 마치 유동적 축일[200]처럼 유연해져야 하고 어쨌든 연구 과정 중간 어딘가쯤에 있어야 한다고 규정한다. 연구 계획이 오직 새로운 경험적 지형 탐구에서 점차 생겨나고, 현장 조사 과정에서 떠오르는 통찰에 비추어 수정될 때만, 다루는 현상의 현실에 대한 성찰적 감수성을 달성할 수 있다. 그래서 연구자가 현장에서 지내는 처음 며칠은 설계 판단을 결정할 지도 그리기 연습에 투입되어야 한다. 어디로 갈 것이고, 무엇을 찾을 것이며, 누구와 관계를 맺을 것인가 하는 문제가 그 예다. 범주의 예비적 정의는 연구 주제의 틀을 결정짓게 될 것이므로, 이 결정은 범주의 속성이나 차원을 탐색하기에 적합한 장소 찾기를 끊임없이 장려해야 한다고 글래서와 스트라우스(Glaser & Strauss, 1968)는 주장한다. 일부 범주는 과학 담론에서 도출되지만('집단 편집광'), 다른 범주는 일상적 경험에서 취하게 될 것인데, 예컨대 조크 영(Young, 1972)의 마리화나 단속marijuana bust이 그런 범주다. 점진적인 설계가 지배하는 과정은 이론적 표집이라 불리고, 이 표집은 다시 분석 단계에서 지속적인 비교 방법으로 이르게 된다. 설계, 데이터 수집, 코딩과 분석은 모두 상호 침투적이기 때문에, 조금씩 구축된 분석의 정교화가 확증의 필요성을 시사하는 시점에 이르면 언제든, 사건이나 개인적 설명, 문서의 새로운 비교 표본이 설계 자체 속에 포함될 수도 있다.

연구 설계에서 핵심적인 딜레마는 다음과 같다.

200 유동적 축일moveable feast은 부활절처럼 매년 날짜가 바뀌는 축일을 지칭한다. — 옮긴이

어떤 감응적 개념sensitizing concept을 선택하고, 그 개념의 속성이 작동하는 방식에 관한 어떤 직감적 가설을 채택하는지에 따라 그에 상응하는 데이터를 찾아 나서는 궤도가 결정된다. 직감이 올바른 방향으로 자신을 이끌어 주고 있다고 연구자가 확신하게 되는 한 방안으로, 현장의 처음 며칠을 사용하는 것을 어찌 피할 수 있겠는가?

현장에서의 처음 며칠에 대한 표준화된 해석은, 이 시간이 문화적 충격을 제공하고 예민한 현상학적 자각을 자극하여, 연구자가 거의 무의식적으로 끌려 들어가 상호 작용-사건의 상식적 혹은 내집단적 설명에 침투하게 되고, 사태 전개에 관한 당혹스러운 질문도 제기하게 된다는 것이다. 어느 고전적인 논문에서 블란체 기어(1964)는 캔자스주립대학교 학생 생활의 참여 관찰 연구에서 가져온 자신의 첫 3주간 현장 노트를 (그리고 동료의 자료 일부도) 구경시켜 준다. 이 연구는 대학에 대한 어떤 가정에서 출발한다. 즉 중서부 지방 중간 계급의 대학 캠퍼스는 직장에 정착할 무렵에만 일상 활동에 진지해질 젊은이들에게 필요한 기항지라는 식의 사회적 관습에 지배될 것이라는 가정이었다. 그러나 인터뷰, 참여 관찰, 신입생 행사의 공식 브리핑에서 노트를 기록하다 보니, 대학 생활에 대한 학생의 진지함을 구성하는 차원들에 대한 논의로 방향이 이어졌다. 모든 유형의 학생들에게 학점 경쟁은 핵심적인 준거이자 타협의 지점이라는 사실이 밝혀졌다. 이러한 통찰은 연구의 나머지 경로도 결정했는데, 정신없는 첫 며칠 후의 '분석적 휴식 시간'에 구체화된 방법 관련 추가 아이디어도 마찬가지 역할을 했다. 이 연구는 캠퍼스의 학문적 계층화 체제와 그 효과에 관한 비판적 설명으로 변경되었고, 학점제를 완전히 폐지해야 한다는 정책 권고로 결론이 이어졌다.

우리의 딜레마를 다루는 기본적 규칙은 다음과 같은 듯하다. (1) 현장의 첫 며칠 경험을 항상 데이터의 성격과 가능한 출처뿐 아니라 연구 문제 자체에 관한 예비 아이디어를 철저히 점검하는 자료로 사용하라. (2) 추가적인 가설 개발을 통해 개념적 범주가 그 경험적 구현 형태와, **그리고** 서로 관련지을 다른 범주와 잘 부합하기 위해, 이론적 표집 장치를 사용하라. 명시적 코딩은 두 번째 과정에서 중요한 보조 장치다. 연구자가 자신이 적용한 개념의 새로운 속성을 발견하거나 현상 간의 새로운 연계성을 발견함에 따라, 그는 현장 노트를 열심히 파고들어, 관찰 노트와 이론적 노트를 추가 표본으로 검토한다. 그러므로 노트에 있는 항목들은 코딩되고 재코딩될 수 있으며, 전체 코딩 장치가 부상하는 분석틀과 함께 움직이게 된다. 따라서 첫 며칠 동안의 노트는 상당히 정교한 코딩이 가능하도록 충분히 자세하게 작성하는 것이 분명 중요하다.

논평

그러나 글래서와 스트라우스(Glaser & Strauss, 1968), 베커(Becker, 1958), 기어(Geer, 1964) 등의 설명은 과연 출발점이 된 문제 영역에 대한 시각 변화를 초래할 정도로 연구 설계를 철저히 비판적으로 검토하는지에 대해 의문의 여지를 남긴다. 하위문화적 일탈에 대한 이름표 붙이기를 다룬 대다수의 작업은 "도덕적 선도자 활동moral entrepreneurs"이라는 베커의 초기 개념을 넘어서 이름표의 출처가 어디인지에 관한 설명을 생산하기는커녕 출처를 찾아내지도 못했다. 아마도 참여 관찰 패러다임 연구자들은 설계와 지속적인 비교 작업이 잘 정착된 시각과 표상의 레퍼토리 내에서 엄격하게 제한된다고 암묵적으로 이해한 듯하다. 분명히 기어의 학생 연구는 일단 초점을 학문적 작업과 학점으로 옮기고 나자, 아주 예측 가능한 분석을 낳았다. 그래서 강사의 학생에 대한 이름 붙이기는 오로지 학자들이 주도권을 유지하도록 허용해 주는 체제 내에서 숙제와 기준의 협상이라는 관점에서만 설명되었다. 학문적 지식의 사회학이나, 지적 경험의 사회학 같은 더 큰 문제는 건드리지 않았다.

5. 현장 조사 과정 관리

참여 관찰 현장 조사는 연구자에게 다음과 같이 세 가지 필수 요건을 부과한다.

(1) 연구자는 확립된 참여 관찰 작업을 절차적 관행화하려는 경향에 맞서, 전망의 감수성과 통찰의 접근 가능성을 유지해야 한다. 그는 단순히 아이처럼 세심한 '열린 응시'를 실행하거나, 관찰 장소를 반복해 옮기거나, 기회가 날 때마다 자신이 만나는 타자의 '역할 취하기'를 상상적으로 시도함으로써, 이를 시행할 수도 있다.

(2) 연구자는 관찰 대상에서, 그리고 그 외의 것에서도 더 많은 발견을 위해 자신이 작업하는 대상에 대한 '관찰 영역'을 끊임없이 개발해야 한다. 그는 정기적으로 다음 사항을 고려함으로써 이를 달성할 수 있다. (a) 속성을 찾아내는 데 더 많은 시간을 보내 개념을 추출할 필요가 있는지, (b) 이전의 어떤 관찰을 다시 참고할 필요가 있는 사람이나 상황을 우연히 접하게 되었는지, (c) 연구자가 사건의 성격을 규정하는 데 도움이 되는 적절한 시각이란 측면에서, 사건을 관찰하는 뚜렷한 기준을 지녔는지, (d) 연구자가 참여 관찰의 초점과 목적을 변경해 '이론적 단서'를 확고히 정할 필요가 있는지, (e) 가설이나 모델의 엄밀한 공식화로 재빨리 이동해, 이를 확증해 주는 증거를 (그리고 잠재적으로 부정하는 증거도) 체계적으로 찾는 데 주력하고 다른 작업을 중단할 필요가 있는지 등이 그러한 고려 사항이다. 샤츠먼(Schatzman, 1973: 53~58)은 다양한 현장 조사 단계에서 이러한 관찰 영역 중 하나에서 다른 영역으로 이동

해야 할 이유를 명쾌하게 설명한다. 그렇지만 강조점을 언제 이동할지 파악하는 것은 결국 연구자의 판단 문제라고 언급한다.

(3) 연구자는 자신의 기본적인 대표적 역할을 실행할 '전술'을 찾아내야 한다. 예를 들면 관찰자로서의 참여자 역할에서, 연구자는 더 깊이 있는 대화 행동에 들어와도 좋다는 초청을 받을 때까지 기다리며 '한정된 상호 작용'을 선택할 수도 있다. 아니면 자신의 '용인된' 위치를 활용해 호스트를 엄격하게 통제된 인터뷰로 끌어들일 수도 있다. 어느 쪽을 시도할 것인지는 전반적인 계획에 비추어, 상황의 잠재적 가능성에 대한 연구자의 판단에 달려 있다. 도널드 로이Donald Roy(1970)는 노동조합 회원 모집 캠페인에 관한 참여 관찰 연구 동안 어떤 식으로 하나의 전술에서 다른 전술로 이동했는지 기술한다.

그러나 경험이 풍부한 현장 조사자라면 별개의 관찰 작업을 통합하기 위해 어떻게 속도 조절을 하고 언제 상상력을 발휘할지에 대한 감각을 갖추고 있겠지만, 모든 현장 조사 관리에는 여전히 주요한 딜레마가 남아 있다.

> 연구자가 현장 조사 전략과 시각에 갇혀 있는 동안 '부분적 모델'이나 가설의 타당성과 독창성을 어떻게 검증하고 판단할 수 있는가?

이 딜레마의 함의는 훨씬 더 멀리에까지 영향을 미친다. 관찰자의 존재는 호스트에게 수많은 교란 효과 유형 중 하나를 미칠 수도 있다. 즉 (호스트들이 보기에) 그는 유용한 임시 구성원으로 포섭될 수도 있다. 믿을 수 없는 귀찮은 존재로 분류될 수도 있다(그러나 이 때문에 외로운 사람이나 불평 불만자의 상대가 될 수도 있다). 이전에는 억압되어 있던 대화를 장려하는 수동적 촉진제가 될 수도 있다. 개입 역할을 수행해 새로운 행동을 유도할 존재가 될 수도 있다. 저항과 갈등의 진원지가 되어 연구의 과학적 목적에 파국적 효과를 초래할 수도 있다. 일단 문제가 발생하고 나면 교과서는 이러한 '교란' 형태 관리에 관해 아무런 조언도 제시하지 않는다. 교과서에 따르면 연구자는 자신이 벌여 놓은 일을 감당해야 한다고 적혀 있을 따름이다. "변화를 일으킬 것인가, 아무 변화도 일으키지 않을 것인가 하는 역설적 이슈는 …… 우리에게든 우리의 모범적 현장 조사자에게든 관심사가 되어서는 안 된다. 현장 작업자에게는 …… 현장 연구자에게 기대되는 행동 외에는 다른 어떤 방안도 없다 ……"(Schatzman, 1973: 64). 그러나 이 점이 사실이라 하더라도, 연구자는 현장의 유동성에 관한 지식을 활용해 행동 현장에 미치는 연구자 효과를 내부적으로 계산하는 지침으로 삼아야 한다. 이는 연구자가 개입하지 않았다면 현장이 어떠했을지 판단하고, **동시에** 자신이 개입한 결과를 관찰해 이를 마치 실험적 탐구의 데이터인 것처럼 활용하기 위한 것이다. 그러한 계산법의 논리는 데이터 수집, 코딩과 분석 과정의 핵심이 되어야 한다. 하지만 역사학자가 마라톤 전투의 효과를 판단할 때 적용한 논의를 베버가 논의한 이래로, 이러한 방법론 부문에서는 거의 진전이 이루어지지 않은 듯하다(Weber, 1949: 171~174).

분명 **지금까지** 현장 조사의 혼란스러운 해석 작업과 어느 정도 비판적 거리 두기를 위해 마련된 절차적 수단은 현장 관찰과 성찰을 기록하고, 현장 조사 노트를 체계화하는 영역에서 존재한다. 현장 조사 노트는 관여와 거리 두기의 변증법이 작동하는 매개체다. 더 많은 노트를 작성할수록, 이후 관찰과 코딩 결과를 검토하고 확인하는 작업을 통해 더 확실한 거리 두기가 가능하다. 팀 프로젝트에서는 매일매일의 현장 노트를 교환하고 비평하는 과정은 연구 전략을 발전시키는 주된 기반을 이룬다. 철저한 현장 조사 사이에는 항상 중간중간에 '방법론적 휴식 시간'이 들어가는데, 이때 연구자들은 회의를 열어 '분석적 메모'를 회람하고 토론하며, 자신들의 가설과 데이터 패턴을 서로 연결 지을 대안적 프로그램이 없는지 검토한다. 샤츠먼은 **관찰적, 방법론적, 이론적 노트** 등 세 가지 종류의 현장 노트별로 발생하는 편향의 차이를 예시하면서, 각 노트가 이후의 분석적 작업에 어떻게 기여하게 되는지 보여 준다. 글래서와 스트라우스(Glaser & Strauss, 1975)는 최근 분석적 메모 작성법과 현장 조사 활동을 재편하는 용도로 이를 활용하는 법에 관해 자세한 지침을 간행했다.

논평

현장 경험을 '객관화'하는 과정의 핵심은 현장 조사에서의 만남을 종합하는 타협에서 달성되는 역할 취하기와 의미 교환의 해체다. 연구자는 이 경험에서 사회 과정에 관한 지식(아니면 그 현상 형태를 다루는 방법에 관한 지식)을 **추출해야** 한다. 연구자는 — 사회과학자로서의 역할로 — 호스트와의 만남에서 얻은 것을 엄격하게 단어로 표현된 패키지로 '종합'해 이를 달성한다. 샤츠먼은 이렇게 말한다. "패키지는 이후 단번에 검토하고 파악할 수 있도록 마련된다. …… 기록자는 내용이 무엇이든 **정보 단위**라는 관점에서 사고하는 훈련을 받는다"(1973). 비록 기록, 코딩, 검토의 논리가 여전히 설명되지는 않았지만, 우리는 그 논리의 본질적인 작동 조건을 파악할 수 있다. 즉 현장의 만남은 모호하고 다양한 사고를 유발하기 마련인데, 이를 구체적인 내용을 갖고 연구 계획의 지속적인 비교용으로 방향 제시의 가치가 있는 정보 단위로 **환원해야** 한다. 이는 참여관찰 패러다임 연구 내에서, 자유분방하고 인본주의적인 미드와 듀이의 실용주의가 19세기 자연과학 전통의 합리주의와 타협해 결론을 내려야 하는 지점이다. 바로 이 지점에서 귀납적 추론의 논리는, 삼단논법적 제시와 실험적 증거의 절차 안에 굳건하게 뿌리박고 있는 존 스튜어트 밀의 가설적-연역적 방법의 기준을 충족하기 위해 확정되어야 한다(Willer & Willer, 1973: chap.4).

6. 질적 데이터 분석

분석에는 항상 사회적 현실 형태의 해석, 수정 제시를 이미 포함하는 명제들의 재편이 뒤따른다. 사회문화적 연구 분야 안에서는 은유적으로 '보는 방법ways of seeing'의 유통을 활용하고 확장하는 것을 피할 수가 없기 때문일 것이다. 여기서는 어떤 이슈가 발생하는가? 이는 참여 관찰 데이터의 특정한 분석 전략이 과연 이론적 설명을 생성해서, 은유적 담론이 엄정한 이론화용 언어에 면죄부를 얻거나 **혹은** 확고하게 수용될 때 취하는 문화적 형태 사이나, 그 근저의 관계에 대한 시각을 독자에게 제공할 가능성이 있는가 하는 문제다. 1부에서 확인한 분석적 추론의 네 가지 유형은 이 질문에 세 가지 변종 형태의 반응을 제공한다. 첫째로, 긍정적 이해는 문화 형태의 은유적 특성을 원래의 자질대로 유지해, 가능하면 연구 대상들이 이를 체험하는 방식을 최대한 반영하는 데 목적을 둔다. 심지어 여기서도 분석 과정은 필요하지만, 그 목적을 데이터에서 **패턴 발견**에 한정한다. 이는 연구자의 참여 관찰 자료가 민속지학적으로 설득력 있는 형태로 제시되도록 하기 위한 것이다. 즉 호스트 문화(혹은 하위문화)의 은유와 이미지는 재분류되어 묶이지만 번역되지 않은 채로 유지된다. 둘째로 연구자는 자신의 자료에서 특유한 부분에 원형적 은유master metaphor를 부과하려 할 수는 있는데, 이는 분석적 귀납과 끊임없는 비교법이 속하는 **모델 구축** 전략이다. 분석적 귀납법은 추정컨대 문화 현상의 보편적 특징을 설명해 줄 폐쇄적이고 단일한 모델 구축을 열렬히 추구하는데, 이 때문에 이 전략은 (1953년 터너의 비판에 비추어 볼 때) 나도 논외로 할 정도로 한계가 있는 주장이다. 나는 모델 구축 과정에서 주요 단계를 설명하고, 이 과정에서 생산되는 '근거 이론' 모델과 이 모델의 '해석 영역' 사이의 자의적인 관계를 비판하기 위해 끊임없는 비교 전략을 검토할 것이다. 셋째로, 나는 사르트르의 점진적-회귀적 전략에 대한 한 가지 가능한 해석은 **구조적/역사적 매개 모색**, 즉 지속적 비교 방법의 일부 모순을 극복할 수 있게 해 줄 분석 양식을 동반하게 된다고 주장할 것이다.

비록 첫 번째 유형은 그 전제를 거부하고 사회 현실의 관찰 불가능한 요소와의 관계를 부정하긴 하지만, 네 가지 분석 전략 유형 모두 똑같이 중심적인 딜레마에 처한다(Becker, 1971: v~vi을 보라). 이러한 딜레마는 다음과 같다.

> 분석가는 문화 형태의 내향적 관계에 대한 잠정적인 이론적 설명 안에 관찰 결과의 진술문을 포함해야 한다는 점을 고려할 때, 데이터에 각인된 사회 현장의 구체적 속성에 대해 파악한 것을 어떻게 보존하면서 제시해야 하는가?

a. 지속적 비교 방법

글래서와 스트라우스(Glaser & Strauss, 1965)는 어느 논문에서 특정한 모델 구축을 위한 범주 추출을 목적으로 비교 집단들을 특별히 선정할 때 적용하는 전략을 처음으로 제시하면서, 이 비교 작업을 진행하는 속도 문제를 강조했다. 또한 지속적인 비교가 데이터 공동 수집, 코딩과 분석을 통해 생성된 가설에 '신뢰성'도 부여한다고 강조했다. 이들의 이후 책(Glaser & Strauss, 1968)은 집단과 사건의 이론적 표집 기준을 더 자세히 설명하고, 분석 단계의 주요 과업들을 성문화하려 시도한다. 최근의 후속작(Glaser & Strauss, 1975)에서 이들은 현장 조사와 메모 작성의 실무 사항들이 분석 전략의 요구 사항에 의해 어떻게 지배되는지 보여 준다. 이들의 설명에서 핵심 용어는 '속성properties'과 '연결 고리linkages'다. 현장의 초기 시간은 연구자에게 어떤 **범주**의 유효한 존재를 단정하게 해 주는 감응적 개념sensitizing concepts에 연구의 초점을 유도한다. 이는 비교 탐구를 통해 그 속성을 발견해야 하는 사회문화적 징후다. 범주와 관련이 있다고 판단된 자료의 타래 속에서 데이터의 모든 미해결 부분을 분류하고 서로 관련짓고 나서야 비로소, 연구자는 속성에 의한 범주의 '이론적 포화theoretical saturation'가 달성되었다고 단정하게 된다. 속성을 찾아내는 과정에서 연구자는 가설을 구축하고, 이슈가 되는 현상의 사회학적 모델 구축에 도움을 주도록 가설 간의 주제적 연결성을 발견하고자 한다. 이렇게 해서 지속적 비교 탐구 대상이 된 현장은 전진적으로 좁혀지고 마감된다. 샤츠먼(Schatzman, 1973: 111)이 표현했듯이, "일반 분석가가 핵심적 연결 고리 — 즉 은유, 모델, 일반적 틀, 압도적 패턴이나 스토리 라인 — 를 얻고 나면, 다룰 필요가 있는 (사람이나 사건의) 무리에 대해 점차 선별적으로 될 수 있다." 결국 모든 성립 가능한 가설이 이 은유나 모델 안에 위계적으로 조직되고, 수집된 데이터에서 모델의 포화에 의해 이른바 범주들의 이론적 포화가 완성될 것이다. 그 결과 탄생한 '실체적인 근거이론grounded substantive theory'은 다양한 색깔의 데이터로 채색되는데, 이 색채들 간의 조합은 건축학적으로 데이터가 개념과, 개념이 모델과 잘 들어맞는 이중적 조화의 기조를 표현한다. 네 가지 분석 단계는 우리가 초기 현장 조사에서 모델 완성에까지 이르게 해 준다. 즉 범주를 명시하고 정교화하기 위한 수단으로서 **사건 비교**, **발견된 속성**을 범주 정의로 **통합**(분석적 귀납법에서 차용한 준 일상적 절차다), 복잡성을 축소하기 위해 여러 가설을 연결하고 통합해 **이론의 대략적 기술**, 그리고 현장 조사에서의 마지막 철수 단계로서, 완전히 체계화된 이론/모델을 미학적으로나 사회학적으로나 만족스러운 설명으로 **작성하기** 등이다. 글래서와 스트라우스는 임종 전 환자 간호에서 발생하는 돌발 상황을 간호사가 자신의 직업적 하위문화로 어떻게 대처하는지에 관해 연구를 수행했는데, 여기서 이러한 대처 순서의 실질적 작동 방식에 관해 유용한 단계별 예시를 제시하고 있다(Glaser & Strauss, 1968: 105~114).

논평

지속적인 비교 방법에 따라 생산된 직업 하위문화 혹은 조직 지하 생활underlife에 관한 연구는 뚜렷한 설득력과 신뢰성을 보여 준다(예를 들면, Strauss et al., 1964; Glaser & Strauss, 1965; Becker et al., 1968). 그러나 이는 분석 전략의 딜레마에 대한 성공적 타협이란 무엇인가 하는 문제의 본질을 회피했을 뿐이다. 여기서 신뢰성이란 단지 이론적 지식 비판의 합리적 기준을 회피했기에 달성될 수 있었다고 믿는다. 글래서와 스트라우스는 이렇게 주장한다.

> 점점 진화하는 체계적 분석 덕분에, 현장 조사자는 관찰된 삶과 행동 영역에서 다른 외부인들도 어울려 지낼 수 있도록 글자 그대로 처방을 작성할 수 있게 된다…… 사람들이 낯선 사회에 대한 자신의 해석에 다른 사람들의 운명뿐 아니라 자신의 돈, 평판, 심지어 생명까지 판돈으로 걸었다가 성공하는 일도 드물지는 않다. 현장 조사자가 하는 일은 이처럼 성찰적 인간들의 **정상적 전략**을 성공적인 **연구 전략**으로 바꿔 놓는 것이다. (Glaser & Strauss, 1968: 226~227)

모델 구축의 규범적 기능이라는 이 실용적 개념은 모델과 분석적인 준 일상 관행을 모두 포함한 규약에 숙달된 독자층이 근거 이론을 소비할 것이라고 가정한다. 이 '인지적 지도 그리기'가 전제로 삼은 예측 자체는 비판적 검증 대상이 아니다. 이러한 식으로 해서 합리적 제시와 증거의 전범은 회피된다. 모델을 이해하려면 독자는 모델의 해석 영역 안에 스스로 갇혀 있어야 한다. (그 밖에도 사회학적 모델 구축은, 마치 수학 모델을 그 형식 체제와 비교하는 식으로. 엄정한 의미론적 규칙 군에 의해 일반 사회 이론과 관련을 맺을 수 없다 — 즉 근거 이론은 문법보다는 스타일 문제다 — 라고 배리 힌데스Barry Hindess[1973b:

242~247]는 설득력 있게 주장했다.) 지속적 비교 방법은 자신의 해석 영역을 시간적, 공간적으로 제한되고 연구자가 사회학 시장에서 독점해 온 실체적 문제 영역으로 쪼개서 배당하는 식의 방법에 의해 스스로 자신의 타당성을 계속 확인하는 특권을 행사해 왔다. "각 인류학자에게는 [영역이] 자기 부족"이라는 식의 전통은 진정으로 비판적인 이론화를 지탱할 역량을 훼손했다고 콜린 플레처(Fletcher, 1974)는 주장한다. 베커 등(Becker et al., 1968)에 의한 중서부 대학의 학점 제도 연구는 학점 제도의 전면적인 폐지 권고로 귀결되는데, 플레처는 이 연구를 증거로 인용했을 수도 있다. 억압적 이름 붙이기 관행 폐지라는 이들의 호소는 너무나 추상적으로 제시되어, 문화적 분류 체계를 둘러싼 투쟁 영역에 대한 진짜 정치적 개입으로 해석될 위험성은 거의 없었다.

b. 구조적/역사적 매개 모색

사르트르의 전략은 전체 사회 질서에 대한 추정성 이론에서, 개개인이 자신의 경험을 형성하고 체험하는 타협된 문화적 연결망 수준으로, 그리고 다시 총체성으로 되돌아오는 양방향 이행을 시도하고 있어, 원래의 설명을 비판할 약간의 수단을 담고 있다. 우리의 딜레마를 다루는 데 이 전략이 적절한지 판단하려면 연구자가 분석에서 회귀적 계기와 점진적 계기progressive moment를 모두 어떻게 관리했는지 평가해야 한다. 연구 주제의 공식화는 명시화된 중심적 구조 개념과 전체 사회의 동학 개념 안에 현상을 배치하는 데서 시작될 것이다(회귀적 계기). 연구 주제의 탐색에는 생애사, 가족, 이웃, 공동체, 경제, 국민 국가 '수준'에 속하는 과정 간의 경험적으로 추정된 연계성을 계속해서 정교화하고 재구성하는 작업이 필수가 될 것이다(점진적 계기). 종종 경험적 연계 짓기는, '일탈성' 청년 스타일과 법과 질서 담론에서 그런 것처럼, 사회 현실에서 이 수준들을 비껴가는 차원에서 작동하는 과정의 존재를 보여 준다. 우리는 노상강도 현상에 관한 자료를 분석하는 동안 그러한 지점을 만나게 됐다(Clarke et al., 1975를 보라). 여기서 참여 관찰 패러다임 방법은, 동네 자문 행동 센터에서 일하면서 얻은 지역 공동체 관련 지식, 신문 기사와 다른 문서 분석, 항소법원 캠페인 개입 등을 활용했는데, 점진적-회귀적 연구에서 이용되는 '필요악'으로 간주할 수도 있을 것이다. 그 연구의 목적은 1960년대 중반의 국면에서 1970년대 중반 국면으로 이행하는 동안 이데올로기와 정치의 극장에서 전개되는 법과 질서 대 '청소년 비행'의 새로운 사회사를 이해할 수 있도록, 전후 영국의 독점 자본주의 헤게모니가 어느 정도 수용되었는지에 관한 설명을 해부하고 재편하는 데 있었기 때문이다.

풍부하고 방대한 자료가 새로운 매개의 복합체를 부각하게 되면, 연구 틀의 상당 부분이 의문의 대상이 되고 연구 전략이 고갈되기 전에 새로운 이론적 총체화를 달성하려는 시도는 위기에 처한다. 이러한 '해체'의 계기는 방법론적 문제점을 일으키는데, 스튜어트 홀은 최근 마르크스의 방법론 개념에 관한 논의(Hall, 1974b: 150~160)에서 이 문제점의 핵심을 총체적 사회 구성체를 연구하는 **역사주의식** 방안과 **구조주의적** 접근 방식 간의 긴장으로 명쾌하게 제시한다. 여기서 첫 번째 접근 방식에서는 하나의 구체적인 사회 과정과 다른 과정 간의 관계는 양자를 모두 포괄하는 전반적인 역사 운동의 발생학적 설명으로 불린다. 즉 우리 예에서는, '노상강도' 사건의 증폭과 이에 대한 반응은 1960년대 말 영국의 '합의' 이데올로기와 정치의 위기 심화에 대한 설명 안에 배치된다. 두 번째에서는 매개의 폭로는 '지배 내 구조화된' 모순 복합체의 해부학적 설명의 정교화로 이르게 된다. 즉 사법적, 사회적 행정의 이데올로기적 지형은 청년 문화의 지형과 교차하면서 상대 담론에 대한 상호 개입을 '구조적으로' 생성하는 것으로 제시된다. 그렇다면 핵심적 문제는 청년 문화 (등)의 이데올로기 실천이, 나름대로 결정성을 행사하는, 모순 복합체의 '구조적 영향성'을 파악할 수 있게 해 준다는 사실을 입증할 방안을 찾아내는 데 있다. 이와 동시에 이러한 영향성을 오직 하나의 국면적 계기로서만 드러내는 역사적 운동 과정을 확인할 경로의 개척 작업도 필요하다.

논평

분석적 전략에 대한 사르트르의 설명은 문화 현상 설명에서 진정으로 비판적인 총체화의 여지를 남겨두고 현 상태의 초월 가능성을 드러내려면, 역사적 운동의 특징 규정을 최우선시해야 한다고 강조한다. 그러나 사르트르는 그러한 설명 구축에 대한 절차적, 이론적 통제 문제에 대해서는 모호한 태도를 보인다. 물론 논리적 규칙을 회피할 수는 없지만 이러한 통제는 논리 일반의 문제라기보다는 계급 사회의 가장 근본적인 구조들 — 생산 양식, 헤게모니적 이데올로기, 그것 간의 결합 레퍼토리, 정치적 권력 '양식' — 간에 작동하는 연계성을 파악할 수 있게 해 주는 사회적, 문화적 형태 문제다. 노상강도 현상 프로젝트, 그리고 하위문화 집단의 저작 전반은 적절한 경제 비판 결과 안에 이데올로기 비판이 근거를 두도록 하는 방안을 찾아내야 (따라서 양자를 변형시켜야) 했다. 그러고 나서도 더 나아가 전체 설명을 정치적 국면 분석, 즉 집단과 궁극적으로는 계급 동맹 간의 실제 투쟁에 대한 개입의 실질적 가능성과 대면하는 분석 수준으로까지 발전시켜야 했다. 그런데 직업 사회학자들이 국지화된 하위문화와 일탈자들에 관해 엄격하게 규정된 근거 이론을 '발견'하려 시도했듯이, 이 차원들은 역사적 유사성과 은유를 통해 접근하는 편이 그나마 전혀 안 하는 것보다는 나았다.

7. 결론

저명한 방법론 텍스트에 제기된 것처럼, 나는 참여 관찰 패러다임의 탐구 논리에서 드러난 일부 약점들을 지적했다. 의미심장하게도, 이 약점들은 텍스트가 절차적, 이론적 딜레마의 관리 규칙을 제시하는 바로 그 부분에서 등장한다. 나는 문화 구성체의 비판적 연구가 사르트르의 점진적-회귀적 방법의 한 버전을 채택해 보면 풍성한 결과를 얻을 것이라고 주장했는데, 이 버전은 그의 상상력 풍부하면서도 느슨한 역사주의를 역사적, 구조적 방법들의 좀 더 완벽한 종합으로 대체하기 위해 변형된 것이다. 그러나 나는 이 책 1부에서 그 결과를 기록한 바 있는 하위문화 연구 집단의 최근 저작의 들쑥날쑥한 성과를 넘어서는 방법론적 접근 방법에 대한 설명은 제시하지 못했다. 여기서 현안은 사회학적 탐구의 보편적 '논리'가 아니라, 비판적 문화연구가 활용할 수 있는 다양한 기법들의 **구체적인 논리**다. 그러한 논리는 사회 역사적 구성체에서 다양한 유형의 요소와, 그 구성체가 복잡하게 구조화된 결정성을 달성하는 접합 양식 간의 연계성을 파악할 수 있어야 한다. 연구 방법을 개발하는 작업은 추상적 수준에서 전개될 수는 없다. 그보다는 우리 사회의 모순을 올바로 평가하고 그 모순에서 제기되는 이론적, 정치적 문제점을 적절히 대면할 방안을 찾아내는 한도 안에서만 성과를 거둘 수 있을 것이다.[201]

201 나는 버밍엄대학교 지 밸더무스Gi Baldamus 교수의 저작을 통해 사회학 방법의 탐구 논리라는 주제를 접하게 되었다. 그의 저작은 상당수의 사회학적 실천에서 논리적 엄정성과 이론적 중요성 사이에 존재하는 모순을 지적한다. 이 논문은 버밍엄대학교 현대문화연구소 레이철 파월의 비판과 제안에서 큰 도움을 받았다.

참고 문헌

Abrams, M. 1959. *The Teenage Consumer*. London Press Exchange Ltd.

Abrams, M. 1969. *Must Labour Lose?* Penguin Special.

Addams, J. [1909] 1972. *The Spirit of Youth and the City Streets*. University of Illinois Press.

Ahiram, E. 1966. "Distribution of Income in Trinidad-Tobago and Comparison with Distribution of Income in Jamaica." *Social and Economic Studies*, vol.15. Institute of Social and Economic Research, University of the West Indies.

Akers, R. L. 1967. "Problems in the Sociology of Deviance: Social Definitions and Behaviour." *Social Forces*, 46.

Althusser, L. 1969. *For Marx*. Allen Lane, Penguin Press.

Althusser, L. 1971. "Ideology And The State." In *Lenin And Philosophy, & other Essays*. New Left Books.

Anderson, P. 1964. "Origins of the Present Crisis." *New Left Review*, 23. Reprinted in P. Anderson and R. Blackburn, eds. (1965).

Anderson, P. 1965a. "The Left and the 50's." *New Left Review*, 29.

Anderson, P. 1965b. "Socialism and Pseudo-Empiricism." *New Left Review*, 35.

Anderson, P. & Blackburn, R. (eds.) 1965. *Towards Socialism*. Fontana.

Andreski, S. (ed.) 1974. *The Essential Comte*. Croom Helm.

Armistead, N. (ed.) 1974. *Reconstructing Social Psychology*. Penguin.

Arnold, D. O. (ed.) 1970. *The Sociology of Sub-Cultures*. Glendessary Press.

Auld, J. 1973. "Cannabis: the Changing Patterns of Use" *New Society* (6th September).

Auletta, K. 1982. *The Underclass*. Random House.

Back, L. 1996. *New Ethnicities and Urban Culture*. UCL Press.

Back, L., Cohen, P. & Keith, M. 1999. "Between Home and Belonging: Critical Ethnographies of Race, Place and Identity." *Finding The Way Home Working Paper 2*. Centre for New Ethnicities Research, University of East London.

Bacrach, P. & Baratz, M. 1962. "The Two Faces of Power." *American Political Science Review*, No.56.

Baden-Powell, R. [1908] 1930. *Scouting for Boys*. C. Arthur Pearson Ltd.

Bailey, R. 1973. *The Squatters*. Penguin.

Bailey, R. & Young, J. (eds.) 1973. *Contemporary Social Problems in Britain*. Saxon House.

Banton, M. 1967. "Integration into what Society?" *New Society* (9th November).

Barker, P. & Little, A. 1964. "The Margate Offenders: a Survey." *New Society* (30th July). Reprinted in T. Raison, ed. (1966).

Barthes, R. 1971. "Rhetoric of The Image." *Working Papers in Cultural Studies*, No.1 (Spring). CCCS, University of Birmingham.

Becker, H. S. 1958. "Problems of Inference and Proof in Participant Observation." *American Sociological Review*, 23 (December).

Becker, H. S. 1963. *Outsiders: Studies in the Sociology of Deviance*. Free Press.

Becker, H. S. 1967. "Whose side are we on?" *Social Problems*, 14. Reprinted in J. D. Douglas, ed. (1972).

Becker, H. S. 1971. *Sociological Work: Method and Substance*. Allen Lane.

Becker, H. S. (ed.) 1964. *The Other Side: Perspectives on Deviance*. Free Press.

Becker, H. S. & Geer, B. 1957. "Participant Observation and Interviewing: a Comparison." *Human Organisation*, 16, 3. Reprinted in G. J. McCall and J. L. Simmons, eds. (1969).

Becker, H. S., Geer, B. & Hughes, E. C. 1968. *Making the Grade*. John Wiley.

Becker, H. S., Geer, B., Hughes, E. C. & Strauss, A. L. 1961. *Boys in White*. University of Chicago Press.

Becker, H. S., Geer, B., Riesman, D. & Weiss, R. S. (eds.) 1968. *Institutions and the Person*. Aldine.

Bennett, A. 1999. "Subcultures or Neo-Tribes?" *Sociology* 33(3): 599–617.

Berger, B. M., Hackett, B. M. & Millar, R. M. 1972. "Childrearing Practices in the Communal Family." In H. P. Dreitzel, ed. (1972).

Berry, Lynda. 1974. "Women in Society – 1. A Discussion on Female Violence." *The Listener* (7th November)

Beynon, H. 1973. *Working For Ford*. Penguin.

Blackburn, R. (ed.) 1972. *Ideology in Social Science: Readings in Critical Social Theory*. Fontana.

Blackburn, R. & Cockburn, P. (eds.) 1969. *Student Power*. Penguin.

Bloch, E. 1970. *A Philosophy of the Future*. Herder and Herder.

Bloch, E. 1971. *Man on his own*. Herder and Herder.

Blumer, H. 1954. "What is Wrong with Social Theory?" *American Sociological Review*, 19. Reprinted in N. K. Denzin, ed. (1970).

Blumer, H. 1956. "Sociological Analysis and the Variable." *American Sociological Review*, 21. Reprinted in P. F. Lazarsfeld et al., eds. (1972).

Blumer, H. 1969. *Symbolic Interactionism*. Prentice-Hall.

Bobbit, P. 2002. *The Shield of Achilles*. Penguin.

Bogdanor, V. & Skidelsky, R. (eds.) 1970. *The Age of Affluence*. Macmillan Papermac.

Bookchin, M. 1971. *Post-Scarcity Anarchism*. Ramparts Press.

Booker, C. 1969. *The Neophiliacs: a Study of the Revolution in the English in the Fifties and Sixties*. Collins.

Bookhagen, C., Hemmer, E., Raspe, J. & Schultz, E. 1973. "Kommune 2: Childrearing in the Commune." In H. P. Dreitzel, ed. (1973).

Boyd, J. 1973. "Discussion contribution on Trends in Youth Culture." *Marxism Today* (December).

Brake, M. 1973. "Cultural Revolution or Alternative Delinquency." In R. Bailey and J. Young, eds. (1973).

Bruyn, S. 1966. *The Human Perspective in Sociology*. Prentice-Hall.

Buff, Stephen. 1970. "Greasers, Dupers and Hippies: Three responses to the Adult World." In L.K. Howe, ed. (1970).

Campbell, A. 1986. *The Girls in the Gang*. Blackwell.

Carpenter, M. [1851] 1968. *Reformatory Schools for the Children of the Dangerous and Perishing Classes and Juvenile Offenders*. Woburn Press of London.

Cashmore, E. & McLaughlin, E. (eds.) 1991. *Out of Order?* Routledge.

Chamberlain, C. & Moorhouse, H. 1974. "Lower Class Attitudes to The British Political System." *Sociological Review*, 22, No.4 NS (November).

Chambers, I. 1974. "Roland Barthes: Structuralism/semiotics." *Working Papers in Cultural Studies*, No.6 (Autumn). CCCS, University of Birmingham.

Chambers, I. 1985. *Urban Rhythms*. Macmillan.

Clarke, G. [1981] 2005. "Defending Ski-Jumpers." In K. Gelder, ed. (2005).

Clarke, J. 1973. "Skinheads and Youth Culture." *Stencilled Paper*, No.23, CCCS, University of Birmingham.

Clarke, J. 1974. "Reconceptualising Youth Culture." Unpublished MA Thesis, CCCS, Birmingham University.

Clarke, J., Critcher, C., Hall, S., Jefferson, T. & Roberts, B. 1975. "Mugging and Law 'n' Order." Paper presented at National Deviancy Conference, University College, Cardiff. (April.) Also available as CCCS *Stencilled Paper* No. 35.

Clarke, J., Hebdige, D. & Jefferson, T. 1974. "British Youth Cultures 1950–1970." *Instituto Universitario Orientale, Annali, Sezione Germanica, Anglistica* XVII (i) and (ii). Also available as CCCS *Stencilled Papers*, Nos. 14, 22, 20 and 23.

Clarke, J. & Jefferson, T. 1974. "Working Class Youth Cultures." CCCS *Stencilled Paper*, No.18. Reprinted in G. Mungham and G. Pearson, eds. (1976).

Cleaver, E. 1970. *Soul on Ice*. Panther.

Cloward, R. & Ohlin, L. 1960. *Delinquency and Opportunity: A Theory of Delinquent Gangs*. Free Press.

Cohen, A. 1955. *Delinquent Boys: The Culture of The Gang*. Free Press.

Cohen, P. 1972. "Sub-Cultural Conflict and Working Class Community." *Working Papers in Cultural Studies*, No.2 (Spring). CCCS, University of Birmingham.

Cohen, S. 1973. *Folk Devils and Moral Panics*. Paladin.

Cohen, S. 1974. "Criminology and the Sociology of Deviance in Britain." In P. Rock and M. McIntosh, eds. (1974).

Cohen, S. [1980] 2005. "Symbols of Trouble." In K. Gelder, ed. (2005).

Cohen, S. (ed.) 1971. *Images of Deviance*. Penguin.

Cohn, N. 1970. *The Pursuit of the Millenium*. Paladin.

Coleman, A. 1961. *The Adolescent Society*. Free Press.

Collison, M. 1996. "In Search of the High Life: Drugs, Crime, Masculinity and Consumption." *British Journal of Criminology* 36(3): 428–44.

Connell, R. W. 1987. *Gender and Power*. Polity.

Connell, R. W. 1995. *Masculinities*. Polity.

Cooper, D. 1967. *Psychiatry and Anti-Psychiatry*. Paladin.

Cooper, D. 1972. *The Death of the Family*. Pelican.

Cooper, D. 1974. *The Grammar of Living*. Allen Lane.

Corrigan, P. 1979. *The Smash Street Kids*. Macmillan.

Cousins, J. & Brown, R. 1972. "Patterns of Paradox: Shipbuilding Workers' Images of Society." Paper presented to SSRC Conference on the Occupational Community of the Traditional Worker, University of Durham.

Coward, R. 1977. "Class, 'Culture' and the Social Formation." *Screen* 18(1): 75–105.

Critcher, C. 1975. "Football Since the War: a Study in Social Change and Popular Culture." CCCS, *Stencilled Paper*, No. 29, University of Birmingham.

Dahrendorf, R. 1985. *Law and Order*. The Hamlyn Lectures, Thirty Seventh Series. Stevens & Sons.

Daniel, S. & McGuire, P. (eds.) 1972. *The Paint House*. Penguin.

Davis, F. 1970. "Focus on the Flower Children: why all of us may be Hippies some day." In J. Douglas, ed. (1970).

Dean, John P. et al. 1967. "Participant Observation and Interviewing." In John Doby, ed. (1967).

Denzin, N. K. 1970. *The Research Act in Sociology*. Butterworths.

Denzin, N. K. 1971. "The Logic of Naturalistic Enquiry." *Social Forces*, L.2.

Denzin, N. K. (ed.) 1970. *Sociological Methods: a Sourcebook*. Butterworths.

Dewey, J. 1938. *Logic: the Theory of Inquiry*. Holt, Rinehart and Winston.

Dobey, John (ed.) 1967. *An Introduction to Social Research*. Meredith Publishing Company.

Dorn, N. & South, N. [1983]1999. "Youth, the Family and the Regulation of the "Informal."" In N. South, ed. (1999).

Douglas, J. D. (ed.) 1970. *Observations of Deviance*. Random House.

Douglas, J. D. (ed.) 1972. *The Relevance of Sociology*. Appleton-Century-Crofts.

Downes, D. 1966. *The Delinquent Solution*. Routledge and Kegan Paul.

Doxey, G. V. 1969. *Survey of the Jamaican Economy* (Govt. Report)

Dreitzel, H. P. (ed.) 1972. *Recent Sociology No.4: Family, Marriage, and the Struggle of the Sexes*. Collier-Macmillan.

Dreitzel, H. P. (ed.) 1973. *Recent Sociology No.5: Childhood and Socialization*. Collier-MacMillan.

Dunning, E. (ed.) 1971. *The Sociology of Sport: a Selection of Readings*. Cass.

Easthope, G. 1974. *History of Social Research Methods*. Longman.

Eco, U. 1972. "Toward a Semiotic Inquiry into the Television Message." *Working Papers in Cultural Studies* 3: 103–21.

Eisen, J. (ed.) 1970. *Altamont*. Avon Books.

Epstein, J. S. (ed.) 1998. *Youth Culture: Identity in a Postmodern World*. Blackwell.

Erikson, K. 1962. "Notes on the Sociology of Deviance." *Social Problems*, 9 (Spring). Reprinted in H.S. Becker, ed. (1964).

Erikson, K. 1966. *Wayward Puritans*. John Wiley.

Eve, M. & Musson, D. (eds.) 1982. *The Socialist Register 1982*. Merlin Press.

Faris, R. E. 1967. *Chicago Sociology: 1920–1932*. University of Chicago Press.

Fletcher, C. L. 1966. "Beats and Gangs on Merseyside." In T. Raison, ed. (1966).

Fletcher, C. L. 1974. *Beneath the Surface*. Routledge and Kegan Paul.

Foster, J. 1974. *Class Struggle and Industrial Revolution*. Weidenfeld and Nicolson.

Francis, O. C. 1963. *The People of Modern Jamaica*. Department of Statistics, Kingston, Jamaica.

Frith, S. 1976. "Slade: Cum on Feel the Noize!" In M. Gold, ed. (1976).

Frith, S. 1977. "Socialisation and Rational Schooling: Elementary Education in Leeds, 1800–1870." In P.

McCann, ed. (1977).

Fyvel, T. R. 1963. *The Insecure Offenders*. Chatto and Windus.

Gans, H. 1963. *The Urban Villagers*. Free Press.

Gans, H. 1968. "The Participant Observer as a Human Being: Observations on the Personal Aspects of Fieldwork." In H.S. Becker et al. eds. (1968).

Geer, B. 1964. "First Days in the Field." In P. Hammond, ed. (1964). Reprinted in G.J. McCall and J.L. Simmons, eds. (1969).

Geer, B. 1970. "Studying a College." In R. Habenstein, ed. (1970).

Geertz, C. 1973. *The Interpretation of Culture*. Hutchinson.

Gelder, K. (ed.) 2005. *The Subcultures Reader*, 2nd edn. Routledge.

Gelder, K. & Thornton, S. (eds.) 1997. *The Subcultures Reader*. Routledge.

Gelsthorpe, L. R. (ed.) 1992. *Ethnic Minority Groups in the Criminal Justice System*. Cropwood Conference Series No. 21. Institute of Criminology, Cambridge University,

Gibbs, J. 1966. "Conceptions of Deviant Behavicur: the old and the New." *Pacific Sociological Review*, 9 (Spring).

Gillis, John R. 1974. *Youth & History: Tradition and Change In European Age Relations 1770–Present*. Academic Press.

Gillman, P. 1973. "I Blame England." *Sunday Times Magazine* (30th September).

Gilroy, P. 1982. "The Myth of Black Criminality." In M. Eve and D. Musson, eds. (1982)

Gilroy, P. 1987. "There Ain't No Black in the Union Jack." Unwin Hyman.

Gilroy, P. 1997. " "After the Love has Gone": Bio-politics and Etho-poetics in the Black Public Sphere." In A. McRobbie, ed. (1997).

Gilroy, P. 2000. *Between Camps*. Penguin.

Glaser, B. 1965. "The Constant Comparative Method of Qualitative Analysis." *Social Problems*, Vol.12. Reprinted in G. J. McCall and J. L. Simmons, eds. (1969).

Glaser, B. & Strauss, A. 1965. *Awareness of Dying*. Aldine.

Glaser, B. & Strauss, A. 1968. *The Discovery of Grounded Theory*. Weidenfeld and Nicholson.

Glaser, B & Strauss, A. 1975. *Theoretical Sampling*. Aldine.

Glyn, A. & Sutcliffe, B. 1972. *British Capitalism, Workers, and the Profits Squeeze*. Penguin.

Godelier, M. 1972. "Structure and Contradiction in Capital." In R. Blackburn, ed. (1972).

Goffman, E. 1959. *The Presentation of Self in Everyday Life*. Doubleday. (Penguin edition, 1971.)

Goffman, E. 1961. *Asylums*. Doubleday. (Penguin edition, 1968.)

Goffman, E. 1963. *Behaviour in Public Places*. Free Press.

Goffman, E. 1968. *Stigma*. Penguin.

Goffman, E. 1969. *Strategic Interaction*. Basil Blackwell.

Gold, M. (ed.) 1976. *Rock on the Road*. Futura.

Gold, R. 1958. "Roles in Sociological Field Observations." *Social Forces*, 36 (March). Reprinted in N. Denzin, ed. (1970).

Goldthorpe, J. H. & Lockwood, D. 1963. "Affluence and the British Class Structure." *Sociological Review* Vol.11, No.2.

Goldthorpe, J. H., Lockwood, D., Bechhofer, F. & Platt, J. 1968. *The Affluent Worker: Industrial Attitudes and Behaviour*. Cambridge University Press.

Goldthorpe, J. H., Lockwood, D., Bechhofer, F. & Platt, J. 1969. *The Affluent Worker in the Class Structure*. Cambridge University Press.

Gorman, G. 1972. *Making Communes*. Whole Earth Tools.

Gosling, R. 1962. *Sum Total*. Faber.

Gottlieb, J. & Wald, G. 1994. "Smells Like Teen Spirit." In A. Ross and T. Rose, eds. (1994).

Gouldner, A. 1968. "The Sociologist as Partisan: Sociology and the Welfare State." *The American Sociologist* (May). Reprinted in J.D. Douglas, ed. (1972).

Gramsci, A. 1971. *Selections From the Prison Notebooks*. Lawrence and Wishart.

Griffin, C. 1984. *Typical Girls?* Routledge & Kegan Paul.

Grossberg, L. 1997. "Cultural Studies, Modern Logics and Globalisation." In A. McRobbie, ed. (1997).

Habenstein, R. (ed.) 1970. *Pathways to Data*. Aldine.

Habermas, J. 1972. *Knowledge and Human Interests*. Heinemann.

Hall, S. 1973. "Encoding and Decoding in the Media Discourse." *Stencilled Paper*, No. 7, CCCS, Birmingham University.

Hall, S. 1974a. "Education and the Crisis of the Urban School." In J. Raynor, ed. (1974).

Hall, S. 1974b. "Marx's Notes on Method." *Working Papers in Cultural Studies*, No.6 (Autumn), CCCS, Birmingham University.

Hall, S. 1998. "Aspiration and Attitude: Reflections on Black Culture in the Nineties." *New Formations* 33.

Hall, S. 2003. "New Labour's Double-Shuffle." *Soundings* 24: 10–24.

Hall, S., Critcher, C., Jefferson, T., Clarke, J. & Roberts, B. 1978. *Policing the Crisis*. Macmillan.

Hall, S. & Whannel, P. 1964. *The Popular Arts*. Hutchinson.

Hall, Stanley. [1904] 1905. *Adolescence: its Psychology and its Relations to Physiology, Anthropology, Sociology, Sex, Crime, Religion and Education*. Sidney Appleton.

Hamblett, C. & Deverson, J. 1964. *Generation X*. Tandem Books.

Hammond, P. (ed.) 1964. *Sociologists at Work*. Basic Books.

Hargreaves, D. 1967. *Social Relations in a Secondary School*. Routledge & Kegan Paul.

Hayward, K. 2006. "The "Chav" Phenomenon: Consumption, Media and the Construction of a New Underclass." *Crime, Media, Culture* 2(1): 9–28.

Hebdige, D. 1974. "Aspects of Style in the Deviant Sub-Cultures of the 1960's." Unpublished MA Thesis, CCCS, Birmingham University. Available as CCCS *Stencilled Papers*, Nos. 20, 21, 24 and 25.

Hebdige, D. 1979. *Subculture: the Meaning of Style*. Methuen.

Hebdige, D. [1983] 2005. "Posing ⋯ Threats, Striking ⋯ Poses: Youth, Surveillance and Display." In K. Gelder, ed. (2005).

Hebdige, D. 1987. *Cut 'N' Mix*. Comedia.

Heinlein, R. 1965. *Stranger in a Strange Land*. New English Library.

Henry, Jules. 1963. *Culture Against Man*. Random House. (Penguin edition, 1973.)

Herman, G. 1971. *The Who*. Studio Vista.

Hillier, P. 1975. "The Nature and Social Location of Everyday Conceptions of Class." *Sociology*, 9(1).

Hindess, B. 1973a. *The Use of Official Statistics in Sociology*. MacMillan.

Hindess, B. 1973b. "Models and Masks." *Economy and Society* Vol. 2, No.1 (February).

Hines, V. 1973. *Black Youth and the Survival Game in Britain*. Zulu Publications.

Hiro, D. 1973. *Black British, White British*. Pelican.

Hodkinson, P. 2002. *Goth: Identity, Style and Subculture*. Berg.

Hoggart, R. 1958. *The Uses of Literacy*. Pelican.

Houriet, R. 1971. *Getting Back Together*. Abacus.

Howe, L. K. (ed.) 1970. *The White Majority: Between Poverty and Affluence*. Vintage Books.

Hurt, J. 1972. *Education in Evolution*. Paladin.

Hutt, C. 1973. *The Death of the English Pub*. Arrow.

Jacoby, R. 1973. "The Politics of Subjectivity." *New Left Review*, 79.

Jameson, F. 1984. "Postmodernism, or the Cultural Logic of Late Capitalism." *New Left Review* 146: 53–92.

Jefferson, T. 1973. "The Teds: a Political Resurrection." CCCS *Stencilled Paper*, No. 22.

Jefferson, T. 1974. "For a Social Theory of Deviance: the Case of Mugging, 1972–3." Unpublished MA Thesis, CCCS, University of Birmingham.

Jefferson, T. 1988. "Race, Crime and Policing." *International Journal of the Sociology of Law* 16: 521–39.

Jefferson, T. 1991. "Discrimination, Disadvantage and Policework." In E. Cashmore and E. McLaughlin, eds. (1991).

Jefferson, T. 1992. "The Racism of Criminalization." In L. R. Gelsthorpe, ed. (1992).

Jefferson, T. 1994. "Theorising Masculine Subjectivity." In T. Newburn and E Stanko, eds. (1994).

Jefferson, T. 2002. "Subordinating Hegemonic Masculinity." *Theoretical Criminology* 6(1): 63–88.

Jefferson, T. & Clarke, J. 1974. "Down these Mean Streets: the Meaning of Mugging." *Howard Journal*, Vol.XIV, No.1. Available as CCCS Stencilled Paper, No. 17.

Jenks, C. 2005. *Subculture: the Fragmentation of the Social*. Sage.

Johnson, P. 1964. "The Menace of Beatlism." *New Statesman* (28th February).

Johnson, R. 1970. "Educational Policy and Social Control in Mid-Victorian England." *Past and Present*, vol. 49.

Kallyndyr, R. & Dalrymple, H. undated. *Reggae, A Peoples' Music. Carib – Arawak Publications*. (From 109 Deacon Road, Willesden, London NW2.)

Kasschau, P., Ransford, E. & Bengtson, V. 1974. "Generational Consciousness and Youth Movement Participation: Contrasts in Blue Collar and White Collar Youth." *Journal of Social Issues*, 30(3).

Kaufman, M. 1971. "The New Homesteading Movement." In S. Teselle, ed. (1971).

Kearney, M. C. 1998. " "Don't Need You": Rethinking Identity Politics and Separatism From a Grrrl Perspective." In J. S. Epstein, ed. (1998).

Kerouac, J. 1958. *On the Road*. Andre Deutsch.

Kerr, M. 1958. *The People of Ship Street*. Liverpool University Press.

Kitsuse, J. I. 1962. "Societal Reaction to Deviant Behaviour: Problems of Theory and Method." *Social Problems*, 9 (Winter). Reprinted in H.S. Becker, ed. (1964).

Krausz, E. & Miller, S. 1974. *Social Research Design*. Longman.

Kuhn, T. 1970. *The Structure of Scientific Revolutions*. University of Chicago Press.

Laing, D. 1969. *The Sound of Our Time*. Sheed and Ward.

Laing, R. D. 1967. *The Politics of Experience and The Bird of Paradise*. Penguin.

Lane, T. 1974. *The Union Makes Us Strong*. Arrow.

Laufer, R. & Bengtson, V. 1974. "Generations, Aging and Social Stratification: on the Development of

Generational Units." *Journal of Social Issues* 30(3).

Lazarsfeld, P. F. et al. (eds.) 1972. *Continuities in the Language of Social Research*. Free Press.

Leary, T. 1970. *The Politics of Ecstasy*. Paladin.

Lecourt, Dominique. 1975. *Marxism and Epistemology*. New Left Books.

Lemert, E.M. 1967. *Human Deviance, Social Problems and Social Control*. Prentice-Hall.

Lessing, D. 1969. *The Four Gated City*. Panther.

Lévi-Strauss, C. 1966. *The Savage Mind*. Weidenfeld and Nicolson.

Lévi-Strauss, C. 1969. *Totemism*. Penguin.

Lindesmith, A. 1947. *Opiate Addiction*. Principia Press.

Lockwood, D. 1966. "Sources of Variation in Working Class Images of Society." *Sociological Review* 14(3).

Lowenthal, D. 1972. *West Indian Societies*. Oxford University Press.

Lukes, S. 1974. *Power: a Radical View*. MacMillan Papermac.

MacInnes, C. 1957. *City of Spades*. MacGibbon and Kee.

MacInnes, C. 1961. *England, Half-English*. McGibbon and Kee.

Mailer, N. 1968. "The White Negro" in *Advertisements for Myself*. Panther.

Mankoff, M. 1971. "Societal Reaction and Career Deviance: a Critical Analysis." *The Sociological Quarterly*, 12 (Spring).

Mann, M. 1973. *Consciousness and Action among the Western Working Class*. Macmillan.

Mannheim, K. 1972. *Ideology and Utopia*. Routledge and Kegan Paul.

Mannheim, Karl. [1927] 1952. "The Problem of Generations." In *Essays in the Sociology of Knowledge*. Routledge and Kegan Paul.

Marcuse, H. 1964. *One Dimensional Man*. Routledge and Kegan Paul.

Marcuse, H. 1969. *An Essay on Liberation*. Allen Lane, Penguin Press.

Marcuse, H. 1970. *Eros and Civilization*. Sphere.

Marshall, T. H. 1963. "Citizenship and Social Class." In *Sociology at the Cross Roads*. Routledge and Kegan Paul.

Martin, G. 2002. "Conceptualizing Cultural Politics in Subcultural and Social Movement Studies." *Social Movement Studies* 1(1): 73–87.

Marx, K. 1951. "The Eighteenth Brumaire." In *Marx-Engels Selected Works*, vol.I. Lawrence and Wishart.

Marx, K. 1964. *The Economic and Philosophical Manuscripts of 1844*. Lawrence and Wishart.

Marx, K. 1970. *The German Ideology*. Lawrence and Wishart.

Matza, D. 1961. "Subterranean Traditions of Youth." *Annals of the American Academy of Political and Social Science*, 338.

Matza, D. 1969. *Becoming Deviant*. Prentice-Hall.

Matza, D. & Sykes, G. 1961. "Juvenile Delinquency and Subterranean Values." *American Sociological Review*, 26.

Mays, J. B. 1954. *Growing up in the City*. Liverpool University Press.

McCall, G. J. & Simmons, J. L. (eds.) 1969. *Issues in Participant Observation*. Addison-Wesley.

McCann, P. (ed.) 1977. *Popular Education and Socialisation in the Nineteenth Century*. Methuen.

McDermott, J. J. 1971. "Nature, Nostalgia and the City: an American Dilemma." In S. Teselle, ed. (1971).

McDowell, L. 2003. *Redundant Masculinities?* Blackwell.

McGlashan, C. 1973. "Reggae, Reggae, Reggae." *Sunday Times Magazine* (4th February).

McGuigan, J. 1992. *Cultural Populism*. Routledge.

McLean, G. 2005. "In the Hood." *The Guardian G2*. May 13: 1–3.

McRobbie, A. [1980] 1991a. "Settling Accounts With Subcultures: a Feminist Critique." In A. McRobbie (1991c).

McRobbie, A. 1984. "Dance and Social Fantasy." In A. McRobbie and M. Nava, eds. (1984)

McRobbie, A. 1989a. "Second-hand Dresses and the Role of the Ragmarket." In A. McRobbie, ed. (1989b)

McRobbie, A. 1991b. "Jackie Magazine: Romantic Individualism and the Teenage Girl." In A. McRobbie (1991c).

McRobbie, A. 1991c. *Feminism and Youth Culture*. Macmillan.

McRobbie, A. 1994. *Postmodernism and Popular Culture*. Routledge.

McRobbie, A. 1997. "New Sexualities in Girls' and Women's Magazines." In A. McRobbie, ed. (1997).

McRobbie, A. 1998. *British Fashion Design*. Routledge.

McRobbie, A. 2007a. "Feminism and Consumer Culture Revisited." In A. McRobbie (2007b)

McRobbie, A. 2007b. *Displacement Feminism*. Sage.

McRobbie, A. (ed.) 1989b. *Zoot Suits and Second-hand Dresses*. Macmillan.

McRobbie, A. (ed.) 1997. *Back to Reality*. Manchester University Press.

McRobbie, A. & Nava, M. (eds.) 1984. *Gender and Generation*. Macmillan.

Mead, G.H. 1934. *Mind, Self and Society*. University of Chicago Press.

Melly, G. 1972. *Revolt into Style*. Penguin.

Meltzer, B. N., Petras, J.W. & Reynolds, L.T. 1975. *Symbolic Interactionism: Genesis, Varieties and Criticisms*. Routledge and Kegan Paul.

Melville, K. 1972. *Communes in the Counter Culture*. Morrow Paperback.

Merton, R. K. 1968. *Social Theory and Social Structure*. Free Press.

Messerschmidt, J. 2002. "On Gang Girls, Gender and a Structured Action Theory: a Reply to Miller." *Theoretical Criminology* 6(4): 461–75.

Messinger, S. 1962. "Life as Theater: Some Notes on the Dramaturgic Approach to Social Reality." *Sociometry*, 25. Reprinted in M. Truzzi, ed. (1968).

Miliband, R. 1961. *Parliamentary Socialism*. Allen and Unwin.

Miliband, R. & Saville, J. (eds.) 1965. *The Socialist Register*, 1965. Merlin Press.

Miller, J. 2001. *One of the Guys: Girls, Gangs and Gender*. Oxford University Press.

Miller, J. 2002a. "The Strengths and Limits of "Doing Gender" for Understanding Street Crime." *Theoretical Criminology* 6(4): 433–60.

Miller, J. 2002b. "Reply to Messerschmidt." *Theoretical Criminology* 6(4): 477–80.

Miller, W. 1958. "Lower-class Culture As a Generating Milieu of Gang Delinquency." *Journal of Social Issues*, 15. Reprinted in D.O. Arnold, ed. (1970).

Mills, C.W. 1966. *Sociology and Pragmatism*. Galaxy Books.

Mitchell, J. 1971. *Woman's Estate*. Pelican.

Mitchell, J. 1975. *Psychoanalysis and Feminism*. Penguin.

Monod, J. 1967. "Juvenile Gangs in Paris: Towards a Structural Analysis." *Journal of Research on Crime and Delinquency*, vol. 4.

Moore, D. 1994. *The Lads in Action*. Arena.

Moorhouse, H. F. & Chamberlain, C.W. 1974. "Lower class attitudes to Property: Aspects of the Counter Ideology." *Sociology*, 8(3).

Moran, Ld. 1968. *Winston Churchill*. Sphere.

Morris, L. 1994. *Dangerous Classes*. Routledge.

Morris, M. 1997. "A Question of Cultural Studies." In A. McRobbie, ed. (1997).

Morris, T. 1957. *The Criminal Area*. Routledge and Kegan Paul.

Muggleton, D. 1997. "The Post-subculturalist." S. Redhead, D. Wynne and J. O'Connor, eds. (1997).

Muggleton, D. 2000. *Inside Subculture: the Postmodern Meaning of Style*. Berg.

Muggleton, D. & Weinzierl, R. (eds.) 2003. *The Post-Subcultures Reader*. Berg.

Mumford, L. 1922. *The Story of Utopias*. Boni and Liveright.

Mungham, G. & Pearson, G. (eds.) 1976. *British Working Class Youth Cultures*. Routledge and Kegan Paul.

Murdock, G. & McCron, R. 1973. "Scoobies, Skins and Contemporary Pop." *New Society*. No. 547.

Murdock, G. 1973. "Culture and Classlessness: the Making and Unmaking of a Contemporary Myth." *Paper delivered to Symposium on Work and Leisure*, University of Salford.

Murdock, G. 1974. "Mass Communication and the Construction of Meaning." In N. Armistead, ed. (1974).

Murdock, G. 1976. "Youth and Class: the Career of a Confusion." In G. Mungham and G. Pearson, eds. (1976).

Murray, C. 1984. *Losing Ground*. New York: Basic Books.

Murray, C. 1990. *The Emerging British Underclass*. Choice in Welfare Series No. 2. London: Health and Welfare Unit, Institute of Economic Affairs.

Musgrove, F. 1968. *Youth and the Social Order*. Routledge and Kegan Paul.

Musgrove, F. 1974a. "The Curriculum for a World of Change." In: P.H. Taylor and J. Walton, eds. (1974).

Musgrove, F. 1974b. *Ecstasy and Holiness: Counter Culture and Open Society*. Methuen.

Nairn, T. 1964a. "The British Political Elite." *New Left Review*, 23.

Nairn, T. 1964b. "The English Working Class." *New Left Review*, 24. Reprinted in R. Blackburn, ed. (1972).

Nairn, T. 1964c. "Anatomy of the Labour Party" Pts. 1 and 2. *New Left Review*, 27 and 28.

Nairn T. & Quattrocchi, A. 1968. *The Beginning of the End*. Panther.

Needleman, J. 1971. *The New Religions*. Doubleday.

Nettleford, R. 1970. *Mirror, Mirror*. William Collins and Sangster (Jamaica), Ltd.

Neville, R. 1971. *Play Power*. Paladin.

Newburn, T. & Stanko, E. (eds.) 1994. *Just Boys Doing Business?* Routledge.

Newsom, Sir J. H. 1948. *The Education of Girls*. Faber.

Newsom, Sir J. H. 1963. *Half Our Future: a Report*. HMSO.

Nichols, T. 1974. "Labourism and Class Consciousness: the "Class Ideology" of some Northern Foremen." *Sociological Review*, 22(4).

Nicolaus, M. 1969. "The Professional Organization of Sociology: a View from Below." *Antioch Review* (Fall). Reprinted in R. Blackburn, ed. (1972).

Nuttall, J. 1970. *Bomb Culture*. Paladin.

Ogilvy, H. & Ogilvy, J. 1971. "Communes and the Reconstruction of Reality." In S. Teselle, ed. (1971).

Olesen, V. & Whittaker, E. 1967. "Role-making in Participant Observation: Processes in the Researcher-actor Relationship." *Human Organisation* 26. Reprinted in N.K. Denzin, ed. (1970).

Ortega Y Gasset, Jose. [1920–1] 1931. *The Modern Theme*. C. W. Daniel Company.

Park, R. E. & Mackenzie, R.D. (eds.) 1967. *The City*. University of Chicago Press.

Parker, H. J. 1974. *View from the Boys*. David and Charles.

Parker, T. 1969. *The Plough Boy*. Arrow.

Parkin, F. 1971. *Class Inequality and Political Order*. McGibbon and Kee.

Parsons, T. 1942. "Age and Sex in the Social Structure of the United States." Reprinted in 1964 in Essays in Sociological Theory. Free Press.

Patrick, J. 1973. *A Glasgow Gang Observed*. Eyre-Methuen.

Patterson, O. 1964. "Ras Tafari: Cult of Outcasts." *New Society* (12th November).

Paul, Jimmy & Musty Support Committe. 1973. *20 years*. The Action Centre.

Pearson, G. & Twohig, J. Undated. Becker, *Marijuana and the Sociology of Fun*. Unpublished ms., University of Cardiff.

Pearson, G. 1975. *The Deviant Imagination*. MacMillan.

Pearson, J. 1973. *The Profession of Violence*. Panther.

Piano, D. 2003. "Resisting Subjects." In D. Muggleton and R. Weinzierl, eds. (2003).

Pinto-Duschinsky, M. 1970. "Bread and Circuses: the Conservatives in Office, 1951–64." In V. Bogdanor and R. Skidelsky, eds. (1970).

Polsky, N. 1971. *Hustlers, Beats and Others*. Penguin.

Pool, H. 2005. "Whiteout." *The Guardian Weekend*. January 28: 35–37.

Poulantzas, N. 1966. "Marxist Political Theory in Great Britain." Les Temps Modernes (March). Translated in 1967 in *New Left Review*, 43.

Poulantzas, N. 1973. *Political Power and Social Classes*. New Left Books and Sheed & Ward.

Powell, R. 1972. *The Background of West Indian Children*. Unpublished Report to the Schools Council.

Raison, T. (ed.) 1966. *Youth in New Society*. Hart-Davis.

Raynor, J. (ed.) 1974. *Issues in Urban Education*. Open University Press (Urban Education Block 1).

Redhead, S. 1993a. *Rave Off*. Avebury.

Redhead, S. 1993b. *The Passion and the Fashion*. Avebury.

Redhead, S. 1995. *Unpopular Cultures*. Manchester University Press.

Redhead, S. 1997a. "Introduction." In S. Redhead, D. Wynne and J. O'Connor, eds. (1997).

Redhead, S. 1997b. *Subculture to Clubcultures*. Blackwell.

Redhead, S., Wynne, D. & O'Connor, J. (eds.) 1997. *The Clubcultures Reader*. Blackwell.

Reich, Charles, A. 1972. *The Greening of America*. Penguin.

Reiche, R. 1968. *Sexuality and Class Struggle*. New Left Books.

Reiss, A. J. 1968. "Stuff and Nonsense about Social Surveys and Observation." In H.S. Becker et al., eds. (1968).

Rex, J. (ed.) 1974. *Approaches to Sociology*. Routledge and Kegan Paul.

Richmond, A. H. 1954. *Colour Prejudice in Britain: a Study of West Indian Workers in Liverpool, 1941–1957*. Routledge and Kegan Paul.

Rickman, H. P. (ed.) 1961. *Pattern and Meaning in History*. Allen and Unwin.

Rigby, A. 1974a. *Alternative Realities*. Routledge and Kegan Paul.

Rigby, A. 1974b. *Communes in Britain*. Routledge and Kegan Paul.

Roberts, M. 2005. "Notes on the Global Underground." In K. Gelder, ed. (2005).

Roberts, R. 1971. *The Classic Slum*. Manchester University Press.

Robins, D. & Cohen, P. 1978. *Knuckle Sandwich: Growing Up in the Working Class City*. Penguin.

Rock, P. & Cohen, S. 1970. "The Teddy Boy." In V. Bogdanor and R. Skidelsky, eds. (1970).

Rock, P. & McIntosh, M. (eds.) 1974. *Deviance and Social Control*. Tavistock.

Rodney, W. 1969. *The Groundings with my Brothers*. Bogle-L'Ouverture Publications.

Rose, A. (ed.) 1962. *Human Behaviour and Social Processes*. Routledge and Kegan Paul (paperback, 1971).

Ross, A. & Rose, T. (eds.) 1994. *Microfiends: Youth Music and Youth Culture*. Routledge.

Roszak, T. 1972. *Where the Wasteland Ends*. Faber.

Rowbotham, S. 1973. *Woman's Consciousness, Man's World*. Pelican.

Rowntree, J. & Rowntree, M. 1968. "Youth as Class: the Political Economy of Youth." *Our Generation*, Vol. 6, Nos. 1–2 (May/July).

Roy, Della & Roy, R. 1972. "Is Monogamy Outdated?" In H.P. Dreitzel, ed. (1972).

Roy, Donald. 1970. "The Study of Southern Labor Union Organizing Campaigns." In R. Habenstein, ed. (1970).

Runciman, W. G. 1966. *Relative Deprivation and Social Justice*. Routledge and Kegan Paul.

Ruscoe, G. C. 1963. *Dysfunctionality in Jamaican Education*. University of Michigan, School of Education.

Sandilands, J. 1968. "Whatever happened to the Teddy Boys?" *Daily Telegraph Magazine*, No.217 (29th November).

Sartre, J.-P. 1960. *Critique de la Raison Dialectique*. Gallimard. Translation by A. SheridanSmith, edited by J. Rée, 1976, New Left Books.

Sartre, J.-P. 1963. *The Question of Method*. Methuen. Reprinted in 1968 as Search for a Method, Vintage Books.

Schatzman, L. 1973. *Field Research: Strategies for a Natural Sociology*. Prentice-Hall.

Scheff, T. 1968. "Negotiating Reality." *Social Problems*, 16.

Schumacher, E. F. 1974. *Small is Beautiful*. Abacus.

Silber, I. 1970. *The Cultural Revolution: A Marxist Analysis*. Times-Change Press.

Sim, J. 1982. "Scarman: the Police Counterattack." In M. Eve and D. Musson, eds. (1982).

Simey, T. S. 1946. *Welfare and Planning in the West Indies*. Clarendon Press.

Skeggs, B. 1997. *Formations of Class and Gender*. Sage.

Smith, A. C., Blackwell, T. & Immirzi, E. 1975. *Paper Voices*. Chatto and Windus.

Smith, M. G. 1956. *Labour Supply in Rural Jamaica*. Institute for Social and Economic Research. U.C.W.I.

Smith, M. G. 1965. "Educational and Occupational Choice in Rural Jamaica." In *The Plural Society in the West Indies*. University of California Press.

Smith, M. G., Angier, R. & Nettleford, R. 1960. *The Ras Tafarian Movement in Kingston*, Jamaica. Institute for Social and Economic Research, U.C.W.I.

South, N. (ed.) 1999. *Youth Crime, Deviance and Delinquency Volume 1*. Ashgate/Dartmouth.

Sparks, C. 1977. "The Evolution of Cultural Studies." *Screen Education* 22: 16–30.

Springhall, J. O. 1971. "The Boy Scouts, Class and Militarism in relation to British Youth Movements 1908–1930." *International Review of Social History*, XVI.

Statera, G. 1975. *Death of a Utopia*. Oxford University Press.

Stradling, R. & Zuriek, E. 1973. "Emergence of Political Thought among Young Englishmen: a Conflict Perspective." *Political Studies*, XXI(3).

Strauss, A. 1959. *Mirrors and Masks: the Search for Identity*. Free Press.

Strauss, A., Schatzman, L., Bucher, R., Ehrlich, D. & Sabshin, M. 1964. *Psychiatric Ideologies and Institutions*. Free Press.

Strauss, A. (ed.) 1965. *George Herbert Mead on Social Psychology*. Chicago University Press/ Phoenix Books

Taylor, I. 1971a. "Soccer Consciousness and Soccer Hooliganism." In S. Cohen, ed. (1971).

Taylor, I. 1971b. " "Football Mad" – a Speculative Sociology of Soccer Hooliganism." In E. Dunning, ed. (1971).

Taylor, I., Walton, P. & Young, J. 1973. *The New Criminology*. Routledge and Kegan Paul.

Taylor, I., Walton, P. & Young, J. (eds.) 1975. *Critical Criminology*. Routledge and Kegan Paul.

Taylor, L. & Taylor, I. (eds.) 1973. *Politics and Deviance*. Penguin.

Taylor, P. H. & Walton, J. (eds.) 1974. *The Curriculum: Research, Innovation and Change*. Ward Lock Educational.

Teselle, S. (ed.) 1971. *The Family, Communes, and Utopian Societies*. Harper Torchbooks.

Thomas, M. 1973. "The Wild Side of Paradise." *Rolling Stone* (July 19th).

Thompson, E. P. 1960. "The Long Revolution." *New Left Review*, 9 and 10.

Thompson, E. P. 1963. *The Making of the English Working Class*. Victor Gollancz. (Revised Pelican edn., 1968).

Thompson, E. P. 1965. "The Peculiarities of the English." In R. Miliband and J. Saville, eds. (1965).

Thompson, Hunter, S. 1967. *Hell's Angels*. Penguin.

Thornton, S. 1995. *Club Cultures*. Polity.

Thrasher, Frederic. 1927. *The Gang*. University of Chicago Press.

Titmuss, R. M. 1962. *Income Distribution and Social Change*. Allen & Unwin.

Tolson, A. 1977. *The Limits of Masculinity*. Tavistock.

Tremenheere, H.S. 1844. *Report on the Disturbances in the Mining Districts*. Parliamentary Papers Cmd.592.

Trow, M. 1957. "A Comment on "Participation Observation and Interviewing: a Comparison."" *Human Organisation*, 16,3. Reprinted in G.J. McCall and J.L. Simmons, eds. (1969) – followed by Becker & Geer's Rejoinder.

Truzzi, M. (ed.) 1968. *Sociology and Everyday Life*. Prentice-Hall.

Turner, R. H. 1953. "The Quest for Universals in Sociological Research." *American Sociological Review*, 18 (June). Reprinted in N.K. Denzin, ed. (1970).

Turner, R. H. 1962. "Role-taking: Process versus Conformity." In A. Rose, ed. (1962).

Wacquant, L. 2002. "Review Symposium: Scrutinizing the Street." *American Journal of Sociology* 107(6): 1468–1532.

Walvin, J. 1975. *The People's Game*. Allen Lane.

Weber, M. 1949. *The Methodology of the Social Sciences*. Free Press, New York. (Edited by E. Shils.)

Westergaard, J. 1965. "The Withering Away of Class." In P. Anderson and R. Blackburn,eds. (1965).

Westergaard, J. 1974. "Some Aspects of The Study of Modern British Society." In J. Rex, ed. (1974).

White, G. 1967. "Rudie, oh Rudie." *Caribbean Quarterly*, Vol. 13, No. 3. Univ. of West Indies, Extra-Mural Dept.

Whitehead, S. 2002. *Men and Masculinities*. Polity.

Whyte, W. F. 1955. *Street Corner Society*. Chicago University.

Wilkinson, P. 1969. "English Youth Movements: 1908–1930." *Journal of Contemporary History*, 4(2).

Willer, D. & Willer, J. 1973. *Systematic Empiricism: Critique of a Pseudoscience*. Prentice-Hall.

Williams, R. 1958. *Culture and Society 1780–1950*. Chatto & Windus.

Williams, R. 1973. "Base and Superstructure." *New Left Review*, 82.

Willis, P. E. 1971. *Non-Participation in Elite Culture: a Case Study of Young Participation in the Culture of Popular Music*. A report to UNESCO social sciences division.

Willis, P. E. 1972. *Pop Music and Youth Groups*. Unpublished Ph.D., CCCS, University of Birmingham.

Willis, P. E. 1974. "Symbolism and Practice: a Theory for the Social Meaning of Pop Music." CCCS *Stencilled Paper*, No. 13.

Willis, P. E. 1977. *Learning to Labour*. Saxon House.

Willis, P. E. 1978. *Profane Culture*. Chatto and Windus.

Willmott, P. 1969. *Adolescent Boys of East London*. Penguin.

Wilson, W. J. 1978. *The Declining Significance of Race*. University of Chicago Press.

Wilson, W. J. 1987. *The Truly Disadvantaged*. University of Chicago Press.

Wolfe, T. 1966. *The Kandy-Kolored Tangerine Flake Steamline Baby*. Jonathan Cape.

Wolfe, T. 1969a. *The Electric Kool-Aid Acid Test*. Bantam.

Wolfe, T. 1969b. *The Pump House Gang*. Bantam.

Wolfe, T. 1971. *Radical Chic and Mau-Mauing the Flak-Catchers*. Bantam.

Wolff, K. H. (ed.) 1964. *The Sociology of Georg Simmel*. Free Press.

Young, J. 1970. "The Zookeepers of Deviance." *Catalyst*, 5.

Young, J. 1972. *The Drugtakers: the Social Meaning of Drug Use*. Paladin.

Young, J. 1973. "The Hippies: an Essay in the Politics of Leisure." In L. Taylor and I. Taylor, eds. (1973).

Zicklin, G. 1973. "Communal Childrearing: a Report on Three Cases." In H.P. Dreitzel, ed. (1973).

Znaniecki, F. 1972. *Florian Znaniecki on Humanistic Sociology*. Chicago University Press/ Phoenix Books.

Zweig, F. 1961. *The Worker in An Affluent Society*. Heinemann.

찾아보기